Wolfgang Kraushaar (Hg.)
Frankfurter Schule und Studentenbewegung

Ein Projekt des
Hamburger Instituts für Sozialfoschung

**Frankfurter Schule
und Studentenbewegung**

Band 1: **Chronik**
Band 2: **Dokumente**
Band 3: **Aufsätze
und Kommentare
Register**

Wolfgang Kraushaar (Hg.)

Frankfurter Schule und Studentenbewegung

Von der Flaschenpost zum Molotowcocktail

1946–1995

Band 3: **Aufsätze und Kommentare Register**

Rogner & Bernhard bei Zweitausendeins

1. Auflage, März 1998.
© 1998 by Rogner & Bernhard GmbH & Co. Verlags KG, Hamburg.
Gesamtedition: ISBN 3-8077-0348-9
Band 3: ISBN 3-8077-0347-0

Alle Rechte vorbehalten, insbesondere das Recht der mechanischen,
elektronischen oder photographischen Vervielfältigung,
der Einspeicherung und Verarbeitung in elektronischen Systemen,
des Nachdrucks in Zeitschriften oder Zeitungen,
des öffentlichen Vortrags, der Verfilmung oder Dramatisierung,
der Übertragung durch Rundfunk, Fernsehen oder Video,
auch einzelner Text- oder Bildteile.
Der gewerbliche Weiterverkauf und der gewerbliche Verleih
von Büchern, Platten, Videos oder anderen Sachen aus der
Zweitausendeins-Produktion bedürfen in jedem Fall
der schriftlichen Genehmigung durch die Geschäftsleitung
von Zweitausendeins Versand in Frankfurt.

Lektorat: Evelin Schultheiß, Tetenbüll.
Mitarbeit: Anke Rustmann, Rainer Loose, Pia Vagt,
Annkatrin Kolbe, alle Hamburg, Bernd Schwibs, Frankfurt/Main.

Herstellung und Gestaltung: Eberhard Delius, Berlin.
Einbandgestaltun: Britta Lembke, Hamburg.
Satz: Offizin Götz Gorissen, Berlin.
Lithographie: Steidl, Schwab Scantechnik, Göttingen.
Druck: Steidl, Göttingen.
Bindung: Hollmann, Darmstadt.

Dieses Buch wurde gedruckt auf Recyclingpapier, das zu 95%
aus deinkten Postconsumer-Abfällen besteht.

Dieses Buch gibt es nur bei Zweitausendeins
im Versand (Postfach, D-60381 Frankfurt am Main,
Telefon 01805-23 2001, Fax 01805-24 2001) oder
in den Zweitausendeins-Läden in Berlin, Düsseldorf, Essen,
Frankfurt, Freiburg, Hamburg, Köln, Mannheim, München,
Nürnberg, Saarbrücken, Stuttgart.

In der Schweiz über buch 2000
Postfach 89, CH-8910 Affoltern a. A.

Inhalt

Band 1: Chronik
- 5 Inhaltsverzeichnis Gesamtedition
- 6 Danksagung
- 7 Vorbemerkung
- 11 Inhaltsverzeichnis Band 1
- 13 Editorial
- 17 Einleitung: Kritische Theorie und Studentenbewegung
- 37 Chronik 1946–1995

Band 2: Dokumente
- 5 Inhaltsverzeichnis Gesamtedition
- 9 Inhaltsverzeichnis Band 2
- 25 Editorial
- 27 Dokumente Nr. 1–433

Band 3: Aufsätze und Kommentare, Register
- 5 Inhaltsverzeichnis Gesamtedition
- 9 Inhaltsverzeichnis Band 3
- 11 Editorial
- 15 Aufsätze und Kommentare
  von *Heide Berndt, Frank Böckelmann, Silvia Bovenschen, Detlev Claussen, Alex Demirović, Dan Diner, Wolfgang Kraushaar, Bernd Leineweber, Rudolf zur Lippe, Oskar Negt, Gunzelin Schmid Noerr, Ulrike Prokop, Bernd Rabehl, Reimut Reiche, Ulrich Sonnemann, Mona Steffen*
- 294 Drucknachweise der Aufsätze und Kommentare
- 296 Zu den Autoren der Aufsätze und Kommentare

- 299 Quellenverzeichnis der Bild- und Textdokumente
  Register
- 305 Personenregister
- 327 Politische Organisationen
- 332 Titelverzeichnis
- 347 Abkürzungsverzeichnis

Wolfgang Kraushaar (Hg.)

Aufsätze und Kommentare Register

Inhalt Band 3

15 Wolfgang Kraushaar
Autoritärer Staat und antiautoritäre Bewegung

34 Bernd Rabehl
Zur archaischen Inszenierung linksradikaler Politik

65 Detlev Claussen
Hans-Jürgen Krahl – Ein philosophisch-politisches Profil

71 Alex Demirović
Bodenlose Politik – Dialoge über Theorie und Praxis

99 Bernd Leineweber
Entsetzen und Besetzen – Zur Dialektik der Aufklärung in der Studentenbewegung

112 Rudolf zur Lippe
Die Frankfurter Studentenbewegung und das Ende Adornos – Ein Zeitzeugnis

126 Mona Steffen
SDS, Weiberräte, Feminismus?

141 Ulrike Prokop
Zur Geschichte der Frankfurter Frauenseminare

150 Reimut Reiche
Sexuelle Revolution – Erinnerungen an einen Mythos

167 Heide Berndt
Nachträgliche Bemerkungen zur »Unruhe der Studenten«

187 Dan Diner
Täuschungen – Israel, die Linke und das Dilemma der Kritik

195 Wolfgang Kraushaar
Herbert Marcuse und das lebensweltliche Apriori der Revolte

204 Frank Böckelmann
Bewegung

232 Silvia Bovenschen
Die Generation der Achtundsechziger bewacht das Ereignis

239 Ulrich Sonnemann
Das Ödipale an den Achtundsechzigern

267 Gunzelin Schmid Noerr
Horkheimers Habermas-Kritik von 1958

273 Gespräch mit Oskar Negt

294 Drucknachweise der Aufsätze und Kommentare

296 Zu den Autoren der Aufsätze und Kommentare

299 Quellenverzeichnis der Bild- und Textdokumente
    Register
305 Personenregister
327 Politische Organisationen
332 Titelverzeichnis
347 Abkürzungsverzeichnis

Editorial

Mit dem nachfolgenden Text sind 1988 Autorinnen und Autoren, um eine Liste möglicher Themen und Fragestellungen ergänzt, zur Mitarbeit an dem Aufsatzband *Studentenbewegung und Kritische Theorie* eingeladen worden:

»Die Zeit der Außerparlamentarischen Opposition nimmt eine Schlüsselstellung in der Entwicklung dieser Republik ein. Obwohl von ihren selbstdeklarierten Ansprüchen her gescheitert, so hat sie dennoch nachhaltig das politische, kulturelle und intellektuelle Klima beeinflußt. Die Zeit der APO fällt zusammen mit der der Großen Koalition. In dieser knapp drei Jahre dauernden Spanne, in der sich eine christdemokratisch und sozialdemokratisch dominierte Ära miteinander verschränkten, bildete die Befürchtung, daß sich in einem Land ohne Opposition die Traumata der Vergangenheit erneuern könnten, den Hintergrund für die Entstehung eines ganzen Knäuels an Protestbewegungen. Ausgelöst und dominiert zugleich wurde diese Entwicklung von einer sich rapide selbstradikalisierenden Studentenbewegung, in deren Mitte der SDS stand. Der von seiner Mutterpartei SPD verstoßene Studentenbund war Motor einer Rebellion, in der eine Fülle an gesellschaftlichen Utopien freigesetzt wurde. In seinen Reihen verdichteten sich aktuelle politische Konfliktstoffe im Medium kritischer, zum Teil artistischer Gesellschaftstheorien.

Das Verhältnis zwischen Theorie und Politik war in dieser Zeit nirgendwo so spannungsgeladen wie in Frankfurt. Im Unterschied zu West-Berlin, dem unbestrittenen Ausgangs- und Höhepunkt der Studentenrebellion, war hier die intellektuelle Situation eindeutig durch die Kritische Theorie dominiert. In ihrem Umfeld polarisierten sich Positionen ähnlichen Ursprungs in markant voneinander unterschiedenen generationsspezifischen Ausprägungen.

Im wesentlichen waren es wohl *drei Generationen*, die hier miteinander konfrontiert waren:

1. Die *Lehrer*: Sozialphilosophen, die während der NS-Herrschaft emigriert und nach Gründung der Bundesrepublik zurückgekehrt waren. Nach der Emeritierung Horkheimers war diese Generation im Grunde nur noch in der Person Adornos repräsentiert. Bereits Alexander Mitscherlich stellte in biographischer Hinsicht, von der fachlichen einmal ganz abgesehen, einen Sonderfall dar.

2. Die *älteren Schüler*, die inzwischen selbst Lehrer geworden waren: Sozialwissenschaftler und Philosophen, die zwar noch in der Weimarer Republik bzw. im Nationalsozialismus geboren worden waren, ihre prägende Bildungserfahrung jedoch erst in der Nachkriegszeit erhalten hatten. Zu dieser Generation zählen z.B. Ludwig von Friedeburg, Jürgen Habermas, Oskar Negt und Alfred Schmidt.

3. Die *jüngeren Schüler*: Zumeist Studenten, einige Doktoranden und ganz wenige Assistenten, die durch und durch bundesrepublikanisch, d.h. vor allem durch ihre Erfahrung in der Adenauer-Ära, geprägt worden waren. Im Kern bestand diese Schülergeneration aus SDS-Mitgliedern. Stellvertretend für sie sei ihr damals unbestrittener Sprecher Hans-Jürgen Krahl genannt.

Die kritische Theorie der Gesellschaft, deren Name ja einstmals eine ›äsopierte‹ Bezeichnung für Marxismus gewesen sein soll, kannte weder eine entfaltete politische Theorie, noch artikulierte sie einen eigenen politischen Handlungsanspruch. Ihr Wirken war trotz der unverkennbaren Ausstrahlung auf den Kultur- und Bildungsbereich mehr oder weniger universitär abgekapselt. Dieser latente Widerspruch, Emanzipationsansprüche im Medium der Sozialphilosophie zu formulieren, gleichzeitig jedoch auf Handlungsalternativen zu verzichten, mußte früher oder später aufbrechen. Die von Habermas, von Friedeburg u.a. 1961 veröffentlichte empirische Untersuchung zum politischen Bewußtsein von Studenten gab eine erste Richtung an. ·

Den drei Generationen Kritischer Theorie entsprechen, holzschnittartig verdeutlicht, drei unterschiedliche *Kritikmodelle*:

1. Eine *rein theorie-immanente Haltung,* die sich auf die Position negativer Dialektik im Bereich ästhetischer Erfahrung zurückgezogen hatte. Ihr Verfahren war die Ideologiekritik, ihre Methode die der immanenten Kritik. Sie war von jedem gesellschaftsverändernden Anspruch, der selber unter Ideologieverdacht stand, bereinigt und ging über vorsichtige öffentliche Einmischungen – wie ›Erziehung zur Mündigkeit‹ z.B. – nicht hinaus. Im Kern unpolitisch war diese Haltung zugleich aber getragen von einem moralischen Engagement und einer einzigartigen theoretischen Radikalität.

2. Eine *wissenschaftlich begründete politische Haltung,* die sich an Demokratisierung, Republikanismus und Aufklärung orientiert. Sie war von einem radikalreformerischen Impetus getragen. Die Kritik der Wissenschaft transformierte sich in einem zweiten Schritt zur Kritik der Gesellschaft. Ihr Handeln ging zunächst von der Selbstbezüglichkeit des Erkenntnisanspruchs auf die Wissenschaftsorganisation, die Demokratisierung der Hochschule, aus, bevor es sich auch auf die Beteiligung an Kampagnen und Resolutionen erstreckte. Die Grenzen der Politisierung waren die des bestehenden Systems selber.

3. Eine Haltung, in der die Differenz von Theorie und Praxis in dem Anspruch zusammenschmolz, »*Aufklärung durch Aktion*« betreiben zu wollen. Sie verstand sich als antikapitalistisch, antiimperialistisch und damit als revolutionär. Ihr theoretisches Ziel war die Reaktualisierung des kritischen Marxismus, ihr praktisches die Erneuerung der Arbeiterbewegung. In ihrem Handeln erweiterte sie das Spektrum der vorhandenen Demonstrations- und Aktionsformen beträchtlich. Neuralgischer Punkt war die *Gewaltfrage*. Die Grenzen des bestehenden Systems wurden genau als jene angesehen, die es zu durchbrechen galt. Der Konfliktverlauf, vom Kongreß in Hannover bis zur Institutsbesetzung und dessen Räumung ist bekannt. Er muß hier deshalb nicht nachgezeichnet werden. Nur soviel sei angemerkt, daß die politische Offensive um die Jahreswende 1968/69 paradoxerweise von einer Rückzugstendenz gekennzeichnet war. Nach der Niederlage in der Anti-Notstandsbewegung verlegte

sich der SDS darauf, einen erkennbaren Erfolg in der Hochschule, d.h. in der Zerschlagung der Ordinarienuniversität, zu erringen. Dies führte zu einer Konfrontation mit dem Staats- und Polizeiapparat, in der die Niederlage der rebellierenden Studenten vorgezeichnet war.

Mit dem Tod Adornos im August 1969 und dem Unfalltod Krahls im Februar 1970 nahm die Atmosphäre Züge von Bestürzung und Resignation an. Die einstmals spannungsgeladene Konstellation fiel nach der Auflösung des SDS und dem Weggang von Oskar Negt nach Hannover und danach von Jürgen Habermas nach Starnberg vollends auseinander.

Durch die Wendung vieler SDS-Aktivisten zum Neoleninismus, den Eintritt anderer in SPD und DKP sowie die Dogmatisierung marxistischer Theorie zur sozialistischen Weltanschauung wurde die Kritische Theorie rasch zur politischen Bedeutungslosigkeit verdammt. Vorhanden blieben nur noch mehr oder weniger personengebundene Fermente ihres Denkens. Ihre Träger hatten sich in verschiedene Bereiche entmischt, in denen sich die vorhandenen generationsspezifischen Differenzen zum überwiegenden Teil berufsspezifisch objektivierten.

In einem großen Überblick waren das:
A. Die Bildungspolitik (mit dem Hessischen Kultusministerium z.B.)
B. Die wissenschaftliche Forschung (mit dem Frankfurter und dem Starnberger Institut)
C. Die universitäre Lehre (in Hannover und in Frankfurt z.B.)
D. Die politische Selbstorganisation (wie z.B. im *Sozialistischen Büro*)
E. Die Kaderorganisation (wie z.B. der Betriebsprojektgruppe *Revolutionärer Kampf* in Rüsselsheim)
F. Die Hochschulpolitik (verschiedener undogmatischer Studentengruppen)

Diese Einmischungspartikel hatten einen gewissen, aber alles andere als dominanten Einfluß auf Wissenschaft, Bildung und Politik. Vielfach war es eher eine subkutane Entwicklung, die die Kritische Theorie in den siebziger Jahren nahm.

Mit diesem Aufriß sollen keine bestimmten Fragestellungen dekretiert werden. Es soll lediglich eine gemeinsame Perspektive vorgeschlagen werden: Erwünscht sind Beiträge, die etwas zur Klärung der damaligen Situation beitragen, um daran etwas über die theoretische, kulturelle oder politische Fruchtbarkeit bzw. Unfruchtbarkeit der darin eingehenden Positionen für die Gegenwart aufzuzeigen.«

Von den damals eingegangenen Aufsätzen sind die der folgenden Autorinnen und Autoren aufgenommen worden: Frank Böckelmann, Alex Demirović Dan Diner, Wolfgang Kraushaar, Bernd Leineweber, Rudolf zur Lippe, Ulrike Prokop, Monika Steffen und Ulrich Sonnemann. Von dem Angebot, sie noch einmal wegen der starken zeitlichen Verzögerung zu überarbeiten, haben Böckelmann, Demirović, Leineweber, zur Lippe und Steffen Gebrauch gemacht. Ergänzt wurden die Essays um ein 1989 geführtes Interview mit Oskar Negt. Ein weiteres, das im selben Jahr mit Jürgen Habermas verabredet war, ist nicht zustande gekommen.

Alle anderen Texte sind zusätzlich ausgewählt worden, um das Spektrum der Fragestellungen und Thematisierungen zu erweitern. Da es keine formalen Einschränkungen gab, handelt es sich bei den Beiträgen nicht nur um Abhandlungen, sondern auch um Rekonstruktionen, Reflexionen, Kommentare und Erinnerungen. Zu betonen ist dabei, daß niemandem die Chronik und die hier zusammengestellte Dokumentation vorgelegen hat. Auch wenn sich einzelne von ihnen auf bestimmte dieser Dokumente beziehen, handelt es sich dabei immer nur um Ausschnitte der hier präsentierten Sammlung.

Wolfgang Kraushaar

Autoritärer Staat und Antiautoritäre Bewegung

Zum Organisationsreferat von Rudi Dutschke und Hans-Jürgen Krahl auf der 22. Delegiertenkonferenz des SDS in Frankfurt (4.–8. Sept. 1987)

[1987]

Zumindest in einem Punkt ist der SDS im Laufe der Zeit der Frankfurter Schule immer ähnlicher geworden: Der Name trifft nicht mehr das, was seine heute noch spürbare Aura ausmacht. So wie es die Kritische Theorie als theoretisch produktiven Zusammenhang beinahe nur im amerikanischen Exil gegeben hat, so erlebte der SDS seine Hochzeit zwischen 1967 und 69, zu einer Zeit also, in der er seine Auflösung als Transformation mißverstand. Nicht der SDS als Studentenbund steht im Zentrum des Interesses, sondern der SDS als Focus der antiautoritären Bewegung. Die retrospektiv gewendete Neugierde speist sich vor allem aus dieser schillernden, schwer greifbaren Jugendbewegung, die in ihrer politischen Eruptivität lediglich während der Großen Koalition existiert hat. Wenn dennoch die kaum zu leugnende Diskrepanz zwischen einer Bewegung und einer Organisation, deren mehr als bloß auslösende Rolle andererseits natürlich nicht unterschlagen werden darf, nur allzu häufig übersehen wird, dann mag das vor allem an einem Umstand liegen: Mit der Nennung des Namens SDS soll etwas, das offensichtlich nur schwer zu fixieren ist, identifizierbar gemacht werden. Gesichter, Gesten, eine ganze Konstellation von Personen wird in Erinnerung gerufen. Durch den an der Organisationsbezeichnung orientierten Wiedererkennungseffekt verliert die sich zur Mythologisierung geradezu anbietende Bewegung etwas von ihrer Konturlosigkeit, ihrer historischen Ungreifbarkeit. Die Revolte bleibt nicht nur Chimäre, sie definiert sich als ein oppositioneller Akt, als ein politischer Vorgang, der sich außerdem als transparent genug erweist, daß er sich den Rationalitätskriterien wissenschaftlicher Darstellbarkeit, dieser Anschein wird jedenfalls erweckt, nicht länger mehr zu entziehen vermag.

So wie hier die Organisation als Synonym für einen vermeintlichen Sinnzusammenhang erscheint, so verfahren viele Interpretationen der damaligen Bewegung – Scheinplausibilitäten werden solange aneinandergereiht, bis die Münze Sinn in den Bottich szientifischer Erklärung gefallen ist. Kaum anders geht es zu, wenn Parlamentarismuskritik und Basisdemokratie thematisch gegenüber- und als anspruchsbeladene Abkömmlinge eines radikalen Politikverständnisses vom Ende der sechziger Jahre dargestellt werden; eine aktuell gewendete Interpretation des Begriffspaares impliziert nur allzu leicht die Gefahr des Vordergründigen. Zu befürchten ist die politologische Verflachung der Thematik zur altbekannten Kontroverse über repräsentative und direkte Demokratie, wahrscheinlich noch ein wenig spezifiziert zur Prinzipienreiterei Parlamentarismus versus Rätedemokratie. Doch anstatt, wie in der Politikwissenschaft zumeist üblich, ein Pferd vom Schwanz her aufzuzäumen, soll dies hier vom Kopf her geschehen. Erst am Ende soll etwas über das politische Rüstzeug einer Studentengruppe ausgeführt werden, die keine mehr sein wollte.

Weil es sich im Kern um eine Konfrontation zwischen Staat und Bewegung handelt, wird in den Mittelpunkt das Verhältnis zwischen der Analyse des autoritären Staates und der politischen Bestimmung der antiautoritären Bewegung gestellt. Am Beispiel einer einzigen Rede soll der Problemgehalt eines revolutionär gewendeten Politikanspruchs, der in der Geschichte der Bundesrepublik seine Folgen bis auf den heutigen Tag zeitigt, herausgearbeitet werden. Es geht um das sogenannte Organisationsreferat, das von Hans-Jürgen Krahl und Rudi Dutschke gemeinsam verfaßt und von letzterem auf der 22. Delegiertenkonferenz des SDS am 5. September 1967 in Frankfurt vorgetragen worden ist. Der Text, der mehr als ein Jahrzehnt als verschollen galt, ist erstmals im Januar 1980, kurz nach dem Tod Dutschkes, in der Frankfurter Studentenzeitung *Diskus* publiziert worden.[1] Er stellt ein Dokument dar, das inzwischen zwar bekannt, aber längst noch nicht angemessen rezipiert worden ist. Das Organisationsreferat der beiden unbestritten führenden Köpfe des SDS repräsentiert auf theoretisch zugespitzte Weise einen historischen Augenblick, den als einzigartige Konstellation zu bezeichnen keinesfalls übertrieben ist. An einem Tag im Herbst jenen Jahres, das inzwischen eine zeitgeschichtliche Zäsur markiert, schießen Problem und Perspektive, Entwicklung und Sprung, Aufstieg und Niedergang einer fundamentaloppositionellen Bewegung wie in einer Art politischer Mikrologie zusammen. In der Rede reflektiert sich der Widerspruch einer Organisation, in der Organisation die Aporie einer Bewegung und in der Bewegung der Zwiespalt einer Gesellschaft, die im Heute aufgehen will, weil sie vom Gestern nicht loskommt.

Um begreifen zu können, was hier ineinander verschachtelt ist, sich wie ein verhängnisvoller Bann anhört und doch nur Ausdruck politischer Formbestimmung sein kann, wird der historische und politische Kontext für die SDS-Generation Mitte der sechziger Jahre kurz skizziert. Denn nur unter der Voraussetzung einer gesellschaftlich tabuisierten Auseinandersetzung mit der nationalsozialistischen Vergangenheit und der Furcht vor einer Reaktualisierung des historischen Traumas läßt sich die Quintessenz des Referats von Dutschke und Krahl entschlüsseln.

Die Verdrängung der Vergangenheit

Jeder, der in der Nachkriegszeit aufgewachsen und irgendwann in den sechziger Jahren politisiert worden ist, weiß, wie hermetisch die politische Verdrängung des Nationalsozialismus funktionierte. Elternhaus und Schule, Universität und Wissenschaft, Justiz und Verwaltung, Staat und Industrie, Kirchen, Gesundheitsfürsorge, Vereinswesen – die gesellschaftlichen Institutionen insgesamt standen nur allzu spürbar unter den Folgewirkungen eines Latenzzusammenhanges, dessen absorbierte Gewaltförmigkeit wie eine stumme, selten aufbrechende Bedrohung erlebt wurde. Die Verheißungen des Wirtschaftswunderlandes schienen durch Tabuisierungen erkauft zu sein, die die private wie die öffentliche, die politische wie die kommerzielle Sphäre glei-

---

[1] Rudi Dutschke / Hans-Jürgen Krahl, Organisationsreferat, in: Diskus – Frankfurter Studentenzeitung, 30. Jg., Nr. 1/1980, S. 6ff; wiederabgedruckt unter dem nichtautorisierten Titel: Das Sich-Verweigern erfordert Guerilla-Mentalität, in: Rudi Dutscke, Geschichte ist machbar, West-Berlin 1980, S. 89ff.

chermaßen durchzogen. Die Republik stand im Schatten einer unbewältigten, kaum artikulierten Vergangenheit. Und die Legitimationskraft eines parlamentarischen Systems, das unter der Kanzlerschaft Adenauers nicht grundlos als »CDU-Staat« bezeichnet wurde, erschien als überaus brüchig. Waren nicht Globke als Staatssekretär, Oberländer als Minister und Gehlen als Geheimdienstchef nur allzu deutliche Beispiele für die Präsenz einer Vergangenheit, die nicht wirklich von der historischen Bühne abtreten wollte? Das Mißtrauen gegen einzelne staatliche Funktionsträger, das durch eine Affäre nach der anderen wachgehalten wurde, steigerte sich schließlich durch ein Gesetzesvorhaben zur Angst vor dem Staat als Ganzem.

Mit der von den Unionsparteien zielstrebig verfolgten Notstandsgesetzgebung schien sich die Gefahr einer umfassenden autoritativen Neuformierung zu konkretisieren. Das Gesetzesinstrumentarium wirkte wie geschaffen, um mit verfassungsrechtlichen Mitteln den Ausnahmezustand definieren und das Parlament ausschalten zu können. In der Aussicht, daß ein solches Vorhaben einmal Wirklichkeit werden könnte, wurde das alte Trauma endgültig wieder wach. Bestand das Verhängnis des deutschen Parlamentarismus doch gerade darin, daß die Nazis es vermocht hatten, ihre Herrschaft ohne formalen Verfassungsbruch, nämlich durch die Verabschiedung des Ermächtigungsgesetzes, anzutreten. Wesentlich dramatisiert wurde dieser Vorgang noch durch den Umstand, daß sich im Bundestag keine klare Opposition gegen dieses Vorhaben artikulierte. Die SPD, die Adenauers Kurs der Westintegration schließlich doch nachvollzogen hatte, näherte sich auch in dieser innenpolitisch wohl bedeutsamsten Frage mehr und mehr der CDU/CSU an.

Das Schreckgespenst einer Gesellschaft ohne Opposition

Damit schienen wie in einem Zeitraffer verschiedene Entwicklungslinien von anderthalb Jahrzehnten Bundesrepublik zusammenzuschnuren und die Furcht vor einem vollständigen Verlust an oppositionellen Kräften, die Horrorvision von einer allseits angepaßten Gesellschaft wachzurufen:

1. Nach jahrelangem Widerstand gegen Adenauers restaurative Regierungspolitik wurden Repression und Selbstintegration der beiden oppositionellen Parteien schließlich zum innenpolitischen Charakteristikum seiner Ära. 1956 erfolgte das Verbot der KPD, die zeitweilig offen zum Sturz der Bundesregierung aufgerufen hatte, und 1959 ging die SPD nach dem Scheitern der Bewegung »Kampf dem Atomtod« mit der Verabschiedung des Godesberger Programms endgültig auf Integrationskurs.

2. Nach dem Rücktritt Adenauers verriet die von Ludwig Erhard aufgegriffene Formel von der »Formierten Gesellschaft« das neue politische Selbstverständnis: Die unversöhnlichen Antagonismen, so sollte es scheinen, wären einem Pluralismus von Kräften gewichen, die schließlich alle am gleichen Strang der Effizienzsteigerung des Wohlfahrtsstaates zögen. Aus dem Klassenkampf, der zu einer antiquierten Erscheinung des 19. Jahrhunderts erklärt wurde, sei, so hieß es, eine von Werbekampagnen flankierte Konkurrenz von Volksparteien geworden. Selbst die intellektuelle Restopposition, die Schriftsteller im Um-

kreis der »Gruppe 47«, mußte es sich gefallen lassen, vom Kanzler, der als Inkarnation des Wirtschaftswunders galt, als »Pinscher« beschimpft zu werden.

3. Die von Herbert Wehner bereits seit Jahren angestrebte Bildung einer Großen Koalition machte im Dezember 1966 den Integrationsstand der SPD in den Staats- und Regierungsapparat in aller Schonungslosigkeit deutlich. Damit verflog auch die vorerst letzte Hoffnung auf eine Kurskorrektur der einstmals stärksten Oppositionspartei. Als besonders skandalös galt dabei, daß die SPD für ihre Machtbeteiligung selbst die Rehabilitierung von Franz Josef Strauß, der im Anschluß an die *Spiegel*-Affäre von seinem Amt als Verteidigungsminister hatte zurücktreten müssen, in einer neuen Rolle als Finanzminister in Kauf zu nehmen bereit war.

4. Geradezu als komplementär zur Einebnung der politischen Widersprüche konnte die Entwicklung im Bereich der ökonomischen Interessenorganisationen angesehen werden. Nachdem man sich eines Mannes wie Viktor Agartz längst entledigt hatte, konnte nun die Praktizierung der »Konzertierten Aktion« als Symptom für den Integrationsgrad der Gewerkschaften angesehen werden. Mit der Durchsetzung von Karl Schillers Konzept der innerstaatlichen Ausbalancierung von unter kapitalistischen Vorzeichen unaufhebbaren Widersprüchen schienen nun auch die Gewerkschaften, von Ausnahmen wie der *IG Metall* einmal abgesehen, das Bild von staatspolitischen Vereinigungen abzugeben.

Indem aus politischen und wirtschaftlichen Interessenorganisationen Einrichtungen wurden, die sich nur noch als Teile eines vermeintlichen Ganzen glaubten begreifen zu können, vervollständigte sich die Nivellierung der Widersprüche so weit, daß die bundesdeutsche Gesellschaft das Aussehen eines korporatistischen Blocks annahm. Die Modi, in denen bislang soziale, ökonomische und politische Konflikte ausgetragen worden waren, schienen von einer strukturellen Funktionsänderung erfaßt zu sein. Nicht mehr die offene Austragung gegensätzlicher Interessen war angesagt, sondern das Einfinden in staatliche Regelungsprozeduren. So konnte 1967 dem kritischen Betrachter ein Bild vor Augen treten, das Herbert Marcuse in der Vorrede seiner Studie zum *Eindimensionalen Menschen* als Schreckgespenst einer »Gesellschaft ohne Opposition« bezeichnet hatte.

Der verbandsinterne Kontext des Organisationsreferates

Für den SDS war die 22. Delegiertenkonferenz, die vom 4.–8. September 1967 in der Mensa der Frankfurter Universität stattfand, zweifellos ein Kulminationspunkt. Es war die letzte DK im klassischen Stil. Obwohl von der Form her noch traditionell, standen die Auseinandersetzungen doch schon deutlich im Zeichen der sich seit dem Sommer eruptionsartig ausbreitenden Bewegung. Durch die Dynamik, die nach der Ermordung Benno Ohnesorgs zunächst in West-Berlin und kurz darauf in allen größeren Universitätsstädten die politische Entwicklung bestimmte, wurde die überlieferte Organisationsform in Frage gestellt. Die Verbandsstruktur, die noch an den Prinzipien einer sozialdemokratischen Mitgliederpartei orientiert war, wurde nun von vielen als

Hemmschuh für eine weitere Expansion des nach dem 2. Juni in Gang gekommenen Mobilisierungsprozesses angesehen. Bereits auf dem Kongreß nach der Beerdigung Ohnesorgs, der unter dem Titel *Bedingungen und Organisation des Widerstands* am 9. Juni in Hannover stattfand, hatte Rudi Dutschke zur Bildung von Aktionszentren an allen bundesdeutschen Universitäten aufgerufen und programmatisch erklärt: »Wir sind mit unseren Aktionszentren in West-Berlin jetzt schon über eine Woche tätig, das ist der längste Zeitraum wirklich massenhafter, politischer Kontinuität, die wir je in Berlin gehabt haben, wir haben die Hoffnung, daß diese räteartigen Gebilde an allen westdeutschen Universitäten in den nächsten Tagen gegründet werden, denn die rationale Bewältigung der Konfliktsituation in der Gesellschaft impliziert konstitutiv die Aktion, wird doch Aufklärung ohne Aktion nur zu schnell zum Konsum, wie Aktion ohne rationale Bewältigung der Problematik in Irrationalität umschlägt.«[2]

Nun stand in Frankfurt eine Konfrontation an zwischen den Traditionalisten um die Kölner, Bonner und Marburger Gruppen, die noch stark an der illegalen KPD orientiert waren, und den Antiautoritären aus West-Berlin und Frankfurt, die vor allem eine Ausweitung der Massenbasis durch exemplarische Aktionen im Auge hatten. In dieser Situation gingen mit Rudi Dutschke und Hans-Jürgen Krahl die beiden informellen Köpfe der antiautoritären Hochburgen ein Bündnis ein und legten zur allgemeinen Überraschung ein gemeinsames Referat, das Organisationsreferat, vor.

Der Text ist im klassischen Dreierschritt aufgebaut: Aus der ökonomiekritischen Analyse werden strategische Schlußfolgerungen für den politischen Kampf und daraus wiederum die erforderlichen organisatorischen Konsequenzen für den SDS gezogen.

I. Die Analyse:
Die Bundesrepublik als ein System des »Integralen Etatismus«

Zunächst heißt es zu den bereits angedeuteten verbandsinternen Spannungen »Der noch nie dagewesenen Verbreiterung des antiautoriären Protestes nach dem 2. Juni war die überkommene, noch an der SPD orientierte Organisationsstruktur des SDS nicht gewachsen. Die Spontaneität der Bewegung droht die größeren Gruppen organisatorisch zu paralysieren. Ihr politisches Verhalten erschien deshalb zum großen Teil reaktiv aufgezwungen, und die Ansätze für politisch-initiative Führung waren weitgehend hilflos.«[3] Um die nicht mehr zu kaschierende Diskrepanz zwischen sozialistischer Organisation und der neuen Protestbewegung zu überwinden, rekurrieren Dutschke und Krahl auf eine Analyse der Wirtschaftskrise und des seit Beginn der »Großen Koalition« sichtbar gewordenen keynesianischen Steuerungsversuchs mit dem Ziel, daraus einen Begründungszusammenhang für die Neufassung des Organisationsproblems gewinnen zu können. In starker Anlehnung an einen Text von Ferencz Jánossy, der später unter dem Titel *Das Ende der Wirtschaftswunder*[4] erschien, interpretieren sie die Rezession 1966/67 nicht einfach als Konjunkturschwankung, sondern als Indiz für das Ende der die Nachkriegszeit bestimmenden Rekonstruktionsperiode. Nach Jahren mit ungewöhnlich hohen Wachstumsraten

2 Bedingungen und Organisation des Widerstandes – Der Kongreß in Hannover, West-Berlin 1967, S. 81 f.

3 Rudi Dutschke, Geschichte ist machbar, a.a.O. S. 89.

4 Ferencz Jánossy, Das Ende der Wirtschaftswunder – Erscheinung und Wesen der wirtschaftlichen Entwicklung, Frankfurt/Main 1968.

mündeten nun die Akkumulationsbedingungen wieder in eine ›objektive Trendlinie‹ der wirtschaftlichen Gesamtentwicklung ein.

Um diesen von der für den Kapitalismus konstitutiven Krisenanfälligkeit durchzogenen Prozeß wieder unter Kontrolle zu bekommen, sei das System zu Steuerungsversuchen gezwungen, die es zwar als Reformbemühungen ausgebe, die jedoch seine grundsätzliche Schwäche verrieten. Wörtlich heißt es dann: »Die auffälligste Erscheinung der gegenwärtigen ökonomischen Formationsperiode ist die Zunahme der staatlichen Eingriffe in den wirklichen Produktionsprozeß als Einheit von Produktion und Zirkulation. Dieser Gesamtkomplex der staatlich-gesellschaftlichen Wirtschaftsregulierung bildet ein System des Integralen Etatismus, der im Unterschied zum Staatskapitalismus auf der Grundlage der Beibehaltung der privaten Verfügung über die Produktionsmittel die Gesetze der kapitalistischen Konkurrenz ausschaltet und den ehemals naturwüchsigen Ausgleich der Profitrate durch eine staatlich-gesellschaftlich orientierte Verteilung der gesamtgesellschaftlichen Mehrwertmasse herstellt. In dem Maße, in dem durch eine Symbiose staatlicher und industrieller Bürokratien der Staat zum gesellschaftlichen Gesamtkapitalisten wird, schließt sich die Gesellschaft zur staatlichen Gesamtkaserne zusammen, expandiert die betriebliche Arbeitsteilung tendenziell zu einer gesamtgesellschaftlichen. Der Integrale Etatismus ist die Vollendung des Monopolkapitalismus.« In diesem zentralen Abschnitt ihres analytischen Teils knüpfen Krahl und Dutschke nicht nur an eine These der Kritischen Theorie an, die besagt, daß im Monopolkapitalismus die außerökonomische Zwangsgewalt zur ökonomischen Potenz und damit der intervenierende, dirigierende Staat zum ideellen Gesamtkapitalisten werde, sondern sie spielen damit zugleich auf die spezifische Integrationspolitik an, die seit der Großen Koalition mit der Praktizierung der »Konzertierten Aktion« sichtbar geworden und Altmanns bzw. Erhards Formel von der »Formierten Gesellschaft« erst zu füllen in der Lage ist. Sie skizzieren hier unter aktuellen politischen Vorzeichen die Logik eines Vergesellschaftungsmodells, in dem der Staat mit seinen politischen Funktionen eine unmittelbar ökonomische Rolle übernimmt, die der Steuerung des Akkumulationszusammenhanges.

Die neue Qualität dieser Gesellschaftsformation, so fahren Dutschke und Krahl weiter fort, bestehe nun darin, daß das monopolkapitalistische System auch in der Krise ohne offenen Einsatz von Gewaltmitteln auskomme. Indem die unmittelbaren Produzenten die ökonomische Gewalt verinnerlichten, könne der Staat scheinbar eine Liberalisierung seiner Herrschaftsfunktionen vollziehen. Möglich sei diese Perfektionierung der Machtapparatur nur – und darin wird ein zweites Mal an zentraler Stelle auf die Kritische Theorie rekurriert – durch ein gigantisches System der Manipulation. »Der Ausweg des Kapitalismus aus der Weltwirtschaftskrise beruhte auf der Fixierung an die terroristische Machtstruktur des faschistischen Staates. Nach 1945 wurde diese außerökonomische Zwangsgewalt keineswegs abgebaut, sondern in totalitärem Ausmaß psychisch umgesetzt. Diese Verinnerlichung beinhaltet den Verzicht auf manifeste Unterdrückung nach innen und war konstitutiv für den Scheinliberalismus und Scheinparlamentarismus, allerdings um den Preis der antikommunistischen Projektion eines absoluten Außenfeindes... Die manipulativ verinnerlichte außerökonomische Zwangsgewalt konstituiert eine neue Qualität von Naturwüchsigkeit des kapitalistischen Systems.« Die Ersetzung von Repression durch Manipulation läßt den modernen Kapitalismus in einem veränderten Licht erscheinen, obwohl es an seiner Kontinuität als Unterdrückungszusammenhang keinen Zweifel geben kann.

Die Frage, die sich die beiden SDS-Wortführer aber stellen, lautet: »Wie paßt der Überbau, außerökonomische Gewalt von Staat, Recht etc. als ein institutionelles System von Manipulation in die Substanz der Warenproduktion, die abstrakte Arbeit selbst ein?« Diese Problematisierung zielt darauf ab, den Begriff der Manipulation, anstatt ihn als bloßes Phänomen von Kulturkritik herunterzuspielen, als integralen Bestandteil des modernen Produktionssystems materiell zu fundieren. Die Antwort resultiert aus der »globalen Eindimensionalität der Gesellschaft« im Zuge der Entwicklung der Produktivkräfte: »Wenn der technische Fortschritt der Maschine zwar potentiell die Arbeit abschafft, aber faktisch die Arbeiter abschafft und eine Situation eintritt, in der die Herrschenden die Massen ernähren müssen, wird die Arbeitskraft als Ware tendenziell ersetzt. Die Lohnabhängigen können sich nicht einmal mehr verdingen; die Arbeitslosen verfügen nicht einmal mehr über ihre Arbeitskraft als Ware. Daß am Ende der Rekonstruktion die strukturelle Arbeitslosigkeit nicht mehr im Zusammenhang mit der Funktionsbestimmung der Reservearmee analysierbar ist, ist Indiz dafür. Diese Tendenz ist begreifbar nur im Rahmen der durch den technischen Fortschritt zur Automation bewirkten Konstellationsveränderungen im Verhältnis von lebendiger und toter Arbeit. Wie Karl Korsch und Herbert Marcuse mit Bezug auf Marx andeuteten, bewirkt diese Konstellationsveränderung, daß nicht mehr das Wertgesetz, die objektiv sich durchsetzende Arbeitszeit, den Wertmaßstab abgibt, sondern die Totalität des Maschinenwesens selber.« Manipulation ist Bestandteil der Maschinerie, darin besteht ihre materielle Fundierung. In das System toter Arbeit integriert, nimmt sie die Synthesisfunktion wahr, die bislang der Wertabstraktion oblag. In diesem Gedankengang, der die Ökonomisierung des Überbaus nachweisen soll, vollendet sich das System des »Integralen Etatismus«. Seine wichtigsten Gesichtspunkte lassen sich noch einmal in folgenden Thesen zusammenfassen:

1. Der Staat wird zum Gesamtkapitalisten: Bei Beibehaltung der privaten Verfügungsgewalt über die Produktionsmittel wird das Gesetz der Konkurrenz ausgeschaltet, direkt in die Steuerung des Produktionsprozesses eingegriffen und die Verteilung der Mehrwertmasse dirigistisch geregelt.

2. Ein System der Manipulation, das integraler Bestandteil abstrakter Arbeit geworden ist, besorgt die nötige Massenloyalität: Die außerökonomische Zwangsgewalt wird verinnerlicht, Manipulation tritt an die Stelle von Repression.

3. Die Totalität der Maschinerie eskamotiert die sich objektiv durchsetzende Arbeitszeit als Wertgesetz: Die Automatisierung führt zur strukturellen Arbeitslosigkeit, die lebendige wird durch die tote Arbeit absorbiert, das Maschinenwesen selber gibt den Wertmaßstab ab.

4. Die Ökonomisierung des Überbaus ermöglicht die Übernahme der Synthesisfunktion: Die Zirkulationssphäre wird liquidiert, geistige Arbeit subsu-

miert und die Synthesis nicht mehr durch die Wertabstraktion, sondern durch das System der Manipulation wahrgenommen.

Die Quintessenz dieser Hypothesen besteht darin, daß der autoritäre Staat im System des »Integralen Etatismus« seine bislang vollkommenste Gestalt angenommen hat. Trotz der Wirtschaftskrise, die auf der politischen Ebene die Große Koalition nach sich zog, habe er, so wird behauptet, seine Herrschaftsapparatur weiter vervollkommnen können. Im Unterschied zum Faschismus, der seine Macht auf den physischen Terror aufbauen konnte, komme das System nun ohne offene Repression aus. Das sei die qualitative Differenz, die zum Ausgangspunkt jeder politischen Schlußfolgerung gemacht werden müsse.

II. Die strategische Schlußfolgerung: Direkte, bewußtseinskonstituierende Aktionen

Wie die objektive Verfaßtheit des Monopolkapitalismus bereits indiziert, unterliegen die Massen dem Bann eines hermetisch abgedichteten Manipulationssystems. Dazu heißt es: »Wenn die Struktur des Integralen Etatismus durch alle seine institutionellen Vermittlungen hindurch ein gigantisches System von Manipulationen darstellt, so stellt dieses eine neue Qualität von Leiden der Massen her, die nicht mehr aus sich heraus fähig sind, sich zu empören. Die Selbstorganisation ihrer Interessen, Bedürfnisse, Wünsche ist damit geschichtlich unmöglich geworden. Sie erfassen die soziale Wirklichkeit nur noch durch die von ihnen verinnerlichten Schemata des Herrschaftssystems selbst. Die Möglichkeit zu qualitativer politischer Erfahrung ist auf ein Minimum reduziert worden.« Wenn also der direkte Zugang zur Realität verstellt ist, die Wahrnehmung nahezu fugenlos bestimmten Mustern folgt, die im Sinne der Herrschenden präformiert sind, dann spitzt sich das alte Problem der Bewußtseinskonstitution historisch neuartig in der Frage zu: Wie kann die psychisch verankerte Verblendung durchbrochen, die Verriegelung der Bewußtwerdung aufgeknackt werden? Genauer noch: Wie kann abstrakte Gewalt zur sinnlichen Gewißheit werden?

Für Krahl und Dutschke ist unstrittig, daß es in der alles entscheidenden Frage der Bewußtseinskonstitution – bereits hier klärt sich, ob ein revolutionärer Prozeß zur Emanzipation der Massen führen kann oder aber in eine neue Form der Zwangsherrschaft einmünden muß – prinzipiell neuer Formen des politischen Kampfes bedarf. Das Evidenzerlebnis, so lautet ihre Antwort, könne sich nur in der provokativen, regelverletzenden Tat einstellen: »Die Agitation in der Aktion, die sinnliche Erfahrung der organisierten Einzelkämpfer in der Auseinandersetzung mit der staatlichen Exekutivgewalt bilden die mobilisierenden Faktoren in der Verbreiterung der radikalen Opposition und ermöglichen tendenziell einen Bewußtseinsprozeß für agierende Minderheiten innerhalb der passiven und leidenden Massen, denen durch sichtbar irreguläre Aktionen die abstrakte Gewalt des Systems zur sinnlichen Gewißheit werden kann.« Obgleich kein Zweifel an der Entschlossenheit zur illegalen Tat aufkommen kann, wird die Hoffnung auf einen wirklich durchschlagenden Erfolg, der sich mit dieser Methode der direkten Aktion erzielen lassen könne, doch nur mit äußerster Vorsicht formuliert. Dem revolutionären Handeln wohnt hier unverkennbar so etwas wie eine letzte Chance inne. »Organisierte Einzelkämpfer« sollen »tendenziell einen Bewußtseinsprozeß für agierende Minderheiten innerhalb der passiven und leidenden Massen« ermöglichen – nicht mehr.

In revolutionärer Hinsicht ist das System des »Integralen Etatismus« von einer grundlegenden Parodoxie gekennzeichnet: Die materiellen Bedingungen für den politischen Kampf sind zwar erfüllt, das Bewußtsein davon ist jedoch verstellt. Um den Nebelschleier, der die Institutionen umgibt, zerreißen zu können, ist es erforderlich, eine in Lateinamerika erprobte Methode des Kampfes zu übernehmen. Die entscheidende Forderung an die SDS-Delegierten lautet: »Die ›Progaganda der Schüsse‹ (Che) in der ›Dritten Welt‹ muß durch die ›Propaganda der Tat‹ in den Metropolen vervollständigt werden, welche eine Urbanisierung ruraler Guerilla-Tätigkeit geschichtlich möglich macht. Der städtische Guerillero ist der Organisator schlechthinniger Irregularität als Destruktion des Systems der repressiven Institutionen.« Die vom Marxismus unisono verketzerten Akte anarchistischer Einzeltäter erscheinen hier als logische Fortsetzung des auf Kuba erfolgreich ausgefochtenen Guerillakampfes. Dutschke und Krahl scheinen sich der Problematik dieser von ihnen geforderten Veränderung der Kampfweise, ihrer seit Jahrzehnten ungebrochen fortexistierenden ökonomischen Begründungsschwierigkeit durchaus bewußt zu sein. Denn sie sprechen offen davon, daß durch »die globale Eindimensionierung aller ökonomischen und sozialen Differenzen« die marxistische Anarchismuskritik, die im 19. Jahrhundert Gültigkeit besessen habe, nun revidiert und Bakunin rehabilitiert werden müsse. In der zitierten Passage – das allein macht die Rede schon zu einem bemerkenswerten Dokument – wird erstmals in der Bundesrepublik von der Stadtguerilla gesprochen; sie wird begründet, in ihrer methodischen Notwendigkeit fast deduziert, und sie wird gefordert. Dennoch wäre es verfehlt, hier im nachhinein von einer intellektuellen Vorwegnahme der *Roten Armee Fraktion* (RAF) zu sprechen. Nicht nur weil es in einem konkret historischen Sinne falsch wäre, sondern auch weil es zwischen dem Aufruf vom Herbst 1967 und der Praxis der RAF in den siebziger Jahren eine unübersehbare qualitative Differenz gibt. Stadtguerilla wird von Dutschke und Krahl noch als Element einer Bewußtseinsstrategie definiert. Der Stellenwert der Militanz ergibt sich aus ihrer propagandistischen Funktion, nicht umgekehrt. Der Sinn einer irregulären Aktion liegt demnach nicht in der materialiter zerstörenden Kraft der Gewalt, sondern in der Konkretisierung abstrakter Gewalt zur sinnlichen Gewißheit, in ihrer durch die Tat erst herzustellenden Erfahrbarkeit. Im Unterschied zur Dritten Welt, wo die Landguerilla sich unmittelbar auf ein Bewußtsein der gesellschaftlichen Mißverhältnisse stützen kann, weil Unterdrückung, Elend und Terror offen zutage treten, wird die Funktion der Stadtguerilla, als notwendiger Ergänzung ruraler Guerilla-Tätigkeit, in der bewußtseinskonstituierenden Rolle der provokativen, die Hermetik des Manipulationssystems durchbrechenden Tat gesehen. In diesem Sinne heißt es im zitierten Abschnitt auch: »Die revolutionären Bewußtseinsgruppen, die auf der Grundlage ihrer spezifischen Stellung im Institutionswesen eine Ebene von aufklärenden Gegensignalen durch sinnlich manifeste Aktionen produzieren können, benutzen eine Methode politischen Kampfes, die sie von den traditionellen Formen politischer Auseinandersetzung prinzipiell unterscheidet.« Die Logik der RAF lag dagegen von Anfang an auf einer anderen Ebene. Obwohl sie die Rhetorik, die Bomben »auch ins Bewußtsein der Massen« zu werfen, gepflegt hat, verfing sie sich schon mit ihrem Gründungsakt, der Baader-Befreiung, in den selbst ausgelegten Maschen einer vermeintlichen Logistik. Nicht um einen vermittelnden, bewußtseinsschaffenden Akt ging es ihr, sondern im direkten Sinne um eine Handlung, die sich nur noch an militärischen Kriterien messen lassen wollte.

Durch den Verweis auf diese grundlegende Differenz soll andererseits aber nichts vom eminent praktischen Charakter der zitierten Sentenz zurückgenommen werden. Die handlungsanleitende Intention des »städtischen Guerillero« ist zwar von einem Doppelcharakter der »Agitation der Aktion« geprägt, dieser kann jedoch nicht auf eine bloß verbale Propaganda reduziert werden, seine auch destruktiv-materiale Bedeutung läßt sich keineswegs hinwegdisputieren. Kaum bekannt ist, daß sich Rudi Dutschke und Hans-Jürgen Krahl etwa zur selben Zeit auch an anderer Stelle, obgleich nur marginal, mit der Rolle des Guerillakämpfers befaßt haben. So schreibt Rudi Dutschke in seinem Vorwort zu dem Sammelband *Der Lange Marsch*: »Es muß gelingen, die technische, ökonomische und pädagogisch-kulturelle Intelligenz, deren Bedeutung für die gesamtgesellschaftliche Reproduktion immer größer wird, zu einer befreienden Verweigerungs- und Sabotage-Guerilla in den verschiedenen Sphären der Gesellschaft zu vereinigen.«[5] Und Krahl notiert bei der Lektüre von Lenins organisationstheoretisch entscheidender Schrift *Was tun?*: »Partisanenstrategie in den Metropolen beinhaltet die Organisierung der großen Weigerung, der schlechthinnigen Irregularität. Die Partisanen verweigern die Reaktion auf die administrativ gesetzten Signale. Es gilt die Bewegung von innen her aufzurollen.«[6] Und weiter: »Wir müssen die Bewegung von innen aufrollen, Partisanen in die Familien schicken, um die zur Aggression manipulierten Massen zu neutralisieren, zum Zweck der soziobiologischen Vermittlung einer emanzipatorischen Vitalität müssen wir in die biosoziale Struktur der Gesellschaft, die Familie, eindringen.«[7] Diese Notizen sind übrigens nicht von den Herausgebern in den posthum erschienenen Band *Konstitution und Klassenkampf* aufgenommen worden. Anhand der Zitate wird deutlich, daß Krahl und Dutschke sich auch unabhängig vom Organisationsreferat mit Ansätzen zu einer Theorie der Guerilla in den Metropolen beschäftigt haben.

III. Die organisatorische Konsequenz: »Guerilla-Mentalität« im Kampf gegen die Institutionen

Nach den strategischen Schlußfolgerungen, die die beiden aus ihrer Analyse des autoritären Staates ziehen, ist nur zu evident, daß die Organisationsfrage nun nicht mehr auf der Ebene einer üblichen Hochschulgruppe behandelt werden kann. Ihre abschließenden Überlegungen leiten sie mit der beinahe ironisch klingenden Frage ein: »Hat das alles etwas mit dem SDS zu tun?« So weit scheint der Abstand zwischen der wirklichen Verfassung des Studentenbundes

---

[5] Rudi Dutschke, T. Käsemann, F. Schöller, Vorwort, in: Régis Debray / Fidel Castro / K. S. Karol / Gisela Mandel, Der Lange Marsch, München 1968, S. 19.

[6] Hans-Jürgen Krahl, Ausgewählte Werke, Helsinki 1970, S. 53.

[7] A.a.O., S. 51.

und der Idee einer »Urbanisierung ruraler Guerilla-Tätigkeit« zu sein. Und sie fahren weiter fort mit den Worten: »Wir wissen sehr genau, daß es viele Genossinnen und Genossen im Verband gibt, die nicht mehr bereit sind, abstrakten Sozialismus, der nichts mit der eigenen Lebenstätigkeit zu tun hat, als politische Haltung zu akzeptieren. Die persönlichen Voraussetzungen für eine andere organisatorische Gestalt der Zusammenarbeit in den SDS-Gruppen sind vorhanden. Das Sich-Verweigern in den eigenen Institutionsmilieus erfordert Guerilla-Mentalität, sollen nicht Integration und Zynismus die nächste Station sein.« Damit wenden sie sich zwar an die Antiautoritären, die mit dem Entwicklungsstand des SDS unzufrieden sind, stellen aber zugleich die Traditionalisten bloß, für die Alltagsleben und politische Organisation weiterhin getrennt bleiben. Letztere entsprechen dem Selbstverständnis, das für den Studentenverband in der Vergangenheit Gültigkeit besaß: »Die bisherige Struktur des SDS war orientiert am revisionistischen Modell der bürgerlichen Mitgliederpartei. Der Vorstand befaßt bürokratisch die zahlenden Mitglieder unter sich, die ein bloß abstraktes Bekenntnis zu den Zielen ihrer Organisation ablegen müssen... Demgegenüber stellt sich heute das Problem der Organisation als Problem revolutionärer Existenz.« Mit diesem Postulat endet das Organisationsreferat. Die Organisationsfrage wird pauschal zum »Problem revolutionärer Existenz« erklärt, wie jedoch der Stadtguerillero als »Organisator schlechthinniger Irregularität« seinen antiinstitutionellen Kampf austragen, welcher Mittel und Methoden er sich bedienen, ja was aus dem SDS angesichts einer solch »existenziellen« Herausforderung überhaupt werden soll, das bleibt offen.

Als einzige Konkretion ist dem Text noch zu entnehmen, daß der Stadtguerillero von der Universität aus operieren soll. »Die Universität«, so heißt es einen Abschnitt zuvor, »bildet seine Sicherheitszone, genauer gesagt, seine soziale Basis, in der er und von der er den Kampf gegen die Institutionen, den Kampf um den Mensagroschen und um die Macht im Staate organisiert.«

Die strategisch-organisatorischen Schlußfolgerungen aus der Analyse des autoritären Staates lassen sich in folgenden Thesen zusammenfassen:

1. Der »Integrale Etatismus« verunmöglicht die Selbstorganisation der unterdrückten Massen: Sein alle Institutionen durchziehendes System der Manipulation läßt eine emanzipatorische Entfaltung von Interessen, Bedürfnissen und Wünschen historisch nicht mehr zu.

2. Politisches Bewußtsein können nur noch »agierende Minderheiten« ausbilden, denen durch »sichtbar irreguläre Aktionen« Zeichen gesetzt werden: Da sich gesellschaftliche Erfahrung nicht mehr von allein herstellt, müssen »revolutionäre Bewußtseinsgruppen« die Blockierung aufbrechen und die abstrakte Gewalt des Systems zur sinnlichen Gewißheit der Subjekte machen.

3. Dem Stadtguerillero kommt die entscheidende Rolle im Bewußtwerdungsprozeß der Massen zu: Durch die Eindimensionalisierung aller gesellschaftlichen Differenzen wird die Aufnahme des Guerillakampfes in den Metropolen zur Notwendigkeit ebenso wie er durch sie überhaupt erst möglich geworden ist. Der »städtische Guerillero« ist der »Organisator der schlechthinnigen Irregularität« im antiinstitutionellen Kampf.

4. Das »Problem der Organisation« stellt sich für den SDS fortan als

»Problem revolutionärer Existenz«: Die Organisationsfrage muß auf einer historisch neuen Stufe behandelt werden. Das bisherige Modell einer Mitgliederpartei ist dem objektiven Entwicklungsstand des Systems unangemessen. Alltagsleben und politischer Kampf müssen sich zu einer Form »revolutionärer Existenz« zusammenschließen.

IV. Die Komplementarität von Etatismus und Aktionismus

Wenn man sich nun das Organisationsreferat in seiner Gesamtheit vor Augen führt, dann ist besonders auffällig, daß seiner Argumentation ein Konstruktionsprinzip zugrunde liegt, das einen Spannungsbogen umschreibt. Auf der einen Seite, der der objektiven Analyse, steht der »Integrale Etatismus«, auf der anderen, der der subjektiven Bestimmung, der irreguläre Aktionismus. Staat und Bewegung sind bis ins Extrem hinein polarisiert. Die Integralität des einen bestimmt die Irregularität des anderen. Die Gigantomanie des Manipulationszusammenhanges fordert zur ins Absolute gesteigerten Entschlossenheit der Bewußtseinsintervention heraus. Von dem als Monströsität analysierten System förmlich elektrisiert, bezieht die urbanisierte Guerillabewegung ihre Spannung – von dem bis in die Sphäre des Massenbewußtseins hinein perfektionierten Staat, der modernen Fassung des totalen Staates.

    Der strukturelle Dualismus, der die Rede durchzieht und von dem die Gedankenführung ihre Emphase, die politische Formbestimmung gleichsam ihre energetische Aufladung her bezieht, ist nicht einfach nur Reflex der bundesdeutschen Gegenwart zur Zeit der Großen Koalition, sondern verdankt sich einer historischen Konstellation, in der die Vergangenheit mit der Gegenwart verschränkt ist, so daß man jene in dieser, wenn auch nicht als dieselbe, so doch als ähnliche, wiedererkennen zu können glaubt. Das Denken Krahls und Dutschkes knüpft bewußt an Vorgaben jüdischer Theoretiker an, deren im amerikanischen Exil radikalisierte Gesellschaftsphilosophie unter dem Schock stand, Auschwitz zwar physisch entronnen zu sein, diese Rettung aber als moralische und intellektuelle Verpflichtung zu begreifen, den Kapitalismus vom logischen Fluchtpunkt des Holocausts her neu zu durchdenken. Die Verzweiflung, die der Kritischen Theorie in ihren dichtesten und zugleich charakteristischsten Werken als unverwechselbare Signatur einbeschrieben ist, stellt insgeheim die Energiequelle dar, von der die beiden Sprecher des SDS, die heute nach ihrem Tod gleichermaßen als Personifikationen der antiautoritären Revolte gelten, bis ins Detail ihrer Argumentation hinein zehren.

    Ein Aphorismus wie der folgende, der das strikte Gegenteil eines leicht dahingeworfenen Aperçus ist, hätte als Motto des Organisationsreferates dienen können: »Wenn der Sozialismus unwahrscheinlich ist, bedarf es der um so verzweifelteren Entschlossenheit, ihn wahr zu machen.« Der Satz stammt aus einem Brevier, das wie eine Art linker Katechismus im SDS zirkulierte, aus der *Dämmerung* von Heinrich Regius.[8] Der Autorenname ist bekanntlich ein Pseudonym des früheren Direktors des Instituts für Sozialforschung, Max Horkheimer. Von ihm stammt auch der für das Organisationsreferat so zentrale Begriff des »Integralen Etatismus«. Er hat ihn in seinem 1942 in Kalifornien verfaßten

---

8 Heinrich Regius (d.i. Max Horkheimer), Dämmerung, Zürich 1934.

Aufsatz *Autoritärer Staat* verwendet, um mit ihm eine Fortentwicklung des monopolkapitalistischen ebenso wie des staatssozialistischen Systems zu charakterisieren, das seine Machtmittel soweit perfektioniert hat, daß es im Gegensatz zum Faschismus ohne Terror auskommt. An zentraler Stelle heißt es dort: »Die konsequenteste Art des autoritären Staats, die aus jeder Abhängigkeit vom privaten Kapital sich befreit hat, ist der integrale Etatismus oder Staatssozialismus. Im integralen Etatismus ist die Vergesellschaftung dekrediert. Die privaten Kapitalisten sind abgeschafft… Der integrale Etatismus bedeutet keinen Rückfall, sondern Steigerung der Kräfte, er kann leben ohne Rassenhaß.«[9] Die historisch neue Qualität von Herrschaft äußert sich Horkheimer zufolge jedoch nicht allein in den Agenturen des Staatskapitalismus, sondern auch in den proletarischen Organisationen, die einst angetreten waren, um ihn abzuschaffen. Mit besonderer Intransigenz kritisiert er deshalb die Sozialdemokratie und die Gewerkschaften, in denen sich der »Geist der Administration« ausgebreitet habe, die die Spontaneität bloß noch »als Ergebnis ihrer eigenen Mache« duldeten und letztlich eine »Volksgemeinschaft« eigener Art anstrebten. Wirkliche Opposition in der Form einer politischen Massenpartei habe nur unter konkurrenzkapitalistischen Bedingungen existieren können. Deshalb müsse der autoritäre Staat gegnerische Massenparteien auch nur als Mitkonkurrenten im Kampf um die Macht fürchten: »Sie rühren nicht ans Prinzip.«[10] Versuche, wirkliche Freiheit herzustellen, sähen dagegen anders aus: »Diese Versuche, die ihrem Wesen nach keine Bürokratie dulden, können nur von den Vereinzelten kommen.«[11] Horkheimer hat offensichtlich die Assoziation Vereinzelter in einer Gruppe vor Augen, wenn er vom »bewußten Willen des Illegalen« schreibt, den »antiautoritären Zielen« und der »Avantgarde«, die noch hoffen lasse. Die Hoffnung jedoch auf eine wirkliche Beendigung des autoritären Staates steht auf Messers Schneide. Heißt es doch: »Die Möglichkeit heute ist nicht geringer als die Verzweiflung.«[12] Mit besonderer Schärfe kritisiert er die sozialdemokratische Auffassung vom Fortschritt, die die Revolution »auf den intensiveren Übergang zum Staatskapitalismus« reduziert habe. Von der Kritik, die in eine bestimmte Vorstellung geschichtlicher Notwendigkeit einmündet, nimmt Horkheimer auch Hegel und Marx nicht aus. Mit Bitterkeit heißt es: »Die Berufung auf ein Schema von gesellschaftlichen Stufen, das die Ohnmacht einer vergangenen Epoche post festum demonstriert, war im betroffenen Augenblick verkehrt in der Theorie und niederträchtig in der Politik.«[13] Ganz anders hingegen: »Die kritische Theorie… Sie kehrt sich gegen das Wissen, auf das man pochen kann. Sie konfrontiert Geschichte mit der Möglichkeit, die stets konkret in ihr sichtbar wird. Die Reife ist das Thema probandum und probatum. Obgleich der spätere historische Verlauf die Girondisten gegen die Montagnards, Luther gegen Münzer bestätigt hat, wurde die Menschheit nicht durch die unzeitgemäßen Unternehmungen der Umstürzler, sondern durch die unzeitgemäße Weisheit der Realisten verraten.«[14] Überall spürbar ist das Verdikt gegen Realpolitik, die das System der Unfreiheit unablässig perpetuiere. Von entscheidender Bedeutung ist dabei der Gedanke, daß Freiheit nicht materialistisch abgeleitet werden könne. Zu konstatieren seien nur die gesellschaftlichen Bedingungen, nicht aber auch ihre Möglichkeiten, diese seien dem befreiten Akt der Subjekte selber vorbehalten. »Die Differenz von

9 Max Horkheimer, Autoritärer Staat, in: ders., Gesellschaft im Übergang, Frankfurt/Main 1981, S. 19.

10 A.a.O., S. 21.

11 A.a.O., S. 28.

12 A.a.O., S. 28.

13 A.a.O., S. 23.

14 A.a.O., S. 23.

Begriff und Realität begründet die Möglichkeit der umwälzenden Praxis, nicht der bloße Begriff.« Dialektik sei nicht mit Evolution zu identifizieren, jeder Gedanke an ein Hinüberwachsen in eine andere Gesellschaft, an einen graduellen Übergang zum Sozialismus, sei deplaziert: »Das Ende der Ausbeutung ... ist keine Beschleunigung des Fortschritts mehr, sondern der Sprung aus dem Fortschritt heraus. Das Rationale ist nie vollständig deduzierbar. Es ist in der geschichtlichen Dialektik überall angelegt als der Bruch mit der Klassengesellschaft.«[15] Durchgängig hält Horkheimer an der Differenz von Begriff und Wirklichkeit fest, an der Undeduzierbarkeit einer befreiten Gesellschaft, an dem durch nichts aus der Welt zu schaffenden voluntaristischen Moment in der geschichtlichen Aktion der Subjekte. Sein Aufsatz endet mit den die Diskrepanz zwischen Geschichte und Denken zum Humanum erklärenden Worten: »Solange die Weltgeschichte ihren logischen Gang geht, erfüllt sie ihre menschliche Bestimmung nicht.«[16]

Horkheimers Aufsatz *Autoritärer Staat* ist erstmals in einem Typoskript erschienen, das er zusammen mit Adorno zur Erinnerung an Benjamin herausgegeben hat und das 1942 unter deutschen Emigranten in den USA zirkulierte. Das äußerlich bescheiden, fast ärmlich wirkende Heft trug den Titel *Walter Benjamin zum Gedächtnis* und publizierte erstmals auch dessen von Hannah Arendt überbrachte *Thesen über den Begriff der Geschichte*.[17] Es ist zu vermuten, daß Horkheimer seine Überlegungen zum System des »Integralen Etatismus« unter dem unmittelbaren Eindruck von Benjamins Selbstmord an der französisch-spanischen Grenze in den Pyrenäen, vielleicht sogar unter dem schlechten Gewissen leidend, im Gegensatz zu seinem Mitarbeiter den Häschern der Gestapo entkommen zu sein, verfaßt hat. Auffällig ist, daß Horkheimer in keinem anderen seiner Texte sich in einem solchen Maße von Benjamins Gedanken hat beeinflussen lassen. Auffällig ist aber auch, daß Horkheimer weder davor noch danach in einer solchen Unerbittlichkeit und Schärfe über Sozialdemokratie, Gewerkschaften und Staatssozialismus geurteilt hat, insbesondere was deren fatale Auffassung von Geschichte, Fortschritt und Dialektik anbetrifft.

Und genau in dieser ideologiekritischen Attacke sehen Krahl und Dutschke die Aktualität von Horkheimers Ausführungen. Für sie gibt es angesichts des Integrationsgrades der politischen und ökonomischen Organisationen der Arbeiterbewegung sowie der Liquidation der Zirkulationssphäre keinen logischen Ort mehr für eine immanent ansetzende Opposition. Die Frage, die sie sich stellen, lautet: Wie kann in einem System, dessen Logik auf den Begriff des »Integralen Etatismus« zu bringen ist, überhaupt noch politisch gehandelt werden? Und ihre Antwort heißt: Je hermetischer das System abgeschlossen ist, desto entschlossener müssen seine Institutionen – irregulär und provokant zugleich – angegriffen werden. Allein der »irregulären Aktion«, auf diese Formel läßt sich ihre Überzeugung wohl bringen, wohne eine letzte Chance zur Aufsprengung des Systems, dieses falschen Kontinuums zwischen Vergangenheit und Gegenwart, inne.

Einem Kerngedanken aus Marcuses *Eindimensionalen Menschen* folgend, gehen sie davon aus, daß mit der Totalisierung der Maschinerie Rationalität selber in ein System vergegenständlichter Irrationalität, in ein technologisches

---

15 A.a.O., S. 25.

16 A.a.O., S. 34.

17 Walter Benjamin, Thesen über den Begriff der Geschichte, in: ders., Gesammelte Schriften Bd I/2, Frankfurt/Main 1974, S. 691 ff.

Wahnsystem umgeschlagen ist. Darin materialisiert sich ihrer Ansicht nach, daß die direkte Aktion auch nicht mehr völlig rational zu deduzieren ist: Nunmehr können lediglich die Bedingungen ihrer Möglichkeit expliziert werden. Gerade weil die Befreiung einen Vorgriff auf die künftige Gesellschaft darstellt, kann sie keiner Logik des Bestehenden mehr folgen und muß sich, alles Abbildhafte abstreifend, ihre eigene entwickeln. Es dürfte wohl kaum ein Zufall sein, daß Krahls Lieblingszitat aus Kleists Aufsatz *Über die allmähliche Verfertigung der Gedanken beim Reden* stammt. Der preußische Dichter verwandelt darin ein geflügeltes Wort aus Rabelais' *Gargantua* in die Formel »L'idee vient en parlant« und charakterisiert so einen Modus des erst prozessual sich Herausbildenden: »Aber weil ich doch irgendeine«, so heißt es an einer Stelle des Kleistschen Textes, »dunkle Vorstellung habe, die mit dem, was ich suche, von fern her in einiger Verbindung steht, so prägt, wenn ich nur dreist damit den Anfang mache, das Gemüt, während die Rede fortschreitet, in der Notwendigkeit, dem Anfang nun auch ein Ende zu finden, jene verworrene Vorstellung zur völligen Deutlichkeit aus, dergestalt, daß die Erkenntnis, zu meinem Erstaunen, mit der Periode fertig ist.«[18] So wie hier, ein Vertrauen in die Spontaneität der Entwicklung voraussetzend, die Idee im Akt des Sprechens entsteht, so soll sich das politisch Projektierte erst im Prozeß der Aktion genauer ausbilden, in einem bestimmten Sinne überhaupt erst konstituieren. Diese Modalität bestimmt die grundlegende Undeduzierbarkeit der direkten Aktion. Danach kann immer nur die Bedingung ihrer Möglichkeit, nicht aber sie selber ausgedrückt werden.

Die Idee der direkten Aktion lebt in ihrem Kern aus der existentiellen Empörung über den Faschismus und – kaum geringer – über seine Verdrängung in der Nachkriegszeit. Die Erschütterung über die Greueltaten, die zum Teil verdeckt und abstrakt blieben, die Unfaßbarkeit des Grauens, soll als sinnliche Erfahrung konkretisiert und damit zugleich auch vergegenwärtigt werden. Die direkte Aktion soll die dünne Haut der demokratischen Maskierung zerreißen und das wirkliche Gesicht dieses Staates, aber auch dieser Gesellschaft zeigen. Dieser Vorstoß reicht bis in die als soziopsychische Agentur des Staates verstandene Familie hinein. Obgleich diese Seite im Organisationsreferat, das nur die ökonomische Struktur des autoritären Staates zum Gegenstand hat, nicht entwickelt wird, so muß die subjektive Dimension immer mitgedacht werden, wenn das, was Dutschke und Krahl unter antiautoritärer Bewegung verstehen, nicht einseitig oder verkürzt ausfallen soll.

V. Der antiinstitutionelle Kampf als Grundposition

Von den in der Mensa der Frankfurter Universität versammelten Delegierten wurde das Organisationsreferat wie ein Überraschungscoup aufgenommen. Allein die Tatsache, daß sich mit Dutschke und Krahl die beiden Wortführer der ansonsten rivalisierenden SDS-Hochburgen West-Berlin und Frankfurt zusammengetan hatten, erweckte schon den Anschein, als handle es sich dabei um eine Verschwörung. Der Beitrag selber, der ja bis dato unangetastete Traditionen in Frage stellte, wirkte stark polarisierend. Der Bonner Delegierte

18 Heinrich von Kleist, Über die allmähliche Verfertigung der Gedanken beim Reden, in: Heinrich von Kleist, Sämtliche Werke und Briefe, Bd. 2, hrsg. von Helmut Sembdner, München 1970, S. 319f.

Hannes Heer scheute sich in seiner Polemik nicht, den von Jürgen Habermas in Hannover erhobenen Linksfaschismusvorwurf aufzugreifen und ihn Rudi Dutschke ein weiteres Mal – diesmal aus den eigenen Reihen – entgegenzuhalten. Das wiederum empörte Christian Semler so sehr, daß er seinem Vorredner einen Feuerwerkskörper unter den Sitz warf. Was immer auch von weiteren kontroversen Reaktionen heute noch bekannt sein mag, ganz unbestritten dürfte sein, daß das Organisationsreferat nicht unerheblich zur Klärung der Mehrheitsverhältnisse beigetragen hat. Bei den abschließenden Wahlen zum Bundesvorstand setzten sich die Antiautoritären jedenfalls deutlich gegen die Traditionalisten durch. Die Gebrüder Karl-Dietrich und Frank Wolff wurden neue Bundesvorsitzende und trugen in den nachfolgenden Monaten zu einer weiteren Radikalisierung des Verbandes bei.

Der SDS wurde zum Aktionsfocus einer sich weiter ausbreitenden Bewegung, die als APO beinahe täglich für Schlagzeilen sorgte. In ihr setzte sich eine Grundposition durch, die unter dem Schlagwort des antiinstitutionellen Kampfes ein offensives Selbstverständnis markierte. Sein gedanklicher Konnex ist an keiner anderen Stelle so zwingend herausgearbeitet worden wie im Organisationsreferat. Die Entfaltung eines konstitutiven Zusammenhangs zwischen einem sich in moderner Gestalt verabsolutierenden Etatismus und der direkten, bewußtseinskonstituierenden Aktion wäre nicht möglich gewesen ohne Rudi Dutschkes Idee der Übertragung des Guerillakampfes aus der Dritten Welt in die Metropolen und Hans-Jürgen Krahls Vorstellung von einer schleichenden Inthronisierung des autoritären Staates, der auf offene Repression verzichtet und den Verfassungsbruch selber verfassungsrechtlich integriert. Für die antiautoritäre Bewegung, das ist die politische Schlußfolgerung aus dieser Analyse, konnte es keine Partizipation mehr am, sondern nur noch eine Konfrontation mit dem System geben.

Da Parlamente und Parteien ihrer inneren Logik nach als mediatisierend-manipulative Agenturen des autoritären Staates betrachtet wurden, konnte es für den SDS auch keine Beteiligung an den Bundestagswahlen 1969 geben. Verweigerung, Obstruktion und Sabotage allein galten als Prinzipien revolutionären Handelns, das sich den antiinstitutionellen und zugleich antietatistischen Impetus zu eigen gemacht hatte. Während des Wahlkampfes im Spätsommer 1969 wurde von SDS-Mitgliedern ein Flugblatt verbreitet, das einen Text der *Kommunistischen Arbeiter-Partei* aus den zwanziger Jahren reproduzierte und die antiparlamentarische Stoßrichtung noch einmal holzschnittartig zusammenfaßt. Es heißt darin ganz unvermittelt im Stile eines Katechismus politischer Ge- und Verbote: »Du sollst nicht wählen: Der Parlamentarismus ... ist ein Machtmittel des Kapitals. Die Waffen der Arbeiterklasse sind: Direkte Aktion! Massenkampf! Alle Macht den Räten – Nieder mit dem Parlament – Übt Wahlboykott.«

VI. Nachbemerkung

Welche Schlußfolgerungen lassen sich heute, mit einem zeitlichen Abstand von zwei Jahrzehnten, aus den im Organisationsreferat geäußerten Überlegungen und der für die antiautoritäre Bewegung konstitutiven Komplementarität von Etatismus und Aktionismus ziehen.

1. Die Idee der Stadtguerilla stammt, was den bundesdeutschen Zusammenhang anbetrifft, aus dem SDS. Daran kann es heute kaum noch einen Zweifel geben. Bislang wurde weithin die Ansicht vertreten, daß sich erste Ansätze zur Entwicklung bewaffneter Zirkel im Auseinanderfallen der APO, insbesondere im Zusammenhang mit der Randgruppenkonzeption gezeigt hätten. Das mag für die Phase der praktischen Konstituierung auch zutreffen. Die gedankliche Inkubation ist hingegen, wie das Organisationsreferat unmißverständlich zeigt, wesentlich früher anzusetzen, wahrscheinlich für den Sommer 1967, für eine Zeit also, zu der die außerparlamentarische Bewegung noch nicht einmal ihren Höhepunkt erreicht hatte. Allerdings kann die theoretische Begründung der Stadtguerilla durch Dutschke und Krahl nicht einfach post festum zur intellektuellen Vorstufe der RAF deklariert werden. Auf die konzeptionellen Differenzen ist ja bereits hingewiesen worden. Ebenfalls festzuhalten ist, daß die RAF nicht aus dem SDS hervorging. Diejenigen, die im nachhinein als »erste Generation« bezeichnet werden, sind zwar zum Teil vom SDS beeinflußt worden, waren jedoch bis auf wenige keine Mitglieder und spielten – von der publizistischen Rolle Ulrike Meinhofs und der juristisch-propagandistischen Rolle Horst Mahlers einmal abgesehen – keine politische Rolle im wichtigsten Studentenverband der Nachkriegszeit.

2. Obwohl die Kritische Theorie, insbesondere was Adornos Position anbetrifft, auf der historischen Unmöglichkeit emanzipatorischer Praxis bestanden hat (mit der Ausnahme Marcuses), ist dennoch nicht zu leugnen, daß ein bestimmter Zug ihres Denkens, der sich in der für die Kritischen Theoretiker wohl schwierigsten, weil hoffnungslosesten Zeit, während der Judenvernichtung im Zweiten Weltkrieg, ausbildete, bei der intellektuellen Geburt der Stadtguerilla Pate gestanden hat. Wenngleich keinerlei Legitimation für den Aufbau bewaffneter Kader bei einem der der Frankfurter Schule zugerechneten Theoretiker aufzufinden ist, wäre die gedankliche Schärfe und das sie durchziehende attentistische Moment in der antiautoritären Fraktion des SDS nur schwer vorstellbar ohne die theoretischen Vorarbeiten Walter Benjamins, Max Horkheimers, Herbert Marcuses und selbst Theodor W. Adornos. Da die Rezeptionsgeschichte jedoch alles andere als einlinig, sondern durchaus vermittelt, vielschichtig, mitunter auch indirekt und vertrackt verlaufen ist, muß an dieser Stelle jedoch ausdrücklich davor gewarnt werden, aus dem bloßen Nachweis abstrakter Zusammenhänge konkrete Verantwortlichkeiten, wenn nicht gar Schuldvorwürfe ableiten zu wollen. Die 1977 im Zusammenhang mit der Schleyer-Entführung von Filbinger und Rohrmoser erhobenen Vorwürfe entbehrten jedenfalls jeglicher Grundlage und lassen sich auf äußerst durchsichtige politische Motive zurückführen. Die dadurch auf den Plan gerufene Replik von Wellmer und Habermas, später auch von Marcuse ist politisch zwar angemessen, geht aber an der hier aufgezeigten Problemdimension vorbei und

stellt insofern auch keine wirkliche Klärung des überaus komplexen Verhältnisses zwischen antiautoritärer Bewegung und Kritischer Theorie dar.

3. Das antiautoritäre Denken, das trotz seiner Dominanz in der Revolte nirgendwo schriftlich fixiert oder gar in einer bündigen Weise theoretisiert worden ist, war von einem starken dezisionistischen Impuls durchdrungen. Die Insistenz auf dem »Hier und Jetzt«, die Übernahme von Marcuses Aufruf zur »Großen Weigerung« und dessen Idee vom »Qualitativen Sprung« mögen zwar im Sinne einer materialistischen Dialektik interpretierbar sein, lassen jedoch die Entschlossenheit zur Entscheidung als ihr Grundmotiv mehr als bloß durchscheinen. Wenngleich eine direkte Identifikation bestimmter Theoreme Carl Schmittscher Prägnanz bei nur wenigen, allerdings nicht gerade irrelevanten Autoren möglich ist, so hat doch die Furcht, den politischen Kairos zu verpassen, unverkennbar die Atmosphäre der 68er Revolte bestimmt. Die dezisionistische Zuspitzung von Argumenten, die aus dem theoretischen Fundus des alten Instituts für Sozialforschung zusammengeklaubt wurden, war überall spürbar. Und vielleicht ist es auch kein Zufall, daß Walter Benjamin, in dessen Schriften die attentistischen Motive bis hin zur zentralen Denkfigur einer »Dialektik im Stillstand« eine eigentümliche Prägnanz gewonnen haben, gerade in diesem Zusammenhang zum insgeheimen Lieblingstheoretiker avancierte.

4. Die in ihrer vermeintlichen Kompromißlosigkeit vielfach bewunderte Liquidation des Liberalismus war eine der verhängnisvollsten Folgen des antiautoritären Denkens; daran ist auch die Kritische Theorie, in der die entsprechenden Argumente ausgebildet vorlagen, nicht unschuldig. Auswirkungen hatte das vor allem auf den Umgang mit Positionen und Formen bürgerlicher Politik. In der Konfrontation mit dem ohnehin unterentwickelten liberalen Selbstverständnis gab es für den SDS nur ein Ziel – den Liberalen als politische Gefahr zu entlarven. Die Böll, Kogon, Augstein, Richter usw., die für eine andere Republik stritten, wurden nicht selten als »liberale Scheißer« diffamiert, deren Rolle für eine residuale Öffentlichkeit man sich gerne bediente, deren Meinung man aber als Form chronischer Selbsttäuschung abtat. Der Liberalismus – und damit das demokratisch-republikanische Erbe, das ohnehin keinen Fürsprecher in irgendeiner der Parteien hatte – wurde nicht aufgehoben, sondern liquidiert. In dieser Hinsicht waren die Positionen des SDS und der antiautoritären Bewegung von einer fatalen Scheinradikalität gekennzeichnet.

5. Eine andere Folge des antiautoritären Denkens war die innere Terrorisierung der Bewegung, ihr autoritäres Umkippen in neoleninistische, maoistische und stalinistische Kadergruppen. Die undurchschaute »Dialektik des antiautoritären Bewußtseins«, die auch heute noch den meisten ihrer Beobachter Rätsel aufgibt, führte schließlich von der Liquidierung des Liberalismus mit selbstzerstörerischer Konsequenz zur »Liquidierung der antiautoritären Phase«.[19] Der Haß, der gegen das bürgerliche Erbe freigesetzt worden war, fiel in überraschend kurzer Zeit auf seinen Träger zurück und verwandelte sich in Selbsthaß. Die antiautoritäre Bewegung wurde nun als Verlängerung des Liberalismus in der Linken identifiziert, derer es sich unter dem Vorwurf der Kleinbürgerlichkeit zu entledigen galt, um die im Klassenkampf scheinbar einzig Sicherheit garantierende Linie einer leninistischen Kaderorganisation einnehmen zu

---

19 Exemplarisch dafür: Joscha Schmierer, Die theoretische Auseinandersetzung vorantreiben und die Reste bürgerlicher Ideologie entschieden bekämpfen, in: Oskar Negt / Karl-Heinz Roth / Joscha Schmierer / Hans-Jürgen Krahl, Strategie- und Organisationsdebatte, Hannover o. J., S. 84 ff.

können. Binnen zweier Jahre hatte es der Antiautoritarismus schließlich vermocht, sich weitgehend selbst zu verzehren.

6. Obwohl es heute keine linke Fraktion oder Strömung mehr gibt, die sich noch ungebrochen auf die antiautoritäre Bewegung beruft, ist ihr politisches Selbstverständnis dennoch folgenreich geblieben. Insbesondere über die Sponti-Milieus der siebziger Jahre sind zentrale Motive des antiautoritären Denkens weitervermittelt worden und schließlich in popularisierter Form in die Alternativ- und Ökologiebewegung eingewandert. Insofern stellt es auch keine Überraschung dar, daß die über lange Zeit zur Dichotomie neigende Auseinandersetzung unter den Grünen – Parlamentarismus versus Basisdemokratie, Fundamentalopposition versus Realpolitik etc. – immer noch von dem das antiautoritäre Denken prägenden Dualismus Staat-Bewegung bestimmt war. Vor diesem Hintergrund dürfte es nicht vermessen sein, die Behauptung aufzustellen, daß nicht wenige der die Linke in der Gegenwart bedrängenden politischen Formprobleme wohl kaum eine genauere Klärung erfahren können ohne eine Vergewisserung der 68er Revolte.

Bernd Rabehl

Zur archaischen Inszenierung linksradikaler Politik

Ursachen und Auswirkungen des politischen Existentialismus in der Studentenrevolte 1967/68

[1997]

Neubesinnung

Im Wettbewerb der »Systeme« zeigte sich bereits zu Beginn der sechziger Jahre die Durchsetzungskraft des westlichen Kapitalismus. Zwar hatte die DDR durch den Mauerbau in Berlin und durch die Sicherung der Grenzen sich eine Schonfrist ertrotzt, aber sie war gezwungen, sich zu messen am westlichen Lebensstandard, an der Produktivität des Kapitalismus und an der technologischen Kapazität dieser Produktionsweise. Alle Planexperimente und »ökonomischen Systeme« des Realsozialismus waren fixiert auf das westliche Vorbild und mußten wohl scheitern, kamen sie nicht zu gleichen Ergebnissen und mißlang das »Überholen ohne Einzuholen«. Die DDR hatte bereits zu diesem Zeitpunkt nichts zu bieten. Ihre Realität war von jeglicher Utopie weit entfernt. Nicht die innere Begeisterung, die Hoffnung der Jugend, der Wille der Erbauer hielt diese Gesellschaft zusammen, sondern Zwang, Militarisierung oder alltäglicher Opportunismus brachten so etwas wie Zusammenhalt. Nur deshalb setzten Propagandisten der entsprechenden Abteilung des ZK der SED nicht länger auf die sozialistischen Heldengestalten oder auf die »Errungenschaften« des Sozialismus, sondern sie orientierten sich auf die subtile Demontage des Gegners. Es galt, das westliche Gegenbild zur DDR, den Realkapitalismus und seine Führungseliten, die die eigene Bevölkerung faszinierten und zur »Flucht« motivierten, schlechtzureden. Die Nähe der westlichen Republik zur Nazidiktatur wurde behauptet, die NS-Vergangenheit der Machteliten herausgestellt und das Aufkommen des Neo-Faschismus beschworen. Nur durch ein derartiges Feindbild konnte die DDR sich als das »bessere Deutschland« vorstellen. Eine derartige Propaganda gewann vorerst im Westen keinerlei Initialzündung für eine neue Opposition oder gar für den »Klassenkampf«.[1]

Im westlichen Deutschland hatten Kommunismus und Sozialismus längst ihre ideologische Sogwirkung eingebüßt. Die KPD hatte Glück, daß durch das Verbot dieser Partei 1956 ihre faktische Bedeutungslosigkeit in der Innenpolitik über die Regelmäßigkeit der Wahlen oder durch Tätigkeiten vor Ort nicht registriert wurde. Sie lebte vom »Mythos« des Verbots und vom Mythos eines rigiden Antifaschismus. Intellektuell brachte sie nichts Faszinierendes. Noch dogmatischer als im Osten mußten die wenigen Kommunisten irgendwie die Intellektuellenschelte nach 1956 in der DDR und die Distanzierung von allen Ausdrucksformen von Kunst und Kultur, die nicht im Bannkreis eines sozialistischen Realismus und der »Parteilichkeit« standen, legitimieren. Durch die

---

[1] Die Kulturkonferenz des ZK der SED, des Ministeriums der Kultur und des Deutschen Kulturbundes im April 1960; Verteidigung des Klassencharakters der nationalen kulturellen Traditionen im Manifest des VII. Parteitags der SED, 1967, in: SED und kulturelles Erbe, Autorenkollektiv unter der Leitung von Horst Haase, Berlin 1985, S. 269 ff. und S. 311 ff.; Maßnahmen zur Durchführung der kulturellen Aufgaben im Rahmen des Zweijahresplanes, Entschließung der 1. Parteikonferenz der SED in Berlin, 25. und 28. Januar 1949, in: Gert Dietrich (Hg.), Um der Erneuerung der deutschen Kultur, Berlin 1983, S. 344 ff.; Gert Dietrich, Politik und Kultur in der SBZ, 1945–1949, Berlin 1993, S. 129, S. 133 ff., S. 168 ff.

stalinistische Vergangenheit getrennt vom Denken einer westlichen Intelligenz, aber auch vom »Reformismus« der Arbeiterbewegung, losgelöst von den Traditionen des Linkskommunismus, den sie als Dekadenz, Verrat, Krankheit, Feindbild verdammte, war sie in der Illegalität erstarrt zum Propagandaorgan der SED, zum Fixpunkt für unerbittliche Parteiveteranen, zur Reisevermittlung in die DDR und ins sozialistische Lager. Die halblegalen Zeitschriften wie *Konkret* oder *Kürbiskern* bewegten deshalb gerade noch den »Rand« einer minimalen Linksintelligenz. Ihre Resonanz in der Öffentlichkeit tendierte gegen Null. Trotzdem waren SED und KPD immer wieder bemüht, Einfluß zu nehmen auf oppositionelle Strömungen im westlichen Deutschland, so auch auf die Studentenbewegung der sechziger Jahre.[2]

Aber auch die Linksfraktionen in der SPD benutzten ihre Linksethik bestenfalls, um Realpolitik in den Kommunen zu legitimieren. Diese Partei hatte mit dem Godesberger Programm von 1960 die Leitlinien von Macht- und Realpolitik des 1949 geschaffenen Rechtsstaats akzeptiert und bereitete sich in den Führungsetagen vor auf die Regierungsverantwortung. Außerhalb von illegaler KPD und machtorientierter SPD gab es noch »unabhängige Sozialisten«. Sie lebten die Konfrontationen der zwanziger Jahre nach und repräsentierten so etwas wie eine Zusammenfassung der unterschiedlichen »Leitlinien« der alten Arbeiterklasse. Sie waren hoffnungslos zerstritten, obwohl sie immer wieder zusammenfinden mußten in Vereinen, Clubs, Parteigründungen, um nicht vollständig in der Vergessenheit zu verschwinden. Lediglich im SDS, im Sozialistischen Deutschen Studentenbund, wurde nach Beschluß der »Unvereinbarkeit« von SDS- und SPD-Mitgliedschaft so etwas wie ein Sammelbecken unterschiedlich universitärer Linkskräfte. Dieser Bund besaß zwar einen »Bundesvorstand«, organisatorisch wurde er getragen von den einzelnen Hochschul- und Landesverbänden, so daß die unterschiedlichen Linksfraktionen, etwa Kommunisten, Sozialisten, Anarchisten, Antiautoritäre, Linkschristen, Radikaldemokraten, über den SDS ein »Bündnis« eingingen, indem einzelne Persönlichkeiten oder Fraktionen jeweils derartige Landesverbände repräsentierten oder stützten. Dadurch gewannen sie Stimme und Akzeptanz, wodurch das »Bündnis« Leben gewann. Der SDS besaß durch seine dezentrale Vielfältigkeit Zugang zur geistigen Universitätskultur der einzelnen Universitäten, aber auch zu den Zeitströmungen. Er war deshalb durchaus prädestiniert, studentisches Unbehagen, aber auch der »Provokation« der Antiautoritären später Raum zu geben. Sein Aktions- und Agitationsfeld war die Universität. Hier lag zugleich Stärke und Schwäche des SDS, kurzfristig einer aufkeimenden Studentenrevolte Form und Ziel zu verleihen. Er blieb allerdings unfähig, eine derartige Revolte zu übertragen in einen »gesellschaftlichen Generationsbruch«, in eine kulturrevolutionäre Konstituierung einer Radikalopposition. Mehr noch – seine Nähe zur situativen »Vielfalt« von Universitätsleben, Dozentenschaft, Lehrstühlen, Seminaren Studentengruppen, »Geistesblitzen« machte ihn anfällig für die »geheime Universität«, für archaische Macht, charismatische Führerschaft, Gefolgschaft, Schulen, Verschwörungen, Mythologisierungen von »Theorie«, für die existentialistische Inszenierung. Nicht zufällig entstanden später, nach der Selbstauflösung des SDS, nach 1970, aus den einzelnen Landesverbänden die K-Gruppen, Kommunistische Parteien, Bünde, Initiativen, die sich

---

2 Walter Ulbricht auf dem VII. Parteitag der SED, Ende April 1967: Walter Ulbricht, Protokoll des VII. Parteitags der SED, Berlin 1967, S. 46 ff., S. 55 ff.; Vorlage über die Bildung eines legalen Zentrums der Jugendpolitik in Westdeutschland, Berlin den 15. Juni 1964; Information über politische Seminare einer FDJ-Delegation mit Funktionären und Mitgliedern des SDS in Frankfurt/Main und Bonn am 8./9. Dezember 1966; Wachsender Protest und Widerstand junger Menschen, studentischer Organisationen und Schüler gegen die Notstandsgesetze; Ziel unserer Einflußnahme auf westdeutsche Jugend- und Studentenverbände, in: Stiftung Archiv der Parteien und Massenorganisationen der DDR im Bundesarchiv, Zentrales Parteiarchiv (SAPMO Barch, ZPA) IV A 2/2028/134.

jeweils um einzelne »Führer«, Freundeskreise, Cliquen oder Linien scharten und die die »geheime Universität« oder die »geheimen Fronten« im SDS an das Licht des Tages brachten. In der Dezentralität dieser Organisation, in ihrem Bezug zur inoffiziellen Universitäts- und Gruppengemeinschaft lag die Zerstörungskraft, diese Avantgarde der Revolte auf- und kaputtzusprengen.[3]

Aber so weit sind wir noch nicht. Vom Ende her, vom Zerfall des SDS als Vehikel dezentraler Avantgarden, wollen wir seine damalige Aktualität und Übersetzungsleistung bzw. Initialzündung einer Revolte gegenüber den »kontraproduktiven« Parteien wie illegaler KPD, Linksgruppen innerhalb der SPD oder der Aktivitäten unabhängiger Sozialisten betonen. Als studentische Organisation hatte er Anteil an der intellektuellen Aufarbeitung der Vergangenheit über einzelne Lehrstühle. Professoren wie Wolfgang Abendroth, Otto Stammer, Ossip K. Flechtheim, Richard Löwenthal, Hans Joachim Lieber, Theodor W. Adorno, Werner Hofmann, Eugen Kogon u.a., aber auch Dozenten, die oft dem SDS direkt verbunden waren wie Alfred Schmidt, Oskar Negt, Frank Deppe, Claus Offe, Jürgen Habermas, Klaus Meschkat, Ulrich K. Preuß, Richard Lorenz, Helmut Fleischer konzentrierten ihre Themen auf die zeitgenössische Philosophie und Kritik, auf soziologische Bestandsaufnahmen der Epoche, auf die Reflexion der Geschichte der historischen Arbeiterbewegung und der Opposition, auf die Revolutionsgeschichte, auf die Diktaturen von Hitler und Stalin. Diese Seminarthemen wirkten auf Bewußtsein und Einstellung der studentischen Frauen und Männer im SDS. Sie bildeten die Folien der eigenen Theoriefacetten über Kapitalismus, Faschismus, Stalinismus und über das Neubeginnen sozialistischer Politik. Der SDS wurde durch diese theoretische Neugierde auch Übersetzer für die Ideen der »New Left«, die sich in den USA, in Frankreich, England, Polen, Jugoslawien und Ungarn neu konstituierten. Diese neue Linke signalisierte, daß Reformismus und Kommunismus in Europa an das Ende ihrer Entfaltung gekommen waren und ihr Zustand der Stagnation überging in den offenen Zerfall. Die eher noch verschlüsselten Botschaften der unterschiedlichen Theoretiker wie Paul A. Baran und Paul M. Sweezy, Joan Robinson, Robbin Blackburn, Jean-Paul Sartre, Albert Camus, André Gorz, Herbert Marcuse, Leszek Kolakowski, Leute um Georg Lukács waren, daß nicht der Kapitalismus zusammenbrechen würde, sondern der Sozialismus. Daß der Kapitalismus u.a. seine technologische Dynamik aus der Tatsache zog, daß die Märkte weitgehend reguliert waren, daß die Arbeiterschaft als Produktiv- und Arbeitskraft über die Organisationsmacht von Sozialdemokratie und Gewerkschaften Bestandteil eines »Systems« war, daß der Gesellschaft nun das »revolutionäre Subjekt« fehlte, daß der Marxismus-Leninismus als Legitimationsideologie des Realsozialismus jeden Bezug zur materialistischen Kritik und Dialektik verloren hatte, eine Art »Wunderglauben« war in Gestalt einer primitiven Religion und daß nur über die Neubestimmung von Individualität und Freiheit und die Neufindung sozialer Subjektivität eine Erneuerung der sozialistischen Idee gelingen konnte. Aber auch der Antikolonialismus wurde thematisiert. Die unterschiedlichen Freiheitskämpfe in Algerien, Vietnam, Kuba, Kongo zersetzten den Status quo imperialer Macht und die Absprache der »Blöcke«. Die verschiedenen Persönlichkeiten, Gruppen und Fraktionen im SDS reagierten unterschiedlich auf diese Botschaften: im-

---

3 Margareth Kukuck, Student und Klassenkampf, Gießen 1974, S. 51 und S. 83 ff.; Werner Hofmann, Das Aufbegehren der Studenten, in: Werner Hofmann, Universität, Ideologie, Gesellschaft, Frankfurt/Main 1968, S. 41 ff.; Bernd Rabehl, Das Verhältnis von bürgerlicher Ideologie und der Ideologie des Antiautoritarismus, in: Permanente Revolution I/2, November 1971, Berlin 1971 S. 127 ff.; Rolf Schwendter, Maximen und Reflexionen zur Praxis der antiautoritären Linken, in: Republikanische Verlagsgesellschaft, Stuttgart o. J. (1968), S. 49 ff.; Sebastian Scherer, Deutschland, die ausgebürgerte Linke, in: Angriff auf das Herz des Staates, Analysen von Henner Hess, Martin Moerings, Dieter Paas, Sebastian Scherer und Heinz Steinert, Bd. I, Frankfurt/Main 1988, S. 232, S. 257, S. 275.

merhin war der Keim gelegt für die spätere Subversivität und für die Attraktivität dieser Organisation für die aufbrechenden Studenten. Der SDS war auf der »Höhe der Zeit«, indem er Stimmungen, Ahnungen, Hoffnungen, das Unbehagen aus West- und Osteuropa sowie Nordamerika übersetzte und immer auch konfrontierte mit den vergessenen, aber an den Universitäten erneut diskutierten Traditionen von Opposition und Widerstand. Das pulsierende Leben von Umbrüchen und Zerstörungen, von Großstadt, Metropolen, Transformationen fand Zugang zum linksradiaklen Denken, das im SDS kurzfristig eine Heimstatt gefunden hatte. Diese Übersetzungsarbeit geschah zwar über einzelne Theoretiker, Lehrstühle und Gruppen, bestimmte jedoch die Gesamtheit des SDS. Dieser umfaßte zu diesem Zeitpunkt etwa 800 junge Frauen und Männer in den einzelnen Universitätsstädten der Bundesrepublik und Westberlins, die allerdings durch ihr hohes Engagement Multiplikatoren sein konnten für eine Revolte.[4]

Der SDS verkörperte immer auch die Bruchstellen und Übergänge der alten Ordinarienuniversität hin zu einer neuen Institution, deren Gestaltung damals noch nicht einsehbar war. SDS-Politiker konzipierten ein Reformprogramm der Universität und waren in den einzelnen ASTen und Studentenparlamenten bemüht, sich für dessen Verwirklichung einzusetzen. Der SDS verkörperte zugleich die Übergänge vom Elite- zum Massenstudenten, denn er war als linke Organisation Anlaufpunkt für junge Frauen, die den Zugang zur Universität oft gegen den Widerstand ihrer Familien erreichten und die vorerst nur im linken Spektrum so etwas wie Anerkennung ihrer Interessen fanden. Aber es kamen auch junge Männer aus den sozialen Milieus, die sich den Weg zur Universität ertrotzt hatten. Auch sie fanden vorerst im SDS, waren sie links eingestimmt, so etwas wie »Heimat«. So wetteiferten im SDS die »Auserwählten«, denen die Karrierelaufbahn dank ihrer sozialen Herkunft offenlag, die »zukünftigen Professoren«, mit den »Außenseitern«, die sich ihre Position erkämpfen mußten und die geleitet wurden durch den Willen, Persönlichkeit zu werden und auszuscheren aus den psychischen Zwangsmechanismen ihrer Schicht. Die Außenseiter radikalisierten durchaus die Diskussion. Als vorerst »Entwurzelte« leisteten sie sich Zuspitzungen, verließen den Rahmen von Anstand und Anpassung, scherten sich nicht um Tradition und Autorität, kümmerten sich auch nicht um die Gepflogenheiten der offiziellen und geheimen Universität, drängten auf Praxis, interpretierten die Linkstheorien neu und formierten sich in den Extremfraktionen. Das war bereits Lebenskampf, Streit um Anerkennung, Selbstbehauptung, Wille zur Macht oder Kampf um berufliche oder politische Positionen. Aber auch die Auserwählten hatten Probleme, kamen sie doch aus Familien, die alle irgendwie verwickelt waren mit der NS-Diktatur. Um frei zu kommen aus dem Alp von Schuld und Verdrängung, waren sie bereit und fähig, den Stab zu brechen über ihre Väter und Mütter. Für den Typus des »Auserwählten« stehen Persönlichkeiten wie Habermas, Offe, Preuß, Altvater, Negt, für die die Revolte später so etwas wurde wie Sprungbrett oder auch nur Abkürzung der Karriere und die sich subtil, aber auch offen distanzierten vom Radikalismus der Außenseiter, der sehr bald »gesellschaftsfeindliche« und »asoziale« Züge gewann. Diese hatten ihre Symbolfiguren in Rudi Dutschke, Hans-Jürgen

4 Tilman Fichter, SDS und SPD, Opladen 1988; Tilman Fichter, Vom linken Offiziersbund zur Revolte, in: Jürgen Seifert u.a. (Hg.) Soziale oder sozialistische Demokratie, Marburg 1989; Tilman Fichter/Siegward Lönnendonker, Kleine Geschichte des SDS, Berlin 1977; Willy Albrecht, Der Sozialisitische Deutsche Studentenbund, Bonn 1994; Die neue Linke war im »Westen« primär gruppiert um die Zeitschrift *New Left*, London und *Monthly Review*, New York. Ihre wichtigen Akteure und Theoretiker waren: Paul A. Baran / Paul M. Sweezy, Monopolkapital, Frankfurt/Main 1968; Harry Magdoff, Das Zeitalter des Imperialismus, Frankfurt/Main 1970; Jean-Paul Sartre, Marxismus und Existentialismus, Reinbek 1964; Serge Mallet, Die neue Arbeiterklasse, Frankfurt/Main 1972; André Gorz, Zur Strategie der Arbeiterbewegung im Neokapitalismus, Frankfurt/Main 1968; Herbert Marcuse, Soviet Marxism, New York 1958; Leszek Kolakowski, Der Mensch ohne Alternative, Frankfurt/Main 1974; Ernest Mandel, Spätkapitalismus, Frankfurt/Main 1968; zur Einschätzung der Neuen Linken: A Disrupted History: The New Left and the New Capitalism, New York 1971; Herbert Marcuse, Die Linke im Angesicht der Konterrevolution, in: ders., Konterrevolution und Revolte; Frankfurt/Main 1973, S. 16ff.; Bernd Rabehl, Der SDS und die Strategie der direkten Aktion, in: Neue Kritik, 9. Jg., Nr. 50, Oktober 1968, S. 26ff.;

Krahl, Joschka Schmierer, Karl-Heinz Roth, Jürgen Horlemann, Tilman Fichter, Ines Lehmann, Ursel Henning, Sigrid Fronius, Bernd Rabehl u. a. In Westberlin kam noch hinzu, daß viele Abhauer aus der DDR im SDS die Erfahrung mit dem Realsozialismus und zugleich den Aufstieg aus den Unterschichten repräsentierten.[5]

Von den Frauen im SDS und innerhalb der Universität wurden später die Außenseiter am konsequentesten kopiert und karikiert. Sie übernahmen deren Unversöhnlichkeit und Draufgängertum für die Aufrisse eines Radikalfeminismus, der nichts mehr gemeinsam haben wollte mit der offiziellen und »männlichen« Wissenschaft. Aber auch ihnen ging der revolutionäre Anspruch sehr schnell verloren. Sie kopierten zwar in ihren Reihen anfangs das »männliche« Sektierertum, aber sehr bald stritten sie um die berufliche Anerkennung, um Stellen und Positionen an Universität und im öffentlichen Dienst und machten deutlich, daß Außenseiter durchaus etwas erreichen konnten in Situationen der Verunsicherung der »Mächtigen«, aber sehr leicht kooptiert wurden, wurde der Aufstieg akzeptiert und abgesichert. So wurde auch der Frauenkampf sehr schnell Interessenstreit von Mittelstandsfrauen, die darum rangen, endlich berücksichtigt zu werden in den oberen Rängen von Funktion und Macht. Die allgemeine Gleichberechtigung der weniger privilegierten Frauen wurde ihnen gleichgültig. Die männlichen Außenseiter hatten es da durchaus oft schwerer. Sie wurden gestraft durch Berufsverbote, hatten sie sich in Extremgruppierungen engagiert oder konnte ihnen nachgewiesen werden, daß sie nicht auf dem »Boden« der freiheitlichen Grundordnung standen. Aber sie mußten auch im Berufsfeld ankämpfen gegen Vorurteile, Neid und Vorwürfe, die ihnen gerade von denen entgegengebracht wurden, die durch Fleiß und Können, aber auch durch Anpasserei und Liebedienerei ihnen voraus waren und vor allem im Konkurrenzkampf die Beziehungen zu Parteien, Professoren und Privilegienträgern ausspielen konnten und dadurch den Vorzug erreichten. Oft überreizten die Außenseiter ihr Draufgängertum und erreichten sehr schnell die Grenzen der Asozialität und standen sich selbst im Wege bzw. verstiegen sich in ein abstraktes und unversöhnliches Revoluzzertum. Viele der Außenseiter schafften den langen Marsch durch die Institutionen nicht.[6]

Zur organisatorischen Formierung der Neuen Linken nach 1967

Die Themen der antiautoritären Aktions- und Provokationskonzeption wurden weitgehend von der neuen Linken angerissen und fanden ihre Ergänzung durch die Aphorismen und Einschätzungen der Kritischen Theorie und des dissidenten Marxismus, der etwa in Georg Lukács, Karl Korsch, Rosa Luxemburg, Walter Benjamin, Herbert Marcuse, zum Teil auch in Ernst Bloch seine Verkörperung fand. Die Praxisnähe, das Primat der Aktion und der situative Gebrauch von Theorie, der die einzelnen Theoriefetzen eklektisch zusammenfügte je nach Lage, Erklärung und Agitationsziel, haben verhindert, daß so etwas entstehen konnte wie eine »antiautoritäre Philosophie«. Das sollte auf keinen Fall geschehen, weil es immer galt, sich frei zu machen von Traditionen und Theorien, von geschlossenen Ideologien, Utopien und Vorbildern, denn

---

[5] Max Weber, Wissenschaft als Beruf, in: Gesammelte Aufsätze zur Wissenschaftslehre, Tübingen 1968, S. 584; George Mosse: The Crisis of German Ideology, New York 1964, S. 150; Pierre Bourdieu, Die politische Ontologie Martin Heideggers, Frankfurt/Main 1975, S. 53.

[6] Helke Sander, Rede des »Aktionsrats zur Befreiung der Frauen«; Ulrike M. Meinhof, Die Frauen im SDS oder in eigener Sache; Karin Schrader-Klebert, Die kulturelle Revolution der Frau; Marianne Schuller, Vergabe des Wissens. Notizen zum Verhältnis von »weiblicher Intellektualität« und Macht; Cora Stephan, Dessouveränität, sämtlich in: Autonome Frauen, Schlüsseltexte der Neuen Frauenbewegung seit 1968, hrsg. von Ann Anders, Frankfurt/Main 1988.

Begriffe, Logik, Darstellung, Sprache waren beladen mit vergangener Macht und Herrschaft und hatten dazu gedient, diese zu legitimieren oder die Orientierung auf individuelle Freiheit und Emanzipation zu verdrängen oder logisch zu überschreiten. Mußten die Widersprüche einer weitgehend geschlossenen Gesellschaft ohne »Subjekt« neu entdeckt werden, sollten Schwachpunkte, Zerfallsprodukte ausfindig gemacht werden, galt das Primat der Aktion als Provokation der herrschenden Machteliten. Sie waren Orientierung und Mittel, um Einschätzungen zu finden, die irgendwie Realität als Interventionsfeld für revolutionäre Minoritäten widerspiegelte. Nur über die Aktion war Realität rekonstruierbar bzw. Theorie erlebbar. Die kritischen und dissidenten Theorien waren lediglich Mittel der Annäherung an die Wirklichkeit, um die Bruchstellen ausfindig zu machen, die etwa deutlich machten, wann und warum der moderne Kapitalismus seinen Widerspruchscharakter positiv und negativ überwinden konnte, wieso die soziale Klassenspaltung reduziert wurde auf »Vermassung« und Subsumtion unter Konsum und soziale Privilegien, wie Macht und Herrschaft konstituiert waren über Anteil am Privateigentum, am Staats-, Wirtschafts-, Rüstungs- und Militärapparat, wie Herrschaft umgesetzt wurde über Medien, Wissenschaft, Erziehung, Öffentlichkeit, Parlamentarismus und »Manipulation«, wie weit die psychologischen Einbindungen des Einzelnen in das System gelingen konnte und was Freisetzung einer freien Gesellschaft auf der Grundlage des sozialen Reichtums bedeutete. Die jeweiligen Zusammenhänge und »Vermittlungsebenen« sollten aufgedeckt werden durch Provokation der Mächtigen in Staat, Parteien, Polizei, Universitäten, Schulen, Fabriken. Diese Provokation hatte den Fahrplan der »schwachen Glieder«. Sie begann an der Universität, setzte sich fort an den Schulen, um erst dann Außenseiter, Minoritäten, aber sehr bald auch Teile der Massen zu erreichen. Antiautoritäre Provokation war frontal gegen die politische Klasse gerichtet und mußte, um bestehen zu können, den Grenzbereich rechtlicher Legalität bewahren. Sie war stets Inszenierung, Kampagne, Organisationsnetz, Ritual. Der SDS konnte diese inszenierte Provokation organisatorisch nicht mehr tragen in dem Augenblick, wo nach dem 2. Juni 1967 der studentische Protest Massencharakter gewann. Nur war die Frage, konnte diese Revolte sich ausweiten zu einer legalen Radikalopposition oder eskalierte sie zum subversiven Widerstand, der vor allem die archaischen Kräfte innerhalb der Opposition mobilisierte, konnte die Revolte die Kraft und den Willen finden, gegen den Sicherheitsapparat des Staates zu bestehen?[7]

Das antiautoritäre Aktionsprogramm, so weit es eine Konzeption darstellte, wurde von den einzelnen Akteuren sehr schnell überspielt, schon deswegen, weil jede Radikalisierung von Provokation die eigenen Reihen provozierte und so etwas verursachte wie eine Revolte in der Revolte, so daß Gruppen, Kampagnen, Ziele sehr schnell umgewertet und umgestellt wurden, und im Gang durch die Extreme, die ursprüngliche Konzeption vergessen bzw. überwunden wurde. Innerhalb eines Jahres, hauptsächlich nach dem Juni 1967, radikalisierten sich junge Frauen und Männer sehr schnell, gaben sehr bald ihre »Bürgerlichkeit« auf, trennten sich von ihren sozialen Milieus, stellten ihre Berufswünsche um, schlossen sich Gruppen an und wurden kurzfristig »Berufsrevolutionär«. Eine gewisse Konsolidierung trat erst mit der Gründung der

7 Rudi Dutschke, Demokratie, Universität und Gesellschaft; Rudi Dutschke, Professor Habermas: Ihr begriffsloser Objektivismus erschlägt das zu emanzipierende Subjekt, beide in: ders., Geschichte ist machbar, Berlin 1980, S. 61 ff., S. 76 ff.; Rudi Dutschke: Die Widersprüche des Spätkapitalismus, die antiautoritären Studenten und ihr Verhältnis zur Dritten Welt, in: Uwe Bergmann, Rudi Dutschke, Wolfgang Lefevre, Bernd Rabehl, Rebellion der Studenten oder die neue Opposition, Reinbek 1968, S. 72 ff.; Hans-Jürgen Krahl, Römerbergrede, in: ders., Konstitution und Klassenkampf, Frankfurt/Main 1973, S. 149 ff.; Bernd Rabehl, Am Ende der Utopie, Berlin 1988; Bernd Rabehl, Repressive Toleranz, in: Andreas Gestrich, Gottfried Niedhart, Bernd Ulrich, Gewaltfreiheit, Münster 1966, S. 133 ff.

Zur archaischen Inszenierung linksradikaler Politik

8 Dutschke verfolgte noch in der DDR die Ziele einer unpolitischen Anpassung an die Diktatur, die allerdings hochpolitische Konsequenzen haben mußte für die Zukunft: Er wollte Leistungssportler werden und Rundfunkreporter. Vorbilder waren Täve Schur, der Friedensfahrtheld jener Tage und der Sportreporter Heinz Florian Oertel, der die Wettfahrereignisse in Worte faßte, in Wortbilder und der Stimmungen und Begeisterungen übersetzen konnte und der der DDR-Bevölkerung so etwas wie »Stolz« übermittelte über die Leistungen der Sportler und sie verband mit ihren subjektiven Leistungen. Sport wurde sehr bald für diese DDR-Diktatur Politik, eine Vermittlung von Fabrik und Militär, Symbol von Leistung, Disziplin und Hingabe, jedoch verbunden mit der persönlichen Aura, dem individuellen Ehrgeiz und der persönlichen Erfüllung. Deshalb wurde Sport das herausragende Bild von Propaganda und Patriotismus. Hatte der junge Dutschke nun den Berufswunsch, Reporter zu werden, so wollte er letztlich Politiker werden und wollte Parteifunktionäre wie Ulbricht, Pieck, Grotewohl u.a., die für das Volk so etwas darstellten wie Antihelden, gefesselt an den Jargon ihrer Agitation und an den Kult ihrer Partei, die nichts weiter waren als Funktionäre, Buchhalter, Kader, überbieten durch Engagement und Charisma. Dutschke hat durchaus diesen Zusammenhang empfunden, wenn er sein erstes »Teach-in« noch als Schüler in der DDR schreibt: »Es war für mich die erste Möglichkeit, vor Hunderten von Schülerinnen und Schülern wirklich öffentlich sprechen zu können. Denn ich hatte mich schon als zukünftigen Sportjournalisten und

K-Gruppen und der unterschiedlichen Partisanenverbände ein. Aber das war bereits eine grundlegende Umwertung der ursprünglichen antiautoritären Provokation, eine Art kultureller Konterrevolution in der Revolte, eine Rückkehr in die Frontstellungen des Kalten Krieges, ein Eintauchen in die kommunistische Ideologie, um so etwas zu finden wie organisatorische Festigkeit, Ziel, Disziplin, Gehorsam und festen Glauben. Verspielt war das Ursprungsziel: die individuelle und soziale Emanzipation. Sublimiert wurde diese »Flucht« in Ordnung und Geborgenheit dadurch, daß die Gegnerschaft zum Elternhaus, aber auch zu den herrschenden »Charaktermasken« des »Systems« bestehen blieb und die Wunschlandschaften aus China, Kuba, Vietnam, Nordkorea diese reaktionäre Wendung nicht offen sichtbar werden ließen. Der NS-Opportunismus der Eltern wurde nun überboten durch die kommunistischen Gefolgschaften, die durch den Antifa-Mythos die Weihe der Progressivität erhielten. Dieser Marsch durch die Extreme hat verhindert, daß es heute so etwas gibt wie eine »antiautoritäre Tradition«. Der antiautoritäre Aufbruch war selbst antitraditionell und lebte von der Situation, die sich jeweils schnell veränderte. Deshalb dominieren heute als Erinnerung Bilder, Szenen, Ausschnitte, die jeweils Hintergründe und Zuspitzungen verbergen und belegt werden durch die Projektionen der Aktivisten, die heute nicht mehr daran erinnert werden wollen, was sie so alles angestellt haben. Der antiautoritäre Aufbruch wurde belegt mit Verdrängungen und deshalb längst umgedeutet in einen allgemeinen Jugendaufbruch, dem sogar die Weihe einer kulturellen Erneuerung der Bundesrepublik verliehen wurde, so daß sich heute jeder Yuppie, ob Manager oder Funktionär, einreihen kann in die Bilderbögen des Aufbruchs.

Um trotzdem so etwas zu versuchen wie eine »Rekonstruktion« der vielfältigen Konzeptionen der antiautoritären Provokation werden wir uns auf zwei Propagandisten und Akteure der antiautoritären Revolte konzentrieren, auf Rudi Dutschke und Hans-Jürgen Krahl. Sie waren als Repräsentanten der Außenseiter und Aufsteiger bzw. Teilhaber der »geheimen« Universität bemüht um theoretische Konzeptionen, die primär vermittelt wurden über Reden und Inszenierungen bei Teach-ins, Kongressen, Treffen und die getragen wurden durch Umsetzungswillen, Führerschaft und Charisma. Unsere Rekonstruktion nimmt sich bestimmte Ereignisse heraus: die Diskussionen mit Herbert Marcuse, Ende Juni 1967; die Auftritte auf der 22. Delegiertenkonferenz des SDS Anfang September 1967, das Treffen zwischen Dutschke und Bloch in Bad Boll und die Reden von Krahl und Dutschke auf dem Vietnamkongreß jeweils Anfang und Mitte Februar 1968. Diese Beiträge umfassen die Ereignisse des 2. Juni, die Demonstration vor dem Moabiter Landgericht im November 1967 und die große Vietnamdemonstration im Februar 1968.

Trotz unserer Beschränkung auf unterschiedliche Situationen in einem Zeitkontext soll eine Charakterisierung der »Helden« erfolgen. Rudi Dutschke war »Abhauer« und kam aus einem kleinstädtischen, protestantischen Unterschichtenmilieu der DDR. Er war christlich erzogen und gewann mit seiner Familie über den Glauben einen »Freiraum«, der vor dem Zugriff der primär totalitären Ansprüche der DDR-Gesellschaft schützte, der vor den Kopf-, Sprach- und Traumbesetzungen bewahrte und der Platz ließ für die Ideale christlicher Gerechtigkeit. Der Lutheraner Dutschke bewahrte sich oder erkämpfte sich als Schüler und Jugendlicher so etwas wie Individualität, die er jedoch gegen den allgemeinen Opportunismus in Schule und Alltag missionarisch erhöhte. Dadurch fand er die Kraft, sicherlich inspiriert durch die Ereignisse in Polen, Ungarn und der DDR im Jahre 1956, durch die allgemeinen Unsicherheiten der SED nach dem XX. Parteitag der KPdSU, zum Widerwort in der Schule. Gegen die Werte des offiziellen Marxismus-Leninismus artikulierte er einen radikalen Individualismus, einen Nationalismus der Befreiung von der sowjetischen Vormundschaft und die christlichen Werte von Gerechtigkeit. Diese Artikulation verlangte Mut und enthielt sicherlich auch den Traum, sich zu trennen von dem gelebten Milieu einer kleinkarierten Lebensperspektive. Dutschke kam nach Westberlin kurz vor dem Mauerbau bereits mit dem Willen, auszuscheren aus der Normalität und sich einzulassen auf das Experiment der westlichen Großstadtuniversität. Sein Glaube war Halt und Übersetzung. Als besessener Christ, der so »revolutionär« sein wollte wie Jesus Christus, der die andere Welt der Utopie erschließen wollte, um herauszukommen aus den Fesseln von Normalität, kam er in Kontakt mit den »westlichen Denkern« der subversiven Aktion, mit Frank Böckelmann, Dieter Kunzelmann, Herbert Nagel, Rodolphe Gasche.[8]

Die Subversiven brachten ihm die Idee der Provokation nahe. Sie traten auch mit dem Selbstbewußtsein auf, daß die Radikalgeschichte von Widerstand und Opposition als Selbstfindung autonomer Gruppen und als Grundbedingung sozialer Befreiung in Europa spätestens bis 1942 beendet war. Nationalsozialismus und Stalinismus hatten gemeinsam alle Keime, Quellen, Hintergründe von radikaler Emanzipation zertreten, zerstört und liquidiert. Nach Stalingrad, nach den militärischen Niederlagen der NS-Diktatur, nach der »Befreiung« der großen europäischen Städte von der deutschen Besatzungsmacht und nach der ost-westlichen Neuordnung Europas war nichts mehr so, wie es früher war. Alle Traditionen von Aufklärung, Protest, Widerstand, Utopie waren zerrissen, aufgelöst oder waren einbezogen in das Projekt des Realsozialismus oder in den »Manipulationszusammenhang« des modernen Kapitalismus. Eine Emanzipations- und Befreiungstheorie mußte neu begründet werden. Das war jedoch nicht primär Angelegenheit von theoretischen und gedanklichen Anstrengungen. Eine subversive Intelligenz mußte ausscheren aus den Karrierepositionen von Macht und Privilegien, mußte sich all den Verlockungen und Ansprüchen verweigern und war aufgerufen, ein Bild von Wirklichkeit zu gewinnen über Mosaike und Ausschnitte, die jeweils aufblitzten über die Provokation der Herrschenden und ihres Machtapparates. Dutschke mußte sich in seinem missionarischen Eifer bestätigt fühlen, die »andere Welt« zu ergründen, jenseits des »Verblendungszusammenhangs« von Realität die Dimensionen von Freiheit und Individualität zu finden. Er verschwieg jedoch den atheistischen Subversiven sein »umgedrehtes Lutheranertum«, Herrschaft nicht zu dulden im Angesicht innerer Freiheit, sondern diese zum Maßstab des Handelns und Denkens zu machen. Dutschke fühlte sich als Initiator, Missionar, aber auch als Führer, der mitreißen konnte und wollte. Als solcher agierte er bereits in der Subversiven Aktion und später im SDS. Allerdings haderte er immer wieder mit der christlichen Nächstenliebe, weshalb er Gefolgschaften und existentialistische Inszenierungen von Gruppenzwang ab-

Reporter verstehend, unzählbar oft zu Hause Radioberichterstattung geübt. ... So wurde die über Sportzusammenhänge erlernte Sachkenntnis und Rhetorik nun politisch gehandhabt, um die deutsche Einheit zu fordern...« Daß das Ende aller Theorie und Ideologie, das Ende des Zeitalters der Aufklärung durch das Aufkommen von Stalinismus und Faschismus für Dutschke nicht hieß, auf ursprüngliche Gefühle, persönliche Erfahrung, aber auch auf einen urchristlichen Existentialismus zu verzichten, belegen Tagebuchnotizen vom 20. März 1963, einem Zeitpunkt, zu dem die Debatte in der Subversiven Aktion erste Zuspitzungen erfuhr. Zu Ostern schrieb er: »In diesen Stunden verschied keuchend im Morgenlande der Welt größter Revolutionär – Jesus Christus. Die nichtwissende Konterrevolution schlug ihn ans Kreuz. Christus zeigt allen Menschen einen Weg zum Selbst. Diese Gewinnung der inneren Freiheit ist für mich allerdings nicht zu trennen von der Gewinnung eines Höchstmaßes an äußerer Freiheit, die gleichermaßen und vielleicht noch mehr erkämpft sein will. Den Ausspruch Jesu: ›Mein Reich ist nicht von dieser Welt‹, kann ich nur immanent verstehen. Natürlich, die Welt, in der Jesus wirklich lebte und arbeitete, war noch nicht die neue Wirklichkeit. Diese galt und gilt es noch zu schaffen, eine hic et nunc-Aufgabe der Menschheit.« Zitiert nach Jürgen Miermeister, Ernst Bloch – Rudi Dutschke, Frankfurt/Main 1996, S.138 ff. Auf sein intensives Christentum kam Dutschke immer wieder zu sprechen, etwa in der Gleichsetzung jeder Utopie mit dem »biblischen Garten Eden«. Er symbolisierte für ihn die »phantastische Erfüllung des uralten Traums der Menschheit. Aber noch nie in der Geschichte war die Möglichkeit der Realisierung so groß.« Rudi Dutschke, Die Revolte, Wurzeln und Spuren eines Aufbruchs, hg. von Gretchen Dutschke u.a., Reinbek 1983, S.23.

Zur archaischen Inszenierung linksradikaler Politik 41

lehnte, obwohl er immer wieder in diese Rolle kam und diese »Führerschaft« ihm von den Mitläufern aufgedrängt wurde. Darüber gab es im SDS oft Streit. Aber nach dem 2. Juni 1967 wurde er doppelt als Held und Führer aufgebaut: einerseits von den Medien, die angewiesen waren auf die »Subjektivierung« von Revolte, auf Heldengeschichten, Gesichter, Interpretationen, andererseits von den »studentischen Massen« innerhalb und außerhalb des SDS, die Halt suchten in ihrem Zwiespalt und Zaudern und die die Personifizierung von Radikalität aufnahmen, weil dadurch Identifizierung möglich wurde und die Mühsal von zeitraubender Erkenntnis unterlaufen werden konnte. Der radikale Aufklärer Dutschke verkörperte und vermittelte gleichzeitig Rationalität und archaisches Draufgängertum, Mission, Aufklärung, Priesterschaft und Avantgarde, war Aufbruch und Rückfall.[9]

Auch Hans-Jürgen Krahl war als Außenseiter ähnlich wie Dutschke gezwungen, sich Anerkennung und Position an der Universität zu ertrotzen. Im Linksmilieu der Frankfurter Universität trat er als »Hochstapler« auf. Den jüdischen Professoren, vor allem Adorno, suggerierte er, daß sein Namen nichts als ein Pseudonym sei und daß er in Wirklichkeit dem preußischen Adel entstammte, aus der Familie von Hardenberg kam und als ein Nachfahre von Novalis zu betrachten sei. Mit diesem Bild beeindruckte er nicht nur seine Lehrer, die ja in der deutschen Romantik und in den Sphären der Antiaufklärung viele Elemente der Kritik der Moderne erschlossen hatten. Auch die Linksstudenten im SDS waren »von den Socken«, schien doch mit Krahl sogar der preußische Adel Einkehr zu halten in die sozialistischen Reihen. Er setzte noch eins drauf und gab sich als »Überläufer« zu erkennen, der aus den Rechtskreisen, aus den Gemeinschaften kam, die sich auch nach 1945 dem General Ludendorff verpflichtet fühlten, um gegen die parlamentarische Republik zu streiten. Tatsächlich kam Krahl schlicht aus bürgerlichen Verhältnissen. In Niedersachsen, Hannover, war er zu Hause. Seine Familie hatte ihm jedoch eine gute Ausbildung ermöglicht. Krahl war philosophisch an Kant geschult und hatte in Schweizer Internaten die philosophische Argumentation und Reflexion erlernt. Er sprach druckreif und redete gekonnt über philosophische Abgründe hinweg, immer den »verwunschenen Prinzen« spielend, den Adligen mit dem Glasauge, der sein Monokel nur verlegt hatte. Seine Darstellungskunst, aber auch sein Denken hatten Berührungspunkte mit dem subversiven Denken aus München und Berlin. Er wollte aus den Splittern und Hinweisen der Kritischen Theorie, konfrontiert mit Elementen der materialistischen Theorie von Marx und Lukács, so etwas gewinnen wie eine aktuelle Theorie des »Politischen«, des »autoritären Staates«, die bestimmte Praxisfelder für eine revolutionäre Minorität offenlegte. Aber Krahl blieb vorerst Seminaragitator, der den ganzen »Überbau« und das Drumherum der Lehrstühle von Adorno und Horkheimer und ihres »Instituts« aufsprengen mußte, um so etwas zu gewinnen wie Akzeptanz. Das war nicht leicht, denn die Seminarordnung war festgelegt und die Zuhörerschaft, aber auch die Ordinarien waren nicht geneigt, Zwischenrufer zu dulden. Er mußte so etwas werden wie ein Anti-Adorno und er mußte eine Kampfgemeinschaft finden, die zu ihm hielt und auf ihn setzte. Das war für ihn der Frankfurter SDS. Diese Form von Hochstapelei verlangte harte Arbeit, war immer auch »Spiel«, sich Anerkennung zu verschaffen, akademische Regeln zu

---

9 Rudi Dutschke, ... oder ob man gewissermaßen als Mythos herumläuft – ein Interview 1978, in: Rudi Dutschke, Die Revolte, a.a.O., S. 50 ff.; Rudi Dutschke, Sozialdemokratischer Kommunismus, moderne Macht und unsere Schwäche, in: ders., Geschichte ist machbar, a.a.O., S. 126 ff.

durchbrechen und subtil doch anzuerkennen, um sie dann wieder ad absurdum zu führen. Auch Krahl liebte die Aura, die Ausstrahlung seiner Person, die Argumentation, die Redekunst, aber auch den Bluff, das Spiel, die Verschwörung von Männergemeinschaften, die Bewunderung, und so akzeptierte er zögernd die Gefolgschaften, die sich um ihn bildeten. »Novalis« und »Jesus Christus« wurden im Frankfurter und Berliner SDS sehr schnell die Ideengeber, Propheten und Verkörperungen des antiautoritären Aufbruchs.[10]

Der 2. Juni 1967, der Tag, an dem der Student Benno Ohnesorg durch einen Zivilpolizisten in Berlin erschossen wurde und an dem der Sicherheitsapparat in Berlin gezeigt hatte, daß es keine Toleranz gab für eine außerparlamentarische Opposition, symbolisierte zugleich den Durchbruch des SDS zu einer Avantgardeorganisation eines entstehenden studentischen Massenprotests. Auf der Trauerfeier für Benno Ohnesorg, am 9. Juni 1967 in Hannover, hielt Dutschke eine Art Grundsatzreferat, in dem er in groben Stichen seine Gesellschaftskonzeption skizzierte und zugleich den Führungsanspruch des SDS einklagte. Für ihn war eindeutig, daß es eine Kooperation mit den herrschenden Eliten nicht gab und deshalb auch keinerlei Akzeptanz des parlamentarischen Systems. Hier widersprach er vehement Jürgen Habermas, der auf Versöhnung und Aussprache mit SPD und Gewerkschaften drängte und wohl meinte, daß der Studentenprotest Teil werden mußte von legaler Opposition und von einer Auffrischung der etablierten Parteien. Dutschke begründete kurz, wie er die »Künstlichkeit« des Kapitalismus einschätzte und warum der Veränderungswille studentischer Aktion Ausweg und Perspektive war, eine neue Gesellschaft freizusetzen. Der Kapitalismus hatte nach Dutschke die »transitorische Notwendigkeit« verloren. Die Vergesellschaftung der Arbeit in kapitalistischer Form war vollendet. Der immense Reichtum der Produktivkräfte war fundamental für die moderne Gesellschaft. Die kapitalistische Form von Produktion wurde durch den Staatsinterventionismus künstlich am Leben gehalten. Rüstungswirtschaft, sinnloser Verschleiß und Konsum waren die Mittel, ein Privilegiensystem, Herrschaft, Zwang und Verblendung immer wieder zu stabilisieren. Deshalb war der herrschende Parlamentarismus nichts anderes als das Machtmittel politischer Eliten, die Massen ruhig zu halten und den Traum von einem Leben ohne Krieg und Unterdrückung zuzuschütten. Medien, Fernsehen, die Zeitungen, Hörfunk, Zeitschriften dienten diesem Herrschaftssystem. Allein die kritische Intelligenz war fähig, diesen Zusammenhang zu durchschauen, und weil die Universitäten so etwas waren wie Vermittlung zwischen neuem gesellschaftlichem Wissen und seiner künstlichen Verformung waren sie die Schwachstellen des Systems. Die studentische Intelligenz war revolutionäres Subjekt, weil sie im Gegensatz zu den verdummten Massen, die jeden Bezug zur politischen Kultur einer Klassengesellschaft verloren hatten, in ihrem kollektiven Wissen so etwas darstellte wie radikale Kritik an der Sinnlosigkeit und Brutalität von Herrschaft und auch den Umsetzungswillen für die Veränderung aufbringen konnte. Ihr radikaler Individualismus war Garantie dafür, daß eine neue Gesellschaft nach den Prinzipien von Freiheit und Gleichheit gestaltet wurde. Nur deshalb geriet die Organisationsfrage in das Zentrum der Bemühungen der Radikalopposition. Im Gegensatz zu den bestehenden Parteien und Verbänden, die selbst immer auch Ausdruck waren von Sonder-

10 Hans-Jürgen Krahl, Angaben zur Person, in: ders., Konstitution und Klassenkampf, a.a.O., S. 19–22; Gerhard Zwerenz, Die Stadt, der Müll und der Tod, Frankfurt/Main, 1975; Rudi Dutschke, Die bewußte Entscheidung des Individuums (aus dem Tagebuch), in: ders., Geschichte ist machbar, a.a.O., S. 7.

interessen, Privilegien und der Absicherung von minoritären Machtpositionen, war die Szene einer Radikalopposition so etwas wie ein Netz unterschiedlicher Ansätze, etwa in Kommunen die neue Gesellschaft vorzuleben, oder in kritischen Universitäten, Basisgruppen, Initiativen die neuen Aufgaben der Wissensvermittlung vorzustellen, oder den Widerstand zu organisieren und in den Städten neue Viertel und Zusammenhänge zu erschließen. Zusammengehalten wurde diese Opposition als »Bewegung«, »Szene«, »Netz«, »Lager«, »Bündnis« durch Kampagnen, Demonstrationen und Aktionszentren. Für Dutschke schien alles rational planbar, jeder war Subjekt seiner Entscheidung, und Demokratie war unmittelbar umsetzbar, weil die Einzelteile der Oppositionsszene übersichtlich blieben und jede und jeder Anteil haben konnte an Entscheidungen. Seine Rolle als Prophet und Verkünder reflektierte Dutschke an dieser Stelle genausowenig wie die »Rolle der Persönlichkeit in der Geschichte« oder den Kontext von Theorie als Artikulation einzelner Theoretiker und der Umsetzung in Agitation und Aktion der vielen Teilhaber dieser neuartigen Opposition. Habermas entdeckte in diesem Aktionismus, der ihn wohl an Stirner, Heß und Sorel erinnerte, »Linksfaschismus«. Er leitete durch diesen Vorwurf die Absetzung der »Auserwählten« von den Außenseitern ein oder es kann auch gesagt werden: Dutschke hatte durch diese Rede das Tischtuch der Kommunikation zu den geistigen Mentoren des SDS durchschnitten und diese nutzten die Gelegenheit, sich abzusetzen, um die glanzvollen Karrieren nicht zu gefährden.[11]

In einem Spiegel-Interview wurden mit Hilfe der Redakteure die Positionen von Dutschke konkretisiert und dadurch wiederum verallgemeinert. Westberlin wurde jetzt Illustration einer Lageeinschätzung und zugleich einer theoretischen Konzeption. Nach seiner Überzeugung wurden die politischen Eliten »kopflos«: die nachfaschistische Gesellschaft in dieser Stadt, die immer auch »Frontgesellschaft« im »Kalten Krieg« war, verlor ihren demokratischen Bezug und ließ totalitäre Grundlagen in Verwaltung, Polizei, Senatsspitze aufkommen. Berlin war deshalb eine »politisch tote Stadt« und sie verspielte die historische Chance, »Mittler zwischen Ost und West zu sein«. Dagegen bildete die Universität so etwas wie einen Ausgangspunkt einer Politisierung der Stadt und war immer auch Aufbruch zu neuem Denken. In Westberlin standen sich verkrustete Verhältnisse und Experimente des Aufbruchs gegenüber. In dieser Stadt war die Universität Schwach- und zugleich Ausgangspunkt, für Gesamtdeutschland war Westberlin entindustrialisierte Region und politisches Relikt und deshalb Ansatz für die Opposition, in beiden Deutschlands die Verhältnisse zum Tanzen zu bringen.[12]

Dutschke wurde jetzt getrieben von den Redakteuren, den Mythos der direkten Aktion zu klären. Sollte die Arbeiterschaft aufgehetzt, sollten Streiks provoziert und organisiert, sollte eine revolutionäre Situation in Berlin hergestellt werden? In dem Interview kokettierte er zwar mit dem Schlagwort »Doppelherrschaft« in Berlin, machte jedoch deutlich, daß er von der Arbeiterschaft wenig erwartete. Die studentische Kampagne, den Pressekonzern Springer zu enteignen, zielte auf strategische Punkte, studentische Aktionszentren zu verbinden mit dem Unbehagen in der Bevölkerung über die Informations- und Pressepolitik dieses Konzerns; Dutschkes Visionen richteten sich auf eine »Ge-

---

11 Rudi Dutschke, Redebeitrag auf dem Kongreß »Hochschule in der Demokratie«, in: Bedingungen und Organisationen des Widerstands: Der Kongreß in Hannover, Voltaire Flugschrift Nr. 12, Berlin 1967, S. 78; Jürgen Habermas, in: a.a.O., S. 196; Dutschke machte in einem *Spiegel*-Interview vom 10. Juli 1967 deutlich, wie weit Habermas Mentor der radikalen Studenten war, aber daß dieser die Konsequenzen aus seiner Theorie nicht ziehen wollte. Dieser hatte in seiner Analyse über den *Strukturwandel der Öffentlichkeit* eine Bestandsaufnahme von Parteien, Parlamentarismus und Öffentlichkeit vorgelegt. Dutschke faßte diese Einschätzung mit folgenden Worten zusammen: »Die Parteitage von CDU und SPD entsprechen den stalinistischen Parteitagen der KPdSU der dreißiger Jahre: keine Selbsttätigkeit von unten, nur noch Manipulation von oben; Führer, die keinen Dialog mit ihrer Basis führen; verselbständigte Führerelite... Die Parteien sind nur noch Plattformen für Karrieristen.« Während Habermas nun aus diesem Zustand des »heutigen Parlamentarismus«, der zur Paralyse von politischer Macht führen konnte, einen Zwang zur Kommunikation und zur »Öffnung« der Parteien herauslas, zog Dutschke den anderen Schluß, über eine »außerparlamentarische Opposition« eine Demokratisierung der Gesellschaft zu ertrotzen. In: Rudi Dutschke, Wir fordern die Enteignung Springers, ein Spiegelgespräch, in: Spiegel vom 10. Juli 1967, wiederabgedruckt in: Rudi Dutschke, Die Revolte, a.a.O., S. 21.

genöffentlichkeit«, die andere Formen von Zeitungen sowie Flugblätter und Medien hervorbrachte und die sich zugleich juristisch gegen das Pressemonopol zur Wehr setzte. Ausgangspunkt dieser Aktion blieben die Universitäten, allerdings vollzogen sich hier Veränderungen, die neben der bürgerlichen Universität zwei neue »Institutionen« hervorbrachte: die kritische und die Gegenuniversität. Der erste Typus der Universität hatte zwar neue Themen, die den Rahmen bisheriger Vorlesungen, Stoffvermittlungen und Seminare sprengte, indem die verdrängte und vergessene Widerstands- und Revolutionsgeschichte zur Geltung kam, aber sie lebte noch vom Milieu, Gestus, Karriere- und Machtdenken der alten Universität. Die Gegenuniversität suchte sich andere soziale Milieus und geographische Gebiete und näherte sich räumlich und inhaltlich den gesellschaftlichen Widersprüchen und Konflikten und entfaltete sich als »Institut« zum Nukleus, zur Keimform der neuen Gesellschaft, war Lebens- und Kampfgemeinschaft, war Experimentierfeld des Zusammenlebens, des Veränderns und des Lernens in bestimmten Zusammenhängen und Milieus. Dutschke distanzierte sich dabei freundlich und vorsichtig von den realen »Kommunen« in der Stadt, von den bunten Gestalten um Fritz Teufel, Rainer Langhans und Dieter Kunzelmann oder um Eike Hemmer und Jan-Carl Raspe. Aber das Internationale Nachrichten- und Forschungsinstitut (INFI), das mit Geldern des italienischen Verlegers Giacomo Feltrinelli aufgebaut wurde und noch vor dem Vietnam-Kongreß im Februar 1968 das Licht der Welt erblickte, war nicht nur rationale Anstalt, Bibliothek, Kommunikationszentrum, sondern immer auch Verschwörung, Führerhierarchie, informelle Gemeinschaft und trug dadurch gerade irrationale Bezüge. Dutschkes Visionen gingen also über das »Faßbare« von Opposition hinaus und durchschlugen den vorgegebenen Rahmen des Politischen, aber sie bewegten sich durchaus in archaischen Konstellationen, die nur auflösbar waren über Führerschaft und Charisma, die immer so etwas leisten mußten wie »Vermittlung« von Vision und Realität oder Interpretation unvorstellbarer Dimensionen. Die gemeinsame Erschließung der Themen war dadurch unterbrochen und die Opposition war plötzlich angewiesen auf die Prophetengabe der Führer. Diese war nicht mehr rational begründbar. Sie lebte von der Körpersprache, vom Sound der Stimme, von der Situation und von dem Anspruch, die Gemeinschaft nicht zu gefährden.[13]

Bereits in Hannover und jetzt im Angesicht der Spiegelreporter vermied Dutschke jeden Hinweis zur eher irrationalen Existenzweise von Kampf, Aktion, Willen, Führung, Gewalt, obwohl indirekt immer davon die Rede war, aber für Dutschke schien noch alles rational, argumentativ, reflexiv auflösbar zu sein, entstanden keinerlei Abhängigkeiten, keine neuen Herrschafts- und Machtverhältnisse: die Radikalopposition hatte im Gegensatz zu den Jacobinern, zu den Bolschewiki oder zu den Partisanen in China, Vietnam und Kuba ihre historische Mission im rationalen Blickfeld. Lediglich der Gegner und Feind, die politische Klasse in West und Ost, waren in den Sog irrationaler Beziehungen geraten und reproduzierten faschistische oder stalinistische Diktaturprojekte. Die Reporter waren bemüht, Dutschke über die Gewaltfrage dahin zu bringen, offenzulegen, inwieweit er revolutionär war und inwieweit die angestrebte Revolution nicht den Spuren der französischen oder russischen Vorbilder folgte. Sie spielten ihm ein Tonband vor, das Äußerungen von

12 Rudi Dutschke; Wir fordern die Enteignung Axel Springers, ein Gespräch, in: Rudi Dutschke, Die Revolte, a.a.O., S. 27; Gretchen Dutschke verzeichnet die Pläne eines Hongkong-Berlins, in: Gretchen Dutschke, Wir hatten ein barbarisches, schönes Leben. Rudi Dutschke, eine Biographie, Köln 1996, S.144; dazu Bernd Rabehl, in: Zeitschrift des Forschungsverbundes SED-Staat, ZdF, Berlin 1996, S. 88 ff.

13 Rudi Dutschke, Die Revolte, a.a.O., S. 28, S. 35. Es muß bei der Diskussion von archaischen Machtverhältnissen in einer derartigen Linksopposition immer bedacht werden, daß diese selbst eine Kritik in bezug auf die etablierten Parteien verfolgte und ausgerichtet war auf die Entlarvung verselbständigter Führung und Politik-Show auf Parteitagen, Wahlkämpfen und Bundestagsreden, so daß diese Kritik voraussetzen mußte, im eigenen Milieu derartige Inszenierungen nicht zu dulden. Sicherlich konnten Demagogen und charismatische Führer der Motor einer derartigen Opposition sein und wie Dutschke Verkünder ihrer Ziele werden, allerdings war dann auch die Konsequenz einer derartigen Struktur von Führung und Gefolgschaft zu ziehen: Diese ließ eine demokratische Selbstbestimmung und Lernprozesse in diese Richtung nicht zu, und sie folgte dem Muster herrschender Politik, daß primär Eliten die Zielsetzung von Opposition formulierten.

Zur archaischen Inszenierung linksradikaler Politik

Dutschke wiedergab, die darauf zielten, Fabriken oder Forschungslabors zu besetzen, die der amerikanischen Rüstungsindustrie zuarbeiteten. Dutschke beharrte auf »passiven Widerstand«. Er machte deutlich, daß die Gewaltszenerie der Dritten Welt nicht identisch war mit der Gewaltstruktur in den »Metropolen«. Hier war es sinnlos, austauschbare Funktionsträger oder Machthaber des »Systems« anzugreifen oder gar zu töten. Sie waren sofort austauschbar und hinterließen keinerlei Machtvakuum. Revolutionäre Politik war gezwungen, im Spannungsfeld von Legalität und Illegalität zu agieren und mußte eingestimmt sein auf das Spektakel von Herrschaft, die nur noch indirekt Legitimität erreichte über ein allgemeines Wohlbefinden der Massen, das aber schnell in Unfähigkeit und Unregierbarkeit hineintrieb, war diese Befindlichkeit nicht aufrechtzuerhalten. Deshalb war der Wille der Opposition entscheidend, andere Minoritäten anzusprechen und so etwas einzurichten wie Gegenkulturen, Alternativen, Fronten, die politische Interessen gegen die Herrschenden neu artikulierten und in Szene setzten.[14]

Politischer Existentialismus

Die Gewaltfrage wurde entschlüsselt über die Schriften von Herbert Marcuse. Er wurde der wirkliche Ideengeber und Philosoph der Revolte. Das lag an seiner existenzialistischen Sichtweise, die sich längst gelöst hatte von dem Bild der traditionellen Revolution und der Geschichte der Arbeiterbewegung. Marcuse verfolgte eine anthropologische Bestimmung der menschlichen Existenz in den neuartigen Konstellationen von Zeit und Raum. Die Masse der Menschen wurde durch den modernen Kapitalismus subsumiert unter Konsumbegierden, primitive Bestätigungen eines amputierten »Kollektiv-Ichs«, die nicht nur Denken und Fühlen reduzierten auf Signale, Parolen und Bilder, sondern auch eindrangen in die psychologische Konstitution eines Massenmenschen, der jegliche Eigenständigkeit und Individualität einbüßte, gerade weil ihm tagtäglich die Reklame derartige Eigenschaften einredete. Dagegen stand der Außenseiter, der sein Selbstvertrauen und vor allem seine Persönlichkeit bewahrt hatte und sich widerständig zeigte gegen die subtilen Versuchungen der Vereinnahmung. Geistige Autonomie war für Marcuse Ausdruck des individuellen Widerspruchs gegen die Zeitströmungen, Moden und Hingaben an den Konsumfetisch und das Reklamebild von Jugend, Schönheit und Leben. Eine derartige Autonomie war bereits Ergebnis eines Ausscherens, der individuellen Verweigerung und des Widerstands. Deshalb gab es auch so etwas wie ein »Naturrecht auf Widerstand«. Es besaß eine anthropologische Größe, denn nur der, der sich außerhalb der Logik von Herrschaft und Ordnung stellte, unterlief den alltäglichen Opportunismus und die Anpassung an den »Gang der Dinge« und erreichte im Trotz gegen die Lebensweise des Massenmenschen Persönlichkeit. Es galt also, das institutionelle Gewaltsystem von Polizei, Justiz, Sicherheit, Kultur, Konsum zu unterlaufen und zu karikieren, um perspektivisch Gewalt abzuschaffen. Denn nur durch diese »Abschaffung« konnte menschliche Freiheit und Emanzipation neu begründet und gewonnen werden. Der Kampf gegen die »objektive Gewalt« war die Grundbedingung der Be-

14 Rudi Dutschke, Die Revolte, a.a.O.

freiung. Pazifistische Gewaltfreiheit bewegte sich im Rahmen repressiver Toleranz und tat so, als sei diese Gesellschaft nicht gewalttätig bzw. sei bestehende Gewalt auflösbar. Gewalt und Herrschaft waren jedoch für Marcuse konstituierende Grundlagen der bestehenden Gesellschaft. Sie zu unterlaufen und zu provozieren, ihren Rechts- und Gesetzesrahmen zu unterminieren bzw. ihre Grenzen zu erreichen, war die Kunst einer Opposition, die gerade nicht sich messen lassen wollte am übermächtigen Gewaltapparat, diesen jedoch immer wieder darstellte und herauslockte und in diesem Spiel Charakter und Format fand.[15]

Eine derartige Theorie faszinierte die intellektuellen Wortführer der Revolte. Sie kam in den Stellungnahmen von Dutschke zur Gewaltfrage zum Tragen. Er war allerdings bemüht, den existenzialistischen und anthropologisch psychoanalytischen Ansatz von Marcuse zu politisieren durch eine Gegenüberstellung von Provokateuren und den Machthabern in West und Ost. In einem großen Ratschlag mit Herbert Marcuse am 10. und 11. Juli 1967 fanden die einzelnen Exponenten der Studentenrevolte Gelegenheit, über die Ereignisse des 2. Juni nachzusinnen und sie zu konfrontieren mit Marcuses Theorie der repressiven Toleranz, aber auch mit dem »Meister« zu sprechen bzw. untereinander Klarheit zu gewinnen. Abgesehen von einzelnen Wichtigtuern trafen bei dieser Diskussion Antiautoritäre und Traditionalisten aufeinander, vor allem Krahl und Dutschke fanden Gelegenheit, sich zu messen, Gemeinsamkeiten und Differenzen auszuloten. In der Diskussion unterstrich Marcuse, daß der gesellschaftliche Reichtum der westlichen Gesellschaften, also die Potentialität eines Reiches der Freiheit, in einer dialektischen Spannung zur Realität der Herrschaft stand. Diese wurde nicht nur künstlich aufrechterhalten, sondern durch die neuen Technologien und Medien erweitert. Deshalb wurden emanzipatorische Alternativen zugeschüttet, denunziert und verketzert. Allein eine radikale und kritische Intelligenz vermochte diesen komplizierten Zusammenhang zu durchschauen und war deshalb aufgerufen, die Formen von Freiheit freizusetzen aus Verfestigungen von Herrschaft, Täuschung, Lüge und Illusion. Die bestehende Herrschaft würde nie zurückfallen in einen historischen Faschismus, sondern sie besaß bereits jetzt totalitäre Züge, die ihren Kern in der politischen und in der alltäglichen Manipulation hatten. Deshalb war nicht nur Widerstand überfällig, er konnte durchaus die Gestalt des »revolutionären Terrors« annehmen, wurde die Opposition von dem herrschenden Gewaltapparat erdrückt.[16]

Dutschke und Krahl reagierten auf diese Feststellung des Meisters mit der Organisationsfrage. Die Opposition durfte sich nicht zusammenfinden in der traditionellen Partei, sei es in einer liberalen oder sozialdemokratischen bzw. kommunistischen Organisation. Innergesellschaftlich hatte die Arbeiterschaft die Eigenschaft Subjekt der Veränderung zu sein eingebüßt, aber auch international hatte das sozialistische System längst den Charakter eines »Weltsubjekts« verloren. Das sozialistische Denken kam aus den neuartigen Zusammenhängen einer neuen Linken, die sich deutlich distanzierte von der sozialdemokratischen und kommunistischen Tradition. Die Universität war jetzt für die Opposition bereits Organisationsfeld und Zusammenhalt. Dutschke setzte auf politische Kampagnen, etwa gegen den Springerkonzern, gegen die Notstands-

15 Heidegger artikuliert das anthropologische Programm von Marcuse, die Seinsverlorenheit der Menschen psychoanalytisch offenzulegen: »Jeder ist der Andere und Keiner er selbst. Das Man, mit dem sich die Frage nach dem Wer des alltäglichen Daseins beantwortet, ist das Niemand, dem alles Dasein im Untereinandersein sich je schon ausgeliefert hat«. Martin Heidegger, Sein und Zeit, Tübingen 1986, S. 128 ff.; Marcuse nimmt diesen Gedanken auf: »Die Wirklichkeit bildet jedoch eine fortgeschrittene Stufe der Entfremdung ... das Subjekt, das entfremdet ist, wird seinem entfremdeten Dasein einverleibt. ... Mit dem technischen Fortschritt als ihrem Instrument wird Unfreiheit – im Sinne der Unterwerfung des Menschen unter seinen Produktionsapparat – in Gestalt vieler Freizügigkeiten und Bequemlichkeiten verewigt und intensiviert«. Herbert Marcuse, Der eindimensionale Mensch, Frankfurt/Main 1967, S. 31 und S. 52; Robert Paul Wolff/Barrington Moore/Herbert Marcuse, Kritik der reinen Toleranz, Frankfurt/Main 1966, S. 123 und S. 127; Der »Linksfaschismusvorwurf« von Jürgen Habermas gegen Dutschke zielte letztlich gegen Herbert Marcuse, dessen Technikkritik gleichgesetzt wurde mit der Technikfeindschaft eines Oswald Spengler, Ernst Jünger, Martin Heidegger. Vgl. Jürgen Habermas, Technik und Wissenschaft als Ideologie, Frankfurt/Main 1968.

16 Herbert Marcuse, Das Problem der Gewalt in der Opposition, in: ders., Das Ende der Utopie, Frankfurt/Main 1980, S. 51 ff., S. 61 ff. und S. 66 ff.

gesetze, gegen den amerikanischen Krieg in Vietnam. Aktionszentren in den einzelnen Städten bildeten den inneren Zusammenhang der Opposition. Für Krahl war sogar eindeutig, daß diese Opposition sich der Gewaltfrage stellen und orientiert sein mußte auf die strategisch vorbestimmte, revolutionäre Gewalt. Die Aktionszentren wiesen deshalb interne und subtile Übergänge zum Partisanenkampf auf, der gegen den Gewaltapparat geführt wurde und deshalb zugleich im Kampf die Alternative und die Qualität einer neuen Gesellschaft ansprach. Dieser letzte Punkt wurde jedoch nur noch angedeutet bzw. angedacht, ohne in den Mittelpunkt der Diskussion zu rücken.[17]

Dutschke hatte jedoch Bedenken gegen Fanatismus und Haß innerhalb der Opposition, die zwangsläufig hier zur Identifizierung mit den eigenen Zielen und Personen und zu einem extremen Freund-Feind-Denken führen mußten. Dutschke mißtraute einem radikalen Fundamentalismus, der alle Ebenen von Nachdenklichkeit aussparte und in erster Linie über Haß und Angst agierte und die psychologische Konstitution der Opposition mobilisierte. Im Fanatismus lagen für Dutschke auch die Quellen für Sektierertum und die innere Aufspaltung der Opposition. Gerade um darüber ein Bewußtsein herzustellen, wollte Dutschke festhalten an dem Konzept der »Gewalt gegen Sachen«, um Gewalt gegen Personen auszusparen und um nicht in das Gewaltszenario von innerer Sicherheit, Bürgerkrieg und Kaltem Krieg hineinzutrudeln. Dutschke opponierte hier deutlich gegen die potentiellen archaischen Bezüge innerhalb der Linksopposition.[18]

Dutschke und Krahl waren sich eindeutig bewußt, daß die Gewaltfrage über die Zukunft der Opposition entschied. Wurde der Zusammenhang von konstitutioneller Gewalt und potentieller Freiheit ausgespart, war es nur eine Frage der Zeit, wann diese Opposition zurückkehren würde in das Trugbild des bestehenden Parlamentarismus, sich »sozialdemokratisierte« bzw. zerfiel in unterschiedliche Sekten oder Bestandteil wurde des überbrachten »Kalten Krieges«, also Objekt kommunistischer Politik wurde. Um diesen inneren Zerfall aufzuhalten, rückte die Organisationsfrage noch einmal in den Mittelpunkt. Auf der 22. Delegiertenkonferenz des SDS im September 1967 arbeiteten beide eine Art Organisationsstrategie aus. Ihre »Leute« beschworen sie regelrecht, daß die »revolutionären Bewußtseinsgruppen« sich auf keinen Fall an traditionellen Formen des Kampfes orientieren durften. Die neue »Qualität« von Herrschaft ließ keinerlei Freiräume und Einflußmöglichkeiten zu, sie zerstörte außerdem politische Erfahrung und Selbsttätigkeit, weil Politik reduziert war auf Manipulation, Marketing, Verhüllung von Information, Inszenierung. Alle Teilhaber an dieser Politik reproduzierten diese totalitäre Herrschaft, weshalb die Organisationsform der Opposition nicht einer Partei nachempfunden werden durfte. Ihre Dezentralität war Ausdruck von handhabbarer Demokratie und Diskussion, die die Entstehung von Führungscliquen vermeiden wollte. Sie war zugleich Vorbereitung auf die Illegalität und verhinderte, daß der staatliche Polizeiapparat diese Opposition gezielt ausspionieren oder gar kriminalisieren konnte. Für Krahl und Dutschke stand außer Zweifel, daß der bestehende Staat die Potenz von Bürgerkrieg und Diktatur trug und bereit und fähig war, bei günstiger Gelegenheit die Opposition zu liquidieren. Hier lagen nach ihrer Überzeugung die Schnittpunkte von Illegalität, Gegengewalt und revolu-

17 Rudi Dutschke und Hans-Jürgen Krahl in: Herbert Marcuse, Das Ende der Utopie, a.a.O. S. 75–78.

18 Rudi Dutschke, in: Herbert Marcuse, Das Ende der Utopie, a.a.O.

tionärem Terror. Erst jetzt war die Radikalopposition gezwungen, auf die Kriminalisierung durch den Staat zu reagieren und illegale Organisationsformen zu finden, die allerdings immer korrespondieren mußten mit den legalen Mitteln von Politik. Im Gegensatz zur späteren Roten Armee Fraktion (RAF) wurde der Partisanenkrieg nicht zum Prinzip erhoben, sondern er blieb reduziert auf Selbstbehauptung und Selbstverteidigung. Der illegale Kampf war immer Element von militärischen Kommandostrukturen und zerstörte alle emanzipatorischen Ansprüche. Deshalb war die Legalität der Opposition so wichtig. Hier bildeten Universitäten, Schulen, Kulturinstitutionen eine Art Sicherheitszone. Die Revolutionäre sollten eintauchen in einen normalen Beruf und in die legale Tätigkeit von Arbeit und Politik, jedoch den Kontakt halten zu den revolutionären Zielen und Gruppen. Auf weitere Hinweise ließ sich das Referat nicht ein.

Aber es war deutlich, daß Dutschke und Krahl mit dem Verbot des SDS rechneten bzw. mit seiner Transformation in eine Bewegung, die sich aus unterschiedlichen Mosaiken zusammensetzte und getrennt sein sollte zwischen legalen und illegalen Kampfperspektiven. Sie sparten allerdings bei diesen Überlegungen die Frage aus, ob und inwieweit sich Führer und Führungsgruppen herausbildeten, die die Strategie der »Oppositionsbewegung« formulierten, das revolutionäre Programm von Veränderung und Widerstand, Freiräume erkämpften und eine gezielte Umwertung von herrschender Moral, Recht und Ordnung vornahmen. Unklar blieb auch die Dimension der Revolution. War sie Produkt des Zerfalls und der Paralyse des bestehenden Staates und seiner Machteliten oder zielte sie europaweit auf eine nationale Befreiung von US-amerikanischer und sowjetrussischer Bevormundung? War ihre Basis primär in der dissidenten Intelligenz, in Randgruppen oder auch in unterprivilegierten Volksteilen, bei den Paupers und deklassierten Arbeitern zu suchen? Setzte sie auf die Spontaneität und auf die Sprengkraft von Fäulnis und Niedergang oder trug sie doch den organisatorischen Kern von Komitees, Zellen, Partisaneneinheiten und Untergrundarbeit, die in den anwachsenden Massenprotest ihre Ziele hineintrugen?[19]

Dutschke spielte mit einer illegalen Mission. Am 21. November 1967, nachdem der Zivilpolizist, der den Studenten Ohnesorg erschossen hatte, freigesprochen worden war, aber Fritz Teufel als Gewalttäter angeklagt wurde, war diese »Rechtsprechung« für Dutschke Beleg dafür, daß der »Rechtsstaat« seinen Geist aufgab und Rachejustiz ausübte. Persönlich führte er mit Genossen eine genehmigte Demonstration vor dem Moabiter Landgericht in Attacken gegen die Polizei über. Sperrgitter vor dem Gericht wurden aufgebrochen und der Versuch unternommen, in das Gebäude zu gelangen. Die Polizisten setzten Wasserwerfer ein und drängten die Demonstranten zurück. Dutschke sollte verhaftet werden. Ihm gelang die Flucht. Am gleichen Tag flog er nach Bremerhafen und befürwortete dort in einer Veranstaltung die gezielte Sabotage der amerikanischen Kriegsmaschinerie. Die Verladung von Kriegsgerät und Soldaten auf amerikanische Schiffe, die nach Vietnam fuhren, sollte verhindert werden. Bei der Vorbereitung der Vietnamkonferenz wurde von Dutschke bewußt darauf verzichtet, mit den unterschiedlichen Fraktionen des SDS zu kooperieren, und es wurden Einladungen ausgesprochen, die an illegale Zirkel in

[19] Rudi Dutschke / Hans-Jürgen Krahl, Organisationsreferat auf der 22. Delegiertenkonferenz des SDS, September 1967, in: Frankfurter Studentenzeitung, Heft 1/2, Februar 1980, S. 8ff.; vgl. Wolfgang Kraushaar, Autoritärer Staat und antiautoritäre Bewegung, Vortrag auf dem Symposium an der Freien Universität, Berlin 1985: »Der Sozialistische Deutsche Studentenbund (SDS) in der Nachkriegsgeschichte«, in: Mittelweg, Heft 3, Hamburg 1987, S. 76 ff. und im vorliegenden Band S. 15 f.

Zur archaischen Inszenierung linksradikaler Politik 49

Italien, Frankreich, Nordspanien, Irland gerichtet waren. Der italienische Verleger Giacomo Feltrinelli tauchte jetzt immer häufiger via Prag und Ostberlin bei Dutschke auf. Er brachte Geld, Dynamit und Waffen und er spann Fäden für einen europäischen Befreiungskampf. Er sprach von einem Putsch der NATO gegen den demokratischen Aufbruch in Westeuropa. Dutschke umgab sich mit Gefolgschaften und war nicht mehr zugänglich für Kritik, Diskussion oder gar Mitsprache. Eine Verschwörung innerhalb der Radikalopposition zeichnete sich ab. Dutschke wollte den SDS spalten, um aus den revolutionären Kernen dieser Organisation und des Protestmilieus ein neues Organisationsnetz zu flechten, das nicht gebremst und unterlaufen wurde durch Altlinke und »Traditionalisten«, die der überbrachten Politikkonzeption von SPD und illegaler KPD nachhingen.[20]

Verschwörungen

Nur in Bruchstücken ist bei Dutschke und Krahl erkennbar, ob und wie sie praktisch ihr Organisationsreferat zu Ende führten und es übersetzten in die Konzeption des illegalen Kampfes. Auf dem Vietnamkongreß war schon alles gelaufen. Die pathetischen Reden der beiden »Revolutionäre« belegten, daß die kritische Reflexion über die Organisationsfrage an ein Ende gekommen war. Die APO tauchte hinein in die Fronten des Kalten Krieges und spulte die Signale, Bilder und Symbole der Antiaufklärung und Linkspropaganda aus Weimar ab. Zwar blieben Dutschke und Krahl auf Distanz. Der erste wollte abtauchen und in die USA auswandern; der zweite wollte abwarten. Die Massen jedoch drängten auf Frontbildung, Parteilichkeit und Haß. Die Stunde der Sektierer war gekommen. Aus den Notizen von Krahl aus dieser Zeit werden Antworten sichtbar. So war ihm bewußt, daß der Idealismus einer antiautoritären Intelligenz auf Erfolg und Anerkennung aus war. Opposition war immer auch Gemeinschaft und Grundlage für die Einzelnen, so etwas zu finden wie Heimat, Geborgenheit, Identität. Deshalb waren Linksintellektuelle anfällig für Inszenierungen, brauchten die Aktionen, die Pressereaktionen, die Zusammenkünfte, die Freundeskreise, um so etwas zu finden wie Orientierung. Sie brauchten auch die Verkünder und Interpreten von Theorie und das revolutionäre Vorbild. Bot die antiautoritäre Bewegung nicht mehr Zuversicht und war nicht mehr Mittel, die innere Versagens- und Karriereangst zu überwinden, so war die Flucht angesagt in Gestalt der reumütigen Rückkehr in das soziale Milieu der Eltern und Professoren oder der Einkehr in die revolutionäre Praxis der Vergangenheit, in das Revolutionsspiel von Lenin, Trotzki und Mao. Krahl setzte dagegen auf die innere Trennung von Organisation und Aktion, darauf, daß Organisation so etwas sein konnte wie ein Kollektiv, das die Zwänge und Ängste überwand und eine Reflexion möglich machte über die Situation und über den Zustand von Macht und Herrschaft. Organisation war für Krahl so etwas wie eine philosophische Schule oder wie ein »magischer Kreis«, der zusammengehalten wurde durch die Argumentationskraft der »Theorie«, aber auch durch die Interpretationsgabe bzw. durch das Charisma einzelner Meister und Musterschüler. Krahl sprach sogar von »Kadern«, die

20 Ulrich Chaussy, Die drei Leben des Rudi Dutschke, Darmstadt/Neuwied 1983, S. 197 ff.; Claire Sterling, The Terror-Network, London 1982, S. 25 ff.

ihre Asozialität überwanden, in die sie sich hineinbewegten, gaben sie ihre Karriereperspektive auf, indem sie gedanklich den Bezug von Emanzipation und Disziplin, Abstraktion und Konkretion, Sinnlichkeit und Pflicht herstellten, um der Versuchung zu widerstehen, sich in die Illusionen vergangener oder ungleichzeitiger Revolutionen zu stürzen, Parteigänger Chinas oder der Sowjetunion zu werden bzw. sich einzurichten als bürgerlicher Gelehrter, dem das Herz für das »Proletariat« schlug.[21]

Die innere Konstitution einer neuen Linken als »Bewegung«, Szene oder Lager war für Dutschke kein Problem. Er dachte in Situationen und Konstellationen. So ergab für ihn der »2. Juni« eine politische Zuspitzung, die primär in Gang gesetzt wurde durch die unterschiedlichen Aktivitäten der Linken, die so etwas verkörperte wie »Willen« oder »subjektiven Faktor«. Die herrschenden Machteliten mußten genauso darauf reagieren wie die unterschiedlichen Schattierungen der Opposition, Antiautoritäre und Traditionalisten. Aber auch die Unbeteiligten, das Volk, waren gefordert, sich aufzuregen und sich zu entscheiden. Dutschke war überzeugt, daß bei derartigen Zuspitzungen der Manipulationsmechanismus der Medien versagte und aus der geschlossenen Front Unzufriedene, Unterpriviligierte, Arme, Jugendliche, Kinder, Alte, Frauen, Ausländer ausbrachen, sich querstellten. Dadurch waren die unterschiedlichen Initiativen und Teile der neuen Opposition immer wieder auf sich gestellt. Sie konnten sich auf keinerlei Führung verlassen. Sie mußten improvisieren, diskutieren, sich öffnen, Stellung beziehen, wodurch alle Versteinerungen und Verschwörungen immer wieder aufbrachen, Führungen ausgetauscht wurden, neue Sprecher, Frauen und Männer auftauchten und in dieser Gruppendynamik ursprüngliche Demokratie erprobt wurde. Für Dutschke durfte es keinen Stillstand geben, keine Konsolidierung der Opposition, denn erst dadurch wurden die Sehnsüchte nach Ordnung sichtbar, war Organisation Angelegenheit, alte Machtbeziehungen und Begehrlichkeiten neu herzustellen, und wurde die Opposition Partei, die die bestehende Herrschaft reproduzierte, Oligarchien schuf, so etwas wie Klassenherrschaft in der Organisation verfestigte und die Gier nach Privilegien, Aufstieg und Macht eskalierte. Die Briefe und Notizen im Nachlaß von Rudi Dutschke dokumentieren eine Vielzahl von derartigen Projekten: Westberlin als eine Art »Hongkong« in Mitteleuropa zu gestalten, als eine »Zwischenstadt« zwischen Ost und West, um dadurch grundsätzliche Veränderungen einzuleiten, die Herrschaftsfronten aufzusprengen; einen »langen Marsch« durch die Institutionen vorzubereiten, um dadurch das subversive Denken in die Schulen, Kirchen und Universitäten zu bringen, Medien, Justiz und Verwaltung umzukrempeln, um über eine »Kulturrevolution« den ethischen und wertmäßigen Zustand der Gesellschaft zu verändern; eine neue Öffentlichkeit aus Clubs, Demonstrationen, Theater, Inszenierungen, Flugblätter, Zeitschriften, kritischen Universitäten zu begründen, die Informationsmonopole zerschlug und sich der mystischen Reproduktion von Wirklichkeit entzog; einen Vietnamkongreß zu organisieren, der eine europäische Front schuf gegen die amerikanische und sowjetische Hegemonie und der die legalen und illegalen Teile einer europäischen Opposition zusammenführte.[22]

In Bad Boll, ein paar Tage vor dem Vietnamkongreß, fand Dutschke Gelegenheit, im Kreise ehrwürdiger alter Männer und Autoritäten seine Position

21 Hans-Jürgen Krahl, Über Reform und Revolution; Zur Ideologiekritik des antiautoritären Bewußtseins; Zur Dialektik des antiautoritären Bewußtseins, sämtlich in: ders., Konstitution und Klassenkampf, a.a.O., S. 276, S. 279, S. 282, S. 284, S. 303, S. 305.

22 Ulrich Chaussy, Die drei Leben des Rudi Dutschke, a.a.O., S. 206; Jürgen Miermeister, Rudi Dutschke, Reinbek 1986, S. 86 ff.; Gretchen Dutschke, Wir hatten ein barbarisches schönes Leben, a.a.O., S. 144; Wolfgang Kraushaar, Rudi Dutschke und die Wiedervereinigung, in: Mittelweg 36, 1. Jg., Nr. 2, 1992, S. 23 ff. Viele dieser Situationen wurden später von der offiziellen Politik reproduziert etwa als »Ostpolitik«, als »mehr Demokratie wagen«, als »neue Medien«, als »Inszenierung« von Politik. Sie waren immer Reaktion im doppelten Sinne – ein Reagieren auf Opposition, aber primär Mittel, antiemanzipative Motive einzusetzen, Themen zu besetzen, zu demobilisieren.

Zur archaischen Inszenierung linksradikaler Politik

kritisch zu überdenken. Der Utopiephilosoph, Ernst Bloch, war angereist, um sein Denken doch noch einzubringen in einen Generationsbruch, den die Studentenrevolte darstellte in Bezug zur Generation der Krieger und Gewalttäter der Nazi-Diktatur und der Aufbauer einer neuen Republik. Die Revolteure hatten bisher wenig Notiz genommen von diesem Philosophen, weil er ihnen zu sehr verwickelt schien in dem Stalinschen Projekt einer europäischen Neuordnung und scheinbar philosophisch ihre Zielsetzung untermauerte. Im Gegensatz zu Herbert Marcuse oder zu Georg Lukács schien ihnen Bloch zu wenig Querdenker und Dissident zu sein. Professoren und Politiker wie Werner Maihofer, Ossip K. Flechtheim, Irving Fetscher waren angereist, um zu erfahren, wohin die Opposition trieb und was »Revolution« in Deutschland zum gegebenen Zeitpunkt hieß. Dutschke trat auf mit dem Selbstbewußtsein eines Medienstars und Führers. Er hatte verschlafen und das Flugzeug in Berlin verpaßt und kam lediglich zur Schlußrunde der Diskussion. Auf ihn hatten alle gewartet, und das wußte er. Er war nicht nur Partner in einem Disput, sondern Hauptperson.

Im Spätkapitalismus wurden nach seiner Überzeugung Konflikte »personalisiert«. Opposition wurde erschlossen über Personen, Gesichter, Sprachfähigkeit. Dadurch war er zwar »Auserwählter«, aber er bekam auch Zugang zu den Medien und erreichte eine Vielzahl von Menschen, die dadurch überhaupt erst von der Opposition erfuhren, über ihre Ziele informiert wurden und sich mit ihr auseinandersetzen konnten. Die andere Seite des Starkults erwähnte er nicht. Stars wurden gekürt, von den Medien präpariert, definiert, mit Rollen versehen, eingespannt in Spiel und Spektakel, die die Wirklichkeit ersetzten, Zusammenhänge verschwiegen, Informationen unterschlugen und dadurch stets austauschbare Illusionen schufen. Ein Repräsentant der Opposition verlor durch seine medienhafte Übersetzung die politische Zielsetzung allein schon dadurch, daß seine Rolle kultische Züge trug und damit Eindeutigkeit und Klarheit, aber vor allem eine offene und demokratische Diskussionskultur unterlief. Die Konstituierung einer Opposition über Inszenierungen von Aktionen, wie Dutschke sie vorhatte, wurde zum Spielball medienmäßiger Geninszenierungen und gerade dadurch neutralisiert oder gesprengt. Aber das war nicht Thema. 1968 war für Dutschke »Wendezeit«. Eine Opposition lebte von Visionen und ihren Verkörperungen. Wissenschaftskritik erreichte längst nicht mehr die Massen. Verkündigungen mußten deshalb immer auf den Reichtum der Gesellschaft verweisen, auf die systematische Kapitalvernichtung durch Rüstung und Verschleiß und darauf, daß die Produktivität der Arbeit bereits jetzt einen Dreistundentag zuließ. Das »Paradies auf Erden« konnte freigesetzt werden aus den kapitalistischen Fesseln. Das war das Neue der Opposition. Sie lebte nicht mehr von Theorien und Utopien. Sie zielte auf Verwirklichung, Freisetzung und war deshalb primär Wille, Zusammenfassung von Denken und Erfüllung sowie Anstrengung, der längst zerfallenden Klassenkultur eine Kultur der Emanzipation und Veränderung entgegenzusetzen, um dadurch Widerpart der Herrschenden zu werden. In einer Gesellschaft ohne Subjekt war die Subjektfindung Willensakt. Die »subjektive Dialektik« war gefragt. Deshalb konnte aus der Minderheit Mehrheit werden, drängte mit den Gedanken auch die Wirklichkeit zur Revolution. Mit »Provokationen« wurde ein öffentlicher Raum erkämpft, konnten die »schwachen Glieder« des Systems ausfindig gemacht werden, konnten Stärke und Schwäche der Herrschenden getestet werden und konnte die Opposition ihr Format finden. In Bad Boll setzte Dutschke neben der rationalen Aufklärung auf den magischen Teil von Provokation, Inszenierung und Spektakel in der Überzeugung, daß die Streitlust der Oppositionellen immer wieder das Kultische aufriß, die eigenen Medienstars vom Podest stieß und über ein derartiges Vorgehen der enge Kreis von Opposition durchbrochen, aber immer auch Revolten in der Revolte provoziert wurden. Eine derartige Bewegung mußte auf vielen Hochzeiten tanzen können, um Erfolg zu haben, sie besaß zugleich genügend Kapazität, ihr Anliegen nach Emanzipation und Freiheit nicht zu unterschlagen. Dutschke dachte nicht an Niederlagen, schon gar nicht daran, daß die eigene Bewegung derartige Rückschläge oder Konterreaktionen im Schoß trug. Er war erfüllt von seiner Mission.[23]

Es gab noch andere, die sich Gedanken machten über die Konstituierung und Inszenierung einer Neuen Linken im westlichen Europa, aber vor allem in Westberlin. Das waren Psychologen, die im Auftrag der unterschiedlichen Sicherheits- und Geheimdienste arbeiteten. Wenig ist darüber bekannt. Sie eröffneten Blickfelder, die von Dutschke und Krahl nicht in Betracht gezogen wurden: die Psychologie der Gruppe, ihr innerer Zwang, ihre subtile Hierarchie von leitenden Führungsgestalten, Unterführern, Mitläufern, die homo- und heterosexuellen Spannungen zwischen den Gruppenmitgliedern, der Machismo als Charisma und Führungsstil, die Rolle der Frauen als Mitkämpferinnen und »Bräute«. Diese Einschätzungen hatten das Ziel, eine derartige Oppositionsgruppierung zu unterwandern und wirkungslos werden zu lassen, deshalb waren die Fragestellungen sicherheitspolitisch oder polizeistrategisch angelegt. Trotzdem erfaßten sie Gruppenzustände, die vorerst den Rebellen verborgen blieben. Die Sicherheitspsychologen unterschieden in ihrer Charakterisierung der Gruppen zwischen Organisationstypen, die primär auf eine Führungspersönlichkeit zugeschnitten oder die netzförmig, feldmäßig aufgebaut waren, sich ausbreiteten über unterschiedliche Stadtmilieus und deshalb unterschiedliche Autoritäten aufwiesen und die nur kurzfristig eine Überautorität duldeten. Der Zusammenhalt der letzten Gruppenform wurde primär erreicht über die Theorie. Hier hatten die Autoritäten sich in der Interpretation und Umsetzung zu beweisen. Schon aus diesen Gründen war zwischen ihnen eine latente Konkurrenz angelegt. In beiden Organisationstypen gab es die Macher, die Aktivisten und die Mitläufer. Die autoritären Gruppen, die primär in einer faschistoiden Tradition standen, setzten auf den eindeutigen Führer und auf Gefolgschaften, deren Zusammenhalt geprägt wurde durch die »Fügung« und Definitionsgabe des Führers, dessen Position nicht mehr hinterfragt oder demokratisch legitimiert werden mußte. In der netzartigen Organisation, die eher den Linkskreisen zugeordnet wurde und in der mehrere Anführer wirkten und die demokratischen Ansprüchen genügen mußte, zählten Leistung, Durchsetzungswillen, aber auch demokratische Abstimmung, um die Konkurrenz der Führer irgendwie zu steuern, aber auch um allen Mitgliedern Geltung zu verschaffen. Diese Gruppenformen wurden von den Polizeipsychologen als Idealtypen behandelt, die jeweils Links-Rechts-

23 »Novus ordo saeculorum oder das Problem der Revolution in Deutschland«, aus dem Protokoll des Podiumsgesprächs, Diskussionsbeiträge von Rudi Dutschke, Auf langem Marsch zur »freien Gesellschaft«, in: Evangelische Akademie Bad Boll, Berichte und Kommentare, 1/2, 1968, S. 22 ff. Jürgen Miermeister, Ernst Bloch – Rudi Dutschke, a.a.O. 1996, S. 31 ff.

Zur archaischen Inszenierung linksradikaler Politik

gruppen ausdrücken sollten, die jedoch in der Realität überdeckt wurden von Mischformen: Führungsgruppen und Aktivisten, die Führungspersönlichkeiten akzeptieren mußten, gerade weil die Mitläufer und Sympathisanten darüber ihre Identität mit der Gruppe erfuhren, die jedoch letztlich eine derartige Führerschaft nicht hinnahmen. Untergründig schlossen sich die Unterführer zusammen, um bei günstiger Gelegenheit den Führer zu stürzen. Hier lag nun die Möglichkeit für die Sicherheitsbehörden, Agenten und Spitzel zu plazieren, um Konkurrenz zu schüren, latente Konflikte, Eifersüchteleien, Neid, Enttäuschungen zu potenzieren und den Konflikt zuzuspitzen. Vor allem Frauen wurden wichtig. Sie sollten Zugang finden zu den Führern und Aktivisten, andere Frauen und Männer zurückdrängen und die politische Situation überführen in den Dunstkreis von Leidenschaft, Liebe, Eifersucht. Gerüchte, Denunziationen, Behauptungen wurden eingesetzt, um die Gruppe zu spalten. Die Agenten sollten selbst Anteil haben an Fraktionierungen. Gelang durch derartige Interventionen die Auflösung der Gruppe nicht, war der Bezug der »Realpolitiker« zum »Theoretiker« zu stark und waren die Unterführer nicht aufzuhetzen gegen den Führer, blieb dessen Charisma und Überzeugungskraft fest, blieben auch die Bindungen unantastbar, dann empfahlen die Sicherheitspsychologen die »Liquidation« des Führers oder die Verhaftung der Führungsgruppe. Liquidation umriß die Möglichkeiten des Erschießens, der Isolierung, der Verhaftung und der psychologischen Beeinflussungen. Die Entfernung des Führers aus einer geschlossenen Gruppe mußte nach Ansicht dieser Psychologen, den Streit um die Nachfolge entfachen, der nicht selten die Gruppe auseinanderriß, weil die unterschiedlichen Aspiranten auf die Nachfolge sich nicht einigen konnten.[24]

Aber es war damals durchaus ersichtlich, daß der Konstituierungsprozeß einer neuen Linken nicht nur die negativen Seiten einer »kleinbürgerlichen Intelligenz« provozierte, die primär Krahl untersuchte; die »Bewegung« selbst erlitt Stillstand in der »Bewegung«, Rückschritte im Fortschritt, Niederlagen im Erfolg, die nicht mehr über Inszenierungen, Kampagnen oder Zuspitzungen geregelt werden konnten. Das läßt sich nachweisen beim Vietnamkongreß im Februar 1968. Dutschke plante den Kongreß weitgehend gegen den SDS, weil er diese Veranstaltung nicht einbinden lassen wollte in das traditionelle KPD/SEW-, SPD- und in das veraltete Linksmilieu, das die Frontstellung des europäischen Bürgerkriegs verinnerlicht hatte und eine Kritik am sozialistischen Lager als der Freundesmacht nicht akzeptierte. Dutschke wollte aber gerade den Protest im Westen übertragen in eine Dissidenz im Osten. Deshalb gab es Verbindungen nach Prag, Warschau, Budapest, Ostberlin. Und er plante, die Gegnerschaft zum amerikanischen Krieg in Vietnam hineinzutragen in die amerikanischen Kasernen und so die Besatzungsmacht in Westberlin zu provozieren. Es war ein Demonstrationszug nach Lichterfelde geplant, um vor den Kasernen den Willen zu demonstrieren, Deutschland nicht zum Ausgangspunkt eines neuen Krieges werden zu lassen. In den Kasernen sollten schwarze Soldaten den Aufstand proben. Der Vietnamkongreß beinhaltete für Berlin, Deutschland und Europa eine Konstellation: auf der einen Seite standen die Herrschenden, die Besatzungsmächte, die Berufspolitiker, die Medien, das Volk, auf der anderen Seite kamen studentische Jugendliche zusammen,

---

24 Hauptmann Johannes Bernstein, Hauptmann Dieter Schaffer, Staatsfeindliche Gruppen Jugendlicher und jugendlicher Erwachsener und ihre vorbeugende Bekämpfung durch das MfS, Potsdam 1969, S. 148 ff., S. 163 ff., S. 200. Die Dissertation der MfS-Hochschule in Potsdam/Babelsberg befaßt sich zwar primär mit rechten, linken und kriminellen Jugendzentren Ostberlins, wertet jedoch die amerikanische Polizeipsychologie in der Bekämpfung deliquenter Jugendgruppen aus. Viele der Einschätzungen sind durchaus übertragbar auf den bündischen und milieu- bzw. feldmäßig organisierten SDS mit seinen unterschiedlichen Aktionszentren und Führungsgruppen, die kurzfristig orientiert wurden auf Führungspersönlichkeiten wie Rudi Dutschke und Hans-Jürgen Krahl. Als Dutschke im Oktober 1967 mit Unterstützung der SEW und des MfS zur Beerdigung seiner Mutter nach Luckenwalde reiste, saßen mit ihm zwei Psychologen im Fonds der Tschaika-Limousine, die ihn testeten und einschätzten, ob er angreifbar oder korrupt war oder »liquidiert« werden mußte. Die neurotische, psychopatische Seite des SDS wurde von dieser Seite nicht analysiert. Da er die Anormalität gegen die gewalttätige Normalität propagierte, wurde er Treffpunkt unterschiedlicher »Kranker«, die hier Therapie und Genesung erhofften, Ruhe und Gemeinschaft. Ähnlich sahen sexuell diskreditierte Minoritäten in der Revolte die Möglichkeit, ihr Anliegen offen zu propagieren und durchzusetzen; vgl. dazu: Hans-Jürgen Krahl, Ontologie und Eros – zur spekulativen Deduktion der Homosexualität, in: ders., Konstitution und Klassenkampf, a.a.O, S. 115 ff.; Ronald Grossarth-Maticek, Revolution der Gestörten? Heidelberg 1975, S. 130 ff., S. 150 ff., S. 234 ff.

eine radikale Minderheit, europaweit in Bezug zueinander, in Aufbruchstimmung. Die Inszenierung war medienwirksam. Sie verdeutlichte, daß in diesem Fall nur zwei Akteurfronten existierten: Politiker, Polizei, Justiz auf der einen und Studenten, Jugendliche, Linke auf der anderen Seite. Die Masse war Publikum und Zuschauer. Aber nicht nur der Westen sollte einbezogen werden in dieses »große Gefecht«, auch der Osten.[25]

Die Reden von Dutschke und Krahl auf dem Vietnamkongreß symbolisierten bereits die mystische Wende innerhalb der Radikalopposition. Die Quantität von Teilnehmern und Sympathisanten drängte nach einer neuen Qualität von Zusammenhalt. Vorbei war die Zeit der kleinen Gruppen, der intensiven Diskussionen, der Dispute im überschaubaren Rahmen und der großen Teach-ins, auf die bisher dieser Aussprachestil übertragen worden war, indem die Diskussionen innerhalb des SDS von den gleichen Akteuren, manchmal im Rollenwechsel auf diesen Großveranstaltungen einfach wiederholt wurden. Aufklärer klärten sich selbst auf bzw. sprachen vor gutwilligen Kommilitonen, die den Sprachduktus, aber auch die Intentionen der Reden kannten und ihren Inhalt akzeptierten. Jetzt plötzlich tauchten Studenten auf, die nicht aus dem geisteswissenschaftlichen Milieu kamen, Frauen und Männer von den Technischen Universitäten, Naturwissenschaften und Fachhochschulen. Schüler kamen, Außenseiter aller Volksschichten, aber auch die ersten Lehrlinge und Arbeiter. Sie verstanden oft »Bahnhof«. Die Sprache der Sprecher der Revolte ging an ihrem Werthorizont, aber auch an ihrem Verständnis vorbei. Sie waren interessiert an Reizwörtern, Parolen, Frontstellungen, Ritualen, Gruppenintimität und Lagermentalität. Und sie entschlüsselten für sich Zusammenhänge über Personen. Diesen Bedürfnissen kamen Dutschke und Krahl entgegen. Sie rangen um Zustimmung und um freudige Anerkennung, ja Hingabe des Publikums und sie hantierten mit Schlagworten und liebgewonnenen Radikalismen. Sicherlich redeten sie sich auch bewußt hinein in die Rolle populistischer Helden, die die neue Qualität von Opposition auch verkörpern konnten. Die Entscheidungssituation mußte herausgestellt und der historische Augenblick präsent werden. Die tiefe Krise der Herrschenden mußte konfrontiert werden mit der Möglichkeit der Opposition, diese »schlechte« Gesellschaft umzuwälzen. Ein Optimismus des potentiellen Siegers mußte erklingen. Zukunft erhielt die Konturen des Machbaren. Die Reden verbreiteten eine »chiliastische Erwartung«. Der protestantische Missionar Dutschke sprach zu den Erniedrigten und Beladenen und verkündete die Nähe eines »Gottesreichs«, frei von »Hunger, Krieg und repressiver Arbeit« und überreich an menschlicher Schöpferkraft. Der sonst eher »nüchterne« Krahl redete der »Globalität« der Revolution das Wort. Der Aufstand der »Dritten Welt« korrespondierte mit dem wachsenden Widerstand in den »Metropolen«.[26]

Waren auf diese Weise die Entscheidungssituation, aber auch die eigenen Absichten skizziert, mußte der Feind, der Imperialismus, in seiner Bösartigkeit, Falschheit, Zerstörungswut, Menschenfeindlichkeit vorgestellt werden. Hier war Dutschke zwar noch bemüht, eine analytische Erklärung zu bringen, warum das »Primat des Politischen« den Verwertungszusammenhang überdeckte, Macht und Herrschaft sich längst gelöst hatten von ökonomischen Grundlagen, er wollte jedoch in erster Linie die »Traditionalisten« einstimmen

[25] Ergänzungen zur Information vom 10. November 1967, S. 1/2; Information vom 19. Januar 1968 S. 1, S. 3; Probleme, Vietnamkonferenz in Westberlin, 19. Januar 1968, Aussprache mit Westberliner SDS-Mitgliedern und Zentralrat der FDJ, S. 1; Entscheidungsfrage zur internationalen Vietnamkonferenz in Westberlin am 17./18. Februar 1967, S. 1, in: Stiftung Archiv der Parteien und Massenorganisationen der DDR im Bundesarchiv, Zentrales Parteiarchiv (SAPMO-BArch, ZPA) IV A 2/2028/107; Jürgen Fuchs, Gretchen Dutschke, Zdenek Mlynar, Jiri Pelikan, Jürgen Treulieb, Stepan Benda, Sibylle Plogstedt, in: Heinrich-Böll-Stiftung, Prag – Berlin – Paris 1968, internationale Konferenz am 21. und 22. 5. in Prag, Prag 1993, S. 24 ff., S. 36 ff., S. 39 ff., S. 44 ff., S. 70 ff., S. 72 ff., S. 87 ff.

[26] Rudi Dutschke, Die geschichtlichen Bedingungen für den internationalen Emanzipationskampf – Rede auf dem Internationalen Vietnam-Kongreß in Westberlin, Februar 1968, in: ders., Geschichte ist machbar, a. a. O., S. 105 ff.; Hans-Jürgen Krahl, Diskussionsbeitrag auf dem Berliner Vietnamkongreß, in: ders., Konstitution und Klassenkampf, a. a. O., S. 145 ff.

Zur archaischen Inszenierung linksradikaler Politik

auf sein Feindbild. Der Feind war Ausdruck von Manipulation und Bösartigkeit und benutzte die moderne Technik zur Unterwerfung der Massen, hatte sich die Produktivkräfte und Teile der Arbeiterbewegung einverleibt, weshalb die alte Dialektik der Klassenkämpfe ausgelöscht war. Krahl stimmte der Einschätzung zu. Die NATO wurde, nachdem der Bürgerkrieg in Europa siegreich beendet worden war, primär Mittel, die revolutionären Bewegungen in der Dritten Welt zu überwinden. Die realsozialistischen Länder waren für beide nicht Gegenpol zum »autoritären Staat«, sondern Objekt der subtilen Vereinnahmung durch Ökonomie, Konsum, Propaganda. Der Herrschaftsapparat trug faschistische Züge in dem Sinn, daß Führungseliten ihre Herrschaft absicherten über Massenverdummung, Manipulation, Krieg und Zerstörung. Das »weltgeschichtliche Bezugssystem« von Widerstand und Revolution gab der revolutionären Minderheit der Opposition die Chance, sich durchzusetzen, zumal die Abwesenheit von Klassenkampf eine Konstellation hervorgebracht hatte, bei der die wenigen Herrschenden der Oppositionsminorität gegenüberstand. Sie konnte sich durchsetzen über Kompromißlosigkeit, Moral, Verweigerung, Zuversicht, Kampfeswillen und durch den Aufbau eines eigenen Milieus, in dem die neuen Tugenden ausgelebt wurden und Widerstand tagtäglich erprobt wurde.[27]

Eine derartige Zuspitzung ließ alle konkreten Vermittlungsebenen von Politik vermissen. Sie war propagandistische Vereinfachung und deshalb grundfalsch. Sie lebte vom Augenblick, sollte Formel sein und zusammenschweißen. Sie wurde angenommen. Es herrschte Karnevalsstimmung. Revolutionsparolen wurden gerufen, Fäuste geballt. Rhythmisches Klatschen unterbrach immer wieder die Ansprachen. Resolutionen wurden verlesen. Die Wanne von Geborgenheit breitete sich aus. Alle lächelten sich zu, Glanz in den Augen: »Wir sind eine radikale Minderheit«. – »Wir werden siegen!«. Fahnen wurden geschwenkt. Die Führer drückten sich die Hände und atmeten tief durch. Ein neuer Populismus war geboren. Dutschke ahnte, was auf ihn zukam, was eine populistische Rolle ihm abverlangte: Gefolgschaften formen und für ihre Kontinuität sorgen, tagtäglich das Charisma erneuern und aufpolieren, Verantwortung übernehmen, den Populismus über Medienarbeit festigen, sich durchsetzen gegen Konkurrenz, Begründungen finden für eine derartig antidemokratische und zugleich »archaische« Wendung in der Radikalopposition. Er wollte wieder abhauen, sich absetzen in die USA, dem Drängen seiner Frau nachgeben, familiäre Ruhe zu finden. Aber das ließ sich nicht öffentlich erörtern, schon gar nicht in einem Streitgespräch mit den Weggefährten. Also sprach er seine Botschaften in die Fernsehkamera des Interviewers Wolfgang Venohr. Flugs war die »Theorie« der »temporären Führer« gefunden, die jeweils für kurze Zeit im Rampenlicht standen, um dann wieder ausgetauscht zu werden durch andere, die zuständig wurden für neue Kämpfe. Dutschke wollte andere Spuren verfolgen, vielleicht in den USA oder in Lateinamerika neue Aufgaben finden. Andeutungen wurden gemacht und eine Nähe zur Mission Che Guevarras suggeriert. Er verhielt sich schon wie ein populistischer Politiker: nur nicht banale Wahrheiten aussprechen oder gar zugeben, daß Angst und Ratlosigkeit sich ausbreiteten, daß sich der Held dem Willen der Ehefrau beugte. Ein paar Tage nach diesen Ereignissen klopften vier Reporter der Zeitschrift *Capital* an die

---

27 Rudi Dutschke, a.a.O., S. 115; Hans Jürgen-Krahl, a.a.O., S. 147.

Tür, drei Männer und eine Frau. Sie brachten Wein und erlesene Speisen der lukullischen Abteilung des Kaufhauses KADEWE mit. Der Asket Dutschke trank zwar nicht und wußte auch die Köstlichkeiten an Essen nicht zu schätzen, aber er war angetan von seiner Berühmtheit. Er ließ sich vollquatschen. Die Medienmacher legten ihn aufs Bett, klemmten ihm das *Kapital* von Marx unter den Arm, banden ihm ein rotes Tuch um den Hals, puderten und salbten ihn, drehten und schüttelten ihn und schossen Hunderte von Fotos nach dem Vorbild des US-Magazins *Playboy*, das 1960 Che Guevarra ähnlich abgelichtet hatte. Das war ein Test und ein Spiel der Vereinnahmung. Jetzt wurde Dutschke in Szene gesetzt, die Eitelkeiten anvisiert und die Grenzen ausgelotet: wie weit ließ er sich vereinnahmen? Fast nebenbei machte ihm ein Reporter den Vorschlag, bei all seinen Reden vor sich auf dem Pult immer deutlich sichtbar eine Flasche Pepsi-Cola zu postieren. Der Reporter wollte mit Dutschke und dem amerikanischen Konzern einen Exklusivvertrag aushandeln, der Dutschke monatlich eine größere Summe Geld einbringen konnte. Dutschke wußte nun, das Medienspiel war ausgereizt und er hatte verloren. Als Marlboro-Mann oder als Pepsi-Cowboy wollte er nun doch nicht auftreten. Als diese Zeitschrift im März 1968 herauskam, waren viele »Parteigänger« der Radikalopposition, Frauen und Männer, entsetzt. Alle hatten das Gefühl, daß die Opposition an einen Punkt gekommen war, wo das Medienspiel sich negativ auswirkte, deren Wirklichkeit längst die Realität übertrumpfte, Einfluß nahm auf den inneren Zustand der Opposition, die Auseinandersetzungen und Ziele beeinträchtigte, Führer kürte und absetzte, Kultformen inszenierte, Informationen und Zusammenhänge selektierte und verdrängte. Kurz: Die Medienwirklichkeit verfremdete und verdrehte die Ziele der Opposition und zerstörte ihre Solidarität. Die Traditionalisten forderten bei einer Sonderkonferenz des SDS in Frankfurt Ende März, Dutschke aus dem Verband auszuschließen. Halbherzig verteidigten ihn die Freunde. Aber statt nun über die Definitionskraft und Manipulationsgewalt der modernen Medien zu streiten, standen Fragen des Parlamentarismus im Vordergrund. Die uralte Leier leninistischer oder linksradikaler Behauptungen über Möglichkeiten und Grenzen der »Tribüne des Klassenkampfs« wurde abgespult, aber der aktuelle Zustand einer »Großen Koalition«, der engen Kooperation von Konservativen und Sozialdemokraten, höchstens tagespolitisch zitiert. Die Opposition war nicht mehr auf der Höhe der Zeit. Der inneren »Flucht« der Führer entsprach die Flucht in eine Vergangenheit, die letztlich nur Projektionsfläche für Einbildungen und Sentimentalitäten war. Dutschke und Krahl hatten noch viele Skrupel, die archaische Inszenierung ihrer Führerrolle bis zum Ende durchzuziehen. Das blieb den »Nachfolgern« vorbehalten, dem Kreis um Andreas Bader, die die RAF begründeten, aber auch den Initiatoren der K-Gruppen. Jetzt war die Stunde der Geistermacher gekommen. Sie überführten die Wiedergeburt der Aufklärung durch die Studentenrevolte in die Dunkelheit ihres Gegenteils, in das Spektakel von Kulten, Ritualen und Szenen, in Dogmatismus und Sektiererei.[28]

[28] Venohr-Film im Auftrag des ZDF, aufgenommen während des Vietnamkongresses, ausgestrahlt Ende Februar; Capital, Nr. 3, März 1968; Ulrich Chaussy, a.a.O., S. 213ff., S. 223ff.

Zur archaischen Inszenierung linksradikaler Politik

Die existentialistische Falle

Nun wollen wir die Einschätzung der neuen Linken nicht Polizeipsychologen oder Psychotherapeuten überlassen. Wir wollen allerdings auch nicht im Lobgesang der Verkünder und der Selbstzeugnisse der Revolte verharren. Eine Beurteilung dieser neuen Opposition überlassen wir zwei Theoretikern, die mit ihr stets verbunden blieben: Jean-Paul Sartre und Herbert Marcuse. Sartre sprach der Intelligenz im Nachkriegseuropa, vor allem in Frankreich, eine herausragende Rolle zu. Sie gewann die Qualifikation des »authentischen Intellektuellen«, war sie bereit und fähig, sich zu distanzieren von der gesellschaftlich relevanten, »intellektuellen Arbeitsteilung« zwischen der universitären Institution und dem Machtapparat von Staat und Parteien. Diese herausragende Position gewann die radikale Intelligenz dadurch, daß die Bourgeoisie im Trauma der Kollaboration mit der deutschen Besatzungsmacht und später mit den USA verfangen blieb und unter dem Druck der sozialen Verhältnisse unfähig war, eine historische Perspektive zu entwickeln. Demokratie war Machenschaft, die Sonderinteressen und Minoritätspositionen durchzusetzen. Aber ähnlich perspektivlos war die Arbeiterschaft. Sie besaß keinerlei kollektiven Willen, ließ sich abspeisen mit kleinen Zugeständnissen, war in sich zerrissen und segmentiert, zurückgeworfen auf Alltagssorgen und ließ sich einspannen in die Gaukelei von Konsum, Sport und Freizeit. Lediglich die Kommunisten besaßen noch Format, aber waren nur noch Außenposten für russische Politik. Für Sartre war deshalb dieser »authentische Intellektuelle« das wichtige Reservoir des gesellschaftlichen Umbruchs, denn er besaß die »Totalität« an Wissen, um Herrschaft und Ausbeutung zu entlarven, und nur durch ihn konnten die unterdrückten Klassen und Teile des Volkes das Projekt der »Befreiung« auf sich nehmen. Dieser Intellektuelle selbst strebte nach Gemeinschaftsformen, die außerhalb herrschender Politik und Zwangsmittel standen. Kurzfristig bildete für Sartre die Zeitschrift *Les Temps Modernes*, später sogar die KPF eine derartige Gemeinschaft; sie war jedoch in den sechziger Jahren für ihn dann eine Institution der Theorievermittlung, der Kritik, aber auch des Aufbegehrens und der Unterstützung der Volkskämpfe. In der *Kritik der dialektischen Vernunft* wurde sie Objekt einer grundsätzlichen Reflexion.[29]

Sartre war in dieser Schrift bemüht, den Marxismus für die Intelligenz zurückzugewinnen und ihn abzusetzen von der Legitimationsideologie des Marxismus-Leninismus. Der Marxismus sollte die Dimension von Praxis und Befreiungskampf erneut erhalten, konnte er gelöst werden von einer Fixierung auf das »Proletariat« und konnte er bestehen in diesem neuen Kapitalismus, der Elemente des Arbeiterreformismus und Revolutionismus aufgesogen und dadurch Stabilität gewonnen hatte, daß er die bestimmte Negation von sozialer Befreiung aussprach. In dieser Hinsicht harmonierten die Absichten der deutschen Studentenbewegung und vor allem die von Dutschke und Krahl mit den Vorstellungen Sartres.[30]

Sartre wollte über die praxisorientierte Rekonstruktion des Marxismus eine »dialektische Vernunft« herausarbeiten, die so etwas sein sollte wie eine »Revolutionstheorie« einer authentischen Intelligenz. Eine derartige Theorie mußte gelöst werden von den herrschenden Ideologien und von der marxi-

---

29 Jean-Paul Sartre, Plädoyer für die Intellektuellen, in: ders., Mai '68 und die Folgen, Reinbek 1979, S. 36 ff.; Jean-Paul Sartre, Marxismus und Existentialismus, Reinbek 1965, S. 7, S. 8, S. 102 ff.; Jean-Paul Sartre, Kritik der dialektischen Vernunft, Reinbek 1968.

30 Die existentialistische Sichtweise und Aufarbeitung des Marxismus innerhalb der Studentenbewegung war Sartres Schrift *Existentialismus und Marxismus* geschuldet, die bereits in der »Subversiven Aktion« und in der »Viva-Maria-Gruppe«, dem Vorbereitungskreis der »Kommunebewegung« gründlich diskutiert wurde. Sartres Interpretation des Marxismus wurde bestätigt und radikalisiert durch Marcuses Gewichtung der *Philosophisch Ökonomischen Manuskripte* von Marx. Herbert Marcuse, Neue Quellen zur Grundlegung des historischen Materialismus, in: Die Gesellschaft, Berlin 1932, wiederabgedruckt in: Philosophie und Revolution, Untergrundschrift der »Viva-Maria-Gruppe«, o.J. (Berlin 1965).

stisch leninistischen Verformung in Gestalt von Sprache, Begriffen, Methode und von ihrer Fixierung auf Parteilichkeit und Legitimation, um offen zu werden für neue Fragestellungen. Sartre entwickelte eine Theorie, die dem modernen Sein und der heutigen Zeit entsprach und die sich ausdrücklich dem Emanzipationskampf verschrieben hatte. Ein ähnliches Projekt verfolgten auch Dutschke und Krahl. Die Theorie zielte auf die Identität einer politischen Gemeinschaft in doppelter Absicht: sie fand Grundlage und Bestätigung in der Aktion und zielte immer auch auf eine revolutionäre Organisierung, wodurch der Kampf der Intellektuellen vermittelt wurde mit dem Kampf der Unterdrückten in der Welt, und sie enthielt als Kommunikationsform Elemente einer neuen, freien Gesellschaft. Die Theorie entwickelte daher als abstrakte Typologie verschiedene Formen von Gruppen und Kollektiven, die historisch Organisationsformen des Widerstands gebildet hatten bzw. Ausdrucksformen von realer politischer Herrschaft waren, um davon die neue Form der Kampfgemeinschaft abzusetzen. Die bisherigen Revolutionsparteien hatten den Nachteil, daß sie primär Verschwörungen waren und deshalb von der Absolutsetzung und Dämonisierung des Feindes lebten. Parallel dazu mußten sie den Freund, die eigene Gemeinschaft, verherrlichen und lobpreisen. Dadurch verlor diese Gruppe den Bezug zur Realität und wurde Sekte. Letztlich fand in ihr ein subtiler Kampf gegen den Anderen, gegen den Zweifel, die Kritik statt. Sie erfuhr dadurch eine innere »Militarisierung«, war angewiesen auf Disziplin und Gehorsam, auf die Hierarchie von Führung und Gefolgschaft und bekämpfte gerade deshalb immer stärker den potentiellen Verräter, der immer auch Symbol war für Intellektualität, Realismus und Denkfähigkeit. Die Theorie der Gruppe wurde zum Dogma. Das lebte von der Freund-Feind-Fixierung. Beide Seiten wurden dämonisiert. Dadurch entstanden Wunderglauben und die Umrisse einer primitiven Religion, die allerdings als eine atheistische Variante alle Elemente der griechischen Philosophie entbehrte und dadurch weit hinter das Christentum und den Islam zurückfiel. Sie lebte von den Kulten und Ritualen der Disziplin, der Gehorsamspflicht, der Parteilichkeit, der Führerschaft usw. und war aufgebaut auf Gewalt, Terror, Brutalität und Menschenverachtung. Ihre Organisationsform besaß militärische Prinzipien und Kommandostrukturen. Sie duldete keinerlei Abwege oder Revisionen. Derartige Gruppen erstarrten. Sie konnten, je nach historischer Situation und Schwäche der Gegner »Revolutionen« lostreten, die Macht übernehmen, aber ihre Diktatur blieb Herrschaft, die keinerlei Bezug zur Dialektik der Freiheit besaß und war deshalb oft schlimmer und brutaler als die gestürzte Macht. Aber auch der Gegenpol zur revolutionären Gruppe, die liberale Versammlung und Öffentlichkeit, war nicht Ausdruck von Demokratie. Sie war am Status quo orientiert, daran, bestehende Macht zu erhalten und zu reproduzieren. Sie organisierte primär die Ohnmacht des Einzelnen, aber auch der Masse, die so etwas abgab wie Kulisse der Selbstdarstellung demokratischer Eliten. Als moderne Partei, Verband, Demonstration, Wahlkampf enthielt dieses liberale Prinzip Grundfaktoren von Inszenierung, Manipulation und Fremdbestimmung und war Rückhalt und Medium von oligarchischen Cliquen, die stets die leitende Gruppe in der Partei waren und den demokratischen Zugang versperrten. Vor allem nach 1945 fand in Westeuropa diese Form von Demagogie, Volkspartei und Parlamentarismus, die aus den USA importiert wurde und Garantie war für eine demokratische Machtsicherung gegenüber der kommunistischen Herausforderung, Anerkennung und wurde Grundlage der westeuropäischen Demokratie. Der Macht von Regierung oder Parteienzentren standen zufällig zusammengeströmte und vereinzelte Individuen gegenüber als Publikum, Masse, Leserschaft, Konsumenten, Wähler, die der Willkür der sich machtmäßig und organisatorisch absetzenden Eliten ausgesetzt waren.[31]

Mit diesen Organisationstypen wurde nun die »fusionierende« Gruppe der radikalen Intelligenz konfrontiert, die dezentral war, unterschiedliche Aktionsfelder aufwies, Arbeitsteilung und Hierarchien nicht duldete, sich zusammensetzte aus kleinen Einheiten und getragen wurde von Solidarität und Brüderlichkeit. In ihr agierte der Intellektuelle, der die theoretischen Versatzstücke von Wirklichkeit zusammentrug und die neuartige »Totalität« Welt entdeckte. Sein Wissen übertrug er auf die Unterdrückten. Diese fusionierende Gemeinschaft war Utopie und Realität, Übersetzung von Theorie und Praxis, Widerstand und Keimform der neuen Gesellschaft. Aber wie konnte eine derartige Gemeinschaft Bestand haben? War sie gefeit vor den Prozessen der »Verschwörungen«, der existenzialistischen Entscheidungen, der Kulte und der Rituale von Führung und Masse? Ähnlich wie Dutschke und Krahl setzte Sartre wohl auf einen grundlegenden Antagonismus zwischen Herrschenden und Unterdrückten. Die Gemeinschaft der Revolutionäre beinhaltete Kampfeswillen, Widerstandskultur, Aufbruch und ließ nach seiner Überzeugung Verfestigungen nicht zu, weil sie keine zentralen Strukturen und Hierarchien besaß und vom Wettstreit, von den Widersprüchen lebte, die sie immer wieder erneuerten. Wie wir wissen, hat historisch eine Widerstandskultur diese Stabilität bisher nicht erreicht. Ihr immanenter Irrationalismus, die Konkurrenz der Gruppen, die Rechthaberei einzelner Führer, der Dogmatismus, die Verletzbarkeit der einzelnen Kämpfer, die Verteufelung des Zweifels, die Aversion gegen Kritik, die Unfähigkeit zum Dialog, die Ritualisierung der Politik, die Tabuisierung archaischer Machtbeziehungen trugen immer den Keim innerer Zerstörung und Entsolidarisierung.[32]

Zu Beginn der siebziger Jahre war Herbert Marcuse bemüht, die vorläufige Niederlage der neuen Linken in Nordamerika, Ost- und Westeuropa zu benennen. Die Analyse deckte neue Phänomene des Zerfalls der Radikalopposition auf, analysierte sie jedoch nicht zusammenhängend. Eindeutig blieb für ihn, daß das Zeitalter der klassischen Revolutionen in den hochindustrialisierten »Zivilisationen« endgültig beendet war. Nicht Klassen machten Geschichte, sondern Minoritäten waren als Herrschaftseliten daran interessiert, den Status quo von Herrschaft aufrechtzuerhalten oder waren als Protest- und Verweigerungsmilieu darauf aus, die Prozesse der Paralysierung von Macht zu unterstützen und einzelne Teile der Massen herauszubrechen aus einem Zusammenhang von Manipulation, Unterwerfung und subtiler Akzeptanz der Bedürfniswelten moderner Reklame und Verführung. Träger eines derartigen Protestmilieus waren intellektuelle Aussteiger, die trotz oder gerade wegen ihres Wissens nicht länger teilhaben wollten an diesem Irrsinn von Reichtum, Zwang, Karriere und Konsum. Revolution war ein Prozeß der Distanz, des Ausstiegs, der Selbstfindung, des Milieus, des Widerstands, eine Kombination

31 Jean-Paul Sartre, Kritik der dialektischen Vernunft, a.a.O., S. 72, S. 376 ff., S. 720.

32 A.a.O., S. 799.

individueller und kollektiver Erfahrungen, die einen Schlußpunkt setzten und Alternativen zum Bestehenden anstrebten. Marcuse vermied Begriffe und Sprache der Politik und konzentrierte sich stärker auf ein anthropologisches, moralisches und ästhetisches »Universum«. Mit den Revolutionen und Kämpfen des 19. Jahrhunderts wurde auch deren Sprache und Konzeptionen obsolet. Vieles wurde nur faßbar über die Einstimmungen in die Welt der Psychoanalyse, der Kunst, der Musik.[33]

Aber ohne Organisation war die Revolution der Zukunft nicht machbar. Die vielen Einzelrevolten verblieben im Wunsch, diese Leistungsgesellschaft zu überwinden, aber sie besaßen keinerlei Vorstellung von der Macht der herrschenden Minorität, genauso wenig von der Zielsetzung der Umwälzung. Marcuse wollte im Angesicht der Niederlagen am Beispiel der Gewaltthematik das Problem des revolutionären Umbruchs diskutieren. Er unterschied deshalb zwischen der progressiven und der aggressiven Gewalt. Eine progressive Gewalt fand ihren Anfang in Sabotage, Bummelei, Absentismus, Betrug gegenüber Kapital, Verwaltung und Staat. Die »aggressive« Gewalt dieses Systems mußte ins Leere treffen, weil die Opposition unterhalb des »Bürgerkrieges« operierte, in der Legalität des Rechts, in ihren Grenzbereichen und vorerst sich nicht als Front aufbaute gegen den Sicherheitsapparat. Die Opposition mußte immer auch wissen, daß die Machthaber die Taktik der Diskreditierung herrschender Werte durchaus auch auf sie übertragen konnten, indem ganze Stadtteile dem organisierten Verbrechen preisgegeben wurden, Drogen und Alkohol von den potentiellen Sympathisanten konsumiert wurden, Zerfall und Dekadenz sich breitmachten und auch das Protestmilieu erreichten. Es gab auch Vereinnahmungen, Kooptationen, indem Persönlichkeiten und Gruppen der Opposition kooptiert wurden, Bestandteil wurden der Medienwelt oder offen oder subtil in Parteien und Institutionen gegen die »Genossen« agierten.

Die Opposition mußte sich doppelt stark machen: gegen Kriminalisierung und inneren Zerfall einerseits, aber auch gegen die Machtansprüche der eigenen Avantgarden. In dem Prozeß einer Organisierung entfernten sich die Revolutionäre von ihrem sozialen Umfeld. Sie distanzierten sich vom Universitätsmilieu, aber sie setzten sich auch ab von all denen, die diesen Schritt in die Organisierung nicht gehen wollten, weil eine derartig organisierte Radikalopposition so etwas wurde wie Bedrohung, die den Außenstehenden die Lebensziele und Werte ausreden wollte. So war jede Organisierung nach Marcuse verbunden mit einer subtilen Isolierung der Opposition. Das revolutionäre Bewußtsein, das immer Wissen und Entschlossenheit umfaßte, differenzierte das Protestmilieu, schuf asoziales und elitäres Verhalten, ließ Hierarchien entstehen zwischen denen, die noch in der Korrespondenz zur Mehrheitsgesellschaft standen und denen, die längst die Trennung vollzogen hatten. Diese innere Differenzierung der Opposition mündete in Abkapselungen und Aufspaltungen und zuletzt in der radikalen Negation des Bestehenden. Diese enthielt mehrere Gefahren. Sektierertum, Asozialität, Verzweiflung, wirklichkeitsfremder Radikalismus, Entsolidarisierung konnten die Folge sein. Als Außenseiter war diese Opposition anfällig für einfache Ideologien aus dem 19. Jahrhundert, für eine Ritualisierung von Marx und Lenin, indem das Grundvokabular nur noch Bestandteil war einer »versteinerten Rhetorik«, die jeden

33 Herbert Marcuse, Die Linke angesichts der Konterrevolution, in: ders., Konterrevolution und Revolte, Frankfurt/Main 1973, S. 24 ff.; Herbert Marcuse, Über Revolte, Anarchismus und Einsamkeit, ein Gespräch, Zürich 1969, S. 13 ff.

Bezug zur Wirklichkeit verlor. Die Revolutionäre verstanden die kapitalistische Realität nicht mehr, führten Kämpfe der Vergangenheit und verloren im sozialen Umfeld jeden Respekt. Sie wurden als Spinner und Extremisten angesehen, die dem Propagandabild der etablierten Parteien entsprachen.[34]

Marcuse war weniger entsetzt über die Zerstrittenheit der Linken, auch nicht über die fatale Ideologisierung, die den »Faden« der Zeit verlor. Solange ein »offener Horizont« gegeben war, konnten alle Streitigkeiten immer wieder überwunden werden. Sie waren sogar produktiv, indem dann vergangene Irrtümer durchlebt werden konnten, um sie endgültig zu überwinden. Allerdings wurde dieser Streit durchbrochen, verlor die Linke die Sprachfähigkeit, die Sensibilität für die Probleme, die Offenheit zu Veränderungen. Das passierte in dem Augenblick, wo die »Verdinglichung« der Begriffe Einzug hielt in ihre Reihen und die Rolle der Arbeiterklasse »fetischisiert« wurde. Die Orientierung auf den Marxismus verlor für Marcuse in dem Augenblick die positive Bedeutung, als durch die Übernahme der Begriffshülsen der Blick versperrt, aber vor allem die Unterwerfung unter die politische Logik des Marxismus-Leninismus erleichtert wurde. Der Anspruch der Kritik ging nicht nur verloren, sondern wurde ersetzt durch die banale Parteilichkeit im Kalten Krieg. Durch eine derartige Marxorthodoxie wurde die innere Solidarität der Linken aufgebrochen, nahmen Rechthaberei zu und hörte der produktive Disput auf. Die Buchgelehrten und Meister hatten das Sagen. Sie organisierten Kapitalkurse als Schulen und ihr ganzes Bemühen war darauf gerichtet, junge Menschen davon abzuhalten, sich politisch zu engagieren in der Radikalopposition. Sie wurden geschult, um Parteigänger und Sympathisant des Realsozialismus zu werden.[35]

Marcuse analysierte nicht die konkreten Umstürze und Wenden innerhalb der Radikalopposition. Er ließ offen, ob er die Gruppen in den USA, in Frankreich oder in der Bundesrepublik meinte. Er verblieb im Allgemeinen und beklagte den Verlust an Engagement und Radikalität. Auch seine Alternative blieb abstrakt. Marcuse benannte nicht die theoretischen, organisatorischen und moralischen bzw. psychologischen Gründe, warum die neue Linke das Projekt der sozialen Emanzipation und der individuellen Befreiung aufgab und sich statt dessen der Verschwörung, dem Dogmatismus und der inneren Militarisierung verschrieb. Er analysierte deshalb auch nicht, warum plötzlich Führerschaften innerhalb der Opposition entstanden, die nicht nur miteinander konkurrierten, sondern sich auch gegenseitig denunzierten und dadurch das innere Bündnis einer Opposition, ihr Netzwerk, zerstörten. Gegen diesen Zerfall postulierte er die »dezentralen Formen« von Opposition, um dem Zugriff des Sicherheitsapparates zu entgehen, aber auch um die unterschiedlichen und regionalen Paralysen in Ausbildung, Produktion, Verkehr, Dienstleistung besser politisieren zu können. Für Marcuse waren diese Interventionen bereits Vorgriff auf eine kommunale und rätemäßige Selbstverwaltung in der Zukunft. Die Organisation der Linken war Verbindungsglied von tagtäglichem Widerstand und zukünftiger Selbstbefreiung. Sie war jedoch nicht ausschließlich Bestandteil von Spontaneität, sondern immer auch Selbsterziehung, Konditionierung für neue Tätigkeiten, permanente Rebellion als Selbstfindung und Kollektivierung des Bewußtseins. Marcuse warnte, daß alle Formen dieser Opposition, konnten sie isoliert werden, vereinnahmbar waren als Mode, Gestus,

---

34 Herbert Marcuse, Konterrevolution und Revolte, a.a.O., S. 41 ff.

35 A.a.O., S. 46 ff.

Lebensstil. Aber auch die herrschenden Parteien übernahmen gern Themen der Opposition, um sie zu verdrehen und zu verharmlosen. Deshalb mußte die Opposition hoch moralisch agieren, sich nicht spalten und isolieren lassen. Sie mußte immer auch vorbereitet sein auf bewaffnete Gewalt und mußte im Bewußtsein behalten, daß alle Spiele der Täuschung und Vereinnahmung der Herrschenden auf der Grundlage eines hochgerüsteten Sicherheitsapparates stattfanden.[36]

Zum Schluß der Abhandlung kam Marcuse auf Dutschkes Strategie des »langen Marsches durch die Institutionen« zu sprechen. Dieser Marsch hatte die Breite einer netzartigen Opposition zur Voraussetzung, denn nur dadurch hatten diese subversiven Berufstätigen immer Kontakt zur Opposition. Diese mußte immer bestimmte Interventionszentren aufweisen, auf die sich diese »Marschgänger« beziehen konnten: Kampagnen an Schulen und Universitäten, die bestimmte Mißstände offenlegten oder Widerstand organisierten. Das Oppositionsnetz selbst verfügte über eine Vielzahl von Gegeninstitutionen und Medien, die über Wissen, Analyse und Kommunikation die »Unübersichtlichkeit« von Macht und Herrschaft auflisteten und überwanden und zugleich so etwas schufen wie Übersicht, aber auch Widerstand. Derartige Komitees und Initiativen bildeten ein Gerippe von Opposition. Jetzt konnten die Einzelnen ihrem Beruf nachgehen, konnten sich qualifizieren als Richter, Staatsanwalt, Advokat, Architekt, Amtmann, Lehrer, Professor, Regisseur, Künstler, Journalist, Politiker, blieben jedoch emotional und auch qua Wissen, aber auch politisch verwurzelt in der Opposition. Jetzt waren sie fähig, ihren Job subversiv zu nutzen, Recht zu sprechen im Interesse der Unterdrückten, zu unterrichten gegen den Moralkodex des Bestehenden, zu planen im Sinne der Bürger. Alle Versuche der Kooptation von Seiten der etablierten Parteien und des Staates schlugen zu Buche für die Opposition, denn es waren nun Zugeständnisse und Angebote, die von der Opposition genutzt werden konnten. Erst dadurch weitete sie sich aus und wurde Bestandteil des Zerfalls von Ordnung und Staat und wurde gerade dadurch Element einer neuen Gesellschaft. Die bestehende Macht wurde wehrunfähig und auch ihr Sicherheitsapparat wurde durch die Taktik der Opposition, eine offene Gesellschaft zu schaffen, unterlaufen, sofern diese es vermied, sich auf die Gewalteskalation des Staates einzulassen.[37]

Das Bild der »Linken angesichts der Konterrevolution«, das Marcuse zeichnete, blieb positiv. Es war durchdrungen von Siegesgewißheit. Die unterschiedlichen Grenzen, Fallen, positiven und negativen Integrationen, der diese Opposition ausgesetzt war, fanden lediglich Erwähnung, waren nicht Gegenstand von Analyse. Marcuse selbst dämonisierte den Staats- und Machtapparat, indem seine anthropologische und existentialistische Sichtweise der Verformung von Individuum und Masse diesem übermenschliche Kräfte andichtete. Er scheute die Differenz, die Bestandsaufnahme der komplizierten Zusammenhänge und »Apparate« von Herrschaft. Er war auch nicht abzubringen von der »Erziehung eines neuen Menschen«, von der Konstitution einer neuen Macht, die durchaus eine Nähe aufwies zur blanquistischen Utopie der »Diktatur« und ihrer Realisierung in Osteuropa. Aus diesen Gründen waren ihm letztlich die archaischen Rückfälle innerhalb der Radikalopposition keinerlei Problem.[38]

36 A.a.O., S. 62 ff.

37 A.a.O., S. 69 ff.

38 A.a.O., S. 27, S. 38, S. 59, S. 63.

Sartre und Marcuse hatten sich längst noch nicht gelöst von einem Situationismus, der geladen war mit der Entschlossenheit und dem Entscheidungswillen der revolutionären Gruppe oder der »authentischen Intelligenz«. Dadurch lebte die Situation von der Zuspitzung, von der Konstellation zwischen Macht und Revolte und von der Dramatik potentieller Umbrüche, die von den Revolutionären losgetreten oder vom Herrschaftsapparat behindert wurden. Situationen wurden revolutioniert durch den Willen und durch die Aktivitäten der Revoltierenden, die dadurch selbst zur Entscheidung und zum Handeln gedrängt wurden, denn nur im Aktionismus wurde das revolutionäre Bewußtsein bestätigt, das sofort zerfiel oder eine Wendung zu Zynismus und Dekadenz nahm, fehlte die rebellische Umsetzung der Ideen bzw. ging die Dialektik von Aktion und Reflexion verloren. Die revolutionäre Gruppe besaß in dieser situativen Zuspitzung so etwas wie das Geheimnis der neuen Ordnung, denn sie repräsentierte bereits die Ethik und Moral der kommenden Gesellschaft, aber diese innere Moralisierung der Gruppe ließ keinerlei Zugeständnisse an die Mehrheitsgesellschaft mehr zu. Verloren ging dadurch das Spiel und die Spontaneität, jeweils Situationen zu verändern, um dadurch der Vielfalt von Opposition und Aufbruch zu entsprechen und auch das Wissen offen zu halten, daß vorerst die Radikalopposition zur gesellschaftlichen Minorität gehörte und daß die Absicht, bestehende Macht und Herrschaft zu zerrütten, langfristig angelegt sein und Entscheidungssituationen geradezu vermeiden mußte. Im Willen, unmittelbar die Verhältnisse zum Einsturz zu bringen, aber auch im »revolutionären Bewußtsein« selbst, im Unvermögen, die eigene Rolle ironisch zu betrachten, entstand ein politischer Existenzialismus, der besessen war vom revolutionären Willen und der sich nicht distanzieren konnte von der Tradition des Blanquismus, aber auch des Marxismus-Leninismus. Sartre und Marcuse blieben trotz aller Bemühungen befangen im existentialistischen Denken der Antiaufklärung. Dieser Existenzialismus war auch enthalten im Versuch von Dutschke und Krahl, Licht zu bringen in die deutsche Situation und der herrschenden Politik eine Alternative zu bieten.[39]

39 Jean-Paul Sartre, Das Sein und das Nichts, Hamburg 1962, dort der Abschnitt: Freiheit und Geworfenheit: Die Situation, S. 610–695; Martin Heidegger, Sein und Zeit, Tübingen 1979, S. 299 ff.; hier ist die Situation ein von der Entscheidung gefüllter Raum. Sie wartet. Der Einzelne ist allein und ohne Einfluß vor sie gestellt. Er entscheidet sich, ob er nun agiert oder nicht. Selbst die Verzögerung ist ihm versagt. Ähnlich konstruiert Marcuse die Entscheidung. Sie wird geprägt durch die Subsumtion des Einzelnen unter die Bedingungen und sie erfährt die Zuspitzungen durch Unterdrückung, Krieg, Gewalt. Situation verliert dadurch das Spielerische.

Bernd Rabehl am 28. November 1968 im Frankfurter Club Voltaire

Detlev Claussen

Hans-Jürgen Krahl – Ein philosophisch-politisches Profil

[1985]

Kurz nach Hans-Jürgen Krahls jähem Unfalltod im Februar 1970 erschien ein Band in Frankfurt, in dem ohne Namensnennung Krahl indirekt zitiert und anschließend polemisch niedergemacht wurde. Das Buch wird auch heute noch viel gelesen, ist mehrfach wieder aufgelegt und heißt *Philosophisch-politische Profile*. In diesem Buch hat Krahl kein »philosophisch-politisches Profil« und für die vielen Habermas-Leser der siebziger und achtziger Jahre wird er auch keins bekommen, wenn sie sich nicht die Mühe machen, selbst sich in die Texte Krahls einzulesen. 1971, ein Jahr nach seinem Tod, erschien eine Sammlung von Krahls Arbeiten, von der nun mittlerweile doch vierzehntausend verkauft sind und eine vierte Auflage herausgebracht wird.

Habermas schreibt über Krahls Auftreten bei Adornos Beerdigung: »Einer von Adornos Schülern hat dem Lehrer ins offene Grab nachgerufen, er habe am bürgerlichen Individuum unwiderstehliche Kritik geübt und sei doch selbst in seine Ruine gebannt geblieben. Das ist wohl wahr. Daraufhin aber mit dem vertrauten Gestus ›Was fällt, soll man stoßen‹ zu fordern, Adorno hätte eben auch die Kraft haben sollen, die letzte Hülle ›radikalisierter Bürgerlichkeit‹ abzustreifen (und den Aktionisten die Fahne voranzutragen), beweist nicht nur, was uns hier nicht beschäftigt, politische (und psychologische) Torheit, sondern zunächst einmal philosophisches Unverständnis. Denn die historisch gewordene Gestalt des bürgerlichen Individuums wäre mit Willen und gutem Gewissen, und nicht nur mit Trauer, erst dann zurückgelassen, wenn aus der Auflösung des alten schon ein neues entsprungen wäre. Nun hätte sich Adorno das Fabulieren über ein ›neues Subjekt‹ nie angemaßt.«[1] Dieser Absatz wirft ein Licht auf Habermas' periodisch wiederkehrende Polemik gegen die Protestbewegung, die ihn zu sehr reizte, als daß er sich um ihre Analyse bemühte. Aber objektiv transportiert dieser Text Vorurteile; der Leser von heute wird sich, fünfzehn Jahre danach, sagen: Es wird wohl so gewesen sein. Wir erhalten an dieser Stelle zentrale Theoreme der Protestbewegung durch Kolportage. Diese Kolportagen aufzugreifen, Reflexionen über sie anzustellen und sichere Urteile über das Kolportieren und die Kolportierten zu fällen, gehört zur für den wissenden Leser schmerzlichen Praxis des Kulturbetriebs, der nicht nur Fallendes stößt, sondern auf dem schon Gefallenen noch herumtrampelt, bis auch dies gänzlich langweilig wird.

Aus Habermas' harschen Worten spricht auch noch die Erbitterung des Frankfurter Lokalkonflikts, der mit der Besetzung des ›Instituts für Sozialforschung‹ durch SDS-Studenten und mit dem Aktiven Streik im Winter 68/69 seinen Höhe- und Tiefpunkt zugleich erreichte. Wie kam es, daß ausgerechnet die Autoren der sogenannten Frankfurter Schule in diesen Konflikt mit ihren eigenen Studenten gerieten, von denen die SDS-Studenten um Krahl gerade

> Doch uns ist gegeben,
> Auf keiner Stätte zu ruhn,
> Es schwinden, es fallen
> Die leidenden Menschen
> Blindlings von einer
> Stunde zur andern,
> Wie Wasser von Klippe
> Zu Klippe geworfen,
> Jahr lang ins Ungewisse hinab.
>
> *Hölderlin*

---

[1] Jürgen Habermas, Philosophisch-politische Profile, Frankfurt/Main 1971, S. 190 f.

diejenigen waren, die allein wegen Horkheimer, Adorno und Habermas zum Studium nach Frankfurt gekommen waren.

Wer die Beiträge Krahls heute liest – und als Habermas seinen Aufsatz schrieb, hätte er den einen oder anderen in der *Frankfurter Rundschau* lesen können –, spürt sofort, daß es Krahl nicht einmal in der Volltrunkenheit eingefallen wäre, von Adorno zu verlangen, den Aktionisten die Fahne voranzutragen. Am 13. Juni 1969 war in der FR zu lesen: »Adornos gesellschaftstheoretische Einsicht, derzufolge ›das Nachleben des Nationalsozialismus in der Demokratie als potentiell bedrohlicher denn das Nachleben faschistischer Tendenzen gegen die Demokratie‹ anzusehen sei, ließ seine progressive Furcht vor einer faschistischen Stabilisierung des restaurativen Monopolkapitals in regressive Angst vor den Formen praktischen Widerstands gegen diese Tendenz des Systems umschlagen.«[2]

Das mag heute glatt klingen, bezeichnet aber den Widerspruch viel genauer als Habermas' Kolportage. Theoretisch hingen Krahl und Genossen ganz eng an der Gesellschaftskritik Adornos; an ihr bildeten sie ihr theoretisches Verständnis. Tatsächlich spielt hier neben anderen Gründen der Generationskonflikt eine Rolle. Für die Generation, die Habermas repräsentiert, fängt Kritische Theorie als akademisches Projekt an, aus dem dann auch Zweifel an den historisch-politischen Voraussetzungen von Horkheimers und Adornos Vernunftkritik entwickelt werden. Die Betonung dieses Aspekts ist inzwischen bei Habermas nicht schwächer, sondern stärker geworden.[3] Damals, 1968 und 1969, wurde es als empörende Unterstellung empfunden, daß Habermas Krahls Forderung nach objektiver Parteilichkeit der Theorie als Kontrollanspruch eines stalinistischen Parteichefs darstellte. Oskar Negt, der als der politische Autor aus dem akademischen Frankfurter Zusammenhang anzusehen ist, schrieb seinerzeit: »Demgegenüber bestünde objektive Parteilichkeit darin, den eigenen politischen Standpunkt im Zusammenhang des aktuellen Emanzipationsprozesses zu reflektieren, um ihn durch polarisierende Verschärfung konkurrierender Entwicklungstendenzen lenken, einzelne Richtungen unterstützen und vergleichbare Erfahrung zur Klärung von Strategien verwenden zu können.«[4]

Krahl artikuliert in der Periode von 1967 bis 1970 die Position einer dritten Generation kritischer Theorie, die eben auch praktisch-politisch sein will. Ist jedoch bei Horkheimer und Adorno die bewußte Verarbeitung von Auschwitz konstitutiv für Geschichts- und Politikverständnis, erfolgt in dieser dritten Generation eine Abschleifung der Erfahrung von Nationalsozialismus zu einem gefährlich platten Begriff von Faschismus. Die agitatorische Bezeichnung rechter Gegner als »faschistoid« gehört in diesen Zusammenhang allzu leichtfertiger Kategoriendehnung. Bei Krahl findet man jedoch zu allen Phasen immer wieder eine Rückkehr zur theoretischen Begriffsbildung, die in seiner Konzeption niemals direkt dem politischen Tageskampf dienstbar gemacht werden soll. Krahls Tod symbolisierte 1970 das Absterben dieser Position als politische Richtung in Westdeutschland, was man damals nur ahnen konnte: Spontis, Kaderparteien, RAF bestimmten die siebziger Jahre – neben Überwinterungsformen wie das Sozialistische Büro, die Neue und traditionelle Linke zusammenführen wollten; von der Entwicklung der Frauenbewegung einmal ganz abgesehen. Heute mutet es als abstrakte Utopie an, was anläßlich des Todes von

[2] Hans-Jürgen Krahl, Konstitution und Klassenkampf, Frankfurt/Main 1971, S. 285.

[3] Habermas zählt in seinem Hauptwerk: Theorie des kommunikativen Handelns, Bd. 1, Frankfurt/Main 1981, S. 503, Namen auf, die er für die »zweite Generation der Kritischen Theorie hält«: »Apel, Habermas, Schnädelbach, Wellmer u. a.«. Kein Alfred Schmidt, kein Oskar Negt – aber die haben sich auch nicht »selber auf den steinigen Weg immanenter Wissenschaftskritik begeben und den gesuchten Maßstab einer Selbstreflexion [abgewonnen], die in die lebensweltlichen Fundamente, die Handlungsstrukturen und den Entstehungszusammenhang wissenschaftlicher Theoriebildung hinabreicht.« A.a.O., S. 502 f.

[4] Oskar Negt, Einleitung zu: Die Linke antwortet Jürgen Habermas, Frankfurt/Main 1968, S. 32.

Hans-Jürgen Krahl als konkrete gedacht wurde: »Eine konkrete Utopie, die sich in der Organisation als eine widersprüchliche Einheit von Disziplin, Spontaneität und Solidarität darstellt, unterscheidet sich grundlegend vom klassischen Utopismus wie von jenem fetischisiertem, abstrakten Spontaneismus, wie er sich in der Phase der aktiven Streiks an den Universitäten zeigte.«[5]

Aus dem öffentlichen Bewußtsein ist die antiautoritäre Phase der Bewegung zwischen 1967 und 1969 vollkommen verdrängt und wird mit Spontitum und ML-Parteiorganisierung der frühen siebziger Jahre verwechselt. Wenn schon unscharf von den 68ern geredet wird, droht meist eine positive oder negative Stellungnahme zu den eben bloß kolportierten Gestalten des Bewußtseins der Jahre vor 1970. Die politische Bedeutung der Neu-Veröffentlichung der Schriften Krahls ist darin zu sehen, daß jeder, der von Theorielosigkeit und linkem Dogmatismus der sechziger Jahre daherschwadroniert, auf diese knapp vierhundert Seiten verwiesen werden kann. Die Bewegung selbst ist viel widersprüchlicher verlaufen, als es die einfach gestrickten Mythenmuster von sentimentalen Veteranen oder bissigen Abtrünnigen suggerieren.

Hans-Jürgen Krahl muß man als den Theoretiker der antiautoritären Bewegung verstehen. Bei Rudi Dutschke stand in viel stärkerem Maße die überzeugende agitatorische Massenwirkung im Vordergrund. Krahl kam aus der tiefen Provinz, seine Odyssee durch die Organisationen der herrschenden Klasse hat er selber witzig, wenn auch etwas stilisiert, in den *Angaben zur Person* beschrieben, die er 1969 im sogenannten Senghor-Prozeß vor Gericht machte. Bemerkenswert an diesem Beitrag bleibt die Kunst freier Rede, die er hier demonstriert. Noch 1967 konnte Hans-Jürgen Krahl überhaupt nicht reden. Nach dem 2. Juni, bei einer Protestversammlung gegen die Ermordung Benno Ohnesorgs, fegte er den Uni-Campus leer, als er in Wortkaskaden Hegelscher und Adornoscher Termini die geschichtliche Bedeutung dieses Tages erläuterte. Die Verwandlung eines skurril wirkenden Intellektuellen in den scharfsinnigsten Redner des SDS läßt sich glaubhaft nur verstehen, wenn man selbst Zeuge der emanzipatorischen Veränderungen gewesen ist, die mit vielen Individuen damals geschahen. Es schien, als ob ein kollektiver Alp von den Menschen genommen wurde, der in den fünfziger Jahren sich zu diesem Gletschergelände Bundesrepublik verfestigt hatte.

Die mißglückte Befreiung, die der 8. Mai 1945 gebracht hatte, wurde zu einem Motiv politischer Organisierung Anfang der sechziger Jahre. Als mißglückt wurde die Befreiung verstanden, weil sie die deutsche Kontinuität nicht gebrochen hatte. Die wirklich interessanten und guten Programme, wie sie zum Teil in den USA zur Demokratisierung Deutschlands entwickelt worden waren, wurden im Interesse der Ost-West-Konfrontation bald unter den Teppich gekehrt. Die fünfziger Jahre, inklusive KPD-Verbot und Godesberger Programm, das letztlich zum Ausschluß des SDS aus der SPD führte, galten zu Recht als Restauration des vornationalsozialistischen Deutschland, soweit es eben ging. Die bewußtlose Anpassung der SPD um der Wahlerfolge willen wurde als Verrat an der Demokratie in der Praxis und am Sozialismus im Gedanken empfunden. Mißtrauen und Enttäuschung an der traditionellen Linken und ein Bedürfnis nach fundamentaler Veränderung machten das Sozialismusverständnis der Neuen Linken im SDS aus.

5 Detlev Claussen / Bernd Leineweber / Oskar Negt, Rede zur Beerdigung des Genossen Hans-Jürgen Krahl, in: Neue Kritik, 10. Jg., Nr. 55/56, 1970, S. 6.

Ein philosophisch-politisches Profil

Zur DDR wurde nach Zurückdrängung der *Konkret*-Fraktion ein recht realistisches Verhältnis entwickelt. Man sprach sich, damals eine Ungeheuerlichkeit, für die Anerkennung der Ergebnisse des Zweiten Weltkrieges, inklusive der staatlichen Eigenständigkeit der DDR, aus. Kritisiert wurde aber der autoritäre Charakter des Staatssozialismus – so die überwältigende Mehrheitsauffassung im SDS. Daraus entwickelte sich ein wesentliches Moment antiautoritärer Strategie, die sich gegen jede Form von Stellvertreterpolitik richtete.

Krahl gehörte zu denjenigen, die schon 1967 meinten, man müsse im SDS neue Organisationsformen schaffen, die sich qualitativ vom Typ der sozialdemokratischen Mitgliederorganisation wie auch der leninistischen Kaderpartei unterscheiden. So kam es im Winter 1967 zur Gründung von Projektgruppen im Frankfurter SDS, die die tradtitionellen Arbeitskreise ersetzen sollten. Diejenige, der Krahl seine Prägung entscheidend verlieh, nannte sich Organisationsprojektgruppe. Sie beschäftigte sich praktisch mit der Vorbereitung von Aktionen an der Universität und in der Stadt und theoretisch mit *Geschichte und Klassenbewußtsein* von Georg Lukács. Organisation wurde mit einem emanzipatorischen Anspruch versehen, der heute fast unverständlich überschwenglich wirkt. Die Vereinzelung in der Massenuniversität und die gerade in Deutschland gebrochenen bürgerlichen Familienverhältnisse nach dem Nationalsozialismus geben vielleicht Anhaltspunkte ab, warum Organisation als emanzipatorische Lebensform von jungen Studenten verstanden wurde. Was Benjamin in *Politisierung der Intelligenz* gefordert hatte, schien Krahl und Genossen die conditio sine qua non sozialistischer Organisation: »Die Organisation ist das eigentliche Medium…, in welchem die Verdinglichung der menschlichen Beziehungen sich abspielt – das einzige übrigens auch, in dem sie könnte überwunden werden.«[6]

Die familiäre Brechung gesellschaftlicher Verhältnisse gab der deutschen antiautoritären Bewegung ihr besonderes Gesicht. *Autorität und Familie* und die aus der Emigration zurückgekehrte Psychoanalyse, vor allem in der Vermittlungsgestalt Adornos und Marcuses, gaben der Politisierung einen durchaus fundamentalen Aspekt, der sie von einer bloß rationalistischen Politikauffassung unterscheidet, wie sie inzwischen in der SPD gepflegt wird. Die antiautoritäre Bedürfnisexplosion, die alle Konflikte vor allem in den eigenen Reihen austragen ließ, schien die asozialisierende Folge eines durchaus tiefgehenden emanzipatorischen Bedürfnisses. Aber als Bedrohung der geronnenen Verhältnisse im Nachkriegsdeutschland wurden diese sich inflationierenden Ansprüche von den etablierten Organisationen schon empfunden. In den Aufsätzen aus dem Jahre 1969 beklagt Krahl immer wieder den Mangel eines politischen Realitätsprinzips. Die antiautoritäre Revolte ist an diesem Mangel zugrunde gegangen, nicht an der Unterdrückung von außen.

Krahl war kein Ideologe des antiautoritären Bewußtseins, sondern der Theoretiker einer emanzipatorischen Praxis, die eines antiautoritären Moments bedarf. Wenn er in *Thesen zum allgemeinen Verhältnis von wissenschaftlicher Intelligenz und proletarischem Klassenbewußtsein* fordert: »Die Bewegung wissenschaftlicher Intelligenz muß zum »kollektiven Theoretiker des Proletariats werden – das ist der Sinn ihrer Praxis«[7] klingt das sehr traditionell. Aber Krahl verstand unter Proletariat etwas ganz Utopisches, eine sich aus ihren organisatorischen Zwangsformen emanzipierende antiautoritäre Arbeiterbewe-

6 Walter Benjamin, Angelus Novus, Frankfurt/Main 1966, S. 423.

7 Hans-Jürgen Krahl, a.a.O., S. 345

gung. Das sollte gerade das Neue an der Neuen Linken sein, für das der Name Herbert Marcuses stand und steht: »Der Emanzipationsbegriff, den Marcuse in der Tradition des westlichen Marxismus von Lukács über Horkheimer bis Merleau-Ponty entfaltet, hebt ins Bewußtsein, was die Strategien des sozialdemokratischen Reformismus und der sowjetmarxistischen Orthodoxie verdrängt haben, die Reduktion des emanzipativen auf den technischen Fortschritt, der sozialen auf die industrielle Revolution.«[8]

Wie es in den frühen sechziger Jahren leicht war, Sozialismus mit dem Hinweis auf den sich selbst »real existierenden Sozialismus« nennenden zu diskreditieren, so scheint es seit Mitte der siebziger Jahre keine Probleme mehr zu bereiten, alles Linke als bloß technik- und industriefixiert abzuqualifizieren. An diesem Punkt kann man nur die neuerliche Lektüre von Krahl empfehlen; der Begriff des emanzipativen Fortschritts wird scharf von dem technologischer Allmachtsansprüche geschieden. Das Schlagwort von der linken Fortschrittsgläubigkeit ignoriert ebenso wie der rechte Vorwurf von Fortschrittsfeindlichkeit diese von Krahl – im Gefolge von Adorno – betonte Differenz im Begriff des Fortschritts selbst. Krahls Betonung der Organisation sollte die Individuen von der Ohnmacht befreien, die nach Verlängerung der negativen Tendenzen der spätkapitalistischen Gesellschaft notwendig folgt. Dieser Ohnmachtserfahrung, dem Druck der gesellschaftlichen Verhältnisse, versucht jeder sich zu entziehen, weil sie schmerzlich ist. Krahls Leben, physisch wie psychisch auf einer abschüssigen tödlichen Bahn verlaufend, zeugt davon, mit welch existentiellem Ernst die Entfaltung eines emanzipativen Realitätsprinzips als kollektiver Möglichkeit zur Lebenschance für das Individuum wurde. Krahl ist nicht der einzige, der das Absterben einer emanzipativen sozialen Bewegung in Deutschland nicht überlebt hat.

Über das »neue Subjekt« wurde nicht fabuliert, wie Habermas so abschätzig formuliert, sondern es wurden alle Lebenskräfte gesammelt, um es wirklich werden zu lassen. Die Enttäuschung war niederschmetternd, vor allem die Erfahrung, daß es keine Repressionsmacht von außen war, die die Bewegung zerstörte, sondern die zerstörerischen Kräfte aus dem Innern selbst kamen. Die Konfrontation mit Adorno 1968 berührt die Erinnerung schmerzlich, weil sie unnötig und überflüssig war. Aber sie ist nötig als Erinnerung, damit deutlich wird, was gefehlt hat: ein historisch-gesellschaftliches Selbstbewußtsein der Subjekte als Individuen, die von anderen nicht mehr erwarten als von sich selbst. In der Besetzung des Instituts äußerte sich der Wunsch nach Hilfe von den Vätern, die einen so schwach in der Welt dastehen ließen – mit all dem theoretischen Rüstzeug, das sie einem gegeben hatten. Aber es waren keine realen, sondern intellektuelle Väter, die dort attackiert wurden – und damit wurden die gesellschaftlichen Verhältnisse repersonalisiert auf die, deren Arbeit zur Kritik derselben am meisten beitragen. In immer engeren Spiralen wiederholt sich dieser Prozeß; bei ML-Parteien und Spontis erfaßte er schon 1969 die Theorie insgesamt; intellektueller Masochismus gehört zum Grundbestandteil öffentlicher Selbstdarstellung in den sogenannten neuen sozialen Bewegungen. Krahls Leistung während der Protestbewegung, die seit 1968 keine reine Studentenbewegung mehr war, bestand in der Artikulation des Widerspruchs gegen theorie- und damit emanzipationsfeindliche Tendenzen in der

Detlev Claussen während des Aktiven Streiks im Januar 1969

[8] A.a.O., S. 299

Ein philosophisch-politisches Profil

Bewegung. Die Betonung von Organisation sollte gerade dem antiindividuellen Kollektivismus, der Bewegungen wie eine massenpsychologische Gesetzmäßigkeit zu ergreifen droht, vorbeugen. Krahl selbst besaß mit allem zur Schau getragenen körperlichen Verfall etwas persönlich unorganisierbar Anarchisches, das ihn – abgesehen von seiner kompromißlosen intellektuellen Radikalität, die keine freundschaftliche Rücksicht kannte – zum Mitglied irgendeiner Kaderpartei völlig unfähig machte. Mit den ersten ML-Tendenzen fielen auch schon die ersten tadelnden Worte über »Frankfurter Alkoholkonsum«, von dem ihn nur Schreiben und Lesen zurückhielt.

Es gehörte schon ein eminent gebildeter theoretischer Kopf dazu, die Veränderung geistiger Arbeit im Spätkapitalismus so klar zu analysieren – als Bedrohung und als Chance: »Ich meine damit, daß die Anpassung geistiger Arbeit an kapitalistische Arbeitszeitnormen auf der einen Seite vermittelndes Denken, das Gesellschaft als Ganzes durchschaut, erschwert; auf der anderen Seite aber, durch die fortschreitende Subsumtion wissenschaftlicher Arbeit unter das Kapital, wird zugleich bürgerliches Kulturbewußtsein im klassischen Sinne, durch das sich die wissenschaftliche Intelligenz der bürgerlichen Klasse zurechnen konnte, vernichtet und die Möglichkeit eröffnet – gerade auch im Bereich der naturwissenschaftlichen und technischen Intelligenz – die Möglichkeit eröffnet, nicht die Notwendigkeit, daß diese wissenschaftliche Intelligenz die Produkte ihrer wissenschaftlichen Arbeit als fremde, unmystifizierte Macht des Kapitals – und damit Ausbeutung – begreifen und erfahren kann.«[9] Auch dies Zitat stammt aus einem Teach-in-Beitrag, den Krahl kurz vor seinem Tode hielt.

Krahl führte in seinen Beiträgen immer wieder die Klinge gegen Theoriefeindschaft, die er für eine Form der Geschichtslosigkeit hielt. Deswegen bedurfte es eines genauen Erinnerns an die theoretische Tradition, an die Kritik nicht nur anknüpfen kann, sondern auch muß, wenn sie sich nicht nur akademisch verstehen will. Es macht die ungeheure Anziehungskraft der frühen Schriften von Lukács und Horkheimer aus, daß hier der emanzipatorisch-politische Sinn theoretischer Arbeit transparenter ist als später. Die Habermassche Theorie hat diesen Strang inzwischen vollkommen durchschnitten – eine Theorieform, die sich in der akademischen und publizistischen Welt etabliert hat. Krahl orientiert sich nicht an einer *Theorie des kommunikativen Handelns*, sondern er macht seine Theorieversuche an einem möglichen außertheoretischen Handeln fest. Daraus spricht nicht – wie es in der Kolportage heißt – »philosophisches Unverständnis«, vielmehr kommt Krahl den Intentionen eines Horkheimer wesentlich näher als die von Habermas aufgezählte zweite Generation. »Die Selbsterkenntnis des Denkens wird dabei auf die Enthüllung von Beziehungen zwischen geistigen Positionen und sozialen Standorten reduziert. Die Struktur des kritischen Verhaltens, dessen Absichten über die der herrschenden gesellschaftlichen Praxis hinausgehen, ist solchen sozialen Disziplinen nicht verwandter als die Naturwissenschaft. Sein Gegensatz zum traditionellen Begriff von Theorie entspringt nicht so sehr aus einer Verschiedenheit der Gegenstände als der Subjekte.«[10] Das politisch-philosophische Profil Krahls soll auf die Differenz der Subjekte aufmerksam machen. Obwohl schon fünfzehn Jahre tot, erweist Krahl sich als ein kritischer Theoretiker der dritten Generation. Die einzige Möglichkeit, ihn und seine Absichten weiterleben zu lassen, heißt: Krahl lesen.

9 A.a.O., S. 319

10 Max Horkheimer, Traditionelle und kritische Theorie (1937) in: ders., Kritische Theorie, Bd. II, Frankfurt/Main 1968, S. 158.

Alex Demirović

Bodenlose Politik – Dialoge über Theorie und Praxis

[1989]

I *Für Barbara und Benno Schubert*

In seinem Glückwunsch zu Theodor W. Adornos 60. Geburtstag schrieb Max Horkheimer, im Winter 1949/50 hätten er und Adorno in den USA den Entschluß gefaßt, »an der Erziehung der jungen Generation in Deutschland mitzuwirken und, entgegen dem Zug der verwalteten Welt, wie Adorno sie taufte, den autonomen Gedanken in unseren Studenten zu entfalten, unbekümmert um das statistische Ausmaß seiner Möglichkeiten«.[1] Beide waren publizistisch und durch die universitäre Ausbildung an dieser Erziehung während der fünfziger und sechziger Jahre beteiligt. Das ›statistische Ausmaß‹ der Wirkung von Horkheimers und Adornos Kritischer Theorie erscheint beachtlich, denn ganz sicherlich haben ihre Theorie wie ihre intellektuelle Praxis einen wichtigen Anteil an der nur wenige Jahre nach Horkheimers skeptischer Prognose entstandenen studentischen Protestbewegung. Von zeitgenössischen Beobachtern und Beteiligten, von Sympathisanten und Gegnern wurde gar immer wieder festgestellt und betont, daß diese Rebellion, die eine ganze Generation erfaßte, aufs engste mit den Ideen, Begriffen und Vorstellungen der Kritischen Theorie verbunden war. Der *Spiegel* spricht vom von Horkheimer und Adorno 1951 in Frankfurt wiederangesiedelten Institut für Sozialforschung als der »Ordensburg der bundesrepublikanischen revolutionären Intelligentsia«[2] des vorangegangenen Jahrzehnts. Der Einfluß des Instituts für Sozialforschung, »an dem die wichtigsten Lehrer der studentischen Opposition, Adorno, von Friedeburg, Habermas, arbeiten«, habe entscheidend zur »aggressiven Stimmung unter der Frankfurter Studentenschaft«[3] beigetragen. »Der theoretische Überbau der radikaldemokratischen Opposition unter den Studenten wurde zu einem guten Teil in Frankfurt konstruiert.«[4]

Sicherlich war der Zusammenhang komplizierter, und die – zumal in vielen Ländern stattfindende – Revolte an den Hochschulen leitete sich nicht unmittelbar aus der Kritischen Theorie ab, von der nur wenige und vor allem ältere Texte rezipiert worden waren: vor allem *Autoritärer Staat, Traditionelle und kritische Theorie, Dialektik der Aufklärung*.[5] Doch war das enge Verhältnis von antiautoritärem Protest und Kritischer Theorie nicht nur eine Erfindung oder demagogische Konstruktion der Presse, wie Äußerungen von Vertretern des SDS selbst zeigen. So betonte Hans-Jürgen Krahl mehrfach, daß die Kritische Theorie der politischen Intellektuellenbewegung die Emanzipationsbegriffe vermittelt hat, »die unausdrücklich den veränderten geschichtlichen Bedingungen der revolutionären Situation in den Metropolen entsprechen, welche nicht mehr aus unmittelbaren Verleumdungserfahrungen [soll heißen: Verelendungserfahrungen] bestimmt werden können.«[6] Auch wenn Krahl als einer der Sprecher des SDS anerkannt wurde – vor allem die Medien sahen in ihm neben Rudi Dutschke und den Brüdern Frank und Karl Dietrich Wolff

---

[1] Max Horkheimer, Jenseits der Fachwissenschaft (1963), in: ders., Gesammelte Schriften Bd. 7, Frankfurt/Main 1985, S. 97.

[2] Der Spiegel vom 17. Juli 1967, 21. Jg., Nr. 30, S. 97.

[3] Friedrich Mager / Ulrich Spinnarke, Was wollen die Studenten?, Frankfurt/Main 1967, S. 136.

[4] A.a.O., S. 137.

[5] In Seminaren Horkheimers und Adornos wurden diese Texte bereits in den fünfziger und frühen sechziger Jahren vervielfältigt und diskutiert. Auf den Raubdruck der *Dialektik der Aufklärung* und ihn weit verbreitende Buchhandlungen wurde in der *Zeit* vom 23.6.1969 hingewiesen: »Dieses Buch gehört zu den Grundlagen, von denen die antiautoritäre Bewegung in der Bundesrepublik ausgegangen ist… Die Ausgabe, auf die hier hingewiesen sei, ist ein Raubdruck, und ich halte in diesem Fall den Akt der Selbsthilfe für vollauf gerechtfertigt, weil die Bedeutung dieses Buches für die gesellschaftliche Bewußtwerdung jedes biographisch, politisch, finanziell oder sonstwie gearteten Interesses, das die Autoren an ihrem geistigen Eigentum haben können, überwiegt.« Die Raubdrucke hatten den S. Fischer Verlag veranlaßt, verschiedene linke Buchhandlungen anzuzeigen. In einem Flugblatt der Frankfurter Buchhandlung Libresso hieß es dazu: »Seit Jahren verhindern Horkheimer und Adorno die unveränderte Neuauflage der *Dialektik der Aufklärung* von 1944, eine der zentralen theoretischen Grundlagen für unsere politische Praxis, deren Ziel die revolutionäre Veränderung der bestehenden Herrschafts- und Besitzverhältnisse ist. Werden praktische Konsequenzen aus der kritischen Theorie gezogen, reagieren diese kritischen Kritiker mit eben der Sanktionsgewalt, gegen die sich ihre Theorie richtet.« (Zur sachlichen Berechtigung des Vorwurfs ge-

eine »der beherrschenden Figuren des SDS«[7], der »den Genossen zwar nicht als originellster, aber als konsequentester ihrer Theoretiker«[8] galt –, gilt seine Äußerung möglicherweise doch eher für Frankfurt und nur für einen bestimmten Kreis von studentischen AktivistInnen. Bestätigt wird sie aber für den Berliner SDS durch Überlegungen Rudi Dutschkes und Bernd Rabehls zur Entwicklung der antiautoritären Protestbewegung, in denen nicht nur immer wieder Thesen von Max Horkheimer, Herbert Marcuse und Erich Fromm in Anspruch genommen werden; zudem weisen beide auch ausdrücklich darauf hin, daß die Protestbewegung praktische Konsequenzen aus der Kritischen Theorie ziehe.[9]

Die enge Beziehung zwischen ihrer Theorie und der politischen Praxis der Studentenbewegung wurde von den bekannten Vertretern der Frankfurter Schule nicht bestritten. So zitieren Friedrich Mager und Ulrich Spinnarke Ludwig v. Friedeburg mit der Äußerung, im Institut für Sozialforschung (IfS) werde eine Soziologie betrieben, »die darauf besteht, daß Soziologie zur Verbesserung von Praxis, von Gesellschaft da sein soll und nicht bloß zu einer sogenannten reinen Erkenntnis am Schreibtisch, an dem man sich dann aufschreibt, wie die Gesellschaft sein könnte. Das trägt sicher auch dazu bei, daß gerade hier die Studenten besonders energisch darüber nachdenken, was in unserer gegenwärtigen Gesellschaft zu verändern sein sollte.«[10] Ähnlich positiv sieht Herbert Marcuse den Zusammenhang: »Wir können die Tatsache nicht aus der Welt schaffen, daß diese Studenten von uns (und sicher nicht am wenigsten von Dir) beeinflußt sind…«.[11]

Vorsichtiger und distanzierter äußern sich Adorno und Horkheimer. Darauf angesprochen, ob nicht ein sehr enger Zusammenhang zwischen ihrer Theorie und den Protesten bestehe, antwortete Adorno dem *Spiegel*: »Das möchte ich nicht leugnen; trotzdem ist dieser Zusammenhang für mich schwer zu übersehen. Ich würde schon glauben, daß etwa die Kritik gegen die Manipulation der öffentlichen Meinung, die ich auch in ihren demonstrativen Formen für völlig legitim halte, ohne das Kapitel *Kulturindustrie* in der *Dialektik der Aufklärung* von Horkheimer und mir nicht möglich gewesen wäre. Aber ich glaube, man stellt sich oft den Zusammenhang zwischen Theorie und Praxis zu kurzschlüssig vor. Wenn man zwanzig Jahre mit dieser Intensität gelehrt und publiziert hat wie ich, geht das schon in das allgemeine Bewußtsein über.«[12] Horkheimer: »In der Tat stand ich immer kritisch zu einer ganzen Reihe von Momenten in der Gesellschaft, in der wir leben. Weil ich darüber geschrieben habe, können sich die Studenten auf mich berufen. Was mich von der Studentenbewegung unterscheidet, ist meine Überzeugung, daß heute eine Revolution im Westen die Gesellschaft nicht verbessern, sondern, indem sie zur Diktatur führen müßte, wesentlich verschlimmern würde.«[13]

Nimmt man diese Hinweise auf wie immer auch vorsichtig einzuschränkende Gemeinsamkeiten und Übereinstimmungen ernst, dann drängt sich die Schlußfolgerung auf, daß die theoretische Diskussion und die Praxis der Studentenbewegung eine Art gesellschaftliches Laboratorium war, in dem die Thesen und Einschätzungen der Kritischen Theorie politisch in kollektiven Aktionen und für die Individuen lebenspraktisch verbindlich durchgespielt, getestet, verworfen und modifiziert wurden. Dies gilt gleichermaßen für die studenti-

---

gen Horkheimer und Adorno vgl. Rolf Wiggershaus, Die Frankfurter Schule, München, 1987, S. 693 und das Nachwort des Herausgebers in: Max Horkheimer, Gesammelte Schriften Bd. 5, Frankfurt/Main 1987.

6 Hans-Jürgen Krahl, Konstitution und Klassenkampf, Frankfurt/Main 1971, S. 286; vgl. auch S. 234.

7 Frankfurter Rundschau vom 16.2.1970.

8 Der Spiegel 9/70.

9 Vgl. Rudi Dutschke, Die Widersprüche des Spätkapitalismus, die antiautoritären Studenten und ihr Verhältnis zur Dritten Welt, in: Uwe Bergmann u.a., Rebellion der Studenten oder die neue Opposition, Reinbek 1968; Bernd Rabehl, Von der antiautoritären Bewegung zur sozialistischen Opposition, in: Uwe Bergmann u.a., a.a.O., S. 157.

10 Friedrichrich Mager / Ulrich Spinnarke, a.a.O., S. 137.

11 Herbert Marcuse, Brief an Theodor W. Adorno vom 5.4.1969, zit. nach: Rolf Wiggershaus, Die Frankfurter Schule, a.a.O., S. 702.

12 Der Spiegel vom 5.5.1969; wiederabgedruckt in: Theodor W. Adorno, Gesammelte Schriften Bd. 20, Frankfurt/Main 1970, S. 404.

13 Horkheimer in einem Gespräch mit Monika v. Zitzewitz wahrscheinlich im Januar / Februar 1969, Max Horkheimer Archiv V 181. 107. Stadt- und Universitätsbibliothek Frankfurt/Main.

schen AktivistInnen wie für die prominenten Vertreter der Frankfurter Schule selbst, die sich immerhin mit der Herausforderung konfrontiert sahen – und sei dies auch mehr den Medien oder Mißverständnissen der Akteure als einem sachlichen Zusammenhang geschuldet –, daß ihre Theorie in gesellschaftlich relevante Praxis übersetzt werden sollte. Gleichfalls ernst genommen werden müssen gerade dann aber auch die Kritik und die Differenzen, die innerhalb der Kritischen Theorie aufgetreten sind. Wenn eine Theorie gesellschaftlich derart relevant und für das Handeln großer kollektiver Akteure verbindlich geworden ist, sind die internen Widersprüche nicht nur ein logisches und philologisches Problem, sondern es handelt sich um unmittelbar politische und sozial relevante Widersprüche. Diese Widersprüche wurden dialogisch ausgetragen. Dialogisch meint nicht allein die unmittelbare Diskussion, sondern ebenso die argumentative und situative Vernetzung von Äußerungen zwischen den Beteiligten selbst dort, wo sie schriftlich in Aufsätzen und Vorträgen oder – im Falle von Krahl – oft nur in vorläufigen Notizen festgehalten werden.[14] Die Äußerungen der Vertreter der Kritischen Theorie, im folgenden vor allem Theodor W. Adornos, und der StudentInnen, im folgenden vor allem Hans-Jürgen Krahls, sind dialogisiert, da sie immer wieder versuchen, die Argumente der Gegenseite zu integrieren oder ihnen ihre soziale Wirkung zu nehmen. Im folgenden möchte ich diese Dialoge vor allem anhand des Themas *Theorie und Praxis* nachzeichnen.

II

Die Praxis der Studentenbewegung war politisch am Modell einer negativen Dialektik orientiert. Das bedeutete, daß sie vor allem eine antiautoritäre Politik war. »Antiautoritär« hatte dabei nicht allein eine sozialpsychologische Bedeutung, wonach die StudentInnen jede Form von psychologischer Unterwerfung unter Autorität, sei es des Staates, der Professoren oder der öffentlichen Meinung, bekämpften. Es war damit vor allem eine gesellschaftstheoretische Einschätzung der historischen Bedingung sozialistischer Praxis gemeint, die sich gegen jedes Bedürfnis nach Ontologie, nach Halt an einer historischen Gesetzmäßigkeit oder einem vordefinierten kollektiven Willen, richtete. Das Pathos war also, einen Begriff von Emanzipation zu entwickeln, der sich in keiner Hinsicht mehr auf vorgegebene Maßstäbe des Handelns berufen konnte.

Diese Form einer ontologiekritischen Politik wurde als eine Politik des Voluntarismus von Krahl, anknüpfend vor allem an Überlegungen Horkheimers in seinem 1940 verfaßten Aufsatz *Autoritärer Staat*, systematisch entwickelt. Hans-Jürgen Krahl – der als Schüler Adornos zur dritten Generation der Kritischen Theorie gerechnet werden kann[15] – ging davon aus, daß der Monopolkapitalismus die kapitalistische Zirkulationssphäre beseitigt hatte. Damit veränderte sich historisch das Verhältnis von Basis und Überbau. Gesellschaftliche Verhältnisse waren nicht mehr bestimmt durch die Austauschbeziehungen freier und gleicher Warenbesitzer; Freiheit und Gleichheit, die dem Äquivalententausch verbundenen zentralen ideologischen Begriffe der liberalkapitalistischen Gesellschaft, verloren ihre Funktion als Legitimationsgrundlage des modernen Rechtsstaats.

14 Zu diesem Dialog-Begriff vgl. V. Vološinov, Marxismus und Sprachphilosophie, Berlin 1975; Alex Demirović, Ideologie, Diskurs und Hegemonie, in: Zeitschrift für Semiotik, Heft 1–2.

15 Vgl. Detlev Claussen, Hans-Jürgen Krahl: Ein philosophisch-politisches Profil, in: Links, 19. Jg., Nr. 184, September 1985.

In der liberalkapitalistischen Phase war die Herrschaft der Bourgeoisie rational. Die von ihr mittlerweile organisierte ungeheure Entfaltung der gesellschaftlichen Produktivkräfte, die Ausbeutung, Unfreiheit und gesellschaftliche Irrationalität historisch überflüssig machen könnte, wird jedoch allein zum Zweck der Erhaltung ihrer Herrschaft eingesetzt und läßt diese selbst usurpatorisch und irrational werden. Damit ändert sich auch die Funktion des Staates. Das Parlament verliert seine oberflächlich demokratische Funktion als politischer Markt. Planung, von der sozialistischen Tradition als ein Mittel angesehen, die Entwicklung der gesellschaftlichen Kooperation und das Verhältnis von Nachfrage und Angebot in ein rationales Verhältnis zu bringen; wird von den Herrschenden gezielt dazu eingesetzt, den gesellschaftlichen Reichtum zur Integration der Arbeiterklasse und ihrer revolutionären Organisationen, sei es durch die sozialstaatliche Absicherung, sei es durch kulturindustrielle Manipulation, zu verwenden und damit die Entwicklung eines revolutionären Bewußtseins und revolutionärer Aktionen zu verhindern. Staatsinterventionen verhindern zwar die Krisen des kapitalistischen Systems nicht, stellen sie aber auf Dauer und gewährleisten auf diese Weise den weiteren Bestand kapitalistischer Herrschaft. *Autoritärer Staat* bezeichnet deswegen nicht allein eine Staatsform, sondern die ganze Periode des Spätkapitalismus; es besteht praktisch ständig die Möglichkeit, daß bürgerliche Herrschaft in Notstandspraxis und Diktatur übergehen kann.[16]

Diese Periode des staatsinterventionistischen Monopolkapitals, die sämtliche kapitalistischen Verhältnisse wesentlich verändert: den Markt und den Tausch beseitigt, damit die Grundlage zentraler Kategorien der bürgerlichen Gesellschaft wie Individualität, Freiheit und Gleichheit untergräbt, das Elend der Arbeiterklasse abschafft, die Planung zu einem Instrument der Herrschaft und den Staat zur zentralen Integrationsinstanz der kapitalistischen Gesellschaft macht – diese Periode läßt sich nicht mehr mit den von Marx entwickelten Begriffen der Kritik der Politischen Ökonomie fassen, deren Gegenstand der liberale Kapitalismus war. Die naturgesetzliche Entwicklung des Kapitals, wie sie Marx bestimmt hatte, ist an ihrem Endpunkt angelangt. Das kapitalistische System stellt erneut und in einem noch nie dagewesenen Ausmaß die Alternative von Barbarei und Emanzipation. Revolutionäre Umwälzung ist historisch zum ersten Mal wirklich möglich, weil alle Produktivkräfte entfaltet sind; auch gewährleistet das Kapital seine gesellschaftlichen Bestandsbedingungen nicht mehr selbst, sondern ist auf die zwangsweise und manipulative Integration durch den autoritären Staat angewiesen. Da »die Naturgesetze der kapitalistischen Entwicklung ihre Zeit erfüllt haben«, kann sich revolutionäres Handeln nicht mehr an objektiven Gesetzmäßigkeiten und deren Reife orientieren. Gerade also aufgrund der Entwicklung der kapitalistischen Entwicklungslogik, die an ihr Ende gelangt und in den integralen Etatismus übergegangen ist, steht aktuell die Revolution auf der Tagesordnung und kommt dem Voluntarismus eine neue historische Bedeutung zu.[17] Auch wenn Krahl den Willen zum Handeln in eine weltrevolutionäre Perspektive rückt, in der sich jede Resignation praktisch als ein historischer Rückfall in die Barbarei erweist, versucht er die Gefahr des Aktionismus zu begrenzen, indem er praktischen Aktionen die Rolle zuweist, den historischen Bruch zwischen Theorie und Praxis

16 Vgl. Hans-Jürgen Krahl, Konstitution und Klassenkampf, a.a.O., S. 217.

17 Vgl. a.a.O., S. 220f.; vgl. auch: Rudi Dutschke / Hans-Jürgen Krahl, Organisationsreferat (1967), in: Rudi Dutschke, Geschichte ist machbar, Berlin 1980, S. 92; Wolfgang Kraushaar, Autoritärer Staat und Antiautoritäre Bewegung, in: 1999 – Zeitschrift für Sozialgeschichte des 20. und 21. Jahrhunderts, 2. Jg., Heft 3, 1987, S. 76–104.

zu markieren, gleichzeitig aber die Voraussetzung zur Ausarbeitung einer Theorie der neuen Phase des Kapitalismus zu schaffen, die nur als Revolutionstheorie konzipiert werden kann. Diese Theorie, deren Erarbeitung wahrscheinlich Jahrzehnte in Anspruch nehmen würde[18], hätte wesentlich zu klären, in welcher Weise der Manipulationszusammenhang der herrschenden Gesellschaft zerstört und die Theorie in einem gleichfalls Jahrzehnte dauernden Aufklärungsprozeß zu einer materiellen Gewalt werden, wie also eine sozialrevolutionäre Intelligenz vermittels einer erkenntniskritischen Organisation an die Arbeiterklasse herankommen kann, um ihre herrschaftsstrukturierten Wahrnehmungsmuster zu verändern.[19] In dieser organisierten und erkenntniskritischen Politik einer sozialrevolutionären Intelligenz sieht Krahl den Punkt, an dem die radikaldemokratisch-antiautoritäre Protestbewegung mit dem traditionellen Selbstverständnis von Intellektuellen bricht[20], sich zu einer sozialistischen Bewegung fortentwickelt und schließlich auch über die Kritische Theorie hinausgeht. Während diese die Frage, wie sich eine nach Gesichtspunkten technologisch-sachlicher Rationalität organisierte Herrschaft begrifflich überhaupt noch analysieren lasse, nur abstrakt erkenntnistheoretisch, nicht klassenspezifisch stelle, betont Krahl im Anschluß an Georg Lukács demgegenüber die Bedeutung einer revolutionären proletarischen Organisation, da sich in ihr ein neues, klassenspezifisches Verhältnis von Subjekt und Objekt entfalten könne: der zu erkennende Gegenstand werde praktisch konstituiert; zudem ermögliche sie, da sie ja die Verkehrsformen einer auf abstrakter Arbeit beruhenden Gesellschaft bekämpfe, neue Formen der Solidarität zwischen den Individuen: »... das Elend der Kritischen Theorie ist auf einer bestimmten Ebene einfach auch das Fehlen der Organisationsfrage, und das hängt eben mit dieser klassentheoretischen Frage zusammen«.[21]

Zusammengefaßt: Eine der zentralen Thesen der Kritischen Theorie geht dahin, daß richtiges Handeln im Hinblick auf eine vernünftige Gesellschaft sich nicht an dem, was ist, nur deswegen orientieren darf, weil es da ist. Diese Überlegung wird nach drei Hinsichten differenziert: sozialpsychologisch entspricht ihr die Kritik am autoritätsgebundenen Konformismus; politisch die am traditionellen marxistischen Argument, Handeln müsse sich an einer historischen Tendenz orientieren und dieser zum Durchbruch verhelfen; philosophisch schließlich die Kritik am Positivismus, der die gesellschaftlichen Fakten zur Ideologie transformiert, und der Ontologie, die nach einem Ursprung als einer letzten Sicherheit sucht. Krahl folgt dieser Kernthese, die Horkheimer in *Autoritärer Staat* nach der politischen Seite hin entwickelt hat, wendet sie jedoch sehr konkret auf den Stand der kapitalistischen Entwicklung an und leitet daraus die Möglichkeit unmittelbaren konkreten Handelns ab – eines Handelns, das, indem es einen Riß im technologischen Schleier verursacht, eine erkenntniskritische Revolutionstheorie vorbereitet. Dieses Handeln entspricht allen drei Kriterien der Kritischen Theorie: sozialpsychologisch ist es antiautoritär und nonkonformistisch, politisch ist es die systematisch begründete, voluntaristische, bestimmte Negation bestehender Herrschaftsverhältnisse, philosophisch ist es erkenntniskritisch-praktisch an der Konstitution einer neuen Gegenstands- und Erfahrungswelt orientiert.

18 Vgl. Hans-Jürgen Krahl, Konstitution und Klassenkampf, a.a.O., S. 236.

19 Vgl. Rudi Dutschke / Hans-Jürgen Krahl, Organisationsreferat, a.a.O., S. 94.

20 Vgl. Hans-Jürgen Krahl, Konstitution und Klassenkampf, a.a.O., S. 25 f.

A.a.O., S. 294; vgl. auch: S. 235; S. 251; S. 254.

III

Ist der Voluntarismus der Studentenbewegung systematisch begründet in der gesellschaftskritischen Konzeption einer negativen Dialektik, dann liegt es nahe, daß die Protestbewegung auch eine Anerkennung ihrer Praxis seitens der kritischen Theoretiker erwarten konnte. Anerkennung nicht nur in dem trivialen Sinn, daß sie die parlamentarische Demokratie gegen autoritäre Entwicklungen verteidigte und radikaldemokratische Prinzipien der öffentlichen Diskussion und plebiszitären Entscheidungsfindung praktizierte, sondern Anerkennung der Praxis als Praxis der Kritischen Theorie, insofern sie in emanzipatorischer Absicht ipso facto den Nachweis erbrachte, daß emphatisch verstandene Praxis, die den Verblendungszusammenhang durchbrach, gegen Adornos Votum historisch doch und gerade erst recht möglich war. Gegen Marx' 11. Feuerbach-These hatte Adorno in der *Negativen Dialektik* behauptet: »Der Augenblick, an dem die Kritik der Theorie hing, läßt nicht theoretisch sich prolongieren. Praxis, auf unabsehbare Zeit vertagt, ist nicht mehr die Einspruchsinstanz gegen selbstzufriedene Spekulation, sondern meist der Vorwand, unter dem Exekutiven den kritischen Gedanken als eitel abzuwürgen, dessen verändernde Praxis bedürfte.«[22] In der Gesamtkonzeption von Adornos Dialektik war es durchaus möglich, diesen Satz geradezu als Aufforderung zu verstehen, ihn zu widerlegen. Denn seine Philosophie zielte darauf, nicht bei der Kritik einzelner gesellschaftlicher Phänomene stehenzubleiben, sondern bis zum Ganzen vorzudringen. Allein die Veränderung des Ganzen ließ eine Veränderung der alltäglichen Phänomene erwarten. »Das Menetekel der totalen Katastrophe oder der totalen Unfreiheit, die sich nicht mehr rückgängig machen ließe, könnte, indem es keinerlei Ausflüchte mehr gelten läßt, den Anstoß für die Praxis bilden« – so Manfred Clemenz in einer Rezension der *Negativen Dialektik*.[23] Auch Krahl hat auf diese ambivalente Bedeutung von Adornos Philosophie für die Praxis der Protestbewegung hingewiesen: »Es gibt in der Erfahrung der Adornoschen Theorie und auch in seinen eigenen Verhaltensweisen etwas, das man als eine sehr widersprüchliche Wirkung von Ohnmacht auf die Studentenbewegung erklären könnte. Also auf der einen Seite hat Adorno etwas vermittelt, das für die Studentenbewegung dann geradezu umgekehrt nicht resignations-, sondern aktionskonstitutiv war: eine Ohnmachtserfahrung gegenüber den technologisierten und bürokratischen Institutionen und Administrationen der spätkapitalistischen Welt.«[24]

In brieflichen Äußerungen anerkannte Adorno die studentische Protestpraxis nicht als Praxis der Kritischen Theorie. So betonte er mehrfach, daß die in Anspruch genommene Einheit von Theorie und Praxis keine sei, weil schlicht die Theorie fehle: »Schließlich müßte er [Marcuse] doch zu uns mehr Vertrauen haben als zu diesen Menschen, die eine bestimmte Konzeption so verstehen, daß sie die Einheit der Praxis mit einer nicht vorhandenen Theorie, kurz den puren begriffslosen Praktizismus betreiben. Unterdessen hat eine ihrer Splittergruppen in Berlin sich solidarisch erklärt mit den Leuten, die in Brüssel das Warenhaus angesteckt haben. Man müsse in Europa vietnamesische Zustände schaffen, um die Aufmerksamkeit auf Vietnam zu lenken. Damit ist nun wirklich die Grenze dessen überschritten, was wir auch nur im

22 Theodor W. Adorno, Gesammelte Schriften Bd. 6, Frankfurt/Main 1977, S. 15.

23 Frankfurter Rundschau vom 20.4.1968.

24 Hans-Jürgen Krahl, Konstitution und Klassenkampf, a.a.O., S. 297.

Sinn der Nachsicht des Wotan für den Siegfried tolerieren könnten, der ihm den Speer zerschlägt.«[25] Und einen Tag später heißt es in einem Brief an Marcuse: »Ich bin überzeugt, daß bei der Einheit von Theorie und Praxis heute der Akzent auf der fortgeschrittensten und reflektiertesten Theorie liegt. Viele der jungen Studenten tendieren dazu, ihre Art Praxis mit einer nicht vorhandenen Theorie zu synthetisieren, und dabei schaut ein Dezisionismus heraus, der ans Grauen erinnert.«[26] Einige Monate vorher schon hatte er in einem Brief an Horkheimer von einer Vollversammlung der Fachschaft Soziologie berichtet. Sie hätte »eine Art von ticket-Denken (im Sinn des ticket low aus der *Authoritarian Personality*) an den Tag [gelegt], vor dem es einem angst und bange werden kann. Gott schütze einen vor solchen Freunden. Friedeburg war höchst gelassen und vernünftig.«[27]

Doch der Widerspruch, auf den Krahl für die studentische Seite aufmerksam machte, schien offensichtlich auch für Adorno zu gelten. Denn obwohl er eine grundsätzliche und pauschale Anerkennung verweigerte, war sein Verhalten den Protestierenden gegenüber überwiegend wohlwollend. Diese insgesamt widersprüchliche Haltung beider Seiten zeigte sich in einer ganzen Reihe von Ereignissen, die ich im folgenden darstellen möchte.

In seiner Vorlesung über Ästhetik ging Adorno am 6. Juni 1967 auf die Erschießung Benno Ohnesorgs mit einer ausführlichen Vorbemerkung ein: »Es ist mir nicht möglich, die Vorlesung heute zu beginnen, ohne ein Wort zu sagen über die Berliner Vorgänge, so sehr diese auch beschattet werden von dem Furchtbaren, das Israel, der Heimstätte zahlloser vor dem Grauen geflüchteter Juden, droht. Mir ist bewußt, wie schwer es nachgerade fällt, auch über das faktisch Einfachste sich ein gerechtes und verantwortliches Urteil zu bilden, weil alle Nachrichten, die zu uns gelangen, bereits gesteuert sind. Aber das kann mich nicht hindern, meine Sympathie für den Studenten auszusprechen, dessen Schicksal, gleichgültig was man berichtet, in gar keinem Verhältnis zu seiner Teilnahme an einer politischen Demonstration steht... Nicht nur der Drang, den Opfern Gerechtigkeit widerfahren zu lassen, sondern die Sorge darum, daß der demokratische Geist in Deutschland, der wahrhaft erst sich bildet, nicht durch obrigkeitsstaatliche Praktiken erstickt wird, macht die Forderung notwendig, es möchten die Untersuchung in Berlin Instanzen führen, die mit denen, die da geschossen und den Gummiknüppel geschwungen haben, organisatorisch nicht verbunden sind und bei denen keinerlei Interesse daran, in welcher Richtung die Untersuchung läuft, zu beargwöhnen ist... Ich bitte Sie, sich zum Gedächtnis unseres Berliner Kommilitonen Benno Ohnesorg von Ihren Plätzen zu erheben.«[28] Laut einem Protokoll wurde in der Sitzung des soziologischen Proseminars am selben Tag der Berliner Vorfall ausführlich diskutiert.[29] H. Schröder, der an der Demonstration teilgenommen hatte, berichtete über den Verlauf und die durch Pressehetze vergiftete Atmosphäre in Berlin.[30] Adorno, der zunächst geäußert hatte, die Vorgänge zeigten aufgrund der Unverhältnismäßigkeit von Sanktion und Anlaß und der Totalität der Sanktion faschistische Züge, korrigierte sich im weiteren Diskussionsverlauf dahin, daß es sich der Struktur nach sowohl um NS-Verhaltensweisen handelte als auch um metapolitische. Sie richteten sich nämlich immer zuerst gegen die »Linke«, weil die Bevölkerung fühlte, daß hinter ihr weniger Macht steckte. Die Wut der

---

25 Theodor W. Adorno, Brief an Max Horkheimer vom 31.5.1967, zit. nach Max Horkheimer, Späne – Notizen über Gespräche mit Max Horkheimer, in unverbindlicher Formulierung aufgeschrieben von Friedrich Pollock, in: ders., Gesammelte Schriften Bd. 14, Frankfurt/Main 1988, S. 409.

26 Theodor W. Adorno, Brief an Herbert Marcuse vom 1.6.1967, Max Horkheimer Archiv VI 5. 63. Stadt- und Universitätsbibliothek Frankfurt/Main.

27 Theodor W. Adorno, Brief an Max Horkheimer vom 8.12.1966, in: Max Horkheimer, Gesammelte Schriften Bd. 18: Briefwechsel 1949–1973, Frankfurt/Main 1996, S. 631.

28 Max Horkheimer Archiv VI 5. 61.

29 Dieses und die im folgenden zitierten Protokolle befinden sich im Max Horkheimer Archiv. Natürlich lassen sie sich nur sehr vorsichtig verwenden. Für ein hohes Maß an Authentizität der in den Protokollen wiedergegebenen Diskussionen spricht jedoch, daß sie meist von Adornos Assistenten von den Sitzungen gegengelesen und korrigiert wurden (nach Auskunft von Friedrich W. Schmidt).

30 Vgl. Ludwig v. Friedeburg/Jürgen Horlemann/Peter Hübner/Ulf Kadritzke/Jürgen Ritsert/Wilhelm Schumm, Freie Universität und politisches Potential der Studenten, Neuwied 1968, S. 489ff.

Bevölkerung gegen die Studenten wurde als Aggressionsübertragung interpretiert. Adorno laut Protokoll: »Menschen, die sich den Revoltierenden gegenüber benachteiligt fühlten, wendeten sich stets gegen jene. Nur ihre Ohnmacht ließe sie nicht gegen die Macht, sondern gegen das Imago des Glücks (Zigeuner, Gammler, Studenten) revoltieren.« Manfred Teschner warf die Frage auf, worin die Kontinuität einer solchen autoritären Bewußtseinsstruktur läge. »Wenn sich noch etwas ändern solle (falls überhaupt noch Zeit dazu sei)«, müsse man dieses Potential untersuchen und herausfinden, wie es manipuliert werde. Gegenüber dem kritischen Hinweis auf ökonomische Interessen und darauf, daß die Reaktion der Öffentlichkeit auch anders hätte gelenkt werden können, räumte Adorno ein, »man solle die Dinge nicht sozialpsychologisch aufweichen, sondern müsse auch die objektiven Motivationen ... sehen«. Schließlich äußerte Teschner zusammenfassend, das Argument, Demonstrationen würden dem Gegner in die Hände arbeiten, verblasse angesichts der konkreten gesellschaftlichen Bedingungen; diese ließen es vielmehr »nötig erscheinen, sich des politischen Mittels der Demonstration zu bedienen, damit nicht ohne Widerstand der Abbau der Demokratie geschehen könne. Aber Berlin zeige auch, daß gerade die rationale Artikulation der Kritik notwendig ist und sie zurückgeführt werden müsse auf gesellschaftliche Zustände, und daß die Demokratisierung der Gesellschaft eine Änderung der gesellschaftlichen Verhältnisse erfordere.«

Im soziologischen Seminar über »Probleme der autoritätsgebundenen Persönlichkeit« kommt es im November 1967 zu einem Dissens zwischen den StudentInnen und Adorno. Kritisiert wird, »die Diskussion sei merkwürdig schlaff gewesen, obwohl das Thema bei der gegenwärtigen Situation vom allerunmittelbarsten Interesse sei: Verhältnis von subjektiven und objektiven Faktoren der Gesellschaftsanalyse; Autorität als ›Kitt‹, der die Gesellschaft zusammenhält«. Dieser Einwand wird ausführlicher noch einmal in der Sitzung vom 23. Januar 1968 vorgebracht. Die mangelnde Intensität der Diskussion, so die Kritik an den Teilnehmern, mache eine »Reflexion auf die Organisation, Disposition und Exposition des Seminars notwendig«. Eine Reihe von Einwänden – die wahrscheinlich typisch sind für die Vielzahl endloser Seminarkritiken jener Zeit – werden gegen den Seminarverlauf vorgebracht: So sei das Seminar »bisher wie eine typische Lehrveranstaltung verlaufen, die historische Erkenntnisse ohne Bezug auf die Gegenwartspraxis vermittelt. Das liefe dem Selbstverständnis einer kritischen Theorie diametral entgegen.« Das Seminar solle, wird Michaela v. Freyhold wiedergegeben, aktueller verfahren, z. B. »indem es Bezug auf den Universitätskonflikt nähme. An einer Analyse des Verhaltens von Rektor und Senat zur Universitätsreform und Drittelparitätsforderung der Studenten könnte die Gültigkeit der AP-Kategorien festgestellt werden.« Wird im einen Fall bemängelt, daß der Text der *Authoritarian Personality* in allen Einzelheiten besprochen werde und in einem Oberseminar doch eigentlich vorausgesetzt werden könne, so im anderen, daß es an einem gleichen Informationsniveau mangele und deswegen die Referate vervielfältigt werden sollten; ebenso unterschiedlich ist die Einschätzung, ob die Referate nun zu abstrakt seien und die Erfahrungen der Referenten verloren gingen oder zu konkret. Schließlich wird gefordert, die Zulassungsbeschränkung zum

Seminar aufzuheben. Der damit verfolgte Zweck, bessere Arbeitsbedingungen zu erreichen, sei ohnehin nicht erreicht worden. Folgt man den weiteren Protokollen dieses Seminars, so wird trotz dieser Seminarkritik normal weiter verfahren.

Die unterschiedlichen gesellschaftstheoretischen Einschätzungen von Adorno und den StudentInnen werden in einer Diskussion in der Vorlesung *Ästhetik II* deutlich. Zunächst ging es nur um hochschulreformpolitische Fragen. Adorno, gefragt, ob er die Forderung nach drittelparitätischer Beteiligung von Studenten an den Entscheidungen der Fakultät befürworte, bejahte dies mit dem Argument, daß es ein unhaltbarer Zustand sei, daß eigentlich erwachsene Menschen durch die universitäre Organisationsform in einer Kindersituation festgehalten würden. Allerdings müsse eine solche Mitwirkung »im Sinn der geistigen Qualität« im Unterricht geschehen, denn das Problem sei eher die Senkung »des geistigen Niveaus durch die Mühlen des akademischen Betriebs als das Gegenteil«.[31] Doch die Diskussion kam schnell auf Aktionsformen der Protestierenden und ihre politische Einschätzung zu sprechen. Dabei ging es anscheinend vor allem um ein Anfang November durchgeführtes Go-in. Diese Störung der Lehrveranstaltung Carlo Schmids mit dem Ziel, mit ihm über die Notstandsgesetze zu diskutieren, über die er als Bundestagsabgeordneter mitzuentscheiden hatte, wurde von Rektor Rüegg noch vor der Aktion in einer Presseerklärung als faschistisch bezeichnet. In der Diskussion verurteilt Adorno Vorlesungssprengungen als Einschränkung der Lehrfreiheit. Er betont, daß er den Vorwurf, solche Aktionen seien faschistisch, für falsch halte, da sie einen anderen Inhalt hätten und nicht gewalttätig verliefen: »Also eine Bewegung, die nicht mit Mitteln des physischen Terrors operiert und die ausdrücklich nicht auf eine elitäre oder Minderheitenherrschaft aus ist, sondern die sich zum Ziel die Aufklärung der demokratischen Majorität gemacht hat, die ist eben auch dann mit dem Faschismus nicht zu identifizieren, wenn einzelne Dinge vorkommen, die mit unseren traditionell demokratischen Spielregeln nicht ganz übereinstimmen.«[32] Gegen das Argument Krahls, die Aktion hätte zu zeigen bezweckt, daß die demokratischen Spielregeln aufgrund der Formalisierungstendenz der liberalen Vernunftprinzipien sich in bloß technische Regeln verändert hätten und dazu dienten, die Opposition »auf verwaltungstechnischem Wege zu liquidieren«[33], wendet Adorno ein, daß Recht auch das positive Moment der Rechtssicherheit hätte. Gerade angesichts jener Formalisierungstendenz sei nicht eine Verletzung der Spielregeln angesagt, sondern ihre Veränderung, da ansonsten die Gefahr einer Umfunktionierung und Gegenbewegung heraufbeschworen werde, »die wir unter Einschätzung der politischen und gesellschaftlichen Kräfte, wie wir sie heute finden, außerordentlich ernst zu nehmen haben«.[34]

Diesem von den Vertretern der Kritischen Theorie gegen die Aktionen der Studentenbewegung immer wieder vorgebrachten Einwand hält Krahl zweierlei entgegen. Eine faschistische Massenbewegung sei eher in den USA zu erwarten, die brutale Gewalt nach außen einsetzen, die irgendwann ins Innere zurückschlagen könne.[35] Vor allem aber, so Krahl, hierbei ein Argument Agnolis aufnehmend, wonach der historische Faschismus weniger durch gewalttätige Massenbewegungen als durch die Integration der Arbeiterbewegung ge-

---

31 Theodor W. Adorno, Vorlesungen zur Ästhetik (veröffentlichtes Transskript von Tonbandaufnahmen der Vorlesung im Wintersemester 1967/68), o.O., o.J., S. 118.

32 A.a.O., S. 121.

33 A.a.O., S. 119.

34 A.a.O., S. 120.

35 Genau ein solches Argument hatte der wegen seiner USA-Freundlichkeit häufig vom SDS kritisierte Horkheimer, wenn auch von anderer Seite, befürchtet, als er Adorno bat, seinen Plan, eine deutsche Übersetzung der *Authoritarian Personality* erscheinen zu lassen, noch zu verschieben: »Zur Sache selbst meine ich, wir sollten vor allem darauf achten, daß der in Deutschland mit Antisemitismus innig verwandte Antiamerikanismus keine Nahrung erhält. Meiner Ansicht nach böte die Publikation unter den gegenwärtigen Umständen den betroffenen Herrschaften eine doppelte Befriedigung. Die Amis, werden sie sagen, sind also nicht weniger autoritär, und wenn die sich's erlauben können, dann können wir's erst recht.« Max Horkheimer, Brief an Adorno vom 7.1.1967, Max Horkheimer Archiv VI 5.76 Wolfgang Lefevre erwartet, daß die USA eine faschistische Massenbewegung in Deutschland schon aus Gründen ihres imperialistischen Interesses verhindern würden, vgl. Lefevre in: Frank Wolff / Eberhard Windaus, Studentenbewegung 1967-69. Protokolle und Materialien, Frankfurt/Main 1977, S. 96.

kennzeichnet sei³⁶, befinde sich die Bundesrepublik inmitten eines Faschisierungsprozesses, der sich im Recht und in der Funktion des Parlaments vollziehe. Das Parlament werde von der »Exekutive zu einem Manipulations- und Verschleierungsinstrument herabgesetzt ..., das die Massen nicht aufklärt, sondern im Gegenteil sie bloß schichtenspezifisch von den eigenen Parteien her manipulativ dem immanenten Abbau der Demokratie gefügig machen will«.³⁷ Adorno rückt dieses Argument Krahls mit seiner Konsequenz, wonach eine reformorientierte, immanente Benützung der demokratischen Spielregeln nicht mehr möglich sei, ziemlich deutlich in die Nähe der Sozialfaschismustheorie der Komintern Ende der zwanziger Jahre, »die kurzgesagt darauf hinausgelaufen ist, daß eigentlich die Sozialdemokraten genauso schlimm wie die Nazis sind«. Demgegenüber betont er nachdrücklich, daß der Unterschied zwischen einem »faschistischen Staat und dem, was ich heute als Potential innerhalb der demokratischen Spielregeln zu beobachten glaube, ein Unterschied um das Ganze ist. Und ich würde sagen, daß es abstrakt wäre und in einem problematischen Sinne fanatisch, wenn man diese Unterschiede übersehen würde, wenn man es deshalb für wichtiger hielte, gegen die wie immer auch verbesserungswürdige Demokratie eher anzugehen, als gegen den sich schon sehr mächtig regenden Gegner.« Trotz dieser sehr entschiedenen Haltung, die nahegelegt hätte, den Unterschied verschiedener praktischer Strategien deutlich zu machen und eine sehr grundlegende Differenz zwischen sich und den Studenten herauszuheben, suggeriert er ein hohes Maß an Gemeinsamkeit, indem er als Differenzpunkt schließlich das Verhältnis von Theorie und Praxis markiert. Er kritisiert, daß von ihm gefordert würde, die Diskussion dürfe nicht bloß theoretisch bleiben. Damit werde jedoch das Denken gefesselt: »Ich glaube, daß nur dann der Gedanke noch eine Chance hat, irgendwie praktisch zu wirken, wenn er nicht von vornherein sich von den Möglichkeiten und den Postulaten einer sich daran anschließenden Praxis gängeln läßt. Ich glaube, die einzige Differenz zwischen Ihnen und mir besteht an dieser Stelle.«³⁸

Am 3. Juli 1968 wurde die Lehrveranstaltung des Germanisten Stern durch die Basisgruppe Germanistik gesprengt. Stern erklärte daraufhin öffentlich, daß ihn, als »Träger eines jüdischen Namens«, die Aktion sehr an faschistische Methoden erinnerte. Mit dieser Aktion sollte praktische Kritik geübt werden an einer Wissenschaft, deren zentrale Funktion der Einübung in kulturelle Standards diente, die zur Reproduktion spätkapitalistischer Herrschaft beitrugen. Adorno, Habermas und Brackert, so monierte die Basisgruppe, lehnten eine solche Strategie der Politisierung der Wissenschaft offensichtlich ab.³⁹ In der Tat kritisierte Adorno die Aktionen gegen Stern ausdrücklich noch einmal am Ende des Sommersemesters 1968 in der Vorlesung zur Einleitung in die Soziologie als einen Eingriff in die Lehrfreiheit, der mit »Freiheit von Repression, mit Mündigkeit und mit Autonomie nicht zu vereinbaren ist«.⁴⁰ Die erheblichen sachlichen Differenzen mit Stern betonend, glaubte sich Adorno besonders legitimiert, »Ihnen zu sagen, und wenn ich das darf, Sie darum zu bitten, daß diese Art des Kampfes in dem Kampf um die Reform der Universität und auch in dem Kampf um gesellschaftliche Veränderungen vermieden wird. Ich habe Ihnen nicht dreinzureden, aber ich kann unmöglich mit diesen Dingen mich identifizieren, und mein Standpunkt ist darin mit dem ganz und gar iden-

---

36 Vgl. hierzu auch Johannes Agnolis Vortrag im Rahmen der Politischen Universität und Krahls Diskussionsbeiträge, in: Detlev Claussen / Regine Dermitzel (Hg.), Universität und Widerstand. Versuch einer Politischen Universität, Frankfurt/Main 1968.

37 Theodor W. Adorno, Vorlesung zur Ästhetik, (veröffentlichtes Transskript von Tonbandaufnahmen der Vorlesung im Wintersemester 1967/68), o.O., o.J., S. 122.

38 A.a.O.

39 Vgl. Detlev Claussen / Regine Demitzel (Hg.), Universität und Widerstand, a.a.O., S. 157 ff.; Peter Mosler, Was wir wollten, was wir wurden, Reinbek 1988, S. 197 ff.; Thomas Schmid, Die Wirklichkeit des Traums, in: Lothar Baier u.a., Die Früchte der Revolte, West-Berlin 1988, S. 12 ff.

40 Theodor W. Adorno, Einleitung in die Soziologie, Nachgelassene Schriften, Abt. IV, Vorlesungen Bd. 15, Frankfurt/Main 1993, S. 257; Theodor W. Adorno, Marginalien zu Theorie und Praxis (1969), in: ders.; Gesammelte Schriften Bd. 10, Frankfurt/Main 1977, S. 777

tisch, wie ihn Habermas in seinen berühmt gewordenen Thesen auch entwickelt hat (starkes Zischen).«[41]

Dieser Erklärung Adornos am Ende des Semesters war eine Auseinandersetzung vorausgegangen, die seine eigene Lehrfreiheit betraf. In der wenige Tage nach dem Sternmarsch gegen die Notstandsgesetze in Bonn am 11. Mai stattfindenden Übung zu Adornos Vorlesung wurden laut Protokoll der Sitzung vom 14. Mai die Teilnehmer über das am gleichen Abend stattfindende teach-in und den geplanten Streik am nächsten Tag informiert. Es wurde gefordert, im Seminar solle, weil das wichtiger sei, als sich mit dem Positivismus in der Soziologie zu befassen, über die Notstandsgesetze diskutiert werden, »die u.a. nach ihrer Verabschiedung einen neuen Faschismus in der BRD möglich machen würden« und Adorno solle seine Meinung äußern. »Prof. Adorno erklärte, aus allem, was er in seinen Veranstaltungen vortrage, sei doch wohl leicht abzuleiten, was er von solchen Gesetzen halte. Wer das nicht merke, dem sei nicht zu helfen.« Eine Diskussion über die aktuelle Situation lehnt Adorno, auf seine Lehrfreiheit hinweisend, ab und droht sogar mit einem Verzicht auf seinen Lehrstuhl: Wenn durch ein Plebiszit verhindert werde, daß er »über die Dinge, die ich für sinnvoll halte«, sprechen könne, müsse er zu der von ihm noch nie gebrauchten Drohung greifen: gegebenenfalls freiwillig auf seinen Lehrstuhl zu verzichten. Die Konsequenzen möge man bedenken.«[42] Auf das Zischen der Studenten reagierte er mit dem Vorwurf, es werde Terror auf ihn ausgeübt. Eine Diskussion über die Notstandsgesetze sei zuviel Zeitverlust für das eigentliche Thema; auch seien sie nicht so wichtig, sondern »stellten nur ein Stück Ideologie dar«. Trotz seiner Sympathie sei der Streik im übrigen, so das Protokoll, »eine Sache der Studenten«. Die Aufforderung eines Teilnehmers, Adorno solle aus seiner Rolle als Hochschullehrer heraustreten und die Studenten in der Praxis unterstützen, beantwortete er auch hier wieder mit dem grundsätzlichen Hinweis darauf, daß das Verhältnis von Theorie und Praxis nicht richtig gefaßt sei: »Schließlich habe Theorie in der von ihm vertretenen Richtung auch schon eine praktische Funktion.«

Adorno wie Krahl suchten den Unterschied zwischen den kritischen Theoretikern und den Protestierenden im unterschiedlichen Begriff von Theorie und Praxis. Daß dieser Begriff so divergent aber nicht war, zeigt die Diskussionskonstellation auf dem Soziologentag im April 1968 in Frankfurt. Ralf Dahrendorf kritisierte in seinem Beitrag Adorno und einen von Gerhardt Brandt, Claus Offe, Joachim Bergmann, K. Körber, Ernst Theodor Mohl gemeinsam verfaßten Vortrag. Die in Frankfurt vertretene Konzeption einer dialektischen Einheit von Theorie und Praxis, einer politisch und praktisch werdenden Theorie sei ein »Blütentraum« und eine Form der Selbstentmächtigung. Denn sie mache keine konkreten praktischen Vorschläge zur Verbesserung der Gesellschaft, sondern fasse Veränderung nur als die des gesamten Systems ins Auge mit dem Ziel der Herrschaftslosigkeit. Damit werde der Weg zur Praxis überhaupt versperrt und schließlich bescheide man sich mit dem Status quo.[43] Adorno bestritt, daß er von der Einheit von Theorie und Praxis ausgehe, da diese Einheit faktisch auf eine Zensur der Theorie hinauslaufe. Konkrete Änderungsversuche, so ein weiteres Argument, stießen mit Notwendigkeit an die Grenzen des Systems. Praxis hätte sich demnach nicht an einzelnen konkreten

41 A.a.O.

42 Das Kriterium »sinnvoll«, das Adorno hier in die Diskussion brachte, war zweischneidig und mußte Widerspruch provozieren. Denn gerade der Anspruch, festzulegen, was als sinnvoll zu gelten hätte, war umstritten und immerhin ein Grund für die Demokratisierungsforderungen der StudentInnen. Sie hatten immer wieder das Relevanzkriterium infrage stellen müssen, wenn sie Kritik an einer angeblich wertneutralen Wissenschaft äußerten und auf deren politische Konsequenzen aufmerksam machten. So auch im Fall des erwähnten Go-ins bei Carlo Schmid, von dem Horkheimer notiert, daß es seinen »guten Sinn« hätte: »Wen interessiert von einem führenden Politiker statt einer Stellungnahme zu den brennenden Tagesproblemen eine Vorlesung zu hören über ›Theorie und Praxis der Außenpolitik am Beispiel der Gruppierung der Großmächte im achtzehnten Jahrhundert‹. Die Wahl des Themas ist typisch dafür, wie die politische Wissenschaft wieder in harmlosen Geschichtsunterricht entpolitisiert wird... Ist die Forderung, er solle über die Notstandsgesetzgebung mit den Studenten diskutieren, nicht berechtigt?« Max Horkheimer, Späne – Notizen über Gespräche mit Max Horkheimer, in unverbindlicher Formulierung aufgeschrieben von Friedrich Pollock, a.a.O., S. 453.

43 Vgl. Ralf Dahrendorf, Herrschaft, Klassenverhältnis und Schichtung, in: Theodor W. Adorno (Hg.) Spätkapitalismus oder Industriegesellschaft? Verhandlungen des 16. Deutschen Soziologentages vom 8. bis 11. April 1968 in Frankfurt/Main, Stuttgart 1969, S. 90.

Notsituationen zu entfalten, sondern müßte das Ganze in sich einbeziehen.[44] Schließlich bestand er ausdrücklich auf dem Ziel der herrschaftslosen Gesellschaft. Die Sorge, eine solche friedliche Gesellschaft würde einschlafen, sei die zarte Sorge eines »aufgewärmten Liberalismus«. »Die Möglichkeit, daß die Welt zu schön werde, ist für mich so arg schreckhaft nicht.«[45]

Am 10. April abends fand als Rahmenveranstaltung des Soziologentages eine öffentliche Podiumsdiskussion zum Verhältnis von Herrschaftssystem der Bundesrepublik und studentischen Aktionen statt. Teilnehmer waren Egon Becker, Ludwig v. Friedeburg, Hans-Jürgen Krahl, Wolfgang Lefevre, Erwin K. Scheuch, Ralf Dahrendorf und Klaus Allerbeck. Krahl bezieht sich auf Dahrendorfs während der Podiumsdiskussion erneut vorgetragene Einwände und kritisiert an dessen Vorstellung von Praxis, daß sie eine historisch überholte Politik des parlamentarisch-sprachkritischen Liberalismus mit dem Ziel sei, die Protestbewegung in das Institutionensystem zu integrieren. Er betont, daß die Protestbewegung, im Sinne der Kritischen Theorie, eine unmittelbare Einheit von Theorie und Praxis ablehne. Umgekehrt vertrete vielmehr er, Dahrendorf, mit dem Begriff der »offenen Gesellschaft« ein unkritisches Verhältnis von Theorie und Praxis. Krahl: »Wenn Sie solche, selbst wiederum dann nicht geschichtlich rückbezogenen Kategorien der akademischen Soziologie unmittelbar als politisch praktische behandeln, dann haben Sie ein sehr viel unkritischeres Verhältnis der Einheit von Theorie und Praxis. Sie behandeln dann akademisch-soziologische Kategorien unmittelbar, ohne jeglichen Umsetzungsprozeß, als solche der politisch-praktischen Vernunft unmittelbar praktizierbar. Ich meine, daß das ein falsches Verhältnis von Theorie und Praxis ist und glaube dann in der Tat, daß die Phraseologie der offenen Gesellschaft ein sehr viel abstrakterer Ausdruck als unsere vermeintlichen Utopien [ist], daß die Phraseologie der offenen Gesellschaft so unmittelbar praktisch politisch appliziert nur eben die Gewaltverhältnisse stabilisiert, die produzieren, was Ihr Liberalismus bekämpfen will, nämlich den Faschismus…«[46] Adorno hatte gegen Dahrendorf betont, daß Herrschaftslosigkeit vielleicht eine Utopie sei, doch angesichts der realen Möglichkeiten der Gesellschaften die Stellung der Utopie selbst historisch sich verändert habe. Krahl betont nun, ausdrücklich auf die Kritische Theorie der Frankfurter Schule hinweisend, die Bedeutung des Utopie-Verbots und formuliert, wenn auch weniger emphatisch als Adorno, das Ziel der Herrschaftslosigkeit: »D.h. also, daß erstens nicht gesagt wird, Utopie sei positiv angebbar, zweitens, es könnte irgendwie positiv definiert werden. Das sagt auch niemand, daß ein herrschaftsloser Zustand ohne jegliche Herrschaft ganz abstrakt möglich ist. Ich würde dann sagen, so verstanden aus diesem Vermittlungsverhältnis von Theorie und Praxis, werden wir in der revolutionären Praxis die Erfahrung machen, wieweit Herrschaft abschaffbar ist. Das können wir diesem konkreten Prozeß überlassen, sofern er eben durch entsprechende theoretische Reflexionen vermittelt ist…«

An Krahls Formulierungen wird deutlich, daß er der Theorie die zentrale Rolle der Vermittlung des gesellschaftlichen Emanzipationsprozesses zuweist, die, den Herrschaftsprozeß reflektierend, sogar an die Stelle demokratischer Verfahren zu treten scheint. Im Unterschied zu Adorno hat dennoch Praxis das Primat. Der vom Marxismus theoretisch ausgewiesene Vernunftbegriff wird an

44 Vgl. Theodor W. Adorno (Hg.), Spätkapitalismus oder Industriegesellschaft?, a.a.O., S. 101.

45 A.a.O., S. 105

46 Dieses und die folgenden Zitate entnehme ich einem unveröffentlichten Tonbandmitschnitt der Podiumsdiskussion.

die Einzelwissenschaften herangetragen »und damit an die konkrete Geschichte, von der solche Wissenschaft sich nicht lösen läßt, was Hegel als die Idee der Vernunft bezeichnete. Dieses aber nicht in dem Sinne, daß diese Vernunft immer schon die Wirklichkeit selber ist, sondern daß also die Aussagen des Historischen Materialismus ihre Wahrheit am praktischen Prozeß der selbst wiederum durch diese Theorie vermittelten Umwälzung beweisen müssen. D.h., wir bringen an die Wissenschaft ein emanzipatorisches Vernunftinteresse mit, das sich bei Kant in der Frage: Was darf ich hoffen? ausdrückte: Wie kann man die Gesellschaft unter dem Aspekt ihrer Veränderbarkeit im Sinne größerer Freiheit, so weit wie möglich großer Freiheit beschreiben?« Es wird deutlich, daß unterhalb der formalen Übereinstimmung, daß Theorie und Praxis keine Einheit darstellen, bei Krahl und Adorno verschiedene Auffassungen von Theorie und Praxis bestanden.[47]

Dem Organisationskonzept Krahls zufolge vermittelt die Organisation Theorie und Praxis. Durch sie wird Theorie zur materiellen Gewalt, und in ihr entwickeln sich keimhaft emanzipatorische Praktiken. »Wohl aber, und das sind jetzt die Fragen, die anstehen, müssen sich in den Formen der Praxis, der revolutionären Praxis positive Elemente der künftigen Gesellschaft vorwegnehmend herausbilden, so wie es sich etwa 1871 in der Pariser Kommune mit dem Rätesystem zugetragen hat…« Doch wirft die revolutionäre Organisation, die erkenntniskritisch der Theorie zu gesellschaftlicher Wirksamkeit verhilft, ein grundlegendes Problem auf, das von Krahl in weiteren Diskussionen angesprochen wird.

Vielfach hatten Adorno und Horkheimer argumentiert, auch revolutionäre Organisationen hätten sich ihrer inneren Verfassung und ihrer Politik nach dem angepaßt, was sie ihrem Anspruch nach eigentlich bekämpfen wollten; d.h. auch sie wären autoritär, gründeten ihren Bestand auf konformistische Einstellungen ihrer Mitglieder und ihr Handeln wäre von den administrativen Gesichtspunkten einer instrumentalistischen Rationalität bestimmt. Einer solchen immanenten Dynamik, wie sie für die Organisationen der Arbeiterbewegungen kennzeichnend war, mußte antiautoritär begegnet werden. Dies geschah Krahl zufolge auf der 23. ordentlichen Delegiertenkonferenz des SDS vom 12.–16. September 1968 in Frankfurt, auf der die Frauen gegen die Vorherrschaft männlicher Wortführer protestiert hatten. Doch gleichzeitig nahm er an, daß aufgrund des geringen Organisationsgrades Autoritäten immer noch notwendig seien, die durch ihr Charisma den Zusammenhalt des SDS garantieren konnten, der sich nach der Niederlage in der Kampagne gegen die Notstandsgesetze in einem sich beschleunigenden Auflösungsprozeß befand. Er faßte das strategische Problem in einem Dilemma zusammen: »Wie kann das Reich der Freiheit in einer kommunistischen und durchaus autoritären Organisationsform antizipiert werden?«[48] Diese Frage stellte er in einer Podiumsdiskussion im Haus Gallus am 23. September 1968, an der neben ihm u.a. auch Adorno, Habermas und v. Friedeburg beteiligt waren. Die Frage an sie zu stellen war keineswegs absurd, denn sie entsprach ihrer methodischen Struktur nach ziemlich genau dem Problem, das auch Adorno und Horkheimer immer wieder beschäftigt hatte: Mit welchen Mitteln konnte nämlich eine autoritätsgebundene Persönlichkeitsstruktur in die eines mündigen, autono-

[47] In der Frage des Praktischwerdens der Theorie steht Krahl Horkheimer deutlich näher als Adorno. Adorno hatte in Diskussionen der Deutschen Gesellschaft für Soziologie ausdrücklich betont, daß für ihn die Vorstellung, Theorie könne die Menschen ergreifen und sie zum Handeln veranlassen, historisch obsolet sei; (vgl. Ralf Dahrendorf, Anmerkungen zur Diskussion der Referate von Karl R. Popper und Theodor W. Adorno, in: Theodor W. Adorno u. a., Der Positivismusstreit in der deutschen Gesellschaft, Neuwied 1969, S. 151. Dies war der Hintergrund für Dahrensdorfs Kritik auf dem Soziologentag, Adorno sei »neopessimistisch«. Horkheimer hingegen hält an der Marxschen Fragestellung, wie Theorie zur materiellen Gewalt werden könne, ausdrücklich fest. (Vgl. Max Horkheimer, Gefährdung der Freiheit – Opposition des Geistes. Gespräch mit Otmar Hersche, in: ders., Gesammelte Schriften Bd. 13, Frankfurt/Main 1989, S. 197. Man könnte sagen, daß diese Frage zentral ist für seine nach der Remigration in die Bundesrepublik verfaßten Aufsätze und seine eigene Praxis.

[48] Hans-Jürgen Krahl, Konstitution und Klassenkampf, a.a.O., S. 256.

men Ichs verändert werden – durch Propaganda der Wahrheit, durch Hinweis auf geschichtsmächtige Tendenzen oder durch eine Erziehungsdiktatur?[49] Krahls Vorschlag in der Diskussion bestand im paradoxen Appell an die Vertreter der Frankfurter Schule, ihre Autorität der antiautoritären Bewegung zur Verfügung zu stellen, um »gewissermaßen mit der Waffe der Autorität selber das Autoritätsprinzip in der Gesellschaft mitabbauen zu helfen«.[50] Dieser Vorschlag von Krahl mußte Adorno und Habermas aber genau das bestätigen, was sie immer wieder kritisierten: den Instrumentalismus und den bloß taktisch begründeten Aktionismus der Studentenbewegung.[51] Dem Hinweis von Karl Dietrich Wolff auf die Bedeutung, die Adornos Beteiligung beim Durchbrechen der Bannmeile beim Sternmarsch in Bonn gehabt hätte, begegnete Adorno mit der Bemerkung: »Ich weiß nicht, ob ältere Herren mit einem Embonpoint die richtigen Personen sind, in einer Demonstration mitzumaschieren. Krahl hat vorhin davon gesprochen, es sei wichtig, daß in einer oppositionellen Bewegung heute nicht der Kollektivismus die vorherrschende Rolle spiele, daß das Individuum zu seinem Recht komme. Wenn ich an einem Sternmarsch nicht teilnehme, so fällt das in meine individuellen Rechte.«[52] Die Diskussionsbemerkung von Jürgen Habermas traf das grundsätzliche Problem genauer. Er kritisierte, daß unter der Voraussetzung einer keineswegs geteilten Überzeugung, nämlich der Entwicklung einer revolutionären Bewegung, Krahl eine autoritäre Taktik verfolge, indem er zum einen bekannte Intellektuelle um ihrer publizistischen Begleiteffekte einsetzen wolle, zum anderen aber diese dadurch zwinge, ad hoc zu legitimieren, was der SDS jeweils tue.[53]

Tatsächlich läßt sich hier eine Logik beobachten, die immer wieder das Verhalten der protestierenden Studenten den ›etablierten‹ Vertretern der Kritischen Theorie gegenüber bestimmte. Bereits die Kritik an Adornos Weigerung, der Kommune II ein Gutachten auszustellen, aus dem sich ergeben sollte, daß ein von ihr verteiltes Flugblatt, in dem der Brandanschlag auf ein Brüsseler Kaufhaus verteidigt wurde, unter die Kunstfreiheit fiele, war widersprüchlich. So galt Adorno als prädestiniert, mit zentralen Begriffen der Kritik der Kulturindustrie zur Entlastung des angeklagten Fritz Teufel beizutragen. Gleichzeitig wurden er und seine Theorie als unpraktisch denunziert: »Was soll uns der alte Adorno und seine Theorie, die uns anwidert, weil sie nicht sagt, wie wir diese Scheiß-Uni am besten anzünden und einige Amerikahäuser dazu – für jeden Terrorangriff auf Vietnam eines.«[54]

In den Diskussionen während des aktiven Streiks im Wintersemester 1968/69 wiederholte Krahl diese widersprüchliche instrumentalistische Argumentation. In den Auseinandersetzungen ging es u.a. um die Einführung der drittelparitätischen Mitentscheidungsbefugnis von studentischen VertreterInnen. Während die Professoren des Soziologischen Seminars, Adorno, Habermas und v. Friedeburg, sich mit deren Einführung längst einverstanden erklärt hatten, wurde von den Studenten während des Streiks die radikalere Forderung nach Halbparität erhoben mit dem Argument, so könnten die Professoren mit ihren Mitarbeitern die Studenten nicht majorisieren. Tatsächlich ging es, wie Krahl selbstkritisch später die kompromißunfähige und maximalistische Politik beurteilte, um den Versuch, die Universität als Basis weiterer revolutionärer Arbeit zu erobern.[55] Der Lehrbetrieb sollte ausgesetzt werden, um –

---

49 Vgl. dazu die Überlegungen in: Max Horkheimer / Theodor W. Adorno, Dialektik der Aufklärung (1947), in: Max Horkheimer, Gesammelte Schriften Bd. 5, a.a.O., S. 287; Adorno nimmt zu einem späteren Zeitpunkt dieses Problem Krahls auf, betont aber, daß es eben nicht praktisch, also durch Organisation und Aktion, sondern nur theoretisch gelöst werden könne; vgl. Theodor W. Adorno, Marginalien zu Theorie und Praxis (1969), a.a.O., S. 777.

50 Hans-Jürgen Krahl, Konstitution und Klassenkampf, a.a.O., S. 257.

51 Vgl. Theodor W. Adorno, Vorlesungen zur Ästhetik, (veröffentlichtes Transskript von Tonbandaufnahmen der Vorlesung im Wintersemester 1967/68), o.O., o.J., S. 120; Theodor W. Adorno, Marginalien zu Theorie und Praxis, a.a.O., S. 770.

52 ad lectores 8, Neuwied 1969, S. 31 f.

53 Vgl. a.a.O., S. 34.

54 Flugblatt der Kommune II zit. nach Stuttgarter Zeitung vom 14.7.1967.

55 Vgl. dazu Hans-Jürgen Krahl, Konstitution und Klassenkampf, a.a.O., S. 321.

56 Vgl. Frank Wolff / Eberhard Windaus a.a.O., S. 161; Zoller [d.i. Peter Zollinger] (Hg.), Aktiver Streik. Dokumentation zu einem Jahr Hochschulpolitik am Beispiel der Universität Frankfurt/Main, o.O., o.J.

57 Frank Wolff / Eberhard Windaus, a.a.O., S. 120.

wie es in einem Negativkatalog hieß – eine Neuorganisation des soziologischen Studiums und die Reflexion zu ermöglichen, »welche theoretische und politische Arbeit für die Beseitigung spätkapitalistischer Herrschaftsformen, wie sie durch die studentische Protestbewegung der letzten Jahre erst richtig deutlich geworden sind, objektiv geleistet werden muß ...«[56] Jürgen Habermas und Ludwig v. Friedeburg stimmten zu, die studentischen Arbeitsgruppen als offiziellen Teil des Seminarbetriebs anzuerkennen, nicht aber, den Lehrbetrieb einzustellen. Habermas in einer Diskussion im Kolbheim: »Wenn ich recht verstehe, bedienen Sie sich ... der begrüßenswerten Impulse einer systematischen Überdenkung und Neuordnung des Studiums nur als eines Vehikels, um den Wissenschaftsbetrieb als solchen zu destruieren. Die Argumente von Reiche liefen darauf hinaus, daß schon Wissenschaft selber Repression sei und darum als solche beseitigt werden müßte.«[57] Krahl vermutete, daß hier der Versuch gemacht werde, das Definitionsmonopol über wissenschaftliche Standards aufrechtzuerhalten. Demgegenüber klagte er die Solidarität der kritischen Theoretiker ein, denen er vorwarf, mit dem Hinweis auf die kritische Funktion der Frankfurter Soziologie »die reale und institutionell abgesicherte Demokratisierung und Sozialisierung dieser Institute zu verhindern und zu boykottieren«.[58] Wenn Habermas und v. Friedeburg mit ihrem publizistischen Einfluß und ihrer Autorität bei der Aussetzung des Soziologiestudiums vorangingen, so wieder das taktische Argument, würde sich auch die Masse der Soziologiestudenten zu gemeinsamen Kampfmaßnahmen gegen die Universität solidarisieren.[59]

Der Konflikt eskalierte schließlich Ende Januar, als von 76 Studenten das Institut für Sozialforschung besetzt und von den Direktoren Adorno, v. Friedeburg und Gunzert die Polizei gerufen wurde.[60] Kennzeichnend für das Verhältnis der Konfliktparteien war allerdings auch in diesem Fall, daß über vermittelnde Personen beide Seiten miteinander »im Gespräch« blieben.[61] Unmittelbar nach der Räumung wandte sich Adorno, ganz außer sich, daß die Polizei die Besetzer verhaftet und das Institut nun ihrerseits »besetzt« hatte, mit der Frage an Ilse Staff, Professorin für Öffentliches Recht, ob die Verhaftungen überhaupt rechtmäßig seien, und der Bitte, sich doch für die Freilassung der offensichtlich rechtswidrig Festgenommenen einzusetzen.[62] Den als einzigen der Besetzer für etwa eine Woche in U-Haft genommenen Krahl schien er im Gefängnis besuchen zu wollen.[63]

In den letzten zwei Wochen des Wintersemesters kam es zu zahlreichen Störungen von Lehrveranstaltungen. Zu Beginn des, wie Daniel Cohn-Bendit laut FAZ (vom 1. Februar 1969) erwartete, für die »Revolutionsbewegung« entscheidenden Sommersemesters wurde unter der Parole: »Adorno als Institution ist tot« von einer stark aktionistisch bestimmten Gruppe von SDS-Mitgliedern Adornos Vorlesung *Einleitung in das dialektische Denken* gesprengt.

Adorno und Horkheimer hatten den Aktionen während des aktiven Streiks entschieden kritisch gegenübergestanden. Nach der Besetzung des Soziologischen Seminars in der Myliusstraße im Dezember schien ihnen die Situation »drunter und drüber« zu gehen und sie sprachen »von höchst berechtigten Forderungen, mit denen wir sympathisieren, und einem paranoiden Bodensatz, der sich in blindwütigen Aktionen äußert«.[64] Höchst bedenklich er-

58 A.a.O., S. 133. Dieses Argument findet sich auch in einem Flugblatt der Basisgruppe Soziologie, mit dem diese während des Streiks zu einem Teach-in aufgerufen hatte: »Die Frankfurter Soziologie beansprucht kritische Theorie der Gesellschaft zu sein, welche die Gesellschaft als veränderbar darstellt und politisch bewußte Intelligenz ausbildet. Die kritische Theorie der Adorno, Habermas und Friedeburg ist jedoch so kritisch, daß sie der politischen Studentenbewegung bislang nur in den Rücken gefallen ist ... Wir haben keine Lust, die linken Idioten des autoritären Staates zu spielen, die kritisch in der Theorie sind, angepaßt in der Praxis.« Zit. nach: Rudi Dutschke, Die Revolte. Wurzeln und Spuren eines Aufbruchs, Reinbek 1983, S. 164 f.

59 Vgl. Frank Wolff / Eberhard Windaus, a.a.O., S. 148.

60 In dem Prozeß gegen Krahl wegen Hausfriedensbruch war strittig, ob es sich überhaupt um eine Besetzung handelte. Die Studenten behaupteten, sie hätten mit Genehmigung des Seminarleiters einen Raum des Instituts für ihre Diskussion benützt. Auf einem Teach-in am Abend des 31. Januar wurde als Ziel immerhin angegeben, daß mittels der Besetzung versucht werden sollte, die Schlüssel für das von der Universitätsleitung geschlossene Soziologische Seminar in der Myliusstraße zu erhalten. Strittig war vor Gericht auch, ob v. Friedeburg die Studenten förmlich aufgefordert hatte, das Gebäude zu verlassen.

61 Nach Auskunft von Detlev Claussen.

62 Nach Auskunft von Ilse Staff.

63 Nach Auskunft von Heinrich von Nussbaum.

64 Theodor W. Adorno / Max Horkheimer, Entwurf eines Briefes an Herbert Marcuse vom 17.12.1968, Max Horkheimer Archiv V 118. 296 a.

Bodenlose Politik – Dialoge über Theorie und Praxis

schien ihnen auch, daß viele Seminare nicht mehr stattfinden konnten, »darunter auch die besonders fortschrittlichen«.[65] Der Ansicht Marcuses, der, die Besetzung des IfS verteidigend, schrieb, er sei »gewillt, [sich] mit dem Vatermord abzufinden, obwohl es manchmal weh tut«[66], mochten sie nicht beipflichten. Auch die Sprengung von Adornos Vorlesung mußte ihre skeptische Einschätzung eher noch bestärken. Dennoch schien selbst diese letztere Aktion – die von der Mehrheit der etwa tausend Hörer nicht gebilligt wurde – trotz der kaum noch überbrückbaren Differenzen zu keinem endgültigen Bruch zwischen Adorno und der Protestbewegung geführt zu haben. Adorno selbst wies nur wenige Tage später in einem Interview[67] darauf hin, daß das Verhältnis zu seinen Studenten »nicht mehr beeinträchtigt [ist], als es allgemein im herrschenden Universitätskonflikt der Fall zu sein pflegt. Es wird fruchtbar und sachlich, ohne private Trübung, diskutiert.«[68] Auch Horkheimer, der, wie seine aus dem Nachlaß herausgegebenen Notizen zeigen, mehr als kritisch gegenüber der Studentenbewegung war, äußerte, darauf angesprochen, ob der Konflikt des Sommersemesters den Tod Adornos mitverschuldet haben könnte: »Ich glaube, man muß da sehr vorsichtig sein. Die Studenten haben ihm an verschiedenen Stellen widerstanden und haben auch gegen ihn protestiert. Andererseits aber waren auch unter diesen Studenten nicht wenige, die gewußt haben, was er bedeutet hat, und die trotz aller Protestaktionen auch in sich eine Liebe für ihn bewahrt haben. Natürlich war er zutiefst betroffen von den Protestaktionen der Studenten. Andererseits aber, wenn er mit einzelnen dieser Studenten gesprochen hat, haben sie ihm sehr oft auch Dinge gesagt, über die er sehr glücklich gewesen ist… Und er hat mir immer wieder gesagt, daß er die Protestaktionen, soweit sie fortschrittliche Professoren betrafen, keineswegs billigte. Andererseits war er aber niemals bereit, sich durch diese Aktionen hinreißen zu lassen, nun einfach auf die Gegenseite hinüberzugehen.«[69]

Die Einschätzung der Kritischen Theorie war in dieser Phase auch im SDS nicht mehr einheitlich, wenn sie es überhaupt jemals war. Krahl – gegen den Adorno wegen der Institutsbesetzung noch Ende Juli als Zeuge aussagen mußte und vom Staatsanwalt praktisch noch der Verführung der Jugend bezichtigt wurde[70] – sprach sich entschieden gegen den Plan der sog. Lederjackenfraktion aus, die Beerdigung Adornos mit einer Demonstration gegen den hessischen Kultusminister Schütte zu stören. »Noch ungewiß war die Gruppe um Krahl am Morgen des Begräbnistages, ob sie sich werde durchsetzen können: Krahl hatte eigenhändige Tätlichkeiten jedem Eierwerfer in Aussicht gestellt. Der friedliche Verlauf der Beerdigung zeigte, daß die »Lederjacken« abgedrängt waren.«[71] Doch nicht nur praktisch, sondern auch theoretisch wurde der Dissens ausgetragen. Gewissermaßen gab Krahl Adorno und Habermas nachträglich recht, wenn er mit Argumenten, die sich auch bei ihnen finden ließen, Aktionismus und verselbständigten Antiautoritarismus in der Entwicklung der Protestbewegung kritisierte. Der Charakter einer kleinbürgerlichen Intellektuellenbewegung mußte die emanzipative Vernunft zerstören und zum asozialen Kampf aller gegen alle ohne langfristige Klassensolidarität führen; ohne Orientierung im Rahmen einer proletarischen Organisation konnte sich Emanzipation in die diffuse Begriffswelt von Randgruppentätigkeit und allgemeiner Gattungsrevolution versteigen und Identität sich nur in im-

---

65 Theodor W. Adorno / Max Horkheimer, Brief an Herbert Marcuse vom 17.12.1968, in: Max Horkheimer, Gesammelte Schriften Bd. 18, a.a.O., S. 702.

66 Herbert Marcuse, Brief an Theodor W. Adorno vom 5.4.1969, Max Horkheimer Archiv VI 5. 134.

67 Süddeutsche Zeitung vom 26.4.1969.

68 Vgl. Theodor W. Adorno, Gesammelte Schriften Bd. 20.1, Frankfurt/Main 1986, S. 398 ff.

69 Max Horkheimer, »Himmel, Ewigkeit und Schönheit«. Interview zum Tode Theodor W. Adornos in: ders., Gesammelte Schriften Bd. 7, Frankfurt/Main 1985, S. 292.

70 Vgl. Frankfurter Rundschau vom 24.7.1969.

71 Frankfurter Rundschau vom 14.8.1969.

mer neuen spektakulären Aktionen bilden; schließlich mangelte es dem antiautoritären Bewußtsein der Dispositionen, politische Frustrationserfahrungen zu verarbeiten und sich den »repressiven, leistungszwingenden und disziplinierenden Sozialisationserfordernissen des politischen Kampfes zu unterwerfen« oder sich »den wissenschaftstheoretischen Leistungskriterien zu beugen«.[72] Es war unfähig, langfristige Prozesse der theoretischen Abstraktion und politischen Praxis zu ertragen und drängte auf den unmittelbaren Zusammenhang von vereinzelter handlungsleitender Reflexion und empirisch manifesten Praktiken. Krahls Reaktion war ein hilfloser Appell an eine rigide Moral, wonach »ein jeder um der Emanzipation des anderen willen sich so viel Unterdrückung aufzuerlegen imstande ist, daß er seine Emanzipationsbedürfnisse nach den Gesetzen des politischen Kampfes einschränkt.«[73] Dieser Appell konnte aber auch seiner eigenen Analyse zufolge gar nicht greifen, weil er nur durch eine autoritäre Geste individuelle Interessen und abstraktes revolutionäres Ziel miteinander verband.[74]

Zusammengefaßt ergibt sich folgendes Bild der Auseinandersetzungen zwischen Studenten und den Vertretern der Kritischen Theorie, hier vor allem Adorno. Im wesentlichen werden vier Argumente von den kritischen Theoretikern gegen Ziele und Aktionen der Protestbewegung erhoben: a) Die Protestbewegung ist aktionistisch, insofern sie der Praxis das Primat einräumt. b) Es handelt sich um Pseudo-Aktivität, die durch die medialen Reaktionen hervorgerufen werden. c) Durch ihre Aktionen provoziert sie möglicherweise die Gegenseite. d) Sie ist autoritär, weil sie die Individuen moralisch zum Konformismus gegenüber kollektiven Aktionen preßt und nicht ihre Autonomie und Mündigkeit fördert. Insgesamt jedoch wird die studentische Protestbewegung als positiv beurteilt, sofern sie die konkreten Ziele der Hochschulreform vertritt. Darüber hinausgehende Vorstellungen werden aber mißtrauisch unter dem Gesichtspunkt betrachtet, ob sie nicht die befürchtete Entwicklung zur totalen Integration der Gesellschaft, den Totalitarismus, noch begünstigen. Doch hinter dem ausgeübten moralischen Solidarisierungsdruck und seiner Abwehr stehen noch weiterreichende sachliche und philosophische Differenzen und schließlich Adornos Einschätzung der Wirkung seiner Theorie in der Bundesrepublik.

IV

Auf den ersten Blick erscheint es so, als wenn der Dissens zwischen den älteren Vertretern der Kritischen Theorie und denen, die sie anzuwenden versuchten, tatsächlich nur das Verhältnis von Theorie und Praxis beträfe: die Analysen und Verhaltensnormen der Theorie werden als solche akzeptiert und zum Ausgangspunkt des Handelns genommen. Diese Praxis wird von den Älteren abgelehnt, so daß es zu einem Konflikt kommt und sich die Praxis auch gegen sich selbst richtet – oder, wie es in der Presse häufig heißt: die Revolution frißt nicht nur ihre Kinder, sondern auch ihre Väter.[75] »Das können die politischen Bewußtseinsveränderer Adorno nicht verzeihen: Er gab ihnen das kritische Vokabular zur dialektischen Gesellschaftsanalyse, ließ sie aber im – für sie – ent-

72 Hans-Jürgen Krahl, Konstitution und Klassenkampf, a.a.O., S. 305.

73 A.a.O., S. 307; vgl. auch S. 27.

74 Vgl. Theodor W. Adorno, Resignation (1969), in: ders., Gesammelte Schriften Bd. 10, Frankfurt/Main 1977, S. 797.

75 Eine Formulierung in einem Leserbrief v. d. Schulenburgs an den Spiegel 23/1969, die dann mehrfach in Artikeln anderer Zeitungen wieder auftaucht.

scheidenden Augenblick allein: als es darum ging, Theorie in Praxis zu übersetzen.«[76] Den Eindruck, daß sich der Konflikt nur um die Frage von Kontinuität oder Diskontinuität von Theorie und Praxis abzuspielen scheint, bestätigt Adorno ex negativo, wenn er sagt, er hätte sich nicht vorstellen können, daß jemand versuchen könnte, seine Theorie mit Molotow-Cocktails zu verwirklichen, und damit einen kontinuierlichen Übergang von seiner Theorie zur Protestpraxis zumindest suggeriert. In einem offenem Brief an Adorno zu dessen 65. Geburtstag betont Horkheimer nachdrücklich die Einheit von Theorie und Praxis: »Die Trennung von Theorie und Praxis, die wir verneinten, trifft auf Dein Leben nicht zu.«[77] Gemessen daran erscheint es beinahe naiv, wenn Adorno in einem Interview mit dem *Spiegel* feststellt: »Ich versuche das, was ich erkenne und was ich denke, auszusprechen. Aber ich kann es nicht danach einrichten, was man damit anfangen kann und was daraus wird.«[78] Die Kontinuität und der Anspruch auf Einheit von Theorie und Praxis legte es den Protestierenden nach innertheoretischen Gesichtspunkten nahe, Adorno Solidarität abzuverlangen. Adorno reagierte darauf mit einer weiteren These, der zufolge das Verhältnis von Theorie und Praxis diskontinuierlich sei,[79] Praxis sich nicht ohne weiteres aus Theorie ableiten lasse – unterstellend, daß in der Protestbewegung die unvermittelte Einheit propagiert werde. Doch das Argument von der Diskontinuität von Theorie und Praxis war zumindest unter der Vielzahl von Adorno-Schülern im Frankfurter SDS eine Binsenweisheit[80]; es war gerade der Beweis für die Nichtidentität der Gesellschaft und die theoretisch ausgemachte Bedingung der Möglichkeit einer voluntaristischen Praxis.

Die Tatsache, daß die Beteiligten versuchten, ihre Differenzen in der philosophischen Dichotomie von Theorie und Praxis zu bestimmen, ließ dieses Begriffspaar selbst sehr vieldeutig werden. Je nach Konstellation bestimmten die Akteure ihr Verhältnis zu Theorie wie zu Praxis jeweils neu. Die Berufung auf Theorie und Praxis bekam völlig unterschiedliche Konnotationen. Die jeweiligen Zielsetzungen der Äußerungspraxis, nämlich entweder die jeweils andere Partei theoretisch zu binden oder aber einen solchen Binde- und Verpflichtungseffekt zu verhindern, etablierten mit dem Begriffspaar Theorie/Praxis ein diskursives Handlungsfeld. Dies wurde zu einem kohärenten Bezugssystem, auch wenn es – entgegen den jeweiligen Ansprüchen – theoretisch inkonsistent war. Dies möchte ich mit der folgenden Übersicht veranschaulichen, in der ich die jeweiligen Argumente zu Theorie und Praxis zusammenfassend darstelle.

– *Theorie/Praxis als Einheit:* Der Theorie entspricht ein bestimmtes politisches Verhalten. Kritische Theorie ist kein Selbstzweck, sondern will die gesellschaftliche Wirklichkeit verändern. Damit lassen sich aber auch Ansprüche auf eine bestimmte Praxis abwehren, wie sie seitens der studentischen Protestbewegung gefordert wurde.

– *Theorie/Praxis als Kontinuum:* Praxis ergibt sich logisch aus der Theorie bzw. wird von dieser initiiert aufgrund ihrer besseren Einsicht in gesellschaftliche Verhältnisse. Auf diese Weise wird die Theorie zu einer Norm praktischen Handelns. Gerade daran halten sich die StudentInnen und werfen Adorno vor, er orientiere sich an den mächtigen Apparaten dieser Gesellschaft wie Universität, Rundfunk, Presse, wünsche deren Anerkennung und weigere sich dem-

---

76 Frankfurter Rundschau vom 24.4.1969.

77 Frankfurter Rundschau vom 11.9.1968.

78 Spiegel vom 5.5.1969; wiederabgedruckt in: Theodor W. Adorno, Gesammelte Schriften Bd. 20.1, a.a.O., S. 403; vgl. auch Rolf Wiggershaus, a.a.O., S. 689.

79 Theodor W. Adorno, Marginalien zu Theorie und Praxis, a.a.O., S. 780.

80 Vgl. Detlev Claussen / Regine Demitzel, Universität und Widerstand, a.a.O., S. 6.

81 Vgl. Manfred Clemenz in der Frankfurter Rundschau vom 20.4.1968.

82 Vgl. Theodor W. Adorno, Resignation, a.a.O., S. 795.

83 Theodor W. Adorno, Marginalien zu Theorie und Praxis, a.a.O., S. 768.

84 Die Lehrpraxis wird von Adorno ausdrücklich als ein Beitrag zur Entwicklung der Erfahrungskompetenz der StudentInnen aufgefaßt; vgl. Theodor W. Adorno / U. Jaerisch, Anmerkungen zum sozialen Konflikt heute, in: ders., Gesammelte Schriften Bd. 8, Frankfurt/Main 1972. Aus Platzgründen ist es hier nicht möglich, die theoretische Praxis des Lehrbetriebs von Adorno näher darzustellen; vgl. Alex Demirović, Frankfurter Schule – zum Verhältnis von Kritischer Theorie und

gegenüber, seine Autorität und Kompetenz für die Ausbildung neuer Formen einer linken Öffentlichkeit einzusetzen. Seinen eigenen Kriterien zufolge wäre Adorno also konformistisch. Die Praxis als Kontinuum der Theorie anzuerkennen bedeutet, auch alltagspraktisch Konsequenzen aus ihr zu ziehen und das Private und Subjektive als Momente eines gesellschaftlichen und politischen Prozesses zu begreifen, an dem historisch relevante Veränderungen vorgenommen werden können.

– *Die Diskontinuität von Theorie und Praxis:* Für die Protestbewegung gilt, daß gerade, weil die Theorie der kapitalistischen Gesellschaft an eine Grenze ihrer Verstehbarkeit heranführt, der Sprung in die Praxis eines systematisch begründeten Voluntarismus gewagt werden muß. Es wird erwartet, die von Adorno unbeachtet gelassene Lücke von Theorie und Praxis[81] durch einen Lernprozeß und die Erarbeitung der revolutionären Theorie historisch wieder schließen zu können. Dies hält Adorno allerdings gar nicht für wünschenswert, weil aufgrund des vorherrschenden gesellschaftlichen Trends damit Theorie nur dem Primat der Praxis untergeordnet würde.[82] Demgegenüber ist die Trennung von Theorie und Praxis ein Fortschritt, der die »blinde Vorherrschaft materieller Praxis« bricht und auf die Umkehrung ihres Verhältnisses hinweist, in dem nun Praxis den Geist nachahmt.[83]

– *Praxis:* Aus der Sicht der Protestbewegung ist die Kritik Adornos, ihre Praxis sei dezionistisch, weil ohne Theorie, gegenstandslos. Denn sie selbst geht davon aus, daß Praxis deswegen notwendig ist, weil die Theorie fehlt. Theorie fehlt, so Adorno, weil die Gesellschaft selbst immer abstrakter wird und sich zu einem reinen Sachzusammenhang verdinglicht. Der abstrakte Gesellschaftszusammenhang muß wieder erfahrbar gemacht werden.[84] Dazu gehört die Spontaneität lebendiger Subjekte, die erfahren, und ihr praktischer Wille zur Veränderung als Grundlage der Theorie: »Praxis ist Kraftquelle von Theorie, wird nicht von ihr empfohlen.«[85] Spontaneität gesteht auch Adorno der Studentenbewegung zu.[86] Krahl nimmt für sie zudem den Veränderungswillen in Anspruch; dieser kann vorauslaufend die Voraussetzungen für eine Theorie schaffen. Gerade dies wiederum wird von Adorno abgelehnt. Nur die Theorie kann seiner Meinung nach darüber entscheiden, was in einer sehr abstrakten Gesellschaft noch als emanzipatorische Praxis angesehen werden kann. Dem wiederum dürfte Krahl ohne Problem zugestimmt haben. In einer Diskussion zwischen Adorno, Horkheimer und Krahl im Proseminar *Einleitung in die Soziologie* betonte Krahl dem Protokoll zufolge, daß der empirische Soziologe Schwierigkeiten habe, »die Differenz von Wesen und Erscheinung zu fassen, eben weil sie sich ihm als nichtempirisch entziehe ... Kritische Theorie hätte aber Herrn Krahl zufolge trotz der Kritik an der Metaphysik an der Existenz allgemeiner Abstraktionen festzuhalten, die ›auf der anderen Seite auch ein aufzuhebender Schein ist‹«.[87] Nur aufgrund theoretischer Überlegungen läßt sich wissen, daß voluntaristisches Handeln historisch angesagt ist.

– *Praxis:* Krahls Analyse zufolge war der Endpunkt der naturgesetzlichen Entwicklung des Kapitalismus erreicht. Die historische Dialektik von Reform und Revolution erschien Krahl damit außer Kraft gesetzt. Da Revolution unmittelbar möglich geworden war, mußte Reform einem Verrat an der historischen Möglichkeit gleichkommen.[88] Dem Einwand Krahls in der oben schon er-

Soziologiestudium am Institut für Sozialforschung (1950-1966), in: H. Steinert (Hg.), Die (mindestens) zwei Sozialwissenschaften in Frankfurt und ihre Geschichte. Studientexte zur Sozialwissenschaft, Frankfurt/Main 1990. Doch soll wenigstens die These angedeutet werden, daß seine Lehrveranstaltungen ab Sommersemester 1968 Versuche waren, in die Erfahrungsstruktur und Diskussionen der studentischen Protestbewegung einzugreifen. Auch hier findet sich eine Komponente, die den Widerspruch der StudentInnen hervorrufen mußte. Denn Adorno beansprucht für sich die Fähigkeit zur Erfahrung, die er der Protestbewegung abspricht. Da in Adornos Konzeption Gesellschaft als ganze nur theoretisch begriffen werden kann, Theorie aber von den begrifflich vermittelten Erfahrungen her Gesellschaft als ganze deutet, nimmt er für sich damit das Privileg in Anspruch, den Stand der gesellschaftlichen Entwicklung zu bestimmen. Es ist das Spiel eines Zirkels: Während die StudentInnen für sich den Anspruch erheben, im Sinne Adornos den Manipulationszusammenhang zu durchdringen, spricht ihnen Adorno genau dies ab und reklamiert das Monopol gesellschaftskritischer Erfahrung für sich.

85 Theodor W. Adorno, Marginalien zu Theorie und Praxis, a.a.O., S. 782; Theodor W. Adorno / Ursula Jaerisch, a.a.O., S. 194 f.

86 Theodor W. Adorno, Resignation, a.a.O., S. 797.

87 Protokoll vom 23.4.1968.

88 Die Kritik an Reformen hat Krahl später revidiert. In der selbstkritischen Analyse der maximalistischen und kompromißunfähigen Politik während des aktiven Streiks betont er die dialektische Möglichkeit von Reformen im Hinblick auf eine revolutionäre Strategie; vgl. Hans-Jürgen Krahl, Konstitution und Klassenkampf, a. a. O., S. 321.

wähnten Diskussion im Haus Gallus im September 1968, Adorno weiche subjektiv der Praxis aus, entgegnete dieser, »daß man oppositionelle Intentionen möglichst immanent durchsetzen soll«.[89] Diese Immanenz läßt sich als Unterstützung von Reformen verstehen, deren Ausgangspunkt die konkrete Situation ist: »Was geändert werden muß, ist das reale Leben der einzelnen Menschen«, so Adorno in der Diskussion auf dem Soziologentag im April 1968.[90] Gerade weil Adorno die historische Situation als einen Zustand dramatisierte, der drohte, in die absolut integrierte und verwaltete Gesellschaft überzugehen, konnte er von Reformen eine neue historische Dynamik erwarten. Sie konnten den institutionellen Spielraum erweitern, in dem geringe Abweichungen noch möglich waren: »Die minimalen Unterschiede vom Immergleichen ... vertreten, wie immer auch hilflos, den ums Ganze; in den Unterschied selber, die Abweichung, hat Hoffnung sich zusammengezogen.«[91] Doch Reform darf keine partikulare Verbesserung bleiben, sondern muß in der Perspektive der Veränderung des Ganzen stehen; sie muß berücksichtigen, daß sie schließlich an die Grenzen ihrer gesamtgesellschaftlichen Vermittlung stößt. Indem sie das Ganze reflexiv einbezieht, tritt gerade die Reform aus der Immanenz heraus.[92] Diesen Prozeß des Vorstoßes durch Immanenz hindurch zur Grenze des Ganzen glaubte aber die Studentenbewegung schon zu durchlaufen oder gar durchlaufen zu haben. Sie hatte die Zeitauffassung und das Lebensgefühl des Kairos, wonach jede einzelne Handlung Teil eines umfassenden Radikalisierungs- und Politisierungsprozesses war, auf dessen Höhe man sich jeweils zu befinden hatte, um nicht hinter den Stand der Bewegung und der Aktion zurückzufallen und damit potentiell zum Verräter zu werden.[93]

– *Praxis:* Praxis als solche – auch emanzipatorische politische Praxis – ist problematisch, denn sie ist eng verwandt mit Selbsterhaltung, Arbeit, Unfreiheit, Lebensnot. Auch wenn Praxis unumgänglich sein mag, so wäre ihr eigentliches Ziel doch »ihre eigene Abschaffung«.[94]

– *Theorie selbst ist eine Gestalt von Praxis*[95]: Diese Formel Adornos ist äquivok. Denn sie kann bedeuten, daß Theorie immer noch ein Moment einer umfassenden sozialen Praxis ist. Um die Entfaltung eines solchen, historisch neuen Komplexes von emanzipatorischer Praxis und Theorie ging es der Protestbewegung. Demgegenüber akzentuiert Adorno, daß Theorie als Theorie »Statthalter von Freiheit« ist und Denken über sich hinaus ins Offene weist. Theorie ist Praxis, die Praxis überwindet. Denken partizipiert nicht am gesellschaftlichen Gewaltzusammenhang, insofern es die Wut über die gesellschaftlichen Zustände sublimiert und das Medium des Allgemeinen ist. »Weil der Denkende es sich nicht antun muß, will er es auch den anderen nicht antun. Das Glück, das im Auge des Denkenden aufgeht, ist das Glück der Menschheit.«[96]

---

89 Theodor W. Adorno / Ursula Jaerisch, a.a.O., S. 31.

90 Theodor W. Adorno (Hg.), Spätkapitalismus oder Industriegesellschaft?, a.a.O., S. 101.

91 Theodor W. Adorno, Kultur und Verwaltung (1960), in: ders., Gesammelte Schriften Bd. 8, a.a.O., S. 146.

92 Vgl. Theodor W. Adorno, Marginalien zu Theorie und Praxis, a.a.O., S. 759; Theodor W. Adorno, Erziehung zur Mündigkeit, in: ders., Erziehung zur Mündigkeit. Vorträge und Gespräche mit Hellmut Becker 1959–1969, hrsg. von Gerd Kadelbach, Frankfurt/Main 1970, S. 155.

93 Vgl. Theodor W. Adorno, Marginalien zu Theorie und Praxis, a.a.O., S. 774; Bernd Rabehl, Am Ende der Utopie. Die politische Geschichte der Freien Universität Berlin, West-Berlin 1988, S. 274.

94 Theodor W. Adorno, Marginalien zu Theorie und Praxis, a.a.O., S. 769.

95 A.a.O., S. 761; Theodor W. Adorno, Resignation, a.a.O., S. 798.

96 Theodor W. Adorno, Resignation, a.a.O., S. 798.

V

Die dialogischen Differenzen im Verhältnis zu Theorie und Praxis waren selbst ganz wesentlich bestimmt von wichtigen Differenzen in der Einschätzung der historischen Situation und der daraus zu ziehenden strategischen Konsequenzen. Offensichtlich blendete die Protestbewegung aus, daß sie die Kritische Theorie nur sehr selektiv und idealisierend rezipierte, vor allem aber, daß diese viele ihrer früheren Positionen selbstkritisch transformiert und damit auch dem kritischen Intellektuellen im gesellschaftlichen Prozeß eine neue Rolle zugewiesen hatte.

Anders als Krahl, der, die Konsequenzen aus Horkheimers früheren Überlegungen ziehend, vom Ende der naturgesetzlichen Entwicklung des Kapitalismus spricht und damit die Notwendigkeit des Voluntarismus begründet, halten Adorno und Horkheimer mit einer »geradezu verbissenen Orthodoxie«[97] an Marx und daran fest, daß die von ihm analysierten Gesetze des liberalen Kapitalismus immer noch gültig seien. So heißt es in dem bereits zitierten Seminarprotokoll vom 23. April 1968: »Professor Horkheimer entwickelte dazu am Beispiel der heute staatlich gesteuerten Wirtschaft, daß diese als Krise allein aus dem Marxschen Modell zu verstehen sei, das, als ›Wesen‹, von der Erscheinung negiert wird, als Unwesen des Wesens auftritt.«[98] Auch Adorno hält die Entwicklung, die für Krahl bereits eingetreten ist, nur für eine Tendenz bestimmter historischer Phasen, in denen sich Formen wie der Staatsinterventionismus als systemfremde Macht herausbilden, die aus dem »Determinationszusammenhang der reinen Ökonomie und der reinen immanenten gesellschaftlichen Dialektik« des Tauschmechanismus heraustreten und die Gesellschaft gewissermaßen von außen zwangsweise integrieren.[99] Nach wie vor ist die Gesellschaft durch den Verlauf des kapitalistischen Naturgesetzes bestimmt, so daß es nicht zu der Polarisierung einer ökonomieexternen staatlichen Zwangsgewalt auf der einen und einer revolutionären Bewegung auf der anderen Seite gekommen ist.

Den wohlfahrtsstaatlichen Interventionismus begriff Krahl, im Anschluß an Horkheimer, als faschistisch. Das ist zunächst einfach ein logisches Problem, denn umgekehrt ist es genauso plausibel, den Faschismus und Nationalsozialismus als eine besondere Variante der Durchsetzung des Interventionsstaats anzusehen. Es scheint allerdings nicht so, daß Adorno und Horkheimer ihre früheren Ansichten zum bürgerlichen Staat in diesem Sinne grundsätzlich revidiert hätten. Offensichtlich hielten sie weiter an der staatstheoretisch wenig plausiblen These fest, der Interventionsstaat sei eine systemfremde Form der Integration. Allerdings lehnten sie die Einschätzung der politischen Entwicklung in der BRD als faschistisch und die damit nahegelegte Konsequenz einer besonders dringlich gebotenen politischen Aktivität ab. Eine unsinnige Dramatisierung, hatte die Katastrophe doch schon stattgefunden: »Aber die Angst [vor der Barbarei], die Marx nicht zuletzt wird bewogen haben, ist überholt. Der Rückfall hat stattgefunden. Nach Auschwitz und Hiroshima ihn für die Zukunft zu erwarten, hört auf den armseligen Trost, es könne immer noch schlimmer werden.«[100]

Aus Horkheimers früherer Überlegung, daß mit der Eliminierung der Zir-

---

[97] So Negt in einem Leserbrief an den Spiegel vom 2. 2. 1970, Nr. 6, allerdings, um Adorno gegen seinen Freund Horkheimer zu verteidigen, der in seiner religiösen Spätphase sich angeblich von Marx distanziert und ihn auf den »verdünnten Abguß des Messianismus« gebracht hätte; vgl. aber Alex Demirović, Wahrheitspolitik. Zum Problem der Geschichte der Philosophie, in: Sigrid Weigel (Hg.), Flaschenpost und Postkarte. Korrespondenzen zwischen Kritischer Theorie und Poststrukturalismus, Köln / Weimar / Wien 1994.

[98] Vgl. auch Max Horkheimer, Späne – Notizen über Gespräche mit Max Horkheimer, in unverbindlicher Formulierung aufgeschrieben von Friedrich Pollock, a.a.O., S. 448.

[99] Vgl. Theodor W. Adorno (Hg.), Spätkapitalismus oder Industriegesellschaft?, a.a.O., S. 104

[100] Theodor W. Adorno, Marginalien zu Theorie und Praxis, a. a. O., S. 769. Im zitierten Protokoll vom 23. 4. 1968 heißt es: »Die Kritische Theorie, so brauchte nicht wiederholt zu werden, reflektiert auf die Verhinderung abermaliger gesellschaftlicher Katastrophen.«

kulationssphäre die bürgerliche Ideologie von Freiheit und Gleichheit obsolet sei, folgerte Krahl, daß eine revolutionäre Emanzipationsstrategie sich nicht mehr länger an der Realisierung ihres normativen Gehaltes orientieren dürfe.[101] Für ihn folgte daraus eine kompromißlose Politik mit dem Ziel, ideologie- und erkenntniskritisch den ideologischen Schein, wo er durch das Parlament und die Presse noch reproduziert würde, zu zerstören. Dabei konnte er sich durchaus auf Überlegungen Adornos stützen.[102] Doch gerade in der Erhaltung und Verteidigung auch noch letzter Reste jenes eigentlich historisch schon obsoleten Scheins sehen Adorno und Horkheimer ihre Aufgabe, verbirgt sich doch hier die Erinnerung an Emanzipation. Er kann, wie Adorno in der oben erwähnten Diskussion mit StudentInnen im Wintersemester 1967/68 äußerte, die Differenz zwischen Leben und Tod bedeuten. Mit dem Ziel der Erhaltung des Scheins wurde von Adorno und vor allem von Horkheimer immer wieder die Nähe der Kritischen Theorie zu den wirklichen Konservativen betont. Im Protokoll des Seminars über Probleme der autoritätsgebundenen Persönlichkeit vom 14. November 1967 heißt es, die genuin Konservativen verteidigten den Kapitalismus »in seiner individualistischen Form, ebenso aber auch den traditionellen Amerikanismus, der antirepressiv und demokratisch ist; deswegen haben die genuin Konservativen auch keine Vorurteile gegenüber Minoritäten; sie tendieren infolge der gesellschaftlichen Entwicklung eher zum Liberalen...«[103]

Gegenüber den Befürchtungen der Studenten betonten Adorno und Horkheimer, daß die von ihnen selbst erkannte und prognostizierte »Entwicklung zur totalen Integration... unterbrochen, nicht abgebrochen« ist.[104] Dabei schienen beide davon auszugehen, daß ihre eigene theoretische Arbeit wesentlich dazu beigetragen hatte, diese verhängnisvolle unilineare Entwicklung eines immer weiter um sich greifenden Vorrangs von Praxis und einer immer tiefer wirkenden technischen Rationalität zu verzögern. Weil Theorie sich im Medium des Denkens bewegt, konnte sie sich verallgemeinern. Gerade die *Dialektik der Aufklärung*, auch die *Authoritarian Personality*, ohne praktische Absicht geschrieben, übten »einige praktische Wirkung aus«, und zwar, wie Adorno eindringlich betont, eben durch und als Theorie.[105] Insofern also die Kritische Theorie eine sozial relevante Theorie war, war innerhalb der gesellschaftlichen Entwicklung eine Gegentendenz wirksam. Aus Adornos Sicht bestand eine Gefahr darin, daß die Protestbewegung, im Namen und unter dem Deckmantel der Kritischen Theorie, ein Primat der Praxis förderte und damit die Wirksamkeit des oppositionellen Mediums untergrub. Drastisch formulierte dies Horkheimer: »Was Du schriftlich und mündlich formulierst, hat einen nachhaltigeren Einfluß auf die soziale und politische Atmosphäre als viele wohlorganisierte Aktionen verschiedenster Art. Wäre die freie Äußerung ganz so ohnmächtig, wie einige unserer Freunde meinen, dann könnte sie nicht so ernsthafte positive und negative Reaktionen hervorrufen, wie in der Gegenwart... Kritische Theorie, zu der seit je Du gestanden hast, bildet ein Moment der Resistenz gegen den Zug zum Totalitären rechter und linker Observanz.«[106]

Übersah die Protestbewegung also Adornos Selbsteinschätzung seiner Sprecherposition in der bundesdeutschen Gesellschaft, so sah Adorno seinerseits offensichtlich völlig ab von der gesellschaftlichen Praxis, die durchsetzte und verallgemeinerte, wie seine Veröffentlichungen gelesen und verstanden

---

101 Vgl. Hans-Jürgen Krahl, Konstitution und Klassenkampf, a.a.O., S. 25f

102 Vgl. Theodor W. Adorno, Gesellschaft (1965), in: ders., Gesammelte Schriften Bd. 8, a.a.O.; Theodor W. Adorno / Ursula Jaerisch, a.a.O.

103 Vgl. auch die Bemerkung von Horkheimer: »Die früheren Mitarbeiter treten für die Veränderung des Bestehenden ein, weil das als Marke fortschrittlicher Schriftstellerei dient. Dagegen Bekenntnis zum Konservatismus, aber Kampf gegen den Pseudo-Konservatismus.« Max Horkheimer, Gesammelte Schriften Bd. 14, a.a.O., S. 469; vgl. ebd., S. 413.

104 Max Horkheimer / Theodor W. Adorno, Zur Neuausgabe (1969), in: Max Horkheimer, Gesammelte Schriften Bd. 5, Frankfurt/Main 1987, S. 13f.

105 Theodor W. Adorno, Marginalien zu Theorie und Praxis, in: ders., Gesammelte Schriften Bd. 10, a.a.O., S. 781.

106 Frankfurter Rundschau vom 11. 9. 1968.

wurden. Adornos philosophische Konzeption von Theorie und Praxis ist in der Hinsicht zu allgemein, daß sie sehr verschiedene soziale Praktiken in der einzigen Dimension einer Dialektik von Theorie und Praxis glaubt bestimmen zu können – dadurch gelangt er zu mehreren miteinander kaum verträglichen Versionen sowohl von Theorie als auch von Praxis. In anderer Hinsicht ist seine Konzeption zu spezifiziert auf das Theorem der Bewahrung dessen, was durch gesellschaftliche Entwicklung zerstört wird. Dabei entgeht ihm die Vielgestaltigkeit von Theorie-Praxis-Komplexen und vor allem der Versuch der Protestbewegung, eine für die bundesdeutsche Gesellschaft neuartige Verbindung von Theorie und Praxis herzustellen.

VI

Viele Aspekte der Praxis der studentischen Protestbewegung waren mit der Kritischen Theorie tief verbunden. Doch stieß die konkrete Aneignungsweise dieser Theorie alsbald auf den Widerstand derjenigen, die sie in jahrzehntelanger theoretischer Arbeit formuliert hatten. In den Kontroversen entfaltete sich ein polyphones diskursives Handlungsfeld. Seine Grenzen weisen deswegen auch gleichermaßen auf eine Grenze der Kritischen Theorie und der studentischen Protestpraxis. Ziel der Kritischen Theorie war es, durch Theorie als Praxis die scheinbar unaufhaltsame Entwicklung zur totalen, zwangsintegrierten Gesellschaft aufzuhalten. Praxis stigmatisierte sie grundsätzlich als ein instrumentalistisches Verhalten, das den Gang der Entwicklung bestätigte und beschleunigte. Dies galt gleichermaßen und ausnahmslos auch für oppositionelle Praxis als Praxis. Für Adorno konnte sich Gesellschaft aufgrund einer einzigen, unilinearen Entwicklungslogik nur immer weiter als Totalität verschließen. Es war ihm undenkbar, daß eine Gesellschaft viele verschiedene Zukünfte und Entwicklungswege kennt, die in sozialen, also ökonomischen, politischen und kulturellen, theoretischen Auseinandersetzungen ausgebildet und durchgesetzt werden; daß also eine Gesellschaft immer das Ergebnis verschiedener sozialer Interessen und Kräfte ist, die den von ihnen favorisierten Zukunftsperspektiven folgen und gezwungen sind, unter den Bedingungen kapitalistischer Produktionsverhältnisse ein immer prekäres Kompromißgleichgewicht einzugehen. Die einzige Alternative zur globalen Entwicklung war für Adorno die bestimmte Negation – bestimmte Negation, die dialektisch umschlagen sollte in das ganz Andere. Doch blieb die bestimmte Negation selbst immer in gewisser Weise abstrakt; war nur »Widerspruch« und »Widerstand«[107], ohne die Vorstellung, welche gesellschaftlichen Ziele und wie sie verfolgt werden sollten. Hier war eine Grenze der Politik der negativen Dialektik, die das Richtige allein vom Hinweis auf das Falsche erwartete. Ohne die Garantie eines welthistorischen Entwicklungsgesetzes, eines unterstellten Kollektivwillens der Arbeiterklasse oder ohne überzeitliche Prinzipien der Vernunft zu handeln, muß jedoch nicht zwangsläufig bedeuten, auf konkrete Ziele der konkreten gesellschaftlichen Akteure zu verzichten. Im Gegenteil sind im Prinzip alle Optionen möglich. Soll die reine Willkür vermieden werden, entstehen enorme Orientierungs- und Begründungsprobleme. Quietistisch auf ein Ziel zu verzichten,

107 Theodor W. Adorno, Erziehung zur Mündigkeit, a.a.O., S.153.

bedeutet allerdings, Opfer der Handlungen aller anderen gesellschaftlichen Kräfte zu sein. Letztlich verfehlte die Protestbewegung die Einsicht in die Dialektik von Notwendigkeit und Freiheit, also in die Tatsache, daß die gesellschaftlichen Verhältnisse als antagonistische selbst durch das Moment der Freiheit reproduziert werden und deswegen Emanzipation strukturell, aber niemals voluntaristisch möglich ist. Einmal hat Horkheimer auf diese zentrale Schwäche der Protestbewegung hingewiesen: »Der Aufstand der Studenten hat kein konkretes Ziel... Den Studenten ist mit Recht vorgeworfen worden, daß sie zwar die Umwälzung, die Veränderung der Gesellschaft lautstark fordern, aber die Antwort auf drei Fragen schuldig bleiben: Wie stellen sie sich die neue Gesellschaft vor? Wer soll die Gesellschaft verändern? Und schließlich: Welche Mittel sollen eingesetzt werden, um diese Gesellschaft in die noch nicht präzisierte gute Gesellschaft umzuwandeln.«[108] Die Fragen wurden beantwortet, allerdings methodisch negativ im Sinne des von der Kritischen Theorie generell vertretenen Bilderverbots.[109] Das einzige Mittel, das von Adorno und Habermas angeboten wurde, war Theorie und Diskussion – doch Diskussion, die absolut gesetzt wurde, sich im Rahmen bestehender Verfahren und Gesellschaftsverhältnisse bewegen sollte und die Diskussion praktischer Zielsetzungen und konkreter gesellschaftlicher Handlungen als instrumentalistisch tabuisiert hatte.[110] In einer solchen Konstellation lag es – in völliger Verkennung der Tradition der Marxschen Kritik – wohl nahe, auf ein zweifelhaftes Erbe zurückzugreifen, das die bürgerliche Gesellschaft seit der Französischen Revolution zur Verfügung stellt, wenn es darum geht, mit der die Zukunft bindenden Vergangenheit zu brechen und die Offenheit der gesellschaftlichen Perspektive herzustellen: die politische Revolution. Krahl in der Podiumsdiskussion auf dem Soziologentag: »Wir machen die Revolution nicht aus Lust am Spaß, sondern wir machen die Revolution, weil wir dazu gezwungen werden. Der Versuch der selbsttätigen Wahrnehmung der Interessen der Individuen zwingt zur Revolution.« Doch aufgrund der zugrunde liegenden politischen Philosophie der Kritischen Theorie war die sozialrevolutionäre Praxis als »bestimmte Negation« abstrakt und bekannte sich offen zu der Tugend einer kompromißlosen Politik und Moral[111] dort, wo sie eine Unfähigkeit war. Aus der Retrospektive, die es natürlich leicht macht, läßt sich kritisch sagen, daß eine konkrete, zielbewußte bestimmte Negation, die sich des Mittels von Kompromissen und Brüchen bewußt bedient hätte, ein Weniger an Revolutionsrhetorik, persönlichen Verletzungen und individuellen Tragödien, ein Mehr in der Sache hätte sein können, ein Mehr, das vielen der Beteiligten vielleicht einen längeren Atem in der Verfolgung emanzipatorischer Ziele verliehen hätte. Gleichwohl handelt es sich zu einem guten Teil um – wahrscheinlich sogar historisch unumgängliche Selbstmißverständnisse, die für die weitere politische und soziale Entwicklung der Bundesrepublik ebenso wie für die Möglichkeiten und Entscheidungen vieler Individuen von einer unglaublichen Produktivität waren.

---

108 Max Horkheimer, Späne – Notizen über Gespräche mit Max Horkheimer, in unverbindlicher Formulierung aufgeschrieben von Friedrich Pollock, a.a.O., S. 424; vgl. auch a.a.O., S. 426 sowie S. 526.

109 Vgl. Lefevre, in: Frank Wolff / Eberhard Windaus, a.a.O., S. 93 f.

110 Vgl. Rudi Dutschke, Die Widersprüche des Spätkapitalismus, die antiautoritären Studenten und ihr Verhältnis zur Dritten Welt, a.a.O., S. 73.

111 Hans-Jürgen Krahl, Konstitution und Klassenkampf, a.a.O., S. 23.

Anhang I: Die Kritische Theorie an der Universität.

Lehrveranstaltungen in Philosophie und Soziologie (Sommersemester 1966 bis Wintersemester 1969/70).

Anzumerken ist, daß Horkheimer, auch wenn er als Mitveranstalter aufgeführt ist, nach Auskunft mehrerer Teilnehmer lediglich etwa alle drei bis vier Wochen an den Seminarsitzungen teilnahm. Die folgenden Angaben zu Seminarthemen und Teilnehmerzahlen ergeben sich aus Vorlesungsverzeichnissen, Seminarunterlagen, die sich im Max Horkheimer-Archiv befinden, Schätzungen von befragten Teilnehmern und Presseangaben. Generell läßt sich feststellen, daß in den Proseminaren von Adorno bzw. Horkheimer etwa 100 bis 150 StudentInnen teilnahmen, in den Hauptseminaren zwischen 60 und 90; die Zahl der Besucher von Adornos Vorlesungen stieg von etwa 100 zu Beginn auf etwa 600 in der Mitte der 60er Jahre und schließlich auf 1000 in seiner letzten Vorlesung im Sommersemester 1969.

1966
Horkheimer / Haag: Philosophisches Proseminar
Adorno: beurlaubt
Habermas: Seminar: Hegels politische Schriften
    Philosophisches Kolloquium
    Vorlesung: Theoretische Ansätze in der neueren Soziologie
    Seminar für Fortgeschrittene: Abweichende Sozialisationsprozesse
    Vorlesung: Geschichte der neueren Philosophie
    Hauptseminar: Begriff der Dialektik
Schweppenhäuser: Vorlesung: Kierkegaard und Hegel
A. Schmidt: Übung: Typen der Hegelkritik im Vormärz: Stirner, Bauer, Feuerbach, Marx
Negt: Übung: Kant, Kritik der Urteilskraft

1966/67
Horkheimer / Haag: Phil. Proseminar
Adorno: beurlaubt
Habermas: Vorlesung: Probleme einer philosophischen Anthropologie
    Seminar: Hegels Kantkritik
    Seminar für Fortgeschrittene: Theorien der gesellschaftlichen Entwicklung
Habermas / v. Friedeburg: Soziologisches Kolloquium
v. Friedeburg: Vorlesung: Soziologie der Industrialisierung
    Vorlesung: Militär und Gesellschaft
    Seminar für Fortgeschrittene: Betrieb und Gewerkschaft
Haag: Vorlesung: Das Universalienproblem
    Seminar: Begriff der Dialektik II
Schweppenhäuser: Vorlesung: Der Begriff der Existenz in der klassischen deutschen Philosophie
A. Schmidt: Übung: Existentialismus und Marxismus
Negt: Übung: Thomas Hobbes, Grundzüge der Philosophie

1967
Horkheimer / Haag: Philosophisches Proseminar: Nietzsche, Genealogie der Moral
Adorno: Vorlesung: Ästhetik I
    Soziologisches Proseminar: Soziologische Zentralbegriffe
Adorno / Horkheimer: Philosophisches Hauptseminar: »Negative Dialektik« I
    (Teilnehmer: 79, u. a.: Angela Davis, Irving Wohlfahrt, Krahl)
Adorno / v. Friedeburg: Soziologisches Kolloquium
v. Friedeburg: Vorlesung: Betriebssoziologie
    Seminar für Fortgeschrittene: Betrieb und Gewerkschaft
    Übung: Sozialstruktur der Bundesrepublik
Haag: Vorlesung: Philosophie und Theologie
Schweppenhäuser: Vorlesung: Zur philosophischen Theorie der Entfremdung
A. Schmidt: Übung: Sartre, Kritik der dialektischen Vernunft
Negt: Übung: Naturrecht und Philosophie (Hobbes und Locke)

1967/68
Horkheimer / Haag: Philosophisches Proseminar: Ideenlehre (Teilnehmer: 102)
Adorno: Vorlesung: Ästhetik II
    Soziologisches Hauptseminar: Probleme der autoritätsgebundenen
    Persönlichkeit (beschränkte Teilnehmerzahl)
Adorno / Horkheimer: Philosophisches Hauptseminar: »Negative Dialektik« II
    (Teilnehmer: 54, u. a. Krahl)
Habermas: Vorlesung: Erkenntnis und Interesse
    Seminar: Materialistische Dialektik
    Proseminar: Max Weber
v. Friedeburg: Vorlesung: Einführung in die empirische Sozialforschung
    Seminar: Student, Universität und Gesellschaft
    Seminar: Konflikt und Integration
    Forschungsseminar: Betrieb und Gewerkschaft III
Haag: Vorlesung: Die Hegelsche Dialektik
Schweppenhäuser: Vorlesung: Schopenhauer und die Spekulation
A. Schmidt: Übung: Feuerbachs Negation der Philosophie
Negt: Übung: Kant, Rechtslehre

1968
Horkheimer / Haag: Philosophisches Proseminar: Spinoza
    Theologisch-politischer Traktat (Teilnehmer: 65)
Adorno: Vorlesung: Einleitung in die Soziologie
    Soziologisches Proseminar: Übung zur Vorlesung
Adorno / Horkheimer: Philosophisches Hauptseminar: Hegel, »Ästhetik«
    (Teilnehmer: 65; die Sitzungen vom 6. und 30. 5. fielen aus)
Habermas: Nietzsches Erkenntnistheorie
    Kolloqium (nur auf Einladung)
    Vorlesung: Theorie der Sozialisation
    Proseminar: Durkheim, Mead, Freud
Habermas / Luckmann: Übung für Fortgeschrittene: Datenanalyse
    (mit Oevermann, Kellner)

v. Friedeburg: Vorlesung: Einführung in die Umfrageforschung
    Übung: Lektüre von Texten zur Politischen Soziologie
    Forschungseminar: Gewerkschaft und Gesellschaft IV
Haag: Vorlesung: Zur Genesis der neueren Philosophie
Schweppenhäuser: Vorlesung: Zur philosophischen Erfahrung der Gegenwart
A. Schmidt: Übung (auch für Soziologen): Karl Marx – Besprechung
    ausgewählter Texte
Negt: Übung: Hegels Grundlinien der Philosophie

1968/69

Horkheimer / Haag: Philosophisches Proseminar: Descartes, Meditationen
    (Teilnehmer: 73)
Adorno: beurlaubt
Habermas: Vorlesung: Sprachphilosophie
    Seminar: Probleme einer materialistischen Erkenntnistheorie
    Kolloquium: (nur auf Einladung)
    Übung: Familie als soziales System: Rollenstruktur und Formen der
    Kommunikation (mit Oevermann)
    Übung: Organisation und Bürokratie (mit Offe)
    Übung: Probleme der statistischen Hypothesenüberprüfung
    (mit Oevermann)
    Seminar für Fortgeschrittene: Soziologie der Kriminalität
v. Friedeburg: Vorlesung: Jugend in der modernen Gesellschaft
    (Teilnehmer: 700–800; die Veranstaltung wurde mehrfach gestört)
    Übung: Durkheim
    Übung für Anfänger: Zum Problem der politischen Apathie (mit R. Schmidt)
    Forschungsseminar: Gewerkschaft und Gesellschaft (mit E. Mayer)
    Praktikum zur empirischen Sozialforschung I
    Praktikum zur qualitativen Inhaltsanalyse (mit Ritsert)
Haag: Vorlesung: Erkenntnistheorie
Schweppenhäuser: Vorlesung: Zur philosophischen Erfahrung der
    Gegenwart (2)
A. Schmidt: Übung: Comte, Geist des Positivismus
Negt: Übung: Marx, Pariser Manuskripte (Teilnehmer: etwa 700–800)

1969

Horkheimer / Haag: Philosophisches Proseminar: Kant – Grundlegung zur
    Metaphysik der Sitten
Adorno: Vorlesung: Einleitung in das dialektische Denken
    (etwa 1000 Teilnehmer, wurde gesprengt und von Adorno abgesagt)
    Soziologisches Hauptseminar: Probleme des Strukturalismus
    (hat nicht stattgefunden)
Adorno / Horkheimer: Philosophisches Hauptseminar: Subjekt-Objekt-
    Dialektik (von insgesamt neun geplanten Veranstaltungen fanden sechs
    statt)

Habermas: Seminar: Probleme einer materialistischen Erkenntnistheorie
  Seminar: Zur Soziologie totaler Institutionen
  Seminar: Probleme der politischen Soziologie
v. Friedeburg / Ritsert: Proseminar: Soziologische Grundbegriffe
v. Friedeburg: Übung zur Soziologie der Entwicklungsländer (mit R. Schmidt)
  Forschungsseminar: Gewerkschaft und Gesellschaft (mit E. Mayer)
  Praktikum zur empirischen Sozialforschung II
Haag: Vorlesung: Erkenntnistheorie II
Schweppenhäuser: Vorlesung: Philosophie und kritische Theorie

1969/70

Adorno (geplant): Kulturindustrie und Massenmedien
  Soziologisches Hauptseminar: Neue Theorien und Materialien zur Kulturindustrie
Adorno / Horkheimer (geplant): Philosophisches Hauptseminar: Übungen zur »Dialektik der Aufklärung«, insbesondere zum Kapitel »Kulturindustrie«
Habermas: Seminar: Probleme einer materialistischen Erkenntnistheorie
  Seminar für Fortgeschrittene: Probleme des Funktionalismus
  Seminar für Fortgeschrittene: Probleme der Sprachsoziologie
Schweppenhäuser: Vorlesung: Philosophie und kritische Theorie (2)

Anhang II: Rundfunk- und Fernsehbeiträge zur Studentenbewegung[112]

J. Habermas: Universität in der Demokratie – Demokratisierung der Universität. Überlegungen zu einem aktuellen Thema (Sendedatum: 11.4.1967, HR)

Berliner Ansichten. Von der Unruhe der Studenten. Gespräch zwischen P. Szondi und Th. W. Adorno (Aufnahmedatum: 26. 10. 1967, Berlin; Sendedatum: 30. 10. 1967, WDR)

Podiumsdiskussion zu Max Horkheimers Vortrag: Kritik der gegenwärtigen Gesellschaft mit L. Gunthar, M. Horkheimer, K. Lenk, E. Scheuch, U. Bolewski, R. Jungk (Aufnahmedatum: 21. 4. 1968, BR, Nürnberg)

Die Gesellschaft der Zukunft: Antworten der kritischen Gesellschaftstheorie. Interview mit Th. W. Adorno (Aufnahmedatum: 4. 6. 1968, SWF)

Gespräch mit Prof. Th. W. Adorno zur Situation der Studenten nach den Unruhen in Deutschland und Frankreich (Aufnahmedatum: 5. 7. 1968, WDR)

Kritik der linken Professoren an den radikalen Studenten in Deutschland. Fernsehinterviews mit den Prof. Th. W. Adorno und J. Taubes (Sendedatum: 5. 5. 1969, BR)

---

112 Für Auskünfte danke ich Herrn Dr. Crone vom Archiv des Hessischen Rundfunks.

Bernd Leineweber

Entsetzen und Besetzen

Zur Dialektik der Aufklärung in der Studentenbewegung
[1997]

»Bürgerliche Kritik am proletarischen Kampf ist eine logische Unmöglichkeit.«[1] Noch Jahre nach der Besetzung des Soziologischen Seminars der Frankfurter Universität in der Myliusstraße und des Instituts für Sozialforschung durch streikende Studenten im Winter 1968/69 prangte der Satz aus Horkheimers *Dämmerung* in großen Lettern an einer Außenwand des Institutsgebäudes. Er war von den Besetzern hinterlassen worden, nachdem sie das Institut unter dem Einsatz von Polizeigewalt hatten räumen müssen. Der Aphorismus, dessen Botschaft für die aktivsten Teile der studentischen Protestbewegung richtungsweisend war, hatte in das Dämmerlicht von Vorwürfen und Selbstzweifeln zurücktreten müssen und verblaßte. Seit diesem Ereignis marschierten »bürgerliche Kritik« und »proletarischer Kampf« getrennt.

Die heftigen Debatten, die nach der Räumung des Instituts geführt worden waren, hatten den Schrecken, den die Besetzung hinterlassen hatte, ebensowenig aufzulösen vermocht wie die sogleich einsetzende Geschichtsschreibung der gescheiterten Hochschulrevolte, der »Isolation« des »aktionistischen Kerns« der sozialistischen Studenten, Schüler und Gewerkschaftler nach der Verabschiedung der Notstandsgesetze und des Scheiterns der Politik der provokativen Konfrontation mit der Staatsgewalt. Derartige Gründe für die »Wahnsinnstat«, die »Schüler der kritischen Theorie« begingen, indem sie die von ihnen zum Teil mehr als geschätzten Professoren zwangen, den Büttel für die Polizei zu spielen, erklärten nicht, warum sie in so eklatanter Weise gegen ihre eigenen politischen Grundsätze verstießen. Diese sich so harmlos als »aktiver Streik« deklarierende Aktion war in der Tat nicht geeignet, die Protestbewegung unter den Studenten oder gar jenseits der Universität voranzutreiben. Jedenfalls verband in den auf die Räumung des Instituts folgenden Wochen und Monaten Beteiligte und Beobachter im Umkreis des Instituts für Sozialforschung und des SDS das Gefühl, daß mit der Besetzung und Räumung des Soziologischen Seminars und des Instituts eine Zäsur in der studentischen Protestbewegung eingetreten war, die sich unter anderen Umständen auch außerhalb Frankfurts bemerkbar machte.

In dieser Besetzung erscheinen die Geschichte und die Logik der Bewegung symbolisch in einer einzigartigen Situation – die allerdings so nur in Frankfurt eintreten konnte – zusammengefaßt. Ich möchte einige Züge dieser Logik, die mir die wesentliche und weitreichendste Position der studentischen Protestbewegung zu bezeichnen scheinen, im Rückgriff auf zentrale Bestandteile der Kritischen Theorie hervorheben.

Die Bewegung spielte sich gleichsam als Variation eines ihrer Grundtexte ab: vom aufgeklärten Entsetzen der jungen nachnationalsozialistischen Gene-

[1] Max Horkheimer, Notizen 1950 bis 1969 und Dämmerung, Frankfurt/Main 1974, S. 257.

ration zum Besetzen aufklärungsfähiger Zonen der Gesellschaft und zurück zum Entsetzen der Akteure angesichts der von ihnen selbst erfahrenen und bewirkten Ohnmacht und Gewalt der Aufklärung, einem Entsetzen, das in einem »Mythos Revolution« erstarrte, dem die nun entstehenden sogenannten K-Gruppen und die militanten Zirkel des später so genannten »Bewaffneten Kampfes« huldigten. In der gewaltsamen Besetzung und »Entsetzung« der soziologischen Institute spielte sich dieser Prozeß in szenischer Verdichtung ab bis zur dramatischen, nicht nur politischen, sondern auch psychischen und sogar physischen Konfrontation zwischen den besetzenden Studenten und den entsetzten Repräsentanten der Kritischen Theorie sowie unter den Studenten selbst.

Unter den Formen »symbolischer Gewalt« – unangemeldeten Demonstrationen, wildem Plakatieren, der Sprengung von Vorlesungen und Senatssitzungen – war die Besetzung – von Straßenkreuzungen, Kirchen, Theatern, Instituten, dem Rektorat oder ganzer Teile der Universität – das stärkste Mittel, mit dem die jüngeren, »aktionistischen« Teile des SDS und andere studentische Gruppierungen die alte sozialistische Politik durch neue, von der amerikanischen Bürgerrechts- und Studentenbewegung übernommene Formen der Politik der »begrenzten Regelverletzung« zur »demonstrativen Herstellung von Öffentlichkeit« für in der Normalöffentlichkeit unterdrückte Sachverhalte zu ersetzen suchten. Waren sie zwar mehr als ein symbolischer Akt, nämlich Szenario zur Veränderung berufener gesellschaftlicher Wahrnehmungs- und politischer Verhaltensweisen und stellvertretender Akt der Befreiung, so wandelte sich spätestens seit der »Politischen Universität« vom Mai 1968 ihr Charakter. Der Gestus der Besetzung wurde besitzergreifend. Es war »unsere« Universität, die wir, mit einer nicht mehr in Zweifel gezogenen Legitimation, unter Umgehung, ja Ausschaltung der Verwaltung für unsere politischen Zwecke gebrauchten. Etwas vom historischen Glanz der Rätedemokratie und anarchistischen Kollektivierungspraxis fiel auf den im übrigen braven alternativen Seminarbetrieb, zu dessen erklärten Zielen es gehörte, die akademischen Standards hoch zu halten.

Viele Studenten aber und gerade auch solche, die nicht zu den engeren SDS-Kreisen gehörten, waren weniger um die Qualität der wissenschaftlichen Arbeit, der »Theoriebildung«, besorgt als um ihre effektive, auch satzungsmäßig abgesicherte Teilhabe an der Organisation des Studiums. Kurz vor der Besetzung des soziologischen Seminars rief eine »Basisgruppe Soziologie« zu einer Vollversammlung auf. »Wir nehmen die Auseinandersetzung mit den Professoren um die sofortige Umorganisation des Soziologiestudiums... noch einmal auf... Wir werden dort diskutieren: 1) die Möglichkeit einer Satzung, die den Studenten eine Mitkontrolle über die inhaltlichen Forschungs- und Lehrstrategien sichert; 2) die Möglichkeit einer vorläufigen Aussetzung des soziologischen Lehrbetriebs, wie er bislang ablief, und die gemeinsame Organisierung von Forschungs- und Lehrkollektiven, welche die autoritäre Lehrsituation abbauen und eine neue Lehr- und Forschungsstrategie entwerfen. Diese gemeinsamen Arbeitsgruppen müssen als ordentliches Studium anerkannt werden... Wir haben keine Lust, die linken Idioten des autoritären Staates zu spielen, die kritisch in der Theorie sind, angepaßt in der Praxis. Wir nehmen den

Ausspruch Horkheimers ernst«, den aus *Dämmerung* über die »revolutionäre Karriere«, die »nicht über Bankette und Ehrentitel, über interessante Forschungen und Professorengehälter« führt, »sondern über Elend, Schande, Undankbarkeit, Zuchthaus ins Ungewisse, das nur ein fast übermenschlicher Glaube erhellt. Von bloß begabten Leuten wird sie daher selten eingeschlagen.«[2] Die Basis droht und appelliert. Sie fordert auf zur Kollaboration in der Illegalität (eine Satzung, wie sie den Studenten vorschwebte, wäre nach dem bestehenden und jedem denkbaren reformierten Hochschulgesetz nicht möglich gewesen). Deren existentielle Konsequenzen bringen die Studenten als eine Einstellung in Erinnerung, der gegenüber sie sich als Schüler verstehen. Sie sind bereit, sie mit denen zu teilen, von denen sie lernten, wissenschaftliche Arbeit und gesellschaftstheoretische Positionen als integrierendes Moment einer politisch-moralisch entschlossenen Lebensführung zu betrachten.

Die Seminarbesetzung war auch ein gezielter Akt der Schüler, die Lehrer zum Offenbarungseid zu zwingen, um das Problem der Identifikation zu lösen: ob sie eine andere »Autorität« für sich beanspruchen durften als die von ihnen inkriminierte, die oft genug am eigenen Leibe erfahrene Autorität der Väter, Lehrer, Vorgesetzten, des »autoritären Staates«, der im Nachkriegsdeutschland nicht sein auch für den Faschismus maßgebliches Wesen, sondern nur seine Erscheinung verändert hatte. Die Solidarität und der Schutz ihrer Lehrer war den protestierenden Studenten wichtig.[3] Hier, unter der schützenden Autorität unserer Lehrer, sollte endlich, wenn auch im begrenzten Territorium eines »befreiten Gebietes«, ein Stück radikaler Hochschulreform, ungestörten »herrschaftsfreien Dialogs« zwischen Lehrenden und Lernenden, verwirklicht werden.

Wir richteten uns häuslich ein im »Spartakus«-Seminar. Hier wurde keine Forderung mehr symbolisch, formal und demonstrativ eingeklagt, um einen Gegner an den Verhandlungstisch zu zwingen. Das ganze Haus wurde in Besitz genommen. Man hielt nicht nur Seminare ab, diskutierte in Arbeitsgruppen oder las und schrieb. Es wurde auch gegessen, getrunken, Musik gespielt, Feste veranstaltet. Einige Studenten holten Sachen zum Schlafen herbei und übernachteten in den Seminarräumen. Zimmer wurden umgeräumt, Transparente aufgehängt, Informationstafeln aufgestellt. Ein gewähltes, rotierendes Streikkomitee hatte die Organisation in der Hand, deren Richtlinien in täglichen Vollversammlungen bestimmt wurden. Und, wie jede echte Revolution, hatte diese Besetzung auch ihre spontan in Erscheinung tretende Führerfigur, einen bis dahin nicht aufgetretenen, stillen Studenten, der sich, auch für ihn selbst unerwartet, als treibende Kraft im Streikkomitee hervortat. Die Besetzung hatte eine Alltagsstruktur angenommen und einen offenen Zeithorizont. Sie war politischer Zweck und Genuß der Macht geworden.

Mit der Besetzung hatte sich das milde, radikaldemokratische Interesse der Studenten an hochschulpolitischer Partizipation und »Mitkontrolle« des Lehr- und Forschungsbetriebs zum selbstbezogenen Interesse an der sozialistischen Organisation ihrer Arbeit gewandelt. Im Bericht einer Arbeitsgruppe aus einem Arbeitskreis »Organisation und Emanzipation«[4], der im besetzten Seminar gelaufen war, legitimierte sich dieses Interesse im Einspruch gegen die im SDS geübte Praxis »des Kampfes in Massenveranstaltungen durch theore-

2 Zit. nach Rolf Wiggershaus, Die Frankfurter Schule, München 1986, S. 700 f.

3 Hans-Jürgen Krahl, Konstitution und Klassenkampf, Frankfurt/Main 1971, S. 256.

4 Aktiver Streik als Selbstorganisation der Studenten, in: Neue Kritik, 10. Jg. Nr. 53, April 1969, S. 23–40.

tisch qualifizierte ›linke Führer‹«, die »nur zur kurzfristigen Mobilisierung in Straßenaktionen« führten. Für ein langfristig gesichertes »Widerstandspotential«, das nicht auf die »Kader« beschränkt bliebe, sondern wo »jeder Einzelne in neuer Weise politisch aktiv werden« könnte, müßten »Organisationsformen« entwickelt werden, die »an den realen Bedingungen des politisch bewußten und aktiven Kerns der Protest-Bewegung orientiert« wären. Das hieße, »die Arbeitsbedingungen der Genossen zu verbessern«, nämlich »die Aufhebung der erzwungenen Trennung von wissenschaftlicher Arbeit, politischer Aktivität und Privatleben« herbeizuführen. Der »aktive Streik« wurde von diesen Studenten als »Chance« empfunden, ohne »repressive universitäre und individuelle Erfolgskontrollen« und »ohne den Druck und das Risiko kurzfristiger Aktionen« in einem »Klima aktiver Solidarität« zu arbeiten, »das den Einzelnen instand setzte, sich bewußt in eine kollektive intellektuelle Arbeit zu entäußern.« Die »egalitäre Lernprozesse« ermöglichende »kollektive Selbstorganisation« der Studenten im Rahmen einer – durch die Besetzung vollzogenen – exemplarischen »Vergesellschaftung von Produktionsmitteln« betrachteten diese Studenten als »das eigentliche Motiv für die Besetzung des Seminars«. Die »Organisationsfrage« der antiautoritären Protestbewegung verallgemeinernd, faßten sie die Perspektive einer »dritten Sozialisation« ins Auge, deren Aufgabe wäre, das »auf Konkurrenzkampf, Fungibilität und private Aneignung und Akkumulation ausgerichtete Denken um[zu]organisieren«. Um eines nachhaltigen, im antiautoritären Sinne tiefgreifenden Politisierungsprozesses willen müßte »der Student ... lernen, statt *über Sozialismus* zu arbeiten, *sozialistisch* zu arbeiten«.

Der Bericht bringt, durch die Erfahrung der Besetzung bestärkt, den Dauerkonflikt der sich antiautoritär begreifenden Protestbewegung prägnant zum Ausdruck: den Konflikt zwischen dem Bedürfnis nach unmittelbarer Erfahrung emanzipierter Beziehungen und Kommunikationsverhältnisse in herrschaftsfreien Arbeits- und Lebensbedingungen und der triebaufschubbereiten politischen Arbeit an der Veränderung der gesellschaftlichen Bedingungen von Herrschaft und Unterdrückung. Beide Protesthaltungen hatten in der Organisations- und Strategiediskussion des SDS in der Regel den Status von exklusiven Modellen. Seit dem Ausschluß der Kommune 1 aus dem Berliner SDS im Mai 1967 wurden sie alternativ diskutiert. Zwar war der Kommune damals zugestanden worden, z. B. mit einer vorsichtig tastenden Theorie der »Überindividualisierung«[5] in spätkapitalistischen Gesellschaften, in der Tendenz richtig auf das zumal in der jungen Generation verbreitete Bedürfnis nach gemeinsamer Erfahrung manipulativ verhinderter direkter Kommunikation und Auseinandersetzung sowie auf die Gefahr des bloßen »Freizeitsozialismus«[6] zu reagieren. Insgesamt aber wurde, wie auch im Fall der Kommune 2, der Versuch als psychologisch verengt gewertet – mit dem Hinweis auf mögliche faschistoide Implikationen der bloß psychischen Feinderklärung. Auch dem zitierten Arbeitsgruppenbericht wurde die entsprechende Warnung zuteil. Die These der Gruppe, politisch zu handeln hieße, das eigene Interesse erkennen und innerhalb der Gruppe wahrnehmen zu können, wurde von der Redaktion der SDS-Zeitschrift *Neue Kritik* kommentiert mit der Bemerkung, unter diesem Leitspruch könnten auch faschistische Stoßtrupps Politik machen.[7] Trotzdem

5 Neue Kritik, 8. Jg., Nr. 41, April 1967, S. 20.

6 SDS-Korrespondenz, o. Jg., Nr. 6, Mai 1967, S. VI.

7 Neue Kritik, 10. Jg., Nr. 53, April 1969, S. 39.

wunderte es, daß es noch schlimmer kam und die Besetzung zum Kampfmittel unter den streitenden Fraktionen des besetzten Seminars selber wurde. Nicht lange nach dessen Räumung besetzte eine als »Lederjackenfraktion« bekannt gewordene Gruppe der aktivsten Teilnehmer der Seminarbesetzung, unter ihnen jener Student, der spontan zur Streikführerfigur geworden war, das in einer Wohngemeinschaft befindliche Zimmer eines Studenten aus der »Theoriefraktion«, die in dem Ruf des auf »private Aneignung und Akkumulation ausgerichteten Denkens« stand. Das Zimmer wurde verwüstet, die Wände beschmiert mit Sprüchen aus Kant und Hegel, und über dem Schreibtisch die Empfehlung: »Ins KZ mit dem analen Pack der Theoretiker.« Das Entsetzen, das nicht nur den betroffenen Studenten ergriff und sich der ohnehin bestehenden allgemeinen Lähmung nach dem Polizeieinsatz am Institut und der Verhaftung von Hans-Jürgen Krahl mitteilte, blieb auch Adorno nicht erspart. In einer glücklicherweise milden Fassung war der Spruch über dem Schreibtisch jenes Studenten zu ihm gedrungen.[8] Kurz darauf wurde auch er zum Opfer einer allerdings ganz anderen Art von Gewalt. Der berühmte Auftritt der vier Studentinnen gehörte noch zum Kontext der Besetzung.[9]

Vor allem um Macht- und Autoritätsfragen ging es also. Die Besetzung war Teil des »Programms der kollektiven Selbstorganisation«, das es zu der Zeit nicht nur in Frankfurt gab, sondern vielerorts im Verband diskutiert wurde. So hatte z. B. ein Vertreter des Erlanger SDS vorgeschlagen, »daß sich mehrere Genossen jeweils zu Gruppen (Kollektiven, Kommunen) unter möglichst ähnlicher Ausgangssituation zusammentun, um *selbständig* – also nicht unter dem Patronat einer ›Autorität‹ – Arbeit zu planen und durchzuführen«.[10] Ziemlich ernsthaft war man der Meinung, daß das Problem der Autoritäten, das den antiautoritären Grundkonsens der Bewegung so leidenschaftlich erschütterte, weniger mit dem Besitz von Macht als mit dem von theoretischem Wissen zu tun hatte. In der einschlägigen Diskussion wurde zwischen mehr oder weniger »Fortgeschrittenen«, »Theorievorsprüngen« und »Theoriedefiziten« unterschieden wie im Oberseminar oder auf der Volkshochschule. War auch in der »antiautoritären« Bewegung Wissen gleich Macht?

Jedenfalls genoß »die Theorie« selbst im politischen Alltag eine einzigartige Autorität. Kein noch so schlichtes praktisches Argument, nicht der geringste organisatorische Vorschlag auf einer Mitgliederversammlung oder auf einem Teach-in kam ohne weitausholende theoretische Einordnungsversuche vom Typ »Theorie des Spätkapitalismus« oder »Geschichte der Arbeiterbewegung« davon. Dieser leidenschaftliche Antipragmatismus war mehr als eine bildungsbürgerliche Attitüde. In loser Anlehnung an traditionelle linksoppositionelle Debattiergewohnheiten entsprang er einem Verhalten, das vom Willen zum politischen Erfolg ebenso bestimmt war wie von der Unsicherheit über den geschichtlichen Standort. Die Bewegung, so erfolgreich sie an der Hochschule war, drohte, in der Falle der politischen Publizistik zu verenden und eine Angelegenheit von Intellektuellen zu bleiben. Die in immer größeren Rezeptionswellen verlaufende »Aneignung« von Texten des klassischen und des sogenannten westlichen Marxismus hatte, weit davon entfernt, eine Sache des bloßen, auch akademisch nützlichen Studiums zu sein, die existentielle Aufgabe der Selbstvergewisserung zu leisten. Nicht materiale Aussagen und Zu-

8 Theodor W. Adorno, Marginalien zu Theorie und Praxis, in: ders., Stichworte. Kritische Modelle 2, Frankfurt/Main 1969, S. 173.

9 Rolf Wiggershaus, a.a.O., S. 704.

10 Freerk Huisken, Antiautoritäres Verhalten und autoritäre Strukturen im SDS, in: Neue Kritik, 9. Jg., Nr. 50, Oktober 1968, S. 124.

sammenhänge der Theorie, sondern ihre Rolle im Aktions- und Organisationsgeschehen der Bewegung, die Frage des »richtigen Bewußtseins« stand im thematischen Zentrum der politischen Diskussionen. An sie war die Frage des Bestands der Bewegung jenseits von »blindem Aktionismus« und »Sektiererei« gekoppelt.

Besonders im Frankfurter SDS wurde der theoretischen Arbeit diese Aufgabe der Selbstaufklärung und -vergewisserung, der metatheoretischen Besinnung auf politische Fragen abverlangt. Gefordert war ein Theorietyp, der bei engster Beziehung der Theorie auf praktische Fragen die relative Selbständigkeit beider Ebenen zur Geltung brachte. Diesen Theorietyp gab es, und zwar am Ort. Die Fassung der Kritischen Theorie aus den dreißiger Jahren, wie sie von Horkheimer, dem beliebtesten Raubdruck-Autor, konzipiert war, entsprach ziemlich genau dieser Forderung. Horkheimer und einige andere Mitglieder des Instituts für Sozialforschung hatten die Absicht verfolgt, eine »dialektische Logik« zu entwickeln, die dem Scheitern der parteilich institutionalisierten Theorie in der Arbeiterbewegung (Kautskyanismus, Reformismus) Rechnung trug. Ohne daraus zynische (Michels) noch elitaristische (de Man) oder relativistische (Mannheim) Konsequenzen zu ziehen, war diese Fassung der Kritischen Theorie einem originären Spontaneismus (Rosa Luxemburg) der proletarischen Aktion *und* der theoretischen Produktion verpflichtet. Weitere Anhaltspunkte boten Lukács' Klassenbewußtseinstheorie und Korschs Programm der reflexiven Beziehung des Marxismus auf sich selbst sowie der Brecht-Benjaminsche Ansatz des »Autors als Produzent«.

Dem Interesse an einem derartigen Theorietyp, auch daran sei nur kurz erinnert, entsprach, grosso modo, das organisatorische Konzept des Instituts, wie es Horkheimer bei der Übernahme der Geschäftsleitung formuliert hatte. Vertreter der einschlägigen Einzelwissenschaften sollten »in dauernder Arbeitsgemeinschaft sich vereinigen«[11], um das formulierte Erkenntnisziel in der Durchdringung von philosophischer Fragestellung und einzelwissenschaftlichen Ergebnissen zu verfolgen, zu präzisieren, mit neuen Methoden anzugehen, falls neue Gegenstände dies verlangten, und dabei das Allgemeine nicht aus den Augen verlieren. Der Erarbeitung einer zeitgeschichtlich gültigen und politisch treffsicheren Theorie der Gesellschaft und der daraus folgenden forschungsstrategisch gebotenen Veränderbarkeit des Arbeitsansatzes gemäß veränderten historischen Bedingungen kam die von Staat und Parteien unabhängige Verfassung des Instituts entgegen. Sie bot die Chance für eine freie Forschergemeinschaft, eine scientific community von Gesellschaftswissenschaftlern, Wissenschaft in unabhängiger, radikaler Parteilichkeit betreiben zu können. Martin Jay zufolge war es die – von ihm leider nicht weiter belegte – »Absicht der Gründungsmitglieder ..., eine Gemeinschaft von Wissenschaftlern zu bilden, deren Solidarität einen mikrokosmischen Vorgeschmack auf die brüderliche Gesellschaft der Zukunft geben sollte«.[12]

Wie immer es um die Ausführung dieser Absicht bestellt gewesen sein mag – zu dieser Frage gibt es eine Menge Stoff bei Rolf Wiggershaus –, so ist sie doch in der Studentenbewegung wirksam geworden. Sie hing mit der Formgebung der Theorie eng zusammen. Die kritische Gesellschaftstheorie des in seiner aufklärerischen Tradition aufgehellten historischen Materialismus bezieht sich

---

11 Max Horkheimer, Die gegenwärtige Lage der Sozialphilosophie und die Aufgaben eines Instituts für Sozialforschung, in: ders., Sozialphilosophische Studien, Frankfurt/Main 1972, S. 41.

12 Martin Jay, Dialektische Phantasie. Die Geschichte der Frankfurter Schule und des Instituts für Sozialforschung 1923–1950, Frankfurt/Main 1976, S. 50.

nicht instrumentell und strategisch auf die Bewußtseinslagen der Arbeiterklasse und anderer abhängiger Schichten und Gruppen. Sie versteht sich vielmehr unspezifisch als selbständiges Moment in dem seit der frühbürgerlichen Aufklärung als revolutionär verstandenen Prozeß, der das »allgemeine Glück« zum Ziel hat. Ebensowenig hat sie ihren Ort im »wissenschaftlichen Betrieb«, so sehr sie diesem wichtige Erkenntnisse zu verdanken hat, sondern in der »menschlichen Existenz«.[13] Sie richtet sich nicht in erster Linie an »die Wissenschaftler, sondern die erkennenden Individuen überhaupt«[14], und nicht auf bloße Erkenntnisprozesse, sondern auf ein dem emanzipatorischen Ziel der »Veränderung des Ganzen« in autonomer Wahl der Mittel verpflichtetes »Verhalten«.[15] Da die Theorie »nur *ein* Element im geschichtlichen Prozeß« ist, so daß »ihre Bedeutung« sich »jeweils nur im Zusammenhang mit einer umschriebenen geschichtlichen Situation bestimmen läßt«[16], entscheidet über ihren »Wert« nicht das »formale Kriterium der Wahrheit allein«, sondern »ihr Zusammenhang mit der Aufgabe, die im bestimmten historischen Moment von fortschrittlichen sozialen Kräften in Anspruch genommen wird, und auch dieser Wert gilt nicht für die gesamte Menschheit, sondern zunächst bloß für die an der Aufgabe interessierte Gruppe.«[17]

Die klassen- und institutionenunspezifische Formbestimmung der Theorie zwingt diese zur geradezu konkretistischen Reflexion auf das praktische Verhältnis, das sie eingehen kann, zur Flexibilität und Anpassungsfähigkeit an die historische Situation und zur präzisen Wahl der Gegner. Ihr sozialer Ort ist die »Gruppe«. Es sind die »kleinen« oder »politischen Gruppen«, von denen allein im »autoritären Staat« eine »Praxis« zu erwarten ist, die mit dem »auf 1871, 1905 und andere Ereignisse« zurückgehenden »Rätesystem« entstanden ist und jene Tradition in der »theoretischen Konzeption« begründet hat, »auf deren Fortsetzung die Theorie verwiesen ist«.[18] Von dieser Tradition zuzurechnenden Gruppen sei einzig noch eine »Organisation und Gemeinschaft der Kämpfenden« zu erwarten, wo der »Wille« zur »Gestaltung der Gesellschaft im Ganzen ... bewußt schon im Aufbau der Theorie und Praxis wirksam ist« und bei aller notwendigen »Disziplin« etwas von der »Freiheit und Spontaneität der Zukunft«[19] erscheint, wozu es des »Eigensinns der Phantasie«[20] bedarf. Nur die so Organisierten könnten die »Erfahrung« machen, »daß ihr politischer Wille durch die Veränderung der Gesellschaft wirklich ihr eigenes Dasein verändert«.[21] Mithin sei es nicht allein das »Denken«, das die Zukunft zu entwerfen und den »Zeitpunkt«[22] für die Reife der klassenlosen Gesellschaft zu bestimmen habe. Vielmehr sei »für den Revolutionär ... die Welt immer schon reif gewesen« und die »Zeit, zu der sie gedacht wird«, gehöre »zum Sinn der Theorie«.[23]

Bestimmendes Element dieser Struktur der »Gruppe« ist, wenn man so will (und wir wollten es damals so), das Prinzip eines »praktischen Spontaneismus«: der Aktion zur »revolutionären« Aneignung gesellschaftlicher Macht (durch »Besetzung«) folgt die Theorie, die die durch die Aktion objektiv und subjektiv vermittelten Zusammenhänge aufklärt. Sie öffnet die Handlungsperspektiven zum politischen Umfeld der Aktion und den Erfahrungsspielraum der Akteure für die besondere Gegenwart jener Verhältnisse, für deren zukünftige Allgemeinheit sie mit ihrer Praxis eintreten. In solcherart prakti-

13 Max Horkheimer, Traditionelle und kritische Theorie, in: ders., Kritische Theorie Bd. 2, Frankfurt/Main 1968, S. 146.

14 A.a.O., S. 148

15 A.a.O., S. 157.

16 Max Horkheimer, Zum Rationalismusstreit in der gegenwärtigen Philosophie, in: ders., Kritische Theorie 1, Frankfurt/Main 1968, S. 136.

17 A.a.O., S. 146 f.

18 Max Horkheimer, Autoritärer Staat, in: ders., Kritische Theorie Bd. 3, o.O., o.J., S. 50.

19 Max Horkheimer, Traditionelle und kritische Theorie, a.a.O., S. 166.

20 A.a.O., S. 168.

21 Max Horkheimer, Autoritärer Staat, a.a.O., S. 49.

22 A.a.O., S. 50.

23 A.a.O., S. 53.

schem Zusammenhang, in vermittelter Einheit mit Praxis kann »die Theorie« die doppelte Funktion der aufklärenden und praktische Folgerungen zulassenden »Theorie der Gesellschaft« (oder des »Spätkapitalismus«) und der selbstaufklärenden Theorie der »Organisation und Emanzipation« der Akteure übernehmen.

Unter diesem Titel hatte sich, um den Bogen zu schließen, im Winter 1967 eine »Projektgruppe« im Frankfurter SDS gebildet, die sich vor allem mit Lukács, besonders dem Abschnitt *Zur Organisationsfrage* aus *Geschichte und Klassenbewußtsein*, und den eben diskutierten Texten von Horkheimer beschäftigte. Unter dem gleichen Titel veranstalteten Teilnehmer des »aktiven Streiks« einen Arbeitskreis im besetzten Soziologischen Seminar, zu dem sich jene zitierte Arbeitsgruppe mit ihrem Programm der »kollektiven Selbstorganisation« der Studenten gebildet hatte.

Das Konzept der »Projektgruppe« war einfach und anspruchsvoll. Im Berliner SDS im Zusammenhang mit den Auseinandersetzungen um die Kommune 1 und als politisierende Maßnahme gegenüber dem »existentialistischen« Kommunekonzept entstanden, hatte es zum Ziel, »verbindliche Kollektive« zu schaffen, »die theoretisch diskutieren, gleichzeitig aber auch Gruppen sind, die gemeinsam verschiedene Praxisformen der Demonstration und anderer Aktionen ausprobieren«.[24] Es suchte die theoretisch geführte Selbstaufklärungsarbeit in organisatorischer und personeller Identität mit aktionsvorbereitender Praxis, der Vorstrukturierung von SDS-Mitgliederversammlungen, Büro- und Schulungsarbeit zu verbinden. Dazu kamen individuelle und kollektive Studieninteressen. Wir waren rundum »organisiert«, ein »Privatleben« gab es nicht. Das Identifikationsangebot, das im Lenin-Lukácsschen Konzept des »Berufsrevolutionärs« steckte, entschädigte für entgangenen »bürgerlichen« Lustgewinn. Vielleicht gönnten wir uns etwas davon in Karl-Heinz Haags Vorlesung über den mittelalterlichen Universalienstreit oder in Oskar Negts Seminar über Kants Rechtsphilosophie, natürlich auch im Oberseminar von Adorno, gewiß aber bei Streitgesprächen über Hölderlin oder E. A. Poe beim allabendlichen Kneipenbesuch. Immerhin gehörte allseitige Bildung zu der »Gesamtpersönlichkeit«, die wir unserem selbstgesetzten Auftrag gemäß zum »Einsatz«[25] brachten. Im übrigen war aber nicht so recht zu sehen, wo denn nun, wenn nicht in deren – durchaus nicht unbefriedigender – aktivistischer Verausgabung die »Antizipation des Reichs der Freiheit«[26] stattfand.

Ich denke – und damit komme ich zurück auf den Grundkonflikt, der in und nach der Seminarbesetzung offen ausbrach –, daß vielen Studenten dieses »Kader«-Konzept zu hoch angesetzt erschien. Zwar hatten wir in der »Projektgruppe« den objektivistischen Idealismus in Lukács' Dialektik von verdinglichtem Bewußtsein des Proletariats und revolutionärem Klassenbewußtsein gerade auch im Rückgriff auf Horkheimer kritisiert. Undiskutiert geblieben war aber der rationalistische Emanzipationsbegriff, der darin steckte. Einen Ansatz zur Korrektur brachte die »Besetzung«. Sie gab den Blick frei auf einen Erfolg der bewährten Politik der Besetzung, auf den es bis dahin kaum ankam, nämlich die Erfahrung der selbstorganisierten Macht über fremdbestimmte Bedingungen des Arbeitens und Lebens. Mit der »Vergesellschaftung der Produktionsmittel« und des wissenschaftlichen Arbeitsprozesses durch die besetzen-

---

24 Zit. nach Tilman Fichter / Siegward Lönnendonker, Kleine Geschichte der SDS, Berlin 1977, S. 105.

25 Georg Lukács, Geschichte und Klassenbewußtsein, Berlin 1923, S. 322 f.

26 Hans-Jürgen Krahl, a.a.O., S. 199 f.

den Studenten trat »die Theorie« einen Wahrheitsbeweis durch die Erfahrung der Macht an. Sie erlangte sinnliche Qualität. Sie wurde beherrschbar. Nicht nur das Seminar, die Theorie selber wurde »besetzt«, und das Entsetzen vor der rationalistischen Begriffsgewalt der »revolutionären Theorie« und ihrer Rhetorik wich.

Um dieser Ferne der »Theorie« willen, um ihr zu Leibe zu rücken, wurde das Seminar besetzt: ein ungeheuerlicher Vorgang, der aus dem antiautoritären Unbewußten gewaltsam und personalisierend hervorbrach. Hinter dem Aufstand gegen die Autorität der Professoren und der »linken Führer« stand jenes Entsetzen, das der Spannung zwischen der befreienden Erfahrung des Protests in den Hörsälen und auf den Straßen, auf dem Campus oder auf den Plätzen der Stadt und der diese Erfahrung instrumentalisierenden Verpflichtung auf ein Leben für »die Revolution« entsprang. Vor dem weltumspannenden Horizont der revolutionären Aufgabe, an der Seite des eigentlichen »revolutionären Subjekts«, als das immer entschiedener die »Arbeiterklasse« galt, konnte sich das kollektive Glück einer gelungenen Aktion nicht sehen lassen. Nicht die befreiende Erfahrung, sondern die theoretische und moralisch-politische Beziehung auf das gesellschaftliche Ganze war die Instanz des »richtigen Bewußtseins«. Diese hierarchisierende Verkehrung von Theorie und Erfahrung, die sich in der Geschichte der Studentenbewegung unter dem zunehmenden Druck der Uminterpretation des »antiautoritären Protests« in »sozialistische Politik« abspielte, produzierte einen ständig wachsenden Überschuß der Theorie über die Praxis. Unverstanden und unerklärt, wie die Erfolge der Protestbewegung in ihren Anfängen waren, wurde aus den theoretischen Suchbewegungen, die die Akteure für die Zwecke der Aufklärung und Selbstaufklärung nötig hatten, ein vorlaufendes Erklärungsmuster zur Einordnung der Praxis in einen »strategischen« Rahmen. Die politische Urteilsfähigkeit begann, in der Überanstrengung des Begriffs zu zergehen. Die Theorie verlor ihren historischen Ort, aus dem sie Horkheimer zufolge ihren Sinn und ihre Überzeugungskraft bezog. Sie büßte allmählich ihren uneindeutigen Zusammenhang mit der Erfahrung der Herrschaft ein, welche auf die befreiende Praxis angewiesen ist, mit dem motivierenden und trieblichen Unterbau, dem Willen, der aus dem Entsetzen und über Empörung und Verweigerung zur »Revolte« kommt. Mit der Wende zum »Proletariat«, die sich seit den Anti-Springer- und Antinotstandsaktionen zunächst als wachsender semantischer Distanzverlust zur altsozialistischen Sprache und Rhetorik abspielte, ging das existentielle Element der Theorie, die ihr Leben in aufklärungsfähiger Praxis hat, verloren. Es war ebenso Horkheimers Konzept der »Gruppe« vertraut, wie Marcuse darauf die Logik der Protestbewegung überhaupt abstellte.

Ein Beispiel für das zerrissene achtundsechziger Bewußtsein, die Schere zwischen theoretisch aufzuklärenden Erfahrungen der Akteure und diese Erfahrungen verdinglichenden »Strategiediskussionen« unter Verwendung eines erborgten, formalistischen Parteijargons ist ein ebenfalls aus dem Herbst 1968 stammendes Papier – zur Abwechslung diesmal aus Berlin – zu »Strategie und Organisation des SDS«.[27] Im Ansatz antiautoritär, plädierten die Autoren gegenüber einem angeblich leerlaufenden Aktionismus, in dem der SDS eine nur interpretierende Rolle durch die Auftritte als »Zauberkünstler« wirkender

27 In: Neue Kritik, 9. Jg., Nr. 50, Oktober 1968.

Autoritäten eingenommen hätte, für eine konsistente Strategie und Organisation mit dem langfristigen Ziel der »Zerschlagung der Staatsmacht«. Die bewußtseinsbildende Rolle der politischen Aktion, die »die Wirklichkeit des spätkapitalistischen Systems provokativ entschleiert«, müßte in »die Konstruktion antizipatorischer gegengesellschaftlicher Elemente« einmünden. Diese dürften nicht in »partikulären Reformmodellen« enden, sondern müßten »der ständigen politischen Verallgemeinerung in Kampfaktionen etc. fähig sein« und »ihre eigene Partikularität hin zur Stellung der allgemeinen Machtfrage transzendieren, wobei immer die zentrale Stellung der Produktionssphäre berücksichtigt werden muß«. Modellhaft wären »informelle Betriebsgruppen«, die nicht nur die Aktionen der »APO« interpretierten, »sondern die sich in ihrer Ausbildung und in ihrer Betriebsagitation auf die Machtübernahme im Betrieb« vorbereiteten. Derartige »Basisgruppen«, die sich auch für die »Überbauberufe« vorstellen ließen, also »Anwaltskommunen, Organisation von Rote-Kreuz-Trupps von linken Ärzten, linke Abteilungen in Krankenhäusern, sozialistische Lehrervereinigungen, Übernahme einzelner wissenschaftlicher Institute durch linke Wissenschaftler«, sollten sich zu ihrem Schutz und ihrer materiellen Sicherheit zu Wohngemeinschaften und Kooperativen zusammenschließen.

Was diese Zwecksetzung der »gegengesellschaftlichen Elemente« bedrohe, sei »die Bedürfnisstruktur der im SDS organisierten Individuen selbst«. Die Autoren stellten fest, daß »sich gegenwärtig für den SDS zu entscheiden beginnt, ob die Entfaltung dieser Bedürfnisstruktur zu einer politischen Produktivkraft wird oder zu einer politischen Destruktivkraft«. Sie warnten vor dem »Grundirrtum ... der kritiklosen Ineinssetzung der Bedürfnisse mehr oder weniger luxurierender Schichten mit den emanzipatorischen Interessen des Proletariats.« Auch hier gelte: die »Widersprüche« in der Bedürfnislage der Genossen, solche zwischen »Autoritäten und Nichtautoritäten, zwischen ökonomisch gut ausgestatteten und ökonomisch unterprivilegierten Genossen, zwischen Genossen und Genossinnen (wobei der »Widerspruch zwischen Genossen und Genossinnen ... teilweise in dem Widerspruch zwischen Autoritäten und Nichtautoritäten enthalten« ist) ließen sich »nur unter der Voraussetzung einer Neuentwicklung der politischen Strategie des SDS lösen«.

Wie man sieht, saßen die Lektionen in Parteichinesisch noch nicht so richtig. Die Basis rumorte noch. Noch hatte sie sehr zum Schein die ganze Macht. Mit Phantasien von derselben ließ sie sich reichlich verwöhnen. Sie war noch nicht reif für die eiserne Parteidisziplin. Sie träumte von der Revolution und überhörte den drohenden Ton, der sie der luxurierenden Bedürfnisse bezichtigte. Revolution, Zerschlagung der Staatsmacht, allgemeine Machtfrage, die Fesseln der kapitalistischen Produktionsweise sprengen... für die einen waren es Schlüsselwörter für ein modernes Gedicht, für andere Reizwörter für den Griff zum Wackermann oder Feuerzeug. Es war etwas los mit diesen Wörtern, auch wenn sie hier den Ton wechselten, damit endlich die Völker die Signale hörten. Im Kolbkeller, bei den heiß verklemmten Tanzvergnügen aus dem Vordiscozeitalter, welche der Frankfurter SDS sich nach seinen Mitgliederversammlungen gönnte, wenn auch endlich Wolfgang Pohrt zu Ende geredet hatte, reimte sich bei geballten Fäusten auf »Bungalow Bill« (»what did you kill« – aus dem weißen Beatles-Album): hey – Mao Tse-tung. Die Chinesen sollten uns mit echtem Heroismus versorgen, damit wir dem unechten der Westernhelden mit Stärke begegnen konnten. Die großen Worte, Sprachen und Namen der Revolution, sie zu sprechen und auszusprechen half dem Sprachmangel ab. Man mußte die neue, die klassenlose Gesellschaft herbeireden und -schreien, wenn man sie nicht herbeischießen wollte. Die Macht war ein gefährliches Spiel, das machte den Ernst der Aufgabe aus, die an der Last der Stellvertretung schwer trug. Sollte der Neue Mensch wie Adorno reden? Wie Krahl vielleicht auch nicht. Vielleicht würde er überhaupt nur wenig reden. Immerhin wäre er ja mal hauptsächlich Proletarier gewesen. Jedenfalls brauchten *wir* die Rhetorik der revolutionären Gewißheit, die paroxystische Provokation des Antikommunismus, die die Chinesen herbeizitierte, welche ihre Kulturrevolution gleich fix und fertig mitbringen und die sich unter unseren Augen abspielende amerikanische zugunsten der uns so teuren Nachkriegsalternative Faschismus oder Kommunismus abschmettern würden. Wir waren die letzten, die sich noch ergreifen ließen von der alteuropäischen Liebe zu kollektivistischen Ideologien bzw. vom Haß auf sie, von der Lust an der Rationalisierung des Opfers, die nur im Mythos gelingt, einem Essentialismus der Revolte voller Erotik der verklärenden Theorie, die alles nur Metaphorische abgestreift hatte. Die Fesseln der kapitalistischen Gesellschaft sprengen – ja, echt!

Das wollten alle – nicht alles, sondern das. Die Berliner waren den Frankfurtern höchstens in ihrem naiven, projektiven Realismus voraus, ihrer Kunst, die Dinge einfach und klar zu benennen. In Frankfurt war man langsamer und hielt sich Optionen offen, wie man sich die Revolution vorzustellen hatte. Man wägte ab, wie man die Antiautoritären zur Räson bringen sollte, während man sie in Berlin kurzerhand zu »Kadern« beförderte. Hier wie da stand die »Machtfrage« an, und zwar die auf gesellschaftlichem Niveau, nicht die im antiautoritären Keller der »emanzipationsegoistischen« Bedürfnisse gegenüber Vätern, Lehrern oder Männern, »Autoritäten« und »Führern«, nach einem Stück kollektiver Macht am Arbeitsplatz oder nach einem Stück Freiheit von Leistungs- und Konsumnormen, Karrierebildern und Konkurrenzmotiven. Über solche privilegierten Einstiege zu politisch aufklärbaren Einsichten in die Gesellschaft, da wo sie als Herrschafts-, Unterdrückungs- und Ausbeutungszusammenhang zu *erfahren* war und wirkliche Motive für »sozialistische Politik« entstehen konnten, schickten sich die herrschenden Meinungen im SDS an, langsam aber sicher hinwegzupolitisieren. Der Topos »Revolution« (und die anderen Schlüsselwörter der hochgeschwappten Tradition), der so herrlich irreal war, weil die Grenzen der Macht tatsächlich nicht in Sicht waren, und der deshalb so plastisch war, weil er auf allen, konkreteren und abstrakteren Stufen des politischen Bewußtseins im Sinne praktischer Selbstvergewisserung zum Einsatz gebracht werden konnte, begann, sich von seinem »Ort« (Topos) zu lösen und abzuheben zum »U-topos«.

Aber waren denn unser Denken und unsere Sprache nicht sowieso utopisch? Gab es denn überhaupt eine Legitimität für ein Denken in Kategorien des revolutionären Sozialismus, dem wir die frühe Kritische Theorie zurechneten, angesichts der bescheidenen und beschränkten Mobilisierungserfolge unserer Aktion und Agitation? In der Tat warteten wir mit Topoi einer Literatursprache auf, deren Legitimität im aktuellen Kontext mehr als fraglich war.

Dennoch hatten sie zunächst nichts Sektiererisches. Irgendwie trafen sie auf eine politische und kulturelle Erwartungshaltung. Der Ort, wo »Revolution« als Topos Gültigkeit erlangte, wo er aus dem bloß literarischen Kontext einer vergangenen Sprache und der ihr zugehörigen politischen Kultur, Tradition und mythologisierten Historie heraustrat und vom Gemeinplatz einer Literatursprache zum politisch konkreten Gemeinplatz (topos koinos, locus comunis) wurde, war eben der »besetzte«: der Ort oder Platz, wo die »gemeine« Sprache der Macht und ihrer »kommunitären« Organisation in einem herrschaftsfrei gemachten Raum (»Revolution«) gesprochen wird. In dieser empirischen, durch die Erfahrung der eigenen Macht über fremdgesetzte Bedingungen des Lebens und Arbeitens bestimmten Sprache erhalten die Begriffe, deren sich die Akteure zum Zweck der Selbstaufklärung bedienen und die einer unterdrückten oder herrschaftlich umfunktionierten Tradition (wie Marxismus und Psychoanalyse) entnommen sein mögen, ihren Sinn und ihre Lebendigkeit. Solange solche Begriffe als Deutungs- und Verständigungsmittel zur Orientierung und Einrichtung im unbekannten Gelände der Freiheit eines gesellschaftlich bedeutungsvollen besetzten »Ortes« herangezogen werden, erfüllen sie ihre dialektisch-topische, d.h. auch eminent rhetorische Funktion der Aufklärung und Klärung von politischen Erfahrungs- und Entscheidungsprozessen durch die an der Organisation ihrer Macht arbeitende Gruppe. Mit dem gesellschaftlichen Ort werden auch Sprache und Bewußtsein neu »besetzt«, dem sprach- und bewußtlosen Entsetzen vor der übermächtigen Gewalt der Herrschaft entrissen durch die antiautoritäre Aktion und deren theoretische Deutung im Licht machtpraktisch angeeigneter Begriffe aus unterdrückten oder herrschaftlich umfunktionierten Traditionen revolutionärer Bewegungen.

»Die Revolutionen sind die Fest- und Feiertage der Unterdrückten« – so stand groß zu lesen in der Eingangshalle des besetzten Soziologischen Seminars, ein viel zitierter Satz, der durch die Autorität Lenins zum Gemeinplatz der revolutionären Literatur geworden war. Mit der Besetzung gedieh das Zitat vom hermeneutischen Ereignis zum kulturrevolutionären Sprachspiel. Ohne in ihrem historischen Umfang oder ihrer Wirkung mit den Ereignissen, die mit dem Begriff Revolution anerkanntermaßen verbunden sind, vergleichbar zu sein, war doch die achtundsechziger Bewegungs- und Besetzungsgeschichte dem subjektiven Bewußtsein der Akteure nach von diesen nicht prinzipiell verschieden. Wir gebrauchten die Topoi der revolutionären Literatur nicht metaphorisch, sondern besetzten sie, indem wir sie mit konkreter Macht füllten. Dabei war es gleichgültig, daß es sich zunächst nur um eine Straßenkreuzung oder ein Universitätsseminar handelte. Auch andere Revolutionen hatten klein angefangen, nicht zuletzt jene, die sich im Mai '68 in Frankreich ereignete, und immer, vom spanischen Bürgerkrieg über 1918, die russische Revolution und die Pariser Commune bis hin zu 1789, begannen sie mit Besetzungen gesellschaftlich bedeutender Orte der Produktion und Verwaltung, des Bewußtseins und der Sprache durch kommunitäre Organisation der Macht und der Verständigung (die Kollektivierungen, die Räte, die Commune, die Sektionen) seitens der »Gemeinen«, d.h. der von der Macht ausgeschlossenen, unterprivilegierten Gruppen. Die Topoi der Geschichte der Aufklärung und des Sozialismus erklärten uns die politische Situation, die wir selber geschaffen hatten, solange wir »besetzten«, d.h. unsere emanzipatorischen Interessen gegen herrschaftliche Gewalt mit selbstorganisierter Macht durchzusetzen suchten. Unter diesen praktischen Voraussetzungen war der – wenn man so will – Spontaneismus der revolutionären Einbildungskraft, mit dem wir die regulativen Vernunftbegriffe einer sozialistisch einzurichtenden Gesellschaft auf unsere gesamtpolitisch unbedeutenden antiautoriären Aktionen bezogen, gerade noch auszuhalten.

Damit war Schluß, als strategisches Denken in staatspolitischen Kategorien die machtwirksame Verbindung von emanzipatorischen Interessen und revolutionärer Theorie zerschnitt und politische Vernunft sich unter Hintanstellung von solchen Interessen nach formalen Organisationskriterien, schließlich parteiförmig umsetzen sollte. Als wachsende Teile der im antiautoritären Protest aktivsten Studenten sich Parteien und Universitäten zuwandten, um wiederum zu besetzen, diesmal aber Funktionärs- und Beamtenstellen, fiel die Theorie zurück in den Bereich der Utopie, aus dem sie gekommen war. Sie retraditionalisierte zum Marxismus-Leninismus und zur akademischen Wissenschaft. Der mühsam gebändigte Überschuß der Theorie über die Erfahrung der Macht emanzipatorischer Interessen löste sich aus der topischen Struktur, in die die Theorie durch »Besetzung« eingebunden war. Ihr semantischer Gehalt bemächtigte sich der praktischen Klugheit und des politischen Augenmaßes. Sie verlor den mythischen Zauber, mit dem sie den antiautoritären Protest umgeben hatte, und trat zurück in die Revolutionsutopik sektiererischer Parteidoktrinen und die akademisch verwaltete Topik nicht mehr politischer, sondern bloß noch literarischer Gemeinplätze. Der Zwangsrealisierung der Theorie durch diese oder jene »Partei der Arbeiterklasse« entsprach die Theoretisierung der Realität durch diese oder jene Spielart des zur Soziologie verwissenschaftlichten Marxismus.

Gescheitert sind nicht nur die ML-Parteien, sondern auch, wenngleich im Unterschied zu diesen keineswegs folgenlos, die Anfang der siebziger Jahre unternommenen Versuche, eine kritische Theorie der Gegenwartsgesellschaft in kollektiven Forschungszusammenhängen zu erarbeiten. Ging es dabei einerseits um die Erfüllung eines Postulats der Studentenbewegung (»Die Bewegung wissenschaftlicher Intelligenz muß zum kollektiven Theoretiker des Proletariats werden«[28]), so diente andererseits das Institut für Sozialforschung der dreißiger Jahre als Vorbild. Das galt z. B. für das Projekt eines interdisziplinären »Zentrums für Neomarxismus« an der Universität Hannover. Es ging unter in dem sich ständig weiter differenzierenden Lehr- und Forschungsbetrieb der gewaltig expandierenden Sozial- und Kulturwissenschaften. Auch die Absichten der sogenannten Alternativbewegung vom Ende der siebziger Jahre, die bemüht war, den antiautoritären Grundkonsens der Protestbewegung von der Höhe der radikalen Gesellschaftskritik und des demonstrativen Protests herunterzuholen und in lebenspraktische Formen zu übersetzen, rückten in die Programmatik der verwalteten Aufklärung ein. Was bleibt, ist 1968 als ein hochbesetztes Ereignis, in dem aber das Entsetzen, das von 1945 herkommt, nicht aufgehoben ist.

---

28 Hans-Jürgen Krahl, a.a.O., S. 345.

Rudolf zur Lippe

Die Frankfurter Studentenbewegung und das Ende Adornos
Ein Zeitzeugnis

[1989]

Adorno gehört zu den Autoren, denen ich zunächst als Mensch begegnete, im Zuhören, im Gespräch, in gemeinsamen Besichtigungen und Betrachtungen. Erst dann stürzte ich mich auf die musikalischen Schriften, arbeitete mich durch die gesellschaftstheoretisch-philosophischen hindurch, um so genau wie möglich am Werk zu verstehen, welches die Richtung und die Mittel der Kritik waren, die mir unmittelbar aus den persönlichen Haltungen und Äußerungen mit einer sehr großen Bestimmtheit entgegentrat. Ebenso suchte ich in den veröffentlichten Schriften wiederzufinden, was bei einem Besuch oder einer gemeinsamen Reise mich Adorno so spontan verband: Wie konnte diese lebhafte Herzlichkeit ein Werk prägen, das doch durch kämpferische Analyse und äußerste Strenge des Wortes ausgezeichnet war? Wie ließ sich die engagierte Menschlichkeit wiederfinden in den kristallischen Architekturen dieser geschriebenen Sprache?

Diese streng logische und engagiert politische Kritik war mir auch während der sechziger Jahre fremd geblieben, obwohl ich unter dem zu Kritisierenden längst gelitten hatte. Anteil an der Gestaltung der geschichtlichen Verhältnisse und Fragen schien nur nehmen zu können, wer den Gesetzen einer durchaus von partiellen Interessen bestimmten Macht sich zu unterwerfen bereit war. Meine Sorge, wie in einem solchen Lande eine tätige Lebendigkeit der Menschen möglich sein solle, war zur Resignation verfestigt; dies um so tiefer, als ich festgestellt hatte, daß ich den französischen Verhältnissen nicht bessere Bedingungen abringen könnte, selbst wenn ich nach Frankreich zu gehen bereit gewesen wäre. Da sagten plötzlich Studenten, in dem Lande, in dem sie und ich aufgewachsen waren, wollten sie leben können als ganze Menschen und in der Verantwortung für die Entscheidungen der großen politischen Probleme. Leben können. Und dies sollte auch noch in dreißig Jahren möglich sein. Dafür traten sie mit einer rücksichtslosen Argumentation und rückhaltlos mit ihrer ganzen Existenz ein.

Bis dahin hatte ich zu den Leuten gehört, die aus Bequemlichkeit sich nie näher mit dem Unterschied zwischen SDS und SSD beschäftigt hatten. Die ängstliche Fremdheit gegenüber den Linken und Radikalen dauerte durchaus fort. Die außerparlamentarische Opposition erschreckte mich durch die Rücksichtslosigkeit ihrer Kritik. Die Studenten hielten sich Menschen wie mich – einen wie immer für ihre Bewegung aufmerksamen, aber doch »etablierten« Verlagslektor – ihrerseits deutlich vom Leibe. Ich hatte ein starkes Interesse für die Kulturen der Dritten Welt, von denen Europa Entscheidendes zu lernen hat, und an einer geschichtlichen Verantwortung der Wissenschaften. Meine Suche nach Möglichkeiten gemeinsamen Tuns mit den Studenten scheiterte aber an der gegenseitigen Berührungsangst. Wenn die jungen Linken dann demonstrierend über die Straßen von Berlin zogen, bewunderte ich, wie sie mit ihrer ganzen Person für ihre Erkenntnisse eintraten, und zog mich unwillkürlich von dem forschen Lärm zurück, mit dem sie das exerzierten.

Gleichzeitig wurde es immer notwendiger, sich öffentlich von jeder Mitverantwortung am Vietnamkrieg zu befreien, indem man der amerikanischen Politik, ihrer militärisch-ökonomischen Durchsetzung und deutscher Beteiligung daran Einhalt zu gebieten versuchte. Ich hatte die Generation meiner Eltern gefragt, womit sie ihrer Ablehnung des Faschismus Ausdruck gegeben hatte. Ich wollte meinen Kindern auf ihre entsprechenden Fragen zu dem historisch veranstalteten Unheil meiner Epoche entschiedener antworten können. Im Februar 1968 ging ich dann mit dem Entschluß um, mich an der großen Demonstration gegen den Vietnamkrieg in Berlin selber zu beteiligen. Als diese Demonstration, für Menschen ohne politische Ämter die einzige Möglichkeit zu einem öffentlichen Schritt, auch noch verboten wurde, blieb gar kein anderer Weg. Manches, was zu diesem Wege gehörte, drängte mich dennoch eher in eine innere Distanz. Wie hätte mir etwa plötzlich die rote Fahne wert und vertraut sein sollen? Auch konnten die Ziele allgemeiner Beteiligung an einem bewußten öffentlichen Leben nicht in diesem Anlauf erreicht werden, der im Bewußtsein meiner Generation der erste war. Aber es bewegten sich wieder Menschen in meinem Lande und sahen, worauf es ankam, wenn wir wirklich für eine menschenwürdige Zukunft in den industriell mechanisierten Gesellschaften und für eine Welt mit den Völkern, denen so lange ihre eigenen Wege zu gehen verwehrt worden war, eintreten wollten.

1968 ist inzwischen so lange her, daß schon viele Jahrgänge heute Erwachsener, erst recht Jugendliche, keine lebensgeschichtlichen Erinnerungen an die Situationen damals haben. Die Ereignisse liegen andererseits so kurz zurück, daß ihr eigentlicher Anteil an der Geschichte, der zweifellos am stärksten gerade in den verdeckten mittelbaren Wirkungen sein dürfte, noch nicht eingeordnet werden kann. Darum müssen wir die Anekdote in die Darstellung von Geschichte um so ausdrücklicher einbeziehen, sobald sie nur von dem Erleben der einst beteiligten Menschen und von der Bedeutung ihres Denkens und der Situationen zugleich für die Entwicklungen im Großen etwas mitteilen kann. Was hier zu berichten ist, bildet freilich eher eine vergleichsweise kleine, aber, wie Goethe sagt, eine unerhörte Begebenheit.

Also fasse ich noch einmal zusammen, was mich im Frühjahr 1969 nach Frankfurt führte. Wissenschaftlicher Arbeit war durch den politischen Aufbruch wieder die Aufgabe gestellt, die Bedingungen und Möglichkeiten dessen zu untersuchen, was nun einfach und großartig Praxis heißen durfte. Meine Beschäftigung mit strukturalistischen Deutungen der vielen Kulturen der Geschichte als vergleichbaren Entwürfen der Menschheit hatte mich außerordentlich angeregt; aber mir hatten Ansatzpunkte für ein praktisches Engagement gefehlt. Die schienen nun fast selbstverständlich zu sein. Dieser Linie konnte ich folgen, als Adorno mir anbot, mich bei ihm zu habilitieren, also an die Universität, wenn auch in ganz unbestimmtem Verhältnis zu der Institution, zurückzukehren. Dabei nahm ich gleichzeitig eine ganz andere Linie wieder auf. Meine Neigungen zur Malerei, zur Architektur, zum Theater, die ich neben meinen Studien von Staatsrecht, Ökonomie und Geschichte weiter entwickelt hatte, fanden an Adornos Kompositionen, seinem Klavierspiel und seinem Musikverständnis neue Ermutigung. Ich hatte sie ähnlich wie er nur aus einer Art Pflichtgefühl in schlechten Zeiten der Geschichte zurückgestellt. Die tiefe Bedeutung der Kunst im gesellschaftstheoretischen und erkenntnistheoretischen Denken von Adorno verhieß nun auch mir die Aussicht, beide Felder wieder zusammenzuführen. Die Studenten wollten ja auch die Kunst von Kommerz und Konsum befreien und in ein entfalteteres Leben überhaupt hineinziehen.

Auf dieser Kreuzung der Vorgeschichten und der Aussichten ergaben sich die nun zu skizzierenden Vorgänge.

Einige Situationen im Jahre 1969

Die Einsicht, daß Erkenntnis geschichtlich und also auch lebensgeschichtlich bedingt ist, gehört zu dem, was wir von der Frankfurter Schule wie von der Studentenbewegung gelernt haben. Deshalb gilt es noch einmal, Ereigniszusammenhänge auch aus den biographischen Einzelheiten für das einschätzende Bewußtsein zu vergegenwärtigen.

Als ich, zum erstenmal nach fünf Jahren Berufstätigkeit, im Seminar von Adorno saß, schlug Verwirrung über mir zusammen. Ich saß am hintersten Ende eines überfüllten großen Raumes und konnte keinen Einlaß in die Situation finden. Es war noch der große düstere Seminarraum im alten Gebäude der Universität von 1900. Dessen Portal hatte der Architekt Kramer weggerissen, um den wilhelminischen Barock wenigstens von außen etwas zu beseitigen. Der Erfolg war eine Gesichtslosigkeit, die den Sprühern von 1968 das Terrain vorbereitet hat: Nun stand rot »Karl Marx Universität« über dem Rechteck der Glasziegel. Drinnen führten unverändert die wulstigen Rampen des Treppenhauses zu den Philosophen hinauf, die in verstaubten Abteilungen zwischen billigen, aber verdreckten Fichtenregalen voll Büchern an kleinen Arbeitstischen saßen. In dem Seminarraum selbst bildeten diese Regale sogar eine Zwischenwand und teilten eine kleine Ecke ab, die ohnehin dem einzigen Fenster am fernsten lag. Dort bekam ich gerade noch einen Platz, um der ersten Sitzung des Sommersemesters beizuwohnen.

Selbstverständlich stellte dieses Oberseminar ein Ereignis von zentraler Bedeutung dar. Adorno selbst verstand dies ganz im Sinne seiner begrifflichen Arbeit. Die Erwartungen im Raum waren gewiß daran orientiert, aber auf zugleich ganz diffuse Weisen. Ein kleiner Kreis von Routiniers war darauf eingestellt, die eigene Erfahrenheit an einem neuen Gegenstand zu bewähren. Vielleicht war bei manchen von ihnen das Bewußtsein, seit jeher die herrschenden gesellschaftlichen Verhältnisse mit höchster geistiger Kompetenz kritisieren zu können, so stark ausgebildet, daß sie die aufrührerischen Studenten mit einer Art distanzierten Wohlgefallens betrachten konnten. Später wurde jedenfalls der darin verborgene Widerspruch deutlich spürbar. Manche Mitglieder dieser Zwischengeneration zeigten, daß ihnen eine gewisse Zugehörigkeit zur Protestbewegung einfach zustände, während sie eigentlich sich an deren Bewegungen gar nicht beteiligten.

Umgekehrt war offenbar die Beziehung der ausgesprochenen Proteststudenten und -studentinnen zu dem Theorieseminar. Daß man da dazugehörte, verstand sich sozusagen von selbst, obwohl die meisten deutlich hier nur wie auf Besuch hereinschauten. Wichtig waren ihnen Diskussionen beim SDS oder Schulungsgruppen zur Marx-Lektüre oder Aktionen an den Fachbereichen und in der Stadt. Die profiliertesten fühlten sich in der theoretischen Arbeit an der Geschichte der Philosophie derart zu Hause, daß sie auch bei gelegentlicher Anwesenheit im Seminar sich sofort mit genau pointierten Beiträgen einschalten konnten. Die anderen gaben dann durch Ausrufe eher zufälligen Unmuts zu verstehen, daß es schließlich Wichtigeres gebe, als die Hegelschen Vorstellungen vom Bewußtsein auf verschiedene Phasen der bürgerlichen Geschichte zu reflektieren. Die große Menge kam aber wohl der Faszination der großen Frankfurter Lehrer folgend. Sie wünschten sich, dem Denken, das ihnen lesend irgendwo in den deutschen Provinzen begegnet war, unmittelbar nahe zu sein. Dieser Wunsch wurde sicher für viele auf nicht genau bestimmte Weise von dem Drang überlagert, nun, einmal am Ort der Studentenbewegung angelangt, an den eigentlichen Ereignissen teilzuhaben. Diese sonderbar diffuse Stimmung konnte vermutlich leicht mit der gewohnten Undurchdringlichkeit universitärer Situationen verwechselt werden. Jedenfalls schien niemand irgendeine besondere Aufmerksamkeit dieser durchaus besonderen Situation zuzugestehen, am wenigsten der Lehrer selbst und seine engere Umgebung von Assistenten und solchen, die es werden wollten. Auf widersprüchlichste Weisen war die Institution anerkannt, die dieses Oberseminar darstellte, ohne daß die Möglichkeiten der Beteiligung irgendwie geklärt gewesen wären. Die Undurchdringlichkeit dieser Strukturen legte sich wie ein dicker grauer Nebel über die Sache, an der gearbeitet werden sollte, und verband uns mit ihr auf unkenntliche, lastende Weise.

Zunächst meinte ich einfach, nur nicht verstehen zu können, worüber der Philosoph mit einer kleinen Zahl von Assistenten und anderen Promovierten sprach. Ich spürte aber langsam, daß sich überhaupt in der Menge keine Beziehung zu diesem Geschehen entwickeln konnte. Da ich nach und nach bemerkte, daß über Fragen gesprochen wurde, deren Erörterung ich am Abend zuvor im Hause Adorno doch in bescheidener Weise durchaus hatte folgen können, wurde mir bewußt, wie stark der inhaltliche, der gedankliche Zugang durch die Art der Veranstaltung verstellt war. Die Kritik an schlechter Vermittlung in Universitätsveranstaltungen war damals nicht mehr neu, und sie ist immer noch aktuell, trotz aller Experimente, mit denen wir andere Möglichkeiten zu finden hofften. Aber ich erschrak ganz tief, weil mich das Vergebliche, das mir entgegenschlug, nicht in der Ohnmacht der Gewohnheit traf. Ich kam von außen und erlebte mit dem Blick etwa des Ethnologen, wie dort eine ungewollte Formalisierung die vermutlich einander ziemlich nahen Beziehungen zu der Sache stillstellte. Dazu konnte auch noch der Gegenstand Licht auf das Problem des Verfahrens werfen. Es ging um das Verhältnis von Subjekt und Objekt als Herrschaftsverhältnis in der Erkenntnisform und in der geschichtlichen Wirklichkeit.

Der langjährige Abstand vom Wissenschaftsbetrieb gab mir die Chance, mich als fremden Beobachter zu fühlen und nicht nur als unfähig. Diese Unfähigkeit schienen jene, die sich als fähig aus der Menge abhoben, nur um so deutlicher zum persönlichen Ungenügen der übrigen zu machen. Meine persönliche Beziehung zu Gretl und Teddie Adorno dagegen half mir zu verstehen, daß es wohl weder an dem Veranstalter noch an den Teilnehmern des Seminars lag, wenn beide Seiten über der Sache nicht zusammenkamen. An sich waren die Studenten an dem kritischen Verstehen der Denkformen, das Adorno vortrug, und an den theoretischen Wegen dazu ebenso engagiert wie er selbst.

Damals wußte ich noch nicht, daß Konflikte zwischen beiden Seiten, von denen damals wie heute ganz pauschal geurteilt wurde, wesentlich auf solche Hindernisse der Vermittlung, des Sich-Mitteilens zurückzuführen waren. Da ich dies aber später im Frankfurter Sommer 1969 außerordentlich deutlich zu sehen bekam und seither ganz Ähnliches immer wieder beobachten muß, spreche ich hier einleitend gerade von dieser Situation. Außerdem ging in gewisser Weise von ihr eine Entwicklung aus, die bis zum Ende des Semesters an Bedeutung gewann, das dann das letzte in Adornos Leben wurde.

Als ich, noch in Berlin, am Radio von der Besetzung des Instituts für Sozialforschung durch die Studenten und dem von Adorno ausgelösten Polizeieinsatz hörte, hatte ich nur zum Telephon greifen und ihm mein Mitgefühl ausdrücken können. Ich zweifelte nicht einen Augenblick daran, daß ihm diese Ereignisse eines so grauenhaft sein mußten wie das andere. Tatsächlich erinnere ich mich auch vor allem an seine drängende Besorgnis darüber, daß Hans-Jürgen Krahl, einer derer, die Studentenführer genannt wurden und eine ausschlaggebende Rolle bei Diskussionen und Aktionen einnahmen, verhaftet, also in den Händen der Polizei sei. Er habe sofort dem ihm befreundeten Generalstaatsanwalt Bauer klar zu machen versucht, daß dieser sehr sensible Mensch das nicht ertragen könne und frei gelassen werden müsse.

Die Frage, wie notwendig der Polizeieinsatz war, ist später noch zu behandeln. Sie bildete für den Beginn des Sommers den Hintergrund, den ich in der ersten Sitzung zu *Objekt und Subjekt* erlebte. Im Erschrecken darüber, wie schwer es für die anderen in jenem Seminarraum sein mußte, überhaupt zu sehen, was ihnen da in etwa geschah, mußte ich ihnen meine Verständnishilfe anbieten. Ich verfaßte einen Bericht über die Situation, wie sie mir sich dargestellt hatte, um die anderen zu fragen, ob dies ihnen etwas erkläre. Zumal dies meine erste Gelegenheit dazu war, stürzte ich mich mit der Emsigkeit des Neulings in die kompliziertesten adornistischen Formulierungen, und der Text fiel viel zu lang und auch zu wütend aus. Aber er wurde verteilt und schließlich mit einem kleinen Kreise diskutiert, den auch einige der heftigsten jungen Kritiker Adornos besuchten. Es bildete sich eine kleine Gruppe, deren Mitglieder alle begannen, in unterschiedlichem, aber engem Bezug auf das Seminar eigene Vorstellungen zu der Arbeit zu entwerfen. Adorno war sicher sehr verletzt, aber ließ das mit gewohnter Großzügigkeit geschehen. Er beklagte nur, daß ich nicht ihm das Vertrauen bewiesen hätte, zuerst mit ihm über meine Kritik zu sprechen. Daß ich in diesem Fall der schwächeren Seite die erste Loyalität schuldig zu sein glaubte, hat er, nicht ohne doch darunter zu leiden, gelten lassen. Die Ambivalenz zwischen menschlicher Pflicht im persönlichen Vertrauen und im öffentlichen andererseits war keineswegs nur die meine. Dieser Konflikt hat wohl durchgehend das Verhältnis der Frankfurter

Studenten zu ihrem Lehrer Adorno geprägt, soweit sie ihm selbst hatten begegnen können.

Für Adorno dagegen stellte sich eine ganz andere Frage. Wie wirklich fühlten sich denn »die« Studenten oder »der SDS« einer unmittelbaren Menschlichkeit und differenzierten Einsichten in einer Sache verpflichtet, während sie mit Angst einflößender Geschäftigkeit aufs Ganze der gesellschaftlichen Veränderungen gingen?

Vergaß nicht Frank Wolff als einer der Anführer des Protestes auch seine Musik? Nein, er ist nicht später erst ein guter Cellist geworden, sondern spielte auch in jenen Jahren immer wieder sein Instrument. Adorno aber scheint keine Verbindungen unterhalten zu haben, durch die er dergleichen erfahren hätte. Würden die Studenten das Benjamin-Archiv besetzen wollen? Würde der SDS aus Empörung über diskutierbare Streichungen in einigen Ausgaben solange in den äußerst fragilen Manuskripten des Passagen-Werkes wühlen, bis das Papier zu Staub zerfallen würde? Ich hatte im Winter zuvor einen letzten Versuch unternommen, in Berlin mit den Studenten zusammenzukommen. Ein Buch über die rechte Kunst für ein neues Leben in der Gesellschaft, das ich plante, gab den richtigen Einstieg. Ich machte eine Anschrift ausfindig für eine geheimnisvolle »SDS-Projektgruppe Kultur und Revolution« und lud die Leute zu mir ein. Die Gruppe bestand aus eben den vier Menschen, die in der *Zeit* zwei interessante und differenzierte Artikel veröffentlicht hatten; und diese drei jungen Männer und eine junge Frau kamen. Nach einem ordentlich empörten ersten Dialog, der die kämpferischen Werte betonte, wurden alle sehr freundlich und engagiert an den neuen Fragen für die Kunst. Noch nach Jahren kamen immer wieder einmal fast freundschaftliche Gespräche zustande. Diese persönliche Erfahrung bestätigte sich bei einem der dramatischeren Anlässe der Berliner Universitätsbesetzungen.

Das Germanistische Seminar wurde von den Studenten besetzt. Auf einem Transparent der Fassade wurde es zum »Rosa Luxemburg Institut« ernannt. Man sah sich in den Räumen um, die eine Attraktion für mehr als die ernsthaft Beteiligten geworden waren, zumal dort Teufel und Langhans, zwei Mitglieder der »Kommune 1«, und zwar zwei ausgesprochen spektakuläre, Stempel auf die Handrücken verteilten, die zur Teilnahme an der Verteidigung der revolutionären Stätte berechtigen sollten. Bei meinem Rundgang durch das Haus blieb ich lange in der großen Bibliothek stehen. Die Mitte war freigeräumt. Die Wände waren von unten bis oben mit Büchern bedeckt. Darüber hatten die Besetzer große Papierbahnen gespannt, auf die sie die Worte geschrieben hatten: »Rosa schützt die Bücher.« Dem rührenden Effekt dieser Szene konnte Adorno sich nicht entziehen, als ich davon berichtete. Dennoch befürchteten er und entschiedener noch seine Frau das Schlimmste. Er sagte: »Wenn sie kommen und diese Wohnung besetzen, dann sollen sie das meinetwegen tun. Aber ich möchte mir zwei Dinge ausbedingen. Die Bücher dürfen nicht zerstört werden, und ich will mitbestimmen, was an die Wände geschrieben werden darf.«

Ich habe nie gehört und kann mir auch heute nicht vorstellen, daß je irgend jemand an diese Möglichkeit ernstlich gedacht hätte. Trotzdem war mein Zutrauen zu den Studenten zu treuherzig im Verhältnis zu der ganzen Situation. Zwar hatte ich einige von ihnen kennengelernt. Aber ich unterschätzte wohl, was in massenhaften Versammlungen empörte und letztlich doch zu schmerzlicher Unwirksamkeit verurteilte Menschen zu tun bereit sein könnten. Brachen nicht die Demonstrationen in das Leben der Bürger mit einer Unvermitteltheit ein, die um so brutaler wirken mußte, je weniger die Studentenbewegung den Mut fand, sich wirklich an die Menschen auf den Bürgersteigen und an den Fenstern zu wenden, statt einfach die Straßen für sich selbst zu beanspruchen? Einem der Sprecher des SDS hatten in Frankfurt Mitglieder der politischen »Lederjackenfraktion« in seiner Abwesenheit die Wohnung kurz und klein geschlagen in Haß und Hohn auf Bücher und Intellekt. Was wäre geschehen, wenn sie ihn selbst angetroffen hätten?

Diesen Teil der Studenten bekam Adorno nicht zu sehen. Aber auch mit den anderen suchte er nicht über seine Kritik und seine Befürchtungen zu sprechen. Das taten auch die anderen Lehrer kaum, die zu öffentlichem Auftreten in politischen Versammlungen besser geeignet gewesen wären als dieser Mann, den seine jüngeren Freunde manchmal liebevoll einen Privatanarchisten nannten. Er sagte zu mir: »Ach Rudolf, wir Einzelkinder sind doch nicht zum Steinewerfen gemacht.« Er zog sich zurück, ohne doch an die Leere zu denken, die er da hinterließ zwischen ihm und denen, die es endlich einmal zeigen konnten, daß noch nicht alle Menschen eindimensional geworden waren. Sie blieben auch allein mit dieser Überzeugung von der Kraft appellativer Argumente und gerieten, um Wirklichkeit zu gewinnen, in eine gewisse zwanghafte Beschleunigung. Diese Aktivität bezeichnet Peter Sloterdijk nicht zu Unrecht als die letzte »Mobilmachung«, die die Aufklärung sich leisten zu dürfen geglaubt hat.

Adorno hat, wie schmerzlich es ihm auch sein mochte, hingenommen, daß ich glaubte, meine Verständnishilfe zu allererst den Studenten anbieten zu müssen. Wenn er sie zuvor hätte beglaubigen können, wäre für die anderen eine erneute Zweideutigkeit entstanden. Alles kam darauf an, daß die Studenten auf meinen Versuch eingehen konnten. Adornos hielten mich für allzu unerfahren und gutgläubig den Studenten gegenüber, die andererseits ihnen nur aus einer problematischen Entfernung sichtbar waren. Tatsächlich aber erschienen in meiner kleinen Wohnung sechs oder sieben von ihnen, durchaus etwas verdutzt darüber, was sie da eigentlich sollten, aber auch bereit, mit der ungewohnten Situation etwas zu beginnen.

In den folgenden Wochen traf sich dieser Kreis in immer größerer Zusammensetzung noch öfter. Auch drei Studenten kamen dazu, von denen gesagt wurde, daß sie an der Planung der einen oder anderen jener Aktionen beteiligt gewesen waren, die so spektakulär Adorno politisch und persönlich herausgefordert hatten. Die Öffentlichkeit nahm sie zum Anlaß, hämisch den Philosophen als Opfer seiner eigenen Lehren zu bezeichnen. Welche Spannungen in Wirklichkeit dabei zum Ausdruck gekommen sind, konnte ich bald selbst an neuen Gefechten verstehen lernen. Die Konflikte zwischen den Studenten und Adorno gehören in eine lange gemeinsame Geschichte, in der es zusammen mit wesentlichen Anstrengungen in der gleichen Richtung eben auf beiden Seiten auch Verunsicherungen, Ängste und Verstimmungen gegeben hat. Je weniger diese Momente und Situationen zur Sprache kamen, desto vielschichtiger waren später die Zusammenhänge einzelner Ereignisse. Die Berichte und das Urteil der Außenstehenden begreifen das noch weniger als die Beteiligten selbst. Sie verdoppeln noch heute das sonderbare, aber durchaus allgemeingültige sozialpsychologische Muster, das damals die Handelnden viel heftiger gegeneinander kehrte, als ihre Überzeugungen und Interessen das erfordert hätten. Es kommt so leicht zu diesem Phänomen, daß einander Gegenüberstehende in eine Art von langsam wahnhaft werdender Verfolgungsangst vor einander geraten. Diese Angst ist wechselseitig bedingt; sie steigert sich dadurch, daß die einen ihre Ohnmacht in Befürchtungen vor den anderen übersetzen und sie für die Absichten der Gegenseite halten. In ihren Äußerungen nehmen dann beide schon die befürchtete Entgegnung vorweg, so auf Verteidigung fixiert, daß sie dem erwarteten Angriff Vorschub leisten.

Die erste Sitzung des Soziologischen Seminars von Adorno im Sommersemester 1969. Ein moderner Hörsaal für mindestens fünfhundert Menschen war fast gefüllt. Also eher die Stimmung einer der großen Vorlesungen, wie sie durch die fünfziger und die sechziger Jahre Frankfurter Universitäts- und Stadtgeschichte gemacht hatten. Doch die Damen aus elegantem Frankfurter oder hessischem Hause blieben inzwischen fern. Die Atmosphäre war insofern versachlicht, als die gesellige oder gesellschaftliche Seite der beliebten Vorlesungen berühmter akademischer Lehrer, wie ich sie selbst bei den Veranstaltungen des wahrhaft trockeneren Historikers Conze in Heidelberg erlebt hatte, fehlte. Adorno dürfte schon als belastende Spannung empfunden haben, daß nun kaum jemand seinem Blick erwartungsvoll zu begegnen bereit war. Wie völlig unwiderstehlich war ihm immer der Anblick junger Damen gewesen. Einer hübschen Figur nachblickend hatte er früher, so wird noch heute erzählt, seine Ausführungen fortzusetzen aufgehört. Ich habe das nicht erlebt; nur, daß er in ganz ungeeigneten Situationen sich plötzlich zu einem Handkuß hinreißen ließ, offensichtlich, weil dies die einzig mit den Formen vereinbare Annäherung einer reizvollen weiblichen Erscheinung gegenüber schien.

Jene Aktion, die ihn am heftigsten verletzte, hat darauf gezielt. Frauen waren mit nackten Brüsten um sein Rednerpodium gegen ihn aufgetreten. Diese Brutalität in dem ihm Kostbarsten hat ihn zutiefst getroffen. Vielleicht ist auch eine Spur alter Scham dabei aufgebrochen. Im April 1969 war jedenfalls die Lage gegenüber persönlichen Begegnungen versachlicht.

Was das bedeutete, konnte ich einige Jahre später mir vorstellen, als ich die Vorlesung *Philosophische Terminologie. Zur Einführung* nach den Tonbandabschriften bearbeitete. Immer oszillierten Adornos Ausführungen zwischen der fraglosen Bedeutung, die er den Figuren historischen Denkens in der Geschichte ihrer Antworten auf frühere oder ihrer Provokation auf sie folgender Positionen beimaß, und seinen lebhaften Vorstellungen davon, wie den jungen Hörerinnen und Hörern Begriffe und Fragen der Philosophie in ihrem eigenen Leben vielleicht begegnet sein mochten. Diese selbstverständliche Anstrengung, den philosophisch Unerfahrenen Zugänge zu entdecken, muß ebenso ansteckend gewirkt haben, wie seine emphatische Darstellung von Begriffsklärungen durch große Philosophen die Menschen der Sache gewonnen haben muß.

Eine neue Sachlichkeit, die erst recht jeden Gedanken an einen Gelegenheitsflirt ausschloß, aber doch so nah zur Sache gar nicht war. Aggression war zu spüren. Die Institutsbesetzung und die gewaltsame Räumung durch die Polizei mit den Verhaftungen und Prozessen stand unverändert zwischen den

Studenten und Adorno. Er hatte sich nie wirklich dazu erklärt. Sie waren zu der Seminareröffnung gekommen, um endlich von ihm Rede und Antwort zu verlangen. Ich empfand sofort eine entsprechende Spannung in dem riesigen Raum. Die meisten anderen werden das bereits vorher erwartet haben und in dieser Erwartung dorthin gekommen sein. Andererseits wollten am Ende hunderte sich an den Arbeitsgruppen für das Semester beteiligen, die wegen der überaus großen Zahl eingerichtet werden sollten.

Adorno wollte mit einleitenden Bemerkungen zum Thema beginnen, wurde aber sofort unterbrochen. Die Aufforderung, zur Räumung, zur Polizeiaktion Stellung zu nehmen, wurde ausgesprochen. Sehr entschlossen, aber nicht als Drohung. Ich bin nach wie vor überzeugt, daß von ihm eine wirkliche Erklärung erwartet wurde, wie es dazu hatte kommen können. Schließlich widersprach der Einsatz brachialer Staatsgewalt allen Maximen der Kritischen Theorie, und die Studenten meinten, die Besetzung ohne übertriebene Aggressivität durchgeführt zu haben.

In welchem Verhältnis Besetzung und Räumung tatsächlich zueinander gestanden haben, kann ich und konnte ich nicht beurteilen. Aber ich hatte das Gefühl, daß Adorno möglichst offen von der Situation sprechen mußte. Ich war enttäuscht und erschrocken über das, was er statt dessen sagte.

»Sie wissen doch, daß ich für das Institut die Verantwortung zu tragen hatte.« »Verantwortung tragen« war längst zu der Formel aller Politiker und Wirtschaftsführer geworden, die Macht besaßen, um alle anderen von Einfluß auf ihre Entscheidungen auszuschließen und Diskussionen über deren Inhalt zurückzuweisen. Meinem Empfinden nach hatten die Studenten aber gehofft, doch eine Erklärung zu bekommen, die den Graben wenigstens an einer Stelle überbrücken konnte. Freilich konnten sie das nicht zugeben und schon gar nicht aussprechen. Damals versteckte man seine Unsicherheit hinter der Heftigkeit von Formulierungen, die eben zu verstehen gaben, daß man mit der Objektivität war. Gerade davor fürchtete sich Adorno und sagte nicht mehr, was er ein paar Wochen vorher zu mir gesagt hatte: Das Institut sei so organisiert, daß die geschäftsführenden Direktoren persönlich auch für das Inventar hafteten. Er habe die Angst gehabt, daß da Dinge zerstört werden würden, in einem Ausmaß, daß er dafür nicht hätte aufkommen können. Mit anderen Worten, er wollte nicht den Studenten ihr Vergnügen bezahlen, Türen einzuschlagen oder Bücher zu verbrennen. Letzteres war eine Unterstellung, die diese Studenten als Kampfansage empfunden haben würden, weil es ihnen um ganz anderes gegangen war; etwa um die Politik des Instituts für Sozialforschung bei Studien, zum Beispiel zur Entwicklungspolitik. Im übrigen erwarteten sie irgendeine wirkliche Darstellung dessen, was in Adorno da vorgegangen war. Über seine finanziellen Sorgen hätten sie sich vermutlich mokiert, aber zur Kenntnis genommen, daß er einfach Angst hatte. Vielleicht wäre es sogar endlich zu einer außerordentlich notwendigen, aber gerade darum heftig von allen Beteiligten vermiedenen Betrachtung gekommen. Diese Befreiungsbewegung tat anderen und sich selbst so viel Gewalt an, weil sie gar nicht nur ihren Zielen folgte, sondern eben auch Wut über alte Ohnmacht und Angst vor der Unmöglichkeit abreagierte, unmittelbar Wesentliches zu verändern. Eine Beratung zwischen Vätern und Söhnen – auf Mütter und Schwestern wurde ohnehin noch nicht viel gehört – wäre an der Zeit gewesen. Statt dessen wehrte Adorno ab.

Die Reaktion erfolgte prompt. Die Themen von Arbeitsgruppen sollten festgelegt werden. Unter heftigen Gebärden verlangte eine Gruppe, unbedingt die eigenen Schritte und Erfahrungen bei der Besetzung des Soziologischen Instituts aufzuarbeiten. Derartiges war zwar damals neu, aber doch immerhin der eigentliche Antrieb zum Aufstand gegen das konventionelle Lernschema der Universitäten gewesen. Selbstverständlich waren solche Formulierungen oft mit Demonstrationen der tätigen Ungeduld verbunden gewesen. Adorno meinte herauszuhören: Jetzt wollen sie die Universitätsbibliothek in Brand stecken, und ich soll auch noch Scheine dafür verteilen. So lehnte er das Vorhaben heftig ab, obwohl es zu dem Thema des Seminars durchaus passen konnte, das, wie ich zu erinnern meine, Sozialisationsformen unter der Kulturindustrie untersuchen sollte.

Derartige Syndrome beobachte ich, seit ich dieses mit so starkem Bedauern mit ansehen mußte, immer wieder in politischen wie persönlichen Auseinandersetzungen. Noch heute bekomme ich dabei selbst zu spüren, wie schwer es ist, sich dann in die Offenheit einer Sprache zu wagen, die den wirklichen Umständen, Befürchtungen und Auswegen entsprechen könnte.

Einige Wochen später wurde eine Gelegenheit geschaffen, bei der Adorno und Studenten sich zu einem Meinungsaustausch treffen konnten. Im Soziologischen Institut sollte die Lage an der Universität einmal möglichst offen erörtert werden. Es ist wohl nicht zu sagen, wer von beiden glücklicher war, der Lehrer, der die alte Gemeinsamkeit mit Krahl, dem hochgeschätzten Schüler, wieder aufnehmen konnte, oder dieser, der sich nicht länger ganz der väterlichen Zuneigung enthalten mußte. Freilich hielten das beide denkbar verdeckt.

Geschichte ist nie eindeutig

Selbstverständlich taten sich alle anderen mit meiner Herkunft als Prinz aus einem der letzten selbständigen deutschen Duodezstaaten noch schwerer als ich selbst. Ich hatte schon viel früher begriffen, daß man in anderen Verhältnissen als denen, aus denen man offensichtlich stammt, nur aufgenommen werden kann, wenn man sich zu beidem bekennt. Bekenntnisse sollten freilich in diesem Fall noch unaufdringlicher ausfallen, als ohnehin wünschenswert ist. Überläufer machen niemandem eine Freude. Als ich 1957 den berühmten Jazzkeller der Heidelberger Studenten kennenlernte – er gehörte zu den wenigen deutschen Anlehnungen an den Existenzialismus in Paris und nannte sich »cave 54« –, überwand ich mich dazu, zum Bier ein Glas zu verlangen, weil einem offensichtlich wohlerzogenen Sohn das Trinken aus der Flasche als plumpe Anbiederung nachgetragen worden wäre, bevor man ihn kannte. Als ich mich der Frankfurter Revolution anschloß, begann ich, einen weißen Schal nunmehr regelmäßig zu tragen, den ich immer sehr gern gehabt habe, bis heute, der aber damals mein Signal dafür wurde, daß ich meine Einstellung nicht durch Verkleidungen zu verändern gedachte. Alle kannten mich so. Spät bestätigte noch einmal ein Erlebnis den Sinn dieser Haltung. Die besetzten

Häuser in der Bockenheimer Landstraße / Ecke Schumannstraße waren wohl die bekanntesten im ganzen sogenannten Häuserkampf. Als sie geräumt werden sollten, zimmerte alles an Barrikaden für Türen und Fenster. Die Wachen am Eingang waren, als ich wieder einmal hineinwollte, zufällig keine ständigen Hausbewohner und kannten mich nicht. Jemand vermutete gerade in mir einen Geheimagenten. Ein anderer lachte und sagte: Die haben doch inzwischen alle die tollsten Revoluzzerklamotten. So läuft von denen keiner herum.

Adorno verkündete bei meinem ersten Erscheinen im Seminar den versammelten wissenschaftlichen Mitarbeitern, daß dies der Prinz zur Lippe sei, der eine philosophische Habilitation mit ihm vorbereite und von nun an dazugehören werde. Da niemand hätte sagen können, als was ich dazugehören sollte, waren die Spekulationen darüber um so verständlicher, wer denn das eigentlich sei. Später erfuhr ich, daß die durchschnittliche Reaktion etwa die war, mich für die neueste Akquisition Adornos aus dem Adel zu halten, die seiner bekannten Zuneigung zu derartigen Leuten im Moment entspräche, aber ebenso bald wieder verschwinden werde wie früher aufgetauchte auch. Mit solchen Erwartungen, zugleich anspruchsvoller und aussichtsloser als gewöhnlich dem Neuling gegenüber, ließ sich auskommen. Viel schwieriger war das auf der studentischen Seite.

Nicht nur Adorno war für seine Vorliebe für Menschen aus aristokratischen Traditionen bekannt. Vielleicht sollte man besser sagen, daß dies für ihn Menschen waren, die den Regeln und Interessen des Bürgertums weniger eng unterlagen. Wenn man an die zahlreichen Adligen allein auf den Barrikaden der Französischen Revolution denkt, zumal den Grafen Schlabrendorff, der bis an sein Ende in Paris lebte und eine außergewöhnliche Sprachtheorie entwickelte, muß man sagen, daß eine gewisse Fähigkeit, sich an einer Sache zu engagieren, mitunter egal, auf welcher Seite, solange es eine lebendige Sache zu vertreten gilt, nicht gerade unsympathisch ist und gewisse Erwartungen auch heute noch verständlich machen kann.

Hans-Jürgen Krahl machte es seinen Freunden und Anhängern im Frankfurter SDS noch weniger leicht als Adorno, wenn er immer wieder auf seine Abstammung von den Grafen Hardenberg hinwies. Als geistig, geschichtlich und künstlerisch außerordentlich interessierter, gebildeter Mensch konzentrierte er diese Anspielungen am liebsten auf Novalis, ließ aber die Blutsverwandtschaft dabei zur Geltung kommen. Ein Onkel von mir kannte zufällig diesen Zusammenhang und hatte mir davon erzählt. Ein Hardenberg liebte eine Arbeiterin auf dem ostelbischen Gute seiner Familie. Sie bekam ein Kind von ihm, heiratete dann allerdings einen anderen Mann. Dessen Namen habe ich nie erfahren. Da aber die zeitliche Zuordnung genau paßte und mein Onkel noch nach dem Kriege in Westdeutschland als Gast des inzwischen verheirateten Hardenberg den kleinen Jungen selber bei einem Ferienbesuch erlebt hatte, zweifelte ich nicht einen Augenblick daran, nun diesen kennenzulernen. Seine engeren Freunde und Genossen saßen damals oft in einer Kneipe zusammen, die an der Seite der Bockenheimer Warte lag, am Eingang zur Adalbertstraße, wo ein Wohnviertel von Arbeiterfamilien, etwa der nahegelegenen Adlerwerke, begann. Man saß dort eng um den langen Tisch gedrängt, trank viel Bier oder auch klare Schnäpse. Den unglaublichen Qualm der Zigaretten vertrug man damals noch erstaunlich gut. Alle waren da, um mit Krahl ins Gespräch zu kommen. Das konnte aber immer nur wenigen wirklich gelingen. Die anderen mußten sich mit wichtigen Themen oder mit dem neuesten Klatsch der Linken begnügen. In dieser Runde warf mir Krahl, bei meinem ersten Auftauchen dort, ein paar Anspielungen auf das bekannte Thema zu, und ich ging entsprechend in aller Beiläufigkeit darauf ein. Wie mir ein Freund später gestanden hat, hielten das nun alle dort für die Höhe des Opportunismus und waren doppelt wütend auf mich.

Krahl selber bewegte sich dagegen ebenso frei in den Bildern und Gedanken der Romantik wie in der Wesenslogik des Kapitals. Kunst war ihm sehr wichtig, und sogar für meine Arbeit über die frühe Geschichte des europäischen Tanzes empfand er so lebhaftes Interesse, daß wir für eine gemeinsame Fahrt zum Stuttgarter Ballett verabredet waren. Das war zur Zeit seines so jähen wie doch auch seltsam folgerichtigen Lebensendes durch den Unfall auf vereisten Straßen.

Freilich rechnete ich sehr viel weniger auf das mehrseitige Fragment aus dem unveröffentlichten Nachlaß von Novalis über den Tanz, das er mir mehrfach als wesentliche Anregung in Aussicht stellte. Dieser Nachlaß war immerhin nicht einmal mehr im Besitz der Familie Hardenberg, die ihn schon im 19. Jahrhundert verkaufte. Um so mehr freute ich mich auf Hans-Jürgen Krahls Beobachtungen zu einer Choreographie, die wir zusammen sehen und besprechen würden. Obwohl der Stuttgarter Stil nicht mein besonderes Interesse hatte, waren eingehende Beobachtungen und ungewöhnliche Verbindungen mit der Geistesgeschichte, sicher auch ihrer politischen und ökonomischen Bedingungen von diesem jungen Philosophen zu erwarten, der, hätte er einfach seinen persönlichen Neigungen nachgegeben, die Kritik der systematischen Zersetzung von Kultur und einer menschenunwürdigen Gesellschaftsordnung sehr viel lieber in brillanten Paraphrasen zu Balzacs Romanwerk als in Exegese und Schulung nach den blauen Bänden betrieben hätte.

Fast zu einem guten Ende

Ich muß allerdings sagen, daß wir uns so nahe vielleicht doch nicht gekommen wären ohne die Ereignisse des letzten Sommers, den wir alle mit Adorno in Frankfurt noch verbringen konnten. Im Verlauf dieser drei Monate waren die unregelmäßigen Zusammenkünfte, die einmal etwas unmotiviert über meine Seminarkritik ins Leben getreten waren, zu einer Art paralleler studentischer Vorbereitung des folgenden Semesters geworden. Wir trafen uns inzwischen wohl abwechselnd in Wohnungen und in dem hinteren Nebenraum des Seminars. Ich weiß nicht mehr, wie die Diskussionen verliefen. Ich habe damals auch nur wenige der Marxschen Denkmodelle und Texte gekannt, die eine Rolle spielen sollten, so daß ich nicht genauer von den inhaltlichen Vorstellungen berichten kann. Adorno jedenfalls begrüßte sie, als es endlich zu einer gemeinsamen Aussprache kam, als vorzügliche Ansätze für die kommende Arbeit.

Die Gelegenheit bot sich bei der Abschlußbesprechung des Oberseminars. Nicht gerade vertrauensvoll, aber ganz entschieden nahmen plötzlich auch die

Studenten daran teil, die lange ferngeblieben waren, in der Folge der gegenseitigen Enttäuschungen und auch, weil inzwischen einige sich sonst wenig für die Universität und unsere theoretische Arbeit interessierten. Einige sahen in Verbindungen zu italienischen Genossen, andere in einer Orientierung auf Arbeit in Industriebetrieben, einige auch im Aufbau strammer parteiähnlicher Organisationen die einzig wichtige Aufgabe – die letzteren waren selbstverständlich im Umkreis von Adorno am seltensten vertreten. Diejenigen, die man, wahrscheinlich, die studentisch-revoltierenden Nachfolger der Arbeiterpriester nennen darf, kamen wesentlich vom Nachdenken über sozialpsychoanalytische Fragen und von der Kritik an der konsumerisch verblödenden Kulturindustrie her, die Horkheimer und Adorno wie Benjamin und Marcuse nicht reaktionär den Opfern dieser Kulturindustrie angelastet sehen wollten. Die Studenten wollten die Verdummung durch ein neues Bewußtsein aufbrechen und sich zu diesem Zwecke in die Lebenssituation von Arbeitern stellen. Sie kamen nach diesem Juli '69 für lange Zeit nicht wieder in die Universität.

Bei der letzten Seminarsitzung des Semesters aber fanden einige noch einmal zu der Perspektive einer theoretischen Arbeit zurück. Dafür trugen sie Vorschläge vor, die zwar kritisch gegen Adorno gerichtet waren, die sie aber offenbar doch mit ihm am besten weiterbringen zu können meinten. Der warme Nachmittag im Juli dauerte lange. Immer deutlicher bezogen sich die Vorschläge der Studenten und die Pläne Adornos aufeinander. Es war klar, daß da im Winter '69 auf '70 intensiv und genau miteinander an grundsätzlichen Fragen von größter gegenwärtiger Bedeutung gearbeitet werden würde. Zweifellos würden die Studenten mühsam ungeduldig für den Philosophen, der im Alter der Emeritierung war, auf die aktuellen praktischen Konsequenzen drängen. Zweifellos würde er mühsam unnachgiebig für sie auf der Genauigkeit des Denkens bestehen. Aber es gab spürbar dieses gemeinsame Engagement für eine mögliche Menschlichkeit in der wirklichen Geschichte. Diese Gemeinsamkeit war in den vorangegangenen Jahren hinter den Problemen seiner Umsetzung undeutlich geworden. Zu unterschiedlich waren die Erfahrungen und die Vorstellungen gewesen. Doch zeichnete sich bei jener Seminarsitzung ein Berührungspunkt ab, der genau genug beiden Ansprüchen Aussicht auf Einlösung gab.

Wer könnte vergessen, daß Adorno schließlich aufstand und mit dem ihm eigenen sonderbaren Nachdruck, der sich öffentlich eher in der Präzision der Aussprache als in der Wärme der Stimme ausdrückte, sagte: »Wenn Sie alle sich so auf das nächste Semester freuen wie ich, dann kann es eine sehr schöne Arbeit werden.«

Daß es dazu nicht kommen konnte, ist bekannt. Immerhin war die Gruppe so gut vorbereitet, daß sie in der Trauer um Adorno und in kritischer Treue zu ihm das besprochene Seminar allein im folgenden Wintersemester durchführte. Die Vorgeschichte des Sommers und der bestürzende Verlust gaben ihr erstaunliche Kräfte dazu.

Adorno starb Anfang August während des gewohnten Schweizer Sommeraufenthaltes. Mit einem Artikel in der *Zeit* hat damals, dies vermutlich nicht politisch beabsichtigend, die Sängerin Carla Hennius das Klischee geliefert, mit dem die Studentenbewegung als unmenschlich gebrandmarkt und, dies hat sie sicher noch weniger gewollt, Adorno mittelbar verspottet worden ist: Die Studenten haben Theodor W. Adorno umgebracht.

Das furchtbare Erschrecken unter ihnen über seinen Tod, die leidenschaftliche und unübersehbar zahlreiche Teilnahme an der Beerdigung, zu der alle aus den Ferien heraneilten, wären allein kein Gegenbeweis. Die Aktionen gegen ihn in der Vorlesung und gegen das Institut, die Drohungen mit Maßnahmen zum Benjamin-Archiv haben diesen empfindsamen Mann, dessen Herz alles Herrische so fern lag wie kaum einem seiner politischen Freunde, sicher zutiefst verletzt. Sie haben ihn an den Widersprüchen der Situationen schwer leiden lassen. Doch die bequeme Formel, auf die alle Gegner der angestrebten Veränderungen, ja, schon der grundsätzlichen Kritik, sich so umstandslos geeinigt haben, ist so primitiv, wie sie falsch ist. Nicht zuletzt tut sie, bei gar nicht so wenigen durchaus bewußt, Adorno selbst bitter unrecht.

Dies ist nicht der Ort, alle Seiten dieser Lebensgeschichte abzuwägen. Der gewiß erhebliche Anteil, den ein tiefer, durch und durch persönlicher Kummer zum Leiden dieses Sommers beitrug, braucht hier nicht im einzelnen geschildert zu werden. Welche Bedeutung er aber hatte, weiß ich nur zu gut, da Adorno mich manchmal in täglichen Gesprächen zum leider ganz hilflosen Zeugen dieses Leids gemacht hat.

Auch die medizinischen Bedingungen sind hier nicht im einzelnen zu untersuchen. Aber ich muß aus den Gesprächen darüber mit Adornos Arzt, der auch der meine geworden war, daran erinnern, wie zweifellos gefährlich für Adorno die Höhe von über 3000 Metern werden mußte, auf die er sich, von Zermatt aus, am Vormittag des Herzanfalls gegen allen Rat begeben hatte, am Tage also vor seinem so raschen Tod.

Was ich hier zum ersten Mal nach zwanzig Jahren öffentlich vertreten will, ist eine Geschichte komplexer, problematischer, aber einander zugehörender Beziehungen. Auf der einen Seite der letzte in Deutschland noch lehrende Theoretiker jener Kritik, die angesichts von Nationalsozialismus und Stalinismus immer nur im Hinterhalt hatte lebendig erhalten werden können – schon im Deutschland um 1930, dann im Amerika der McCarthy-Zeit und im Nachkriegswesten des kalten Krieges. Auf der anderen Seite alle Varianten einer nur zu berechtigten Ungeduld und einer nur zu verständlichen Angst vor bloßen Lippenbekenntnissen, die aber eine wie die andere – Angst und Ungeduld – die Hoffnungen des Aufbruchs mehr gefährden als befördern mußten.

Der damalige Zusammenhang drückt sich mir am besten in einer Äußerung aus, die Adorno einmal machte, nachdem er wieder viele Stunden in einer Fakultätssitzung zugebracht hatte. Das Festhalten der Ordinarien an folgenreichen Konventionen und unsinnigen Machtpositionen erregte ihn und bedeutete eine große seelische wie eben auch körperliche Anstrengung. »Das einzig Erfreuliche an diesem Ärger ist, daß ich dann immer daran erinnert werde, wie viel lieber ich mich über die Studenten aufrege.«

Darüber in gegenwärtigen Zusammenhängen nachzudenken, ist es nie zu spät.

Mona Steffen
SDS, Weiberräte, Feminismus?

[1997]

Im kommenden Jahr ist es wieder soweit. Dreißig Jahre Studentenrevolte in der Bundesrepublik – ein Erinnerungsposten der deutschen Nachkriegsgeschichte. Gedenktagverdächtig, ein jour fixe der deutschen Publizistik. Die Feuilletonchefs haben bereits ihre Zeitzeugen in Stellung gebracht. Ein Medienereignis wird präpariert, bei dem es heißt, dabei zu sein.

Die Studentenrevolte ist zwischenzeitlich von allen politischen Lagern eingemeindet worden. Die CDU hat ihre 68er, die FDP, die SPD allemal. Die Grünen berufen sich auf den studentischen Aufbruch Ende der sechziger Jahre als Geburtsstunde ökologischer Politik und die Feministinnen als Beginn der Frauenbewegung: damals habe alles angefangen – mit dem Kampf gegen den »Konsumterror«, mit dem Kampf gegen das Patriarchat. Die Gloriole, die sich um die 68er rankt, ist eine Erfindung der Nachbetrachter, der Interpreten aus dem Lager derjenigen, die diese Erinnerungsposten für ihre politische Identitätsfindung instrumentalisieren. Und der SDS, der Sozialistische Studentenbund, der das, was man so Studentenrevolte nennt, eigentlich angezettelt hatte mit seinen Provokationen, die die Öffentlichkeit zunächst so geschockt und irritiert hatten, und die schließlich zum bloßen Medienhappening degenerierten, – der SDS ist Anfang des Jahres 1970 zu Grabe getragen worden, nur wenige seiner Mitglieder haben – entgegen weitverbreiteter Meinung – den Gang durch die Institutionen angetreten. Der Radikalenerlaß hat so manche Karriere verbaut. Niemand von den Protagonisten der Studentenrevolte ist oben angekommen.

Die Studentenrevolte der Aufbruch einer jungen Generation zu neuen Ufern? Die Sache ist verzwickter, als daß darauf nur mit einem klaren Ja oder einem ebenso klaren Nein geantwortet werden kann.

1. Der Sozialistische Deutsche Studentenbund seit Godesberg

Der Sozialistische Deutsche Studentenbund als sozialdemokratische Jugendorganisation an der Hochschule war 1961 aus der SPD ausgeschlossen worden, weil er nicht akzeptieren wollte, daß die SPD sich auf ihrem Sonderparteitag 1959 in Bad Godesberg nicht nur praktisch-politisch, sondern auch theoretisch vom Projekt einer sozialistischen Gesellschaft verabschiedet hatte. Seither überlebte der SDS als kleiner, disziplinierter, aber exklusiver Studentenverband, der auf sein Organisationsleben stolz war. Er hatte Ortsgruppen an vielen Hochschulen, er erhob wie jeder andere Verein Mitgliedsbeiträge, die ordnungsgemäß ausgegeben wurden. In den einzelnen Ortsgruppen wurden fleißig die sozialistischen »Klassiker« studiert, aktuelle politische Themen innerhalb und außerhalb der Hochschule diskutiert, Bündnispartner für gemeinsame politische Aktionen gesucht. Auf ordentlichen und außerordentlichen Delegiertenversammlungen wurden bundespolitische Themen diskutiert, aber auch Vorstände ordnungsgemäß gewählt oder abgewählt. Mit einem eigenen Verlag (Verlag *Neue Kritik* in Frankfurt) wurde sozialistische Literatur publiziert, die weder in der Bundesrepublik noch in der DDR veröffentlicht werden konnte. Darüber hinaus wurde eine theoretische Zeitschrift regelmäßig herausgegeben. Im übrigen waren SDS-Hochschulgruppen – wie andere Studentengruppen – auch schlicht Treffpunkte, Kommunikationszentren in der Anonymität der Massenuniversitäten, wo sich die Genossinnen und Genossen austauschten – über Studien- oder Wohnungsfragen, aber auch in ganz persönlichen Belangen.

In seinen Reihen vereinigte der SDS heterogene theoretische Richtungen, denen eines gemeinsam war: sie beriefen sich in der einen oder anderen Weise auf die Marxsche Theorie, also auf Positionen, die die SPD in Bad Godesberg 1959 gerade ad acta gelegt hatte: der Gewerkschafts-Sozialismus eines Viktor Agartz oder Jakob Monetas, die Marburger Marx-Orthodoxie eines Wolfgang Abendroth, der Trotzkismus eines Ernest Mandel, die Auslegung des Berliner Argument-Club, die unorthodoxe Marx-Interpretation eines Herbert Marcuse, der eine Verbindung von Marxismus, Existentialismus und Psychoanalyse anstrebte. Schriften Theodor W. Adornos und des frühen Max Horkheimers standen auf der Leseliste des SDS ebenso wie Jean-Paul Sartre und Simone de Beauvoire. Und selbstverständlich auch die großen Wegbereiter sozialistischer Theorie: Kant, Hegel und die Linkshegelianer, die englischen und französischen Frühsozialisten. Dabei verstand man die Marxsche Theorie nicht als ein Dogma, sondern als eine Methode der Erkenntnis, als eine aufklärerische, kritische Theorie der Geschichte und Gesellschaft.

Der SDS entwickelte ein Klima der innerverbandlichen Diskussion, das theoretische Dauerkontroversen mit der Aufrechterhaltung der Verbandsdisziplin verband. Dieser nach demokratischen Prinzipien organisierte politische Studentenclub orientierte sich also theoretisch an der unorthodoxen Interpretation der sozialistischen Theorie jenseits des Marxismus-Leninismus, berief sich – vor allem in Frankfurt – auf die Vertreter der »Kritischen Theorie«. Praktisch-politisch konzentrierte er sich in der ersten Hälfte der sechziger Jahre auf die Themen, die im linken Spektrum der Bundesrepublik auf der Tagesordnung standen: Pressefreiheit, Notstandsgesetze, Bundeswehr, Antikolonialismus, Krieg in Vietnam, das nach wie vor hochpeinliche Thema Bewältigung der Nazi-Vergangenheit, trat doch in den sechziger Jahren die Hitlerjungen-Generation in die Chefetagen von Wirtschaft und Politik ein. Hinzu kamen die studentischen Themen: Hochschulreform, »Bildungskatastrophe«, soziale Lage der Studenten, Studentenförderung. Das änderte sich radikal mit der Bildung der Großen Koalition im Herbst 1966. Mit dem Eintritt der SPD in eine Koalition mit der CDU/CSU waren eine Reihe von unappetitlichen Begleiterscheinungen verbunden: Franz-Josef Strauß, der wegen einer Reihe von Skandalen, zuletzt wegen seiner unrühmlichen Rolle in der Spiegel-Affäre, von der politischen Bühne hatte abtreten müssen, wurde mit dem zentralen Ressort des Finanzministers betraut und damit mehr als rehabilitiert. In den Koalitionsvereinbarungen hatten sich beide Parteien auf die Verabschiedung der Notstandsgesetzgebung verständigt, das Wahlrecht sollte zugunsten der großen Parteien verändert werden. Hinzu kam das peinliche Stillschweigen des Bonner Establishments gegenüber dem »ungerechten Krieg« der Amerikaner in Vietnam. Der SDS stand unvermittelt an der Spitze einer Protestbewegung, die jenseits des etablierten politischen Spektrums der Bundesrepublik stand. SPD und der größte Teil der Gewerkschaften sahen sich eingebunden in den Zwängen des »Bonner-Staates« und sahen sich zunehmend von den aufmüpfigen »antiautoritären« Studenten mit ihren neuen aus den USA importierten Protestformen genervt. Das Schlimme war: die Studenten hatten so unrecht nicht.

Von der Öffentlichkeit, auch von der damaligen etablierten linken Öffentlichkeit, war der SDS zunächst ignoriert worden. Um dieser Isolierung zu begegnen, entwickelte er ein erfolgreiches Konzept der »Gegenöffentlichkeit«. Es enthielt eine Strategie der »Bewußtseinsbildung«, vor allem an den Hochschulen, die durch Flugblätter und gezielte Protestaktionen Diskussionen über die Themen provozieren sollte, die der SDS aufbereitet hatte und die die Polarisierung der ohnehin vorhandenen Konflikte weiter verschärfen sollte. Zur Verwirklichung dieser Strategie wurden neue Aktionsformen aus den USA übernommen: Teach-in, Go-in, Sit-in, Polit-happenings. Die sorgfältigen Vorbereitungen dieser Aktionen, die vorausgehenden innerverbandlichen Diskussionen, die notwendige theoretische Schulung, die Auswahl der Protagonisten und Bündnispartner, ließen ein »Kaderbewußtsein« bei den Mitgliedern des SDS entstehen, das sich gegen die »bürgerliche Öffentlichkeit« kritisch abgrenzte und zwischen der eigenen und der fremden, überwiegend feindlichen Öffentlichkeit unterschied. Diese »antiautoritäre Strategie« führte zur Konfrontation mit der Universitätsverwaltung, und später auch mit den Ordnungskräften des Staates. Sie löste Diffamierungskampagnen in der Rechtspresse aus und traf auch auf mißbilligendes Schweigen bei der etablierten Linken in und außerhalb der SPD, die sich in ihrem Alleinvertretungsanspruch linker Politik vom SDS gestört fühlte.

Die Situation änderte sich für den SDS grundlegend mit der Erschießung von Benno Ohnesorg am 2. Juni 1967 durch einen Berliner Polizisten. Der cordon sanitaire, den die politische Klasse um den Studentenprotest gelegt hatte, brach auf. Die Isolierung des SDS zerbröselte. Seine Anliegen wurden nun diskutiert, wenn auch immer noch mit einer Mischung aus Häme und Unverständnis. Spätestens mit dem Attentat auf Rudi Dutschke Ostern 1968 war das öffentliche Klima gekippt zugunsten der rebellierenden Studenten. Zehntausende protestierten gegen die »Gewalt« der Springer-Presse, die für das Attentat gegen Dutschke verantwortlich gemacht wurde. Das offizielle Bonn, das bislang die »armen Irren« verhöhnt hatte und der Stimmungsmache der Springer-Presse stets nachgegeben hatte, zeigte Wirkung. Durch diesen Massenprotest Ostern 1968 wandelte sich die Einstellung der etablierten linken und liberalen Öffentlichkeit: aus dem Stillschweigen wurde teilnehmende Neugier, aus der teilnehmenden Neugier Verständnis für die protestierenden Studenten. Linke Themen waren plötzlich ›in‹, es wurde über alles und jedes gesprochen und diskutiert – Hauptsache, es hörte sich »radikal«, »antiautoritär«, eben »links« an. Die studentischen »Kader«, nunmehr aufgefordert, doch einmal zu sagen, wie sie sich die neue sozialistische Gesellschaft so vorstellten, waren gnadenlos überfordert. Man verstieg sich in allerlei Utopismen, linke Träumereien. Aus den Aufklärern und Kritikern einer schlechten Wirklichkeit wurden Plänemacher des ganz Anderen, einer utopischen Gegengesellschaft. Damit nahm der Studentenprotest eine Wende zum Irrationalen, ja zum Totalitären, die das Ende der Studentenrevolte schließlich besiegeln sollte.

Die neue anteilnehmende Öffentlichkeit brachte eine Mobilisierung von mit dem SDS sympathisierenden Studentenmassen, die der Verband nicht mehr vernünftig kanalisieren und organisieren konnte. Die routinemäßigen Versammlungen und Gruppensitzungen des SDS wurden überschwemmt. Es gelang immer weniger, die Neuankömmlinge als ordentliche Mitglieder zu integrieren noch die Fülle der Diskussionsthemen zu bändigen. Durch den Ansturm der Demonstrationsbegeisterten wurden auch die »Kader« aufs höchste irritiert. Bei der Suche nach neuen Organisationsformen, die den Verband retten sollten, zeigte sich bald, daß die selbsternannten inoffiziellen »Kader« im SDS überfordert waren. Und das gleich in mehrfacher Weise.

Die überraschend breite und nicht mehr unfreundliche Medienpräsenz stieg den Protagonisten des Protestes regelrecht zu Kopfe. Aus findigen Aktionisten wurden bierernste »Revolutionäre«, Heroen der Bewegung. Der kleinkarierte Mief eines neuen studentischen Personenkultes legte sich über die Szene. Die Heroen des Sozialismus – Marx, Lenin, Mao, Ho, Che, die die Studenten auf ihren Plakaten herumtrugen und die in einer stockkonservativen Bundesrepublik mit ihrer antikommunistischen Staatsdoktrin blankes Entsetzen auslösen sollten und dies auch erwartungsgemäß vielfach taten, wurden nun in die Ahnenreihe einer neuen studentischen Generation von Revolutionären einsortiert. Es wurden umfangreiche Pamphlete geschrieben, die nachweisen sollten, daß das revolutionäre Subjekt des klassischen Marxismus, das Proletariat, historisch ausgedient habe, die Revolution in den hochentwickelten Industriestaaten nun von den weltweit rebellierenden Studenten ausgehen werde. Den leichten, nie ganz ernstgemeinten Provokationen von einst folgte die bleierne Schwere einer Klassenkampfrhetorik. Der Strauß an heterogenen politischen Anliegen – von der Hochschulreform bis zu »antiimperialistischen« Informationsveranstaltungen – wurde durch die Mühle der »Systemfrage« genudelt. Der Moder des Sektierertums breitete sich gerade zu dem Zeitpunkt aus, als die öffentliche Präsenz des Studentenprotestes auf ihrem Höhepunkt stand.

Das neue »revolutionäre« Selbstverständnis der »inoffiziellen Kader« des Studentenprotestes und gleichzeitig deren Unfähigkeit, auf die neuen organisatorischen Herausforderungen des Verbandes zu reagieren, provozierte eine unkontrollierte antiautoritäre Reaktion an der Basis: Jeder fühlte sich berufen, für den Verband zu sprechen, den Markennamen SDS für seine Zwecke in Anspruch zu nehmen, die ohnehin nicht prallgefüllten Kassen des Verbandes zu plündern. Das nach außen hin so virtuos beherrschte anitautoritäre Konzept von Provokation und Aktion wandte sich nun gegen den eigenen Verband. In der Provokation der Provokateure versank der SDS bald im Chaos. Als die Weiberräte im Frühjahr 1968 zum erstenmal öffentlichkeitswirksam sich zu Wort meldeten, war der Verband schon in völliger Auflösung begriffen.

2. Frauen im SDS

Studentinnen traten in den SDS aus unterschiedlichen Gründen ein. Zum einen wurden sie hier ohne großes Getue als gleichberechtigte Mitglieder behandelt. Das tat dem Verband gut, denn in keinem anderen studentischen Verband gab es mehr Frauen als im SDS. Zum anderen stellte sich der Verband der Minderheitensituation der Frauen an der Hochschule, wie überhaupt ihrer gesellschaftlichen Ungleichbehandlung, indem er ihre Situation theoretisch aufarbeitete und in seiner praktischen Studentenpolitik berücksichtigte. Er ermutigte Frauen zum Engagement im Verband und zur Übernahme von Ämtern, z. B. in den Gremien der Universität, in denen – außer in den typischen Lehrerstudiengängen – Frauen so gut wie nicht berücksichtigt wurden.

Symptomatisch für die Stellung der Frau in der alten Ordinarienuniversität der Bundesrepublik der sechziger Jahre ist die Bemerkung eines Professors, der während einer juristischen Vorlesung auf eine hochschwangere Frau mit dem Satz verwies: »Ich warne Sie, meine Herren, ein voller Bauch studiert nicht gern!« Dies war zwar damals ein Einzelfall, aber er erhellt die Diskriminierung, der Frauen an der alten Ordinarienuniversität ausgesetzt waren. Der SDS versprach mit seinem Verständnis sozialistischer Solidarität Hilfestellung bei der Bewältigung der den Frauen besonders unbehaglichen und fremden Konkurrenzsituation im Studium, auf die sie weder von der Schule noch in ihren Elternhäusern psychologisch vorbereitet wurden. Da Abiturientinnen damals eher selten zu einem Hochschulstudium ermutigt wurden, und wenn, dann zu Sprach–, Kultur– und Kunstwissenschaften, verblieb auch hier ihre Ausbildung in einem »weiblichen Rahmen«, der mit den von der Schule prämierten angeblich rein weiblichen Eigenschaften durchlaufen werden sollte: Mit Fleiß, Aufmerksamkeit und gutem Betragen. Aber die Wirklichkeit der Massenuniversität verlangte damals Durchsetzungsvermögen, Härte und Ausdauer bei der Verwirklichung des Studienziels und Konkurrieren um eine gut dotierte Anstellung. Deshalb setzten sich gerade Frauen für die Hochschulreformforderungen des SDS ein: Studienberatung, berufsorientierte Diplomabschlüsse statt Promotion, Mitspracherechte, Drittelparität.

3. Die Gründung von »Weiberräten« in der Zerfallsphase des SDS

Es war kein Zufall, daß besonders Frauen unter dem Chaos der SDS-Versammlungen im Jahre 1968 litten. Sie waren auf Verläßlichkeit der innerverbandlichen Diskussion angewiesen, die sie nun gefährdet sahen. Sie registrierten empfindlicher als andere, daß der Studentenrevolte der Geist der Solidarität ausging, als sich die »Bewegung« ins sozialistische Wolkenkuckucksheim verflüchtigte und sich die etablierten Medien ihrer annahmen. Denn dadurch wurden nicht nur die Massenversammlungen und Demonstrationen, sondern auch die regulären Arbeitssitzungen des SDS immer öfter zu Plattformen der Eitelkeiten, wo Scheingefechte zur Selbstdarstellung geliefert wurden, anstelle von Aufklärung und Analyse. Der Protest verlor seine politische und publizistische Autonomie. Mit dem Verlust der »Gegenöffentlichkeit« des SDS wurde der Protest umgekehrt zum Medienereignis, zum Medienhappening. Die Gegenöffentlichkeit der Studenten wurde zum Schlagzeilenhaschen. Damit eröffneten sich plötzlich Medien-Karrieren nicht nur für die ordentlich gewählten Funktionsträger des SDS, sondern vor allem für die »informellen Kader«, selbsternannten Führer und allerlei Neugründertalente, die sich zur Verwirklichung eigener Ziele der Massenpresse bedienten.

Mit dieser neuen Situation hatten jedoch nicht nur die neu eingetretenen Frauen, sondern vor allem auch die SDS-Frauen, die schon länger dabei waren, erhebliche Probleme. Die Massenmedien verlangten nach Personifizierung, nach Identifikationsfiguren, nach Heroen und Mythen, nicht nach Diskurs und Reflexion. Und so fand sich so manche SDS-Genossin unversehens mit einem »Helden der Bewegung« an Tisch und im Bett wieder, wo sie sich vorher mit einem unkonventionellen Aufklärer, einem findigen Aktionisten, kurz einem Kommilitonen mit verpönten sozialistischen Ansichten zusammengetan hatte. Ein »Held der Bewegung« hatte keine Zeit, sich um die Organisation des Zusammenlebens zu kümmern, er konnte sich nicht mit dem Weiberkram aufhalten, er mußte »die Revolution machen«. Die traditionellen, insbesondere für Frauen wichtigen Themen des SDS, wie beispielsweise die soziale Lage der Studentinnen, wurden großspurig beiseite geschoben. Abheben war angesagt.

Es sammelte sich bei den Frauen im SDS also etwas an und staute sich auf, das sich dann auf der 28. ordentlichen Delegiertenkonferenz des SDS in Frankfurt im Juli 1968 zum ersten Mal entlud. Eine Berliner Genossin warf ärgerlich mit einer Tomate nach einem außerordentlichen männlichen Bundesvorstandsmitglied aus Frankfurt, das wieder einmal eine der die »revolutionären Studentenmassen« begeisternden Reden hielt, sich allerdings zur anstehenden Sache völlig ausschwieg, nämlich wie der in einen phosphoreszierenden Revolutionsnebel diffundierende Verband zusammengehalten werden sollte. Nicht das Werfen einer Tomate war das Novum, sondern die Tatsache, daß sie nicht am Kopf eines Ordinarius landen sollte, sondern an dem Kopf eines bewunderten Theoretikers der Bewegung gelandet war – ein Sakrileg, das ausgerechnet auch noch von einer Berliner Genossin verübt wurde.

Die Frankfurter Delegiertenkonferenz ging im Trubel sich heftig bekämpfender Fraktionen unter. Aber man hatte sich dort weder auf ein neues Organisationsstatut geeinigt, das den SDS-Gruppen »aus der Provinz« mehr Mitsprache eingeräumt hätte, noch hatte man einen neuen gemeinsamen Vorstand gewählt, so daß sich die Versammlung auf eine neue Konferenz im September in Hannover vertagte.

Enttäuscht vom Verlauf der Frankfurter Delegiertenkonferenz, aber ermuntert von der wohltuend erfrischenden Wirkung des Tomatenwurfs kamen die Genossinnen der Frankfurter SDS-Gruppe eher spontan in der Küche – wo denn sonst! – des Kolb-Studentenwohnheims zusammen, um die politische Lage im Verband zu besprechen und zu überlegen, wie es in Hannover weitergehen sollte. Der Versammlungsraum allein schon reizte zu allerlei satirischen Bemerkungen und so wurde in blendender Laune der Anwesenden der Ärger über die »autoritären« Verhaltensweisen der Genossen mit übermütigem Sarkasmus zu »Protokoll« gegeben.

Ziel des Flugblattes war es, die neuen Heroen ironisch dazu aufzufordern, gefälligst auf dem Teppich zu bleiben. Es sollte aber auch dazu verhelfen, die noch ausstehende Gleichberechtigung der Frauen im Verband, im Studium, bei den Berufsaussichten auf die politische Tagesordnung des Verbandes zu setzen. Es endete deshalb mit der sarkastischen Abänderung einer damals bekannten antiautoritären SDS-Hochschulparole: »Befreit die sozialistischen Eminenzen von ihren bürgerlichen Schwänzen.« Während unter Gelächter die üblichen Klischees weiblicher Defizite, die die Frau zum Heros politischer Bewegungen ungeeignet machen, auf Zuruf notiert wurden – sie mache das Maul nicht auf, wenn sie es tue, komme nur Gelaber raus, sie handele auch im SDS rein praktisch, tippe, koche Kaffee etc. – wurde die Zeichnung aus einer Flugschrift der niederländischen »Provos« herbeigeschafft, die das Flugblatt dann auch zierte und die seither zu vielen Deutungen herausgefordert hat: die Penisse auf den Brettchen, befestigt wie Hirschgeweihe, wurden dann noch mit dem Namen örtlicher SDS-Größen versehen. Der Leser des Blattes sollte analog zum Klischee des männlichen »Schürzenjägers« eine weibliche »Penisjägerin« assoziieren. Ziel der Provokation war es, bei den Genossen einen Prozeß der Selbstreflexion auszulösen, sie sollten endlich zur Besinnung kommen, sich ändern.

Gleichzeitig wurde in der Küche des Kolb-Heimes beschlossen, sich regelmäßig zu treffen, um die heiklen Verquickungen von Privatleben und Politik zu diskutieren. Den Frauen war klar, daß diese Themen, gerade wegen der persönlichen Betroffenheit vieler Frauen, nicht unmittelbar politisch in eine SDS-Versammlung einzubringen waren. Wegen der zu garantierenden Vertraulichkeit der Kommunikation in diesem Kreis hat deshalb der erste »Weiberrat« seine Türen vor den männlichen SDS-Genossen und vor der Öffentlichkeit ohnehin verschlossen.

Als »Weiberrat« wollten sich die Frankfurter Genossinnen auf der Versammlung in Hannover mit ihrem »Protokoll« dann wieder in Erinnerung bringen.

4. Der »Weiberrat« in der Verbandsöffentlichkeit des SDS

Die Gründung des Weiberrates war zunächst einmal eine Reaktion auf die Auflösungserscheinungen des SDS als Verband. Er formulierte aber auch ein Programm, ein Angebot für Frauen im SDS. Deshalb gelang es auf der Fortsetzung der 28. Delegiertenkonferenz in Hannover relativ schnell, die unzufriedenen Frauen aus anderen SDS-Gruppen für die Verteilung des satirischen Flugblattes und für ein gemeinsames Vorgehen zu gewinnen. Alle waren sich darin einig, daß man den aufkommenden Personenkult nicht mitmachen wollte. Um das zu demonstrieren, umringten die Frauen die von ihnen bestimmte Sprecherin während ihres Diskussionsbeitrags, so daß sie für das Publikum und die anwesende Presse unsichtbar und anonym blieb.

In dem Redebeitrag damals hieß es: »Wir wollen uns nicht unter das Problem der kleinen Gruppen eingemeinden lassen, zumal wir den Verdacht haben, daß eben diese kleinen Gruppen an jener Machtstruktur, die wir angreifen, lediglich partizipieren wollen. Auf der anderen Seite haben wir gestern beobachten können, wie die Machtstammhalter des SDS auf eben jene Gruppen reagieren, nämlich so, als ginge es wirklich um die Macht im SDS. Wir bestehen darauf, daß wir weder eine kleine Minderheit unter vielen antiautoritär Motzenden sind, noch daß wir eine Gleichberechtigung im Sinne der zementierten Cliquenwirtschaft verlangen, sondern daß allein schon unsere Solidarisierung eine Praxis darstellt, die sich nicht einordnen läßt in den gegenwärtigen Kanon einander bekämpfender Fraktionen«.

Jenseits einander bekämpfender Cliquen, unter ausdrücklichem Hinweis auf ihr solidarisches Handeln, wollten die Weiberräte in Hannover die Verbandsöffentlichkeit auf das Thema Frauendiskriminierung an der Hochschule, in den eigenen Reihen, in der Gesellschaft überhaupt verpflichten. Festlegung und Einengung der Frauen auf traditionelle Frauenberufe und die Vernachlässigung von Alltagsproblemen im Rahmen der studentischen Organisationen und Gremien waren das Substrat ihres Protests.

Der Weiberrat appellierte in Hannover jedoch an einen Verband, der solche Forderungen gar nicht mehr verwirklichen konnte. Personell und regional zerfiel er bereits entlang der Linien, denen später auch die verschiedenen Nachfolgesekten folgten: Maoisten, Marxisten-Leninisten im Ruhrgebiet, Kommunisten in München, Heidelberg und Hamburg, Anarchisten in Berlin, Antiautoritäre in Frankfurt, Revolutionärer Kampf etc. Zur Enttäuschung der Frauen reagierten die SDSler aufgescheucht und panisch, ja mit echter Angst auf das satirisch gemeinte Flugblatt. Das Ziel, mit der Provokation neue integrierende Themen in den SDS einzubringen, war verfehlt worden. Die Weiberräte sahen sich deshalb auf sich alleine gestellt.

Sie verwirklichten eigene Projekte, so z. B. in Frankfurt während des Hochschulstreiks im Wintersemesters 68/69. Besonders gelang es ihnen, die Mehrheit der studierenden Frauen der »Abteilung für Erziehungswissenschaften« für die Ziele der Hochschulreform zu mobilisieren. In einem Flugblatt hieß es damals: »Der Lehrberuf ist der einzige akademische Beruf, der von der Gesellschaft für Frauen akzeptiert und gefördert wird. Denn dieses Berufsbild läßt sich noch reibungslos mit den »natürlichen« Bestimmungen der Frau als Mutter und Untertanin des Mannes verbinden.« Entsprechend kurz und theoriearm sei das Lehrerstudium gehalten. Das sei auch eine Form der Diskriminierung und könne sich nur bei voller Gleichstellung dieses Studienganges mit anderen universitären Fächern ändern.

5. Das Ende der »Weiberräte« und der Beginn der neuen Frauenbewegung

Isoliert von der sich immer weiter auflösenden Verbandsöffentlichkeit des SDS, erschien der Weiberrat schließlich den Gründerinnen selbst, aber vor allem den neu hinzukommenden Frauen, als eine selbständige Organisation nach dem Prinzip »Frauen organisieren sich ohne Männer«. Von da bis zum Prinzip »Frauen organisieren sich gegen Männer« war es dann auch nicht mehr sehr weit. Das Ende der Studentenrevolte machte auch vor den Weiberräten nicht halt. Einen Vorgeschmack lieferten die end- und fruchtlosen Diskussionen um persönliches Verhalten, Kleidergewohnheiten und die Redegewandtheiten einzelner Frauen.

Auch dem Weiberrat wurde seine Publizität im Anschluß an die Hannoveraner Delegiertenkonferenz zum Verhängnis. Der nach Hannover einsetzende Zulauf vor allem auch von nicht universitär gebundenen Frauen sprengte die organisatorischen Kapazitäten der Weiberräte. Eine Vielzahl von Gruppen entstand, die sich an bestimmten, meist praktischen Problemen der Frauen entlang organisierten. Jetzt konnte das über Jahre hinweg im SDS erarbeitete Theoriekapital in der Praxis eingesetzt werden.

Mit der Herausgabe der Werke von Siegfried Bernfeld, wie z.B. *Psychoanalyse und antiautoritäre Erziehung* durch die SDSler Reinhard Wolff und Lutz von Werder 1969, wurde an die pädagogische Reformdiskussion der zwanziger Jahre wiederangeknüpft.

Nach dem Vorbild des ersten Kinderladens von Monika Mitscherlich in Frankfurt, wo die Ergebnisse psychoanalytischer Erforschung der frühkindlichen Entwicklung in einem praktischen Konzept der antiautoritären Erziehung im Vorschulalter experimentell umgesetzt wurden, schossen überall von Eltern gegründete und betreute Kinderläden, nicht nur in Universitätsstädten, aus dem Boden. Sie revolutionierten die traditionelle Kindergartenarbeit in der gesamten Bundesrepublik, was bis heute nachwirkt.

Die Rezeption psychoanalytischer Forschungsergebnisse des Säuglingsalters inspirierte die Aktion »Kind im Krankenhaus«, die frühkindliche Trennungsängste dadurch verhindern wollte, daß ein krankes Kleinkind und seine Vertrauensperson gemeinsam im Krankenhaus aufgenommen werden sollten. Ein schweres Stück Überzeugungsarbeit damals, heute eine Selbstverständlichkeit in der Krankenhauspraxis.

Auch die »Frauenaktion 70«, die eine bundesweite Kampagne für die Streichung des § 218 plante, schöpfte aus dem intellektuellen und praktischen Fundus des SDS. Der SDS hatte nicht nur die Reformdiskussion um den § 218 historisch aufgearbeitet und diskutiert, er bot damals unter hohem, auch persönlichen Einsatz konkrete Hilfe bei Schwangerschaftsabbrüchen an. Allerdings fühlte sich der Weiberrat nicht dazu berufen, diese Praxis des SDS öffentlich zu machen oder – wie später – als Medienspektakel zu inszenieren. Deshalb und weil er das einseitig auf Aktionen ausgerichtete Konzept der »Frauenaktion 70« kritisierte, beteiligte sich der Weiberrat nicht an den geplanten Kampagnen.

Die noch von dem SDS-Bundesvorstand von Reimut Reiche und Peter Gäng 1967 organisierte Schülerbewegung hatte nachhaltige Folgen in den Schulen und den Familien. Vor allem die vom SDS propagierte und von den Schülerinnen und Schülern – und nicht nur von ihnen – begeistert aufgenommene »sexuelle Revolution« hatte dem SDS in der zweiten Hälfte der sechziger Jahre neuen mächtigen Zulauf beschert. Mit der sicheren Verhütung durch die Pille war die sexuelle Gleichberechtigung in greifbare Nähe gerückt und es galt, diese Gleichberechtigung zu verwirklichen und ein neues Verhältnis der Geschlechter zueinander zu erproben. Die in den restaurativen Adenauer-Jahren propagierte Trennung der Geschlechter wurde als ein autoritäres Unterdrückungsmittel der Jugend gebrandmarkt.

Das 1970 im März-Verlag erschienene locker, flockig geschriebene Buch von Günther Amendt veralberte mit dem ironischen Titel *Sexfront* und den Comics von Karl-Alfred von Meysenbug das Leistungsprinzip in den sexuellen Beziehungen, es war gleichzeitig ein solides Aufklärungsbuch für Jugendliche gegen die damals in Schulen und Elternhäusern herrschende Prüderie und Verklemmtheit. Amendt hatte die Einstellung des SDS zur sexuellen Gleichberechtigung dort bereits zu Ratschlägen verarbeitet, die alle um das Recht der Frauen auf sexuelle Zufriedenheit kreisten. Gleichzeitig forderte er seine Leser dazu auf, die Frauen mit den Problemen, die die sichere Verhütung mit sich bringen, nicht allein zu lassen. Er kritisierte das Märchen von der sexuellen Dauerverfügbarkeit der Frauen und warnte bereits vor den Risiken einer Dauereinnahme der Pille. Amendts Buch wird ein Hit der neuen SexPol-Bewegung.

Mit allen diesen neuen Aktiviäten wurden Ende der sechziger Jahre die Ergebnisse der langjährigen theoretischen und praktisch-politischen Aufklärungsarbeit des SDS aus dem Verband, aus der Enklave Universität, hinaus in die deutsche Gesellschaft gewirbelt. Dazu hatten unter anderen auch die Weiberräte mit ihrem witzigen Flugblatt in Hannover eher unbeabsichtigt den Anstoß gegeben. Der Weiberrat versuchte für alle diese Aktivitäten, die seinen organisatorischen Rahmen sprengten, organisatorische Übergangslösungen zu finden, Projektgruppen zu gründen. Aber letztlich hielt er die Spannung zwischen denjenigen Frauen, die begrenzte, konkrete Gleichheitsziele im SDS verwirklichen und die sozialistische Theorie und Praxis vorantreiben wollten und denjenigen, die das »weibliche Privatleben« politisieren wollten, nicht aus. Damit verloren die durch die antiautoritäre Revolte neu mobilisierten aber auch die etablierten SDS-Mitglieder ihren sicheren Standort, von dem aus sie so frech und frei experimentieren, ihre Tabubrüche inszenieren und drauflos diskutieren konnten. Auch deshalb gingen die Weiberräte in Frankfurt und anderswo mit dem SDS 1970 zugrunde.

6. Sind die »Weiberräte« der Beginn des deutschen Feminismus?

Die Frage ist auf den ersten Blick nicht so leicht mit Ja oder Nein zu beantworten. Richtig ist, daß viele Weiberrats-Frauen zu Beginn der siebziger Jahre mit fliegenden Fahnen zum Feminismus übergelaufen sind. Richtig ist ferner, daß der Feminismus viele der Protest- und Provokationsformen der Studentenrevolte übernommen hat. Schließlich ist richtig, daß die Weiberräte Frauenthemen in den Verband eingeführt haben, die im SDS selbst als eher vorpolitisch betrachtet wurden.

Festzuhalten ist zunächst: Die Studentenbewegung zerfiel nach der Auflösung des SDS 1970 in einzelne Sekten: Kommunistische Gruppen, sogenannte Aufbauorganisationen, Plattformen für Parteigründungen, antiimperialistische Zellen, spontaneistische Grüppchen. Frauengruppen haben bei diesem Übergang der Revolte keine Rolle gespielt. Das Wort Feminismus war damals schlicht unbekannt.

Der Feminismus in Deutschland wurde 1971 als Medienereignis der Massenpresse aus der Taufe gehoben. Unter der Regie von Alice Schwarzer versammelten sich weibliche Prommis aus Film, Fernsehen, Politik und Kabarett auf dem Titelblatt der Illustrierten *Stern* und gestanden »Ich habe abgetrieben«. Die Aktion war nicht neu: der französische *Nouvelle Observateur* hatte bereits vorher seine Auflage mit der Bekenntniswut betuchter Damen erhöhen können. Um die Aktion des *Stern* mit dem nötigen Protest- und Empörungsflair zu versehen, wurde der Nimbus der Weiberräte bemüht, um eine »Bewegung« gegen den § 218 vorzutäuschen. Doch die Initiatorinnen der *Stern*-Aktion wollten mehr als nur eine publizistische Eintagsfliege, sie ergriffen mit dem gelungenen Pressecoup die Gelegenheit, mit der aus der Studentenrevolte neu erwachten Frauenbewegung ins Geschäft zu kommen.

Während der SDS sich in einen Hühnerhaufen rivalisierender Grüppchen und »proletarischer Parteien« verflüchtigte, dümpelten die aus den Weiberräten hervorgegangenen Frauengruppen vor sich hin. Das Paradigma sozialistischer Theorie verlor jedoch in dem Maße an Attraktivität, wie die neu gegründeten Sekten sich seiner bemächtigten. Jetzt wurde aus einer kritischen Theorie ein Dogma und schließlich – wie beim Marxismus-Leninismus auch – eine Rechtfertigungslehre für die jeweiligen Sektenführer.

Die sozialistische Studentenbewegung war Anfang der siebziger Jahre praktisch zu Ende, ihre theoretischen Entwürfe diskreditiert, der Marxismus hatte sich zum Karrieresprungbrett an den Hochschulen gemausert. In dieser Situation sahen sich viele politisch engagierte Frauen nach neuen Theorieversatzstücken um und fanden sie im amerikanischen Feminismus.

Die Frauen der Weiberräte hatten die Ideen der sozialistischen Theoretiker am kleinbürgerlichen Gehabe der SDS-Oberen gemessen, sie verglichen Anspruch und Wirklichkeit, aber sie kreierten kein neues Paradigma, wie es dann der Feminismus etabliert: die »Totalität des Patriarchalismus«. Den Weiberräten ging es um Solidarität, dem Feminismus um Geschlechterkampf. Für die Zwecke des Feminismus ist der Sozialismus der Weiberräte überflüssig, lästig. Er wird abgestreift.

Dem Primat sozialer Beziehungen in der sozialistischen Theorie wird nun das Primat biologischer Existenz entgegengesetzt. Nicht die Klassenrealität, sondern das Geschlechterschicksal ist nunmehr das allumfassende Konstituum der Weltgeschichte. Nicht die Aufhebbarkeit sozialer Klassenschranken, sondern die Etablierung »weiblicher Lebenszusammenhänge«, die Verwirklichung eines neuen Matriarchats heißt die Losung.

Mit der Entlarvung von Marx und Freud als Agenten des Patriarchats entfällt der gesamte Theorierahmen, auf den sich der SDS und mit ihm die Weiberräte beriefen. Mit dem feministischen Verdammungsurteil über die sozialistischen Theoretiker und die Psychoanalyse werden gleichzeitig aber auch zwei Hauptpfeiler der Kritischen Theorie hinfällig. Um so interessanter ist es, daß ausgerechnet Jürgen Habermas, ein Nestor der »neuen« Kritischen Theorie, den Feminismus von jedem Irrationalismusvorwurf freispricht und ihm auf dem Frankfurter Kongreß *Zukunft der Aufklärung* 1987 den Titel »einzigste radikale Emanzipationsbewegung« verleiht. Habermas' Votum steht allerdings nicht allein. Bereits 1983 hat etwa Ossip K. Flechtheim, auch ein Altvater der Linken, den Frauen bescheinigt, daß »sie spinnen und weben an einer Zukunft, in der zerrissene Zusammenhänge wiederhergestellt werden, typisch männliche Überschreitungen des Verantwortbaren und Erträglichen wieder zurückgenommen werden sollen«. Solche Statements haben das Mißverständnis, die Ziele der Weiberräte im SDS seien identisch mit denen des Feminismus, nicht nur verstärkt, sondern häufig erst geschaffen.

Im Anschluß an die »Politisierung des Privaten« in der Kampagne gegen den § 218 entwickelte ein akademischer Feminismus im Verlauf der siebziger Jahre ein biologistisches Welterklärungsmodell. Viele der theoretischen Versatzstücke dieser Ideologie stammen aus den USA, manches aus Frankreich, aber vieles ist unzweifelhaft aus deutschen Beständen. Mit allen diesen Zutaten hatte der SDS und die Weiberräte nichts zu schaffen.

7. Der Feminismus als totalitäre Ideologie

Der Feminismus als theoretisches Konstrukt hat die wesentlichen Ingredienzien einer totalitären Ideologie, und es erstaunt im nachhinein, wie populär er gerade in Deutschland, vor allem an den deutschen Hochschulen, werden konnte. Bei niemanden sonst ist der »Marsch durch die Institutionen« so erfolgreich gelungen wie bei den Feministinnen. Feministische Lehrstühle gibt es landauf, landab. Feministinnen besetzten verantwortliche Positionen in den öffentlich-rechtlichen Rundfunkanstalten. An die Seite des so häufig bespöttelten »old boys network« ist ein »new girls network« getreten, das eifersüchtig und mit spitzer Feder darauf achtet, daß die vereinbarten Quoten bei Personalbesetzungen auch eingehalten werden.

Es ist diesem fabelhaften Erfolg des Feminismus auf dem Weg durch die Institutionen wohl auch zu verdanken, daß der Feminismus im Gegensatz zu anderen totalitären Bewegungen in der Bundesrepublik auffällig vorpolitisch blieb. Es fehlen dem Feminismus die typischen Merkmale totalitärer Macht- und Herrschaftsausübung: der Aufbau einer zentralistischen Partei, ein Führer(innen)kult, eine schlagkräftige, terroristische Parteiarmee. So blieb der deutsche Feminismus eine Waffe im Kampf um Macht und Einfluß in den bestehenden Institutionen und Gremien unserer demokratischen Gesellschaft. Es ist dieser »weisen« Selbstbeschränkung zu danken, daß er in der Bundesrepublik überhaupt überleben konnte. Andererseits ist es höchst befremdlich, daß sich bei uns – anders als in den USA oder Großbritannien – niemand ernstlich mit der feministischen Ideologie auseinandersetzen wollte. Im Gegenteil: die Protagonistinnen des deutschen Feminismus wurden gehätschelt und in Watte gepackt – eine besonders perfide Art der Frauenverachtung. Wie jede andere totalitäre Ideologie zerstörte der Feminismus den rationalen Diskurs vor allem in den Sozialwissenschaften. Die zum Himmel schreiende Bedeutungslosigkeit von Soziologie, Pädagogik oder Politologie in der Bundesrepublik ist auch der Tatsache geschuldet, daß das Gift einer antiaufklärerischen, irrationalen Ideologie sich gerade dort in den Köpfen und Institutionen festsetzen konnte.

8. Ingredienzien und Rezepte

a. Das Geschlecht – der Schlüssel zur Welterklärung

Wie jede andere totalitäre Ideologie beansprucht der Feminismus, die Geschichte der Menschheit umfassend aus einem einzigen antagonistischen Ansatz heraus zu erklären – beim Nationalsozialismus ist es die Rassenfrage, beim Marxismus-Leninismus die Klassenfrage, beim Feminismus ist es die Geschlechterfrage. Insofern werden alle lebenswichtigen Aspekte der menschlichen Existenz unter dieser Fragestellung beleuchtet, ja die weitere geschichtliche Entwicklung aus der Lösung dieses Antagonismus antizipiert.

Kostproben:

»Nichts, weder Rasse noch Klasse, bestimmt so sehr ein Menschenleben, wie das Geschlecht.« (Alice Schwarzer)[1]

Für den Feminismus sind »Männer und Frauen zwei Nationen auf einem Boden« (Marie-Luise Janssen-Jurreit)[2], wobei die eine, die weibliche Nation, durch die andere, die »patriarchalische Weltzivilisation«, unterdrückt werde.

»Kräfte und Energien der Hälfte der Menschheit werden eingeschränkt oder ganz abgetötet. Mädchen, die Künstlerinnen, Wissenschaftlerinnen, Komponistinnen, Nobelpreisträgerinnen werden könnten, müssen sich mit intellektuell und sozial geringen Berufen zufriedengeben, wenn sie überhaupt einen Beruf haben. Darin sehe ich die Parallele zur Judenverfolgung, die in Ausrottung endete: das Töten von Entwicklungsfähigem, das Abtöten von Kreativem, das Vernichten von Geistigem, die Ausrottung des Lebendigen in Millionen und Milliarden von Frauen heute und durch unsere ganze Geschichte hindurch.« (Senta Trömel-Plötz)[3]

»So wie im Dritten Reich der physischen Vernichtung von Millionen Juden eine Propaganda vorausging, die jüdische Menschen als Untermenschen zeigte, so geht der Ausbeutung und Schändung von Frauen in einer patriarchalischen Gesellschaft ihre Darstellung als Objekt voraus: das allzeit benutzbare, verfügbare, mißbrauchte Geschlecht.« (Alice Schwarzer)[4]

b. Die Frau als Opfer, der Mann als Täter

Wie jede andere totalitäre Ideologie huldigt der Feminismus einem geradezu atavistischen Opferkult. Alle Geschichte der vergangenen sechstausend Jahre sei eine Geschichte der Frauenunterdrückung. Frauen seien hier – in der patriarchalischen Geschichtsperiode – die natürlichen Opfer, Männer die natürlichen Gewalttäter.

Kostproben:

Das Hauptmittel der Unterdrückung sei die physische und psychische Gewalt des allgegenwärtigen, offenen wie versteckten Geschlechterkrieges, eines »Krieges, den sie, die Männer, die Mächtigeren, alltäglich gegen uns führen«. (Alice Schwarzer)[5]

»Vergewaltigung ist das politische Konzept des Mannes, um die Frauen zu beherrschen.« (Marie-Luise Janssen-Jurreit)[6]

»Die verbale Vergewaltigung gelingt im Prinzip immer; im Wissen um die

---

[1] Alice Schwarzer, Der kleine Unterschied und seine großen Folgen, Frankfurt/Main 1975.

[2] Marie-Luise Janssen-Jurreit, Sexismus. Über die Abtreibung der Frauenfrage, München – Wien, 1976, S. 602.

[3] Senta Trömel-Plötz, Frauensprache – Sprache der Veränderung, Frankfurt/Main 1982, S. 148.

[4] Alice Schwarzer, So fing es an, München 1983, S. 107.

[5] Alice Schwarzer, a.a.O., S. 7.

[6] Marie-Luise Janssen-Jurreit, a.a.O., S. 522.

Möglichkeit der Gewaltanwendung können Männer beliebig aggressiv sein. Wir Frauen befinden uns immer in der Situation potentieller Vergewaltigung.« (Senta Trömel-Plötz)[7]

»Wenn die moderne Verhaltensforschung uns aber irgend etwas Eindeutiges mitgeteilt hat, dann die Erkenntnis, daß das männliche Wesen nirgends in der gesamten höheren Tierwelt sozial interessiert ist. Die Lebenslinie des Männchens endet im Begattungsakt. Er ist der saisonale und auswechselbare Begleiter der Mutterherde. Denn exzessive Geilheit und Freßgier des Männchens verlangen von der Gemeinschaft, daß es nur bis zur Paarung geduldet und danach sobald wie möglich getötet wird. Stets erscheint der Rammler, der Rüde, der Hengst, der Bulle im Alleingang und verscheucht seine Rivalen. Bei allen Werbehandlungen um das Weibchen bekämpfen die höheren Säugetiere einander. Die ganze Geschichte der Menschheit erzählt von männlicher Aggression.« (Ernest Bornemann)[8]

c. Die Machtfrage

Wie jede andere totalitäre Ideologie propagiert der Feminismus im Prinzip eine terroristische Machtphilosophie, die sich in einer absoluten Freund-Feind-Gegenüberstellung ausdrückt. Es gibt nichts dazwischen, keine Vermittlung, es gibt nur ein absolutes Entweder-Oder. Es geht immer um totale Unterdrückung, totale Ausbeutung, totale Vergewaltigung. Deshalb die Konzentration auf die sogenannte Machtfrage als Zentrum, auf das geschichtsbestimmende Lebensrecht der Stärkeren, deshalb die Verachtung gegenüber Toleranz, Kooperation und Kompromiß.

Kostproben:
»Die Frauenfrage ist, das wird immer deutlicher, soviel mehr als eine Frage des Bewußtseins: sie ist auch und vor allem eine Frage der Macht, das heißt letztendlich: eine Frage der Gewalt.« (Alice Schwarzer)[9]
»Die Gleichberechtigung der Frau wurde in dieser Zeit zur überzeugendsten gesellschaftlichen Lüge des 20. Jahrhunderts.« (Marie-Luise Janssen-Jurreit)[10]

d. Die Zukunft des Menschen ist weiblich

Wie jede andere totalitäre Ideologie propagiert der Feminismus ein Endziel der Geschichte, auf das sich die Menschheit zubewegt – ein neues Matriarchat.

Kostproben:
»Die Frau als Gebärende ist die Urproduzentin. Als Nährende ist sie die Mutter der Zivilisation. Der Mann dagegen ist durch die Jahrtausende seiner Beschäftigung als Jäger und Fischer zum Ausbeuter der Natur, zum Raubtier par excellence geworden und wird noch Tausende von Jahren benötigen, ehe er jenes Maß an Zivilisation erreicht hat, das sich die Frau während der gleichen Zeit als Hüterin der Wärme, Erbauerin des Hauses, Beschützerin der Nachkommenschaft und Produzentin der Nahrung erworben hat.« (Ernest Bornemann)[11]

7 Senta Trömel-Plötz, Gewalt durch Sprache. Die Vergewaltigung der Frauen in Gesprächen, Frankfurt/Main 1984, S. 16.

8 Ernest Bornemann, Das Patriarchat. Ursprung und Zukunft unseres Gesellschaftssystems, Frankfurt/Main, S. 522f.

9 Alice Schwarzer, a.a.O., S. 75.

10 Marie-Luise Janssen-Jurreit, a.a.O.

11 Ernest Bornemann, a.a.O., S. 61

»Stellt man die strukturellen Elemente der matristischen Ordnung denen des Vaterrechts gegenüber, um zu sehen, wie viele dieser Elemente man in eine weibliche Gesellschaftsordnung der Gegenwart übernehmen könnte«, so stelle sich laut Bornemann heraus: »Liebe, Geduld, Ausdauer, Hegen und Nähren sind die Grundsteine der mütterlichen Welt. Angst, Neid, Schuld und Scham sind die des Patriarchats«[12]. Nun werde aber mit dem Feminismus das »verlorene Paradies des Matriarchats« erneut zurückerobert.

»Nur dort, wo Frauen eigene Solidaritätsstrukturen besitzen – Frauenbünde, Geheimgesellschaften – oder eigene religiöse Zeremonien durchführen, von denen sie ihrerseits Männer ausschließen, ist zu beobachten, daß sie Verhaltensspielräume im ökonomischen und sexuellen Bereich erobert haben.« (Marie-Luise Janssen-Jurreit)[13]

[12] Ernest Bornemann, a.a.O., S. 520.

[13] Marie-Luise Janssen-Jurreit, a.a.O., S. 701

Ulrike Prokop
Zur Geschichte der Frankfurter Frauenseminare

[1988]

Vorgeschichten

Vielleicht hatten wir Frauen in der Zeit der Studentenbewegung immer darauf gewartet, daß ›irgend etwas‹ passieren würde. Sicher hatte dieses *irgend etwas*, über das nie gesprochen wurde, für die Frauen die unterschiedlichste Gestalt. Es bedeutete aber wohl, daß wir vorkommen wollten. Als sich der Zerfall der Revolte abzeichnete, begannen wir zu verstehen, daß die Sache vorbeiging, ohne daß die grandiosen Träume einen Schatten von Realität erhalten hatten. Erst jetzt begannen wir einander zu entdecken. Es schien fast, als hätten wir uns vorher nicht gesehen.

Im SDS wiederholten sich Formen der Unterdrückung der Frau, die in der Linken Tradition haben, und es ging zu, wie es Marie-Luise Fleißer in *Avantgarde* 1924 beschrieben hat. Aber der Ausgang war 1970 ein anderer als damals. Es gelang den Frauen nun, sich auf sich selbst zu beziehen – wie immer bruchstückhaft gelang ein Stück weiblicher Abgrenzung. Der »Weiberrat«, das war die erste Neudefinition. Die erste – tatsächlich seit 1890. Seit den dreisten Schriften von Lidda Gustava Heymann und Hedwig Dohm hatte es diesen fordernden Ton von Frauen in Deutschland nicht mehr gegeben. Der Weiberrat hatte nicht die Absicht, sich nützlich zu machen – außer für die Frauen selbst. Das Recht auf den eigenen Körper, die eigene Lust, die eigene Sprache wurde mit jener Wut gefordert, die entsteht, wenn die Kränkung bewußt wird. Wir mußten anerkennen, daß wir seit mehreren Jahren eine demütigende Rolle eingenommen hatten – die der nützlichen Idiotin, die nicht zählt und daß wir dazuhin unsere Unterordnung zum Lebensinhalt gemacht hatten. Es gab Grund für eine Abrechnung. Der Weiberrat war wie die ganze Bewegung noch einmal: intellektuell bis hin zur Verwechslung von Schreiben und Leben, Reden und Sein. Die Frauen vom Weiberrat – zu ihnen paßte der Name. Kriegs-Rat auf freiem Feld. Sie waren groß und hager, trugen dunkle Mäntel über den Jeans und sie hatten Narben.

Gespräche zwischen Mann und Weib an der Universität Frankfurt

Das folgende Gespräch, nach der Natur gezeichnet, zeigt beide Parteien mit ihren bevorzugten Kampfmitteln – im Versuch, einander näher zu kommen. Anna O. zu ihrer eigenen Gesprächsrolle: »Manchmal war ich verwirrt. Man müßte da viel schärfer ran.« Eine Frauenringvorlesung, die eindeutig unter Ausschluß der Männer stattfand, das Gerücht über Frauenseminare, Frauenlehrstuhl, eventuell ein ganzes Frauengetto – wie Kollege M. meinte –, all das bewegt Herrn X., als er Frau Anna O. lauernd frug, ob sie das wirklich gut finde – Seminare nur mit Frauen.

HERR X.: Haben Sie die Idee, das zur Gewohnheit zu machen?

ANNA O.: Nun ja, wenn Sie mich so fragen, ganz ehrlich, gefiele mir das schon.

HERR X.: Aber es fehlen Ihnen doch alle Argumente der Gegenseite!!! Auf die können Sie dann nicht eingehen!!!

ANNA O.: Übertrieben fände ich es, ehrlich, ich würde nur noch Bücher von Frauen lesen. Und auch im Fernsehen... Wenn ich das so weiter denke – ein gewisser Verzicht läßt sich dann nicht von der Hand weisen.

HERR X.: Kommen Sie doch auf den Punkt zurück. Wissenschaft ist schließlich was anderes als Ihre Lust am Krimi.

ANNA O.: Sie finden, ich komme vom Thema ab. Meinen Sie, ich sollte nur noch Bücher von Frauen lesen?

HERR X.: Sie machen mich wahnsinnig. Darum geht es doch gar nicht. Das heißt: natürlich sollen Sie nicht. Wissenschaft ist ein Verfahren. Da spielen Mann und Frau keine Rolle! Wenn Sie auf ein Gebiet stoßen, wo nur Frauen geschrieben haben, dann ist das unvermeidlich, aber so ist es ja nicht. Das gibt es nicht.

ANNA O.: Oho, aber umgekehrt.

HERR X.: Prinzipiell ist es egal, wer was geschrieben hat – solange jeder kann, der will.

ANNA O.: Aber wenn der Blinde von der Farbe spricht – und er ist noch von Kultur aus blind – dann versteht er mich doch nicht.

HERR X.: Hier verkennen Sie – was übrigens für Sie typisch ist – die Macht der Sprache. Sind wir nicht alle Kinder einer Sprachgemeinschaft? Sie verstehen mich doch wohl sehr gut!

ANNA O.: Ich glaube schon... Wenn ich es mal so sagen darf: Sie wirken einschüchternd.

HERR X.: Wie das? Tu ich Ihnen vielleicht was?

ANNA O.: Nein, nein – nur, wenn ich es ganz ehrlich sagen soll: auf die Idee mit den Büchern z. B. sind Sie nicht wirklich eingegangen.

HERR X.: Jetzt hören Sie mal: ich habe Ihnen gesagt, wenn Sie ein Gebiet finden – können Sie das machen, aber das extra herstellen, sei's in Wort oder Schrift, ist gegen die Regel. Wie Sie vielleicht wissen, handelt es sich um die Abmachung von 1789: jeder darf, der kann.

ANNA O.: Wissen Sie, das beunruhigt mich gerade so. Der vierte Stand war doch bekanntlich stumm?!

HERR X.: Wollen Sie mich vielleicht in die Reaktion einreihen? Das wird Ihnen kaum gelingen, meine Liebe. Stumme Klassen! Das können Sie mit Frauen überhaupt nicht vergleichen. Sie können doch schreiben! Und Klassen und Frauen? Aber vielleicht spielen Sie auf die Soziale Bewegung an – da sage ich Ihnen nur: bringen Sie eine Frau, die was davon versteht – und Sie haben die Stelle. Mehr Frauen an die Uni – ja, das ist eine Frage der Qualität.

ANNA O.: Sie machen mich ganz verrückt. Darum ging es mir doch gar nicht – jedenfalls jetzt gerade nicht. Ich denke nur, wenn ich selbst nichts sagen kann, dann erinnert mich das einfach an die stummen Klassen. Die hatten keine Organisation und wir wissen nicht, was sie wirklich gedacht haben. Und überhaupt –...

HERR X.: Sie sind sentimental. Das habe ich schon immer gewußt. Was haben Sie denn mit der Handarbeit zu tun? Sie haben doch wohl Abitur? Der Diskurs steht Ihnen offen. Beteiligen macht frei.

ANNA O.: Wenn ich auch darauf verzichte, nur Bücher von Frauen zu lesen, weil ich auch was anderes kennenlernen möchte, so möchte ich doch anmerken: weil das Sein das Bewußtsein bestimmt – ein Satz, der, wie ich weiß, viele Auslegungen haben kann – möchte ich mein Sein formulieren, wie ich es sehe, und erst dann hören, wie du es siehst – in diesem Fall ist das du ein Mann – denn: mein allererstes Sehen will ich dir mitteilen – und dieses Du ist eine Frau (meine Mutter, meine Schwester, meine Frau), die mich gebiert, die mich hält, die mich versteht – damit ich meine Gedanken nicht verliere auf dem Weg der Mitteilung, wie die schweren Steine, die ich abwerfe, damit das Gepäck leichter und mein Gang schneller werde.

HERR X.: Ich bin nicht Ihr Therapeut.

Da sie jetzt aber trotzig schwieg und ein undurchsichtiges Gesicht machte, fuhr er fort:

HERR X.: Vergessen Sie Ihre Ich-Spaltungen und lassen Sie mich Ihr Vater sein.

Dieser Gedanke stimmte ihn etwas weicher und er wußte selbst nicht, warum er geradezu sanftmütig sagte:

HERR X.: Hier ist nicht der Ort, Ihre Leiden zu heilen. Rede ich denn von dem meinen? Lernen Sie als erstes, die Dinge hinzutragen, wo sie hingehören: Ihre Empfindung in die Kunst, Ihren Schmerz zum Arzt, Ihren Kopf in die Wissenschaft.

Bei diesem Satz fand er seinen Faden wieder und setzte hinzu:

HERR X.: Deshalb wollen Sie doch keine Männer dabei haben, weil das bei Ihnen alles durcheinander geht.

Und vor ihm stieg das Bild auf, wie sie dasitzen im Kreis und nie zu einem Schluß kommen, aber trotzdem (oder gerade deswegen?) dauernd reden, reden, reden. Er sah es förmlich und hörte es förmlich – nicht die Worte natürlich, sondern einen Redefluß, immer weiter, ohne Ende, ohne Klarheit. Die vertrauten Begriffe tauchten hier und da auf, aber statt Brücken und Deiche zu bilden und den Fluß dieses Sprachmeers in Form zu bringen, trieben da nur noch einzelne Balken und Bretter zwischen allem möglichen Treibholz und ein paar toten Fischen. Seine Phantasie brachte ihn in Hitze, wenn er auch nur die trockenen Worte

HERR X.: und das nennen Sie Wissenschaft!

hervorstieß. An der Heftigkeit, mit der er den Satz hervorbrachte, erkannte sie, daß er wirklich verängstigt war. Und sie gab ihm die folgende Antwort:

ANNA O.: So beruhigen Sie sich doch. Ich bin eine große Liebhaberin der Vernunft. Habe ich nicht jahrelang in Ihren Veranstaltungen gesessen? Ich werde Sie auch jetzt nicht verlassen, fürchten Sie das nicht.

Er ärgerte sich zwar, aber es beruhigte ihn doch, denn wenn seine besten Ideen auch ohne Frauen zustande gekommen waren, so fand er persönlich es doch sehr angenehm, wenn sie dabei waren. Die Vorstellung, daß sie sich alle feindselig zusammenrotten könnten, hatte etwas Bedrängendes. Die Vorstellung, daß sie bei ihm so viel lernten, daß sie sich dann auch ohne Aufsicht an die Regeln hielten, war dagegen ein schmeichelhafter, geradezu verführerischer Gedanke.

Zur Geschichte der Frankfurter Frauenseminare

HERR X.: Warum schließen Sie denn die Männer aus, wenn Sie nichts zu verbergen haben?
Die Antworten schossen ihm durch den Kopf:
– Aus Angst, weil sie eben doch im Teich ihrer Stimmungen baden und dabei nicht überwacht werden wollen.
– Weil sie Männer nicht mögen – schon von der Stimme her.
– Aus reiner Bösartigkeit. Quälerinnen.
Über diesen Gedanken entfiel ihm, daß sie nicht geantwortet hatte (das ging ihm häufiger so), und etwas unvermittelt sagte er:
HERR X.: Ich fasse unser Gespräch zusammen, Fräulein O. Ich habe Ihnen zweierlei zu sagen. Ja, ich verstehe Sie: den Frauen ist wirklich Unrecht geschehen. Und: wenn Sie so weitermachen, werde ich dafür sorgen, daß Ihnen hören und sehen vergeht. Wie Sie wohl wissen, ist der Diskurs zwar theoretisch unendlich, praktisch stehen wir aber unter Zeitdruck. Sie werden es erleben, daß wir Ihnen die Mittel entziehen, die Sie sich unter falschen Vorzeichen verschafft haben.
Bei diesen Worten sprang sie auf, sah ihn mit ihren Katzenaugen an, ganz ehrlich, wie die Katze das Mauseloch, so hat sie ihn angesehen. Sprachlich wirkte sie eher behindert. Sie sagte nur: So ist das also.

Räume

Die Fluten ebbten ab. Die große Welle war vorbei. Da standen wir am Strand und sahen, wie das abfließende Wasser den Sand unter unseren Füßen wegspülte. Während die Füße langsam im Sand versanken, fühlten wir eine eigenartige Traurigkeit. Die Entzauberung der Universität, der Soziologie und der studentischen Protestbewegung als dem Zentrum des Geschehens, ging 1970 bis 1974 vor sich. Der Tod Adornos, dann Hans-Jürgen Krahls, Notstandsgesetze, technokratische Hochschulreform, politische Niederlagen. Man wurde wieder realistischer. Berufsperspektiven standen an. Die Aktivitäten verlagerten sich aus der Universität in kleine Gruppen im Stadtteil. Eine große Debatte, eine Kristallisation über die kleinen Gruppen hinaus gab es nicht mehr. Begleitet war das alles von der Fraktionierung in die Lager der Empfindsamen und der Aufklärer, der Autonomen und Rationalisten, der Hedonisten und der Ökonomisten. 1973/74. Die Universität war jetzt ein Ort geworden, wo man lernte. Nützes und Unnützes. Für das Leben und zum Vergnügen. Doch niemand suchte dort noch das »große Ereignis«. Jenes Erleben einer kollektiven Übereinstimmung, das Stück erfahrener Utopie war Vergangenheit. »Das große Ereignis«, das heißt die Gewißheit, daß es doch eine letzte Übereinstimmung der eigenen Wünsche mit der Wirklichkeit und den Träumen der anderen geben kann. Das Sich-Wiedererkennen im Anderen, die Verliebtheit ineinander und die Veränderung der Identität sind nicht voneinander zu trennen. Angst und Glückserfahrung halten sich die Waage. Nach dem Ende der Protestbewegung war nun Ruhe eingekehrt. Rausch gab es nur noch um den Preis der Vernunft. Bewußtseinserweiterung in der Drogen- und Therapieszene.

Aber die Situation änderte sich – jedenfalls für die Frauen. Für uns wurde die Universität noch einmal das, was sie 1965 bis 1968 für die studentische Protestbewegung gewesen war: Ort der Debatte und der Identitätsfindung.

Das erste Frauenseminar (noch ohne böse Absicht)

Gekennzeichnet war die Situation von 1973 durch das Versickern der Studentenrevolte. Mehr oder weniger dogmatische Fraktionen zogen sich aus der Universität zurück. An der Universität entstand der »Seminarmarxismus«. Auch die Theorien der Subjektivität hatten ihre eigene, vom Bereich Ökonomie, Produktion, Sozialstruktur streng gesonderte Ecke. Dort ging es um Entwicklungstheorie, frühkindliche Entwicklung. In dieser Situation konnte das Motiv, das für die meisten das Interesse an den Sozialwissenschaften begründete, nämlich »institutionelle Verhältnisse verstehen und sich selbst und andere mit Gründen verändern wollen«, nicht mehr zum Zuge kommen, da die Dogmatisierung der linken Soziologie dazu führte, Menschen nurmehr als Objekte von Machtverhältnissen zu begreifen. Die Widersprüchlichkeit der Einpassung in die gesellschaftliche Herrschaftsstruktur wurde nicht mehr erfaßt. Die Reihe: Der Kapitalismus macht die Familie, die Familie macht die Subjekte und aus jedem Kind das, was sie oder er schichtspezifisch sein muß, wurde in endlosen Varianten und einer immer formelhafteren Sprache vorgeführt.

Aus einem ebensolchen, leicht lähmenden Arbeitsprozeß mit dem Titel »Sozialstruktur der Bundesrepublik« entstand auf Anregung von Frauen ein Seminar zur Situation der Frauen in der Bundesrepublik. Ein gemischtes Seminar mit einem starken Engagement einer Gruppe von Frauen, die zunächst auch nur die Fakten der Berufsverteilung, der Lohngruppen, der Hausfrauenarbeit kennenlernen wollten. In diesem Seminar entstand im Verlauf der Arbeit über mehrere Semester eine Veränderung der Perspektive, die ich als Wendung zur verstehenden Methode bezeichnen möchte. Es entstand nämlich die Frage nach den subjektiven Deutungen, die Frauen ihren Entscheidungen geben. Die Frage war also nicht mehr einfach: Arbeitertochter, autoritäre Familienstruktur, geringe Bildungschance ergibt Einfügung in ein patriarchalisches Familienmodell; also Frühehe, Kind, Anpassung (und wir wenden uns dem nächsten Thema zu). Vielmehr brachten in diesem Seminar Frauen, die im pädagogischen Bereich mit Jugendlichen und in der Erwachsenenbildung arbeiteten, ihre Erfahrungen ein. Daß nämlich die Mitteilung von Zwangszusammenhängen im direkten Umgang z.B. mit Hauptschülerinnen überhaupt nichts verändert, sondern die Konfrontation schafft: »Du bist das Objekt, über das ich Bescheid weiß. Was Du sagst, ist ideologisch und falsch und das kann ich Dir beweisen.« Die Folge kann nur der Abbruch der Kommunikation sein.

Wir begannen im Seminar das Thema Lebenssituation von Frauen unter einer anderen methodischen Prämisse anzugehen: nämlich den ideologiekritischen Ansatz zwar im Kopf zu behalten, aber nicht zur Erledigung der Frage zu verwenden. Vielmehr gingen wir davon aus, die Lebensperspektiven, die Frauen entwickeln, zunächst einmal prinzipiell als sinnvoll zu unterstellen, diese Sicht nachzuvollziehen, die Bedeutungen zu klären. Es ging plötzlich darum, Vorstellungen aufzudecken, die etwa mit dem Namen »Glück in der Liebe« bezeichnet werden. Von dem erträumten Zustand suchten wir den Weg zurückzufinden zu den Konflikten, die diesen Traum als Lösung hervorgebracht haben. Vielleicht läßt sich der Traum dann als falscher Name für einen Wunsch, der andere Elemente enthält, aufdecken. Es wird an diesem Beispiel vielleicht deutlich, daß sich hier die Beziehung von Subjekt und Objekt der soziologischen Untersuchung in eine Beziehung zwischen Subjekten verwandelt, daß beide Seiten in die Auseinandersetzung gezogen werden. Die Pädagoginnen und ebenso wir Frauen in dem begleitenden Seminar waren in der Auseinandersetzung mit den Lebensentwürfen anderer Frauen aufgefordert – und zwar als Voraussetzung des Verstehens aufgefordert – auch den eigenen Entwurf zu reflektieren (und als ebenso bedingt zu erkennen) wie den der anderen Frauen. Das andere kann sich immer nur vor der Folie der eigenen Erwartungen abheben, und wie eng bei aller scheinbaren Unterschiedenheit die Träume vom Glück verwandt sind, sieht man beispielhaft in *Tod des Märchenprinzen* oder *Die Scham ist vorbei*. Wir suchten unsere Ergebnisse und Erfahrungen auf sozialwissenschaftliche Theorie zurückzubeziehen. Aber das war erst ein späterer Schritt. Zunächst ging es darum, in einem »experimentellen Verstehen« unsere assoziativen Argumente, scheinbar abwegige Querverbindungen zuzulassen. Erst aus dieser Phase der Verwirrung schälte sich langsam ein erstes Benennen von Mechanismen, eine Ebene der Abstraktion heraus. Dieses Benennen setzte bereits einen Einigungsprozeß in der Gruppe voraus. Z. B. können nicht alle Aspekte verfolgt werden, die in den Erfahrungsberichten angelegt sind. Aus unserem Umgang mit dem Gegenstand bildete sich als Leitlinie die Rekonstruktion der Konfliktzonen und der wichtigsten Lösungsformeln im biographischen Ablauf von Frauen verschiedener Schichten. So wie es für eine frühere Epoche Simone de Beauvoir unternommen hat, ohne daß wir uns damals dieses Vorbildes bewußt gewesen wären. Nicht zufällig hatte ihr Buch die Form von theoriegeleiteten Erzählungen weiblicher Lebensentwürfe angenommen und nicht die Form einer Deduktion aus theoretischen Prämissen. Die Argumentation in *Das andere Geschlecht* ist einleuchtend; die Autorin strebt niemals den Beweis des ein für allemal Abgeschlossenen an. Eben dieses dialogische Verhältnis zum Gegenstand, eine historisch bestimmte Auseinandersetzung zwischen verschiedenen Entwürfen, wobei der Weg zur Lösung über die Verständigung über das »was unter den Namen steckt« verläuft, macht Veränderungen möglich – und zwar über einen Prozeß der Präzisierung von Vorstellungen (das mit dem Namen zwar Bezeichnete, aber nicht genügend Bekannte). Das Substrat – die Entwürfe – können nur so von falschen Sprach- und damit Machtzusammenhängen gelöst und anders geordnet werden.

Dieser Vorgang ist ein politischer Prozeß, denn es geht um eine Befreiung von gesellschaftlich vorformulierten Definitionen und Zwangsregeln. Auf dem dialogischen Prinzip beruht die Wirkungsmöglichkeit soziologischer Forschung, wenn sie nicht zum Erfüllungsgehilfen bürokratischer Maßnahmen, zur Legitimation solcher Maßnahmen oder zur Eigenunterhaltung der Soziologen dienen soll.

Daß Frauenseminare auf dieses Prinzip zurückgegriffen haben, ist nicht zufällig. Die Auseinandersetzung mit der Zwanghaftigkeit der Geschlechterrollen kann sich ja nicht damit beruhigen, daß diese herrschaftsfunktional institutionalisiert sind. Wieso sollten wir sie verändern können? Haben wir den archimedischen Punkt, nicht herrschaftsbestimmt zu sein? Aus diesem Widerspruch, sich als sich veränderndes Subjekt zu erleben und sich zugleich theoretisch als absolutes Objekt abgeleitet und bewiesen zu sehen, entstand der Versuch, die Widersprüchlichkeit der Subjektivität nicht der Psychoanalyse zu überlassen, sondern für die sozialwissenschaftliche Argumentation zurückzugewinnen.

Die Methode, die wir im Frauenseminar spontan entwickelten, kommt dem deutenden Verfahren der psychoanalytischen Untersuchung sehr nahe. Die projektive Identifikation (Übertragung im »Patientengespräch« oder bei der Untersuchung einer fremden Kultur, wie in der Ethnopsychoanalyse, aber ebenso bei der Analyse von Texten, die als Lebensentwürfe aufgefaßt werden) – immer ist der erste Schritt das Wechselspiel zwischen Projektion, Reflexion der Projektion und Prüfung der Projektion am Material. Verstehen wird als Prozeß aufgefaßt, bei dem die Veränderung des Verstehenden (Forschenden) gerade nicht ausgeblendet werden darf. Statt Neutralität im Verfahren ist die Subjektivität der Untersuchenden notwendiges und nicht nur erlaubtes Erkenntnismittel.

Männer und Methoden

Unser Seminar »Sozialstruktur der Bundesrepublik« hatte mit einem überwiegend männlichen Publikum begonnen. Die Männer waren interessiert und stimmten zu, die Situation der Frau in der Bundesrepublik zu untersuchen. Im Verlaufe unseres Versuchs, weibliche Perspektiven aufzudecken und verstehbar zu machen, kamen uns in unserem Seminar die Männer abhanden. Es war ein stummer Prozeß, ohne ausgetragene Konflikte. Es dürften im wesentlichen zwei Gründe bestimmend sein, die bis heute ihre Geltung nicht verloren haben. Die Konfrontation von Lebensperspektiven von Frauen, die Gegenstand unserer Arbeit war, erwies sich für Männer als durchaus nachvollziehbar, setzte bei ihnen aber ganz andere Vorstellungswelten und Verbindungen in Gang, die meiner Auffassung nach nicht gleichzeitig mit den weiblichen Perspektiven behandelt werden können.

Der weitere Grund lag in dem methodischen Vorgehen selbst, das zu der üblichen Form: Feststellen, Einordnen, Erledigen im Gegensatz stand – also zu dem Vorrang der kategorialen Selbstvergewisserung vor dem Beschreiben von Praxisentwürfen, einem Beschreiben, das sich notwendig über weite Strecken nicht von der Alltagssprache abhebt und das die Struktur des Gegenstandes erst im Vollzug der Interpretation sichtbar werden läßt. Das Problem hermeneutischer Zugänge war in Frankfurt theoretisch diskutiert, ja, eine Selbstverständlichkeit. Wenn es um die Frage der Objektivität sozialwissenschaftlicher Forschung ging; im Kampf gegen den positivistischen Kanon, hatte die Kritische Theorie auf die Historizität von Erfahrung, auf die Bedeutung einer Reflexion der erkenntnisleitenden Interessen, auf die Tatsache des Unbewußten im Erkenntnisprozeß hingewiesen. Hätten wir uns darüber theoretisch ausgelassen, so hätten wir wohl mit den Kommilitonen reden können und Debatten über Begriffe, Begriffsgeschichte und was man wie anginge, wenn man etwas anginge, führen können. *Nur machen wollten wir es nicht.* Ein großer Teil der Soziologen lebt in ewiger Vorlust. Die Berufskrankheit ist die Berührungsangst. Hier treffen sich Soziologe und Mann im allgemeinen: »Um dem Chaos zu entgehen, beginnen wir vorab mit der Systematisierung.«

Inzwischen haben deutende Verfahren, Oral-History, Aufarbeitung biographischen Materials, action research eine zunehmende Bedeutung in der soziologischen empirischen Forschung gewonnen. Das ist eine Reaktion auf die Lehre des soziologischen Formalismus der siebziger Jahre. Wesentlich ist, daß das Subjekt, das hier zur Sprache kommen soll, ein *konkretes Subjekt* ist. Die *Artikulation* der *weiblichen* Perspektive kann nur durch Frauen geschehen. Die lebenspraktische Orientierung, die Traditionen und Entwürfe von Frauen können in interpretativen Verfahren nicht von Männern »eingesetzt werden«. Das bedeutet natürlich nicht, daß die Ergebnisse außerhalb der allgemeinen Diskussion gehalten werden. Im Gegenteil ist die Offenheit der Argumentation eine notwendige Bedingung der Selbstverständigung. *Aber diese Offenheit gilt nicht an jedem Punkt des Erkenntnisprozesses.*

Solche Gedanken gingen uns 1975 und 1976 nicht durch den Kopf. Es stellten sich Realitäten ein. Wir fanden uns in einem Seminar ohne Männer. Zunächst versuchten wir die Irritation zu überspielen, auch die Versagens-Ängste (unqualifiziertes Seminar? *nur* Frauen?). Wir quittierten das Ganze mit Schweigen, mit Gelächter und schließlich mit der Neubestimmung unserer Arbeit – als Frauenseminar. Das, wovor bei uns die Männer davongelaufen waren, Frauensolidarität und methodische Änderungen des Verfahrens, führte durchaus nicht in den unkontrollierten Wahnsinn und verzerrenden Subjektivismus. Die Gruppe funktionierte als der Ort für beides: für Übertragungen und die Prüfung der Übertragungen. Dabei gab es einen von allen geteilten Deutungshorizont: der weibliche Lebenszusammenhang, die Konflikte im Lebenszyklus von Frauen, sind auf die produktiven, gesellschaftlich ausgeblendeten und unterdrückten Kräfte zu untersuchen. Die Richtung der bisherigen Untersuchungen ist umzukehren.

Sich der nach Geschlechtern geteilten Welt bewußt zu werden, geht auch die Männer an. Es ist kein Zweifel, daß dieser Prozeß der Erkenntnis der Abgegrenztheit der Geschlechter (wenn er nicht pseudohaft als Spiel oder Experiment unter der Leitung von Teamern abläuft) Grenzen zwischen den Geschlechtern betont. Sicherheiten und Selbstverständlichkeiten entschwinden. Es entstehen Angst und Aggression. Die Gefahr ist deutlich, daß Vorurteile auf der Seite der Männer befestigt werden, da sie sich ausgeschlossen und bedroht fühlen. Aber für die Frauen ist die Selbstverständigung in der eigenen Geschlechtergruppe unumgänglich, eine Notwendigkeit.

Vielleicht gilt das für Wissenschaftlerinnen ja noch mehr als für andere, denn sie richten sich an einer Institution aus, die privilegiert ist, und die seit jeher als libidinöses Männerbündnis funktioniert. »Väter und Söhne« oder die »Brüder-Horde« dürfen hier als Modell der eingespielten emotionalen Rollen wohl herangezogen werden. Den Frauenseminaren wurde entgegengehalten, wir wollten Schonräume für den Irrationalismus. Ich würde sagen, was wir versuchen, ist, uns unserer eigenen Kultur und Tradition als Frauen zu versichern.

Das Seminar über Homosexualität im Jahre 1980 war etwas wie ein Höhepunkt der Auseinandersetzungen unter Frauen. Wir trafen uns im Keller des Studentenhauses, etwa 100 Frauen. Wir diskutierten Rita Brown und Charlotte Bunsh *Frauenliebe*. Die Stimmung war in einem auffallenden Maße geladen. Haben Frauen, die Männer lieben, überhaupt ein Recht, sich der Frauenbewegung zuzurechnen? Die Stimmung war von Vorwürfen bestimmt. Frauen erklärten, daß sie Frauen hassen, die sich bei Frauen erholen, um zu ihren Männern, Geliebten, genauer zu ihren Unterdrückern zurückzukehren. Die Angegriffenen verstummten, fühlten sich unter Druck gesetzt, beschimpft. Lesbische Frauen fühlten sich ihrerseits abgelehnt, von vornherein diskriminiert. Es gelang nicht, über das Medium: »Arbeit an Texten« eine Gemeinsamkeit herzustellen und die Argumentation aus der Dramatik von Schuld und Vorwürfen herauszuführen. Wie in diesem Seminar, so spaltete sich die Bewegung insgesamt in Subkulturen mit ihren Themen. Begegnungen zwischen den Teilen der Frauenbewegung wurden schwieriger. Die erste Phase, der gemeinsame Aufbruch, das Abstecken des Terrains, war abgeschlossen. Die Universität wurde nun auch für Frauen wieder ein Zusammenhang neben anderen. In den Seminaren ging es nicht mehr um den eigenen Selbstentwurf, wie zu jener Zeit, als das Seminar und die Frauengruppe dasselbe gewesen waren. Das Interesse wurde »wissenschaftlicher«. Es geht bis heute einerseits mehr auf Genauigkeit, Vertiefung der Analysen. Zugleich verliert sich die Bereitschaft und die Fähigkeit, »Privates« zur öffentlichen Mitteilung zu bringen. Im Augenblick scheint nichts mehr zu entdecken und alles gesagt zu sein.

Langsam institutionalisiert sich die Frauenforschung. So wird die Möglichkeit geschaffen, Fragen zu vertiefen, die verschiedenen wissenschaftlichen Debatten zu beeinflussen, die in den Feldern Ökonomie, Sozialisation / Kulturtheorie und Politikwissenschaft geführt werden. Der Zug zur Professionalisierung feministischer Argumentationen ist ambivalent. Läuft die Frauenforschung Gefahr, Teil des bestehenden Wissenschaftsbetriebs zu werden, die Zähne gezogen zu bekommen, und noch dazu im Hinblick auf einen falschen Wechsel (ohne je eine institutionelle Absicherung an der Universität zu erreichen), es sei denn, sie wäre bis zur Kenntlichkeit (des Funktionierens im Normalbetrieb) entstellt? Feminismus und Frauenforschung sind nicht unmittelbar dasselbe. Feminismus ist eine kollektive Erarbeitung von weiblicher Erfahrung, eine Neuschöpfung, eine Veränderung der Beteiligten. Feminismus kann weder als Wissenschaft gelehrt, geprüft, noch institutionalisiert werden. Frauenforschung kann der Ort feministischer Erkenntnis sein – aber sie ist es nicht per se. Im Rahmen der Wissenschaft, und auch der Soziologie, ist die Gefahr groß, in einer neuen Variante der Begriffswelten zu versteinern. Eine Versicherung dagegen gibt es nicht. Der Ausgang hängt davon ab, ob wir Wissenschaftlerinnen selbst es vermögen, auf dem Willen zur gesellschaftlichen und persönlichen Veränderung zu beharren.

Reimut Reiche

Sexuelle Revolution – Erinnerung an einen Mythos

[1988]

Wer sich mit dem Interesse an der Psychoanalyse beschäftigt, ist sofort mit einer immer wiederkehrenden Ambivalenz des an ihr Interessierten konfrontiert. Gleichgültig, ob es sich bei diesem Interessierten um einen Patienten handelt, der sich einer Psychoanalyse unterzieht bzw. überlegt, ob er dies tun soll, oder um ein politisches Kollektiv, das das aufklärerische Potential der Psychoanalyse nutzen oder freisetzen möchte, oder um einen Wissenschaftler eines anderen Faches, der sich eine gleichzeitige Bereicherung seiner Wissenschaft und der Psychoanalyse auf dem Wege gegenseitiger Befruchtung erhofft – immer soll eine schmerzhafte Zumutung vermieden werden, die von der Psychoanalyse ausgeht. Heilung wird erhofft und im Zweifelsfall eingeklagt. Vermieden wird die Zumutung, daß die versprochene Selbsterkenntnis immer mit einer Anerkennung der eigenen Schuld verbunden ist. Diese »Schuld« besteht im Kern darin, daß ich das, worunter ich leide und wofür ich so viele gute Gründe in der schuldigen Außenwelt anführen kann, doch zugleich auch selbst hergestellt habe, jedenfalls immer wieder neu herstelle und darum in einem ganz spezifischen Sinn für mein »Leiden an« selbst verantwortlich bin.

Ich möchte das Interesse der Studentenbewegung an der Psychoanalyse in einigen groben Strichen nachzeichnen. Dabei betrachte ich nur den Zeitraum bis zur Auflösung des SDS im Jahr 1970 und dem anschließenden Zerfall der »Revolte« in »K-Gruppen«, »Spontis« und »Guerilla«. Für diesen Zeitraum unterscheide ich an der Studentenbewegung drei Abschnitte der Aneignung von und des Umgangs mit Denken und Theorie allgemein.

Im ersten Abschnitt, den ich *Rekonstruktionsphase* nennen möchte, finden Wiederaneignung und Neuaneignung der im Nationalsozialismus zerstörten Denktraditionen und Denkbewegungen statt, die mit den Überschriften Marxismus, Psychoanalyse und Kritische Theorie bezeichnet sind. Einen konsensstiftenden Ausdruck, der aus der Einsamkeit und Vereinzelung des Denkens hinausführt, findet diese Aneignung erst in der ersten Hälfte der sechziger Jahre. Das kollektive Denk- und Trauerverbot, das mit dem »Wiederaufbau« in der Nachkriegsära verhängt war, hatte seine alles lähmende Kraft verloren. Die Unvereinbarkeitserklärung von SDS und SPD markiert historisch den beginnenden Höhepunkt dieses Abschnitts. Jeder, der an dieser Zeit der Wiederentdeckung einer Welt des verschütteten Denkens teilhatte, erinnert sich an das besondere, identitätsstiftende Hochgefühl einer inneren Verbundenheit mit Gedanken, die zuvor »nie gedacht« waren und die doch alle schon ausformuliert vorlagen und nun aus den Exilarchiven ans Tageslicht gefördert wurden. Diese Wiederaneignung war im Unbewußten verbunden mit einem Traueraffekt und zugleich einem Affekt der Wiedergutmachung an und der Wiedervereinigung mit dem verlorenen »guten« Objekt, das auf diese Weise den Nationalsozialismus überlebte. Das erklärt auch, warum es für diese Zeit so wesentlich war, verlorene Gedanken wie verschüttete körperliche Objekte leibhaftig auszugraben; der Wert eines Gedankens schien mit der Mühe der Bergungsarbeit der Publikation zu wachsen, in der er erschienen war. Die frühen Aufsätze von Otto Fenichel, Siegfried Bernfeld oder Wilhelm Reich hatten ebenso wie die aus der *Zeitschrift für Sozialforschung* oder die von Lukács, Thalheimer oder Panekoek diese Aura um sich. Lebhaft erinnere ich mich an die Gefühlsmischung aus Ehrfurcht, Hochgefühl und Scham, in der wir 1963 die ersten hektographierten Abschriften von Horkheimers Aufsatz *Die Juden und Europa* (1939) entgegennahmen, der gerade von Mitgliedern des Westberliner *Argument*-Clubs zugänglich gemacht worden war. Einen ganzen Winter lang lasen und diskutierten wir im *Argument*-Club diesen einen Aufsatz.

In einer nur nachträglich rekonstruierbaren *aktuellen Vorbereitungsphase* der Studentenbewegung werden ab 1965 Fragestellungen aus Marxismus, Psychoanalyse und Kritischer Theorie auf eine »politische« Weise derart neu formuliert, daß nun alle Antworten auf alle Fragen sich ausweisen müssen nach ihrer »Relevanz« für einen »Anschluß« der westdeutschen Linken an die »internationalen Klassenkämpfe«. Paradigmatisch für diese Phase sind Schriften wie die von Kurt Steinhaus oder Johannes Agnoli und Peter Brückner.[1] 1965 erscheint auch der erste Raubdruck von Wilhelm Reichs *Massenpsychologie des Faschismus* (1933) – wenn ich mich nicht täusche, ist das überhaupt der erste Raubdruck in der Geschichte der Studentenbewegung (und damit in der Geschichte der BRD). Die Lektüre von Sigmund Freuds *Massenpsychologie und Ich-Analyse* oder *Das Unbehagen in der Kultur* ist in diesem Abschnitt, wenn überhaupt, nur noch als geistiger Vorläufer von Reichs Massenpsychologie interessant. Spürbar zurück geht in diesem Abschnitt auch die Beschäftigung mit der konkreten nationalsozialistischen Vergangenheit als einer Geschichte von Massenvernichtung und Kulturzerstörung, mit der »ungesühnten Nazijustiz« (deren Aufdeckung mit dem Namen des unermüdlichen Einzelkämpfers Reinhard Strecker verbunden ist) sowie mit Genese und Aktualität des Antisemitismus. Die »großen« Theorien des Zusammenhangs von Kapitalismus, Imperialismus und Faschismus rücken ins Zentrum des Interesses.

Ich kann hier nicht der Frage nachgehen, warum der gerade erst begonnene Prozeß einer kollektiven Erinnerung und Durcharbeitung der Bedingungen unserer Identität als Erben dieser Vergangenheit so schnell wieder theoretisch »versachlicht« – um nicht zu sagen praktisch vergessen wurde. Jedenfalls war das gerade in dieser Zeit erscheinende Buch von Alexander und Margarete Mitscherlich *Die Unfähigkeit zu trauern,* für uns »kein Thema«[2] mehr; wir schickten uns gerade an, selbst Teil dieses Themas zu werden.

Mit dem 2. Juni 1967 beginnt die später von ihr selbst als *Aktionsphase* apostrophierte eigentliche Studenten*bewegung*. Mit dem plötzlichen »Massenhaftwerden der Bewegung« – so unsere damalige Terminologie – ist eine innere Dynamik verbunden, die noch auf ihre geschichtliche Rekonstruktion und Aufklärung wartet. Habermas hat zuletzt treffend festgestellt: »Die Studentenbewegung war dann die von niemandem vorausgesehene Explosion von ein, zwei Jahren. Gegen diese Revolte hat bald ein bei uns eigentümlich ressentiment-

---

1   Vgl. Kurt Steinhaus, Zur Theorie des internationalen Klassenkampfes, Frankfurt/Main 1967; Johannes Agnoli / Peter Brückner, Die Transformation der Demokratie, Berlin 1967.

2   Alexander und Margarete Mitscherlich, Die Unfähigkeit zu trauern. Grundlagen kollektiven Verhaltens, München 1967; Alexander und Margarete Mitscherlich galten der Studentenbewegung als Vertreter des ›liberalen‹ Reformlagers, mit dem man sich nicht auseinanderzusetzen brauchte und von dem es nichts zu lernen gab.

hafter Neokonservatismus eine Art Konterrevolution angezettelt. Marcuses Gegenüberstellung von ›Revolte und Konterrevolution‹ paßt auf die deutsche Szene der 70er Jahre ziemlich gut. Als hätten die im Schatten der NS-Verbrechen diskreditierten Affekte nur auf den Anlaß gewartet, um wieder zu schäumen.«[3]

Zu dieser Dynamik gehört ein abrupter Funktionswandel von Theorie. Dieser Funktionswandel ist, soweit ich ihn bis jetzt verstehe, gekennzeichnet durch eine manische Beschwörung der »Einheit von Theorie und Praxis«. Charakteristisch war dieses Ensemble von spontanem Dauererzeugen von Aktion und zwanghaftem Jederzeit-Zusammenbringen-Müssen von praktisch-politischem Handeln mit einer »theoretisch verbindlichen Ableitung« (so unsere Terminologie) jedes Handlungsschrittes aus der »marxistisch« vollzogenen Durchdringung des gesellschaftlichen Ganzen. Jeder Versuch einer theoretisch rekonstruktiven Aneignung ohne sofortige Umsetzbarkeit in Aktion verfiel jetzt dem Verdikt des Seminarmarxismus und bald schon dem Verdacht des Verrats.

Auch in der Zeit vor dem sogenannten Massenhaftwerden der Bewegung hat es im SDS, anders als in den traditionellen Institutionen der Arbeiterbewegung, anders als in Intellektuellen-Zirkeln und anders auch als später bei den Grünen, immer eine ganze typische, dauernd spürbare, für jeden einzelnen bestimmende und auf jedem einzelnen lastende Dauerspannung von »Theorie und Praxis« gegeben, die sich immer und grundsätzlich in jedem einzelnen als Konflikt, sei es von Denken-Wollen und Handeln-Sollen, sei es von Denken-Sollen und Handeln-Wollen niederschlug. Kommunikationshülsenhafte Ergänzungspaare wie »reflektier das doch mal« versus »das ist doch abstrakt!« oder »das ist doch aktionistisch« versus »das ist doch intellektuelle Onanie« waren unsere ständigen Begleiter. Für diejenigen, denen wir als »Agitatoren« auf Teach-ins (die vor 1965 noch gar nicht diesen Namen hatten) oder Demonstrationen (die es vor 1965 gar nicht gab), als Diskussionspartner und bald darauf als gesellschaftlich produziertes Fremd- und Feindbild gegenüberstanden, waren wir an diesem hochgespannten internalisierten Dauerkonflikt, den wir beständig wortreich externalisieren mußten, sofort zu erkennen.

Das taten wir auf eine Art und Weise, die uns den ebenso beständig wiederholten Vorwurf eintrug, wir sprächen unverständlich und mit Fremdwörtern, die niemand kenne. Mir ist erst viel später klar geworden, daß wir in einem unbewußten kollektiven Akt eine »undeutsche« fremde Sprache erschaffen hatten, mit der wir unserer Ablehnung der deutschen Wiederaufbau-Mentalität und unserer Entfremdung von der Nachkriegskultur den Ausdruck gaben, der für uns selbst und für die »Anderen« zum Erkennungszeichen wurde. Was das Vorurteil – »Ihr wollt doch, daß die Arbeiter euch verstehen!« – Soziologen-Deutsch[4] nannte, war viel eher ein jüdisch-intellektuelles Rotwelsch, genauer: ein von jungen Deutschen, die sich unbewußt mit der verfolgten und ausgerotteten jüdischen Intelligenz identifizierten, in die gesprochene Sprache transformiertes Amalgam von theoriesprachlichen Begriffen, die allesamt »jüdischen« Wissenschaften entnommen waren: dem Marxismus, der Psychoanalyse und der Kritischen Theorie. Auf dem Höhepunkt der Revolte verstanden uns tatsächlich alle, die uns verstehen wollten, und wir konnten uns allen verständlich machen, die uns zuhörten. Wenn wir heute unsere

[3] Jürgen Habermas, Zeitungsinterview mit Rainer Erd, in: Frankfurter Rundschau vom 11.3.1988.

[4] Dieses, in letzter Konsequenz rassistische Vorurteil fand seinen aktenmäßigen Ausdruck sogar in dem Auswertungsbogen für psychoanalytische Erstinterviews des Sigmund Freud Instituts in Frankfurt/Main: Dort wurde ungefähr 1970 plötzlich die diagnostische Kategorie »Soziologen-Syndrom« eingeführt. Eine nosologische Begründung dieses Syndroms habe ich nie ausfindig machen können.

von uns selbst verfaßten Flugblätter, Programme und Aufrufe von 1968 kaum noch entziffern können, verweist dies *auch* auf die Spuren, die der gewaltsame Prozeß der Des-Identifizierung mit den Idealen und Utopien dieser Bewegung in uns zurückgelassen hat.

Verglichen mit dem Marxismus ist die Psychoanalyse von der Studentenbewegung nur sehr äußerlich und bruchstückhaft rezipiert worden. Marx wurde tatsächlich gelesen; man hat ihn sich, wie wir damals sagten, »angeeignet«. Er wurde nicht nur über Lenin oder Korsch oder Lukács oder sonst irgendwen »rezipiert«. Es gab ein Ideal, einen »Anspruch«, den »ganzen Marx«, und nicht nur einen leninistisch, stalinistisch oder bürgerlich-geisteswissenschaftlich verkürzten Marxismus zum Fluchtpunkt und Korrektiv unseres Denkens und Handelns zu nehmen. Einen vergleichbaren Anspruch durfte Freud bei uns natürlich niemals reklamieren. Die Psychoanalyse wurde eher über Herbert Marcuse und Wilhelm Reich »rezipiert«, als daß Freud selbst studiert worden wäre. Der Psychoanalyse wurde niemals die Ehre zuteil, sie gleichsam werkgetreu, in ihrem historischen, klinischen und methodischen Entstehungszusammenhang verstehen zu wollen.

Einer der knappsten formalen »Grundpfeiler«, auf die Freud die Psychoanalyse festlegte, um sie vor ihren falschen Freunden zu schützen, lautet: »Die Annahme unbewußter seelischer Vorgänge, die Anerkennung der Lehre vom Widerstand und der Verdrängung, die Einschätzung der Sexualität und des Ödipus-Komplexes sind die Hauptinhalte der Psychoanalyse und die Grundlagen ihrer Theorie, und wer sie nicht alle gutzuheißen vermag, sollte sich nicht zu den Psychoanalytikern zählen.«[5]

Von diesen fünf »Hauptinhalten« hat die Studentenbewegung, wenn wir sie einmal durch ihre vielfältigen Lese- und Theoriezirkel repräsentiert sein lassen, vor allem der vierte, die Sexualität, und diese nur in verkürzter Form, interessiert. »Verdrängung« und »Projektion« waren zwar in aller Munde, aber durchaus nur im Sinne des oben genannten Rotwelsches.

Der für Freud wichtigste »Grundpfeiler« der Psychoanalyse ist gewiß die Existenz des Unbewußten und die hieraus sich ergebende Erkenntnis, daß alle ins Unbewußte abgesunkenen oder verdrängten Vorstellungsinhalte und Triebregungen dynamisch wirksam bleiben – als Symptome, Ersatzhandlungen, Wiederholungszwänge usw. Das Unbewußte aber war in unserer Rezeption der Psychoanalyse überhaupt kein Thema; mit ihm wollten wir anscheinend nichts zu tun haben. Im nachhinein finde ich ganz besonders erstaunlich: daß wir uns darum niemals einen wirklichen Begriff davon machen konnten, daß die mit der Zerschlagung des deutschen Nationalsozialismus der Verdrängung anheimgefallenen omnipotenten, destruktiven, grausamen und mörderischen Taten und Phantasien im dynamischen Unbewußten des Einzelnen und des Kollektivs fortexistieren und auf dem Wege des Verschiebungsersatzes zwanghaft wiederholt werden müssen.

Wir stellten nicht wirklich die Frage nach dem Verschiebungsersatz, sondern projizierten den »Faschismus« auf die »Institutionen«. »Der heutige Faschismus steckt in der Gesamtheit der bestehenden Institutionen«, sagte Rudi Dutschke auf dem Vietnamkongreß in Berlin 1968.[6] Mit Begriffen wie »postfa-

5 Sigmund Freud, ›Psychoanalyse‹ und ›Libidotheorie‹ (1923). Gesammelte Werke Bd. VIII, Frankfurt/Main 1963, S. 223.

6 Rudi Dutschke, Rudi – Der Kampf geht weiter. Tonbandkassette, Stechapfel-Produktion o. J.

Sexuelle Revolution – Erinnerung an einen Mythos

schistisch« oder »die Herrschenden« – auch eine Benennung, die heute nicht mehr glatt über die Lippen kommt – oder »der autoritäre Staat« haben wir die »faschistische Gefahr« gleichsam aus dem Unbewußten des Individuums und des Kollektivs herausgelöst, entkörpert und auf eine vermeintliche gesellschaftliche Tendenz des Kapitalismus/Imperialismus, auf »die Herrschenden« und »ihre Institutionen« projiziert. Die uns so sehr und immer beschäftigende Frage nach dem »revolutionären Subjekt« und nach den antikapitalistischen und revolutionären Potenzen im empirischen Proletariat war unbewußt wohl sehr stark von dem magischen Wunsch bestimmt: die Volksmassen, und damit die »Masse« unserer Eltern, seien im Innersten und in Wahrheit »gut« und das nationalsozialistische »Böse« (z.B. die in der nationalsozialistischen Grausamkeit gebundene Triebhaftigkeit) sei ihnen äußerlich. Dieser Wunsch wirkte als Verleugnung und nahm den Charakter eines Denkverbots an.

In einer anthropomorphen Gleichung ausgedrückt: zum *Marxismus* hatten wir eine idealisierende und autoritär-unterwürfige Beziehung, zur *Psychoanalyse* eine verdinglichende, instrumentelle Beziehung. Unsere Frage an die Psychoanalyse war spätestens mit dem sogenannten Massenhaftwerden der Bewegung funktionalistisch: Was erbringt die Psychoanalyse für die Kritik des Kapitalismus, was erbringt sie für die Kritik der »Überbau«-Einrichtungen, also der Familie, der Erziehung, der Moral im allgemeinen, der Sexualmoral im besonderen? Solche Instrumentalisierung konnte sich durchaus die Maske der Idealisierung aufsetzen, wie eine typische, hier stellvertretend zitierte Würdigung der Psychoanalyse aus dem Jahr 1966 zeigt: »Psychoanalyse, die Lehre von den Konsequenzen des Triebverzichts, entlarvte die Familie als den Ort der Austragung und Reglementierung des gewaltigen negativen Überschusses der Herrschaft und vermittelt aufs neue ökonomische Basis, Verhalten und Bewußtsein für die Einheit des kritischen Kampfes.«[7]

Ich möchte hier nur die Reizwörter aus der ersten Hälfte dieses Satzes interpretieren:

– »entlarvt«: der Agitator entlarvt; die Psychoanalyse entlarvt nicht, sondern deckt auf;
– »Ort der Austragung«: ist für die Psychoanalyse immer das Individuum; im klassischen Persönlichkeits-Modell Freuds mit seinen drei »Instanzen« Es, Ich und Über-Ich erscheint das Über-Ich als »Niederschlag der verinnerlichten Eltern-Instanz«; nur über diesen Niederschlag, niemals direkt, kommt die Familie ins Blickfeld; die Verschiebung der Betrachtungs- und Kritik-Optik weg vom Über-Ich und hin zur Familie bewirkt eine höchst problematische Soziologisierung, die in einem doppelten Sinn (begrifflich und für die nunmehr soziologisch-psychoanalytisch denkenden Individuen) als Über-Ich-Entlastung wirkt: das Böse, Schädliche, Verderbliche usw. wird aus dem Individuum hinaus und in die Institution (Familie) verlegt;
– »Lehre von den Konsequenzen des Triebverzichts«: hier scheint bereits deutlich die spätere Hauptlinie der politischen Psychologie der antiautoritären Propaganda auf: »Triebverzicht« führe zu Neurose und autoritärer Charakterdeformation; die Psychoanalyse ist statt dessen eher zu charakterisieren als eine Lehre von der ewigen Notwendigkeit, die Ansprüche aus den »drei Instanzen« – Triebansprüche, Außenweltansprüche und verinnerlichte Außen-

7 Frank Böckelmann, Die schlechte Aufhebung der autoritären Persönlichkeit, zuerst veröffentlicht in: Anschlag, 2. Jg., Heft III, März 1966. S. 34–66; hier zitiert nach dem mit einem Vorwort zur Neuauflage versehenen Nachdruck, Freiburg 1987, S. 15

weltansprüche (Über-Ich-Forderungen) – so miteinander in Einklang zu bringen, daß das Individuum nicht an sich selbst erkrankt.[8]

Derart wurden Triebverzicht und Familie als Medium und Agentur der Repression benannt. Triebverzicht wurde mit sexueller »Repression« gleichgesetzt; das Interesse an der Psychoanalyse wurde auf deren Beitrag zur Analyse – und bald nur noch: zur Entlarvung – institutionell erzwungenen Triebverzichts festgelegt. Die Parolen, die mit dem Massenhaftwerden der antiautoritären Bewegung Bewegungs- und Mediendominanz erlangten, belegen dies: »Sexuelle Revolution« und »Zerschlagung der autoritären Kleinfamilie«. Der von Herbert Marcuse[9] entwickelte Begriff der *Repression* avancierte darum so rasch, um nicht zu sagen ›schlagartig‹, zur Einheit stiftenden Zentralkategorie der Studentenbewegung, weil er eine Vermittlung zwischen der ökonomischen Kategorie der Ausbeutung und den psychoanalytischen Begriffen im Spannungsfeld von Triebansprüchen, Bedürfnisentwicklung und Triebunterdrückung versprach, ja diese Vermittlung als eingelöste suggerierte. Mit seiner Hilfe schien es uns möglich, die immer schwerer greifbar und begreifbar zu machenden Kategorien und Tatbestände von Ausbeutung und Verelendung zeitgemäß zu aktualisieren. Unter der Hand nahm die Kategorie der Repression, insbesondere in der sprachlichen Form des allgegenwärtigen Adjektivs *repressiv*, die Lücke ein, die im »saturierten« Kapitalismus die uns entschwindende physische Verelendung[10] hinterlassen hatte.

Vergegenwärtigen wir uns noch einmal das essentielle Spannungsverhältnis von Psychoanalyse und Revolte: Die Psychoanalyse übersetzt beständig Außenwelt in Innenwelt; genauer: der Psychoanalytiker übersetzt beständig die vom Patienten als äußere bzw. als von außen kommend erfahrene Realität (z.B. somatische Symptome) in dessen innere Realität (z.B. psychosomatische Abfuhrvorgänge) und bildet seine klinischen Anschauungen und metapsychologischen Begriffe entlang dieser Übersetzungsarbeit. Die Revolte übersetzt beständig »Innenwelt in Außenwelt«, nämlich verinnerlichte Haltungen, »Stillhalten«, gesellschaftlich produzierte Unbewußtheit in Aktion, in Bewegung, in äußere Veränderung. Diese gegenläufigen Bewegungen – von außen nach innen und von innen nach außen – müssen zum Zerbrechen der Vermittlungstätigkeit führen, wenn ihre Gegenstände, sei es auf der Ebene der gedanklichen Durchdringung, sei es auf der praktisch-politischen Tätigkeit, in einem rigorosen Impuls der Totalisierung in eins gesetzt werden. Herbert Marcuses Konzept der *repressiven Entsublimierung* bildet einen Begriff dafür aus, wie auf eine gerade noch erträgliche Weise ökonomische (»äußere«) und psychische (»innere«) Realität zusammengedacht werden können. Wilhelm Reichs Lehre der *Sexualökonomie* und sein Programm einer *sexuellen Revolution* dokumentieren drastisch das Scheitern dieser Vermittlung.

Herbert Marcuse hatte in *Eros and Civilisation*[11] eine sexuelle Utopie entworfen, welche die gattungsgeschichtliche Möglichkeit der Selbstrealisierung des Menschen unter der »Herrschaft des Eros« im Blick hatte. Dabei hatte er sich, wie es sich für einen wirklichen Utopiker gehört, aller pragmatisch-technischen Überlegungen oder gar Anleitungen enthalten. Das sexuelle Zusammenleben der Menschen, Fragen der sexuellen Sozialisation usw. waren also

---

8 In einem zwanzig Jahre später verfaßten Vorwort zur Neuausgabe des zitierten Textes aus den *Unverbindlichen Richtlinien* stellt Frank Böckelmann ganz richtig fest: »Gelesen wurde in einer zugleich zynischen und ehrfürchtigen Weise: Vielleicht würde schon die nächste Seite den entscheidenden Schwachpunkt des sozialen Zwangszusammenhangs enthüllen.« Frank Böckelmann, a.a.O., S.5f.

9 Herbert Marcuse, One-Dimensional Man, Boston 1964; dt.: Der eindimensionale Mensch, Neuwied/Berlin 1967.

10 Es muß immer wieder betont werden, daß die ökologische Dimension der Verelendung der Lebensbedingungen damals überhaupt nicht gegenwärtig war. Den ökologischen Terminus ›pollution‹ habe ich selbst erstmals 1969 gehört – aus dem Munde kanadischer Genossen im Angesicht des Erie-Sees.

11 Herbert Marcuse, Eros and Civilisation, Boston 1954; dt.: ders., Eros und Kultur, Stuttgart 1957, Neuauflage unter dem Titel: Triebstruktur und Gesellschaft, Frankfurt/Main 1965.

nicht Gegenstand seines Interesses. Sein Entwurf war Resultat der kritischen Abarbeitung an Freuds dualistischer Triebtheorie von Lebens- und Todestrieben beziehungsweise von Libido und Aggression als den das menschliche Leben letztlich beherrschenden »Mächten«. Marcuses Erkenntnisinteresse war in dem Verlangen begründet, kulturell »nicht-repressive« Weisen der Sublimierung von sexuellen und aggressiven Trieben zu denken und ihnen einen gesellschaftlichen Ort zu verschaffen. Dieser Ort wurde von Marcuse als »Macht des Eros« bezeichnet.

In *Der eindimensionale Mensch* bezieht Marcuse diesen Gedanken negativ auf die »fortgeschrittene Industriegesellschaft«: »Das Sexuelle wird in die Arbeitsbeziehungen und die Werbetätigkeit eingegliedert und so (kontrollierter) Befriedigung zugänglich gemacht. Technischer Fortschritt und ein bequemeres Leben gestatten, die libidinösen Komponenten in den Bereich von Warenproduktion und -austausch systematisch aufzunehmen. ... Indem sie derart die erotische Energie herabmindert und die sexuelle intensiviert, beschränkt die technologische Wirklichkeit die Reichweite der Sublimierung. Sie verringert ebenso das Bedürfnis nach Sublimierung... Die Reichweite gesellschaftlich statthafter und wünschenswerter Befriedigung nimmt erheblich zu; aber auf dem Wege dieser Befriedigung wird das Lustprinzip reduziert – seiner Ansprüche beraubt, die mit der Gesellschaft unvereinbar sind. Derart angepaßt, erzeugt Lust Unterwerfung.«[12]

Das meint repressive Entsublimierung. Diesen Gedanken habe ich in *Sexualität und Klassenkampf – Zur Abwehr repressiver Entsublimierung* aufgegriffen[13]; dort wird der Funktionswandel der »sexuellen Unterdrückung« in der geschichtlichen Entwicklung des Kapitalismus herausgearbeitet und die »manipulative Integration der Sexualität im Spätkapitalismus« von der »repressiven Funktion der Sexualität im Früh- und Hochkapitalismus« unterschieden. Ich folgte also, ganz auf der Linie der Kritischen Theorie, der Auffassung, daß ein in der bürgerlichen Gesellschaft einmal kulturell erreichtes, wenn auch nicht kollektiv etabliertes Sublimierungsniveau wieder aufgelöst zu werden droht, ja bereits zersetzt ist – und daß dieser Zersetzung beim Individuum eine Trieb*regression* entspricht, die kollektiv in den Dienst von *Repression* gestellt wird.[14]

Heute glaube ich eher, daß jede geschichtliche Epoche oder Gesellschaftsformation und alle ihnen entsprechenden Kulturen mit einem für sie jeweils typischen Mechanismus von Sublimierung und Entsublimierung operieren und daß historisch oder kulturell erreichte Sublimierungsstufen sich immer wieder regressiv zersetzen und neu formieren. Der von Marcuse ins Bild gesetzte eindimensionale Mensch ist nicht der Alleinerbe des bürgerlichen Individuums. Es gibt keinen historisch *ein*mal beginnenden, auf der Stufe der »entfalteten Industriegesellschaften« ansetzenden Prozeß der repressiven Entsublimierung. Geschichte ist, psychoanalytisch betrachtet, immer auch über kollektive Entsublimierung vermittelt, nicht nur über Sublimierung. Was aus einer Optik, die am Bestand der Kulturleistungen des Bürgertums und der sie repräsentierenden intellektuell und künstlerischen Eliten interessiert ist, als repressive Entsublimierung erscheint, kann sich aus einer anderen Optik als ein Massenphänomen darstellen, das auf dem Weg der Transformation vom »bürgerlichen

---

12 Herbert Marcuse, Der eindimensionale Mensch, a.a.O., S. 93–95.

13 Reimut Reiche, Sexualität und Klassenkampf. Zur Abwehr repressiver Entsublimierung, Frankfurt/Main 1968.

14 Wolfgang Fritz Haug hat in einer *Kritik an Sexualität und Klassenkampf* mit dem Titel: Sexuelle Verschwörung des Spätkapitalismus? (in: Neue Kritik, 9. Jg., Nr. 51/52, 1969) auf die Schwäche dieser Argumentation hingewiesen, die schon bei Marcuse vorgebildet ist: daß der von mir verwendete Begriff von Manipulation, Repression und Integration das Untersuchungsinteresse von der Produktionssphäre abzieht und auf die Konsumsphäre konzentriert. Dadurch erscheint ›Manipulation‹ nicht mehr als notwendiges Ergänzungsstück zur Ausbeutung, sondern nimmt tendenziell dessen Stelle im Erklärungsgefüge ein. Vgl. auch Haugs Kritik an Herbert Marcuse in: W. F. Haug, Das Ganze und das ganz Andere. Zur Kritik der reinen revolutionären Transzendenz, in: Jürgen Habermas (Hg.), Antworten auf Herbert Marcuse, Frankfurt/Main 1968.

Geist« zur »demokratischen Massenkultur« unerläßlich ist. Ein eindrucksvolles Beispiel hierfür bietet wohl die pop music.

Mit dem »Massenhaftwerden der Bewegung« war gleichsam über Nacht Wilhelm Reich »da« – es ist schwer zu sagen, ob überhaupt als Autor und Text, oder ob nicht von vornherein als Parole, als Erkennungszeichen, als Metapher für die unbedingte Forderung, mit der »Revolution« bei uns selbst zu beginnen. Erinnern wir uns daran, daß die »Kommune 1« einige Monate vor dem 2. Juni 1967 ins Leben gerufen worden war. Ihr Programm wurde von Dieter Kunzelmann, aus dem Kreis der *Unverbindlichen Richtlinien* kommend, nach außen mit den Worten vertreten: »Was geht mich der Vietnam-Krieg an, solange ich Orgasmusschwierigkeiten habe!« Erinnern wir uns auch, daß diese abgründige Parole durchaus nicht zu einem Rückzug ins Privat-Psychische aufforderte – wie einige Zeit später die Therapie-Bewegungen von der AA-Kommune bis Bhagwan, als deren »Keimzelle« die »K1« andererseits gelten kann. Es waren gerade die Mitglieder der »K1«, die auf der Anti-Schah-Demonstration vom 2. Juni 1967 auf höchst politische Art und Weise mit neuen, kreativen Demonstrationsformen intervenierten – z.B. mit den über die Köpfe zu stülpenden weißen Papiertüten, die sie auf der Demonstration trugen und verteilten. Das, was der leninistisch verdinglichte Marxismus den subjektiven Faktor nennt, sollte aus seinem Faktor-Dasein erlöst werden; mit der *Revolutionierung des bürgerlichen Individuums* – so der Titel des Selbsterfahrungsberichtes der bald von der »K1« abgespaltenen »Kommune 2« – sollte noch heute begonnen, nicht – wie dem SDS vorgeworfen wurde – immer nur darüber geredet werden.

Zwei Titel der nun »massenhaft« als Raubdrucke auf jeder Veranstaltung angebotenen Schriften von Wilhelm Reich hatten selbst schon den Charakter von Parolen, nämlich *Die Funktion des Orgasmus* und *Die sexuelle Revolution*. Sie wurden eigentlich gar nicht als Bücher, sondern wie *Buttons* (die auch in dieser Zeit aufkamen), also als Erkennungszeichen in Buchform vertrieben und auch als solche konsumiert. »Lest Wilhelm Reich und handelt danach!« lautete bald eine in roter Farbe an die neue Beton-Mensa in Frankfurt gemalte Parole.

Was gab es also bei Wilhelm Reich zu lesen – und wie konnte man danach handeln? Diese Frage ist nicht leicht zu beantworten, weil Reich, charakteristisch für seine Beziehung zu sich selbst, einige seiner zentralen Publikationen mehrfach umgeschrieben hat – jeweils nach seiner politischen, »sexualökonomischen« und weltanschaulichen Entwicklung – und die Rezeption der jeweils ›überholten‹ Fassung zu unterbinden trachtete. Wer etwa *Die sexuelle Revolution* in der Ausgabe von 1966 mit ihrem bereits 1930 erschienenen Kernstück *Geschlechtsreife, Enthaltsamkeit, Ehemoral*[15], vergleicht, hat zwei in einigen Hauptlinien konträre Schriften vor sich.[16] Zentrale Bestandteile seiner Lehre sind:
– eine Reduzierung der von Freud entwickelten Begriffe von Trieb und Sexualität auf purifizierte (heterosexuelle) Genitalität mit der Betonung auf: genitale, zum Orgasmus führende sexuelle Befriedigung im Geschlechtsakt;
– die Überzeugung, die Einschränkung der genitalen Befriedigung durch gesellschaftliche Sexualmoral und repressive Institutionen führe zu Neurosen, Psychosomatosen, Charakterdeformationen, autoritärer Unterwürfigkeit –

[15] Wilhelm Reich, Die sexuelle Revolution. Zur charakterlichen Selbststeuerung des Menschen, Frankfurt/Main 1966; Wilhelm Reich, Geschlechtsreife, Enthaltsamkeit, Ehemoral, Wien 1930.

[16] Die bis heute beste kritische Darstellung von Reichs *Sexualökonomie* findet sich bei: Helmut Dahmer, Libido und Gesellschaft, Frankfurt/Main 1973, S. 372–418; vgl. auch Reimut Reiche, Wilhelm Reich: Die sexuelle Revolution, in: Neue Kritik, 8. Jg., Nr. 49/50, 1968, S. 92–101.

kurz: zu Krebs und Faschismus, oder, als Reich später auch diese beiden noch in eins fallen ließ: zur »emotionalen Pest«;
– das »sexualökonomische« Postulat, volle orgastische Potenz enthalte ein energetisches Selbststeuerungspotential, das aus sich heraus zu individueller und gesellschaftlicher Gesundheit führe;
– spätestens ab 1942 eine para-naturwissenschaftliche, biologisch-kosmologische Konstruktion, in deren Mittelpunkt die »Orgon-Energie« steht, die von nun an für die obengenannte Selbstregulierung verantwortlich ist.

Ich stelle mir nun zwei Genossen vor, die gerade ein Vietnam-Teach-in im Jahre 1968 besucht haben und jetzt auf dem Büchertisch Raubdrucke der *Funktion des Orgasmus* entdecken und erstehen: der eine die Fassung von 1927 mit einer »rein marxistischen« Beweisführung obiger Lehre, der andere die Fassung von 1942 mit einer »orgonomisch« untermauerten »marxistischen« Beweisführung derselben Lehre. Wenn diese beiden Genossen nun Reich lesen und dann miteinander diskutieren, dann müßte das eigentlich zu einem völlig ungenießbaren Salat führen. Zu dieser Ernüchterung ist es aber nie gekommen, weil Wilhelm Reich für das Gegenteil von Ernüchterung stand, nämlich für eine Affekt- und Stimmungslage, die nach einem kollektiven Ausdruck verlangte, der wiederum, wie es 1968 gar nicht anders sein konnte, »Aktionscharakter« haben mußte. Eine zukünftige Geschichtsschreibung von »1968« steht vor der schwierigen Aufgabe, die damalige bewußte und unbewußte Affektlage zu vergegenwärtigen. Nur so wird das, was wir damals »Mobilisierung« nannten, also der für die revolutionäre Situation von 1968 typische Impuls, beschrieben werden können, dieser Affektlage einen unter allen Umständen in die »Aktion« mündenden politischen Ausdruck zu verschaffen.

Man kann denselben Vorgang, den ich hier skizzenhaft an Wilhelm Reich nachzeichne, genauso oder noch deutlicher an Ho Chi Minh, Mao oder Che verfolgen. Aber mein Interesse gilt nun einmal den Schicksalen der Sexualität und der Psychoanalyse. Es ist vielleicht gar nicht möglich, sexuelles Unglück, Leiden oder Unbefriedigtheit historisch zu objektivieren. Es ist kaum anzunehmen, daß es vor 1968, also in der Epoche, die wir als »Ende der Rekonstruktionsperiode des Kapitalismus« bezeichneten, mehr »sexuelle Unterdrückung« gegeben hat als heute oder als in der viktorianischen Epoche. Jede geschichtliche Epoche bildet ein für sie typisches Verhältnis von »Sexualität und Herrschaft« aus und entsprechende typische Erscheinungsformen von Elend, Glück und Unglück – und vor allem: für sie typische Wahrnehmungs- und Verleugnungsformen von Glück und Elend. Ich glaube ganz und gar nicht, daß es bei uns und unseren Anhängern zunächst ein ausgeprägtes Gefühl von und Leiden unter sexueller Unterdrückung gegeben hat. Dieses Gefühl und dieses Leiden haben wir zuallererst politisch hergestellt, also etwas getan, was wir damals »Bewußtmachung« nannten. In erster Linie haben wir in den auf uns gekommenen sexuellen Verkehrsformen das Gleiche wahrgenommen, was wir auch in den übrigen kulturellen Verkehrsformen wahrnahmen und was nicht wahrgenommen werden sollte. »In sexualibus« nicht anders als »in internationalibus« standen wir vor der Frage: Wie *das* zum Ausdruck bringen, was wir wahrnehmen und was gesellschaftlich nicht wahrgenommen und nicht wahrgehabt werden soll.

Die kulturellen Verkehrsformen, unter denen wir litten und die wir angreifen wollten, waren gekennzeichnet durch dies inzwischen ausführlich beschriebene und doch noch immer nicht genügend gut erfaßte Neben- und Übereinander von NS-Kultur, kleinbürgerlichem Geist und einem rasanten westlich-demokratischen Modernisierungsschub, einer aggressiven Gemütlichkeit und einer technokratischen Wut der Anpassung und des Vergessens. Diese unnachahmliche und unwiederbringliche westdeutsche Mischung aus Wienerwald und Rock and Roll, Pettycoat und alten Nazis, Wiederaufbaustolz und Totschlagsmentalität, echter Demokratie und authentischer NS-Kultur, nach der heutige Nostalgie sich wieder sehnt, kann auch auf uns damals nicht nur bedrohlich und abstoßend gewirkt haben. Die Erklärung vom Leiden an den gesellschaftlichen Zuständen vor 1968 ist, wenn sie sozusagen »pur« vorgetragen wird, eine ziemlich schamlose Lüge. Wir waren in einer Haßliebe mit dieser Kultur verbunden, ebenso wie mit unseren Eltern. Und wenn wir sagten: das ist nicht *unsere* Kultur, dieser Gesellschaft sagen wir den Kampf an! – so war das zugleich ganz authentisch und doch auch, wie der Fortgang der Dinge bald gezeigt hat, ungefähr so zu bewerten wie der Ausruf des Jugendlichen: Meine Eltern sind für mich gestorben!

Unsere Überlegungen, Forderungen und Aktionen im Zusammenhang mit der »Revolutionierung des bürgerlichen Individuums« haben einen kulturellen Innovationsschub von gewaltigem Ausmaß ausgelöst, der bis heute noch nicht zum Abschluß gekommen ist. Wir riefen: »Zerschlagt die bürgerliche Kleinfamilie!« – und wurden zur Avantgarde einer demokratischen Modernisierung im Bereich von Erziehung, Wohnform, Geschlechterbeziehung, Eheform, Kleider- und Tischsitten – und sexuellen Sitten. Ich sage nicht: es wäre das alles ohne uns nicht gekommen. Aber zweifellos hat die Studentenbewegung diesen Modernisierungsschub ausgelöst. Wilhelm Reich war, aus der Retrospektive betrachtet, eine Metapher, um sexuelle Verkehrsformen als Abbild und Bestandteil kultureller Verkehrsformen sichtbar zu machen. Das ist gelungen. Über diesem Gelingen darf jedoch nicht vergessen werden, daß für die, die es 1967/68 mit ihr ernst meinten, die »sexuelle Revolution« ganz und gar keine Metapher war. Erinnert sei, weil sie wie eine Initialzündung wirkte, an die sexuelle Promiskuitätsverpflichtung, die zu den Aufnahmebedingungen in die »K 1« gehörte.

Welche traumatische Spur dieser sexuelle Rigorismus hinterlassen hat, läßt sich noch zwanzig Jahre später einer Äußerung von Rainer Langhans entnehmen, in der er sich auf dem Kongreß mit dem unpassenden Namen »Prima Klima« an seinen Ausschluß aus dem SDS erinnert: »Ich war damals SDS-Funktionär, also war im Vorstand des Berliner SDS, und wurde wegen persönlicher Probleme, die mir sehr schwer gefallen sind zu lösen, nämlich mit Frauen, dann schließlich aus dem SDS ausgeschlossen. Äußerlich sah das so aus, daß ich mich für die Kommune I entschied und damit als Vorstand von Herrn Schauer von ferne sehr undemokratisch ausgeschlossen wurde, weil man damals... Angst hatte vor der ganzen Irrationalismusfrage... Ich bin rausgegangen, weil ich mit einer Frau zuende war und konnte nur noch heulend im SDS-Zentrum liegen. Das sind vielleicht keine theoretischen Äußerungen, aber ich finde, sie sind weit wirksamer auch für die großen Theoretiker, als hier in diesem Sprachgebrauch erscheint, finde ich. Weiter, in der Kommune haben wir eben dieses Problem versucht anzugehen. Wir haben gesagt, es gibt keine Politik, wenn nicht die private Frage vorher eine viel größere, wir haben gemeint die entscheidende Rolle spielt.«[17]

»Wegen persönlicher Probleme mit Frauen« ist sicher nie jemand aus dem SDS ausgeschlossen worden.[18] Die subjektive Erinnerung macht gerade in ihrer Verzerrung der Realität deutlich, wie sehr die »sexuelle Situation« im und im Umkreis des SDS damals dramatisch aufgeladen war. Daß man im Liebeskummer heulend auf dem Boden liegt, war im SDS sicher nicht ungewöhnlicher als heute und – hoffentlich – morgen. Neu war, daß damals eine Forderung Gestalt gewann, daß »meine Probleme mit...« in der politischen Gruppe unmittelbar aufgehoben sein und von ihr »reflektiert« werden müssen (wobei nach dem damaligen Sprachgestus »reflektiert werden« nur ein verschleiernder Ausdruck für »gelöst werden« war).

Unübersehbar geht in die ursprüngliche Programmatik der »sexuellen Revolution« ebenso wie in die 68er Begeisterung an ihr ein Quidproquo ein, das in der Psychoanalyse mit dem Terminus *Sexualisierung* bezeichnet wird. Einem »anderen«, dahinterliegenden, unbewußten Affekt, der nicht bewußt werden darf, wird ein sexueller Ausdruck gegeben, um auf diese Weise diesen unerträglichen Affekt – etwa Depression, Trauer oder auch Liebeskummer – zugleich zu beherrschen und im Verschiebungsersatz der Sexualisierung abzuführen. Besonders eindrucksvoll ist die Sexualisierung an der kindlichen Onanie und an der Perversion zu studieren; hier werden insbesondere nicht-sexuelle Affektzustände von Angst und Haß sexualisiert und dadurch beherrscht und zugleich abgeführt. Eingangs war angedeutet worden, daß mit dem Abbruch der politisch-theoretischen Rekonstruktionsphase auch eine emotionale Rekonstruktion abbrach. Nunmehr kann ich präzisieren: der in der Rekonstruktionsphase durchzuarbeitende Affekt von Trauer, Wut und Schuldgefühl im Zusammenhang mit der ungesühnten nationalsozialistischen Vergangenheit hat zwar eine »politische Wendung in der Aktion« (so unsere damalige Terminologie) erfahren, aber in dieser »Wendung« war auch eine nicht zu unterschätzende *Sexualisierung* unerträglicher *Affekte* von Trauer, Wut und Schuldgefühl enthalten. Das läßt sich nachweisen u. a. an dem ab 1967 rapide unsensibel, ja schließlich gefühllos werdenden Umgang mit dem Nazi-Phänomen; ich werde hierfür einige Beispiele anführen. Für die Wende vom Verstehen der »autoritären Persönlichkeit« zur *Zerschlagung* der »autoritären Kleinfamilie« (und sei es auch nur eine »Zerschlagung« in der Parole gewesen) und zur Propaganda einer verkrampften sexuellen *Befreiung* war ein nicht zu knapper Preis zu entrichten. Der Psycho-Boom, der dann Mitte der siebziger Jahre einsetzte, verdient bis heute daran.

Mit der Sexualisierung hat es sich die Revolte zugleich sehr leicht und sehr schwer gemacht. Leicht insofern, als alle dysphorischen Affektzustände und alle »schlechten« Charaktereigenschaften auf sexuelle Frustration zurückgeführt wurden – ein ganz und gar unpsychoanalytisches Vorgehen – und dann in einer mechanischen Umkehrgleichung gegen eben diese Stimmungen und Eigenschaften sexuelles Er- bzw. Ausleben propagiert wurde. Die Publikatio-

---

17 Helmut Schauer (Hg.), Prima Klima. Protokolle des Kongresses vom 21.–23. November 1986, Hamburg 1987, S. 84.

18 Aus meiner Sicht hat die K 1 damals einen »zweiten Unvereinbarkeitsbeschluß« erzwungen, um *dem SDS* zu beweisen, daß dieser ebenso autoritär, rigide und verbürgerlicht sei wie die SPD, die diesen ausgeschlossen hatte. Rainer Langhans und andere wurden nicht »von Herrn Schauer ausgeschlossen«, der damals gar nicht mehr dem Bundesvorstand des SDS angehörte, sondern am 4.5.1967 vom SDS-Landesvorstand Berlin »mit ausdrücklicher Billigung des SDS-Bundesvorstandes« suspendiert. Anlaß hierfür war eine von der damals Psycho- oder Horrorkommune genannten K 1 durchgeführte Flugblattaktion, in der zum Boykott einer Urabstimmung aufgerufen wurde, zu der AStA, SDS usw. eben aufgerufen hatten. Dieser Boykottaufruf war mit »SDS« unterzeichnet. Darin wurden u.a. der Regierende Bürgermeister Albertz und der Polizeipräsident Duensing als »Homos« bezeichnet; vgl. Bundesvorstand des SDS (Hg.), SDS-Korrespondenz Nr. 6, Frankfurt/Main 1967.

nen des »Zentralrates der sozialistischen Kinderläden« sind eine nie versiegende Quelle zum Beleg dieser Tendenz. Im Extremfall mußte die »Funktion des Orgasmus« wohl auch dazu herhalten – man kann es fast nur in Begriffen der Primatologie ausdrücken –, um den SDS-Männchen Zugang zum Koitus mit den stets knappen SDS-Weibchen zu verschaffen (der revolutionäre Endogamie-Kodex tabuisierte nämlich exogamen Koitus). Helke Sander hat auf der SDS-Delegiertenkonferenz von 1968, auf der sie den Resolutionsentwurf des »Aktionsrates zur Befreiung der Frauen« begründete, diese Seite hervorgehoben. Die Gruppe von Frauen, die diesen Resolutionsentwurf vorlegte, gab das Startzeichen für den »Selbstisolierung« genannten Rückzug von Frauen aus dem SDS und damit für die autonome Frauenbewegung der siebziger Jahre: »Warum sagt Ihr nicht endlich, daß Ihr kaputt seid vom letzten Jahr, daß Ihr nicht wißt, wie Ihr den Streß länger ertragen könnt, Euch in politischen Aktionen körperlich und geistig zu verausgaben, ohne damit einen Lustgewinn zu verbinden. Warum diskutiert Ihr nicht, bevor Ihr neue Kampagnen plant, darüber, wie man sie überhaupt ausführen soll? Warum kauft Ihr Euch denn alle den Reich? Warum sprecht Ihr denn hier vom Klassenkampf und zu Hause von Orgasmusschwierigkeiten? Ist das denn kein Thema für den SDS?«[19]

Mit dem Stichwort Kampagnen-Streß wird deutlich die immer unerträglicher werdende Angst- und Über-Ich-Spannung benannt, in die die Revolte durch die ihr aus der Hand gleitende politische Dynamik geraten war. Diese Spannung sollte in einer unbewußten Abwehrbewegung durch Sexualisierung ausbalanciert werden. Gerade auf dieser SDS-Konferenz kauften sich die tollsten Resolutionsentwürfe gegenseitig den Schneid ab. »Kategorial« wurde bewiesen, was zu tun sei: »Strategischer Stellenwert der technischen Intelligenz«, »Reisekader«, »Modell der drei Ebenen und zwei Räte«. »Wissenschaft als revolutionäre Praxis« usw. usw. Wer es heute liest, ist konfrontiert mit einem Dokument der intellektualisierenden manischen Abwehr von Angst und Panik.

Nicht leicht gemacht haben es sich die ersten Gruppen innerhalb und am Rande des SDS, die sich zu Kommunen mit ausdrücklichem öffentlichen Vorbildanspruch und bald darauf zu Initiativgruppen der dann so erfolgreichen Kinderladenbewegung zusammenschlossen. Sie wollten dem bereits kollektiv gewordenen, aber noch immer »theoretisch« bleibenden Impuls einer »Revolutionierung der Privatsphäre« eine konkrete Form hier und jetzt verschaffen. Sie konnten gar nicht anders als die Forderungen einer neuen Erotisierung der Geschlechterbeziehungen, einer Verflüssigung der in tradierten Geschlechterrollen erstarrten Geschlechterspannung und einer umfassenden »Konsumverweigerung« an eine »theoretisch« stets »abzuleitende« und zu »legitimierende« Übereinstimmung mit der »weltrevolutionären Tendenz« zu binden. Dadurch wurde die Über-Ich-Spannung, die doch gerade gelockert werden sollte, ins Unermeßliche gesteigert. Das wohl ergreifendste Dokument dieser tödlichen Spirale von Omnipotenz, Über-Ich-Spannung und Sexualisierung ist der Selbsterfahrungsbericht der von der K 1 abgespaltenen »Kommune 2«: *Versuch einer Revolutionierung des bürgerlichen Individuums.*[20]

In einem Abschnitt mit der Überschrift »Lockerung der Fixierungen« wird über zwei, drei und vier Jahre alte Kinder berichtet, die aus der Kommune 1

19 Kommissarischer Bundesvorstand des SDS (Hg.), Dokumente der 23. ordentlichen Delegiertenkonferenz des SDS, Frankfurt/Main 1968, S. 71 f.

20 Kommune 2 (Hg.), Versuch einer Revolutionierung des bürgerlichen Individuums, Berlin 1969.

Sexuelle Revolution – Erinnerung an einen Mythos

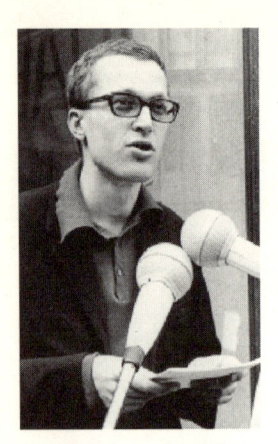

Reimut Reiche am 2. Juni 1967 bei einer Kundgebung persischer und deutscher Studenten gegen den Schah-Besuch in Frankfurt.

mitgebracht worden waren und »unter der Einwirkung traumatischer Erlebnisse«[21] standen. Sie hatten im Zuge der Kommune-Entwicklung jeweils ein Elternteil verloren.

»Beide Kinder standen beim Einzug in die Kommune monatelang unter dem schockartigen Eindruck, die Mutter verloren zu haben. Grischa entwickelte eine ungeheure Eßlust... Ihr Verschlingen von Nahrungsmitteln hatte einen deutlich aggressiven Zug. Diese Regression in die Betonung oraler Verhaltensweisen drückte den Wunsch aus, in einen Zustand vor der zeitweiligen Trennung von der Mutter zurückzukehren... Faßte sie dann jemand an, so wehrte sie ihn strampelnd ab und brüllte: Laß mich!... Nessim wehrte in den ersten Monaten alle Zärtlichkeiten von Frauen ab. Wenn sie ihn streicheln oder in den Arm nehmen wollten, stieß er sie weg und sagte: Laß mich! Er fragte nie nach seiner Mutter... Das Programm, die Fixierung der Kinder an ihren jeweiligen Elternteil allmählich etwas aufzulösen, ließ sich zunächst nicht verwirklichen...«[22]

Nun folgen Auszüge aus dem Tagebuch-Protokoll des Vaters von Nessim: »Abends, beide Kinder liegen im Bett. Ich streiche Nessim, streichele dabei auch seinen Penis. Grischa: ›Ich will auch einen Penis haben.‹ Ich versuche ihr zu sagen, daß sie doch eine Vagina habe, die man streicheln könne. Grischa wehrt ab: ›Ich will auch nen Penis zum Pinkeln haben.‹ Mir fällt ein Gespräch mit dem Psychoanalytiker Hans Kilian ein, in dem wir hypothetisch über die Möglichkeit gesprochen hatten, daß der Penis nicht mehr von Männern als ihr ausschließliches Eigentum betrachtet zu werden brauchte. Ich sagte: ›Grischa, du kannst doch Nassers (= Nessims) Penis haben. Du kannst doch seinen Penis streicheln. Nessim wehrte erst ab, fürchtete wohl einen aggressiven Angriff auf seinen Penis durch Grischa. Ich sage, daß man den Penis ganz lieb streicheln müsse. Nasser ist jetzt einverstanden, will aber dafür Grischas Vagina streicheln. Grischa wehrt ab, ähnlich wie Nasser vorher. Ich sage, daß man die Vagina auch lieb streicheln müsse. Beide sind jetzt einverstanden...«[23]

Nun folgte ein Kommentar, vielleicht vom Vater selbst verfaßt:

»Die Fähigkeit von Eike, sich in die Situation der Kinder einzufühlen und ihre Angst vor dem Berührenlassen des eigenen Genitals zu überwinden, hängt sicher zusammen mit seinem eigenen Wiedererleben der Kastrationsangst in der Analyse und deren besserer Verarbeitung...«[24] – (Unter »Analyse« ist hier eine in der Kommune 2 spontan entwickelte »wilde« Psychotherapie zu verstehen, die »Reihenanalyse« genannt wurde und bei der sich der Reihe nach immer ein Kommune-Mitglied auf den Boden oder eine Couch legte und von den übrigen reihum »analysiert« wurde.)

Danach noch ein zweiter Kommentar, in Form eines längeren affirmativen Wilhelm-Reich-Zitats: »... So wenig man etwas nicht organisch Gewolltes aufdrängen darf, so unerläßlich ist die Unterstützung von Tendenzen im Kinde oder Kranken, die in Richtung der sexuellen Ökonomie wirken. Zwischen Duldung der Geschlechtlichkeit und ihrer Bejahung wirkt die gesellschaftliche Sexualschranke. Sexualität bejahen heißt die Sexualschranke überschreiten.«[25]

Ich zögere nicht zu behaupten, daß hier ein kollektives intergenerationelles Trauma der Generation der Studentenbewegung an der nächsten Generation,

21 A.a.O., S. 71.

22 A.a.O., S. 83 f.

23 A.a.O., S. 85 f.

24 A.a.O., S. 85.

25 Zit. aus: Wilhelm Reich, Der Einbruch der Sexualmoral, Kopenhagen 1935.

den Kindern der »Kommune«, ausagiert wird. Es liegt mir ausdrücklich fern, zu behaupten, diese Kinder seien geschädigt oder traumatisiert worden; in die Diskussion über Segen oder Fluch antiautoritärer Erziehungsmaßnahmen im engeren Sinne trete ich hier überhaupt nicht ein. Das intergenerationelle Trauma bezieht sich auf das Schweigen unserer Eltern und vor allem auf die Art und Weise wie wir eingebunden wurden, eingebunden werden sollten in ihr großes Nachkriegs-Programm der Verleugnung ihrer wie auch immer beschaffenen Beteiligung an dem kollektiven deutschen nationalsozialistischen Verbrechen. In den antiautoritären Programmen, Bildern und Aktionen der »ersten Stunde« drücken sich natürlich die Affekte der Abrechnung, der Rache und der Wiedergutmachung besonders unverstellt aus. Hier finden wir in konzentrierter Form ein zentrales unbewußtes Thema der Studentenbewegung; in der oben zitierten Passage aus dem Leben der K 2 erscheint dies Thema in der prototypischen Zusammensetzung:

1. Gewaltsame Annihilierung der Kind-Eltern-Bindung (»... Programm, die Fixierung ... aufzulösen«).
2. Abwehr von Depression, Trauer und Verlassenheitsängsten der »Kinder« durch forcierte Sexualisierung. – Es ist ein anthropologisches Grundphänomen, daß im Moment der stattfindenden sexuellen Erregung alle Empfindungen von Angst und Schuldgefühl suspendiert werden.
3. Leugnung der Abhängigkeit von den Eltern. Diese Leugnung wird intellektuell mit der »sexualökonomischen« Ideologie untermauert, es gäbe eine »sexualökonomische Selbstregulierung«, die das Individuum »unabhängig« von den Fehlern (»emotionale Pest«) der Eltern mache.
4. Gewalttätige Wiedergutmachung; gewaltsame Versöhnung von Eltern und Kindern. Dies geschieht auf dem Wege einer wahrhaft gewalttätigen Über-Ich-Intropression: Verlassene Kinder brauchen nicht depressiv zu sein; von »guten« Eltern werden sie sexuell stimuliert, und diese »guten« Eltern haben ein neues sexualökonomisches Über-Ich; Eltern und Kinder (diesmal jeweils der folgenden Generation) »einigen« sich, daß durch gemeinsame inzestuöse Erregung Schuld umgangen werden kann.
5. Eine neue falsche Benennung für die »Schuld« an den Verbrechen der Vergangenheit. Nicht die Eltern haben sie begangen, sondern »der Kapitalismus«. »Kapitalismus führt zum Faschismus, Kapitalismus muß weg!«

Ein ganz bestimmtes Foto, auf dem die K 1 sich selbst darstellt, wird sicher nicht ohne tieferen Grund bis heute immer und immer wieder abgebildet: Sieben Männer und Frauen stehen nackt, mit dem Gesicht zur Wand, gespreizten Beinen, von hinten sichtbaren Genitalien und erhobenen Händen vor einer weißen Wand; links von ihnen ein einfaches Waschbecken, rechts von ihnen ein kleines nacktes Kind, das die ihm auferlegte Pose, es den »Eltern« gleichzutun, nicht durchhalten kann und sich im Moment des Kameraschusses umdreht und so den Betrachter anblickt. Drastischer kann die »sexuelle Überwindung« der Vergangenheit, die nicht vergehen darf, nicht ins Bild gesetzt werden. Bewußt sollte diese Foto-Szene eine polizeiliche Durchsuchungsaktion der K 1 nach- und bloßstellen. Und doch stehen diese Männer und Frauen da wie in einer ästhetisch inszenierten, unbewußten Identifizierung mit den Opfern ihrer Eltern und verhöhnen diese Opfer zugleich durch den vorgeprägten Lesetext des Bildes als sexueller Befreiung. Dadurch bleiben sie zugleich unbewußt identifiziert mit den bewußt abgelehnten Täter-Eltern. »Sexualität macht frei« paßt zu diesem Bild so gut wie »Arbeit macht frei« zu Auschwitz.

Wer diesem Bild diese unbewußte Aussage noch absprechen mag, wird durch die Veröffentlichung des »Zentralrates der sozialistischen Kinderläden« eines Schrecklicheren belehrt. Diese männlich dominierte, autoritäre Propagandazentrale der antiautoritären Erziehung, gegründet auf dem historischen Wendepunkt von der »Bewegung« zur »Kaderorganisation«, sah es als ihre Aufgabe an, die vornehmlich von Frauen eingerichteten ersten antiautoritären Kinderläden auf die richtige politische Linie zu bringen.[26]

Die Nr. 5 der vom »Zentralrat« herausgegebenen Schriften- und Raubdruckreihe *Anleitung für eine revolutionäre Erziehung*[27] ist der auch die anderen Nummern beherrschenden Frage gewidmet, was die »sozialistischen Kinderläden« von den »Vorläufern« einer kollektiven, elternlosen Erziehung – Summerhill, Vera Schmidts Moskauer Kinderlaboratorium usw. – lernen können. In dieser Nr. 5 wird u.a. die Arbeit von Anna Freud und Sophie Dann: *Gemeinschaftsleben im frühen Kindesalter* abgedruckt und kommentiert. Diese Arbeit berichtet über die Entwicklung von sechs jüdischen Kindern, die das Konzentrationslager Theresienstadt überlebt hatten und nach ihrer Befreiung, im Alter zwischen drei und vier Jahren, in ein Kinderheim nach England ausgeflogen worden waren. Bei ihrer Ankunft in Theresienstadt waren sie im Durchschnitt ein Jahr alt gewesen und, wie die übrigen 15 000 Kinder auch, die insgesamt dorthin deportiert wurden, während der gesamten Zeit ihres Lageraufenthaltes weitestgehend sich selbst überlassen gewesen. Anna Freud und Sophie Dann haben diese sechs Kinder in ihrer neuen Heimat, in Bulldogs Bank, besucht und fassen ihre Beobachtungen so zusammen: »Die Kinder waren überempfindlich, ruhelos, aggressiv, schwierig zu behandeln. Sie zeigten verstärkten Autoerotismus und einige von ihnen beginnende neurotische Symptome. Aber sie waren weder defekt noch verwahrlost, noch psychotisch. Sie hatten eine andere Möglichkeit gefunden, ihre Libido unterzubringen, und kraft dessen hatten sie einige ihrer Ängste bemeistert und soziale Haltungen entwickelt... Die Kinder waren im vollsten Sinne des Wortes ohne Eltern. Das heißt, sie waren nicht nur verwaist zur Zeit der Beobachtung, sondern die meisten von ihnen besaßen kein unbewußtes frühes Mutter- oder Vaterbild, an das ihre frühesten libidinösen Strebungen hätten gebunden sein können. Demzufolge waren ihre Altersgenossen ihre wirklichen Liebesobjekte, und ihre libidinösen Beziehungen zu ihnen waren direkter Natur, nicht nur das Ergebnis mühsamer Reaktionsbildung gegen und Abwehr von Feindseligkeit. Dies erklärt, warum die Gefühle der sechs Kinder zueinander so warm und spontan waren, wie man es sonst aus den üblichen Beziehungen zwischen kleinen Atersgenossen nicht kennt.«[28]

Der »Zentralrat« betrachtet nun das Schicksal und die Charaktereigentümlichkeiten dieser Kinder tatsächlich vollkommen unverstellt unter der Optik des KZ als »Versuch ... einer kollektiven Erziehung.«[29] Eine Zwischenüberschrift formuliert in hervorgehobenen Großbuchstaben die Frage: »Ist das kollektive Verhalten der sechs Kinder eine Bereicherung menschlicher Beziehungen?«[30] Triumphalisch wird diese Frage bejaht. Der »Zentralrat« gerät ins

---

26 Vgl. Helke Sander, Die Kinderfrage seit '68. Mütter sind politische Personen, in: Courage Nr. 9, 1978, S. 41: »... in sämtlichen damals veröffentlichten Publikationen von Männern (die Frauen hatten keine Zeit) über die Kinderläden und die sozialistische Erziehung blieb die inhaltliche Auseinandersetzung zwischen dem Aktionsrat zur Befreiung der Frauen und dem Zentralrat unerwähnt... Das Schema war immer dasselbe: Frauen entwickelten eine langfristige Arbeit, um ihre Aufgabe erkennen und einschätzen zu lernen, Männer machten *Proletarische* Schülerläden, nannten die Kinder *rote Panther*, schrieben Papiere über ihre Erfolge...«

27 Zentralrat der sozialistischen Kinderläden, Anleitung für eine revolutionäre Erziehung Nr. 5: ›Kinder im Kollektiv‹, Berlin 1969 (Autorenkollektiv im sozialistischen Kinderladen Charlottenburg I)

28 Zit. nach a.a.O., S. 74 f.

29 A.a.O., S. 89.

30 A.a.O.

164 Reimut Reiche

Schwärmen über die »solidarischen« Fähigkeiten dieser Kinder. Anna Freud und Sophie Dann, selbst Verfolgte des Nazi-Systems, hatten ohne jeden Affekt der Anklage und Verurteilung berichtet. Als Ankläger und Richter, und zwar gegen Anna Freud und Sophie Dann, tritt nun der »Zentralrat« in Aktion. Sie werden als »bürgerlich-affirmative Wissenschaftler« entlarvt[31]; durch falsches Zitieren wird ihnen menschenverachtender Zynismus nachgewiesen[32]; wegen ihrer »verinnerlichten Sexualtabus«[33] können sie nicht erkennen, daß die KZ-Kinder ganz gewiß ein befriedigendes und freies Sexualleben haben.

Unter der Überschrift »Die Praxis im sozialistischen Kinderladen« werden dann allen Ernstes die Kinderladen-Kinder mit den KZ-Kindern verglichen.[34] Für die Kinderladen-Kinder ist die Zukunft trotz eines entscheidenden Mankos noch nicht verloren: »Obwohl die Anfänge der Objektbeziehungen und die entscheidenden Jahre der Ich-Entwicklung in der Familie erlebt wurden, stellen wir dennoch fest, daß die Arbeit mit ihnen neue Verhaltensweisen und intensivere Beziehungen untereinander ermöglicht hat...«[35]

Schließlich werden noch einmal die »Methoden« der »kollektiven Erziehung« zusammengefaßt: »1. In der ersten Phase ist eine Ablösung der Eltern durch einen therapeutischen Prozeß nötig, an dessen Ende es den Kindern möglich ist, einen wesentlichen Teil ihrer Bedürfnisse auf das Kinderkollektiv zu übertragen. 2. Dieser therapeutische Prozeß baut psychoanalytisch auf einer möglichst weitgehenden Befriedigung sexueller und libidinöser Bedürfnisse, einschließlich der Regression in frühere Stadien auf. ...[36]

In dem manisch-gewalttätigen Rigorismus, in dem hier – wenn auch nur in der Propaganda – das Band zwischen Eltern und Kindern durchtrennt wird, kommt das unbewußte intergenerationelle Schuld-Thema der Revolte unverstellt zum Ausdruck. Doch gerade die Grausamkeit der Abrechnung bestätigt die Bindung dessen an die Schuld, der von ihr per Handstreich sich freisprechen will. Die zitierten Passagen und Bilder sind zugleich Dokumente eines ebenso entsetzlichen wie erschütternden unbewußten Versuchs, die konkreten Deutschen und damit die kollektiven Eltern der 68er von der Schuld loszusprechen und diese Schuld zu projizieren auf die »kapitalistische Produktionsweise«[37] – und auf die Juden. Anna Freud und Sophie Dann werden bezichtigt, sie hätten das »Experiment« Theresienstadt wissenschaftlich gern wiederholt.[38] Diese Projektion der Schuld steht im Dienst einer manischen Wiedergutmachung an den eben gemordeten Eltern.

Die Attraktion der Metapher *sexuelle Revolution* verdankt sich demnach nicht zuletzt dem Zwang, Schuld und Depression im Zusammenhang der Elterntötung immer wieder zu verleugnen. »Von der Schuld der Eltern kann man sich nur durch dauernde sexuelle Erregung frei machen« scheint der unbewußte Sinn des »therapeutischen Prozesses« (vgl. Schluß des letzten Zitates) zu sein, durch welchen die antiautoritäre Bewegung in erster Linie sich selbst »heilen« wollte.

Das allgemeinste Mißverständnis der psychoanalytischen Lehre vom Ödipuskomplex wurde durch die Studentenbewegung aufgefrischt und in dieser Auffrischung propagiert. Danach soll der Ödipuskomplex in seinem Kern aus dem sexuellen Verlangen des ödipalen Kindes nach dem gegengeschlechtlichen Elternteil, aus den daraus folgenden Todeswünschen gegen den gleichge-

31 A.a.O., S. 79.
32 A.a.O.
33 A.a.O., S. 87.
34 A.a.O., S. 93.
35 A.a.O.
36 A.a.O., S. 94.
37 A.a.O., S. 80.
38 A.a.O., S. 79.

schlechtlichen Elternrivalen und aus dem Einschreiten der Eltern gegen diese kindlichen Triebwünsche bestehen. Gegen ihr (Miß-)Verständnis der Familie als einer im wesentlichen »triebverneinenden« Instanz hat die antiautoritäre Bewegung dann das Gegen-Mißverständnis einer »möglichst weitgehenden Befriedigung sexueller und libidinöser Bedürfnisse« (vgl. Zitat oben) propagiert. Im Mittelpunkt der psychoanalytischen Lehre vom Ödipuskomplex steht aber *die Schuld* für die in der Phantasie *bereits begangenen* Triebtaten Inzest und Elternmord. Der *König Ödipus* des Sophokles setzt nicht ohne Grund diese Taten als längst geschehen voraus. Im Zentrum von Sophokles' Version des *König Ödipus*, auf welche Freud den Ödipuskomplex gründete, steht für mich die Antwort des blinden Sehers Theiresias an den rasenden Ödipus: »Des Mannes Mörder, sag ich, den du suchst, bist du!«[39]

Wie *König Ödipus* hat *die Revolte* »den Mörder« immer nur außer sich gesucht. Darum führt das aus der Retrospektive immer schwerer erklärbare Engagement gegen den, um nicht zu sagen die Begeisterung am »schmutzigen Krieg der Amerikaner in Vietnam« mit Notwendigkeit zu der Parole, die mit wachsender Begeisterung den Mörder endlich kennt: »USA – SA – SS«. »LBJ – LBJ – How Many Kids Did You Kill Today?« Die spätestens seit dem Westberliner Vietnam-Kongreß immer rasender sich gebärende Mörder-Suche im manifesten politischen Feld mußte zwangsläufig in die Leugnung der Schuld am Mord überhaupt münden. »Bullen sind Schweine. Natürlich darf auf Schweine geschossen werden.« Die psychoanalytisch rationalisierten Aufforderungen zu Inzest und Elternmord, die ich zitiert habe, sind nur der schriftlich fixierte und darum als historische Quellen verwertbare Ausdruck einer kollektiven unbewußten Tendenz der gesamten Studentenbewegung.

Das idiotische Theorem von der *sexuellen Revolution* lebt weiter in einem mittlerweile weitgehend entpolitisierten sexologischen Dauerargument der Linken. In ihm wird die Idee der Freiheit des Individuums und die Selbstverwirklichung des Menschen in der Gesellschaft gekoppelt an die numerisch registrierbare Zunahme sexueller »Freizügigkeit« und genitaler Befriedigung. Dabei wird als Kriterium für sexuelle Freizügigkeit und Befriedigung immer wieder aufs neue die Leichtigkeit des Zugangs zum sexuellen *outlet* ohne unerwünschte Folgekosten (wie Schwangerschaft, Infektion und Bindungsverpflichtung) eingesetzt. In dieser Ideologie einer Sexualität ohne erwünschte Folgekosten lebt die Phantasie einer schuldlosen Sexualität, einer Triebtat ohne Schuld, fort.

---

[39] Sophokles, König Ödipus, hrsg. und übertr. von Wolfgang Schadewaldt, Frankfurt/Main 1973, S. 24.

Heide Berndt

Nachträgliche Bemerkungen zur »Unruhe der Studenten«[1]
[1973/1988]

Historisch gesehen bildete sich die Studentenbewegung als Protest gegen den Vietnam-Krieg der USA heraus (1966–1968). So war es jedenfalls in den USA selber, in der Bundesrepublik Deutschland und in Frankreich.[2] Sie richtete sich nach »außen« gegen die Vietnam-Kriegsführung der Amerikaner und nach »innen« gegen den jeweiligen Bildungsbetrieb an den Universitäten. Welche individuellen psychologischen Motive auch in sie eingingen: die »Unruhe der Studenten« war eine politische Bewegung, die internationale Gemeinsamkeiten hatte. Ihrem eigenen Verständnis nach war sie keine Jugendbewegung, die vom immer wiederkehrenden Konflikt zwischen den Generationen bestimmt ist; dieses Argument zur Erklärung der Bewegung wurde von ihr als unpolitisch zurückgewiesen.[3] Schließlich war nicht *die* Jugend, sondern nur eine ganz bestimmte Gruppe junger Menschen, die Studenten, vom Protest ergriffen, der sich zudem auch auf sehr spezifische Probleme dieser Gruppe, keineswegs auf Lebensprobleme der Jugend schlechthin bezog.

Die Studentenbewegung schuf die »außer-parlamentarische Opposition« (APO); sie verstand sich als radikal-demokratische, antikapitalistische Bewegung und erhielt daher auch die Bezeichnung »Neue Linke«. Das gemeinsame individuelle Lebensgefühl der revoltierenden Studenten bestand in der »antiautoritären« Haltung. Ihre politischen Ausdrucksformen dienten von vornherein dem Ziel, die Protesthaltung gegenüber dem gesellschaftlichen Durchschnittsverhalten sinnfällig zu machen. Dazu erfanden sie einen neuen Demonstrationsstil, der zwar militant war, aber gänzlich unmilitärisch. Nicht in Reih' und Glied, sondern in ständig wechselnden Gruppierungen wurde marschiert, keine Marschlieder erschollen auf den Demonstrationen, sondern kurze Spottverse.

Die Bewegung protestierte in doppelter Weise gegen die gesellschaftlichen Realitäten: politisch gegen das Elend der Menschen in der »Dritten Welt« und die Hochschulmisere; psychologisch gegen die Geltung des autoritären Leistungsprinzips, die Bewertung des Individuums nach seiner Stellung in der sozialen Hierarchie.

Die Studenten waren gegenüber der Verwendung menschlichen Wissens im Dienste menschenunwürdiger gesellschaftlicher Unternehmen sensibilisiert; darum kritisierten sie den herrschenden Wissenschaftsbetrieb. In ihnen war ein Bewußtsein erwacht, das, mit den Worten von Cohn-Bendit, »nicht auf die Unangepaßtheit des Studiums an den künftigen Beruf und nicht einmal auf das Problem des Stellenmangels« zurückging, »sondern auf eine Ablehnung der hierarchisierten bürokratischen Gesellschaft.«[4]

Für diese Ablehnung gab Cohn-Bendit verschiedene Gründe an; er erklärte sie aus der widersprüchlichen Funktion des Studiums: »Die Gesellschaft muß

---

[1] Alexander Mitscherlich zum 65. Geburtstag.

[2] Daniel und Gabriel Cohn-Bendit, Linksradikalismus – Gewaltkur gegen die Alterskrankheit des Kommunismus, Reinbek 1868, S. 21; Rudi Dutschke, Die Widersprüche des Spätkapitalismus, die antiautoritären Studenten und ihr Verhältnis zur Dritten Welt, in: Uwe Bergmann u. a., Rebellion der Studenten oder die Neue Opposition, Reinbek 1968, S. 62 ff.

[3] Bernd Rabehl, Von der antiautoritären Bewegung zur sozialistischen Opposition, in: Uwe Bergmann u. a., a.a.O., S. 151 f.

[4] Daniel und Gabriel Cohn-Bendit, a.a.O., S. 49.

sich bürokratisieren, in Serienproduktion spezialisierte Kader hervorbringen, sich den Erfordernissen der Nachfrage nach dem Menschenmaterial unterwerfen, das die Büros und Laboratorien der modernen Unternehmen und des Staates bevölkern wird, und sie muß gleichzeitig fortfahren, wirkliche Denker, wirkliche Wissenschaftler, wirkliche Forscher auszubilden, und das alles zu einer Zeit, in der Sinn, Ziele, Methoden und Bedeutung der Wissenschaft, Forschung und Denken für die Menschheit, und zwar nicht mehr von außen, sondern von innen, radikal in Frage gestellt werden.«[5] Als Beispiele einer zwiespältigen Berufspraxis nannte Cohn-Bendit einen Sozialpsychologen, der sein Wissen dazu verwendet, Reklame für überflüssige Dinge zu erfinden, oder einen jungen Physiker, der die »Nützlichkeit« seiner Wissenschaft an der Wasserstoffbombe oder der Eroberung des Weltraums erproben muß.[6]

Von dieser Position aus wird verständlich, warum sich die Protestbewegung in Demonstrationen gegen den Vietnamkrieg kristallisierte. Die USA wurden als die mächtigste industrialisierte Nation erkannt, deren Reichtum jedoch mit dem Elend der Länder der Dritten Welt erkauft wird. Den Krieg in Vietnam interpretierten die linken Studenten als nicht bloß zufällige Verwicklung der USA, sondern als exemplarische Abschreckung gegenüber allen nationalen Befreiungsbewegungen.[7] Die Parolen des »kalten Krieges« – »lieber tot als rot« –, wie sie der Antikommunismus der fünfziger Jahre geprägt hatte, besaßen keine Überzeugungskraft mehr. So sehr die Bewegung die Politik der USA kritisierte, so wenig schien ihr die Politik der UdSSR das Heil auf Erden zu versprechen. Der Einmarsch russischer Truppen in die Tschechoslowakei, d. h. die gewaltsame Einmischung einer mächtigen Industrienation in die Angelegenheiten eines kleinen, von ihr abhängigen Landes, rief ebenfalls eine Protestdemonstration hervor. Der Glaube an die gesellschaftliche Rationalität, die Rüstung und Raumfahrt zum Ziel der industriellen Entwicklung gesetzt hat, war zerbrochen. Die protestierenden Studenten waren von der Aussicht beunruhigt, als Angestellte eines großen Industriekonzerns oder einer staatlichen Bürokratie einmal zur Mitarbeit an solchen Zielen eingespannt zu werden; sie sahen den Sinn ihres zukünftigen Lebens durch solche Berufstätigkeit bedroht. Es war diese Beunruhigung, die die Studenten zum demonstrativen Protest gegen den Vietnamkrieg auf die Straße trieb.

Der manifest gewordenen Unruhe der Studenten in der Bundesrepublik waren Erfahrungen der politisch aktivsten Studenten vorangegangen. Diese hatten die Überzeugung gewonnen, daß wirksamer Protest nicht in parlamentarischen oder gewerkschaftlichen Organisationsformen möglich sei. Schließlich hatte die Haltung der Gewerkschaften angesichts der Verabschiedung der Notstandsgesetze in der Bundesrepublik jede Hoffnung schwinden lassen, in den anerkannten Oppositionseinrichtungen dieser Gesellschaft antikapitalistische Kräfte sich regen zu sehen.

Helmut Schauer, der der Industrie-Gewerkschaft-Metall angehörte, bevor er Mitglied des Sozialistischen Deutschen Studentenbundes (SDS) wurde, gab zu bedenken: »Man stelle sich einmal vor, wie die IG Metall reagieren könnte, wenn durch entsprechende Aktionen bei VW der ungeheure Skandal ans Tageslicht gezogen würde, daß die Automobilindustrie mit immer größerem Aufwand immer schneller verschleißende Autos und damit systematisch den

---

5 A.a.O., S. 43.

6 Vgl. a.a.O., S. 45 und S. 47.

7 Vgl. Kurt Steinhaus, Vietnam – Analyse eines Exempels, Frankfurt/Main 1966.

Tod auf den Straßen produziert... Was wird denn die ÖTV machen, wenn morgen sich einfach Massen weigern sollten, den Unsinn der individuellen Zurechnung von Verkehrsleistungen weiter mitzumachen? Auf solche Aktionen arbeitet aber die Neue Linke hin, wenn sie den Sinn der kapitalistischen Produktionsweise und damit ihres Apparates, der produzierten Gebrauchswerte und Bedürfnisse, destruieren will.«[8]

I

Die ersten Stellungnahmen der deutschen Psychoanalytiker zur Studentenbewegung erschienen Oktober 1969 in der Zeitschrift *Psyche* unter dem Stichwort *Die Unruhe der Studenten. Lernstörungen, Identitätskrisen, politischer Protest*. Die Abfolge dieser Begriffe läßt auf einheitliche Momente der unterschiedlichen Beiträge dieses Heftes schließen, und die einleitende Bemerkung der Redaktion versucht das zu benennen, wenn sie schreibt, daß die »Unruhe der Studenten« hier als das besondere Problem der Nachkriegsjugend begriffen werde. Über die amerikanische Studentenbewegung hatte Frederick Wyatt schon im August 1968 in der *Psyche* geschrieben[9]; in einem ebenfalls vereinzelten Beitrag zur *Psychoanalyse des politischen Engagements* hatte sich Paul Parin hier im Februar 1969 geäußert.[10] Die umfassendste psychoanalytische Betrachtung der Studentenbewegung erschien dann im Juli 1970 in der *Psyche*; sie gab Teile einer Panel-Diskussion über *Protest und Revolution* wieder, die auf dem 26. Kongreß der Internationalen Psychoanalytischen Vereinigung geführt worden war.[11]

Insgesamt erscheinen die Stellungnahmen der Analytiker zu diesem Thema sehr unterschiedlich, an wesentlicher Stelle, nämlich dort, wo ihre persönliche Haltung gegenüber den gesellschaftlichen Realitäten besonders berührt scheint, sogar ausgesprochen kontrovers. Während auf der einen Seite emphatisch das fortschrittliche Moment des Protests betont wurde und die politischen und gesellschaftlichen Zustände, die den Studenten als Anlaß zum Protest dienten, einer kritischen Betrachtung würdig erschienen, überwogen auf der anderen Seite die Beiträge, die ausschließlich an der individuellen Psychopathologie einzelner therapierter Proteststudenten orientiert waren und diese bloß verallgemeinerten, um das kollektive Phänomen zu erklären. In diesem Fall wurden die Argumente, von denen das Selbstverständnis der revoltierenden Studenten zehrte, kaum in Betracht gezogen. Zwischen diesen beiden extremen Positionen nahmen Alexander Mitscherlich und in gewisser Weise auch Paul Parin eine vermittelnde Position ein.

In den Beiträgen des Heftes *Die Unruhe der Studenten* überwogen die am klinischen Einzelbeispiel orientierten Darstellungen. Auch die wohlwollendste Betrachtung der Studentenbewegung ging wie selbstverständlich davon aus, daß es sich bei den Protestformen überwiegend um pathologisches Agieren gehandelt habe. Eugen Mahler versuchte, die rebellischen Studenten zu entschuldigen, wenn er auf die miserable Lage an den Hochschulen hinwies, »die als Neurosen auslösende Agens wie der Schlüssel ins Schloß einer reaktivierbaren infantilen Neurose passe«.[12] Trotz seines Bemühens um ein Verständnis

8 Helmut Schauer, Über den Gewerkschaftsapparat und die Grenzen des Aktionsspielraums, in: Wolfgang Abendroth u.a., Die Linke antwortet Jürgen Habermas, Frankfurt/Main 1968, S. 178 f.

9 Frederick Wyatt, Motive der Rebellion – Psychologische Anmerkungen zur Autoritätskrise bei Studenten, in: Psyche, 22. Jg., Heft 8, August 1968, S. 561–581.

10 Paul Parin, Freiheit und Unabhängigkeit: Zur Psychoanalyse des politischen Engagements, in: Psyche, 23. Jg., Heft 2, Februar 1969, S. 81–94.

11 Protest und Revolution, in: Psyche, 24. Jg., Heft 7, Juli 1970, S. 510–540.

12 Eugen Mahler, Psychische Konflikte und Hochschulstruktur, in: Psyche, 23. Jg., Heft 10, Oktober 1969, S. 772.

des Protests, ihn nicht von »höherer Warte« aus zu beurteilen, fehlte auch bei ihm eine Auseinandersetzung mit den Selbstdarstellungen der Bewegung. Dadurch wird untergründig der Eindruck verstärkt, die Protestbewegung habe ihre eigenen Motive so wenig verstanden oder in so falschen Begriffen interpretiert, daß es müßig erscheine, darauf näher einzugehen. Dies erscheint um so merkwürdiger, da in der individuellen Therapie das Selbstverständnis des Patienten nicht außerhalb der analytischen Arbeit bleibt, die Analyse von dem ausgeht, was der Patient bringt, und ihm keine neue Wahrheit überstülpt, vielmehr seine unbewußten Konflikte durch das Zusammenfügen der vielen widersprüchlichen Wahrheiten, die er über sich erzählt, ins Bewußtsein zu heben versucht. Zur Analyse der Studentenrevolte aber wurden grundlegende Erkenntnisse der Psychoanalyse, wie die der Universalität des Ödipuskomplexes, nahezu klischeehaft angewendet.

Anstelle sorgsamer sozialpsychologischer Überlegungen tendieren die übrigen Beiträge von vornherein zu einer möglichst eindeutigen klinischen Erfassung der unbewußten dynamischen Kräfte des kollektiven Protests der Studenten. Wenn die Studenten als Gruppe Konflikte hatten, so rührte das daher, daß sie sich wegen der verlängerten Ausbildung in einer »verlängerten Pubertät« befinden und gemäß der Theorie von Erikson an Identitätsstörungen bis hin zur »Identitätsdiffusion« leiden.[13] Ebenso allgemein und formelhaft wurde im Studentenprotest ein Wiederaufleben ödipalen Agierens vermutet.[14] Die Schlußfolgerung, daß Inhalte und Formen des Protests von der jugendlichen Unfertigkeit ihrer Anhänger herrührten, lag damit auf der Hand. Die grellen Töne der Revolte wurden von dem unaufgehellten Hintergrund eines Ideals von Erwachsenheit und psychischer Reife abgehoben, dessen Darlegung mit dem Hinweis auf Literatur, die hierzu Gültiges festgestellt hat, erübrigt schien oder sich quasi von selbst verstand.

Zwei Autoren, die auf diese Weise die »überindividuellen Aspekte« der »Unruhe der Studenten« und die Spezifität ihres Agierens klären wollten, beriefen sich dabei auf Mitscherlichs Beschreibungen der »vaterlosen Gesellschaft« und der schädlichen Auswirkungen, die der »unsichtbare Vater« im Seelenleben der Kinder hinterlasse.[15]

Hermann Roskamp, der von einer Studentengruppe, die er in analytischer Gruppentherapie behandelte, vom Besonderen der Probleme seiner Gruppenteilnehmer aufs Allgemeine der Protestbewegung schloß, leitete die den Studenten »gemeinsame spezifische Kindheitsrealität« aus dem »Einbruch eines geschlagen, verunsichert aus dem Krieg heimkehrenden Vaters in eine zuvor vaterlose Familie« ab.[16] Der »depotenzierte« Vater habe sich nicht als Vermittler zwischen Kind und Umwelt empfohlen. Darum litten die behandlungsbedürftigen Studenten an »Entscheidungsunfähigkeit«, ja, schlimmer noch, sie verrieten »eine zweifelnde, ratlose Inaktivität überall dort, wo es galt, eigenen Neigungen und Begabungen folgend zwischen sozialen Rollenangeboten zu wählen, Laufbahnen ins Auge zu fassen...«.[17] Das Verschmähen solcher »Laufbahnen«, die Zweifel an der »Wahl zwischen sozialen Rollenangeboten« auf seiten der protestierenden Minderheit der Studenten, hatten freilich rationalere Gründe als der psychologisierende Blick, dem die gesellschaftliche Realität fälschlich als unverrückbar erscheint, erfassen kann.

---

13 Michael L. Moeller, Psychotherapeutische Behandlung von Studenten im Urteil der Therapeuten, in: Psyche, 23. Jg., Heft 10, Oktober 1969, S. 742.

14 Manfred Pohlen, Die Abhängigkeitsthematik in der Revolte der Studenten, in: Psyche, 23. Jg., Heft 10, Oktober 1969, S. 765.

15 Alexander Mitscherlich, Auf dem Weg zur vaterlosen Gesellschaft – Ideen zur Sozialpsychologie, München 1963, S. 228f. und S. 420f.

16 Hermann Roskamp, Über Identitätskonflikte bei im Zweiten Weltkrieg geborenen Studenten, in: Psyche, 23. Jg., Heft 10, Oktober 1969, S. 758.

17 A.a.O., S. 760.

Ob eine politische Bewegung regressiv oder fortschrittlich ist, läßt sich nach Mitscherlichs Auffassung nicht nur vom psychologischen Standpunkt aus bestimmen. Wo Es-Impulse sich erfolgreich der Über-Ich-Steuerung erwehren und sich in paranoider Manier auf »vorurteilshaft vorgeformte Objekte« lenken lassen, handele es sich um eine von Ressentiments bestimmte, politisch im Grunde regressive Entwicklung. Wo das politische Verhalten des Einzelnen vom Ich-Ideal bestimmt werde, wozu das »Entwerfen und Erstreben ›besserer‹ Sozialstrukturen« gehöre, da könne sich eine gesellschaftlich revolutionierende Kraft herausbilden.[18] Mitscherlich mahnte darum zu einer äußerst vorsichtigen Beurteilung der Protestbewegung, denn: »Fortschritt in geschichtlichen Augenblicken wie den unseren vollzieht sich nicht nach dem Schema einer mühelos erkennbaren Rationalität«, vielmehr entwickelten sich die neuen Möglichkeiten häufig »aus zunächst verworrenen und abstrus erscheinenden Zielsetzungen«.[19] In der Panel-Diskussion, die sich an seine Erläuterungen zu *Protest und Revolution* anschloß, hat lediglich John Klauber die selbstkritische Bemerkung fallen lassen, »daß durch die Anwendung der Psychologie auf die Geschichte erst dann etwas Nutzbringendes geleistet werden kann, wenn wir die Geschichte verstehen«.[20] Diese »nutzbringende Anwendung« der Psychologie setzt nicht nur ein entsprechendes Wissen über die Geschichte der Gesellschaften – und nicht nur der Lebensläufe historischer Individuen – voraus, sondern mehr noch ein methodisches Feingefühl, das den beiden Wissensquellen menschlicher Verhaltensweisen gleichermaßen gerecht wird.

Es sei hier an Emile Durkheim, einen der Begründer der Soziologie erinnert, der sich entschieden gegen eine umstandslose Ableitung sozialer Tatbestände (faits sociaux) aus der Psychologie der Individuen wandte. Die sozialen Tatbestände seien wie reale Dinger zu begreifen, die eine eigene »Natur« haben.

»Denn alles, was real ist, hat eine bestimmte Natur, die einen Zwang ausübt, mit der man rechnen muß und die niemals überwunden wird, auch nicht, wenn man sie neutralisiert. Das ist im Grunde das Wesentliche an dem Begriffe des sozialen Zwanges. Sein Inhalt erschöpft sich darin, daß die kollektiven Handlungs- und Denkweisen eine Realität außerhalb der Individuen besitzen, die sich ihnen jederzeit anpassen müssen. Sie sind Dinge, die eine Eigenexistenz führen. Der einzelne findet sie vollständig vor und kann nichts dazu tun, daß sie nicht seien oder daß sie anders seien, als sie sind…«[21]

Durkheim beklagt sich darüber, daß viele Autoren beim Abhandeln des komplizierten Verhältnisses zwischen dem Einzelnen und den sozialen Institutionen nur ihre Vorurteile äußern und daß die Sozialpsychologie ein leeres Wort geblieben sei, »das allerlei verschiedene und ungenaue Allgemeinheiten ohne bestimmten Gegenstand bezeichnet«.[22] Wenn es nicht bloß dem jugendlichen élan vital einzelner Studenten zuzuschreiben ist, daß es einen weltweiten Studentenprotest gab, sondern wenn es sich um reale faits sociaux handelte, die nach dem erklärten Verständnis dieser Bewegung einen Protest herausfordern, so muß jede sozialpsychologische Betrachtung über den Sinn dieser Protestdemonstration gerade auch den Sinn der in Frage gestellten sozialen Gegebenheiten berücksichtigen.

18 Alexander Mitscherlich, Protest und Revolution, in: Psyche, 24. Jg., Heft 7, Juli 1970, S. 517.

19 A.a.O., S. 516.

20 John Klauber, Diskussion über Protest und Revolution, in: Psyche, 24. Jg., Heft 7, Juli 1970, S. 522.

21 Emile Durkheim, Die Regeln der soziologischen Methode, Neuwied 1961, S. 99.

22 A.a.O., S. 96.

Damit soll nicht in Abrede gestellt werden, daß sich politische Argumentationen sehr leicht als Rationalisierungen von Wünschen und Vorstellungen, oft aggressiver Art, anbieten, die einem anderen Interesse als dem der Veränderung der Gesellschaft entstammen. Diese Gefahr des Rationalisierens kann jedoch nicht zur ganzen Wahrheit im Urteil über politische Bewegungen gemacht werden; mag sie es auch oft genug sein, so ist doch nicht auszuschließen, daß durch politische Bewegungen überholte Gesetze abgeschafft und durch veränderte Institutionen ersetzt werden. Gerade Mitscherlich wies auf die »schwimmende Grenze« hin, die zwischen neurotischem und revolutionärem Protest bestünde. Er trennte gesellschaftlich »vorwärtstreibende Revolutionen von ›Machtergreifungen‹ im Stile des Faschismus« oder bloßen Militärrevolten, die sich zu Unrecht als Revolution deklarierten.[23]

Welche Umwälzung eine Revolution für die Gesellschaft und ihre Mitglieder bedeutet, sei durch einen Hinweis auf die Geschichte der bürgerlichen Gesellschaft angedeutet.

Die Erhebung des städtischen Bürgertums gegen die feudalen Herren im 10. und 11. Jahrhundert des Mittelalters brachte jene Entwicklung der Gesellschafts- und Wirtschaftsform in Gang, aus der die industrielle Zivilisation hervorging. Den Kämpfen des Bürgertums waren illegale Verschwörungen vorausgegangen, welche die legalen Gewalten durch Diskriminierung und Verbote einzudämmen versuchten[24], ähnlich wie illegale Demonstrationen heute durch legale Polizeigewalt bekämpft werden. Das Bürgertum, das seine ökonomischen Interessen, die Entfaltung von Handel und Gewerbe gegenüber der statischen oikosgebundenen Agrarwirtschaft des Mittelalters politisch durchzusetzen versuchte, kleidete seine Interessen auch in die Form neuer gesellschaftlicher Ideale. Es stellte die kirchlichen Glaubenslehren und deren Auffassung von Natur und Gesellschaft radikal in Frage und belebte in der Renaissance antikes Denken, um die kirchlichen Lehren durch wissenschaftliche Anschauungen zu stürzen. Einige Vertreter der neuen gesellschaftlichen Ideale haben ihr Leben dafür lassen müssen; die Kirche hat sie als Verkünder von Irrlehren verbrannt. Galilei widerrief unter dem Druck der Kirche seine neuen wissenschaftlichen Erkenntnisse. Ihre Richtigkeit war politisch nicht opportun.

Wahrheit und Sinn wissenschaftlicher Erkenntnis wie auch politischer Bewegungen hängen von historischen Bedingungen ab, die dem Einzelnen vorgegeben sind oder darüber bestimmen, ob seine Taten als kühne Neuerung oder bloße Ketzerei zu bewerten sind. Weil Neues sich nicht widerspruchslos mit etablierten Ordnungen verträgt, diese vielmehr zu stören pflegt, verfällt es leicht der Verurteilung. Das Urteil, das ihm gerecht werden will, muß sich selbst mit ihm einlassen.

Daß dieses Sich-Einlassen eine erhebliche psychische Belastung verursachen kann, deutete Mitscherlich an, wenn er auf die »schweren Verständigungsstörungen« hinweist, die das wohl vielfach »provokatorische Ich-Ideal« der protestierenden Jugend in der übrigen Bevölkerung auslöste. Gegen Darstellungen, in denen der Generationskonflikt hauptsächlich als das Problem der Jungen, nicht aber der Alten gesehen wurde, eine Betrachtungsweise, gegen die Kurt Eissler sich einmal verwahrte[25], wandte sich auch Joseph Gold-

---

23 Alexander Mitscherlich, Protest und Revolution, in: a.a.O., S. 517.

24 Vgl. Max Weber, Die nicht legitime Herrschaft (Typologie der Städte), in: Wirtschaft und Gesellschaft, 2. Halbband., Köln 1964; Henri Pirenne, Les villes et les institutions urbaines, Bd. 1, Paris/Brüssel 1939.

25 Kurt Eissler, Zur Notlage unserer Zeit. Brief an Alexander Mitscherlich anläßlich seines 60. Geburtstages, in: Psyche, 22. Jg., Heft 9–11, September–November 1968, S. 641.

stein. Er warf der älteren (d.h. seiner eigenen) Generation vor, daß sie sich angesichts der Studentenrebellion so verhalte, als ob sie »niemals wirklich gemeint hätte, was sie sagte, was sie lehrte – als wenn die Freiheit zu denken, frei herauszusprechen, anderer Meinung zu sein zwar in der Theorie gelehrt, aber in der Praxis unterdrückt werden muß, sobald die Stimme des Protests zu irgendwelchen Änderungen führt«.[26] Die Probleme, die die Protestbewegung aufgegriffen hatte, seien »ohnehin emotional hoch belastet«[27]; sie rührten an die eigenen Wertvorstellungen und Ideale samt den dazugehörigen unbewußten Triebregungen.

Die narzißtischen Kränkungen, die mit der Erschütterung von Ich-Idealen einhergehen, haben Mitscherlich und Parin in der Dynamik des Protests wahrgenommen. Parin sah den Motor jeglicher revolutionären Bewegung darin, daß ihre Träger das Mißverhältnis zu beseitigen versuchten, das sie zwischen ihren berechtigten Erwartungen an die Realität und der tatsächlichen Realität erlebten. Das erkläre, warum solche Bewegungen nicht von absoluten Maßstäben für Entbehrung und Unterdrückung abhängig seien. Psychologisch gesehen handeln die Individuen dann revolutionär, wenn sie »die psychische Besetzung von der Außenwelt abziehen und auf ihr Idealselbst zurückgreifen, um zu ihrer Befriedigung zu gelangen und ihr seelisches Überleben zu gewährleisten«.[28] Freilich bleibt diese Definition noch abstrakt, ohne jeden Inhalt, der erst Auskunft darüber gäbe, ob das Idealselbst in diesen Fällen auf eine bequemere und angstfreiere Welt gerichtet ist oder wiederum nur dem Ich eine Vernunft und eine Moral diktiert, die masochistische Unterwerfung fordert. Parin wußte, daß die Vernunft, von der das Glück jedes Einzelnen abhängig ist, in der heutigen Gesellschaft entwertet ist, weil diese in einer Weise geleitet wird, »die weit von allem entfernt ist, was die Vernunft empfehlen könnte«.[29]

Mitscherlich versuchte, die spezifische narzißtische Kränkung der protestierenden Jugend konkreter als Parin zu benennen. Er führte sie »auf die enttäuschende Erfahrung zurück«, daß die »Selbstverwirklichung durch einen umfassend organisierten Konformitätszwang, durch die Vielzahl der Mitmenschen in der Massengesellschaft unseres Typs ungewöhnlich eingeschränkt ist. Ein Grund, warum es gerade Jugendliche aus den oberen Gesellschaftsschichten sind, die da protestieren, mag darin liegen, daß, verglichen mit der Aufmerksamkeit, die sie in ihren Entwicklungsphasen während der Kindheit erfuhren, die spätere Einordnung in eine anonyme Großgesellschaft eine besonders enttäuschende Zumutung darstellt«.[30] Diese Erklärung scheint dem, der in den Aktionen der Bewegung etwas Befreiendes erlebte, zutreffend. In der Tat waren die Demonstrationstechniken darauf abgestellt, auffällig von den normalen, d.h. durchschnittlichen Verhaltensweisen abzuweichen und den Beteiligten unmittelbare Selbstdarstellung zu gewähren.

Die Psychoanalytiker, die die Argumente unberücksichtigt ließen, mit denen die Studenten ihren gesellschaftlichen Protest begründeten, und jegliches Aufbegehren von vornherein als neurotisches Versagen des Individuums gegenüber der Realität einstuften, verhielten sich nicht unähnlich den Kirchenvätern, die bei den Ketzern nur die Abweichung vom Dogma feststellten, nicht aber den möglichen Erkenntnisgehalt der neuen Auffassung. Einige Analytiker verfolgten mit großem Eifer den Nachweis schwerer klinischer Störungen bei

26 Joseph Goldstein, Konformismus, Protest und »Pathologie«, die enttraumatisierende Wirkung der Massenmedien, in: Diskussionen über Protest und Revolution, Psyche, 24. Jg., Heft 7, Juli 1970, S. 553.

27 A.a.O., S. 535.

28 Paul Parin, Frustration – Ichideal – Realitätsveränderung, in: Diskussion über Protest und Revolution, Psyche, 24. Jg., Heft 7, Juli 1970, S. 539.

29 A.a.O., S. 540.

30 Alexander Mitscherlich, Protest und Revolution, in: a.a.O., S. 514.

den Proteststudenten, von denen sie den einen oder anderen als Patienten kannten, nicht aber die Masse derer, die ohne psychotherapeutische Behandlung auf die Straße gingen.

Erich Simenauer kam zu dem Schluß, »daß die studentischen Rebellen dem Charaktertyp des Tiqueurs sehr nahe kommen und ihn in vielen Fällen repräsentieren«.[31] Als »Hauptcharakteristika der neurotischen Tiqueurs« galten ihm Koprolalie, Echolalie und Zwangssymptome, wobei der narzißtische Typ auch noch eine Disposition zu Schizophrenie und Kriminalität aufwiese.[32] John J. Francis (USA) attestierte der »bei weitem größten Gruppe« unter den Proteststudenten, die ihm bekannt war, »Depression, Lernunfähigkeit, Apathie oder Drogenmißbrauch«, hinter denen große Omnipotenzphantasien stünden.[33] Margaret E. Fries diagnostizierte bei den revolutionierenden Studenten »schwere Charakterstörungen«, die zur Unfähigkeit dieser Menschen führten, irgendwelchen an sie gestellten Forderungen zu genügen. Ihr eindringlicher Appell an ihre psychoanalytischen Kollegen, »mit den Beamten des Erziehungswesens, mit der Polizei und mit politischen Führern« zu kooperieren, damit Modelle dafür erarbeitet würden, wie sich die Jugend mit geeigneten Vaterfiguren identifizieren könne, ist von dieser Position her nur allzu verständlich.[34] Diese Art seelischer Beistand für gestörte Protestjugend sollte ihre »Energie kanalisieren, und, wenn möglich, Sublimierungen finden helfen.«[35]

Diejenigen Analytiker, bei denen die Argumente der Protestbewegung keine Überprüfung geltender oder »normaler« Lebensideale auslösten, sondern die auf der Unverrückbarkeit der Maßstäbe für das Gesunde und Normale verharrten, neigten zum Rückgriff auf strukturalistische Theorien.

Das ist z.B. bei Pohlen deutlich, der sich ausdrücklich auf strukturalistische Theorien der Psychoanalyse, vor allem auf Jacques Lacan, berief. Für ihn war klar, daß es nur eine Form der Realität gibt, nämlich die der Phantasie, besonders der Phantasie des Ödipus-Komplexes, »die man als eine das individuelle Leben transzendierende Struktur« ansehen könne. Die Berücksichtigung »soziokultureller Gegebenheiten« verlöre die »spezifisch psychoanalytische Erfahrung« aus dem Blickfeld.[36] So betrachtet, erscheint die Studentenrevolte als »Scheinrebellion«, die mit ihren Protestaktionen »die Manifestation des legalen väterlichen Prinzips«, nach Pohlen »eine konstituierende Bedingung des Daseins«, habe erzwingen wollen.[37] Aus dem Mangel an realer Vatererfahrung leitete er schlüssig die regressiven Elemente der Studentenbewegung ab, »d.h. ihren präödipalen wirklichkeitsfremden Zug«, der darin zutage trat, daß die Studenten »kein Gefühl für Macht« hatten und »das Symbolische mit dem Real-Faktischen« verwechselten. Nicht nur Lacan, sondern auch Mitscherlich wurde von Pohlen für seine Deutung des Studentenprotestes bemüht. Wenn er schrieb: »Die Söhne waren durch den ›unsichtbaren Vater‹ auf ihre Mütter zurückverwiesen, verstärkt mit ihnen identifiziert, und das setzte die so charakteristische Abwehr in Art männlich-kämpferischer Hyperaktivität und zwanghafter Autonomie-Demonstration ins Werk«, so bezog er sich damit auf Probleme, wie Mitscherlich sie als Folgen einer vaterlosen Beziehung beschrieb.

Unter »vaterloser Gesellschaft« verstand Mitscherlich jedoch nicht bloß die Menschen, die während des Zweiten Weltkrieges als Kinder ihre Väter entbeh-

---

31 Erich Simenauer, Der handlungsbedürftige Proteststudent als »Tiqueur«, in: Diskussion über Protest und Revolution, Psyche, 24. Jg., Heft 7, Juli 1970, S. 528.

32 A.a.O., S. 529.

33 John J. Francis, Depression, Allmachtsphantasien und Nicht-Behandelbarkeit bei Proteststudenten, in: Diskussion über Protest und Revolution, Psyche, 24. Jg., Heft 7, Juli 1970, S. 530.

34 Margaret E. Fries, Liebesbedürfnis und Frustrationsintoleranz bei der jungen Generation, in: Diskussion über Protest und Revolution, Psyche, 24. Jg., Heft 7, Juli 1970, S. 525.

35 A.a.O., S. 532.

36 Manfred Pohlen, a.a.O., S. 763; bemerkenswert ist, daß Pohlen Lacan nicht im Original zitiert, sondern sich auf diesen für ihn zentralen Theoretiker lediglich anhand von ins Deutsche übersetzter Sekundärliteratur bezieht.

37 Manfred Pohlen, a.a.O., S. 769 f.

ren mußten, sondern er meinte damit allgemein einen Zustand, der es den Kindern verwehrt, sich ein Bild von der Tätigkeit des Vaters zu machen. Pohlen scheint Mitscherlich mißverstanden zu haben, wenn er betont, daß er nicht an eine »vaterlose Gesellschaft« als erstrebenswerten Zustand glaube. Es war Paul Federn, der in seiner kurzen Schrift *Zur Psychologie der Revolution: Die vaterlose Gesellschaft*[38] meinte, der gesellschaftliche Zusammenhalt könne durch brüderliche Solidarität hergestellt werden und bedürfe der väterlichen Autoritäten nicht mehr. Mitscherlich teilte durchaus nicht Federns Optimismus, daß die vaterlose Gesellschaft schon einen bedeutenden Schritt zu einer besseren Gesellschaft darstelle. Vielmehr hat er auf die Schwächungen in der Idealbildung der jungen Generation hingewiesen, der die konkrete Auseinandersetzung mit dem Vater versagt ist.[39] Immerhin sprach er die Hoffnung aus, daß die vaterlose Zeit vielleicht nicht mehr als schreckliche Zeit erlebt werden müsse, und die Kinder in einer familiären Gemeinschaft aufwachsen, die weder von der »paternitären oder matriarchalischen Vorherrschaft bestimmt wird«, sondern von einem »sittlichen Symbol«, das die Union der Bedürfnisse von Eltern und Kindern gleichermaßen ausdrücke.[40]

Die Ableitung der Studentenrebellion aus der Abwesenheit der Väter der protestierenden Studenten während ihrer Kindheit im Krieg gab eine bevorzugte soziale, nicht nur individualpsychologische Erklärung für den Protest ab. Den Auswirkungen des Zweiten Weltkriegs erkannten nicht nur Manfred Pohlen und Hermann Roskamp, sondern auch Gustav Bychowski, Arnaldo Rascovsky und Margaret E. Fries wesentliche Funktionen in der Auslösung des kollektiven Phänomens des Protests zu.[41] Teilweise verbarg sich dahinter die Vorstellung, daß der im Krieg abwesende Vater oder die durch den Krieg bedingten wirtschaftlichen Unsicherheiten den heranwachsenden Kindern die psychischen Schäden zufügten, die sie nun im Protest ausagierten. Wäre die reale Abwesenheit der Väter tatsächlich das Hauptmotiv der protestierenden Studenten gewesen, wenn auch unbewußt, so stellt sich die Frage, warum die Studenten in der DDR, deren Väter schließlich dem gleichen kollektiven Schicksal wie die Väter in der Bundesrepublik unterlagen, nicht auch protestiert haben. Wenn in der DDR die vermutlich ähnlichen unbewußten Konflikte der Studenten nicht offen zum Ausdruck kamen, dann wird man doch den »soziokulturellen Gegebenheiten« mehr Realität zuerkennen müssen, als es diese Form der Tiefenpsychologie zuläßt. Auch wenn die Gründe nicht bekannt sind, die eine Protestbewegung in der DDR verhinderten, so sind sie doch stärker gewesen als die unbewußten Determinanten. Mitscherlich, der die Protestbewegung durchaus als internationales Phänomen begriff, sprach die Vermutung aus, daß auch in den Ländern, die solche spontanen Massenerscheinungen autoritär unterdrücken könnten, eine latente Protestbereitschaft bestünde.[42] Wenn die unbewußten Triebkräfte sich dort nicht in gleicher Weise als kollektives Phänomen gestalten konnten, so heißt dies, daß die »Realität der Phantasie« sich nicht gleichgültig zur Realität der sozialen Tatsachen verhält, sondern in ihrer schließlichen Ausformung nachhaltig von jeher bestimmt wird.

Diese Verschränkung von »innerer« und »äußerer« Realität bestimmte Mitscherlichs sozialpsychologische Überlegungen zur Studentenbewegung. Ein

38 Paul Federn, Zur Psychologie der Revolution: Die vaterlose Gesellschaft, Wien 1919.

39 Alexander Mitscherlich, Auf dem Weg zur vaterlosen Gesellschaft, a.a.O., S. 281 ff.

40 A.a.O., S. 457.

41 Gustav Bychovski, Diskussion über Protest und Revolution, Psyche, 24. Jg., Heft 7, Juli 1970, S. 523; Margaret E. Fries, a.a.O., S. 524.

42 Alexander Mitscherlich, Protest und Revolution, a.a.O., S. 510.

psychoanalytischer Strukturalismus, dem zufolge die unbewußten Strukturen allein über die Realität des Einzelnen bestimmen, war nicht seine Sache. Für Mitscherlich war auch das Problem der Vaterlosigkeit nicht mit der leiblichen Abwesenheit einzelner Väter aus einzelnen Familien geklärt, sondern es wurde in einer allgemeineren gesellschaftlichen Situation, in der die Väter ihren Kindern seelisch entzogen bleiben, gesucht. Die Entfremdung der heutigen Kinder von ihren Vätern hat ihre Ursache zuerst darin, daß der Sinn der väterlichen Berufstätigkeit, der sich auf eine hoch arbeitsteilige und bürokratisch organisierte Gesellschaft bezieht, dunkel bleibt. Die Arbeit des Vaters ist nicht mehr unmittelbar anschaulich, wie es bei einer bäuerlichen oder handwerklichen Tätigkeit noch gewesen sein mag. Mitscherlichs »Ideen zur Sozialpsychologie« waren getragen von der Kritik an der bürokratisch-hierarchischen Gesellschaft, vor allem an dem psychologischen Typ des Apparatschiks und seiner Mitläufer. Unausgesprochener Bezugspunkt waren die Charaktereigenschaften des bürgerlichen Individuums: selbständiges Gewissen und kritisches Bewußtsein, »Ich-Gehorsam«, der voraussetzt, daß die »Phasen des Trieb- und Lerngehorsams... ohne allzuschwere Einschüchterung der Triebwünsche und ohne allzu angstbesetzte Einengung der Bereiche, auf die sich Lernen erstreckt«, durchlaufen sind.[43] Der »klassenlose Massenmensch«[44] wurde kritisch analysiert, weil er diese Eigenschaft nicht besitzt, sondern von einer »Verlangenshaltung« gekennzeichnet ist, die sowohl diffus wie fordernd ist.

Indem Mitscherlich die Eigenschaften des bürgerlichen Individuums zum Ideal erstrebenswerter Ich-Entwicklung erhob, zeigte er sich jener theoretischen Richtung verwandt, die die Entfaltung der bürgerlichen Individualität begrüßte, weil sie den Individuen, die von den Zwängen des Kollektivs auf vielfältige Weise abhängig sind, vielleicht zum ersten Mal in der Geschichte der menschlichen Gattung ein wenig Autonomie und Freiheit schenkte. Diese Einschätzung bürgerlicher Individualität spielte auch in der Studentenbewegung eine Rolle.

Hans-Jürgen Krahl stellte den Bezug deutlich her: »Es hat kaum eine Bewegung gegeben wie diese antiautoritäre Studentenbewegung, die sich weniger aus sozialistischen Motivationen heraus bildete, als vielmehr aus solchen..., die als Trauer um den Tod des bürgerlichen Individuums zu interpretieren wären. Das ist im Grunde das antiautoritäre und nachliberale Moment, das sich dabei darstellt, was gerade bei Horkheimer als dem Theoretiker, der die Trauer um den Tod des bürgerlichen Individuums, bei allen Repressionen, die es selbst setzte, am eindeutigsten formuliert hat, jetzt leider etwas verkommen ist zu einer kritiklosen Apologetik der bürgerlichen Vaterimago.«[45]

Mitscherlich maß das Elend der »vaterlosen Gesellschaft« an den verhinderten Möglichkeiten einer psychischen Entwicklung, die von einer bestimmten sozialen Gruppe, nämlich den bürgerlichen Individuen, einmal erreicht wurde, deren differenzierte Strukturen nun allerdings wieder zu verschwinden drohen. Er wies nach, wie psychische Strukturen, Ideale und Gewissen, in ihrem Reifegrad von der gesellschaftlichen Funktion des Vaters beeinflußt werden. Damit versuchte er, die unbewußten Inhalte des Zusammenhangs von Individuum und Gesellschaft in der so rational durchorganisierten, bürokratischen Welt zu artikulieren; die Frage, warum mörderische Aggressivität wei-

43 Alexander Mitscherlich, Auf dem Weg zur vaterlosen Gesellschaft, a.a.O., S. 300.

44 A.a.O., S. 231 f.

45 Hans-Jürgen Krahl, Konstitution und Klassenkampf. Zur historischen Dialektik von bürgerlicher Emanzipation und proletarischer Revolution, Frankfurt/Main 1971, S. 232.

terhin gegen schwache Minderheitengruppen gesellschaftlich erlaubt bleibt, wurde dabei ein Stück weiter aufgehellt. Die Menschen, die eine psychische Individuation nicht vollbringen, haben kein wahrhaft eigenständiges Gewissen, ihre Moral ist abhängig von den Gewalten, die über sie bestimmen. Ihr Gewissen reicht nicht weiter als der strafende Arm der Gesellschaft. Mag auch die heutige Gesellschaft übermäßig durch bürokratische Strukturen bestimmt sein, den dazugehörigen Menschen mangelt es an innerer Struktur. Darum sind auch ihre Konflikte anders geartet als diejenigen der Menschen aus anderen gesellschaftlichen Epochen:

»In der bürgerlichen Gesellschaft gipfelten die Konflikte um das Nachfolgeproblem, die jüngere rang mit der älteren Generation um die Übernahme der auctoritas, um ihre Rollenprivilegien, von denen das höchste die Verfügung über den Besitz war. In der industriellen Massengesellschaft wird um eine ganz andere definitive Sicherheit gerungen: definitive Sicherheit bedeutet lebenslangen Anspruch auf Versorgung. Das erzeugt eine völlig verschiedene öffentliche Meinung darüber, was als lebenstüchtig gilt. Tüchtig ist, wer sich möglichst früh seinen Platz an den Brüsten der Verwaltungsgottheit sichert. Notwendigerweise bringt dies eine ›Artigkeit‹ der Landeskinder zuwege, die noch einer Gesellschaft fremd war, in der sich feudal-aristokratische, bürgerliche und proletarische Herrschaftsansprüche begegnen.«[46]

Von dieser Analyse her müßte sich der Generationskonflikt in der vaterlosen Gesellschaft erübrigen. Um so sonderbarer ist es darum, wenn in ihr dennoch eine Bewegung erwuchs, die als Aufstand gegen die elterliche Generation oder das »väterliche Prinzip« verstanden wurde.

II

Die Radikalität der Studentenrevolte hing mit der grundlegenden Kritik an der Gesellschaft, d. h. nicht an irgendwelchen Gruppen und Personen, sondern an dem »System« zusammen. Sie versuchte, gesellschaftliche Strukturen zu bekämpfen, die in den Individuen ein autoritätsabhängiges Verhalten fördern. Die »bürgerlichen Individuen« sollten in neuen Wohngemeinschaften, den Kommunen, »revolutioniert«, die Kindererziehung grundlegend geändert werden.[47] Das Ideal »antiautoritärer Erziehung« wurde in die Tat umgesetzt, indem zahlreiche »Kinderläden« gegründet wurden. Der Einfluß dieser Initiative zur Selbstorganisation ist bis heute spürbar, auch wenn manche dieser ersten pädagogischen Experimente als gescheitert anzusehen sind. Die praktischen Schwierigkeiten überstiegen vielfach die Fähigkeiten der Einzelnen.

Der Ansatz zu diesen Experimenten ging von der Erkenntnis aus, daß wirkliche Veränderung gesellschaftlicher Strukturen auf die Dauer nicht ohne die Änderung der psychischen Strukturen möglich sei. Bei Rudi Dutschke hieß es: »Politik ohne innere Veränderung der an ihr Beteiligten ist Manipulation von Eliten.«[48] Diese Einsicht wurde jedoch oft funktionalistisch verkürzt, pädagogische Theorie und Praxis auf einfach zu handhabende Maximen und Rezepte heruntergebracht. In diesem Zusammenhang erfuhr Wilhelm Reichs Theorie

46 Alexander Mitscherlich, Auf dem Weg zur vaterlosen Gesellschaft, a.a.O., S. 387.

47 Kommune 2 (Hg.), Versuch der Revolutionierung des bürgerlichen Individuums, Berlin 1969.

48 Rudi Dutschke, a.a.O., S. 76.

der »Sexualökonomie« eine Renaissance, weil sie der schlechten Neigung entgegenkam, angesichts der vielen Schwierigkeiten ein wirksames Allheilmittel zur Hand zu haben. Ungelöst blieb das Problem der persönlichen Veränderung; die Versuche dazu in den Kommunen arteten oft in gegenseitige Ausfragerei aus, in neue Rücksichtslosigkeit und Besserwisserei, die den Beteiligten mehr Leid als Befreiung brachten. Viele der Einsichten blieben bloße intellektuelle Spielerei; sie änderten nicht die tieferliegenden Gefühle und Einstellungen. Die erdrückende Last dieser Probleme verschüttete bald das Wissen undeutlich geahnter Zusammenhänge.

Antiautoritäre Einstellung oder neue Sensibilität bedeutete zunächst moralischen Protest. Zeitungsmeldungen, die sonst gleichgültig registriert wurden – wen kümmerte schon, in welchem geographischen Winkel dieser Erde wieder einmal gekämpft und gemordet wurde –, riefen auf einmal Empörung wach. Diese Empörung war der Motor der Bewegung. Um sich zu bewußtem Protest zu artikulieren, suchten die revoltierenden Studenten ihre Gefühle in Argumente zu fassen.[49]

Als die Bewegung spontan entstand, war sie gleichermaßen von dem moralischen Protest, den persönlichen Empfindungen der Einzelnen, ihrer »neuen Sensibilität« wie auch von einem bestimmten theoretischen Bemühen gekennzeichnet. Nicht nur marxistische Theorie, sondern ebenso psychoanalytische Literatur wurde gelesen, um ein aufgeklärtes Bewußtsein über die gesellschaftlichen Verhältnisse, die den Einzelnen widersprüchlich und verworren erschienen, zu erlangen. In einem ganz allgemeinen Sinne sollte Theorie über das Gefühl persönlicher Ohnmacht angesichts der Übermacht gesellschaftlicher Verhältnisse hinweghelfen. Der Vietnamkrieg konnte durch bloßes Protestieren in Form von Demonstrationen nicht sonderlich beeinflußt, geschweige denn beendet werden. Dutschke verhehlte nicht, daß die protestierenden Studenten mit ihren Aktionen mancherlei Enttäuschung zu verkraften hatten. In den Anti-Vietnam-Demonstrationen lernten sie ihre gesellschaftliche Ohnmacht begreifen. Dutschke sah den Gewinn der Protestdemonstrationen in einem »Lernprozeß« beim Einzelnen und der Möglichkeit der »Veränderung der eigenen Charakterstruktur« durch solches Lernen. Wissen über die Gesellschaft sollte die Ursachen dieses Scheiterns klären. Lernen sollte persönliche Unsicherheit beseitigen helfen, indem es bloße Emotionalität in anteilnehmendes Wissen verwandelte. Theorie sollte das Unspezifische des Protests auf genaue Begriffe bringen, um die eigenen Motive und die Struktur der Gesellschaft durchsichtiger zu machen. So wurde anfangs im SDS die Organisationsfrage nicht als Problem eines effektiven Parteiapparates gestellt, sondern als Problem der Veränderung der Charakterstruktur des autoritären Individuums. Jedenfalls wurden »äußere« und »innere« Organisierung des Protests nicht getrennt behandelt. Schließlich bestand die Stärke der Bewegung gerade im persönlichen Engagement der Einzelnen, in der Spontaneität des Gefühls. Dadurch konnte sie vielerlei Bedürfnisse in sich aufnehmen.

Die Allgemeinheit der bloß gefühlsmäßigen Übereinstimmung hatte aber auch Nachteile, die vom Beginn der Bewegung an zersetzend auf sie einwirkten. Die Allgemeinheit der Protesthaltung war abstrakt. Die unmittelbar ge-

---

49 Von hier erklärt sich der Name der Berliner Zeitschrift *Das Argument*, die einst aus dem Protest gegen die atomare Bewaffnung der Bundesrepublik stammte. Heute sieht man es der Zeitschrift nicht mehr an, daß sie früher (1963–1967) die Argumente vorbereitete, auf die sich die antiautoritäre Bewegung stützte.

zeigte Gefühlseinstellung führte zu stürmischer Mitgerissenheit, mehr aber noch zu angst- und haßerfüllter Ablehnung, wobei beide Reaktionen eigentümlich übertrieben erschienen. Zwar unterschied sich diese Bewegung damit scharf von den Veranstaltungen, die die etablierten politischen Institutionen inszenieren, in denen die Menschenmassen ihren Gefühlen in jubelnden Akklamationen bzw. in der Verfolgung von Sündenböcken freien Lauf lassen können. Gegen solche Kanalisierung des Gefühls, wie überhaupt die Vorgeplantheit des Lebens, lehnte sich die Studentenbewegung auf. Diese Auflehnung war von einer unbestimmten Allgemeinheit, bedingte die Neigung zu aktionistischem Handeln, was der Bewegung sogar den Vorwurf des »Linksfaschismus« einbrachte. Die Spontaneität, ihre Stärke, war zugleich ihre Schwäche; denn sie war unreflektiert und konnte Belastungen nicht standhalten. Die Identifikationen der rebellischen Studenten untereinander waren noch inhaltslos und deswegen brüchig. Der Bewegung mißlang die Integration der verschiedenen Ansprüche. Sie vermochte es nicht, den gefühlsmäßig spontanen Zusammenhang in eine Form zu bringen, die sowohl der Spontaneität, der individuellen Überzeugung von der Notwendigkeit politischen Handelns, gerecht geworden wäre wie auch dem Erfordernis einer Organisationsform, an der sich die Bewegung hätte stabilisieren können.

Hans-Jürgen Krahl hat diese Schwierigkeit am klarsten formuliert: »Und für uns im SDS stellt sich ... die Frage, wie ist es möglich, eine Organisationsform herauszubilden, die unter den Bedingungen des Zwanges und der Gewalt sowohl autonome Individuen herausbildet, als auch solche, die zu einer bestimmten disziplinären Unterordnung unter die Erfordernisse des Kampfes und unter die Bedingungen des Zwanges fähig sind. Dieses Problem ist völlig ungelöst.«[50]

Die Organisationsversuche, mit denen der Zerfall der Bewegung aufgehalten werden sollte, haben Formen angenommen, die die Bedeutung der emotionalen Übereinstimmung der antiautoritären Haltung negiert haben und folgerichtig beim traditionellen Parteitypus landeten. Damit verschwand die »Unruhe« der Studenten weitgehend, aber zugleich die Bewegung. Von diesen Organisationsversuchen sind die verschiedensten linken Gruppen zurückgeblieben, von denen heute ein großer Teil um die »richtige Linie« konkurriert. Trotz dieses Konkurrenzneides sind solche Gruppen von etwas Gemeinsamen beherrscht, nämlich einer rigiden Gruppenmoral, die oft lächerlich und bösartig in einem ist.

Die Auflehnung gegen autoritäre Strukturen verkehrte sich häufig in eine selbstinszenierte Aufrichtung autoritärer Gruppenstrukturen, deren Funktion wesentlich darin zu bestehen scheint, den durch die Bewegung politisierten, aber moralisch überforderten Studenten einen Halt zu geben. Es läßt sich nicht leugnen, daß diese Stabilisierung im Vergleich zur Konstituierungsphase der Studentenbewegung eine Regression bedeutet, da die neuen Gruppen wesentliche Erkenntnisse dieser Bewegung liquidierten, zu allererst die Bedeutung von Gefühlen in der Begründung wissenschaftlicher oder politischer Ideale. Das verächtliche Wort vom »antiautoritären Sumpf« kam auf.

Aus den verschiedenen Artikeln, die 1970 und 1971 von den neu entstehenden linken Gruppen gegen die antiautoritäre Studentenbewegung geschrieben wurden[51], verdient der Satz hervorgehoben zu werden: »Die liqui-

50 Hans-Jürgen Krahl, a.a.O., S. 256.

51 Wie sie in der *Rote Presse Korrespondenz* (RPK) oder der Zeitschrift *Sozialistische Politik* (SOPO) nachzulesen sind.

datorische Haltung gegenüber der antiautoritären Studentenbewegung ist inzwischen zum organisatorischen wie theoretischen Gemeinplatz aller sozialistischen Plattformen geworden, die sich im Umkreis der transformierten Studentenbewegung herausgebildet haben. Bis auf wenige versprengte Reste Unentwegter um Frankfurt herum wünscht niemand mehr, an diesen Leichnam erinnert zu werden.« Mit jenen »Unentwegten« waren wohl diejenigen gemeint, für die sich die Organisationsfrage nicht durch den Beitritt in diese oder jene kommunistische Gruppe löste, deren politische und persönliche Identität jedoch nachhaltig von der Studentenbewegung, ihren Zielen und Formen, beeinflußt blieb. Die neuen Gruppen schienen die Kritik der »Unentwegten« zu fürchten, da diese ihnen regressives Verhalten vorwarfen.

Einigen Analytikern schien das Aufbegehren der revoltierenden Studenten von Anfang an regressiv. Vor dem Hintergrund eines Lebensideals, das Tüchtigkeit oder, synonym damit, Ich-Stärke danach bemißt, wer es rasch und erfolgreich schafft, sich einen Platz »an den Brüsten der Verwaltungsgottheit« zu sichern, wer darum ohne Zweifel am persönlichen Ideal sich den »Rollenangeboten« und »Laufbahnen« dieser Gesellschaft zu fügen vermag, muß der Protest der Studenten irrational und mithin, von der Ich-Entwicklung her beurteilt, regressiv erscheinen. Wer freilich vom Ideal des »autonomen Individuums« ausging und Realitätstüchtigkeit nicht nur an der erfolgreichen Einfügung in die vorhandenen Kollektivstrukturen bemaß, der wird die psychologisch regressiven Züge der Studentenbewegung in der Preisgabe dieses Ideals erblicken, über dessen bisherige Unerfüllbarkeit trauern und die Rückkehr zur scheinbaren individuellen Beruhigung unter Gruppenzwang bedauern.

III

Nicht ohne Bedeutung für den Zerfall der Bewegung ist die Haltung derer gewesen, die die linken Studenten als ihre Lehrer betrachtet hatten. Die Vermittlung aufklärerischer und kritischer Theorie hatte die besondere Bedeutung des SDS innerhalb der deutschen Studentenbewegung ausgemacht. Zwar war die Anzahl derer, die sich auf selbständige Weise Theorie anzueignen versuchten, äußerst gering, aber sie hatten führende Rollen inne. Diese wenigen »Gebildeten« des SDS und auch des Berliner *Argument*-Clubs hatten sich an der Frankfurter Schule, vor allem den Schriften von Horkheimer, Adorno und Herbert Marcuse, und der von Horkheimer von 1932–1941 herausgegebenen *Zeitschrift für Sozialforschung* orientiert. Das Denken dieser Schule war durch die Erfahrungen mit dem Nationalsozialismus und durch die Emigration geprägt. Es hatte sich zur Aufgabe gemacht, die Wurzeln der Irrationalität, die die Entwicklung der Gesellschaft zum Faschismus begünstigten, bloßzulegen. Psychoanalytische Erkenntnisse gingen als wesentliche Grundlage in dieses Denken ein. Davon legen die Arbeiten über *Autorität und Familie* und die *Autoritäre Persönlichkeit* Zeugnis ab.[52]

Die Entwicklung dieser Schule nach dem Kriege in Frankfurt blieb nicht ohne Widersprüche. Habermas, der 1964 den Lehrstuhl Horkheimers für Philosophie und Soziologie übernahm, war der offizielle Erbe der Kritischen

---

52 Die erste Arbeit: Autorität und Familie, Paris 1936, enthielt neben Aufsätzen von Max Horkheimer und Herbert Marcuse auch einen von Erich Fromm. Zu erwähnen ist die von Theodor W. Adorno in den USA geleitete Studie: The Authoritarian Personality, New York 1950; dt.: Studien zum autoritären Charakter, Frankfurt/Main 1973.

Theorie. In seinen Seminaren vollzog sich ein eigentümlicher Umwandlungsprozeß. Die Studenten traten hier mit einem Sprachgestus auf, der in den Seminaren von Horkheimer und Adorno ungewohnt war. Gleichwohl wurde an den Ansprüchen kritischer Theorie festgehalten. Vor allem dem gefühlsmäßigen Erfassen ist die Differenz im Sprachgestus unmittelbar zugänglich.

Zwei Zitate mögen das illustrieren. Als Horkheimer den Unterschied zwischen kritischer und traditioneller Theorie zu bestimmen versuchte, maß er der »Rolle der Erfahrung« für das kritische Denken eine besondere Bedeutung zu. Diese Erfahrung beziehe sich auf das Ganze der Gesellschaft. Horkheimer sprach von einem »menschlichen Verhalten«, das sich nicht nur darauf richtet, »irgendwelche Mißstände abzustellen, diese erscheinen ihm vielmehr als notwendig mit der ganzen Einrichtung des Gesellschaftsbaus verknüpft«. Dem kritischen Denken läge nicht so sehr daran, »daß irgend etwas in dieser Struktur besser funktioniere. Die Kategorien des Besseren, Nützlichen, Zweckmäßigen, Produktiven, Wertvollen, wie sie in dieser Ordnung gelten, sind ihm vielmehr selbst verdächtig und keineswegs außerwissenschaftliche Voraussetzungen, mit denen es nichts zu schaffen hat«.[53] In Habermas' Erläuterungen zu dem, was die protestierenden Studenten unter »kritischer Berufspraxis« zu verstehen hätten, erscheint die persönliche Erfahrung für das Denken und das politisch adäquate Verhalten ausgeklammert. »Kritisch heißt hier die Verbindung von Kompetenz und Lernfähigkeit, die beides gestattet; den skrupulösen Umgang mit einem tentativen Fachwissen einerseits, und eine kontextempfindliche, gut informierte Bereitschaft zum politischen Widerstand gegen fragwürdige Funktionszusammenhänge des praktizierten Fachwissens andererseits.«[54]

Auch etliche der »Gebildeten« des SDS waren diesem Sprachgestus verfallen, dessen terminologische Kompliziertheit an die Gewichtigkeit wissenschaftlicher Denkanstrengungen mahnt. Der rasch erlernbare Gebrauch von Fachvokabeln verführt jedoch häufiger zur exklusiven Einigung über einen Jargon als zur Vermittlung von Einsicht in unbekannte gesellschaftliche und menschliche Zusammenhänge; seine Exklusivität hält den Nicht-Eingeweihten fern. Theorie erstarrt so zum formelhaft anwendbaren Wissensschatz, an dem teilzuhaben deswegen zu einem Wert wird, weil er dem Individuum eine exklusive Gruppenzugehörigkeit sichert. Solche Abstützung der wissenschaftlichen Identität erweist sich als autoritätsgebunden, nämlich abhängig von dem jeweiligen Jargon der Gruppe, der autoritär gehandhabt wird und den schwierigen Prozeß der Individuierung, der eigenen Sprachfindung, die allein selbständiges Denken hervorzubringen vermag, unterbindet.

Die antiautoritären Studenten vermochten ihre eigenen autoritären Einstellungen nicht zu überwinden. Das zeigte sich im Verfall der Bewegung. Statt der Mühen eines individuellen Bildungsganges, durch den das Individuum in seinem ganzen Wesen geprägt wird, von den Linken später als »individualistisch eingeengter Sozialisationsprozeß« denunziert[55], sollte »richtiges Bewußtsein« möglichst rasch und effektiv über »Schulungskurse« hergestellt werden.

Notwendig führte dieses Arrangement zu einer unkritisch dogmatischen Einstellung gegenüber theoretischen Arbeiten, deren Wahrheit keineswegs darin besteht, wortwörtlich und für alle Zeiten richtige Erkenntnis zu sein.

53 Max Horkheimer, Traditionelle und Kritische Theorie (1937), in: ders., Kritische Theorie der Gesellschaft, Bd. 2, Frankfurt/Main 1968, S. 156

54 Jürgen Habermas, Protestbewegung und Hochschulreform. Einleitung, Frankfurt/Main 1969, S. 47

55 Sozialistische Politik (SOPO), Thesen über Studentenbewegung und Arbeiterklasse (Autor ungenannt), 3. Jg., Juli 1971, S. 78.

Hans-Jürgen Krahl hat am Beispiel der Gruppen, die Maos Schriften zum Katechismus ihres sozialistischen Glaubensbekenntnisses erhoben, beißende Kritik an diesem theoretischen Verhalten geübt; es verwandele »die revolutionäre Theorie des Proletariats in eine kontemplative Weltanschauung. Sie verkümmert zum Kleineigentum von sektiererischen Kleingruppen... Unter diesen Bedingungen wird Schulung zum Praxisersatz von Individuen und Gruppen, die, was sie auch tun mögen, immer (nur) sich selbst organisieren und denen die allgemeinen Sätze Maos den Zugang zur Erkenntnis ihrer kapitalistischen Umwelt verstellen. Der geschlossene Kanon systematischer Sätze und streng disziplinäre Organisation sind Ausdruck eines bildungsgeschichtlichen Strategienersatzes sowie der Bedürfnisse nach Sicherheit und Bindung, die die Entfaltung produktiver revolutionärer Kollektive, emanzipativer Bedürfnisse nach Befreiung ... blockieren. Die kontemplativen Dogmatiker ... gleichen denjenigen, von denen Brecht schreibt, daß sie unter dem Verdacht stehen, daß sie die Revolution nur machen wollen, um den dialektischen Materialismus durchzusetzen«.[56]

Krahl hielt die ambivalente Einstellung der linken Studenten gegenüber politischen und theoretischen Autoritäten für ein Barometer ihres politisch unreifen Zustands. Zugleich versuchte er, der eigentümlichen Dialektik, die grundsätzlich ihr Verhältnis zur Autorität bestimmte, gerecht zu werden. Er meinte, daß die Bewegung in dem Maße von Autoritäten abhängig sei, wie sie selbst noch nicht organisiert sei, d. h. »keine arbeitsteiligen Qualifikationsstrukturen herausgebildet« hat. Dabei bedeutete Organisierung für ihn nicht die Schaffung eines Parteiapparates, der sich zur Individualität seiner Mitglieder stets feindlich verhält, sondern die organisierte Anstrengung, den entindividualisierten Zustand der heutigen Individuen aufzuheben. In seinem Denken, das so sehr von der Tradition der Kritischen Theorie geprägt war, sind die Formulierungen aus der *Deutschen Ideologie* nicht vergessen, wonach erst in der kommunistischen Gesellschaft die Individuen ihre volle Individualität entfalten. In einer politischen Bewegung, die sich an diesem Denken orientiert, können die Individuen nur »als Individuen« an ihr teilnehmen[57], nicht jedoch als die »Durchschnittsindividuen«, auf die die bisherigen Zustände sie reduziert haben. Um diesem Ziel näherzukommen, forderte Krahl – so paradox dies klingen mag – die »offen ausgesprochene Solidarisierung der kritischen Autoritäten«; denn sie könnten »gewissermaßen mit der Waffe der Autorität selber das Autoritätsprinzip in der Gesellschaft mit abbauen helfen«.[58]

Die Hoffnung auf die »Solidarisierung der kritischen Autoritäten« blieb in Deutschland unerfüllt; eine Ausnahme bildete Herbert Marcuse, dessen Schriften auch innerhalb der deutschen, nicht nur der amerikanischen Studentenbewegung eine bedeutende Rolle spielten.[59] Marcuses Theorie des *eindimensionalen Menschen*, den er als Produkt einer gesellschaftlichen Entwicklungstendenz beschrieb, die höchste technologische Rationalität für die Zwecke lebensvernichtender Irrationalität nutzbar macht[60], seine offen ausgesprochene Ablehnung dieser gesellschaftlichen und menschlichen Entwicklung stützte die unsichere Identität der revoltierenden Studenten nachhaltiger als jede inhaltslose Befürwortung des Protests. Durch diese Unterstützung wurde die linke Bewegung vielleicht mehr vor dem Abgleiten in begriffslosen Aktionismus bewahrt

---

56 Hans-Jürgen Krahl, a.a.O., S. 312.

57 Karl Marx / Friedrich Engels, Die deutsche Ideologie – Kritik der neuesten deutschen Philosophie in ihren Repräsentanten Feuerbach, B. Bauer und Stirner, und des deutschen Sozialismus in seinen verschiedenen Propheten (1845/46), Marx-Engels-Werke Bd. 3, Ost-Berlin 1959, S. 75.

58 Hans-Jürgen Krahl, a.a.O., S. 257.

59 Rudi Dutschke, a.a.O., S. 89 und S. 91.

60 Herbert Marcuse, Der eindimensionale Mensch – Studien zur Ideologie der fortgeschrittenen Industriegesellschaft, Neuwied 1967.

als durch die Warnrufe, die von »Linksfaschismus« bis »Scheinrebellion« reichten und die die mühsamen Integrationsversuche innerhalb der Bewegung eher destruieren als zusammenfügen halfen. Mancher antiautoritäre Student empfand gerade bei der Ablehnung durch die als Lehrer verehrten »kritischen Autoritäten« besondere Wut und fühlte sich dadurch bitterer enttäuscht als durch die feindseligen Reaktionen der fernerliegenden Umwelt. Das hat vermutlich die Neigung zu sinnlos aktionistischem Handeln noch stimuliert.

Mochte es in der psychoanalytischen Betrachtung der Protestbewegung oft so erscheinen, als läge das Mißlingen der Verständigung zwischen älterer und jüngerer Generation wesentlich am pathologischen Agieren der Jungen, mochte dadurch der Eindruck entstehen, daß die in diesem Generationskonflikt besonders betroffenen Älteren frei von irrationalen Gefühlen blieben, so erscheint bei genauerem Zusehen der gesamte Vorgang verwickelter. Manches deutet darauf hin, daß die gefühlsnahen Aktionsformen der Jungen den panikartigen Schrecken der Älteren hervorgerufen haben und jene hilflose wie aggressive Haltung provozierten, die sich auch bei den wohlgesonnensten Erwachsenen angesichts unverstandener kindlicher Bedürfnisse oder, schlicht: Unarten einzustellen pflegt. Einige Analytiker haben dies Problem angesprochen, wenn sie auf die emotionellen Belastungen hinwiesen, der die ältere Generation im Konflikt mit der jüngeren ausgesetzt sei. So verführerisch diese Umkehrung der Stereotype des Generationskonflikts zuungunsten der Älteren sein mag, um die Jungen von Vorwürfen zu entlasten, so wenig hilft sie einem Verständnis weiter, das den Sinn kollektiver Phänomene jenseits irgendwelcher Schuldfragen zu erfassen versucht. Das trübt nur den Blick für die Möglichkeit, innerhalb der Gegenwart die Elemente eines neues Ideals menschlichen Zusammenlebens wahrzunehmen. In der Revolte wurde immerhin die Ahnung ausgesprochen, daß einer anderen gesellschaftlichen Realität auch ein anderes psychologisches Realitätsprinzip korrespondieren müsse. Reimut Reiche stellt die Frage, ob das als psychische Regulierungsinstanz wirksame Realitätsprinzip nicht historisch wandelbar sei.[61] Die Möglichkeit vernünftiger Ideale innerhalb der Bewegung ist von ihren Gegnern aufs heftigste bekämpft worden. Oft wurde der Revolte zugestanden, daß ihre politische Richtung vernünftig sei, nur die Mittel, die sie zum Protest anwenden, seien falsch; nicht nur unvernünftig, sondern auch unrealistisch. Dieses »unrealistische« Verhalten entsprach allerdings der mehr oder minder bewußten Ablehnung der politischen Zweck-Mittel-Kalküle, die nach der herrschenden Vernunft einzig als angemessen bzw. »realistisch« gelten.

Die Essenz aller abwertenden Urteile über die linke Bewegung lag in dem Stichwort »Scheinrebellion«. Es war zuerst als politische Kritik geäußert worden[62], wurde aber von einigen Analytikern ebenso wiederholt wie der Vorwurf, die Studenten verwechselten »Symbol und Wirklichkeit«. Das ist kein Zufall; die Identität der Begriffe, die sich hier wahrscheinlich ohne bewußtes Aufeinanderbeziehen hergestellt hat, wurzelt in einer gemeinsamen Einstellung. Diese Gemeinsamkeit liegt in der Abwehr von Einsichten, die die persönliche Haltung gegenüber den »Kategorien des Besseren, Nützlichen, Zweckmäßigen, Produktiven, Wertvollen, wie sie in dieser Ordnung gelten«, bedrohen. Wären die Kritiker der Studentenbewegung deren Idealen emotionell stärker verbun-

61 Vgl. Reimut Reiche / Heide Berndt, Die geschichtliche Dimension des Realitätsprinzips, in: Jürgen Habermas (Hg.), Antworten auf Herbert Marcuse, Frankfurt/Main 1968.

62 Jürgen Habermas, Die Scheinrevolution und ihre Kinder. Sechs Thesen über Taktik, Ziele und Situationsanalysen der oppositionellen Jugend, in: Wolfgang Abendroth u. a., Die Linke antwortet Jürgen Habermas, a.a.O.

den gewesen, so hätten sie nicht so umstandslos beschwören können, was hier und heute, aber vielleicht nicht für alle Zeiten, als Ideal realistischen Verhaltens angesehen wird. Die emotionalen und triebbestimmten Grundlagen unseres Denkens, unserer Empfindung von »rational« oder »realistisch« sind allzu prekär, als daß sie einer steten Überprüfung unterzogen werden könnten. Vielleicht wurde die Bewegung deshalb so gern als Jugendbewegung, nicht als politische Bewegung wahrgenommen, weil jüngeren Menschen eher die kritische Überprüfung geltender Lebensideale zugemutet wird als älteren, die um ihre Identität, so gebrochen und widersprüchlich sie oft sein mag, zu bitter gekämpft haben, um sie noch einmal in Frage stellen zu können.

Längst sind die Realitäten, die die Bewegung in Fluß brachte, wieder zu den unumstößlichen Tatsachen erstarrt, als die das verhärtete Bewußtsein sie einzig wahrzunehmen weiß. Die Gruppen, die sich erfolgreich »aus den Schlingen des antiautoritären Protests« befreien, sind heute so strategiebewußt wie nur jeder leitende Angestellte in der Industrie, der Politik und der Wissenschaft. Mit welchen Mitteln die einmal als richtig anerkannte Strategie zur Veränderung gesellschaftlicher Strukturen durchgeführt wird, als Betriebsarbeit oder als bewaffnete Stadtguerilla – ihre unerbittliche Durchführung zwingt den Individuen Verzichte ab, die sie freilich um des höheren Zieles willen gern auf sich nehmen sollen. So verkehren sich die Ideale der Befreiung in Instrumente der psychischen Fesselung und fordern vom Individuum Entsagung. Das wirft einen dunklen Schatten auf das »Reich der Freiheit«, auf das die Bewegung, unklar und verworren, wie sie sich nach außen gebärdete, im Innersten zustrebte und das sie in manchen ihrer Aktionen schon vorwegnehmen wollte. Ob die antiautoritären Studenten wirklich so illusionär handelten, als sie in ihren Aktionen die Freiheitsspielräume dieser Gesellschaft auszumessen versuchten, bleibt offen. Ihr Wissen, daß die Gesellschaft nicht durch die Demokratisierung der bürokratischen Apparate, geschweige denn die Umbesetzung ihrer »Spitzenposten« zu einer anderen wird, ihr praktischer Versuch, mit der Struktur der Institutionen die Struktur der Individuen zu ändern, hat das Reich der Freiheit wenigstens für Momente als Möglichkeit der Gegenwart erahnen lassen.

Nachtrag

Obwohl ich die *Nachträglichen Bemerkungen zur Unruhe der Studenten* vor fünfzehn Jahren schrieb, stimmte ich dem unveränderten Nachdruck zu, weil die darin enthaltenen Überlegungen für mich nichts an Richtigkeit eingebüßt haben.

Dennoch fehlt etwas ganz Wesentliches: die Prägung, die noch die 68er Generation durch den Faschismus erhalten hatte. Viel mehr als uns damals bewußt war, hatten wir an den Verdrängungsmechanismen unserer Eltern teil. Hätten wir nicht ein Stück weit Schonung geübt, hätten unsere Angriffe auf die Moral des Ableugnens, des einfach nicht zur Kenntnisnehmens, der Selbstgerechtigkeit, der Unfähigkeit Schuld zuzugeben, eben das ganze »Realitätsprinzip«, das sie vertraten, noch schärfer aussehen müssen.

Als ich 1973 die öffentlich gemachten Äußerungen von Psychoanalytikern zur Studentenbewegung durchsah, spürte ich, daß etwas »Ungerechtes« in ihrer Verurteilung des politischen Engagements der Studenten lag. Ihr Drang, die Autoritätsprobleme unserer Generation zu pathologisieren und die eigentümliche Wut, mit der sie die Formen des Protests bewerteten, fiel mir auch damals schon als »unanalytisch« auf. Dennoch war ich unfähig, die gemeinsame black box zu benennen, in der wir steckten: unsere unauflösliche Beziehung als Deutsche zum Nationalsozialismus.

Ich betone das Gemeinsame, weil auch meine Generation noch einige Jahre benötigte, um die faschistische Vergangenheit in allen Einzelheiten wahrnehmen zu können. Es waren ein jüngerer Amerikaner und einige jüngere Analytiker oder Ausbildungskandidaten, die die Zusammenarbeit einer Gruppe von Psychoanalytikern mit einer Institution des Dritten Reiches, dem Deutschen Institut für Psychologische Forschung und Psychotherapie unter Leitung von H. Göring, erforschten.[63] Ich weiß allerdings auch, daß wir dieser Gruppe von Psychoanalytikern, die die Psychoanalyse im »Dritten Reich« zu retten versuchten, den Kassenvertrag, d.h. das Anrecht des Kassenpatienten auf eine begrenzte Anzahl psychoanalytischer Behandlungsstunden, verdanken.[64]

Warum ungefähr vierzig Jahre ins Land gehen mußten, ehe das Offenkundige gesehen und benannt werden konnte, weiß ich nicht. Vielleicht hat es damit zu tun, daß die Generation, die unter Hitler »in den besten Jahren« war, jetzt allmählich ausstirbt. Vielleicht ist die Forschung über die Nazi-Zeit erst jetzt in Gang gekommen, weil durch den Tod Bindungen aufgelöst und Bilanzierungen vorgenommen werden können. Vielleicht mußten wir selber erst ein Alter erreichen, das unsere Eltern in den Nachkriegsjahren hatten, um die Trauerprozesse nachvollziehen zu können, zu denen sie nicht in der Lage waren, weil die Schuld zu groß war. Dörte von Westernhagen hat bei den »Kindern der Täter« beispielhaft analysiert, mit welch ungeheuren Gefühlsambivalenzen dieser Prozeß der »Aufarbeitung der Vergangenheit« noch für die Nachfolgegeneration verbunden ist.[65]

Die Beziehungen zwischen den Lebenden sind oft von so starken Gefühlsreaktionen bestimmt, daß eine reflektierende Wahrnehmung momentweise ausgelöscht wird. Ich will das an einem persönlichen Beispiel aus der 68er Zeit erläutern. Es ging bei einem Treffen zwischen SDS-Mitgliedern und Professoren um die Verteilung von Rednerrechten beim Hessischen Rundfunk anläßlich der letzten Anhörungen zur Verabschiedung der Notstandsgesetze. Nach meiner Erinnerung war auf »unserer« Seite Karl Dietrich und Frank Wolff, Helmut Schauer, Oskar Negt, auf der der Professoren Ludwig v. Friedeburg, Jürgen Habermas, Alexander Mitscherlich und noch einige mehr dabei, die mir nicht mehr erinnerlich sind. Im Verlauf der kontroversen, harten Verhandlungen äußerte Mitscherlich irgendwann, daß es sich hier um ödipales Agieren handelte. Ich empfand diese Deutung als Abwertung unserer politischen Argumentation und entgegnete wütend, daß Vater Laios in dem ödipalen Drama auch mitgespielt habe und die Mordabsichten, falls das gemeint sei, schließlich auf beiden Seiten bestanden hätten. Damit löste ich eine so fulminante Wutreaktion bei Mitscherlich aus, daß die Sitzung erst einmal unterbrochen wurde.

63 Vgl. Geoffrey C. Cooks, Psyche and Swastika. »Neue Deutsche Seelenheilkunde« 1933–1945 (masch.schr. Dissertation), Ann Arbor 1975; Karen Brecht / Volker Friedrich / Ludger M. Hermanns / Isidor J. Kaminer / Dierk H. Juelich (Hg.), »Hier geht das Leben auf eine sehr merkwürdige Weise weiter...« – Zur Geschichte der Psychoanalyse in Deutschland, Berlin 1985; Regine Lockot, Erinnern und Durcharbeiten. Zur Geschichte der Psychoanalyse und Psychotherapie im Nationalsozialismus, Frankfurt/Main 1985; Psychoanalyse unter Hitler, Psyche 12/1982 und 11/1983.

64 Vgl. Manfred Bauer, Psychotherapeutische Versorgung, in: Maria Blohmke / Christian v. Ferber / Karl Peter Kisker / Hans Schaefer (Hg.), Handbuch der Sozialmedizin, Bd. III, Stuttgart 1976.

65 Dörte v. Westernhagen, Die Kinder der Täter – Das Dritte Reich und die Generation danach, München 1987.

Diese Szene ist in doppelter Hinsicht bemerkenswert: unter den Analytikern war Mitscherlich derjenige, der den Protestlern bei weitem noch am verständnisvollsten begegnete und sich um eine wirklich analytische Position bemühte. Außerdem war er frei von jeder Verstrickung mit dem Faschismus; im Gegenteil, ihm kam sogar das unschätzbare Verdienst zu, während des Nürnberger Ärzteprozesses die ersten Erinnerungsspuren ärztlicher Verbrechen im Nationalsozialismus gesichert zu haben.[66] Allerdings hatte ihn diese Tat des Rückhalts in seiner eigenen Generation, vor allem aber seiner ärztlichen Kollegen, beraubt, ein Schicksal, das er als bitter empfand. In der Diskussion mit uns hatte er sich geradezu besinnungslos mit »seiner« Generation identifiziert und uns als »ödipalen« Angreifer wahrgenommen, als der wir uns wahrlich nicht fühlten, wollten wir doch gemeinsame Sache machen.

Solche heftigen Reaktionen habe ich bei Mitscherlich öfter erlebt. Sie waren Teil seiner mitreißenden Lebendigkeit, hatten allerdings auch einen bedrohlichen Aspekt. Für meine Aufsässigkeit habe ich Jahre später büßen müssen. Als ich jedoch diesen Artikel geschrieben und ihn auf Bitte der *Psyche*-Redaktion Mitscherlich gewidmet hatte, bedankte er sich herzlich bei mir: nun verstünden wir uns doch wieder. Leider erwies sich das als Irrtum; unsere Differenzen ruhten nur vorübergehend. Ich war zwar antiautoritär, aber nicht erwachsen genug, um die Auseinandersetzungen mit Mitscherlich auf einer gemeinsamen Ebene herbeizuführen. Sicher war das nicht nur ein psychologisches Problem, sondern auch ein gesellschaftlich verankertes; er war Institutsleiter, ich eines der jüngsten wissenschaftlichen Mitglieder.

Weil man der Elterngeneration Leben und Position verdankt, weil sie zur Ausbildung eigener Identität unverzichtbar ist, bedeutet ihre Zerstörung immer auch ein Stück Selbstzerstörung. Darum haben wir die Generation unserer Eltern auch geschont, manche naheliegende Frage nicht gestellt. Vor allem aber haben wir unsere theoretischen Väter, die Vertreter der Kritischen Theorie, verehrt und idealisiert. Auch sie haben wir nicht so realistisch wahrgenommen, wie sie es verdient hätten. Wir haben die Differenzen zwischen Horkheimer und Habermas, die Tatsache, daß Horkheimer Habermas die Habilitation in Frankfurt verweigerte, nicht zur Kenntnis genommen, politisch als bedeutungslos »übersehen«, indem wir Habermas so gut wie Horkheimer und Adorno der Kritischen Theorie zurechneten. Sollen wir glauben, was uns die Forscher über das Frankfurter Institut für Sozialforschung erzählen, daß die Form der Theorie, die dort angestrebt war, nur im jüdisch-liberalen Milieu gedeihen konnte und heute deshalb nicht mehr existiert, weil dieses Milieu nicht mehr besteht?[67]

Den Tod von Horkheimer und Adorno haben wir bislang nicht wirklich betrauert, keine Rückschau genommen, keine Bilanz gezogen, keine Aneignung bewußt vollzogen. Ob Habermas der »legitime« Erbe der Kritischen Theorie ist, bleibt zu prüfen. Um das zu klären, werden wir uns nochmals auf die Ziele der 68er Bewegung zurückbesinnen müssen. Dann wird sich auch zeigen, was das Antiautoritäre, das ganz »Andere« sein sollte, das wir bei Horkheimer und Adorno zu spüren meinten, wenn sie von der Befreiung sprachen.

---

[66] Alexander Mitscherlich / Fred Mielke (Hg.), Medizin ohne Menschlichkeit – Dokumente des Nürnberger Ärzteprozesses, Frankfurt/Main 1960.

[67] Vgl. Martin Jay, Dialektische Phantasie. Die Geschichte des Frankfurter Instituts für Sozialforschung 1923–1950, Frankfurt/Main 1976; Rolf Wiggershaus, Die Frankfurter Schule. Geschichte, theoretische Entwicklung und politische Bedeutung, München/Wien 1986.

Dan Diner

Täuschungen – Israel, die Linke und das Dilemma der Kritik

[1988]

Juni 1969, zwei Jahre nach dem sogenannten »Sechs-Tage-Krieg«, ein Jahr nach »1968« richtete der »Bundesverband Jüdischer Studenten in Deutschland« in den Räumen der Universität Frankfurt eine an die studentische wie außerstudentische Öffentlichkeit gerichtete »Woche für den Frieden im Nahen Osten« aus. Zu diesem Unternehmen hatte sich der israelische Botschafter in der Bundesrepublik, Asher Ben-Nathan, laden lassen – ein Begehren, das ganz und gar nicht im Sinne der Veranstalter war. Sein Auftreten in der angespannten Atmosphäre im inzwischen politisch traditionsreichen Hörsaal VI und die damit einhergehenden Störungen des erregten studentischen Publikums sollten sich als Fanal einer tiefgreifenden Entfremdung erweisen: Die junge Neue Linke stellte sich gegen das offizielle Israel – bald gegen den jüdischen Staat schlechthin.

Und dabei sollte es nicht bleiben. Tage darauf hatten Vertreter des avantgardistischen SDS und eine Gruppe nicht- bzw. antizionistischer linker Juden und Israelis zu einer politischen Kontrastveranstaltung geladen. Hier waren Auffassungen angekündigt worden, die vom eher sich zionistisch verstehenden, wenn auch der israelischen Politik wenig geneigten Jüdischen Studentenverband nicht gerade befördert worden waren.

Schon im Vorfeld der anberaumten Veranstaltung war im Hörsaal eine bedrückende Stimmung zu verspüren. So konnte das sich in die Bänke drängende Publikum auch für den Ortsfremden nicht gerade als universitäres Milieu ausgemacht werden. Auch die bald darauf angestimmten hebräischen Lieder machten allenthalben deutlich, daß sich hier eine Störung ankündigte, die als Revanche für die tumultartigen Unterbrechungen des israelischen Botschafters Tage zuvor gedacht war. Als das als Gegenveranstaltung ausgewiesene »Teach-in« endlich angehen sollte, trat ein ältlich wirkender Jude an das Stehmikrophon im Saal und gab sich als KZ-Überlebender zu erkennen. Ganz im Sinne der überwiegend jüdischen Anwesenden verbat er sich die erwartete Darlegung von Auffassungen die sich – wie er nicht zu Unrecht vermutete – vom Podium her gegen den Staat Israel richten sollten. Zum Zeichen seines Protests klammerte er sich an das Mikrophon, um es dann, von einem herbeieilenden SDS-Genossen bedrängt, wieder fahren zu lassen. Das darauf anhebende Handgemenge steigerte sich zu einer regelrechten Schlägerei. Eine blutige Auseinandersetzung, deren Opfer vor allem anwesende Palästinenser wurden, die ihren israelischen antizionistischen Freunden zu Hilfe eilten, um sie vor den Tätlichkeiten aufgebrachter Juden zu schützen.

Eine genauere Beschreibung der Umstände und vor allem der Folgen jener Ereignisse tut hier nichts zur Sache, obschon auch dies von manchem Interesse ist. Bedeutsamer ist das Drama der politischen Zeichen, das sich dort herstellte: Der aufgebrachte jüdische Überlebende nationalsozialistischer Vernichtungslager, der Auschwitz real erfahren und in seiner bedingungslosen Verteidigung Israels eine jede Möglichkeit von Wiederholung auszuschließen vermeint; und der deutsche SDS-Genosse, gleichsam metaphorisch sich auf Auschwitz als negativer Apotheose all dessen berufend, was ihm als Unrecht, Elend und Leid dünkt. Das Drama: Anhand des Konflikts um Palästina finden sich beide gegeneinander gestellt. Folgen der Realgeschichte kollidieren mit ideellen Folgerungen aus der Geschichte.

Solche Lesart der Ereignisse und der durch sie produzierten Bilder mag sich kulant ausnehmen. Mancher dürfte jenes Geschehen weit mehr auf verborgene antisemitische Motive zurückzuführen geneigt sein: Das Palästinaengagement junger Deutscher als Ausdruck symbolischen Wiederholungszwanges. Der Vorwurf des Antisemitismus jedoch ist modisch und dürfte obendrein zu kurz greifen. Eher werden bedeutsame Anteile eine wirklichen Dramas durch den Antisemitismusvorwurf verdeckt, als daß sie in ihrer Komplexität aufgehellt werden. Um jene komplexe Vermengung von antisemitischen und anderen Anteilen zu entmischen, gilt es vordringlich, die expliziten Motive der Israelkritik erst einmal anzunehmen. Nur von dort aus ließe sich die Differenz zwischen realitätsgerechter Wahrnehmung und antisemitischer Täuschung ausmachen.

Im Hörsaal VI der Frankfurter Universität im Juni 1969 war auf einem der Transparente, mit denen dem israelischen Botschafter jener heiße Empfang bereitet werden sollte, zu lesen: »Axel Springer, Ben-Nathan – eine Clique mit Dayan!« Kurz darauf kippten die die bundesrepublikanische Fortbildung widerspiegelnden Parolen in antikolonialer Richtung: »Ha, Ha, Ha – al Fatah ist da«, skandierten die Sprechchöre frenetisch. Und erst damit wurde der Schulterschluß vollzogen: Das studentische Aufbegehren fand sich in seiner Gegnerschaft zum Bestehenden, für das Person und Institution Axel Springer stand, an die Seite der Palästinenser polarisiert – dem Widerpart des Identifikationsobjekts des Pressezaren: Israel.

Solche Frontbildung war in der Tat neu. Bislang war eher still und verhalten ein traditionell altlinkes Unbehagen an Israel geäußert worden. Dem jüdischen Staat war vor allem nachgesagt worden, er verhielte sich wider alle moralische Erwartung an seine Adresse politisch interessengeleitet – auch und gerade der Bundesrepublik gegenüber, dem Nachfolgestaat des Deutschen Reiches. Dazu gesellten sich auch andere Enttäuschungen – etwa die Vorstellungen von Sozialismus, die man im Staat Israel früher verwirklicht zu sehen geglaubt hatte. Zu diesem Unbehagen trat zudem eine eher neulinke Dimension: Die Solidarität mit antikolonialen Bewegungen bzw. ihr Niederschlag im nationalen Befreiungskampf der Völker der »Dritten Welt«. Dabei war der Antikolonialismus recht eigentlich erst in den fünfziger Jahren angesichts des Algerienkrieges aufgekommen, um dann mittels des Vietnamkrieges und des auslaufenden Prozesses der Dekolonialisierung zu einem zentralen Motiv der Interpretationsvorstellungen der Neuen Linken zu werden. Und angesichts einer derart moralisch-politisch aufgeteilten Welt – in Unterdrücker und Unterdrückte – schien der Ort des zionistischen, d. h. jüdisch-nationalen Staates eindeutig ausgemacht zu sein, und dies just zu einem Zeitpunkt, als die historische Palästina-Frage aus neunzehnjährigem Vergessen im zwischenstaatlichen Nahost-Konflikt wieder ins Zentrum des politischen Interesses rückte.

In der Tat waren Vertreibung und Unterdrückung der Palästinenser nicht von der Neuen Linken projektiv erfunden, sondern von ihr vorgefunden worden. Dieser Umstand stand jedoch nicht für sich allein. Er wurde mit zusätzlichem, vermeintlich historisch noch geltendem Ballast befrachtet. Kurz: Die Linke wandte sich der Palästinafrage nicht pragmatisch, sondern vielmehr ideologisch zu – will heißen: Der Realkonflikt zwischen Juden und Arabern, Israelis und Palästinensern wurde nicht am Ort seines Geschehens belassen, sondern in längst vergangen geglaubte Traditionszusammenhänge der historischen Linken gestellt und so mit der notorischen »Judenfrage« verbunden. Und dies nach Auschwitz, nach der praktischen Widerlegung von Universalismus und ungehemmten Fortschrittsoptimismus. Durch solche zukunftsfrohe Umgebung von Auschwitz ergab sich eine verhängnisvolle Konstellation: In unschuldiger Täuschung unterstützte eine junge und herkunftsmäßig deutsche Linke aus internationalistischem Engagement heraus einen antikoloniale Züge tragenden nationalen Befreiungskampf von der in der Tat Vertriebenen und Verdrängten gegen jene, die sich in Folge des offensichtlichen Scheiterns universalistischer politischer Optionen in der sogenannten »Judenfrage« in Europa in Palästina gegen die arabischen Bewohner des Landes national als Staat Israel konstituiert hatten. Angesichts des an den Palästinensern verübten Unrechts wurde die naheliegende Tatsache übersehen, daß der Zionismus hinsichtlich der Tradition, in den die Linke sich nunmehr neu stellte, nicht nur Recht behalten hatte, sondern spätestens angesichts von Auschwitz gerecht geworden war – jedenfalls dem antisemitischen Europa gegenüber. Doch die Sehnsucht nach durch den Nationalsozialismus hindurchführenden und durch ihn nicht verbrauchten linken Kontinuitätsbezügen war stärker als alle historisch demonstrierte Widerlegung – vor allem in Deutschland. Indem Auschwitz in seiner ganzen Bedeutungsschwere dem sich emanzipatorisch dünkenden Bewußtsein außen vor gelassen wurde, konnten linke Traditionslinien so weiter fortgesponnen werden, als wäre nichts geschehen. Dafür sorgten Auseinandersetzungen weit ab von der eigenen historischen Wirklichkeit für vermeintliche Klarheit. Wurde jedoch die europäische, gar die deutsche Vorgeschichte des Konflikts um Palästina berücksichtigt, dann trübte sich jene Gewißheit – mit allen Folgen für das eigene Selbstverständnis: Die sich universell, internationalistisch dünkende Linke wäre neuerlich mit ihrer deutschen Herkunft konfrontiert. So lauert in der Palästinafrage so etwas wie die aufgebahrte Vergangenheit der Deutschen und harrte ihrer Repatriierung in das aktuelle Bewußtsein.

Eine antikoloniale Haltung gehörte nicht wie selbstverständlich in das Arsenal der Linken. Die Tradition der Sozialdemokratie in dieser Frage war immer höchst ambivalent gewesen. Inzwischen längst überkommene Vorstellungen von Fortschritt und gesellschaftlicher Zwangsläufigkeit hatten früher koloniale Ansiedlung im Sinne einer Verbreitung »höherer« Kultur und Produktionsweise durchaus begünstigt. Kommunisten unterschieden sich in ihrem Antikolonialismus zwar prinzipiell von der altvorderen Sozialdemokratie, auch machte sich die Sowjetunion dieses Moment durchaus praktisch zunutze. Aber dort, wo die eigenen Prinzipien weniger instrumentell als substantiell gefordert waren, etwa in Algerien, versagte sich die KPF einer eindeutigen Haltung. Man bot in höchster Abstraktheit die Menschenrechte an, nicht aber die nationale Unabhängigkeit. Es blieb unbegriffen, daß die antikoloniale Widerständigkeit sich eben nur in nationaler, ja nationalisitischer Form, nicht aber in universalistischer Gestalt zu realisieren vermag.

Doch mehr als die Kommunisten versündigten sich die französischen Sozialisten am algerischen Volk. Innenminister Mitterrand leitete anfangs die französischen Unterdrückungsmaßnahmen gegen den algerischen Aufstand im südlichen Teil der französischen Patrie, jenseits des Mittelmeeres. Innerparteilich und auf der Linken regte sich Opposition zur Kolonialpolitik der Sozialisten an der Macht, ein Spannungsverhältnis, das zur Geburt jener Bewegung entscheidend beitrug, die sich zehn Jahre später als Neue Linke in spontanem Aufbegehren international gegen den Vietnamkrieg konstituieren sollte.

Strukturell läßt sich durchaus ein Verwandschaftsverhältnis zwischen Algerienkrieg und Palästinakonflikt diagnostizieren, und dies in mehrfacher Weise. Zwei kulturell und ethnisch verschiedene Bevölkerungsgruppen, Autochthone und Ansiedler, verstrickt in einem alle Lebensbereiche durchwirkenden Ringen. Als der damalige israelische Ministerpräsident Ben-Gurion im Jahre 1960, in der späten Phase des Algerienkrieges, zu einem Besuch in Paris weilte, schlug er Staatspräsident de Gaulle vor, Algerien aufzuteilen – in einen Nordstaat der französischen Colons und in einen muslimischen Wüstenstaat. Genervt wies der französische Staatspräsident dieses Ansinnen mit den Worten zurück, er beabsichtige nicht, ein zweites Israel zu schaffen.

Und dennoch: Bei aller Ähnlichkeit lag doch ein existentieller und mithin politisch relevanter Unterschied vor: Die Algerienfranzosen konnten bei allen heimatlichen Gefühlen Algerien gegenüber ein Mutterland das ihre nennen – die Israelis nicht.

Die Nähe der traditionellen Linken zu Israel war wesentlich der Wehmut ihren früheren Idealen gegenüber geschuldet. So legitimierte etwa der Sozialist und französische Ministerpräsident Guy Mollet die israelisch-französische Partnerschaft im spätkolonialen Suez-Abenteuer 1956, von unmittelbaren machtpolitisch motivierten Interessen abgesehen, mit dem heute etwas ungewöhnlich klingenden Argument, die französische Linke habe an Israel für sich wiedergutmachen wollen, was sie als ihr historisches Versäumnis ansehe. Dabei spielte Mollet nicht etwa auf den deutschen Nationalsozialismus oder die Judenvernichtung an. Er hatte vielmehr die europäische, vor allem die französische Linke im Auge – angesichts der in Agonie um ihre Existenz kämpfenden, verlassenen Spanischen Republik im Bürgerkrieg. Guy Mollet sah in Israel weniger den Judenstaat denn jene Merkmale einer sozialistischen Utopie verwirklicht, die von den europäischen Sozialisten ihrer Selbstwahrnehmung nach historisch versäumt worden war. Israel stellte also in der Vergangenheit so etwas dar wie ein symbolisches Substitut für das entwirklichte Selbstverständnis der traditionellen europäischen Linken, die – wie die französische in Algerien – ihre moralisch nicht zu rechtfertigende Politik in Gestalt eines Bündnisses mit dem symbolischen Träger ihrer utopischen Anteile zu heilen suchte – mit Israel. Und im Bewußtsein gestaltete sich die wirkliche Welt den Vorgaben der Vergangenheit nach – als nachholende Handlung.

Wenn Israel die unversehrte sozialistische Utopie inkarnierte, fiel Nasser unter das Verdikt des Vergleichens mit Hitler; Suez wurde mit München gleichgesetzt, Demokratie gegen Diktatur gehalten. Alles in allem setzte die Wahrnehmung Israels seitens der traditionellen Linken sich aus symbolischen Elementen des eigenen historischen Scheiterns und einer aktuellen Vermeidung des Gewesenen zusammen.

Nach 1967 war dieses Bild einer stetigen Erosion ausgesetzt. Die allgemeine Anerkennung erheischende Gerechtigkeit der israelischen Sache wurde von einer anderen, der gegenläufigen Gerechtigkeit des palästinensischen Anliegens zusehends geschwächt. Nicht allein, daß Israel – nach einem als legitim empfundenen siegreichen Feldzug – als Besatzer von sich reden machte. Weit mehr noch zerfiel die traditionelle Wahrnehmung Israels durch das Hervortreten der historischen Palästinafrage aus dem seit 1948 in zwischenstaatlichen Formen ausgetragenen Nahost-Konflikt. Diese Wiederkehr des in doppeltem Sinne Verdrängten stieß die Pandorabüchse des Ursprungskonflikts neu auf – einen Konflikt zwischen Ansiedlern und der ortsansässigen Bevölkerung.

Für die sich eben damals konstituierende neue Linke war der Antikolonialismus kein beliebiges politisches Motiv – er war für sie ebenso grundlegend, wie es sich auch um ein Pauschalengagement handelte: Die Welt wurde an einer und einer einzigen Elle gemessen. Und doch war sie nicht eins. Am Ort des Konflikts mochte das pejorativ gemeinte Wort vom Zionismus sein Objekt haben – am anderen schlägt es auf seine Kritiker zurück. Die Wirklichkeit war komplizierter als der eindimensional gerichtete Blick.

Früher, in der Welt vor Auschwitz, als die Begriffe noch stimmten, als sich Juden – Zionisten und Antizionisten, Traditionsbewahrer und Liberale – in heftiger Auseinandersetzung gegenüberstanden, nahmen Sozialdemokraten wie Kommunisten als Verkünder und Träger der neuen Zeit in universalistischer, internationalistischer Absicht in der »Judenfrage« Partei für eine »rote Assimilation« – jedenfalls für das Aufgehen der Juden am jeweiligen Ort. Doch angesichts des Grauens der Massenvernichtung, angesichts von Auschwitz, legte die traditionelle Linke ihre assimilatorisch-zukunftsfrohe Haltung in der »Judenfrage« ab – ganz untheoretisch und klammheimlich. Irgendwie schloß sie mit den jüdischen Ansprüchen auf eigene Heimat ihren Frieden – und dies eben nicht aus Zionismus, sondern Auschwitz' wegen. Doch was die alte Linke den Erfahrungen der dreißiger und vierziger Jahre schuldend an überkommenen Traditionsbeständen abwarf, wurde in der Neuen Linken aus Hunger nach theoretischer Konsequenz und praktischer Radikalität begierig aufgenommen und dazu noch verschärft: Historisches Programm gegen historische Erfahrung. So kam es des aktuellen Konflikts in und um Palästina wegen zu neuerlichen Debatten um die sogenannte »Judenfrage«, als befände man sich – wie in simulierter Zeitversetzung – mitten in den zwanziger Jahren und nicht nach Auschwitz.

Es ist schon ein recht paradoxes Bild: Die identifikatorische Solidarität der neuen, westlichen, europäischen, deutschen Linken mit den Palästinensern und der israelischen anti- bzw. nichtzionistischen Linken war dadurch erleichtert worden, daß auch die israelische Linke Selbstverständnis und Selbstgefühl aus der Umgehung von Auschwitz stabilisierte. Und dabei war solche Auslassung nicht einmal auf die Linke in Israel beschränkt, sondern vielmehr Ausdruck dessen, wie die Juden Palästinas überhaupt die dreißiger und vierziger

Jahre erfahren hatten. Sie befanden sich mittels sich gegenseitig verstärkender Wirkung zionistischer und sozialistischer Ideologie angesichts der Ereignisse in Europa in einem wirklichen Utopia. In diesem Nicht-Ort Palästina / Israel setzten sich nach 1945 Debatten fort, für die in Europa aufgrund des Geschehens im Kontext des Zweiten Weltkrieges jegliche Substanz aufgebracht war. In den frühen fünfziger Jahren etwa spalteten sich an der Frage Stalins und des Stalinismus Kibbuzim, Freundschaften gingen zu Bruch, Ehen wurden geschieden. Die Vernichtungslager Nazideutschlands hingegen waren einfach kein Thema. Als in Mitteleuropa die Krematorien Menschenfleisch verschlangen, debattierte man im jüdischen Palästina an Auschwitz vorbei die Welt von morgen. Daß sich dieses später ändern sollte, ist offenkundig. Auschwitz wurde als Ereignis angenommen – wenn auch als ein spezifisch jüdische Existenz berührendes Ereignis. Die Geschichtstheologie blieb erhalten: sie hatte sich nur von einer positiven in eine negative verwandelt.

Der zionistische Hintergrund der ins Selbstbewußtsein hineingeborenen Juden und der sozialistische des selbstverständlichen Menschen hatte es ermöglicht, Auschwitz lange über die Zeit hinaus dem eigenen Selbst gegenüber außen vor zu halten. Dieses Bewußtsein gebar eine autochthone Linke – nicht bis antizionistisch. Postzionistische Kinder des Zionismus, hebräische Assimilanten im Lande der Juden. Der sozialistische Internationalismus symbolisierte den Selbstverzicht auf Nation und Nationalität, der Marxismus die gemeinsame, die universalisierende Sprache, die sie mit den anderen Söhnen des Landes und der Region – den Palästinensern und Arabern – verband. Gleichzeitig standen sie im Dilemma des von Albert Memmi so meisterhaft beschriebenen linken Colons, der die soziale Differenzierung als politische Unterscheidung setzt, jedoch von der ansässigen Bevölkerung des kolonialen Privilegs wegen an die Herkunft geknüpft, mit Mißtrauen bedacht wird – so, als sei er vom selbstbewußten Kolonisator nicht verschieden.

Eigentlich konnte diese Linke nur das vertreten, was in der anglo-amerikanischen Tradition unter Radicals verstanden wird: solche, die eintreten für Gleichheit und Menschenrechte. Kein Zufall, daß sie es war, die schon sehr früh, weit vor der politischen Zeit, in den fünfziger und frühen sechziger Jahren, den Kern des arabisch-israelischen Konflikts erkannte, die Anerkennung der Palästinenser forderte sowie für die Gleichbehandlung von Juden und Arabern in den Grenzen des israelischen Staates eintrat. Dies unerschrocken gegen erhebliche Anfeindungen vertreten zu haben, wird das Bleibende ihrer Geschichte sein. Gerade heute ist daran zu erinnern, zu einem Zeitpunkt, an dem ihre frühen Gegner in Israel und anderswo sich diesen verleugneten, jedoch nicht mehr zu leugnenden Umstand zu eigen machen – so, als hätten sie nie anders gedacht. Es ist nun einmal so: Die Wahrheit setzt sich nicht durch, aber ihre Gegner sterben aus.

Die Feindseligkeit, die den Trägern einer nicht-zionistischen Perspektive in Israel entgegenschlug, war im Konzept des jüdischen Staates begründet. Ihre universell gestützte Forderung nach Gleichheit und Demokratie für Juden wie Araber stellte die jüdische Staatlichkeit, die raison d'être Israels in Frage. Damit kollidierte jener Anspruch mit einem seit und durch Auschwitz verwandelten jüdischen Bewußtsein – von Universalität zur engen Partikularität.

Nach 1945, im Gefolge der Massenvernichtung, verschmolzen der schon zuvor auf Palästina gerichtete jüdische Nationalismus mit dem durch den Nationalsozialismus zugerichteten Bewußtsein zu einer Art von jüdisch-allgemeinen Protozionismus, der den jüdischen Staat zum zentralen Angelpunkt des kollektiven Selbstverständnisses überhaupt erhob. Daran mußte jede universalistisch begründete Kritik an Israel rütteln, eine Kritik, die individuelle Gleichheit und Freiheit vor die Sicherheit des Kollektivs setzte. Vor den Hintergrund von Auschwitz mußte sie sich ebenso unsäglich wie historisch verletzend auswirken; und dies vor allem dann, wenn sie von deutschen Linken vorgetragen wurde. Links zu sein ist eine politische Entscheidung des Einzelnen. Sie kann vom Individuum ebenso zurückgenommen werden, wie es sich dazu bekannt hatte. Der einzelne jüdische Mensch hat angesichts von Auschwitz jedoch die Erfahrung machen müssen, daß es von seiner wie auch immer aufzufassenden Zugehörigkeit zur Gemeinschaft der Juden kein Entrinnen gab. Die Nazis hatten eine Welt wirklich werden lassen, in der bloße Herkunft über Leben und Tod entschied – eine existentielle Erfahrung, die als tragende Komponente in das jüdische Bewußtsein nach Auschwitz eingelassen war. So prallt die universalistischen Werten verpflichtete, jedoch an ihrer erfahrenen Annullierung, an Auschwitz vorbei geführte Kritik an Israel an dem an Auschwitz verhärteten Bewußtsein des kollektiven jüdischen Gedächtnisses ab.

Und in den Ohren derart Zugerichteter mag gerade universalistisch getragene Kritik aus Deutschland sich wie spottender Gesang eines in zynischer Lust schwelgenden Chores einer weltgeschichtlichen Instanz ausnehmen, der schon immer nur das Lied des Siegers anzustimmen wußte. So nähert es sich einem traurigen, mittels einer in Auschwitz erfolgten Entuniversalisierung der Menschheit Juden gegenüber gewährten ethischen Privileg, sich Israel in seinem Konflikt mit den Palästinensern gegenüber derart kritisch zu verhalten, als ob Auschwitz nicht gewesen wäre. Damit ist eine Unterscheidung getroffen, die – horribile dictu – die Legitimation der Kritik an die Herkunft bindet; für das Bewußtsein unausweichliche Folge der von den Nazis gesetzten, wirklich gewordenen herkunftsbezogenen Unterscheidung zwischen jenen, die leben, und jenen, die nicht leben durften.

Es ist billig und rationalisierend zugleich, eine jede Kritik an Israel, auch eine Fundamentalkritik am Zionismus, als antisemitisch abzutun. Nach Lage der Dinge verhält es sich weit komplizierter. Pauschalisierend gilt es zwar einzugestehen, daß oft wenig bewußte und untergründig wirkende antijüdische Traditionsbestände in Europa eine der Sache angemessene Behandlung der Palästina-Frage erheblich erschweren. Gerade auf dem psychischen Resonanzboden Deutschlands kommen unbewußte Ablagerungen des Bewußtseins ins Schwingen, die auch das unschuldigst vorgetragene richtige Argument vor dem Hintergrund falschen Bewußtseins in intellektuelle Irrläufer verwandeln. Gerade die selbstbewußt zur Schau getragene Überheblichkeit, von Spurenelementen antisemitisierender Traditionsbestände frei zu sein, mag indes das Gegenteil indizieren. Die rechte linke Gesinnung schützt vor Falschem nicht. Verborgene, sich anti-antisemitisch aufspreizende Antisemitismen immunisieren sich paradoxerweise mittels humanistischer Prinzipien. »Israel« als traditionsmächtige Metapher und Israel als in einem schier unauflöslichen Konflikt verwickelte politische Entität verschmelzen im antisemitisch affizierten Bewußtsein in unheiliger Allianz. Nur wenigen war es vergönnt, jene Realdifferenz in Anerkennung des Verschmelzungsphänomens psychisch und intellektuell zu entmischen. Andere erlagen einer kulturell gestifteten Blindheit – und kehrten nach offenem oder klammheimlichem Abschied vom hochfahrenden Internationalismus und von universalistischen Gewißheiten heim, um sich in deutscher Identitätsduselei des verworfenen historischen Ausgangspunktes wieder anzunehmen. Andere wiederum, die Last der Vergangenheit zwar nicht verantwortend, aber doch verspürend, erahnten das apotheotische Moment einer Isreal-Kritik in Deutschland und hüllten sich in ein wie immer auch vor sich selbst zu verantwortendes Schweigen.

»Israel« ist für das »abendländisch« kulturell grundierte Bewußtsein ein Problem von erheblicher Tragweite. Gerade nach 1945 wurden Juden als Hauptopfer der letzten Steigerung von Unmenschlichkeit in philosemitischer Rationalisierung zur Inkarnation von Menschlichkeit schlechthin verzeichnet. Doch mittels eines Staates sind Juden zu handelnden politischen Subjekten geworden – und dies obendrein in einem Konflikt, der seines kolonialen Charakters wegen kaum einer Lösung auf der Basis einer Bewahrung der an ihm beteiligten nationalen Gemeinwesen zugeführt werden kann. Damit tritt für das christlich-abendländisch grundierte Bewußtsein ein unversöhnlicher Widerspruch auf: die Juden als Inkarnation des historisch-unschuldigen Opfers finden sich mittels des Staates Israel und seiner Politik im Konflikt gleichsam an die Seite jener gestellt, die bislang als Ausdruck des verwerflichen Bösen galten. Als Hypostasierung des Guten mit einem säkular verbrämten heilsgeschichtlichen Auftrag als Opfer des absolut Bösen sein Gegenteil zu personifizieren belastet, veruntreuen die Juden ihre Bedeutung als »Aufhalter«. Damit bricht für solches Bewußtsein auch die letzte Unterscheidung zwischen Gut und Böse; es scheint, als verlöre die Welt ihr moralisches Maß.

Die Enttäuschung über den jüdischen Staat, der – wie immer auch falsch verstanden – seine guten Interessen verfolgt, schlägt in bittere Aggressivität um. Solcher Verbitterung entgeht ihre verborgene Wahrheit: nämlich die Juden zu Metaphern einer als Emanziptionsgeschichte verbrämten Heilsgeschichte zu vernutzen. Insofern steht der Palästina-Konflikt im Bewußtsein engagierter Beobachter für weit mehr als nur für sich selbst. Die Öffentlichkeit über solche unbewußte Vermischung aufzuklären scheint der gewaltigen Deutungsbedeutung des Gegenstandes wegen müßig. So bleibt vernünftigerweise nichts anderes zu tun, als die Wirklichkeit des Konfliktes selbst zu verändern – d.h. ihm einer den Lebensinteressen der Beteiligten angemessenen Lösung zuzuführen: Die Erfüllung der seit 1947/48 offenen palästinensischen Rechte bei Garantie von Sicherheit für die israelischen Juden.

Wolfgang Kraushaar

Herbert Marcuse und das lebensweltliche Apriori der Revolte
[1989]

Ein Reigen großer Geister ist in den achtziger Jahren an uns vorübergezogen, hier in Frankfurt, hier an der Goethe-Universität, hier in der Gräfstraße:
- 1982 fand ein internationales Symposium über Benjamins Passagenwerk statt,
- 1983 eine Konferenz über das Gesamtwerk Adornos,
- 1984 ein Kongreß über Alexander Mitscherlich,
- 1985 ein Kongreß über Max Horkheimer und
- 1987 sogar einer über Jean-Paul Sartre.

Die Stadt, die Universität, Suhrkamp und Rowohlt Verlag haben eine Art Pantheon von Klassikern der Moderne vor unserem inneren Auge entstehen lassen.

Die Vermutung liegt nahe, daß es kein Zufall war, wenn ein Mann gefehlt hat, dessen Name sich in dieser Konstellation geradezu aufdrängt. An Gelegenheiten, sein Werk in Erinnerung zu rufen, hat es schließlich nicht gemangelt:
- 1988 konnte man seinen 90. Geburtstag begehen und
- 1989 seinen zehnten Todestag.

Doch allein ein Blick auf die Ausgabe seiner »Schriften« reicht aus, um zu erkennen, warum Herbert Marcuse bislang keinen Platz am geistigen Museumsufer in der Stadt am Main zugewiesen bekommen hat: Diese Edition ist eine Werkgruft, bei der man tunlichst darauf geachtet hat, so gut wie nichts zu edieren, was nicht schon längst verbreitet ist.[1] Von dem, was kaum bekannt, weil nur in den Vereinigten Staaten erschienen, ist nichts, aber auch gar nichts übersetzt und aufgenommen worden.

Diese Edition ohne Editionsarbeit ist von vielem, was für die internationalen Protestbewegungen elementar war, bereinigt. Mit ihr wird ein Theoretiker, der Institutionen wie kaum ein zweiter mißtraut hat, akademisiert, vereinnahmt und damit politisch immunisiert.

Doch das ist nicht alles: Die Tatsache, daß er sich auf die Bewegungen einließ, sich mit ihnen solidarisierte und *in* ihnen dachte, ist ihm offenbar nie verziehen worden. Bereits unmittelbar nach seinem Tod ist er an einer besonders markanten Stelle als Theoretiker öffentlich degradiert worden. Ein Hitler-Biograph durfte ihn auf dem Titelblatt einer *Zeitung für Deutschland* unwidersprochen als »Konventikel-Denker« verhöhnen.[2] Die *TAZ* tat dann ein übriges und ließ – populistisch wie sie bereits von Beginn an war – ihr Publikum spaltenlang über das »Laberzeug« eines »Stubenhockers« schwadronieren, der den »Arsch zugekniffen« habe.[3]

So wie Marcuse auf dem Höhepunkt der Revolte zur Vaterfigur stilisiert und in den Himmel gehoben wurde, so ist er anschließend herabgesetzt wor-

---

[1] Herbert Marcuse, Schriften, Bd. 1–10, Frankfurt/Main 1978 ff.

[2] Joachim Fest, Widersprüche und Wahrheiten, in: Frankfurter Allgemeine Zeitung vom 4. August 1979.

[3] Die Tageszeitung vom 7. August 1979.

den. Weil er sich nicht gescheut hat, sich öffentlich mit dem Aufbruch von 67/68 zu solidarisieren, ist im nachhinein sein ganzes Werk mit dem Niedergang der Bewegung identifiziert worden. So wie man glaubte, 68 wie ein Kalenderblatt fallenlassen zu können, so hat man schließlich auch sein Jahrzehnte umfassendes theoretisches Werk fallengelassen.

Es gehört ohne Übertreibung zu den bittersten Ironien, daß das Denken eines Mannes, das sich nicht nur auf die Bewegungen eingelassen, sondern ihnen vorweggedacht und sie reflektierend begleitet hat, heute so gut wie vergessen und verdrängt ist, bestenfalls noch den Status einer billigen Reminiszenz einnimmt.

Das inzwischen übliche Klischee lautet:

Herbert Marcuse – ein im übrigen nicht ganz unsympathischer Mann – war ein Zick-Zack-Philosoph, der sich den Irrungen und Wirrungen seiner bewegten Zeit hingegeben hat. Er dachte mal dies und mal das, er war das, was man einen neomarxistischen Eklektizisten und Subjektivisten nennt. Ein Denker aus einer verworrenen Zeit, mit dessen Theorien sich genauer auseinanderzusetzen kaum noch lohnen kann.

I.

Das Jahr 1967, in dem mit der Ermordung Benno Ohnesorgs eine Studentenbewegung begann, die sich zur allgemeinen Überraschung zu Ansätzen einer oppositionellen Massenbewegung ausweitete, war auch ein Testfall für das Reaktionsvermögen der Kritischen Theoretiker. Die Einstellung zu den Protestereignissen hätte kaum unterschiedlicher ausfallen können, als es sich im Verhalten der drei prominentesten Repräsentanten der Frankfurter Schule niederschlug.

Frankfurt, 7. Mai 1967:
Obwohl die Auseinandersetzung über den Vietnamkrieg auch hierzulande die Innenpolitik zu beeinflussen beginnt, nimmt Max Horkheimer, der ehemalige Direktor des Instituts für Sozialforschung, an den Feierlichkeiten der deutsch-amerikanischen Freundschaftswoche teil. Nach der Eröffnungskundgebung auf dem Römer, bei der er einen US-General demonstrativ begrüßt, hält er einen Vortrag im Amerikahaus. Darin kritisiert er, die Sichtweise des dankbaren Emigranten ungebrochen verlängernd, die studentischen Demonstrationen gegen den Vietnamkrieg. Als Begründung für die militärische Intervention der US-Amerikaner führt er u. a. aus: »Wenn in Amerika es gilt, einen Krieg zu führen – und nun hören Sie wohl zu – einen Krieg zu führen, so ist es nicht so sehr die Verteidigung des Vaterlandes, sondern es ist im Grunde die Verteidigung der Verfassung, die Verteidigung der Menschenrechte...«[4] Und die Kritiker sollten im übrigen auch daran denken, »... daß wir hier nicht zusammen wären und frei reden könnten, wenn Amerika nicht eingegriffen hätte und Deutschland und Europa vor dem furchtbarsten totalitären Terror schließlich gerettet hätten.«[5]

Der Frankfurter SDS, an dessen Adresse diese Worte vor allem gerichtet sind, versucht Horkheimer unmittelbar nach Bekanntwerden dieser Rede zu

4 Vietnam – ein Vortrag und zwei Briefe, in: Diskus – Frankfurter Studentenzeitung, 17. Jg., Nr. 4, Juli 1967, S. 10.

5 A.a.O.

einer Diskussion zu bewegen. In einem *Offenen Brief* erhebt er den Vorwurf, die Äußerungen des emeritierten Sozialphilosophen seien eine »mit dem Mantel der Privatheit verkleidete Unwissenschaftlichkeit«, eine »privatistisch verkleidete Unwissenschaftlichkeit«, gar die »in die Apologie des Faschismus und Imperialismus umgeschlagene Resignation«.[6]

Horkheimer antwortet darauf ebenfalls mit einem *Offenen Brief*. In dem ebenso freundlich wie dezidert gehaltenen Schreiben weist er darauf hin, daß die »kommunistische Parteiherrschaft« der »Tendenz zum Imperialismus«, seiner inneren ökonomischen Logik ebenso wie seinen äußeren Machtinteressen nach, in nicht geringerem Maße verhaftet sei, »... als nur je die kapitalistische Welt.«[7] Zugleich bekundet er seine Bereitschaft zur Diskussion.

West-Berlin, 7. Juli 1967:
Genau zwei Monate später hält sein Kollege und Freund Theodor W. Adorno im Audimax der Freien Universität einen Vortrag *Zum Klassizismus von Goethes Iphigenie*.[8] Bereits vor Beginn der Veranstaltung haben SDS und Kommune I Flugblätter verteilt, um gegen Adornos Weigerung zu protestieren, ein für eine Gerichtsverhandlung dienendes Gutachten zur Verteidigung eines von den Kommunarden verfaßten Textes zu verfassen, in dem der verheerende Brand eines Brüsseler Warenhauses persifliert worden ist.[9] Als sich Adorno nun weigert, auch nur in eine Diskussion über diese Vorgänge einzutreten, bricht ein Tumult los. Während sich auf dem Podium eine Rangelei ums Mikrophon abspielt, versuchen einige Zuhörer ein Transparent herunterzureißen, auf dem der Spruch zu lesen ist: »Berlins linke Faschisten grüßen Teddy den Klassizisten«. Schließlich verlassen rund zweihundert der tausend Anwesenden lautstark protestierend den Saal. Danach erst kann Adorno seinen Vortrag halten. Als unmittelbar im Anschluß daran eine Studentin versucht, dem Frankfurter Professor einen roten Gummi-Teddy zu überreichen, wird er ihr von einem Kommilitonen aus der Hand geschlagen.

Zwei Tage danach trifft Adorno mit SDS-Mitgliedern im Club zu einer Aussprache zusammen, die vom *Spiegel* als »Canossa-Gang ins Hauptquartier der Rebellen« ironisiert wird.[10] Über den Verlauf der Diskussion heißt es später, daß dort weitgehend Einverständnis hergestellt worden sei. Daß kein genaueres Zeugnis überliefert ist, liegt an Adorno selbst. Er hatte zur Bedingung gemacht, bei der Debatte, die ihn nach dem Urteil eines Teilnehmers »zum gefeierten Lehrer der Protestbewegung« hätte machen können, kein Tonbandgerät mitlaufen zu lassen.

West-Berlin, 10.–13. Juli 1967:
Als Adorno am Nachmittag des 9. Juli vom Flughafen Tempelhof seinen Rückflug antritt, landet fast zur gleichen Zeit eine Maschine aus Kalifornien, in der sich ein früherer Institutskollege befindet. Herbert Marcuse kommt ebenfalls, um im Audimax der Freien Universität zu sprechen, allerdings nicht über Goethe, sondern über Marx, Freud und Fanon. Seine Themen lauten: *Das Ende der Utopie, Das Problem der Gewalt in der Opposition, Moral und Politik in der Überflußgesellschaft, Vietnam – Die Dritte Welt und die Opposition in den Metropolen*.[11]

6 A.a.O.

7 A.a.O.

8 Theodor W. Adorno, Zum Klassizismus in Goethes Iphigenie, in: ders., Gesammelte Schriften Bd. 11, Noten zur Literatur, Frankfurt/Main 1974, S. 495-514.

9 Vgl. dazu: Peter Szondi, Über eine »Freie (d.h. freie) Universität« – Stellungnahmen eines Philologen, Frankfurt/Main 1973, S. 55–59.

10 Der Spiegel vom 17. Juli 1967, 20. Jg., Nr. 30, S. 98.

11 Horst Kurnitzky / Hansmartin Kuhn (Hg.), Das Ende der Utopie – Herbert Marcuse diskutiert mit Studenten und Professoren Westberlins an der Freien Universität Berlin über die Möglichkeiten und Chancen einer politischen Opposition in den Metropolen im Zusammenhang mit den Befreiungsbewegungen in den Ländern der Dritten Welt, West-Berlin 1967.

Das Photo vom Teach-in, das später überall verbreitet wurde, wirkt heute wie ein aufgespießter historischer Augenblick: Ein Würde, Ernst und Konzentration ausstrahlender weißhaariger Professor sitzt in einem weißen Hemd, auf seine Arme gestützt mit nach oben hinausragenden, spitz zusammenführenden Händen auf einem Podium. Er ist umgeben von einer schier unendlich wirkenden Zahl von Personen, unter denen jede als Individuum zu erkennen ist. Es ist das Bild einer Sphinx, die von einer Menge umgeben ist, deren Physiognomien nicht zur anonymen Masse verschwimmen.

Ein jüdischer Emigrant und deutscher Philosoph hat sich mit den protestierenden, aber immer noch isolierten Studenten zusammengefunden, die sich mit ihren Demonstrationen gegen den Vietnamkrieg und die Notstandsgesetzgebung zugleich gegen ihre Eltern und Institutionen, gegen den personell und institutionell erstarrten Nationalsozialismus auflehnen. Herbert Marcuse ist – obwohl an einer Universität auf der anderen Seite des Globus lehrend – demonstrativ in die Bresche gesprungen und hat sich auf die Seite der Studenten gestellt.

Er spricht vom »Ende der Utopie« nicht etwa, weil er damit seine politischen Hoffnungen aufgegeben hätte, sondern weil er – genau umgekehrt – mit dem entfalteten Kapitalismus eine geschichtliche Voraussetzung für die Konkretisierung der Utopien gegeben hält. Im Zentrum seiner Überlegungen steht dabei die Herausbildung einer neuen Subjektivität, die durch den materiellen Reichtum des Systems zwar objektiv möglich geworden ist, aber durch eine repressive Organisierung der Bedürfnisse hintangehalten wird. »Was auf dem Spiel steht«, so führt er aus, »ist die Idee einer neuen Anthropologie, nicht nur als Theorie, sondern auch als Existenzweise, die Entstehung und Entwicklung von vitalen Bedürfnissen nach Freiheit, von den vitalen Bedürfnissen der Freiheit. Einer Freiheit, die nicht mehr in Kargheit und der Notwendigkeit entfremdeter Arbeit begründet und gleichzeitig begrenzt ist... Die Individuen reproduzieren in ihren eigenen Bedürfnissen die repressive Gesellschaft, selbst durch die Revolution hindurch, und es ist genau diese Kontinuität der repressiven Bedürfnisse, die den Sprung von der Quantität in die Qualität einer freien Gesellschaft bisher verhindert hat.«[12]

Durch Marcuses Auftreten setzt sich das Bewußtsein durch, daß die Individuen nicht länger mehr fatalistisch das Objekt undurchschaubarer Machtinstanzen bleiben müssen. Sofern es ihnen gelingt, den libidinös verlängerten Zirkel gesellschaftlicher Unterdrückung, die Manipulation ihrer Triebe zu durchbrechen, können sie, was objektiv bereits längst möglich geworden ist, Subjekt ihres politischen Handelns werden. Das Signal lautet: »Geschichte ist machbar«, die Gegenwart bestimmbar, das Glück liegt im Gegensatz zur privaten Idylle – als öffentlich-kollektives zum Greifen nahe.

Nur wer diese subjektive Verdichtung, diese zeitliche Zuspitzung, ihre sinnliche Präsenz, verspürt, kann die Atmosphäre jener Tage, das Eingreifenwollen, begreifen.

Die Differenzen im Verhalten der drei prominentesten Kritischen Theoretiker auf die Herausforderungen durch die Studentenbewegung sind geradezu prototypisch:

12 A. a. O., S. 15.

Horkheimer, sich die Argumente des Gegners zu eigen machend, die auf die Behauptung hinauslaufen, US-Soldaten verteidigten in Vietnam die Freiheit des Westens, vertritt eine antikommunistische Ideologie;

Adorno, sich der öffentlichkeitswirksamen politischen Diskussion entziehend, insistiert auf der Autonomie von Wissenschaft und Kultur;

Marcuse, sich mit der Studentenbewegung unbefangen solidarisierend, nimmt, die Befreiung vorwegdenkend, die Rolle eines Avantgardisten, eines politischen Philosophen, ein.

Die *Frage*, die sich aufdrängt, lautet:

Sind diese markant zutage getretenen Differenzen begründet im je eigenen persönlichen Naturell der drei Gesellschaftstheoretiker, in unterschiedlichen, nur höchst selten explizierten politischen Positionen, in verschiedenen Auffassungen von einer Aktualisierbarkeit des Marxismus oder in anderen, vielleicht nur subkutan wirksamen Voraussetzungen ihres Denkens?

Meine These lautet:

Die Politizität des Marcuseschen Denkens liegt im Unterschied zu dem von Horkheimer und Adorno vor allem in der elementaren Nachwirkung der phänomenologischen Tradition. Trotz aller Bemühungen, diese Einflußsphäre ideologiekritisch abzudichten, ist es den Autoren der *Dialektik und Aufklärung* nicht gelungen, ihren aus Freiburg stammenden Institutskollegen vollends zu assimilieren.[13] Im Gegenteil, je länger Marcuse sich nach der Auflösung des Institutszusammenhanges seinen eigenen theoretischen Projekten widmen konnte, desto stärker trat das Husserlsche Erbe in seinen Arbeiten in Erscheinung.

Da ich im übrigen der Meinung bin, daß die unvermeidliche Frage nach der Aktualität seines Denkens nicht nach Maßgabe seiner politischen Schriften beantwortet werden sollte, sondern auf der Grundlage seines gesellschaftstheoretischen Hauptwerkes, will ich den Versuch unternehmen, die mit dem *Eindimensionalen Menschen* vorgelegte Analyse unter Rekurs auf Husserls Spätwerk herauszuarbeiten und zusammenzufassen.

Da der hiermit postulierte Zusammenhang keineswegs unumstritten ist, möchte ich einen kleinen Ausschnitt aus einem Gespräch zitieren, das zum 80. Geburtstag Marcuses im Jahre 1978 veröffentlicht worden ist:

»Habermas: Ich glaube, daß Sie wirklich den Sartre, und zwar den Sartre von Marxismus und Existenzialismus, in entscheidenden Dingen vorweggenommen haben in den frühen dreißiger Jahren. Ihr Versuch eines marxistischen Gebrauchs der Heideggerschen Fundamentalontologie ähnelt in Grundzügen dem, was Sartre im Übergang von *L'Être et le Néant* zu marxistischen Positionen in den fünfziger Jahren dann – sicherlich ohne Ihre Arbeiten zu kennen – nachvollzogen hat.

Marcuse: Ja, sicher.

Habermas: Halten Sie es für falsch, das so zu sehen? Sie haben das dann natürlich in den fünfziger Jahren alles nicht mehr ernst genommen.

Marcuse: Das stimmt nicht.

Habermas: Doch, dann begann ja erst die marxistische Rezeption des späten Husserl und sogar Heideggers in der Tschechoslowakei, in Jugoslawien.

[13] Zu welch markanten Widersprüchen das führen kann, zeigt sich 1965 in der Neuauflage von Marcuses Sartre-Kritik. Hatte er die deutsche Erstveröffentlichung seiner von Horkheimer initiierten und 1950 unter dem Titel *Existentialismus* erschienenen Besprechung von Sartres *L'Être et le Néant* noch mit den Worten enden lassen, daß dann das Bestehende »das letzte Wort« habe (Herbert Marcuse, Existentialismus – Bemerkungen zu Jean-Paul Sartres *L'Être et le Néant*, in: Sinn und Form, 2. Jg., 1. Heft, S. 82), vollzieht er 15 Jahre später eine Kehrtwendung um 180 Grad und attestiert der Sartreschen Philosophie in einem eigens hinzugefügten Schlußkapitel, daß sie das Versprechen einer »Moral der Befreiung« eingelöst habe und er selbst zu einer »Institution« ganz eigener Art geworden wäre, in der das Gewissen und die Wahrheit Zuflucht gefunden hätten. Herbert Marcuse, Existentialismus – Bemerkungen zu Jean-Paul Sartres »L'Être et le Néant«, in: ders., Kultur und Gesellschaft 2, Frankfurt/Main 1965, S. 84.

Marcuse: Da zeigt sich, daß vielleicht doch ein innerer begrifflicher Zusammenhang besteht in dem, was wirklich gut ist an Husserl und vielleicht sogar an Heidegger, denn dieser späte Husserlaufsatz über die Krisis der europäischen Wissenschaft ist ja, verglichen mit den vorhergehenden Transzendentalarbeiten, wirklich ein Neubeginn.«[14]

1. Marcuses gesellschaftsanalytische Hauptthese besteht bekanntlich darin, daß Technik kein neutrales Mittel zur Steigerung gesellschaftlicher Produktivität ist, sondern ein Medium von gegenständlich vermittelten Herrschaftsbeziehungen, die selber eine eigene, anonym erscheinende und deshalb kaum angreifbare Form angenommen haben.[15] Er spricht von manifesten Tendenzen der Technik zum Totalitarismus und entlarvt den Schein ihrer Neutralität als Wahl einer bestimmten Herrschaftsapparatur. Die vielgerühmte technologische Rationalität ist danach Ausdruck von Willkür, die Emanation einer rationalen Irrationalität.

Das technologische Apriori ist insofern ein verschleiertes politisches Apriori: »Heute verewigt und erweitert sich die Herrschaft nicht nur vermittels der Technologie, sondern als Technologie, und diese liefert der expansiven politischen Macht, die alle Kulturbereiche in sich aufnimmt, die große Legitimation.«[16] Die Technologie, so heißt es weiter, liefere »die große Rationalisierung« für die Unfreiheit des Menschen.

Husserl wird in diesem Zusammenhang nicht nur ausführlich zitiert. In einem Abschnitt des Kapitels über *Das eindimensionale Denken*, der sich mit der Koinzidenz von technologischer Rationalität und Herrschaftslogik befaßt, referiert Marcuse ganze Argumentationszusammenhänge, die aus Husserls Buch über die Krisis der europäischen Wissenschaft stammen.[17] Zwar wird an einer Stelle auch Heideggers Technikkritik[18] angeführt und auf Horkheimer / Adornos Positivismuskritik aus der *Dialektik der Aufklärung* verwiesen[19], die Konstruktion des Begründungszusammenhanges jedoch wird aus dem zumeist übersehenen Spätwerk des Begründers der phänomenologischen Schule gewonnen.

2. Edmund Husserl (1859–1938) hat sein letztes Buch *Die Krisis der europäischen Wissenschaft und die transzendentale Phänomenologie* nicht mehr vollenden können.[20] Es ist aus Vorträgen entstanden, die er 1935 während seines Exils – als Jude war er zur Flucht vor den Nazis gezwungen – in Wien und Prag gehalten hat. Die durch Nationalsozialismus und Krieg zunächst verhinderte Rezeption dieses Werkes wird zusätzlich noch dadurch erschwert, daß eine vollständige deutschsprachige Ausgabe nur in einem niederländischen Verlag vorliegt, die zudem noch sehr kostspielig ist.

Die Krisis der Philosophie ist eine Krisis der neuzeitlichen Wissenschaften, diese eine Krisis des europäischen Menschen und diese wiederum eine seiner Existenz.[21] Mit einer solch ineinanderverschachtelten Diagnose setzt Husserl ein. Nicht der Mißerfolg, sondern im Gegenteil der alles verschlingende, mit sich reißende Erfolg mache die Krise der modernen, auf bloßes »Tatsachenwissen« reduzierten Wissenschaften aus. Der Positivismus, der die Philosophie »enthaupte«, ließe alle wesentlichen Fragen des menschlichen Daseins unbeantwortet. Der Mensch drohe deshalb geradezu »in einer skeptischen Sintflut« zu versinken.

---

14 Jürgen Habermas / Silvia Bovenschen u. a., Gespräche mit Herbert Marcuse, Frankfurt/Main 1978, S. 22.

15 Herbert Marcuse, Der eindimensionale Mensch – Studien zur Ideologie der fortgeschrittenen Industriegesellschaft, Neuwied / West-Berlin 1967, S. 18, S. 38, S. 168–174.

16 A. a. O., S. 173.

17 A. a. O., S. 167 f.

18 Martin Heidegger, Holzwege, Frankfurt/Main 1950; Martin Heidegger, Die Frage nach der Technik, in: ders., Vorträge und Aufsätze, Pfullingen 1954, S. 5–36, vgl. außerdem: Martin Heidegger, Die Technik und die Kehre, Pfullingen 1962.

19 Herbert Marcuse, Der eindimensionale Mensch, a. a. O., S. 171.

20 Edmund Husserl, Die Krisis der europäischen Wissenschaften und die transzendentale Phänomenologie, in: ders., Gesammelte Werke Bd. VI, hrsg. von Walter Biemel, Den Haag 1976.

21 A. a. O., S. 10.

Die Ursachen für diese durchdringende Krise der modernen Welt sieht er in der Durchsetzung des mathematischen Exaktheitsideals in der Physik durch Galilei und in der Philosophie durch Descartes. Indem Galilei die Natur als ein mathematisches Universum bestimmt, abstrahiere er von den Subjekten. Die Körperwelt werde idealisiert. Die Körper sind danach reduziert auf ihre abstrakte Formbestimmtheit in einem raumzeitlichen Koordinatennetz. Zum physikalischen Ideal wird die absolute geometrische Exaktheit, die absolute Identität einer Gestalt. Die Geometrie ist ein bloßes Mittel für die Technik. Ein ursprüngliches Denken, so Husserl, sei bei diesem auf Buchstaben und Zeichen basierenden Operationen ausgeschaltet. Die unvermeidliche Folge sei die Sinnentleerung der mathematisierten Wissenschaften, das Auseinanderfallen der Welt in den Dualismus von gegenständlicher und seelischer Welt, von Natur und Psyche. Descartes, der Begründer des modernen Rationalitätsbegriffs, hat nach dem Vorbild Galileis eine Philosophie der Universalmathematik geschaffen. Die Radikalität seiner skeptischen Epoché besteht in der völligen Infragestellung sinnlicher Erkenntnis. Sinnliche Erfahrung als die erste Stufe auf dem Weg zu objektiver Erkenntnis wird von ihm negiert. Weil er die Mannigfaltigkeit subjektiver Wahrnehmungen als Schwäche auffaßt, kann Descartes den Objektivitätsanspruch nur aus der Verallgemeinerung des Zweifels an der Erkenntnisfähigkeit des Subjekts gewinnen. Husserl hat dies in dem eindrucksvollen Bild festgehalten, Descartes gelange nur »durch die Hölle des absoluten Skeptizismus ... in den Himmel des absoluten Rationalismus«.[22] Die Selbstmißdeutung seiner Rationalitätsvorstellung bestehe darin, daß das berühmte Ego des »Cogito ergo sum« ein durch die Epoché »entweltlichtes Ich« sei.[23] Das Ich könne bereits deshalb nicht mehr in der Welt auftreten, weil es von seinem Begriff her entweltlicht sei. Es existiere in seinem Denken nur als körperloses, leeres Abstraktum. Angesichts dieser kategorialen Restringiertheit des Subjekts appelliert nun Husserl an die gesellschaftliche Relevanz des Philosophen: Er müsse »Selbstdenker« sein, »autonomer Philosoph«, »im Willen zur Befreiung von allen Vorurteilen«.

3. Da keine Philosophie das »Reich des Subjektiven« thematisiert habe, auch die Psychologie nicht, müsse gegen dieses Vergessen die lebensweltliche Involviertheit reklamiert werden. Jede Wissenschaft setze Lebenswelt voraus, diese existiere immer schon vor ihr. Das »wirklich Erste« sei die subjektiv-relative Anschauung des vorwissenschaftlichen Weltlebens. Dagegen sei das Objektive »als es selbst« nie erfahrbar. Nur »das lebensweltlich Subjektive« sei durch seine wirkliche Erfahrbarkeit ausgezeichnet: »Die Lebenswelt«, so heißt es kurz und bündig an einer Stelle, »ist ein Reich ursprünglicher Evidenzen«.[24] So kompromißlos Husserl seine Position hier formuliert, so eindrucksvoll ist auch sein Selbstzweifel, den er zugleich artikuliert. Selbst die »Thematik Lebenswelt« könne noch aus der neuzeitlichen Sucht entstanden sein, alles zu theoretisieren und insofern ebenfalls Ausdruck der Rationalitätsproblematik sein, die sie zu klären vorgibt. So als müsse er sein anderes szientifisches Ego besänftigen – schließlich war er ursprünglich Mathematiker –, appelliert er an sich und seine Kollegen: »Hören wir auf, in unser wissenschaftliches Denken versunken zu sein!«[25] Sein Erkenntnisprinzip ist das, was er bereits Jahrzehnte zuvor in der für ihn charakteristischen Weise umständlich, aber genau in seinen *Logi-*

22 A. a. O., S. 78.
23 A. a. O., S. 84.
24 A. a. O., S. 130.
25 A. a. O., S. 133.

schen Untersuchungen als »Korrelationsapriori von Erfahrungsgegenstand und Gegebenheitsweisen« bezeichnet hat. Erfahrung ist keine leere Allgemeinheit mehr, sondern differenziert sich nach raumzeitlichen Modalitäten, nach Arten, Gattungen, Regionen etc. In einem Satz formuliert: »Jedes Seiende ist korrelativ Index seiner systematischen Mannigfaltigkeiten.«[26] Das »lebensweltliche Apriori«[27] stellt die Jeweiligkeit des Blickwinkels heraus, den Wandel der Perspektive, die Relationalität der Wahrnehmung, die prismatischen Brechungen der Bilder, den Facettenreichtum der Anschauungen. Die Erkenntnis ist nicht länger mehr ein vom Subjekt und dessen je eigener Involviertheit in die es umgebende Lebenswelt abgelöstes Prinzip. Im Gegensatz dazu stuft Husserl die objektive Wissenschaft zu einem Sonderfall dessen herab, was er zusammenfassend als »transzendentale Subjektivität« bezeichnet. Und gegen Ende seines letzten Werkes heißt es: »Die Idee einer Ontologie der Welt, einer objektiven universalen Wissenschaft ist ein nonsens.«[28] Das sind die Worte eines Philosophen, der an gedanklicher Akribie nur schwer zu übertreffen ist.

4. Marcuses kritische Idee einer eindimensionalen Gesellschaft hätte nur schwer ohne das lebensweltliche Apriori Husserls gewonnen werden können.[29] Die Lebenswelt ist, recht begriffen, die Polydimensionalität, das exakte Gegenbild zur Eindimensionalität. Im Gegensatz zu den Scheinalternativen in einem eindimensional strukturierten Denken bietet sich in einem lebensweltlich perzipierten ein ganzes Spektrum an Wahlmöglichkeiten an. Das lebensweltliche Apriori figuriert als Index von Befreiung. Um zu begreifen, was Eindimensionalität ist, die Herrschaft des technologischen Apriori im Glanze einer Scheinfreiheit, hat Marcuse uns einen ganzen Kanon an Deutungsmöglichkeiten angeboten:

– die Nivellierung von Möglichkeit und Wirklichkeit;
– die Widerspruchsfreiheit der formalen Logik;
– die Reduktion von Erotik auf Sexualität;
– die funktionale Kommunikation im Gegensatz zum lebendigen Sprachvermögen;
– der Mangel an qualitativen Alternativen;
– ein umfassender Transzendenzverlust.

Marcuse hat sich nicht gescheut, gegen dieses Bild eines nivellierten gesellschaftlichen Universums Kategorien ins Feld zu führen, die philosophiegeschichtlich überfrachtet auch vor Mißdeutungen nicht sicher sein durften. Da er mit Einwänden, Vorwürfen und Fehlinterpretationen wohl rechnete, hat er bereits in der Vorrede seines Buches einige Erläuterungen angebracht. Die wichtigsten betreffen den von Scholastik und Idealismus nahezu verschlissenen, jedoch von Husserl und auch Sartre wieder reaktualisierten Begriff der Transzendenz. Da er ihn zur kritischen Schlüsselkategorie seiner gesamten Analyse macht, betont er seine unmetaphysische, geschichtliche, streng empirische Bedeutung.[30] Ernst Bloch hat eine solche, strikt ans Daseiende geheftete Auffassung einmal mit dem paradoxen Wort einer »Transzendenz ohne transzendieren« charakterisiert. Weitere entscheidende Termini sind die Wahl – im Sinne einer Entscheidung zwischen verschiedenen historischen Alternativen – und der Entwurf – im Sinne eines vom Subjekt frei definierten Projekts. Zur

---

26 A. a. O., S. 169.

27 A. a. O., S. 143.

28 A. a. O., S. 268.

29 Vgl. dazu: Herbert Marcuse, On Science and Phenomenology, in: Robert Cohen / Max W. Wartofsky (Eds.), Boston Studies in the Philosophy of Science II, New York 1965, S. 279–290.

30 In der *Vorrede* zu *Der eindimensionale Mensch* heißt es: »Die Ausdrücke ›transzendieren‹ und ›transzendenz‹ ... bezeichnen Tendenzen in Theorie und Praxis, die in einer gegebenen Gesellschaft über das etablierte Universum von Sprechen und Handeln in Richtung auf seine geschichtlichen Alternativen (realen Möglichkeiten) ›hinausschießen‹.« Herbert Marcuse, Der eindimensionale Mensch, a. a. O., S. 13.

Rechtfertigung dieser ebenfalls vorbelasteten Kategorien verweist Marcuse auf das Werk Sartres.

5. In diesen Subjektkategorien sind die Grundbegriffe der Revolte bereits antizipiert: Die »Große Weigerung«, die »Neue Sensibilität«, der »Qualitative Sprung«, der Impetus des »Hier und Jetzt«.[31] Marcuses doppelte politische Frontstellung – ebenso gegen den Faschismus wie gegen den Stalinismus gerichtet – ist vom phänomenologischen Grundzug seiner Theoreme, in deren Zentrum das konkrete Individuum steht, nicht abzulösen. Gerade die Weigerung, das Individuum einer übermächtigen Logik der Geschichte unterzuordnen und sei es auch einer historisch-materialistisch legitimierten –, verdankt sich dem lebensweltlichen Impetus seiner Philosophie. Der phänomenologische Blick auf das Bestehende ist bei Marcuse nicht einfach »verarbeitet« und als frühe Entwicklungsphase seines Denkens überwunden. Die prismatischen Brechungen in der Kritischen Theorie Herbert Marcuses sind nicht zu glätten, sondern, ganz im Gegenteil, herauszustellen. Sie stehen für das Nichtvereinnahmbare, das Widerständige im Denken wie das Rebellische im Handeln.

[31] Siehe dazu vor allem: Herbert Marcuse, Versuch über die Befreiung, Frankfurt/Main 1969.

Frank Böckelmann

Bewegung

[1988, überarbeitet 1993]

Um nicht der Magie der Rückschau zu erliegen und unversehens in der Sprache des Themas zu schreiben (was leicht geschehen kann, da die Studentenbewegung von 1967 und 1968 ein Fragment geblieben ist), arbeite ich mich unter Gegenwartsaspekten schrittweise zu einem Nachverständnis jener Bewegung und zur Kritischen Theorie zurück. Ich beginne mit der Aufklärungs- und Überlebenslage heute, schätze dabei die Distanz zur *Dialektik der Aufklärung* ab, behandle dann die Nachfolger der Studentenbewegung, dann deren Auswirkungen und komme schließlich zur Sache selbst.

Fünfundzwanzig Jahre danach...

... finden wir uns in einer Welt, die Vorwand ist für Abbildung, Erfassung, Begutachtung, Aufklärung. Wer kann noch einen Sachverhalt nennen, vor dem die Aufklärung zurückschreckt? Einen diskutierten Sachverhalt, der nicht auf sie zurückgeht? Die vielen Aufklärungen stehen untereinander im Überbietungswettbewerb und tendieren zum Katastrophenalarm. Die Vorstellung, der Alarm gelte einem Empfänger, der hört und reagiert, muß jedoch Verstellung sein. Wie sollten die fortgesetzt Alarmierten auf den Daueralarm reagieren? Zwar gibt es viele Antworten auf diese Frage – zu viele, ein Stimmengewirr. Zwar gibt es ein millionenfältiges Reagieren und Fortagieren. Aber die auf Hochtouren gebrachte Informationsverarbeitung spielt die Themen jeweils nur kurzfristig und im vorauseilenden Schatten der Ablösung in den Vordergrund. Keine Instanz und keine Person nimmt die Gesamtheit der bevorzugt thematisierten Bedrohungen auf und nimmt es mit ihr auf.

    Das ist allerdings nicht neu. Vernichtend für unser unverwüstliches Problemlösungsvertrauen aber ist es, daß sich die Krise, die Krisenberichterstattung, das Krisenbewußtsein und die Krisenbewältigung heute nicht mehr als Wirklichkeitsebenen voneinander trennen lassen, was zugleich besagt, daß sie in keinem reellen Verhältnis von Vorher/Nachher oder Ursache/Wirkung stehen. Das Krisenmanagement beginnt bereits damit, daß ein Notstand als Notstand herausgehoben wird: saurer Boden, verseuchtes Wasser, karzinogene Atemluft, Ozonloch, hungernde Völker, Durcheinander von Abrüstung und Besserrüstung, Aids. Seine wesentliche Leistung besteht darin, den Notstand zu verwalten und gegenüber dem Tun und Lassen von Menschenwesen zu neutralisieren. Denn unsere *Gesellschaft* konstituiert sich aus allem möglichen, nur nicht aus Menschen, und sie ist darum auch nicht für den Menschen da, obwohl sie vom Menschen abstammt. Eines Tages verschwindet die Not hinter einer anderen oder wird unter Kontrolle gebracht – ein Ereignis der Aufklärung, aber keine Folge der Aufklärung und des Bewußtwerdens. Wir haben ein Ausmaß an Aufklärung erreicht, das den Rationalisten des 18. Jahrhunderts, den Kämpfern für Menschen- und Bürgerrechte, den Sozialrevolutionären und noch den Symbolisten von 1967/68 umstürzlerisch erschienen wäre. Der Schall der Posaunen von Jericho müßte die Mauern umfallen lassen, wenn es mit rechten Dingen zugehen würde. Wenn es mit rechten Dingen zugehen würde, wüßten die *Herrschenden* die unaufhörliche Aufdeckung der Mißstände und der Verursachungszusammenhänge zu verhindern.

Wenn überall ausposaunt wird, warum das trinkbare Wasser zur Neige geht, erwartet jeder, der noch einigermaßen bei Verstand ist, daß die Anwendung der Verseuchungsstoffe am folgenden Tag verboten und in spätestens vierzehn Tagen beendet ist. Geschieht dies nicht, erweist sich die Aufklärung als Teil des Problems. Wenn alles bekannt ist und das nicht hilft – was sollte dann noch helfen? Wer sich auch im hundertsten und im hundertundersten Fall noch alarmieren läßt, dem ist nicht mehr zu helfen.

Es ist keineswegs ausgemacht, ob der Zerstörung unserer Lebensbedingungen durch das Anprangern der Zerstörung oder durch das Vergessen der Zerstörung besser Einhalt geboten werden kann. Aber dieser Gedanke ist spekulativ; denn heute gibt es keine erhebliche Zerstörung, es sei denn, sie ist Gegenstand der Berichterstattung. Der Gedanke beruht auf einem Mißverständnis, nämlich der Annahme, das öffentliche Kommunikationssystem könne die Regenerierung der Lebensbedingungen *wollen* oder, anders gesagt, die Apparatur der Informationsverarbeitung und der Ausleuchtung aller möglichen Orte und Zustände ließe sich für einzelne politische und soziale Zwecke, etwa die Zerstörung oder die Erhaltung der Umwelt, instrumentalisieren. Aufklärung, die keinen externen Normen, sondern nur mehr Nachrichtenwerten und den Anforderungen globaler Zusammenschaltung und Teilnahme gehorcht, läßt sich nicht betreiben ohne Degradierung der Anlässe und Zwecke. Was ist ein schmutziges Geheimnis gegen die Veröffentlichung eines schmutzigen Geheimnisses? Totale Aufklärung entwertet die massenhaft-beliebig eintretenden Aufklärungsfolgen. Wasser, Luft und Boden mögen funktionstüchtig gehalten, vielleicht rekonstruiert werden – *darum geht es nicht*, auch wenn sich alle Gesprächsteilnehmer vorstellen, daß es eben darum geht. Als kritische Geister aber wissen wir auf die Entwertung der Aufklärungserfolge keine andere Antwort als die Verstärkung der Aufklärungsbemühungen.

Blinde Selbstbehauptung – eine Theorie aus den vierziger Jahren

In der *Dialektik der Aufklärung* ernennen Horkheimer und Adorno die mythenzerstörende Aufklärung zum Inbegriff der gesamten Zivilisationsgeschichte, die der Selbstbehauptung des Subjekts zuliebe Erkenntnis und Produktivität optimiert. Sie sehen das Wesen der Aufklärung im Dilemma einer schlechten Alternative: entweder unterwerfen sich die Menschen der Natur, oder die Natur wird den Menschen, sprich: dem Selbst, unterworfen. Als in den frühen sechziger Jahren junge Radikale diese Schrift des Exils für sich entdeckten, hieß der Schlüsselbegriff »Naturbeherrschung«. Sie wollten – erstmals – etwas von den Kosten des Fortschritts der Produktivkräfte hören, von der Zwiespältigkeit abendländischer Rationalität und vom Elend des Menschen, der das, was er der äußeren Natur antut, zugleich sich selbst antun muß. Zwar irritierte die Dehnung des Begriffs der Aufklärung über alle geschichtlichen Epochen hinweg, ging doch mit ihr eine Schwächung der Gegenwartskritik einher. Denn der Kapitalismus erschien nur als – vorerst letzter – Steigerungsfall einer mit den antiken Mythen einsetzenden Dialektik. Dafür bestach aber um so mehr die Einsicht, daß in der Verabsolutierung des Selbstseins eben jene Naturverfallenheit triumphiert, aus der die Beherrschungspraktiken »radikal emanzipieren«.

Niemand hat vor Horkheimer und Adorno so rigoros mit der Fortschrittsgläubigkeit der Moderne abgerechnet. Niemand hat vor ihnen die *konstitutive* Affinität der Vernunft zur Barbarei dargelegt, weder Schopenhauer oder Nietzsche noch die psychoanalytische Schule, weder Bloch noch Theodor Lessing. Dennoch – wo »Dialektik« am Werk ist, dort ist auch Hoffnung. Wenn Horkheimer und Adorno sich eine systematische Bestimmung von Hoffnungsgründen verwehren, kommt dieses Schweigen doch einer Beschwörung des Unabsehbaren, Unerwartbaren gleich. Wer die »Verleugnung der Natur im Menschen« als »Zelle der fortwuchernden mythischen Irrationalität« erkennt[1], der erwartet vom Eingeständnis, von der Aufklärung über Aufklärung, eine Lockerung des Zwangszusammenhangs. Kommt vielleicht die Dialektik von Heil und Unheil doch einmal über sich selbst hinaus? »Indem aber Aufklärung... die Herrschaft als Entzweiung ungerührt verkündet, wird der Bruch von Subjekt und Objekt, den sie zu überdecken verwehrt, zum Index der Unwahrheit seiner selbst und der Wahrheit. Die Verfemung des Aberglaubens hat stets mit dem Fortschritt der Herrschaft zugleich deren Bloßstellung bedeutet. Aufklärung ist mehr als Aufklärung, Natur, die in ihrer Entfremdung vernehmbar wird. In der Selbsterkenntnis des Geistes als mit sich entzweiter Natur ruft wie in der Vorzeit Natur sich selber an, aber nicht mehr unmittelbar mit ihrem vermeintlichen Namen, der die Allmacht bedeutet, als Mana, sondern als Blindes, Verstümmeltes. Naturverfallenheit besteht in der Naturbeherrschung, ohne die Geist nicht existiert. Durch die Bescheidung, in der dieser als Herrschaft sich bekennt und in Natur zurücknimmt, zergeht ihm der herrschaftliche Anspruch, der ihn gerade der Natur versklavt.«[2]

Wie Marx sagen Horkheimer und Adorno: Die Herrschaft des Tauschwerts kaschiert sich mit dem Gebrauchswert, dem Anspruch des Lebendigen; dies ist Ideologie, doch *nicht nur* Ideologie. Hoffen läßt gerade die Täuschung und Selbsttäuschung des Subjekts, das Wahrheit, Individualität und gutes Leben herankommen sieht, obwohl es, am eigenen Selbst festhaltend, alles Individuelle der überall gleichen, leeren Identität, der Selbstbehauptung, opfert. Zwar wird in der dreitausend Jahre währenden Ära des »Bürgertums« das gesamte Leben den »Erfordernissen seiner Erhaltung« unterstellt[3], doch diese beherrscht sich selbst nicht. Das bedeutet Zwangsunheil und Verheißung. In der Selbstbehauptung, dem erbarmungslosen Kampf ums Überleben, dem »konstitutiven Prinzip der Wissenschaft«[4] und erst recht der Gesellung und des Staates, wütet nach Horkheimer und Adorno »blinde Natur«, jenes »Amorphe«, »Unbeherrschte«, »Unerbittliche« und »Unerfaßte«, aus dem der Mensch

---

1   Max Horkheimer / Theodor W. Adorno, Dialektik der Aufklärung. Philosophische Fragmente, Amsterdam 1947, S. 70.

2   A.a.O., S. 54.

3   A.a.O., S. 45.

4   A.a.O., S. 106.

zu entkommen suchte, indem er sich und den Dingen Namen gab (wodurch sich erst Dinge und Worte schieden), und in das zurückzufallen – den Eigennamen zu verlieren – das Innerste allen Grauens ausmacht. Die Naturattribute sind allerdings schon Menschenwerk. Abstand nehmend setzt der Mensch die Natur als amorph, ungeschieden und so weiter.

Natur ist demnach noch jenseits der Setzung, noch jenseits unserer Angst ein unerfaßbares Anderes, die Überbietung aller Fremdheit. Die kategorial und produktiv in den Dienst genommenen Mächte nehmen ihrerseits die Zivilisationsgeschichte in Dienst, auf unbestimmbare Weise. Aufklärung bleibt sich letztlich, auf ihren Anfang reflektierend, selbst ein Rätsel. Wenn sich schon das ungeheuerliche Unternehmen der Aufklärung dem Naturzusammenhang entrang – und mit ihm immer wieder auch Selbstbesinnung, das Bewußtsein von der Fragwürdigkeit der Herrschaft, und Heimweh und Sehnsucht nach dem verlorenen Urzustand[5] –, warum nicht auch anderes? Als Natur geht Aufklärung nicht völlig im Unheil auf. In ihr lebt auch die Kraft, über die die Menschen nichts vermögen, das die Aufklärung Umspannende und Durchdringende, die fortwährende Vorzeit.

Die *Dialektik der Aufklärung* war die eigentliche Grundlegungsschrift der Fundamentalopposition von 1967/68. Sie expliziert eine unbeirrte Verzweiflung an jeglicher Wachstumsdynamik, einschließlich der Wissenschaft, und bewahrt zugleich die ganze Hoffnung auf eine selbstkritische Aufklärung. Sie totalisiert jede Aussage auf die ganze Gesellschaft und die ganze Geschichte hin und spricht dabei stets nur vom einzelnen Subjekt; so bereitet sich, gegen die Absicht der Autoren, die Verkürzung der Analyse von Institutionen (Naturbeherrschung, Aufklärung, Kulturindustrie) auf Psychologie und Pädagogik vor. Sie führt das globale Unheil stringent auf die zivilisatorischen Ursprünge, die Katastrophe in den Anfängen, zurück, aber beobachtet die Details des Alltagsverhaltens mit moralischer Akribie, als erläuterte sie den Bibelspruch: *Es muß ja Ärgernis kommen, doch weh dem Menschen, durch welchen Ärgernis kommt!*[6]

Ich weise auf diese Entsprechungen hin, weil das zwischen 1942 und 1944 entstandene Werk erst gut zwanzig Jahre später eine große Verbreitung als eine Art Wahrheitsdiskurs erfuhr. Weitere fünfundzwanzig Jahre später machen gerade jene zentralen Thesen der *Dialektik der Aufklärung* stutzig, bei denen es naheliegt zu sagen, sie hätten sich vor aller Augen bewahrheitet: die Thesen von der Genese und Allmacht des Selbstbehauptungs- und Überlebensmotivs.

Sein oder Nichtsein

Horkheimer und Adorno gelangen zu der Erkenntnis, daß Selbstbehauptung das Prinzip bürgerlicher Individualisierung und gesellschaftlichen Fortschritts ist, durch eine analytische Anstrengung, in der Auseinandersetzung mit zählebigen Mystifikationen, nicht zuletzt der Zuversicht fortschrittlicher Kräfte, von der historischen Entwicklung getragen zu werden. Sie entlocken der Zivilisation und dem autonomiestolzen Subjekt ihr bestgehütetes Geheimnis. Heute ist das Überlebensmotiv eine öffentliche Parole. Überall posaunt die So-

5 Vgl. a.a.O., S. 97.

6 Matth. 18,7.

zialordnung ihr Wesen aus. Kann das sein? Worin täuscht die Parole? Aber ist das Überleben der Menschheit nicht tatsächlich bedroht? Gebietet nicht einfach der herannahende Kollaps von Luft, Wasser, Boden, Fauna und Flora den Verantwortlichen, von Beschwichtigungen abzulassen und die Misere einzugestehen? Haben wir uns solange zwanghaft selbstbehauptet, bis die Wirklichkeit unserem Wahn endlich entspricht?

Die beste Lüge ist die der Wahrheit, die Fusion beider. Unsere Lage gleicht der einer Person, die jedesmal, wenn sie ihre Wohnung betritt, von Mitbewohnern mit der Feststellung empfangen wird: Hier hängt ein Spiegel. Die Person sieht sich gehalten, dies wieder und wieder zu bestätigen, weil es nicht zu bestreiten ist. Nie kommt sie auf den Gedanken zu erwidern: Warum sagst du das?

Uns wird ein Thema aufgezwungen oder, was dasselbe ist, wir zwingen uns ein Thema auf. Dieser Zwang aber verschwindet in einer Ja-oder-Nein-Frage, der Unabweisbarkeit der Tatsache, daß der Spiegel an der Wand hängt, das Ozonloch aufreißt, die Nordsee zur Kloake wird, der Wald stirbt, die Arten schwinden, Boden und Körper Schwermetalle anreichern, die Erdkugel ein Spielball nuklearer Erpressung ist, jeder Koitus vielleicht dem Todesvirus Einlaß gewährt und die Halbwertzeit einiger unserer Rückstände zehntausend bis dreißigtausend Jahre umfaßt. Schließlich ist der Spiegel, dem wir das Selbstbild verdanken, ja kein beliebiger Gegenstand, ebensowenig wie Wasser, Erde und Liebe. Oder sind wir, indem wir uns so einlassen, schon in die Falle des Themas gegangen?

Keine der Notstandsmaßnahmen, denen sich Politik und Privatleben unterordnen, eröffnet die Aussicht auf ein Dasein ohne den Imperativ von Not und Nothilfe. In die Enge getrieben werden wir staunenswerte Überlebenstaten vollbringen, viel Wald und Wasser retten und dafür die Verfahren der Erfassung und Inbetriebnahme von Natur in einem noch schwer vorstellbaren Maß verfeinern. Um arglose, antiker Sprachen unkundige Nachfahren über Jahrzehntausende hinweg vor radioaktiven Endlagerstätten zu warnen, empfiehlt es sich nach Auffassung von Semiotikern, eine Überlebenspriesterschaft der Schlimmen Orte zu gründen, die zehn- bis zwanzigmal länger zu existieren hat als das Christentum. Die einzig greifbare Zielfunktion der Mangelwirtschaft ist deren Permanenz. Nie treten die von den Schutzmaßnahmen avisierten Katastrophen ein, vielmehr unvorhergesehene, die sich im nachhinein als absehbar erweisen. Und nie wird Entwarnung gegeben.

Unverfroren betrachtet geben sich Mangel und Überfluß nicht als heterogene, einander ausschließende Zustände, sondern als Geschwister, ja als Zwillinge zu erkennen. Der Mangel ist so überflüssig wie der Überfluß, dieser so unabwendbar wie der Mangel. Die Auflösung dieses Rätsels besteht darin, daß die Kontrolle der materiellen und geistigen Energien zur Anhäufung von Reichtum, wie sie das neuzeitliche Abendland erfunden hat, nur Lebens*potentiale* schafft. Es entstehen Formen für freie – im Sinne von: beliebige – Nutzung. Wenn es dann schließlich möglich wird, die Form zu füllen, erweisen sich die Lebensqualitäten selbst schon als beliebig. Die Mühen der Ermöglichung von Beliebigem waren so groß, daß das Nichtbeliebige dabei aufgebraucht wurde. Die Produktion eines Überflusses an Lebensmöglichkeiten verläßt nicht die Möglichkeitsform. Um ihre Leistung zu vergewissern und zu ermessen, wiederholt sie sich. Soweit sind wir heute. Als Maß und Stimulus benötigt das abstrakte Wachstum den Mangel, Notstände aller Art. Der Überlebenszwang: daß die Machtausübung und die Organisation der Befreiung auf Problemlagen fixiert sind, in denen es ums Ganze geht, reduziert den Überlebensgewinn auf die Rettung, mithin auf die Gefahr.

Die Systeme wie die Individuen handeln nach der Maxime: erst einmal die Bedingungen für die Wirklichkeit durchsetzen, erst einmal absichern, Zwänge abschütteln, anhäufen. Wie die Verbesserung des Straßenverkehrs, der Zivilisationsmüll und die militärische Abschreckung demonstrieren, sind die Ermöglichung und Bevorratung des Lebens nicht einmal mehr in der sinnlichen Wahrnehmung von der Not zu unterscheiden. Auf der einen Seite disponieren wir mit ungezählten Chancen; auf der anderen Seite treten die Notstände wie naturwüchsig auf: Eine Welt ohne den hundert Jahre alten Verbrennungsmotor überfordert bereits das Vorstellungsvermögen. Die im Überfluß Lebenden stehen wie die Hungernden im Joch der Selbstbehauptung. Diese muß keineswegs peinigend sein; sie ist einfach nur das Gebot derer, die sonst keine Gebote mehr haben.

Daß die Knappheit an Wasser, Erde, Luft, Leben und so weiter von der Nothilfe selbst produziert wird, bezeichnet erst einen Teil ihrer Künstlichkeit. In dieser Produktion waltet nicht mehr der verpönte Naturzwang, wie Horkheimer und Adorno ihn enthüllten, sondern der Entleerungszwang. Die Zunahme prinzipiell gleichwertig und gleichgültig gewordener Möglichkeiten (»Erhöhung der Komplexität«), die als politische Ansprüche, Investitionserfordernisse, Wahrheiten und Verwirklichungschancen nach rascher Selektion drängen, beschleunigt den Verschleiß der Zuordnungsschemata, in denen die sozialen Stoffe entscheidungsreif werden. Man denke an die binären Codierungen links / rechts, konservativ / revolutionär, Kommunismus / Freie Welt, Ordnung / Chaos, systemerhaltend / systemsprengend, Wachstum / Stagnation, Fortschritt / Stagnation, Wertzuwachs / Verschleiß, Produktion / Konsumtion, Aufrüstung / Abrüstung, Gewalt / Gewaltlosigkeit, Verfügungsgewalt / Mitbestimmung, Gegenwart / Zukunft und viele andere, außerdem an die Ein- und Ausschließungsmechanismen jener sozialen Systeme, die wachsende »Umwelt«-Sorgen haben. Die genannten Oppositionen stehen hier nicht für Ideologien, sondern für sinngebende selektive Praktiken.

Welche normativen Regelungen auch immer politisch und ökonomisch durchgespielt worden sind, sie genügten nicht der Anforderung eines überall anwendbaren und überall übersetzbaren Codes, dessen Vereinfachungsleistung mit dem Anwachsen der Komplexität Schritt hält und der zugleich eine sich selbst legitimierende Vorentscheidung trifft.

Die gesuchte Codierung stand aber bereit und hat sich, wie ich vermute, etwa seit Mitte der siebziger Jahre als Signifikant des Vordringlichen endgültig gegenüber einem Pluralismus ramponierter Traditionsnormen durchgesetzt. Seitdem geht es bei uns in der Hauptsache ums Überleben. Überleben heißt zwischen Null und Eins unterscheiden. Auf diese Unterscheidung werden die Antriebe und Wünsche, die Interessen und Funktionen zurückgeführt, sofern sie gegeneinander abgewogen werden. Jedes Seiende entleiht sich seine Relevanz von der Chance des Untergangs. Die Selbstbehauptung triumphiert nicht als Exekutive amorpher Gewalten, sondern als unbedingtes Mindestkriterium, gewissermaßen als Elementarprogramm eines restlos quantifizierten Sozialkörpers.

Der bloße Nachweis, daß die Überlebensnöte Machwerke sind, ist noch aufklärerisch, schmeichelnd für das Subjekt, dem der Nachweis den Wink gibt, schlechte Machwerke durch gute zu ersetzen. Er bleibt an die Frage fixiert, ob es denn nun wirklich ums Überleben gehe oder nicht, gehen sollte oder nicht. Das Überlebensmotiv heute wird von dieser Frage nicht tangiert. Es ist triftiger als jede Begründung und bedarf selbst keiner Begründung. Für Argumentationen erweist es sich als transzendental. Die Berufung auf das Motiv leugnet keine Abhängigkeit, sondern konzediert Abhängigkeit schlechthin, Naturverfallenheit inbegriffen. Sie leugnet allenfalls die Fatalität, daß die Nöte jeweils mit dem Überlebenskampf gemeinsam geschürt werden und ihm nicht etwa vorausgehen. Um Plausibilität spenden zu können, muß das Motiv selbst von jeder Erklärbarkeit befreit sein. Die Eins definiert sich allein dadurch, daß sie nicht Null ist, irgend etwas. Das Motiv stellt den einzigen gemeinsamen Nenner öffentlicher Verständigung und politischer und ökonomischer Strategien dar, extremste Fiktion und Kriterium des Wirklichen in einem. Daß es ums Überleben geht, täuscht nicht. Es ist verbindlich, mehr noch: als Maß von Verbindlichkeit *gesetzt*. Andere Codierungen und geltend gemachte Motive und Interessen treten im Wettbewerb der Anerkennung als Derivate des Überlebensmotivs auf. Dieses selbst jedoch faßt nichts zusammen, vereinbart nichts miteinander und umfaßt nichts. Im Überleben finden die menschlichen Regungen somit nicht ein Allgemeines, dessen Diktat sie sich unterstellen, weil und solange sie miteinander im Streit liegen. Bevor ihnen das *nackte* Überleben als Lebensspender vorangestellt werden kann, müssen sie selbst gleich-gültig geworden sein.

Probleme nehmen den Charakter von Alles-oder-nichts an und werden auf diese Weise vorrangig. Sie gewinnen diesen Charakter, wenn »alles mögliche«, nichts Bestimmtes, auf dem Spiel steht. In keinem Fall ist zu benennen, was bei der Sicherung des Überlebens eigentlich leben soll. Hätte das Überleben noch einen Inhalt, so hätte es keine selbstreferentielle Allmacht erlangt.

Anstrengungen zur Rettung der Nordsee dienen nicht dem Leben der Robben. Die Nordsee wird insofern zum Überlebensproblem, als sie »alles mögliche« leistet. Das lehrt uns die Vernetzungsargumentation. Das Leben der Robbe läßt sich nicht in ein Überlebensproblem übersetzen, und es ist anthropomorphe Routine zu glauben, daß der Sinn des Robbenlebens in der Erhaltung der Art – statt im Schwimmen oder etwas anderem – besteht. Wenn die Robben sterben, ist das kein Überlebensproblem, sondern ein Robbenproblem – ein Problem, daß auf Erden nicht seinesgleichen hat.[7]

Auch der Gemeinplatz, daß die Menschen seit Anbeginn ums Überleben kämpften, besagt nur etwas über uns und nicht über jene. Was in einem frühen Nomaden zu leben und zu sterben wünschte, gehört einer anderen Welt an als etwa die Diesseits- und Jenseitsvorstellungen eines Sumerers oder Griechen. All dies waren keine Überlebensfragen. Ich zitiere Wolfgang Sachs:

»Hat es jemals eine Gesellschaft gegeben, deren primäre Sorge dem Überleben galt? Wahrscheinlich nicht. Gewiß, Nomaden haben die Flucht vor dem

---

7   Jede Kreatur steht in Abhängigkeiten und erfährt Fügungen, die das Überleben unterlaufen. Keine Kreatur schert sich darum, ob ihr So-und-nicht-anders-sein die Fortexistenz der Welt aufs Spiel setzt. So weit ist es gekommen, daß Hoffnung nur noch von dem zehrt, was sich dem Überlebenskampf (= der öffentlichen Verständigung) entzieht. Darüber spreche ich hier nicht. Wer sich darüber in den Kommunikationsmedien auslassen will, muß eine Relevanz- und Plausibilitätsanleihe aufnehmen und gelangt so zu einem anderen Thema.

Verdursten gesucht, Florentiner Bürger sich vor der Pest versteckt oder die Soldaten vor Verdun ihre letzten Reserven mobilisiert. Doch wann wurde jemals vorgeschlagen, die Gesellschaft auf kollektives Überleben hin einzurichten? Weder haben frühere Kulturen ihren Fortbestand bewußt aufs Spiel gesetzt, noch aber haben sie ihrem Überleben großartige Aufmerksamkeit gezollt. Was immer ihre Gebräuche und Regeln, was immer ihre Phantasien und Zwangsvorstellungen waren, ihre physischen Existenzbedingungen waren im Zuge ihrer Selbstrealisierung nicht in Frage gestellt. Überleben war nichts weiter als ein Nebenprodukt anderer, möglicherweise großartiger Kulturleistungen; es war keine wohlgeplante Absicht, sondern eine gegebene Banalität. Jedoch genau in dem historischen Moment, wo größere Reichtümer als jemals zuvor aufgehäuft werden, erheben Öko-Entwickler ihre Stimmen und rufen Bürger und Regierungen auf, die Sicherung des Überlebens an die erste Stelle zu setzen.«[8]

Wir hören, es sei an der Zeit, für die ganze Welt Verantwortung zu tragen. Wenn wir die nächsten tausend Jahre alles richtig machten, sei die Welt noch zu retten. Nur jetzt keine Verfehlung mehr.

Wer nicht warnt und rettet, löst reflexartig die Frage aus: Willst du die Nordsee ihrem Schicksal überlassen? Die Nordsee und die ganze Welt? Oder bist du bereit, auf etwas von deinem Wohlstand zu verzichten? Ja, wir sind zum Verzicht bereit und heißen jedes Notprogramm von vornherein willkommen. Und erliegen der Suggestion einer Souveränität, die wir nicht haben. Denn das Realitätskriterium steht nicht zur Abstimmung an. Wir können nicht anders, als die Meere zu belasten und zu sanieren. Sie zu belasten, indem wir sie sanieren, und sie zu sanieren, indem wir sie belasten.

Die Kehre zum Konkreten

»Zum Überleben lehren wir«
(Motto des 4. Münchner Lehrertages, November 1986)

Seit Mitte der siebziger Jahre erfahren die erklärten Nachfolger der Studentenbewegung, die ein anderes Zusammenleben, Erziehen und Produzieren erproben, erstmals Schutz und Bestätigung durch breite Bewegungen: die Friedens-, Anti-AKW-, Ökologie- und Frauenbewegung, flankiert durch unzählige lokale Initiativen und eine erfolgreiche Parteigründung. Diese Bewegungen kommen ohne die linksradikale Lehre von den erdumspannenden Machenschaften des Neoimperialismus aus. Mußte die Linke den Gesamtdurchblick verleugnen, um ein »Bündnis mit allen Kreisen der Bevölkerung« zu ermöglichen? Nein, die radikale Mitgift war, den Alarmrufen der Konservativen zum Trotz, nie ein ernsthaftes Problem. Nicht das Wissen von den Ursachen und Hintergründen expandierte; vielmehr wurden die Linken und die Bürger von der gleichen Leidenschaft zum Konkreten, zum selbst Erfahrenen und zur Selbsterfahrung, zu den Grundbedürfnissen und einfachen Wahrheiten erfaßt.

Bis tief in die siebziger Jahre hinein tagen in den *Universitäten* symbolische Vollversammlungen für die Fraktionen der Fundamentalopposition. Hier äußert sich ab 1975, manchenorts auch schon früher, ein affektives Unbehagen an rigiden Schulungskonzepten und den Parolen des »antiimperialistischen

[8] Wolfgang Sachs, Der Planet als Management-Objekt, in: Die Tageszeitung vom 13.7.1988, S. 11.

Kampfes« und des »Bündnisses mit der Arbeiterklasse« – weniger am Inhalt der Konzepte als an ihrer praktischen Verbindlichkeit, ihrem Stil und ihren Vertretern. (Das Imperialismus-Modell erlaubt eine Minimalverständigung, d.h. den Streit zwischen K-Gruppen, parteilosen Basisgruppen und Stadtguerilla. Es soll erklären, warum die Entwicklung, global gesehen, revolutionär ist, obwohl sie es in den Metropolen gegenwärtig nicht ist, und es impliziert ein bekämpfbares Weltausbeutungssubjekt, das Ausplünderung, Rüstung und Kriege steuert: die Unterdrückungsstrategie bzw. die Strategen, das »Kapital« bzw. »die Herrschenden«. Es bringt Einheitlichkeit, Sinn und Logik in das Weltgeschehen. Dabei gebärdet sich der Imperialismus, je nachdem, so unparteiisch wie das abstrakte Gesamtkapital oder penetrant ideologisch, etwa rassistisch und sexistisch.)

Die »undogmatischen Unorganisierten« lösen die Einheitserklärung nun nicht durch eine genauere Analyse ab. Sie lassen es einfach dahingestellt, was weltweit und letzten Endes der Fall ist, sofern die Darstellung abstrakt ist, d.h. das eigene Erleben nicht unmittelbar betrifft. In der Beschwörung der Identität von Politik und Person, die eine allgemeine Theoriefeindlichkeit begründet, wird der Marxismus-Leninismus gleich mitentmachtet. Gegen diesen spricht nun, daß die Revolution noch nicht absehbar ist, denn Aufschub bedeutet Vernachlässigung des hier und jetzt Dringlichen und im übrigen Stellvertretung der Interessen durch Funktionäre. Anders gesagt: Autonomie und selbstgewisses Leben vertragen sich nicht mit langen Märschen.

Im Rahmen des Kapitalismus, an dem bis auf weiteres nicht zu rütteln ist *und der daher auf einen niedrigen Wirklichkeitsgrad herabsinkt*, betreiben die Autonomen ihre kleinen Alltags-Alternativen in Subkulturen, Freiräumen und reformbereiten Institutionen und beteiligen sich an den »neuen sozialen Bewegungen«. Orientierung bietet das Elementare und Evidente (das wiedergekehrte, das durch die Auflösung alles Elementaren hindurch wiederhergestellte, das mit dem Verfahren der Vereinfachung identische Einfache). In einer Lebenswelt mit vorläufig suspendierter Gesamterklärung reihen sich die diskutierten Themen nebeneinander – die ökologischen Probleme neben die sozialen und neben die politischen. Die schlechte Globalität des Imperialismus verwandelt sich in ein Sammelsurium gleichwertiger Mißstände, die alle irgendwie zusammenhängen und den einzelnen mit seinen Lebenschancen jeweils in eine Situation des Alles-oder-nichts versetzen: ökologische Katastrophe, Computerstaat, Overkill-Potential, Arbeitslosigkeit, Drogen, Korruption (»Ausverkauf der Demokratie«). Sie manifestieren sich nicht mehr als Erscheinungen ein und desselben Wesens, sondern als einzelne Bedrohungen, die einzeln abzuwenden sind.

Die Option für die Unmittelbarkeit behauptet jedenfalls eines: das Unmittelbare selbst, das Positive. Es gibt Bedürfnisse, die Mittel, sie zu befriedigen, und den Kampf um diese Mittel. Es gibt etwas zu gewinnen (»Wir wollen alles, und wir wollen es jetzt«), und es gibt etwas zu verlieren. Im imperialistischen Würgegriff haben Individuum und Natur nichts zu verlieren, denn – wie die RAF noch 1982 bekanntmacht – »erst hinter dem Ende des Systems wird eine Lebensperspektive herstellbar«: »Der US-Imperialismus kann in seiner historischen Krise ... zu den äußersten Mitteln greifen und wird das auch tun, wenn das System in die unkalkulierbare Krise rutscht... Das hat angesichts seines nuklearen Vernichtungspotentials allerdings eine katastrophische Perspektive – die zu fürchten wir, die international Unterdrückten und Ausgebeuteten, keinen Grund haben. Denn bedeutet sie in jedem Fall das Ende des Imperialismus, so bedeutet der Imperialismus in jedem Fall unser Ende.«[9] Die Kehre zum Konkreten entdeckt die Nahwelt und die Beziehungen in ihr als etwas Wertvolles, zumindest noch teilweise Heilgebliebenes, das es vor der Zudringlichkeit welcher Herrschaft auch immer zu schützen gilt. Wenn die Gegenwehr das Ausbeutungsprinzip selbst in Frage stellt und schließlich zum Kampf gegen das System insgesamt anschwillt – um so besser. Aber dieses Kalkül motiviert nicht zur Gegenwehr.

Theorielose Praxis hält sich an die Theorie, die sich von selbst versteht. Weil das Wirtschaften augenscheinlich an natürliche Grenzen stößt (bei Düngung, Betonierung, Fischfang und Müllerzeugung), empört sich das Lebendige gegen das Tote und hütet die kostbar werdenden Restbestände: das rückständige Soziotop, den kleinen Gemischtwarenladen, die Muttermilch, die dem Erosionsprozeß ausgesetzten Normen und Werte. Bürgerinitiativen rebellieren gegen die permanente Umwälzung. Unversehrtheit und Gleichgewicht verpflichten den politischen Katastrophenschutz, abstrakter als jeder Imperialismus.[10] In Bedrängnis gerät auch das Gleichgewicht des Individuums, dessen Einforderungen die Mitwelt kalt begegnet, und Not kennt kein Gebot. (Denn »wer kümmert sich darum, wenn ich es nicht tue?«) Um der Faßlichkeit des Systems willen erklärt sich der einzelne sogar bereit, die Wurzel aller Übel in sich selbst zu erkennen und zu therapieren: »Der Krieg beginnt in uns selbst«, also auch die Abrüstung.[11]

Daß die Existenzbedingungen schlechthin erhaltenswert sind, beginnt früher oder später auf die soziale Ordnung abzufärben. Schließlich üben sich ja beide in Koexistenz, und auch die Ordnung besteht bei näherem Hinsehen aus Menschen. Die Systemkritik bekommt unmerklich einen gemütlichen Unterton, ganz abgesehen davon, daß Haß Kompensationsbedarf verrät. Das Lippenbekenntnis ehemaliger Linksradikaler, die »reformistisch-parlamentarische Demokratie« sei zwar kapitalfromm und verrottet, aber weltweit das kleinste Übel, ist ehrlich gemeint. Beim »Sprung ins Leben selbst« verschwimmen die alten Feindbilder. Über den wieder einleuchtend gewordenen Dingen liegt die imperialistische Krankheit wie ein mit gutem Willen abwaschbarer Firnis. Als unendlich gut und unendlich katastrophal zugleich tritt uns das Leben in jeder neuen Tageszeitung und im Blick des anderen gegenüber.

Die *Buntheit* der Bewegungen und Subkulturen harmoniert mit dem Einerlei der Selbstbehauptung. Gewöhnlich stehen allein schon die Namen der jeweiligen Szene und ihres Natur-Klienten für das ganze Programm, Unterschied genug, Begründung genug, um vorerst alle Aktivitäten der Überlebensstrategie unterzuordnen. Je weniger das Anderssein einer Erläuterung bedarf, desto leichter erübrigt es sich bei der Durchsetzung von Ansprüchen. (Wo ist die seit zwanzig Jahren versprochene weibliche Sprache zu hören?) Überall wimmelt es von Abweichungen; doch sie verharren in der Blödigkeit der Umstände und verflüchtigen sich, wenn wir sie einberufen.

Fortlaufend entstehen neue Knappheiten und Knappheitsängste und mit

9 Guerilla, Widerstand und antiimperialistische Front, Positionspapier der RAF, verbreitet im Juni/Juli 1982.

10 Vgl. Wolfgang Pohrt, Frieden und Widerstand – Volkssturm oder Emanzipationsbewegung?, in: Die Tageszeitung vom 1.9.1983, S. 10.

11 Vgl. die Schriften von Peter Sloterdijk.

ihnen neue Intoleranzen, die bei ihren Zielgruppen jeweils eine Alternative von Überhaupt oder Gar nicht heraufbeschwören. Da die überlebende Gesamtgesellschaft sich durch die Organisation von Mehrheitsansprüchen und deren Ausgleich strukturiert und die Selektionsregel neben Bestand und Untergang keine dritte Möglichkeit beachtet, müssen die Alten, Kranken, Behinderten, Asylanten, Obdachlosen, Arbeitslosen und Homosexuellen befürchten, daß man sie im nächsten Ausnahmezustand einfach abschafft. Infolgedessen streichen die Minderheiten ihre mehrheitsfähigen Eigenschaften heraus, deren eindrucksvollste stets der Stil der Selbstbehauptung selbst ist (Stolz, Power, Offenheit, Verständigungsbereitschaft, Selbstdarstellung, Vorführung des eigenen Konfliktpotentials). Aber eigentlich ist jede Merkmalsgruppe eine Surplus-Population, jede menschliche Arbeitskraft tendenziell überflüssig[12], und jeder gehört vielen Merkmalsgruppen zugleich an. Mit dem scheinbar resignativen Lebensgefühl des *no future* meldet sich obendrein der Überlebensanspruch der Gegenwart gegenüber den Zukünften. Auch in den Nischen der Alternativökonomie und den Ghettos der »zweiten Kultur« regiert die Sorge, das Erkämpfte könne verlorengehen. Alle Gruppen mit Selbstwertschätzung – ob alternativ oder mehrheitlich – treffen sich in der Forderung nach mehr Autonomie: mehr Selbstverfügbarkeit, besserer Entlohnung und Absicherung, mehr disponibler Zeit, Anerkennung, Befreiung von Zwängen. Diese Forderung verleiht dem Überleben keinen Inhalt; sie ist pure, selbstverständliche, unabweisbare *Selbst*-Verwirklichung im Verteilungskampf, an dem nunmehr gerechterweise alle teilnehmen.

Die unverhoffte Chance müheloser Plausibilität bezaubert die meisten Linksradikalen; die Stärke der mobilisierten und sympathisierenden Massen macht sie zu Siegern. Die Angehörigen der Überlebensbewegungen insgesamt sehen sich an der Seite der Guten Natur. In ihren Empörungsfeiern nehmen sie für sich in Anspruch, die humanistischen, demokratischen und revolutionären Traditionen fortzuführen und mit den »besten konservativen« Traditionen zu versöhnen. Dabei erscheint ihnen eine total inventarisierte und bewirtschaftete Natur, wenn sie nur besser funktioniert als die kaputte, bereits als die Rettung, in Übereinstimmung mit der rohstoffverarbeitenden und energieerzeugenden Industrie: Natur für das Auge, die Gesundheit und den Harmoniebedarf. »Unterm Strich« wären nicht regenerationsfähige natürliche Ressourcen für alle Beteiligten vernichtend, und am guten Willen der Wirtschaft ist letztlich nicht zu zweifeln (und auch nicht an ihrer Bereitschaft, am Umwelt-Boom teilzuhaben). Ihr wird daher vorgeworfen, Nutzen und Kosten nur für zwei, drei, höchstens fünf Jahre und nicht, wie es vernünftig wäre, für dreißig Jahre zu kalkulieren und die Folgen solcher Kurzsichtigkeit zu sozialisieren.

Die verwirrten Antiimperialisten trösten sich mit den ökologischen Krisen als letzten, unübersehbaren Selbstentlarvungen des »lebensfeindlichen« kapitalistischen Industriesystems und der Breite des Widerstands, und sie senden theoretische und praktische Vereinigungssignale aus. Rudi Dutschke sieht 1977 in Wyhl und Brokdorf den Beginn eines »Bündnisses von Bürgerinitiativen und Linken« und die Demonstranten »getragen von dem radikalen Bedürfnis zu leben, zu überleben und eine andere Lebens- und Produktionsweise anzustreben«.[13] Wo soviel gemenschelt wird wie in den Überlebensbewegungen,

---

12 Vgl. das Gespräch zwischen Peter Brückner und Michael Schwarzkopf, Das Verhältnis der Linken zur eigenen Geschichte, in: Die Tageszeitung vom 3.5.1982, S. 8f.

13 Rudi Dutschke, Kolumnen, in: das da, Januar 1977, S. 13, und April 1977, S. 12.

werden auch altgediente Marxisten dazu verführt, dem Imperialismus unmoralisches Verhalten und »Absurditäten« vorzuhalten (z.B. die »offenkundige Fehlleitung von Reichtum«). Dabei weiß man es doch besser: »Wer vom Imperialismus nichts wissen will, der soll nicht beim Krieg plötzlich erschrecken.«[14]

Die Besserwisser stoßen bei den autonomen und alternativen Gruppen auf taube Ohren; dennoch bleibt ihre Botschaft die einzige Makrotheorie, die den Gruppen zur Verfügung steht. Zwar hört kein Anhänger des Unmittelbaren die Lehre vom Imperialismus, von der proletarischen Revolution und vom Kommunismus ohne das Gefühl von Peinlichkeit, aber ihr Platz ist reserviert. Die Lehre wurde *beiseitegelegt* und nicht abgelöst. Wer als Radikalkritiker der Lebensfeindschaft einer theoretischen Konfrontation nicht ausweichen kann, besinnt sich auf den unüberwindlichen Gegensatz von Kapital (Tauschwert) und Arbeit (Gebrauchswert) und die Substitutionsfunktion der Dritten Welt. In den Wortmeldungen desorientierter Bewegungsteilnehmer, die endlich wieder Freund und Feind auseinanderhalten wollen, kehren die rituellen Formeln unschuldig und befremdlich wieder. Die aus Versatzstücken des Marxismus-Leninismus, des Maoismus und der Deklarationen jüngerer Befreiungsbewegungen komponierte Imperialismus-Theorie fungiert in der Fundamentalopposition als eine Art Grundgesetz, von dem man so selten wie möglich spricht. Sie klingt nach Lebensferne, Parteiorganisation und Leitartikel, aber bleibt unersetzlich. Denn ohne eine Instanz, die, wenn es hart auf hart geht, das Unheil zu verantworten hat, öffnete sich eine Dimension unbegrenzter Sinnleere. Die ausgemusterte Theorie garantiert die Möglichkeit einer humanistischen Deutung des Weltlaufs.

An dieser Stelle meiner Rückwärtsbewegung von der Katastrophenlage der Gegenwart zur Aufbruchslage 1967/68 möchte ich eine Zwischenbilanz ziehen. Ich habe die Grundzüge einer dezidiert theoriefreien, nicht auf distanzierte Erkenntnis gestützten, sozusagen spontan entstandenen und insofern originär anmutenden Praxis dargestellt. Diese Praxis (großer und kleiner Bewegungen) steht unter einem gesellschaftlichen Vereinfachungsdruck, der jedes Problem, das generelle Aufmerksamkeit für sich beansprucht, auf die Frage der Sicherung bloßer Möglichkeitsbedingungen (Überleben, Autonomie) reduziert. Sofern sie sich als Systemopposition, wenn nicht als Ansatz zur Systemveränderung versteht, erliegt sie demnach einer Täuschung. In eigentümlicher Spannung zu ihr reproduziert sich eine Universaltheorie mit deutlich opportunistischer Zusammensetzung und Leistung. Zwischen beiden besteht ein Komplementärverhältnis und kein Reflexions- und Korrelationsverhältnis. Beide haben eine gemeinsame Vorgeschichte. Vorläufer der »neuen sozialen Bewegungen« lassen sich bis zur Studentenbewegung zurückverfolgen (im Wohnkommunen-, Sexual- und Sozialisationsbereich). Bei der Imperialismus-Theorie handelt es sich um *die* theoretische Resultante in der auslaufenden Studentenbewegung (mit beträchtlichem Auslegungsspielraum). Zu ihr beigetragen haben die Fraktionskämpfe, der interkontinentale Theorietransfer und die Auseinandersetzung mit der Kritischen Theorie der Frankfurter Schule.

Auch bereits 1967/68 standen die Behelfstheorien einerseits und die Demonstrationen und Hochschul-Aktivitäten andererseits fast durchweg in einem Komplementärverhältnis. Weder taugten die Theorien zum Korrektiv der Aktionen noch taugten diese zum Korrektiv der Theorien. Wer die *Bewe-*

14 Parole der Marxistischen Gruppe, 1980.

Bewegung 215

gung nach ihren eigenen ausformulierten Ansprüchen beurteilt, unterliegt somit einem Mißverständnis. Vieles bewegte sich, und gleichzeitig kam es zu anspruchsvollen Selbst- und Weltdeutungen, die unmittelbar beeindruckten und befriedigten.

Daran hat sich bis heute nichts geändert. Basisarbeit und Globaltheorie der Ökosozialisten machen sich eher Konkurrenz. Tritt die Theorie öffentlich in den Vordergrund, dann tritt die Praxis in den Hintergrund – und umgekehrt. Meine zentrale These ist: 1967/68 gingen die »neuen Linken« sowohl in ihrer Empörungspraxis als auch bei der Aneignung der Gesamttheorie vom Imperialismus auf bereitstehende Identifikationsangebote ein. Sie wußten bei allem, was geschah, vorab Bescheid (wurden von Evidenz überwältigt und vom Verdacht infiziert) und waren daher nicht sehr neugierig auf die Paradoxien in der Entwicklung der BRD. Die Auseinandersetzung mit der Kritischen Theorie wurde regressiv beendet, was unter anderem besagt, daß die Negative Dialektik Adornos für Anhänger der Imperialismus-Theorie nach wie vor unüberholt ist. Ich sehe nicht ein, warum der Begriff des globalen Imperialismus (des militärstrategisch und weltmarktpolitisch vermittelten und rückvermittelten Gesamtkapitals) weniger »ontologisch« sein soll als Adornos Begriff der Totalität, an dem er festhielt, obwohl und weil der Begriff nicht mehr Ausdruck einer gesellschaftsimmanenten Negativität ist.

Die Folgen der Bewegung

Der Studentenbewegung wird »10 Jahre danach« und »25 Jahre danach« von ihren Vertretern und den Printmedien, ihren Mentoren, ein Erfolg wider Willen zuerkannt. Aus der Revolution im großen, dem Sozialismus mit inhärenter Bürokratieverhinderung, Räte-Selbstverwaltung und Demokratisierung aller chancenverteilenden Bereiche, ist nichts geworden – daher die düstere Grundstimmung vieler Dabeigewesener, deren damals geweckte Zukunftserwartungen enttäuscht wurden. *Aber*: dort, wo die politische Machtfrage nicht gestellt wird, im täglichen Leben, im Privatleben, im »Umgang miteinander«, hat nach allgemeinem Konsens eine bleibende Revolutionierung stattgefunden. Nach Vermutungen der sozialpsychologischen Ursachenforschung speisten sich die Haupttriebkräfte des Aufbegehrens und sich-mitreißen-Lassens in den sechziger Jahren aus den Krisen der Familie, der Erziehung und der Sexualität – nicht etwa aus materiellem Elend und auch nicht aus der Trübung akademischer Berufsaussichten in den Massenuniversitäten, von Vietnam ganz zu schweigen.[15] Demnach hätten die Rebellierenden letztlich das bekommen, was sie ursprünglich wollten. Was besagt es also festzustellen, die Studentenbewegung habe dort gesiegt, wo sie es eigentlich nicht vorhatte? Die Bewegung der abgegebenen Erklärungen, die der täglichen Unruhen, die Bewegung im Leben der Beteiligten oder die Eigenbewegung der entstandenen Organisationen?

Die meisten Beteiligten, Begleiter und Nachfahren werten das faktisch Erreichte alles in allem – und ein wenig euphemistisch – als Kulturrevolution. Unbestritten ist zwar auch der Beitrag der 68er an der Entstehung der Anti-AKW-, Friedens- und Ökobewegung; aber nur der weitgreifende Einstellungs-

---

15 Vgl. Frederick Wyatt / Ann Arbor, Motive der Rebellion – psychologische Anmerkungen zur Autoritätskrise bei Studenten, in: Psyche, 22. Jg, Heft 8, August 1968.

und Verhaltenswandel in den ehemals als »Privatleben« der öffentlichen Erörterung entzogenen Bereichen einschließlich der Güterabwägung zwischen Freizeit und Arbeit wird fast vollständig und linear-kausal der Studentenbewegung gutgeschrieben. Diese existentiellen Errungenschaften haben, zumal bei den Frauen, das neue Fundament möglicher Selbstwertschätzungsalternativen konstituiert und gehören zum Bestand, über den keine(r) mehr mit sich reden läßt. Auch würde keine(r) sich ausreden lassen, daß hier ein Fortschritt stattgefunden hat. Fortschritt? Wie kann eine der lebenskräftigsten Entwicklungen – mit Parallelen in fast allen Ländern –, die in eine Zeit hineinlaufen, deren Fazit die Dauerbedrohung allen Lebens ist, Fortschritt sein? Und haben wir uns von der Idee des Fortschritts nicht längst verabschiedet?

Nach dem, was man überall hört, müßte man glauben, bei jenem »ungestümen Emanzipationsschub«, der »Entkrampfung in allen Lebenslagen«, dem »Ausbruch aus der Verklemmtheit der fünfziger und sechziger Jahre« und dem »neuen, sensitiven Lebensgefühl« handele es sich um den einzigen sozialen Fortschritt in den vergangenen zwanzig Jahren, vielleicht um den letzten überhaupt. Somit müßten wir eine globale Daseinsebene mit desaströser Entwicklung (»die vollends aufgeklärte Erde strahlt im Zeichen triumphalen Unheils« – Horkheimer und Adorno) und eine private Daseinsebene, in der nach dumpfen Jahrhunderten aufgeatmet wird, unterscheiden. Nur, was heißt »privat«? Die Emanzipation der in den Familienparzellen zurückgestauten Lebensansprüche sucht und benötigt nach herrschender Meinung ja gerade das *Öffentlichmachen* des Privaten – des *scheinbar* Privaten, denn die Rollenverteilung, die Sozialisation und das Schicksal der Lüste erweisen sich in doppelter Hinsicht als politisch: sie werden von der Sozialordnung (Arbeits- und Konsumwelt, Sozialpolitik, Medien usw.) mitgeprägt, und sie prägen ihrerseits die Sozialcharaktere ohne und mit Widerspruchsgeist, Courage, Wandlungsphantasie, Gestaltungselan. Wir alle waren davon überzeugt, daß der Nationalsozialismus nicht die Macht ergriffen hätte, wenn unsere Eltern und Großeltern nicht in obrigkeitshöriger Kleinbürgerei und Sexualfeindlichkeit befangen gewesen wären. In den siebziger und achtziger Jahren sprechen die Lebensbilanzen einer ganzen Generation von der Begeisterung des Ausbruchs aus den Zwängen und hin zur Aussprache: »daß die Dinge plötzlich Namen bekamen, daß etwas bislang so Peinliches wie ›Orgasmusschwierigkeiten‹ plötzlich Thema öffentlicher Diskussion war ... Da haben wir angefangen, in vorher nicht gekannter Radikalität von uns selbst zu sprechen ...« (Oder so ähnlich; die Quelle spielt keine Rolle.)

Wer aber die Trennung von Privat und Öffentlich bestreitet, muß auch bestreiten, daß mitten im globalen Desaster individuelle Emanzipation möglich ist. Es sei denn, er/sie macht sich mit dem Gedanken vertraut, daß Desaster und Emanzipation zwei Seiten einer Medaille sind.

Die Selbstgewißheit der Befreiung rührt daher, daß etwas Bedrückendes, verborgen Gehaltenes öffentlich besprochen und auf diese Weise reflektiert und relativiert worden ist, und sie beruht auf dem Vertrauen, daß die Auflösung von *Zwängen* die Sphäre, in der eine(r) über sich selbst, d.h. ihre/seine Möglichkeiten, verfügt, erweitert. Die Politisierung zunächst vorpolitischer Bereiche bedingt »Autonomie«. Der Begriff politisierter Individualautonomie war von der Studentenbewegung nicht entwickelt worden, zumindest nicht als unabhängig von der postulierten Demokratisierung ökonomischer Verfügungsgewalt und der Kontrolle der Staatsmacht durch die jeweils in Mitleidenschaft Gezogenen. Daß der gegen Widerstände, aber nicht in – mehr oder weniger gewaltsamen – revolutionären Prozessen durchgesetzte Lebenskulturwandel ein Fortschritt sei und es uns heute besser gehe als den Menschen vor zwanzig, dreißig Jahren, ist fraglose Gewißheit und folgt nicht aus einer Analyse sozialen Wandels. Zu erklären ist diese Fraglosigkeit entweder damit, daß der Lebenskulturwandel bestimmte Erwartungen der bürgerlichen Revolution (die ja in Deutschland nicht richtig durchschlug) zu erfüllen scheint, oder damit, daß er einem allgemeinen kulturellen Wandel Vorschub leistet: »Wertvorstellungen« und »Normen« insgesamt werden freigegeben, weil andere Normalisierungsverfahren an ihre Stelle treten (vielfältige Anregung, mich selbst zu erforschen, unentwegt nach dem zu suchen, was ich *wirklich* will, über meine Suche Auskunft zu geben und Voraussetzungen für das Wirkliche zu schaffen, sowie schnellebige *Bewertungen*).

Auch dort, wo die Studentenbewegung nicht gesiegt hat, im Bereich der institutionalisierten Politik, haben ihre verzweigten, interpretierten und umgeleiteten Primäreinflüsse einen Einstellungs- und Wertewandel begünstigt. In wachsenden Teilen des Wahl- und Parteivolks verlieren »jahrhundertealte stabile Muster der Akzeptanz von Obrigkeit und Regierung, von Staat und hierarchischer Ordnung« (Ekkehart Krippendorff) ihre Gültigkeit; ein später Sieg der »republikanisch-radikaldemokratischen Haltung«. Man mag dies »Fundamentalliberalisierung der Gesellschaft« nennen oder »Veränderung der politischen Kultur«, »Vertrauen auf die Wirkung der Aufklärung, der Vernunft, des Argumentierens« (Knut Nevermann) oder einfach »Politisierung«. Verfestigte Strukturen und Positionen geraten in Bewegung, unvertraute Alternativen werden bedacht, Möglichkeiten und Folgen in wachsender Zahl durchgespielt, die Interventionen der Interessengruppen und der »riesigen Partizipationsbürokratien« (Niklas Luhmann) gegeneinander ausgespielt, um Zeit zu gewinnen: höhere Reflexivität, Komplexität des politischen Systems. Das System und die Gruppen denken häufiger über sich selbst nach, um besser vom Fleck zu kommen. Hilfreich ist dabei, was Knut Nevermann die »Versozialwissenschaftlichung« der Politik, der Öffentlichkeit und des Rechts genannt hat[16]: die Voraussetzungen und Implikationen von Zuständen und ihrer Änderung werden bewußt gemacht und damit relativiert, gewissermaßen für die Entscheidungsfindung aufgewirbelt. Auf diese Weise hat die Soziologengeneration der sechziger Jahre ihren Anteil am letzten Modernisierungsschub. Die kulturelle und politische Nachwirkung der Studentenbewegung insgesamt besteht, mit einem Wort, in *Bewegung*.

Enthüllungsbewegung

Wenn von der Studentenbewegung gesprochen wird, denke ich zunächst an die Bewegung der eingereihten und gestaffelten Körper durch die Straßen. Demonstrierend, *hinweisend*, haben wir die Bewegung erlebt, wissend, daß sie

---

16 Transatlantik, Winter 1/1986, S. 75.

gleichzeitig von anderen, ja von allen erlebt wurde. Zu sehen, daß unser Aufstand im Blick der Zuschauer auf den Bürgersteigen und vor den Bildschirmen unbestreitbar wurde und wir nicht mehr in den Selbstzweifel zurückkehren konnten, ließ uns schaudern, und dies nicht nur, weil wir uns öffentlich aussetzten, sondern auch, weil wir das Gefühl hatten, für die Möglichkeit des Aufstands mit unserem Laufen und Skandieren selbst verantwortlich zu sein.

Anschließend jeweils diskutierten wir darüber, wie es zu verhindern sei, daß die Bewegung in den Straßen sich in den Straßen verlaufe, und wie sie in die Kontinuität institutioneller und betrieblicher Kämpfe kanalisiert werden könne. In Anbetracht der Organisationsfrage verblaßten die Demonstrationsanlässe zu ehrbaren Vorwänden für Aufklärung und Mobilisierung, denn diese sollten den Ursachen und Zielen der Revolte gerecht werden. Dennoch besteht die Chronologie der Bewegung im wesentlichen in der Sukzession der Anlässe. Ohne sie hätte es keine Strategiedebatte und keine politische Antizipation gegeben. Sie dienten als Treibsätze und Realitätsbeweise. Solche Beweise (auf den Projektionsflächen der öffentlichen Wahrnehmung) waren freilich unbeständig. Der Bewegung gelang es nicht, sich eine Basis bzw. bleibende empirische Selbstgewißheit über ihre jeweilige Veranlassung hinaus zu schaffen, abgesehen davon, daß an ihr viele unterschiedliche Gruppierungen beteiligt waren, die den Sinn der Ereignisse jeweils gesondert reflektierten. Sie war eine Folge von Anläufen, Provisorien, Brechungen und programmatischen Absichtserklärungen.

Diese Feststellung wird niemanden überraschen, doch will ich mit ihr gerade sagen, daß eine identifizierbare *Bewegung* stattfand, nämlich als eigenartige Diskontinuität, und davon abraten, die Unruhen von 67/68 für irgendeine Traditionspflege zu nutzen (bei der ohnehin meist eine bestimmte Programmdiskussion oder eine bestimmte Lebenshaltung an die Stelle der Ereignisse rückt). Eben diejenigen, die in der Bewegung retrospektiv eine revolutionäre Phase, eine aufständische Wirklichkeit und die Wirklichkeit des Aufstands erkennen, weisen ihr – aus je unterschiedlicher Perspektive – die Funktion einer Vorläuferin zu, aus deren Unzulänglichkeiten man lernen kann. Ich sehe aber nicht, daß eine der Nachfolgebewegungen mit revolutionärer Intention über die prinzipiellen Schwierigkeiten der Studentenbewegung hinausgekommen ist. Diese Schwierigkeiten beginnen damit, daß solche Bewegungen sich – unvermeidlich – unter einen Selbstbegründungszwang setzen, und sie pflanzen sich fort, weil die Begründung ständig aufgeschoben wird. Die Studentenbewegung fiel daher immer wieder auf ihre Mobilisierungsanlässe zurück. Das macht ihr Pathos und ihre Verlegenheit aus.

Es gab zwei langfristige Anlässe: den Krieg in Vietnam und die Vorbereitung der Notstandsgesetze, und es gab zwei *Blutopfer*, Benno Ohnesorg und Rudi Dutschke. Erstere stimulierten den Langzeitprotest breiter Bürgerbündnisse, eine Kette von Reaktionen auf die jeweils aktuelle Wendung der Dinge; letztere lösten Explosionen aus, wobei der Mordanschlag auf Rudi Dutschke zugleich die Anti-Springer-Bewegung initiierte. Deutlich schwächer war die Signalwirkung der sonstigen Anlässe: der Staatsbesuche von Diktatoren (insbesondere von Schah Reza Pahlevi) und Imperialisten (US-Vizepräsident Humphrey), der Diktatur in Griechenland und anderen Ländern, der Ausweisung persischer Studenten, des palästinensischen Kampfes, der Parteitage der NPD, der Demonstrationsfolgen selbst (Verhaftungen, Prozesse, Polizeistrategie, Verletzte), der Arbeiterstreiks (in der Spätphase), der Vorgänge in den Hochschulen selbst (beginnend mit dem »Fall Krippendorff« und der »Affäre Kuby«) als öffentlichen Institutionen und der Anlässe von lokaler Bedeutung (z.B. Tariferhöhung für öffentliche Verkehrsmittel).

Vergegenwärtigen wir uns den Charakter der Reaktionen auf die in erster und zweiter Linie folgenreichsten Anlässe. Es handelt sich zum einen um Proteste gegen Unrecht (Vietnam, Schah/Ohnesorg, Dutschke/Springer, Militärregimes, Demonstrationsfolgen), die, nach der Art der spontanen Empörung und Selbstdarstellung zu urteilen, das *Recht als Normalzustand* implizieren, zumindest in der BRD und deren Politik, und nun diesen Normalzustand wiederherstellen wollen. Zum zweiten handelt es sich um Proteste gegen befürchtete oder faktische Prozesse der Entdemokratisierung (Notstandsgesetze), die einen Zustand fortgeschrittener, wenn auch unzulänglicher Demokratie *als bereits erreicht* unterstellen. Ich spreche von Reaktionen, von der empirischen Studentenbewegung, nicht von vorangehenden und nachträglichen Analysen.

Wer – wie ich selbst – im Normalzustand der BRD einen einzigen großen Fehler sah, empfand bei der Nutzung der Anlässe, wie gravierend sie auch sein mochten, klammheimlich Scham. Hatten wir nicht genug Anlaß auch *zwischen* den Anlässen? Hätten wir die Politik des Westens akzeptiert, wenn die USA die renitenten Befreiungsbewegungen mit nichtmilitärischen Mitteln kirre gemacht hätten? (Und hatten die USA keine nichtmilitärische Alternative?) Wäre uns die Leistungsgesellschaft der BRD ohne Notstandsgesetze um einen Deut weniger beklemmend erschienen? (Und war deren Verabschiedung eine folgerichtige Absicherung dieser Gesellschaft?) Entlarvte (erst) ein Todesopfer die Entbehrlichkeit des Individuums in der Gesellschaft verselbständigter Produktivität? (Unsere Blutopfer und die der Gegenseite wurden wie Treffer in einem Fußballspiel gegeneinander aufgerechnet; wer mehr zu beklagen hatte, lag moralisch vorn.)

Wie auch immer, die auf generelle Manifestation angewiesene Bewegung blieb auf die empörenden Anlässe angewiesen. Sie sammelte und erprobte sich im Äther der Öffentlichkeit – sozusagen terrestrisch, wie der medientechnische Ausdruck lautet, statt unterirdisch und un-kenntlich – und damit in der Sphäre der Selbstgerechtigkeit von *Demokratie* und *Rechtsstaat.* Hier hatten wir uns zu stellen und befanden uns daher – auch und gerade als moralisch überlegene, offensive, erfolgreiche Bürgerrechtler – von vornherein in der Defensive. Hier riefen wir jene als Richter an, vor deren Lebensart uns graute. Hier harrten wir auf den nächsten Völkermord der Amerikaner und den nächsten Übergriff der Ordnungskräfte. Und wie bitter nötig hatten wir die Opfer in unseren Reihen!

Woher rührt diese Abhängigkeit von der Dynamik der Empörung? Wollten die Radikalen als Bürgerrechtler agieren, um mehrheitsfähig zu werden? Taktik spielte eine Rolle, war aber nicht ausschlaggebend. Zumindest die »antiautoritär« auftretenden SDS-Fraktionen und Cliquen wurden von einer *Chance* angezogen, die sich geschichtlich erstmals auftat, besser: aufzutun schien, und weder in der Terminologie der Menschenrechtsresolutionen noch in der Terminologie des Grundgesetzes der BRD hätte formuliert werden können: der Chance, aus der Zwangsläufigkeit von Naturbeherrschung und Selbstunterdrückung auszubrechen und so auch (nebenbei) Krieg und Hunger entbehrlich zu machen. (Rudi Dutschke: »Wir können eine Welt gestalten, wie sie die Welt noch nie gesehen hat...«)[17] Die Beschwörung dieser »realen« Möglichkeit förderte aber keine Wirklichkeit zutage, die in die bezeichnete Richtung drängte, so wie es etwa vor der bürgerlichen Revolution (Wirklichkeit privater Kapitalakkumulation, d. h. Verfügungsgewalt) und bei den Proletariern der Marxschen Analyse (Wirklichkeit der Kompetenz, Werte zu schaffen, und der Verelendung) der Fall gewesen war. In ihrem Wirklichkeitshunger übersetzte die antiautoritäre Revolte den Gegensatz von spätkapitalistischer Wirklichkeit und konkreter Utopie in einen systemimmanenten Widerspruch zwischen Schein und Wesen. Diese dem System verliehene Tiefendimension wurde in der Bewegung selbst inszeniert: Schein sei die relative Konsolidierung des Systems mittels »funktionaler Manipulation«; das Wesen werde sichtbar, »wenn die Manipulation an einem Punkt durchbrochen wird, wie zum Beispiel in der antiautoritären Revolte« – dann nämlich werde »die sublime Gewalt der Manipulation durch manifeste Gewalt (ersetzt)«.[18]

Bleibt nur noch die Frage, wodurch die Antiautoritäten dazu bewegt werden, die Manipulation punktuell zu durchbrechen: in der Empirie der Bewegung jedenfalls nicht durch eine die utopische Chance anpeilende Praxis, sondern anläßlich der Verteidigung des in der BRD erreichten Demokratieniveaus. Notstandsgesetze und Polizeiwillkür als Mittel zur Verhinderung der »objektiven Möglichkeit« (à la Herbert Marcuse)? Ein solches System hätte diese Möglichkeit noch gar nicht und könnte durch Demokratisierung aus den Angeln gehoben werden. Wenn es aber ernstzunehmende Feinde und Gefährdung fingierte, erwiese sich auch der Widerspruch zwischen Wesen und Schein als fingiert.

Die von der theoretischen Einsicht in mißachtete historische Chancen getragene Systemkritik bedarf zu ihrer Selbstvergewisserung einer zusätzlichen Evidenz. Sie schafft sich diese in Form einer sich selbst erfüllenden Prophezeiung: in der auf empörende Anlässe hin einsetzenden Bewegung. Hier wird der jeweilige Anlaß – ein Widerspruch im System von zunächst ungeklärter Tragweite und Stringenz – mit dem Gegensatz, den die konkrete Utopie aufreißt, identifiziert. Erst wenn das System entgleist, kann es als das Gesamtübel, das es ist, diskreditiert werden: als System, das gar nicht entgleist ist, sondern seinem Wesen entsprechend gehandelt hat. Die Folgen eines solchen Fundamentalopportunismus liegen auf der Hand. Solange das System nicht entgleist bzw. die auftretenden Mißstände nicht ideologiekritisch nach vertrautem Muster zu deuten sind, erscheint es als hinnehmbar.

Die Studentenbewegung kompensierte das Begründungsdefizit der transzendierenden Hochschultheorie. Unter diesem Druck setzte sie das Gesellschaftssystem der BRD – das im Übermaß Anlaß zum Verdacht gab – einem Verdacht aus, der sich selbst begründete. Jeder Anlaß, der die Antiautoritären und ihre Verbündeten in Aufruhr versetzte, war in bestimmter Weise geständig: Die Versuche des Staatsapparates, sich auf – projektive – Bedrohungen durch die Legalisierung des Ausnahmezustands vorzubereiten, bedeutete den »Übergang zur Diktatur« und »die Verschärfung des Angriffes auf den sozialen

17 Rudi Dutschke im Fernsehinterview mit Günter Gaus am 3.12.1967, abgedruckt in: Rudi Dutschke, Mein langer Marsch, Reinbek 1980, S. 52.

18 Rudi Dutschke bei einer Diskussion in der Evangelischen Akademie Bad Boll im Februar 1968, abgedruckt in: ders., Mein langer Marsch, a.a.O., S. 85.

Besitzstand der Arbeiter, Angestellten und Beamten«, letztlich die Versuchung, eine neue Art von Faschismus zu etablieren. Die Interventionspolitik der USA in Asien, Afrika und Lateinamerika sagte aus, daß der Imperialismus sich durch die Befreiungsbewegungen tödlich bedroht sah und mit uns wie mit den Menschen in Vietnam verfahren würde, falls er auch in den Metropolen ins Schwanken geriete. Die Ereignisse des 2. Juni 1967 enthüllten, daß »hinter der Maske der ›Verteidiger des Rechtsstaats‹ die nackte Drohung der Gewalt« steht.[19] Und die Demonstranten selbst rissen ihnen die Maske vom Gesicht.

Mit dem Verdacht verdichtete sich auch die Gewißheit, daß die brutale Wirklichkeit des Systems ihre guten Gründe habe, sich zu maskieren. Die Entlarvung schädigt folglich nicht nur den Nimbus, sondern auch den harten Repressionskern selbst. So entspricht es der Eigenbewegung des Verdachts, wenn schonungslose Offenbarungen an die Gesellschaft insgesamt abgesandt werden, obwohl diese bekanntlich keine Adresse hat und hatte. Während und nach der Studentenbewegung fabrizierte der Verdachtsmechanismus die Leidenschaft für Konspirationsgerüchte, die Unterwanderungsparanoia (der die Staatsschutzorgane schleunigst entsprachen), die Skandalversessenheit und die Strategie der Metropolenguerilla, dem scheinliberalen System durch gezielte Nadelstiche das Geständnis zu entreißen, daß es der alte Völkermörder geblieben sei – und die Perfektionierung der Herrschaftstechniken nur ein Prämie fürs Stillhalten.

Weil der konstruktive Verdacht einen unstillbaren Bedarf an Selbstvergewisserung zu decken hatte und diese nur im Medium der Öffentlichkeit von Fall zu Fall gelang, mußte das Unwesen, das sich im empörenden Anlaß enthüllte, möglichst allen sofort verständlich sein. Auf dem Weg vom Seminar zur Vollversammlung, zur Kundgebung und zum Fanal reduzierte sich die Analyse des Spätkapitalismus auf Antifaschismus und eine Grobzeichnung des Imperialismus. Die Theoriebruchstücke, aus denen die Begrifflichkeit der Sprechchöre, Flugblätter und Ansprachen stammte, waren zwanzig bis sechzig Jahre alt. Gleichwohl zeigten sie im Zirkelschluß des konstruktiven Verdachts keine Schwachstelle. Letzte Bestätigung erfuhr die Enthüllungsbewegung durch die Reaktion und die vorbeugenden Maßnahmen der Staatsorgane, die ihrerseits die Bewegung zum Motiv eines unwiderlegbaren Verdachts nominierten und zum Anlaß für Selbstbehauptungsmanöver der freiheitlich-demokratischen Ordnung nahmen. Auch der Staat griff dabei auf Sinngebungsmuster seiner Geschichte, vor allem aus der Weimarer Republik, zurück. Die Außerparlamentarische Opposition gewann als Popanz des Ernstfalls unschätzbaren Wert, nachdem der Versuch der Organe, sich an antizipierten Notständen zu reorientieren, trotz Ratifizierung der Gesetze das Feindbild eher verwischt hatte. In den Wiederaufführungen zwischen 1966 und 1970 *gab* die reformierte Republik ihre Existenzkrise, den Kampf zwischen umstürzlerischen und erhaltenden Kräften auf Biegen und Brechen und zugleich die verführerische Scheidung von Wesen und Schein. Die Linken griffen dankbar zu.

---

19 Flugblätter des SDS von 1966 und 1967.

Appellationsbewegung

Mit milder Selbstironie haben viele Aktivisten der Studentenbewegung berichtet, wie ungeduldig sie, glücklich vom Einsatz heimgekehrt, auf den Realitätstest des Ereignisses durch die Medienberichterstattung warteten und wie sie sich von der Aufwertung der Demonstration, die ja nach eigener Erfahrung häufig mißglückt war, belohnt und angespornt sahen.[20] Das Geschehen wurde, wie nicht anders zu erwarten, regelmäßig verzerrt wiedergegeben, und die Erläuterung der Hintergründe und Motive unterblieb fast immer. Aber der Erfolg bestand in der Hervorhebung des Themas; Journalisten wissen ohnehin, daß sich erfolgreiche Kollegen nicht mit Meinungen, sondern mit Themen durchsetzen. Das Thema »Zusammenstöße«, »Krawall«, »Unruhen« bot alles, um andere zu überflügeln: die Symptomatik der Krise, die Dramatik kollektiver und persönlicher Konfrontation, Action-Charakter, den Appeal stürmender Jugend (Zukunftsverdacht) und das Charisma einiger weniger Protagonisten, denen die Medien fortan auf den Fersen blieben. Die Mehrzahl der Journalisten war der Studentenbewegung gewogen, was allerdings selten am Tenor der Berichte und Kommentare, häufiger an der Nachahmung des kulturellen Protestdesigns und der Übernahme von Problemstellungen und Schlagworten erkennbar war. (Eine distanzierte und kritische Haltung gegenüber den politischen und ökonomischen Strukturen ist für die Journalisten berufstypisch. Wie Untersuchungen erwiesen haben, hat sie ihren Ursprung nicht so sehr in der Berufstätigkeit selbst oder einem Hang zur Gesellschaftsveränderung, sondern bereits in den Motiven der *Berufswahl*. Sie entspricht und entspringt der Abneigung gegen eine Tätigkeit in Wirtschaft und Verwaltung.[21]) Im übrigen stutzte der Medienreflex die Bewegung auf die Anlässe und, noch weiter, auf die Frage der Anwendung von Gewalt. Auch bannte er das veröffentlichte Selbstverständnis der Rebellion in die Alternativen »Rechtsstaat – ja oder nein« und »mehr oder weniger Demokratie« und legte so das Feld und die Regeln der Auseinandersetzung fest.

Ich habe zu erklären versucht, warum die Studentenbewegung von sich aus dieser Rezeptionsweise entgegenkam. Sie bedurfte neben der geschichtsphilosophisch ergänzten Gesellschaftsanalyse einer zusätzlichen und zwar empirischen, präziser: unstrittige Empirie suggerierenden, Reflexionsform. Die von ihr ergriffenen Protestgelegenheiten genügten dem auf das System insgesamt gerichteten vorsätzlichen Verdacht *und* den wichtigsten Anforderungen aktueller Politikdarstellung in den Medien. Vietnam, die Notstandsgesetzgebung, Staatsbesuche von Diktatoren, Todesschüsse und Attentate: keine Strukturfragen, sondern Ereignisse und Ereignisketten und vor allem moralische, d.h. verständnisfähige Stoffe, in denen der Publizist als Gesprächsanwalt tragisch entzweiter, aber letztlich ehrenwerter Parteien amtiert. Gerade die sprachlose Gewalt der Empörten wurde bei aller Maßregelung als Angebot zum *Dialog* über den richtigen Weg zur Beseitigung von Mißständen gut verstanden.

Schließlich spricht die dominierende Aktionsform, die Demonstration, vom Vertrauen auf die Überzeugbarkeit der ganzen Gesellschaft. Sie stellt Emotionen und die Wucht der von *einem* Geiste beseelten Massen in den Dienst

20 Vgl. beispielsweise Fritz Teufel, Wir Traumtänzer, in: Süddeutsche Zeitung vom 26./27. 3. 1988, Wochenendbeilage S. II.

21 Vgl. Arbeitsgruppe Kommunikationsforschung München (AKM), Journalismus und Politik – Bestandsaufnahme und Analyse der bisherigen Forschung, unveröff. Untersuchungsbericht, München, Juli 1984.

der Aufklärung. Die Erkenntnisse des 20. Jahrhunderts über den Oberflächen- und Resultatcharakter des Bewußtseins ignorierend, setzten die Bekennenden darauf, daß die Menschen erst einsehen und dann handeln und ändern. Sie wollten, daß es so sei. Gewiß riefen die Demonstrationen auch die Gleichgesinnten herbei, doch war dies eher unbeabsichtigter Effekt als Absicht. Die Hochschätzung der Bewußtseinsprozesse verstärkte die konstitutive Medienbindung der Bewegung, denn die Medien galten als die Multiplikatoren von Bewußtsein schlechthin. Weitgehend verdrängt worden ist die Erfahrung, wie erlösend das – erhoffte, aber kaum für möglich gehaltene – Wohlwollen einzelner Journalisten und Presseorgane (insbesondere des *Spiegel*) für die protestierenden Minderheiten war. Sich endlich verstanden zu fühlen, entsprach einem Wunsch, der bei den meisten Beteiligten offenbar der Aggressivität eng verschwistert war und um dessentwillen man viele Bedenken überwand.

Über die Medien appellierte die Bewegung an das Rechtsempfinden einer einsichtsvollen, urteilsfähigen und der Auseinandersetzung übergeordneten Instanz. Vor dieser machte sie Revolte und legte ihre Gründe und Absichten dar. Die demonstrativen, gesprochenen und gedruckten Signale richteten sich selten an bestimmte soziale Gruppen oder bestimmte Institutionen und Organisationen und schon gar nicht an vorbewußte Formationen (z.B. verleugnete Wünsche). Sie zielten auf eine unbestimmte Allgemeinheit, jedoch nicht auf die Bevölkerung insgesamt, sondern auf die verständnisbereiten Teile derselben, besser gesagt: auf das, was in jedem einzelnen verständnisbereit war: die richtende Vernunft. Man berief sich zwar auf die Interessen der Großgruppen und der Bevölkerungsmehrheit, betrieb aber keine Interessenpolitik, sondern rief die Interessen als Hilfskräfte der Vernunft auf, die in der einen oder anderen Weise in jedem waltete. Auch in den Hochschulen, Betrieben, Gewerkschaften, der SPD und anderen Organisationen unterschied man zwischen ungerechtfertigten und gerechtfertigten Ansprüchen und begründete die letzteren.

Für das hier wirkende Vertrauen auf eine unbeschadet gebliebene Appellationsinstanz inmitten der repressiven Gesellschaft gab es im bewußten Selbstverständnis der Bewegung keine Handhabe, uferte es doch latent zum Vertrauen auf die Gesellschaft insgesamt aus, die eben doch nicht durch und durch schlecht war, sondern sich noch nicht reiflich entschieden hatte, wohin sie eigentlich wollte. Obendrein hoffte man darauf, in diese offene Partie auf der Bewußtseinsebene eingreifen zu können. Die Gesellschaft mußte also soweit fortgeschritten sein, daß sie interessenunabhängige oder gar systemverändernde Rationalitätsinstanzen mit Einflußpotential freizusetzen imstande war. Sie hatte zwei Gesichter und zwei (potentielle) Totalitäten, ambivalent bis in die Materie. Ineinander verschränkt waren das monopolbourgeoise, entmündigende, latent mörderische System, auf das sich der Verdacht richtete, und die Hoffnung, es zu überführen, und die aufklärbare, ja partiell bereits aufgeklärte Gesellschaft, in der die Bewegung Gehör und Anerkennung fand.

Oder meinte es der Verdacht doch nicht ganz so ernst? Die spielerischen Züge der Enthüllungsbewegung und der *hypothetische* Charakter des Verdachts (Wie wird die Gesellschaft reagieren? Wird ihr nun bewußt, in welche Lage sie sich gebracht hat?) erschließen sich einem Angehörigen der Studentenbewegung wohl bereits in der Erinnerung an seine Mobilisierung. Wie leicht es doch war, Revolutionär zu werden! Ein Akt der Selbsternennung während der Lektüre, innerhalb von Tagen oder Stunden, vielleicht noch eine Kandidatur im SDS, oder einige Schritte vom Gehsteig in den Menschenzug, und eingereiht. Durch ritualisierte Bewegungsabläufe, persiflierende Gestik und Geschrei und »symbolisch« agierte man aus, daß es einem tödlich ernst und gar nicht ernst zugleich war.

Die Bewegung probte den Faschismus-Verdacht, um an der Reaktion der Apparate zu erkennen, wie weit es mit ihm her war. Währenddessen löste sich das Vertrauen in die Selbsterkenntnis- und Wandlungsfähigkeit der Gesellschaft nicht auf. Wo die Haltung rasch umschlug, konnte man an eine innige Beziehung denken: Der Übeltäter ist zugleich die Anrufungsinstanz, vor der man sich beschwert, um ihm Schuldgefühle zu machen, Zuwendung zu erzwingen und die eigene Position zu verbessern. Die Studentenbewegung begann und endete im Gerangel um die Hochschulreform, und sie forcierte einen kulturell-pädagogischen Einstellungswandel, der in der Mitte der sechziger Jahre schon in vollem Gang war (man denke an die britische Beat-Musik, den Übergang zur Kleinfamilie, David Riesmans Analyse des »außen-geleiteten Charakters«, Georg Pichts »Bildungskatastrophe«, die Vorläufer der Antiautoritären, die Ablösung der Ideologen durch Technokraten). Die Bewegung lag im Zug der Zeit, und sie stürzte Autoritäten, die schon wankten. In der Ambivalenz der von ihr attackierten Gesellschaft spiegelte sich ihre eigene. Antiautoritäre Enthüllungsbewegung und radikaldemokratische Appellationsbewegung fielen ineinander im Grundeinverständnis mit jener kulturellen und politischen Entwicklung, zu deren Beschleunigung die hypothetische Negation der Gesellschaft beitrug.

Diese Feststellung wäre nichtssagend oder unendlich auslegungsfähig, wüßten wir nicht, wie es in den siebziger und achtziger Jahren weitergegangen ist. Das Schwanken zwischen Vertrauen und Verdacht, nein: das Ineinander beider kündigt bereits die Koexistenz von Autonomiestolz und Katastrophe an, in der wir heute befangen sind. Vertrauen und Verdacht ermaßen die Spielräume der Gesellschaft der späten sechziger Jahre, aber sie nahmen es beide nicht mit dieser Gesellschaft auf.

Der abgewiesene Antrag

Der Konflikt zwischen der Studentenbewegung und den in Frankfurt lehrenden Vertretern der Kritischen Theorie wurde im nachhinein häufig als Mißverständnis gedeutet. Wenn es ein Mißverständnis war, dann ein konsequentes und – zumindest auf seiten der Studenten – absichtlich herbeigeführtes. Mich interessieren hier weniger die Entstehung und der Verlauf des Konflikts, der ja auch einen Mitbestimmungsstreit im soziologischen Lehrbetrieb entzündete, als die von ihm erzwungene Pointierung der Positionen. Ich habe einige Stellungnahmen von Adorno, Habermas und Herbert Marcuse mit einer gewissen Indifferenz gegenüber dem damaligen politischen Hintergrund wiedergelesen.

Mir scheint, daß der Taktiker Habermas in jenen Jahren als Demokrativoluntarist operiert hat, der seine differenzierten Strukturanalysen im Interesse einer Wahrnehmung von Reformchancen anlegte. Im Verhältnis zu vielen seiner Kollegen mag dies wohl eine kritische Haltung gewesen sein, doch nicht mehr Kritische Theorie, denn unter der Hand verwandelte sich dabei die entschiedene Auffassung der ganzen Gesellschaft zur Auffädelung eines Krisenzusammenhangs (und ohne daß Habermas aus der Auflösung der Totalitätskategorie die unumgänglichen, wesentlich weiter reichenden Konsequenzen gezogen hätte). Bei seinen Ergebnissen (»Legitimationskrise«) handelte es sich letztlich um verantwortungsbewußte Funktionsweisungen. Für die »studentische Opposition« (ApO, Bereich Hochschule) hatte er die Rolle der Mängelbeseitigerin vorgesehen: »Die Aufgabe der studentischen Opposition in der Bundesrepublik war es und ist es, den Mangel an theoretischer Perspektive, den Mangel an Sensibilität gegenüber Verschleierungen und Verketzerungen, den Mangel an Radikalität bei der Auslegung und Praktizierung unserer sozialrechtsstaatlichen und demokratischen Verfassung, den Mangel an Antizipationsfähigkeit und wachsamer Phantasie, also Unterlassungen, zu kompensieren.«[22]

Herbert Marcuse hat sich als einziger in der älteren Generation Kritischer Philosophen dem Aufstand der Minoritäten an die Seite gestellt. Heute mutet seine direkte politische Intervention wie ein Kategorien verschleißendes Perpetuum mobile an, angetrieben von der Begründung »radikaler und totaler Rebellion« just durch das »Fehlen einer Klassenbasis« (da dieses Fehlen ja Repressionsresultat ist und das Ganze noch schlimmer macht). Wie in der Studentenbewegung erscheint die vom korporativen Kapitalismus organisierte Gesellschaft bei Herbert Marcuse als unerbittlich und freizügig zugleich: In ihren enggezogenen Maschen zappelt alles und jeder, und doch tummeln sich die Umsturzbewegungen. Allerdings versprach Marcuse keinen fließenden Übergang von der legalen Demokratiereparatur zum Ausbruch. (»Recht steht gegen Recht – das positive, kodifizierte, durchsetzbare Recht der bestehenden Gesellschaft gegen das negative, ungeschriebene, nicht durchsetzbare Recht der Transzendenz, die wesentlich zur Existenz des Menschen in der Geschichte gehört: das Recht, auf einer weniger kompromittierten, weniger schuldigen und weniger ausgebeuteten Menschheit zu bestehen.«)[23]

Allein Adornos unnachgiebige Verdeutlichungen sind auch heute noch nicht in die Eindeutigkeit oder ins Weite und Vage gelangt. Seine strikte Verweigerung gegenüber der Forderung, sich zur Protestvaterschaft zu bekennen und sich auf irgendeine Weise anzuschließen, hat ihm Überlegungen abgefordert, die heute, unter dem Primat kommunikativer Beschleunigung, erst recht ins Schwarze treffen. Ich komme auf die Implikationen seiner Haltung noch zu sprechen.

Keine Version der Kritischen Theorie war jemals der erklärte Bezugsrahmen der Studentenbewegung bzw. der Außerparlamentarischen Opposition, vom Marcusianer Rudi Dutschke abgesehen. Aber diese Theorie schulte bei jenen Studenten, die sich zur Leistungsgesellschaft feindlich stellten, ohne aus sozialistischen Traditionen zu kommen, die Empfindlichkeit gegen »autoritäre« Strukturen und kulturindustrielle Produkte. Sie vermittelte ihnen auch die Begriffe für den Zusammenhang zwischen Faschismus und (klein)bürgerlichem Alltagsleben. Die stärkste Fraktion der Bewegung, die »antiautoritäre«,

22 Jürgen Habermas, Rede über die politische Rolle der Studentenschaft in der Bundesrepublik (am 9.6.1967), in: ders., Protestbewegung und Hochschulreform, Frankfurt/Main 1969, S. 141.

23 Herbert Marcuse, Versuch über die Befreiung, Frankfurt/Main 1969, S. 107.

verdankt der Frankfurter Schule ihre Genese und ihren Namen. Der in Studien der dreißiger und vierziger Jahre geprägte Begriff der »autoritären Persönlichkeit« ist sozialpsychologisch, nicht politökonomisch. Sich »anti-autoritär« zu nennen bedeutet, den Gängelungen im Vorfeld des Politischen zumindest den gleichen Rang wie den Prozessen in traditionell marxistischen Analysefeldern beizumessen. Zudem signalisiert die Bezeichnung eine Absage an die bürokratischen Organisationen der Linken und der Staaten unter sowjetischer Hegemonie. (Ganz ähnlich bezeichnet der Begriff der Kritischen Theorie »die Wendung der analytischen Arbeit von der ökonomischen Sphäre hin zur gesellschaftlichen Totalität«, nachdem die Mitglieder des Frankfurter *Instituts für Sozialforschung* im Exil zu der Auffassung gelangt waren, »daß es in dieser Entwicklungsphase nicht eine einzige gesellschaftliche Dimension, ob materiell oder geistig, gab, die nicht unter dem Einfluß der herrschenden Klasse und ihrer politischen und kulturellen Strategien stand«.[24] »Antiautoritär« wäre eine – schlechte – Alternative für »kritisch« gewesen.)

In der stillschweigenden Annahme, daß die Vertreter der Kritischen Theorie einander gegenseitig angeregt hatten und mit ihren Lebenswerken eine – schwer bestimmbare – Gesamtkonstellation bildeten, nahmen die Lesenden die einzelnen »Namen« für je unterschiedliche Analyseaspekte in Anspruch und spielten sie nach Enttäuschungen auch gegeneinander aus. Da die Verwandtschaft stets spürbar war, fiel diese Differenzierung häufig gar nicht auf oder wurde für unwesentlich gehalten. Kurz gesagt, schärften Adorno, Horkheimer und Günther Anders die Vorstellung eines geschlossenen Zwangszusammenhangs ein, während Benjamin, Herbert Marcuse und Fromm die Möglichkeit einer Öffnung zum befreiten Dasein nahebrachten. Die Schüler (Habermas, Friedeburg, Alfred Schmidt u. a.) fungierten als Empiriker und Exegeten.

Die durch Kritische Theorie auf ihre Politisierung vorbereiteten Studenten überwarfen sich ausgerechnet mit jenen – einzigen – Angehörigen der Frankfurter Schule, die wieder nach Deutschland zurückgekehrt waren. Das Zerwürfnis ist so häufig dargestellt worden, daß es an der Zeit ist, an seine fast groteske Unausweichlichkeit und Schlichtheit zu erinnern. Wie hätten die Schüler aus den kleinen und großen *Moralia* Adornos und Horkheimers etwas anderes als die Verurteilung ihrer Gesellschaft herauslesen können, einer Gesellschaft zumal, die das System von Auschwitz zu ihren – nicht selbst überwundenen – Vorstadien zählen mußte? Alles war »negativ« – und dennoch kein Handeln angezeigt? Nur Denken, Schreiben und Lesen wären unbedenklich? Und wenn jedes Aufbegehren unvermeidlich vom Wahn des Betriebs infiziert wäre – sollte das Unterlassen des Aufbegehrens in jedem Fall das kleinere Übel sein? So sprach die Plausibilität, und Horkheimer stand nicht an zu antworten: Ja, genau so ist es. Er schrieb 1968: »Der Unterschied (zu den dreißiger Jahren) betrifft das Verhältnis zur Gewalt, die in ihrer Ohnmacht den Gegnern gelegen kommt. Offen zu sagen, die fragwürdige Demokratie sei bei allen Mängeln immer noch besser als die Diktatur, die ein Umsturz heute bewirken müßte, scheint mir um der Wahrheit willen notwendig zu ein.«[25]

Die Studentenbewegung, die sich ab 1968 zumindest an den Hochschulen in Frankfurt und Berlin in Dauerpräsenz formiert hatte, war nicht so beschaf-

24 Herbert Marcuse während eines Gesprächs mit Heinz Lubasz, Alfred Schmidt, Karl Popper, Ralf Dahrendorf und Rudi Dutschke, auszugsweise wiedergegeben in: Rudi Dutschke, Die Revolte, Reinbek 1983, S. 159.

25 Max Horkheimer, Kritische Theorie, Bd. 1, Vorwort, Frankfurt/Main 1968.

fen, daß sie das Plausible der von ihr behaupteten Praxisverpflichtung am Unplausiblen des Totalitätsbegriffs hätte überprüfen können. Die Lehrer wurden nun in ihren Vorlesungen aufgescheucht und vor Vollversammlungen zitiert. Von Adorno und Horkheimer erwartete man nicht viel. Man trumpfte zwar auf und höhnte, aber in Wahrheit flehte man. Ein Fingerzeig zur Straße hin oder gen Vietnam, belegbar durch einen einzigen Satz, hätte genügt; um so mehr mußten die Meister ihre Zunge hüten. Die Studenten preßten den Konflikt in die Schablone: hier Praxis – dort Theorie, und Adorno stimmte unnachahmlich zu: »Das Verhältnis von Theorie und Praxis ist, nachdem beide einmal voneinander sich entfernten, der qualitative Umschlag, nicht der Übergang, erst recht nicht die Subordination. Sie stehen polar zueinander. Diejenige Theorie dürfte noch die meiste Hoffnung auf Verwirklichung haben, welche nicht als Anweisung auf ihre Verwirklichung gedacht ist...«[26]

Eine Klärung war nicht möglich, nachdem die Studenten den Begriff des Ganzen neoleninistisch zur *ganzen* Welt bagatellisiert hatten. Von Adorno hatte man erhofft, daß er »angesichts des Leidens der Verdammten dieser Erde« sein privates Mitleiden »in eine organisierte Parteilichkeit der Theorie zur Befreiung der Unterdrückten« umsetzen würde (so Hans-Jürgen Krahl nach Adornos Tod im August 1969). Diese Fürsprache für die Verdammten lief aber, bei Adorno eingelegt, auf das Begehr hinaus, bestätigt zu bekommen, daß der antiimperialistische Kampf und, was den Krisenzusammenhang der BRD anbelangte, die Auflehnung gegen Unrecht und drohende Entdemokratisierung, den zentralen Nerv des falschen Ganzen berühre und virtuell den Umschlag zum Anderen Leben herbeiführe. Diesem Wunsch versagte sich Adorno, und er hätte es erst recht getan, wenn er auf die von Krahl unterstellte Möglichkeit vertraut hätte. Denn er glaubte nicht daran, daß die Wünsche leichter in Erfüllung gehen, wenn sie aufgeschrieben oder verlautbart werden. Im Gegenteil.

Die Weigerung der Studenten, es beim Mißverstehen bewenden zu lassen (man wußte doch, wen man vor sich hatte, auch wenn man ihn nicht verstand), und die Entschlossenheit, sich eine Abfuhr zu holen, um die Fronten zu klären, enthielt das Bekenntnis, daß man vor wesentlichen Teilen der Erfahrung, die Adorno mitteilen wollte, zurückschreckte. Statt sich dieser Erfahrung weiterhin auszusetzen (der Erfahrung des Erfahrungsverlusts, des sozialen *déjà vu*, der Pseudopraxis, der Fingierung historischer Modelle), beteiligte man sich selbst am Ausverkauf verbrauchter Begriffshülsen und Identifikationsmuster und dem davon bedingten Eklektizismus. Natürlich blieben die Traditionsleninisten und die Angehörigen der Befreiungsbewegungen trotzdem mißtrauisch, denn sie rochen das Antiautoritäre und die Anmaßung selbstgewählter Solidarität.

Die Kritiker Adornos verwarfen den Begriff der negativen Totalität nicht deshalb, weil er nicht länger *praktisch* war; dies hätte sie genötigt, die begriffsstutzige Welt zu erkunden und zu beschreiben. Sie entledigten sich seiner, weil er nicht zu der als revolutionär vorverstandenen Praxis ermunterte. Die erbeutete Terminologie aber suggerierte Formationen des Politischen und Sozialen, die sich längst zersetzt hatten (die vielbeschworene »Basis« von Bedürfnissen, Gruppen und Leben und ihre Repräsentation). In der spontanen

---

26 Theodor W. Adorno, Marginalien zu Theorie und Praxis, in: ders., Stichworte, Frankfurt/Main 1969, S. 190.

Empörung wurden diese Formationen renoviert. So begründet die Revolution-als-ob eine Tradition, in der sich die Gesellschaft-als-ob noch Jahrzehnte später von unten nach oben und von oben nach unten ausrichten kann.

Gegen Zeitdruck

Die Negative Theorie Adornos ist nicht auf Hieb- und Stichfestigkeit hin angelegt. Wer ihre Widersprüche sucht und sich nicht davon beirren läßt, daß Adorno sie bewußt unaufgelöst stehenläßt, den kann nichts als wiederum Adornos Einspruch davon abhalten, sie positiv aufzuheben. Und wer in ihrem »Antisystem« eine Systematik erkennen möchte, dem wird dies mittels systematischer Stellenvergleiche gelingen. Er stößt dann auf jene offenen Flanken der Theorie, an denen sich Adorno Zurückhaltung auferlegt. Hier kann er die Systematik zum System ergänzen und zu dem Schluß kommen, daß Adorno verändernde Praxis für möglich hält und befürwortet.

Gelegenheit hierzu bieten die Kategorie des Nichtidentischen am Gegenstand als eines sich entziehenden Erkenntnisrests, die uneindeutigen Hoffnungssignale, die Adorno am Ende vieler Aufsätze gibt, und vor allem die Existenz und Fortexistenz der Kritischen Theorie selbst. Man kann die gewohnte Fragestellung umkehren, indem man die Fähigkeit der Theorie, Praxis zu begründen, dahingestellt sein läßt und statt dessen die Bedingung ihrer eigenen Möglichkeit erforscht. Schließlich muß die relative Autonomie der Theorie inmitten des Verblendungszusammenhangs gesellschaftliche Voraussetzungen haben, und diese ermöglichen wohl auch andere Widerstandsarten. Ein solches vortheoretisches Potential im Sozialprozeß selbst ließe sich verallgemeinern. Wenn »Praxis ... Kraftquelle von Theorie (ist)«[27], dann ist jedenfalls *eine* Quelle nicht versiegt, solange sich Kritische Theorie am Leben erhält. Demnach zöge sich, um ein anderes Bild zu gebrauchen, ein Riß durch die Herrschaftstotale, kein Antagonismus, aber ein Sprung von unbestimmter Tiefe, der mit der geeigneten Brechstange zur Kluft erweitert werden könnte.

Der Widerspruch der Theorie, die sich auf solche Komplettierungen nicht einläßt, ist offensichtlich: Kritisches Denken zehrt von unversöhnlicher Erfahrung und willkürfreier Spontaneität, objektiviert aber keinen Möglichkeitsgrund. Es bestimmt eine Bewegung des Nichtidentischen »von sich aus«, aber keine Energetik in der Sozialmaterie. Der Autor konstatiert das Bestehen gewisser Freiheitsräume in Institutionen, sagt aber nichts von Gegenkultur. Kritische Theorie ist dem Unwesen sowohl immanent als auch transzendent; doch es öffnen sich keine begehbaren Passagen.

Ich stelle die Paradoxie der Kritischen Theorie so aufdringlich heraus, um die Aufmerksamkeit auf die Argumente zu lenken, mit denen Adorno es ablehnt, sie abzumildern oder wenigstens zu erörtern. Die oben aufgeführten Schlußfolgerungen und Widersprüche bezeichnen allesamt Versuchungen, Kritische Theorie praktisch verbindlich zu machen. Adorno insistiert auf einem indirekten Verhältnis Kritischer Theorie zur Praxis und sieht in jener Verbindlichkeit eine Falle. Daher läßt er es offen, ob die genannten Schlußfolgerungen (die den Widerspruch beseitigen würden) möglich sind. Auch ein Dementi

27 A.a.O., S. 191.

würde die Theorie schwächen, ihr das Vorrecht nehmen, nicht ganz und gar zu wissen, was sie selbst ist.

Nach der Einsicht Adornos hat die Praxis nichts zu gewinnen, wenn sie sich zum Kriterium der Theorie aufwirft, und die Theorie alles zu verlieren. Nur in der Diskontinuität und im Widerspruch zur Praxis wahrt und mehrt die Theorie jenen Überschuß über Naturbeherrschung, der sie erkenntnisfähig und fruchtbar macht. Beugt sie sich dem Kalkül der Verwendbarkeit, wird sie zum Schwindel und endet im Konkretismus: verliert alles, was die Praxis nicht schon hat.[28]

Unter den Druck, verbindlich zu werden, gerät Theorie in den Diskussionsforen. (Adorno hatte, als er dies explizit formulierte, die »manipulierende« Diskussionstechnik aktionistischer Studenten im Auge. Dabei bezog er sich aber, wie aus anderen Äußerungen ersichtlich ist, zugleich auf das Regulativ der Verständigung in den anderen Kommunikationsmedien.) Der Gedanke wird verbindlich, indem er auf seine praktische Anwendung zielt, und er wird darüber hinaus plausibel, wenn jeweils schon den ersten Sätzen zu entnehmen ist, worauf er hinausläuft. In der Diskussion, die sich durch die Herstellung von Verbindlichkeit definiert, schrumpft der Gedanke – jedenfalls in der Rezeption – zur Absichtserklärung; der Rest ist Vernebelung.[29]

Eine plausible Kritische Theorie widerspräche sich somit selbst und gäbe das einzige Potential preis, über das sie verfügt. Als theoriefeindlich erweist sich »das automatische Einschnappen der Frage nach dem Was tun, die auf jeglichen kritischen Gedanken antwortet, ehe er nur recht ausgesprochen, geschweige denn mitvollzogen ist«.[30] Die Frage unterbricht und sabotiert den konsequenten Fortgang von Erkenntnis.[31] Wer von der Argumentation nur das Ende wissen will, setzt damit die Theorie unter Zeitdruck. Zeitnot aber ist eine Rahmenbedingung der Programmveranstaltung elektronischer Medien und der Nachrichtenauswahl allgemein. Mittlerweile beherrscht sie auch die theoretische Arbeit. Weil die jeweils zu bewältigenden Theoriemengen immens anwachsen, bilden sich die Untersuchungen tendenziell zu Strategemen der Nutzanwendung zurück.

Die organisierte Kommunikation unterwirft die von ihr vermittelte Erkenntnis bestimmten Teilnahmebedingungen. Unabhängig von Thema und Inhalt kommuniziert der Gedanke jeweils als Habitus einer bestimmten »Position« oder »Richtung« und wird auf diese Weise »stillgelegt«.[32] Ein auf seinem Gegenstand bestehendes Denken könnte sich dagegen nur schützen, wenn es »Kommunikation aufsagt«.[33] »Kriterium des Wahren ist nicht seine unmittelbare Kommunizierbarkeit an jedermann. Zu widerstehen ist der fast universalen Nötigung, die Kommunikation des Erkannten mit diesem zu verwechseln und womöglich höher zu stellen, während gegenwärtig jeder Schritt zur Kommunikation hin die Wahrheit ausverkauft und verfälscht.«[34] In den Diskussionsrunden stimmen die Teilnehmer allein durch ihr Dabeisein dem Konsens zu, der durch die Rotation und Abschleifung der »Positionen« entsteht. Das Gespräch reduziert sich auf Meinungsaustausch und dieser auf repräsentative Stimmabgabe.

In der Sphäre plausibler Verständigung bleibt vom Gedanken am Ende nichts als die Durchsetzung praktischer Empfehlungen. Adornos Sträuben ge-

---

28 Vgl. a.a.O., S. 169, 176, 178 und S. 189-191.

29 Vgl. a.a.O., S. 180 und S. 182.

30 A.a.O., S. 189.

31 Theodor W. Adorno, Tabus über dem Lehrberuf, in: ders., Stichworte, a.a.O., S. 81.

32 Vgl. Theodor W. Adorno, Meinung Wahn Gesellschaft, in: ders., Eingriffe, Frankfurt/Main 1963, S. 172.

33 Theodor W. Adorno, Quasi una fantasia, Musikalische Schriften II, Frankfurt/Main 1963, S. 434.

34 Theodor W. Adorno, Negative Dialektik, Frankfurt/Main 1966, S. 49f.

gen Verbindlichkeit verteidigt den Praxisüberschuß, den die Theorie aufwendet, um die »Indifferenz gegens Objekt« zu durchbrechen (da alle naturbeherrschende Praxis strenggenommen Scheinpraxis ist)[35], und kann daher nicht als Berührungsangst vor den Medien abgetan werden. Abgesehen davon verdichtet sich in den Medien nur, was diese bereits überall verbreitet haben. Adorno empfiehlt die De-präsentation, die Entwendung des Gedankens zu seinem Gegenstand.

Seine Analysen sind diesem Gegenstand verschrieben, der Anspannung des Gedankens, der in seiner »innersten Zelle« vertritt »was nicht seinesgleichen ist«.[36] Sie bieten keinen Krisenstoff für Veränderungsabsichten. Insofern sind sie so praxisfern wie nur irgend möglich, aber dies eben, ganz unspekulativ, weil im Regelkreis der Selbstbehauptung die alte Ausbeutungspraxis und das Freikämpfen von Lebensbasen keinen großen Unterschied machen. Vielleicht aber treten in einem Stratum des Belanglosen Veränderungen auf, die im prüfenden Blick auf die Umwelt gar nicht sichtbar werden. Abgesehen von den Katastrophen ist das Unabsehbare eine Frage der Erkenntnishaltung, nicht der Ausleuchtung aller Winkel in systemverändernder Absicht. In der Überlebenswelt tut sich der »Unterschied ums Ganze« nicht an Fronten zwischen Hemisphären und Kulturen auf, sondern »in den kleinsten innerweltlichen Zügen«, unter dem »mikrologischen Blick«, der die Identität des Vereinzelten aufsprengt, nämlich »den Trug, es wäre bloß Exemplar«.[37] Wie weit auseinander hier die Ohnmacht des einzelnen und die Allmacht der Totale liegen oder ob beide zusammenfallen, gehört ebenfalls zum Unabsehbaren.

35 Theodor W. Adorno, Marginalien zu Theorie und Praxis, a.a.O., S. 169.

36 Theodor W. Adorno, Negative Dialektik, a.a.O., S. 398.

37 A.a.O.

Silvia Bovenschen

Die Generation der Achtundsechziger bewacht das Ereignis

Ein kritischer Rückblick

[1988]

Die 68er erinnern sich an 68. Wir 68er erinnern uns erwartungsgemäß an uns. Die meisten Menschen behelligen mit den Legenden ihres Lebens nur einen kleinen Kreis von Vertrauten. Da wir aber Angehörige einer historisch markierten Generation sind, scheint es, als seien, nach Belieben, bestimmte Sektionen unserer Erinnerung ins Objektive überführbar. Das macht uns ebenso rechthaberisch wie angreifbar.

Um sich am verführerischen Schein der scheinbaren Überführbarkeit narzistisch mästen zu können – wie dies einige von uns seit nunmehr zwanzig Jahren tun –, ist es unerläßlich, daß andere 68er bestätigen, daß es sich bei dem, an was wir uns, wenn das Stichwort fällt, erinnern, um ein Gemeinsames, um ein »kollektives Erbe« und nicht etwa um eine einsame Erinnerungstäuschung handelt. Die Historizität des Ereignisses steht noch immer zur Disposition. Die Umwandlung der vielen Erinnerungsvisionen zum Historiengemälde kann noch immer zum Genrebildchen mißraten.

Doch obgleich es schon zur Zeit des Ereignisses zum Programm gemacht worden war, jeder nur möglichen Erfahrung sofort eine politische Verallgemeinerung abzuringen, bis wir schließlich nur noch verallgemeinerte Erfahrungen machen, obgleich also alles für die Betonung sachlicher Gemeinsamkeit und gemeinsamer Sache spricht, drohen sich in die Erinnerungsberichte zuweilen auch Abweichungen einzuschleichen. Wenn wir die Einheit des Ereignisses gewährleisten wollen, können wir diese Abweichungen nur begrenzt zulassen. Denn nur im Zuge eines Erinnerns aufs gemeinsame Ganze in der Vorspiegelung von Kollektivbeständen und Kollektiverarbeitungen bleiben wir 68er. Nachdem wir uns dereinst selbst zur historischen Notwendigkeit ideologisiert haben, sehen wir uns jetzt vor die Notwendigkeit einer gemeinsamen Vergegenwärtigung gestellt, die uns schließlich die Suche nach dem kleinsten gemeinsamen Nenner aufzwingt, um den Preis, daß den Erinnerungsbildern alles Originelle, alles Spielerische verlorengeht. Wir sind die Generation, die das Ereignis verblassen läßt. Wir machen es in den Befestigungsanlagen unserer Kollektiverinnerung fast unsichtbar. Denn wir sind die Generation, die das Ereignis bewacht. Selbst die CDU-68er, die es offensichtlich in dieser dehnbaren Vereinbarung auch geben kann, haben schon Wachmannschaften ausgebildet.

Da es zum gegenwärtigen Zeitpunkt eine Interpretationsfrage zu sein scheint, ob in der Erbschaft mehr Reichtum oder mehr Schuldenlast liegt, versuchen wir arbeitsteilig alle Varianten der Beurteilung selber zu liefern, um den Spielraum für die Beurteilung Fremder möglichst klein zu halten: Erst haben einige von uns das Ereignis nach Kräften romantisiert und im gleichen Atemzug sein Ende beklagt, später, als niemand diese Klage mehr hören mochte, haben andere damit begonnen, es pauschal zu denunzieren. Zur Zeit sind wir in der Phase der Selbstironisierung, eine weitere mehr oder weniger langweilige Methode, das Ereignis zu bewachen.

Wie sprach der subjektive Faktor über das Ereignis? Hatte er ein ereignisunabhängiges Vokabular? Es ist ja möglich, Texte zu verfassen, ohne daß das Sprechende darin zur Erscheinung kommt. Die Rhetorik der teleologischen Gewißheit haben wir damals erlernt. Denn mit und durch uns sprach ja immer ein Objektives, eine in unserer historischen Fortschrittlichkeit geborgene Wahrheit, deren universaler Anspruch durch das Auftreten des Personalpronomens in der ersten Person des Singulars nicht relativiert werden, das heißt nicht dem Zufall einer vereinzelten Befindlichkeit geopfert werden durfte.

Auch heute noch, wenn die 68 über 68 sprechen, gibt es mannigfaltige Schwierigkeiten im Bemühen, die Verschmelzung von »Ich« und Bewegungs-»Wir« entweder rückwirkend zu leugnen oder die Aktualität einer angeblich immer noch bestehenden Gemeinsamkeit zu beschwören.

Das Problem besteht unter anderem darin, daß der Geltungsanspruch jener geschichtsphilosophisch unterfütterten Naherwartung, die im damaligen gemeinsamen Erfahrungsraum die Interpretation und Legitimation des Ereignisses bestimmte und die andererseits das Ereignis so plausibel machte, heute sehr zurückgenommen, teilweise sogar aufgegeben worden ist; – sei es, weil alles anders kam als erwartet, sei es, weil die Bewegung, die aus einzelnen 68er werden ließ, zu einem kaum rekonstruierbaren Zeitpunkt zum Stillstand kam, ohne daß irgendein einzelner 68er darauf einen Einfluß hatte. Wenn wir auch dieser politischen Generation nur bis zu einem gewissen Grade aufgrund bewußter Entscheidungen angehören, so gibt uns doch der Zusammenbruch jenes Kraftfeldes, in dem dieses »Wir« einmal eindeutig war, nicht das Recht, unser erinnertes »Ich« aus der ganzen Sache zu suspendieren, auch dann nicht, wenn wir genau zu wissen glauben, daß uns schon damals manches daran nicht paßte.

Wenn das Ereignis heute, zwanzig Jahre später, in den Medien diskutiert wird, stellt sich eine spontane Übereinstimmung bei den beteiligten 68ern überhaupt nur noch in dem Moment ein, in dem fast unvermeidlich jemand die These aufstellt, daß zwischen den einmal proklamierten Zielsetzungen und der Wirkungsgeschichte des Ereignisses erhebliche Diskrepanzen bestünden. Von diesem Mißverhältnis ist auch das notwendig abstrakte »Wir« meiner politischen Generation betroffen. Es hat keine eindeutigen Referenzen. Bei genauem Hinhören erweist sich, daß die meisten 68er in ihren Reminiszenzen die Redeweise wechseln: sie sagen häufig »wir«, seltener »ich«, zuweilen »sie«. »Wir haben demonstriert«, »Ich war gegen die Nazirelikte und die Notstandsgesetze«, »Sie haben die Lage falsch eingeschätzt«.

Noch einmal holt uns der moralische Bekenntniszwang ein, dem zu entsprechen ebenso prekär ist, wie ihn heilig zu verraten. Andererseits: wie wichtig es im Sinne der historischen Redlichkeit auch sein mag, die große Einbindung, die unserer Urteilskraft damals widerfuhr, zuzugeben, sie war doch zu keinem Zeitpunkt so stark, daß bestimmte Entwicklungen für einzelne unvermeidbar gewesen wären: niemand war gezwungen, sich zu einem menschenverachtenden Terroristen zu entwickeln, niemand war genötigt, sich einer stalinistischen Kaderorganisation anzuschließen. Der fliegende Perspektivwechsel in unserer Rede ist unumgänglich, um eine Balance herzustellen zwischen unserer Abneigung, etwas vorschnell zu verraten, an das wir einmal geglaubt haben, und unserer Selbstachtung, die verbietet, daß wir uns zu etwas bekennen, das wir nie vertreten haben.

Wenn der Zeuge zugleich der Richter, wenn der Betroffene zugleich der Historiker ist, dann bieten sich zwei Versuchungen an, die der Illusion, den Perspektivwechsel vermeiden zu können, Vorschub zu leisten: der Blickwinkel kann sich so erweitern, daß er nur noch die Unschärfe einer pauschalen Generationenzuordnung einfängt; er kann sich aber auch so verengen, daß er alle liebsamen Geschehnisse auf einen selbst definierten Ereigniskern zentriert. Von diesem Zentrum, der Definition des »wahren« Ereignisses, die nicht zufällig mit den heutigen subjektiven Überzeugungen deckungsgleich ist, kann das Unliebsame als »ereignisfremd« ausgegrenzt und der Lebenslauf »rein« gehalten werden. Auch diese verspätete Rechthaberei ist in den Interviews, die jetzt gegeben werden, häufig anzutreffen.

Auf dem bekanntesten Plakat der Studentenbewegung war die Behauptung zu lesen: Alle reden vom Wetter. Wir nicht. Zum zwanzigjährigen Jubiläum des Ereignisses gab es ein Treffen der 68er unter dem Motto: Prima Klima.

Das Atmosphärische wurde erst schätzenswert, als es es nicht mehr gab. Damals, als das »Klima« in diesem Sinne gut war, waren uns nur die wetterfesten Themen wichtig: die Kampagne gegen die Notstandsgesetze; die Demonstrationen gegen den Vietnamkrieg und die Terrorherrschaft des Schahs in Iran; die hochschulpolitischen Reformen, die Politik der Frauen (aus der eine Bewegung so recht erst später wurde)... 1968 waren wir noch keine 68er. Erst ein Erfahrungsschub und speziell die Erfahrung einer »Stimmung« hat uns zu einer politisch benennbaren Einheit werden lassen. 68 war eine Stimmung, der eine Mißstimmung vorangegangen war. Am Anfang, so erinnere ich mich, war die Wahrnehmung, daß unterschiedliche Menschen gleichermaßen ganz Unterschiedliches nicht mehr wollten: Sie wollten die gleichen Bilder nicht mehr sehen, die gleichen Worte nicht mehr hören und die gleiche Politik nicht länger mehr begünstigen, die gleichen Heucheleien nicht mehr dulden. Es ist wohl das Recht jeder Generation, mißmutig auf die eine oder andere politische, kulturelle und moralische Vorgabe zu reagieren, damals aber befiel der Mißmut einen sehr großen Teil der Jugend, und er war bezogen auf nahezu alle Lebensbereiche, und es war zudem auch mehr als Mißmut – es war Abscheu. Zur Begründung und Erklärung dieses Abscheus waren Theorien zur Hand, die eine Bedeutung für die Entwicklung des »Protestpotentials« bekamen (das gilt jedenfalls für die Anfangszeit, in der die Theorie noch etwas galt), auch wenn die Jugendlichen, die sich da im gemeinsamen Abscheu trafen, nicht alle die Schriften Adornos und Horkheimers gelesen hatten, auch nicht die von Marcuse oder Marx.

Am deutlichsten ist mir der Eindruck in Erinnerung, daß wir alle kamen, obwohl niemand uns gerufen hatte. An bestimmten Orten, in den Großstädten, an den Universitäten, in den Versammlungsräumen des SDS, kristallisierte sich die Erregung, die uns plötzlich alle ergriff, die uns in unvorhersehbarer Zahl zusammenkommen und in unvorhersehbarer Weise handeln ließ. Nicht einmal für das Überraschtsein blieb Zeit. In rasender Schnelligkeit wurden nun auch Theorien für das Ereignis, das wir selbst waren, nachgeliefert. Das machte das Ereignis plausibel, und da das Ereignis als Phänomen ja nicht abzuleugnen war, schienen auch die Theorien plausibel. Wann sind wir in den Sog dieser Plausibilität geraten? Wann war 68? Natürlich nicht nur und nicht erst im Jahre 1968. Aber auch nicht sehr viel früher oder später.

68 war eine kurze, eine schnelle, eine jähe Bewegung. Die meisten von uns waren, von der Schule kommend, gerade dabei, die ersten theoretischen Gehversuche zu machen, und plötzlich befanden wir uns auf einem kulturpolitischen Laufband, das uns mit rasender Geschwindigkeit davontrug. Wohin? Aufwärts selbstverständlich. Ich glaube mich zu erinnern, daß wir hochfahrend gestimmt an die prinzipielle Veränderbarkeit von allem und jedem glaubten. Wer heute meint, das belächeln zu müssen, der sollte wenigstens bedenken, daß dieses Weltvertrauen damals noch keine Kirchentagsmuffigkeit an sich hatte.

Wenn wir heute gedrängt werden, anderen die damalige Stimmung, das Gefühl von Plausibilität und Beschleunigung, unsere damalige Erregung vorstellbar zu machen, dann besteht unser Problem darin, daß sich kein Mensch mehr vorstellen kann, daß wir einmal originell waren. Wenn uns auch der revolutionäre Höhenflug mißraten ist, so hatten wir doch eine »kolossale Breitenwirkung« in die Lebensstile hinein. Dort hat sich freilich unser Ausdrucksrepertoire so schnell verbraucht, daß das Neue an ihm in Vergessenheit geriet. Als schließlich jedem, der sich in Fragen der Fortschrittlichkeit etwas zugute halten wollte, die Vokabeln »rigide« und »repressiv« flüssig von den Lippen kamen, als auch die Mütter in der Provinz darauf warteten, daß ihr Kleines endlich in die »anale Phase« kommen möge, als die programmatische Aufhebung der Polarität von Politischem und Privatem im Beziehungsmief der siebziger Jahre verschimmelte, war der Eindruck von Originalität schon eine verblaßte Erinnerung.

1968 waren die 68er noch sehr jung. Die meisten von uns standen am Beginn oder in der Mitte ihres dritten Lebensjahrzehnts. Mit unserer individuellen Vergangenheit hatten wir nicht viel zu tun, wir waren mit der damaligen Gegenwart sehr beschäftigt und sahen mit unendlich großen Erwartungen in die Zukunft. Aber einer von uns veröffentlichte doch eine Erinnerung seiner bis dahin gelebten Jahre, gezwungenermaßen. Angeklagt im Jahre 1968 wegen Rädelsführerei und gebeten, Angaben zu seiner Person zu machen, formulierte der damals fünfundzwanzig Jahre alte Hans Jürgen Krahl in freier Rede einen Abriß seines Lebens. Beheimatet im »rückständigen« Niedersachsen, das sich im »feudalen Naturzustand einer Agrarwirtschaft« befand, geistig umgeben von »finsterster Unmündigkeit«, eingebunden in die »Ideologie der Erde«, politisch orientiert im »Bezugsrahmen« der »Deutschen Partei«, der »Welfenpartei« und des »Ludendorffbundes«, führte ihn ein erster Schritt, der nach seinen eigenen Worten ein »enormer Schritt an Aufklärung« war, 1961 zur Gründung der »Jungen Union« in Alsfeld. Über Burschenschaftskonvent und schlagende Verbindung fand er – nach einem ersten Eindruck vom antifaschistischen Widerstand im Rahmen der »christlichen Kirche« – den Weg zu einer ersten »theoretischen Selbstbestimmung, nämlich zu Martin Heidegger«. Von der Fundamentalontologie, die sich ihm bald als eine »imperialistisch abenteuernde Philosophie« erwies, gelangte er – nebenbei wird schnell noch der »fortgeschrittene logische Positivismus« überwunden – auf die geistige Höhe seiner Zeit, das hieß zur »marxistischen Dialektik« und politisch analog zum SDS.

Würde heute noch einer von uns seine Biographie in vergleichbarer Weise beschreiben? Wie dieser eine riesige geistige politische Räume durchschreitet, wie er durch kulturpolitische Landschaften streift, wie er die geistige Entwicklung eines halben Jahrhunderts und die Überhänge aus dem vorhergehenden noch dazu absorbiert, wie sich ihm das alles ordnet, zeitgeschichtlich, weltanschaulich und politisch synchronisiert und schließlich biographisch zuwächst, auch das weiter Zurückliegende, auch das kulturell Fernliegende, wie er reicher wird in seinen Möglichkeiten, wie er näher zu seinem Ziel kommt, niemals in Gefahr, selber absorbiert zu werden durch die Übermacht des Vorgegebenen. Denn in dieser Aufblendung eines Einzelganges auf geradezu weltgeschichtliche Komplexionen bleibt doch immer ein Kontinuum: der aufsässige einzelne, der zurückläßt, der weiterschreitet, der sich befreit: von dem Muff des Provinzgymnasiums, von den reaktionären Zumutungen der »alten Herren«, von Ideologien, von politischen Irrtümern und so weiter.

Hans Jürgen Krahl hat in der scheinbaren Harmlosigkeit seiner Personenangabe die Grundsätze vorgeführt, nach denen wir alle, damaliger Vorstellung gemäß, unser Leben verstehen und zum Ziel bringen sollten und wollten. Es gab klare historische Standortbestimmungen, klare Parameter für den Grad der Fortschrittlichkeit und klare Zielsetzungen. Daneben und darin gab es ein gut konturiertes Individuum, das mit seinem antiautoritären Mißtrauen und den Waffen der Ideologiekritik allen gefahrvollen Vereinnahmungen zu widerstehen wußte. Längere Umwege, um zum Ziel zu kommen, waren in Kauf zu nehmen, wenn nicht gar ehrenvoll.

Das Ziel kam uns abhanden, die Umwege blieben.

Ich bezweifele, daß heute noch viele von uns die Befunde dessen, was sie für ihre Individualität halten, in ein solches fortschrittsgeschichtliches Streckbett legen würden, wenn sie ihr Leben zu schildern hätten. Die Lektüre dieser Rede hinterläßt einen zwiespältigen Eindruck: den des Imposanten und den des Traurigen. Imposant ist der unbedingte Wille, sich, wenn es sein muß, die ganze Weltgeschichte auf die Schultern zu laden; traurig stimmt die mit der Lektüre verbundene Vergegenwärtigung einer vergangenen Hoffnung auf eine große Zukünftigkeit.

Wie aber ordnen wir heute das Ereignis in unsere Erinnerung? Es scheint fast, als wären wir jetzt in einer Phase, wo wir ratlos vor den standardisierten Bildern von Demonstrationen und vollen Hörsälen stehen und darüber unsere Erinnerung verlieren.

Sympathisch sind mir die alternativen Schamformen, die solche Fragilität der Erinnerung bei einigen provoziert: die Flucht ins ganz Allgemeine oder die ins Anekdotische, fast Private – den Zwischenraum einer zeitgeschichtlichen Neutralität werden wir vorerst noch nicht besetzen können.

Unser enthusiastischer Aufbruch hatte seine Wurzeln nicht im Egoismus einzelner. Der Vorsatz und auch der Versuch einer gründlichen theoretischen Durchdringung der Bedingungen, unter denen wir agierten, waren geprägt von einem sittlichen Ernst, der sich recht gut mit dem anarchischen Witz vertrug, der zuweilen die Szene belebte (in dieser Kombination lagen die, wie ich aus heutiger Sicht finde, besten Momente des Ereignisses); aber die Bewegung veränderte bald ihr Gesicht: Die Züge des Verspielten verschärften sich zu einer grimassierenden Unduldsamkeit, die nach außen, vor allem aber auf die Abweichungen im Inneren gerichtet war, die Züge der theoretischen Neugier schwanden und wichen einem Doktrinarismus, einer geistigen und politischen Versteinerung, die dem Antiautoritarismus, unter dem wir einmal angetreten waren, hohnsprach.

Die Studentenbewegung in der Bundesrepublik hatte sich nicht an Konflikten in der »Produktionssphäre« entzündet und sie hat auch in diese Sphäre vergleichsweise wenig hineingewirkt. Ihre Wirkung liegt tatsächlich im Bereich dessen, was damals als »moralischer Überbau« bezeichnet wurde. So plausibel wir und auch im Kontext geschichts-philosophischer Spekulationen auf den ersten Blick damals erscheinen mochten, die Wahrheit ist: wir konnten es uns im Grunde nicht erklären; jedenfalls nicht mit den theoretischen Bordmitteln der politischen Ökonomie und des historischen Materialismus.

Es ist zu vermuten, daß die Stärken, aber auch die Schwächen der Bewegung in jener affektgeleiteten Moralität steckten, die uns auch veranlaßte, Fragen in die Diskussions- und Publikationsöffentlichkeit zu tragen, die bis heute – zu Recht – ihren Platz dort haben, Fragen nach dem Gebrauch und Mißbrauch von Macht, nach den politischen und wirtschaftlichen Interessen, die die Entscheidungen von Machtträgern bestimmen, Fragen nach den strukturellen und ideologischen Überhängen des Naziregimes und nicht zuletzt Fragen nach der historischen Schuld. Auch diese Fragen haben einzelne lange vor uns mit Tapferkeit gestellt. Wir haben sie allerdings aufs Bewegungspanier geschrieben. Dort wurden sie zum ersten Mal in breiter Öffentlichkeit wahrgenommen. Diese Fragen waren zu dieser Zeit unbequem. Ich fürchte nur, daß wir es uns irgendwann in diesen Fragen zu bequem gemacht haben. Wir hatten natürlich ein Recht auf unser Entsetzen über die »jüngste Vergangenheit«, die damals wirklich noch ziemlich jung war, wir hatten natürlich ein Recht darauf, zu fragen, was die Vätergeneration zu dieser Zeit getrieben hat. Einigen von uns ist aber offensichtlich der Unterschied zwischen dem Recht auf eine Frage und einem prinzipiellen Rechthaben aus dem Bewußtsein geschwunden. Weil wir so billig ans Gut-Sein kamen, haben sie sich offensichtlich im Stande einer moralischen Unbeflecktheit gewähnt. Als Generation einer Vätergeneration gegenüber historisch im Recht zu sein, schien zu heißen, immer im Recht zu sein – wovon keine Rede sein kann.

Wir haben mit unserem Fragen nicht allzuviel riskiert (wenngleich damals noch nicht abzusehen war, daß die Bewegung zum größten Teil in den öffentlichen Dienst übernommen werden würde).

Um Mißverständnissen vorzubeugen: Die moralische Selbstüberhebung, die sich für einige von uns daraus ergab, lag weniger in der Logik des Fragens als in der Psychologik der Fragenden. Unsere Bewegung, die, so habe ich das jedenfalls verstanden, angetreten war gegen die Dogmatismen und gegen den Terrorismus jedweder Couleur, versandete in Dogmatismus und Terror. Den Rest hat ihr dann die politische Pädagogisierung ganzer Landstriche gegeben, unter der dann die Generation der Spätergeborenen zu leiden hatte.

In einer der vielen Diskussionsrunden des Fernsehens zum Thema sagte ein 68er, der damals zu besonders dogmatischen Positionen neigte und wortführend in einer der sogenannten K-Gruppen war, grinsend, es sei doch aus heutiger Sicht ein wahrer Segen, daß Leute wie er nicht wirklich an die Macht gekommen seien. Wie recht er hat. Störend war freilich der frivole Unernst, der ihm den Irrtum, zu dem er sich bekannte, zum Talkshow-Kalauer werden ließ. Es hat ja immerhin Leute gegeben, die unter solchen Entwicklungen gelitten haben. Gerade unter den ehemaligen Dogmatikern sind etliche, die außerordentlich flott zu einem gleichermaßen dogmatisch vertretenen Antidogmatismus gefunden haben, aus dessen Schutz sie vor allem jene, die ihnen heute noch so erscheinen, wie sie selber gestern noch waren, hämisch attackieren.

Die 68er kommen in die Jahre. Zuweilen kann ich mich des Eindrucks nicht erwehren, als wären viele von uns schon seit fünfzehn Jahren in den Jahren. In kenntlicher Weise einer Generation anzugehören, die mit einem Datum kenntlich gemacht wurde, rückt für die Selbst- und Außeneinschätzung einzelner den Prozeß des Älterwerdens in ein helleres Licht, als dies bei Angehörigen anderer Generationen der Fall ist.

Wenn es sich auch so verhält, daß die Studentenbewegung wichtige Fragen aufgeworfen hat, so steht wohl ebenfalls außer Zweifel, daß sie wichtige Fragen ausgespart und tabuisiert hat. Es sei nur an den Bereich der atomaren Bedrohung erinnert, der durch die Ostermärsche vor 68 schon einmal Thema der Öffentlichkeit war und von dem dann zur Zeit des Ereignisses kaum noch die Rede war. Aber grenzüberschreitende Themen dieser Art, Themen, deren katastrophische Dimension nicht nur geopolitische, sondern auch ideologische Denkgewohnheiten hätte sprengen müssen, paßten nicht so recht ins damalige Spektrum der politischen Konfliktbewältigungen, die wir anzubieten hatten. Einem ähnlichen Tabu unterlag die Beschäftigung mit Existenzialien wie dem Älterwerden und dem Tod. Lange Zeit war auf die Außenwand des Instituts für Sozialforschung, an dem wir damals studierten, ein Zitat Horkheimers gesprayt, dem zu entnehmen war, daß man zwar nicht wisse, was nach dem Tod komme, daß aber das, was vorher sei, in der kapitalistischen Gesellschaft stattfinde. Damit war diese Frage zwar nicht für Horkheimer, wie uns ein genaueres Studium seiner Schriften gelehrt hätte, aber offensichtlich für uns erledigt.

Der großen 68er-Inszenierung hat sich kein begabter Regisseur angenommen. Sie vollzieht sich in Begegnungen und Reminiszenzen einigermaßen dilettantisch und grob koordiniert. Als einzelne sollten wir darauf dringen, daß das Stück langsam abgesetzt wird. Die Fixierung auf dieses Datum, die gestisch und mimisch erzwungene Kontinuität, läßt uns alt aussehen. Schon aus Gründen der Eitelkeit sollten wir hoffen, daß uns diese Erfahrung nicht ewig auf der Stirn geschrieben bleibt. So groß und so umwälzend war das Ereignis nun auch nicht, daß sich geistige und emotionale Nahrung für ein ganzes Leben allein aus ihm ziehen ließe.

Wir sind vermutlich schlechte Zeugen eines interessanten Ereignisses. Wir gingen mir, gehörte ich einer anderen Generation an, in unserer Funktion als Ereignisverweser gewaltig auf die Nerven. Aber selbstverständlich gehöre ich zu den 68ern und werde scharf aufpassen, daß da nichts Falsches aufkommt.

Ulrich Sonnemann
Das Ödipale an den Achtundsechzigern
Wie ihr Scheitern an seinen Beengungen zugleich seines an seiner mythischen Partitur war (für den patrizidalen Part reichte es, desto unbehelligter überlebte die Sphinx)

[1988]

I

Freie Assoziationen – freudisch unzensierte: wenn wie eingedenk erfahrener Zeitgeschichte unter deren sperrigsten Reminiszenzen spazierengeht – verknüpften zwanglos die deutsche Studentenbewegung der späten Sechziger mit der Kritischen Theorie. Insistent, beides gehöre zusammen (was, insofern sie bloß historische Wahrnehmung, nicht schon deren Erörterung, Beurteilung, Auslegung ist, ihr keine Probleme schafft), läßt sie sich von der Drastik der Mißverständnisse, die notorisch das gemeinte Verhältnis zerriß, weder ausreden noch beirren. Sie tut es auch dort nicht, wo man diese widersinnige, unheimlich heimische, daher kaum schon begriffene Fatalität *nicht* herunterspielt, im Gegenteil scheint sie gerade in solchen Fällen sich an deren sagenhafter Traurigkeit zu verstärken: als riefe sie in Erinnerung, solche Mißverständnisse könnten doch selber eine Erscheinungsform der besagten Zusammengehörigkeit gerade in deren Intimstem, blindlings Verstrickendem sein, ihrem die Zwielichtigkeit deutscher Trauerspiele seit jeher favorisierendem *Engsten*.

Und wer möchte da widersprechen: leugnen, daß die konvulsivische Szene, die ein Wiedervergegenwärtigen jener Jahre heraufbeschwört, diesen Casus erfüllte? Kaum ließe sie sich erzählen, ohne daß dem Erzähler bald der Atem stockte vor dem unentwegt mechanischen Anprall krasser Verkennungen, Verleugnungen, Verdüsterungen, Verbiesterungen und Vergrämungen, alles mitten in einer Emanzipationsbewegung, die um den Erdkreis ging, ohne doch deshalb schon ihr jeweils Landesübliches, in die deutsche Linke etwa ihrer Psychohistorie nach stets schon *eingebaut* Selbstzerstörendes, los zu sein, aber beiläufig wird er darauf aufmerksam, daß es bei den Mißverständnissen, die genannte Erklärung im Blick hat, eben nicht sich um irgendwelche, folgenlos x-beliebige, sondern solche handelt, die zum Ergötzen väterlich herrschender Zuschauer fälligen Wandel auch schon ohne ihr Zutun vereiteln konnten. Nur daß das erst im Rückblick erkennbar geworden wäre, man mit einer Diagnose der Ursachen für die damalige Niederlage der bundesdeutschen Studenten vom Rathaus komme, ist schlicht nicht wahr. In kritischen Texten dokumentiert, war jenes Scheitern zu der Geschichtsstunde absehbar, in der es sich anbahnte, und sollte es Studentenführer von damals geben, die verlegen entschuldigend das noch heute nicht wahrhaben wollen, gehen sie nicht nur an den bibliographischen Fakten vorbei, sie bemerken auch nicht, wie sie selbst damit den alten Anspruch ihres Theorie-Habens bis zur Ungereimtheit desavouieren, den Geschichtsprozeß eben besser als die herrschenden Spectatores durchschaut zu haben, die ihn doch in actu erfaßten, wenn auch nur eben so weit wie eine solche Chronologik deutschen linken Nachhinkens eben reicht, und das ist nicht sehr weit: es ihrerseits zu erfassen, waren die Studenten jedenfalls Adornos durchaus damals auf dem richtigen Wege. Daß sie dem Weg nicht zu Ende folgten, gerade dort aus *Theorie überhaupt*, wo sie ein Refugium der Freiheit war, ausbrachen, unter dem Schlagwort der direkten Aktion anfingen, jener Sandkasten-Simulation von *Praxis* zu frönen, die der Erfahrung der gesamten Geschichte so spottete, wie die Machtverhältnisse ihrer gespottet haben – und an der dann in seinem letzten Aufsatz, der schon posthum erschien[1], Adornos Zorn sich entfache – hat man nicht zu Unrecht der Ungeduld ihrer Jugend angesichts der bedrückenden Unwahrheit unserer öffentlichen Zustände zugeschrieben; und nur vergessen, daß die Erklärung allein unter der stillen Voraussetzung Sinn ergibt, daß Theorie und Praxis, wie sie dies Verhältnis sich vorstellten, so in zeitlicher Sukzession, die letztere *nach* der ersteren, konzipiert blieben wie im Verständnis des Technokraten für das Verhältnis naturwissenschaftlicher Kausalerkenntnis zu ihrer Anwendung in sie final umkehrenden instrumentellen Verrichtungen, sprich Maschinen gilt. Aber hatte das Unwesen, zu dem geschichtlich eine Vernunft, die sich instrumentalistisch verkürzte, verkommen muß, nicht mit der *Dialektik der Aufklärung* gerade die *Frankfurter Schule* aufs Korn genommen?

Hatte sie nicht antipositivistisch, ja antikartesisch, den Begriff der Theorie über jenes traditionelle Verständnis hinausgetrieben, nach dem er an erkennende Abbildung äußerer Objekte, deren vermessende und verrechnende, sie zu ihrer funktionellen Verfügbarmachung bloß verdoppelnde Analyse gebunden blieb und nur gar nicht eben auf das innig verschränkte, von Adorno gern als *Ineinander* bestimmte, zwar gewiß von der Macht des *Objektiven* immer unaufhebbar um- und durchdrungene, aber nomothetisch trotzdem nicht aus- und abmachbare, da schon identitätslogisch nicht zu fassende Relation paßt, in der die Menschen zum Prozeß ihrer Gesellschaft, erst recht deren zählebigen Invarianten stehen, *Geschichte* so in ihrem eigenen Innersten waltet wie als deren Innerstes sie? Hier stehen wir vor der Äquivokation, die es gleich entschieden verbietet, das Verständnis des Spalts, der am Ende seines Lebens zwischen Adorno und den Studenten sich auftat, in einer bloßen an deren Adresse gerichteten Schuldzuweisung aufgehen zu lassen wie deren Wahrheitsrecht zu verleugnen. Der Unumgänglichkeit – die das letztere im Visier hat – an die so schäbigen wie witzlos plumpen wie unwahr begründeten Anrempelungen zu erinnern, denen Adorno in seinen letzten Wochen – vor dem Zermatter Urlaub, aus dem er nicht mehr zurückkehrte – exponiert war und deren Enttäuschendes und Bedrückendes seinen Tod ohne Zweifel beschleunigt haben, kann der Autor um so eher ohne Rekapitulierung ihrer Einzelheiten genügen, als sie in seinem Fall redundant wäre.

Das Memento eines früheren Textes, dessen Zitierung in extenso zur Wiedervergegenwärtigung jener Situation freilich nötig ist, reicht für diese Aufgabe aus. Bei dem »Machtwechsel«, von dem an seinem Anfang die Rede ist, handelt es sich um den, mit dem in der Geschichte der Bundesrepublik die sich *sozialliberal* nennende Ära begonnen hatte: in der Tat war ihr noch 1971, als der Text erschien, eine Möglichkeit offen, die ebenso jener Name heraufbe-

---

1 Theodor W. Adorno, Marginalien zu Theorie und Praxis, in: ders., *Stichworte. Kritische Modelle 2*, Frankfurt/Main 1969, S. 169–191; ders., Gesammelte Schriften Bd. 10.2: Kulturkritik und Gesellschaft 2, Frankfurt/Main 1977, S. 759–782.

schwor wie ihre entspannenden ersten Taten zu nutzen schienen – erst ihr weiterer Verlauf desto *weimarisch traditionsreicher* dann vergeudet hat, ja in ihr Gegenteil umdrehte – wenigstens jene einfachsten Errungenschaften der bürgerlichen Revolutionsgeschichte des Westens, die in Deutschland am versäumtesten, mitsamt den Menschenrechten unbegriffen geblieben waren, werde sie nachholen.

»Der Machtwechsel, der die Studenten gerettet hat, konnte die Essenz ihrer politischen Niederlage nicht in ihr Gegenteil wenden: statt Macht über Reformen zu gewinnen, derengleichen sich revolutionsgeschichtlich weit öfter und nachhaltiger als gesellschaftliche Initialzündung auswies als für den Aktionismus putschender Clubs gilt, hatten sie für Pauschalverwerfung von Reform gleich das Pejorativum Reformismus parat, für die ›geforderte‹ Revolution aber, die beim Totalcharakter des Systems ihnen selbst zufolge nur als deren Totalerledigung denkbar ist – welche einschneidende Veranstaltung seine Totalität wiederum durchaus nicht gestatten kann – nur bekennende Entrückung in jenes Angestammteste, dessen Reich uns doch bleiben muß. Dieses wiedererkennbare Unpraktische sah der Erztheoretiker mit Schmerz und mit Schrecken; lange ehe ihm die Versicherung eines unzweifelhaft begabten Studenten, in seiner Eigenschaft als Person wolle er Adorno rückhaltlos wohl, nur in der als Revolutionär, er bekenne das frei, an die Gurgel, mehr durch die preußische Unvermitteltheit dieser beiden *Eigenschaften* gegeneinander bestürzte als durch die Ventilierung der zweiten. Zur Zeit des referierten *understatements*[2] hatte er die Besetzung seines eigenen Instituts schon mitangesehen. Während Dutzende ordinierter Nazis von einer ihrerseits teutonischen Bewußtseinskonstruktion so als auswechselbare Objekte verachtet wurden, daß sie weder behelligt wurden noch ausgewechselt, nahm die Absurdität ihren Lauf. Da ein Repräsentationsverhältnis der Aktionisten zu den Studenten Kritischer Theorie supponiert wurde, leistete die Besetzung des Instituts – die ihrem Tenor nach als revolutionärer Akt sich gerierte – seiner öffentlichen Verleumdung als Förderer illusionistischer Willkürakte: der auf der Lauer liegenden Interessenfront des Immobilismus in der Bundesrepublik Beistand.

Noch zur Rationale der Aktion selber stand dies Gebaren in einem sehr heimischen Mißverhältnis: anders als Revolutionsakte anderwärts sollte dieser gar nicht der Praxis von Emanzipation, sondern wieder nur ihrer Theorie dienen, vorsätzlich nun so im Kreise von Theorie bleiben wie seine deutschen Vorgänger nolens. Die These, um deren Vindizierung es ging, ist von Wortführern des SDS dahingehend zusammengefaßt worden, noch die fortgeschrittensten Elemente der bürgerlich-liberalen Gesellschaft würden sich im Revolutionsfall auf die Seite des Klassenfeinds schlagen, also nach der Polizei telefonieren. Während zum Schutz der Institutsarbeit tatsächlich nach ihr telefoniert wurde, wirft das für die Vindizierung nichts ab; nicht einmal sie ist den Initiatoren einer Unternehmung gelungen, die als theoretische auf der positivistischen Verwechslung zwischen den Resultaten eines Testverfahrens beruht und den selbstartikulierten Eigenschaften des angeblich von ihm vermessenen Gegenstands. Einmal ist ein Experiment, das dem Testen einer These gilt, kein Revolutionsfall, auch dann nicht, wenn es diesen mittels seines schlechtesten Similis in-

2   Adornos eigenes, im hier zitierten Text – siehe Anmerkung 3 – im Absatz vor dem gegenwärtigen angeführt und in seiner Tragweite kommentiert. Da ein Zitat der Passage den Schlußabsatz von II dieses Textes bildet, wäre es hier eine Duplizierung.

Das Ödipale an den Achtundsechzigern

szeniert und dabei die beiden verwechselt; sodann schlagen die Experimentatoren selbst, wenn sie in der bürgerlichen Gesellschaft ihresteils in eine mißliche Situation geraten, in der sie, was nur vernünftig ist, wenn sie unerwünschten Besuch auf keine andere Weise loswerden können, zu ihrer Selbstbehauptung die Polizei rufen, keineswegs sich auf die Seite des Klassenfeindes: gegenüber den Ursprüngen des Feudalrechts, denen der Vorgang mehr ähnelte als ihre Verfestigung zu divinem Ordo erkennen läßt, ist die Einrichtung relativer Sicherheit durch die privatrechtliche bürgerliche Gesellschaft, wo im Sediment ihrer Verkommenheit ihre eigenen Ursprünge sich noch erhielten, ein Fortschritt. Der Vergleich der beiden Situationen, der soeben gezogen worden ist, wäre unzulässig, wenn im Fall der Besetzung ein öffentliches progressives Interesse, das zu unterstützen oder zu tolerieren Adorno Grund gehabt hätte, Solidarität ihm geboten hätte. Festzuhalten, daß das nicht zutraf: nicht für einen Akt, der nach seinem Wesen, nämlich dessen restlosem Aufgehen in der restlosen Voraussagbarkeit seiner Ergebnisse, im Dienst reaktionärer Interessen, ihrer perennischen Diskreditierung von Revolution in Deutschland stand, wäre euphemistisch. Der letzte Rest an Solidarität war Adorno gegenüber in dreifachem Sinne gebrochen worden, als Vertrauen, auf das er ein Anrecht hatte und das ohne Konsultation hintergangen, Rücksicht auf seine Interessen, die einer transparenten Chimäre geopfert wurden, und als Hoffnung auf Menschlichkeit, verbindliches Implikat eines untypischen akademischen Lehrverhältnisses, in dem es um die Möglichkeit von Autonomie des stringenten Gedankens ging, für die Entbehrlichkeit sturer Willkür. Keineswegs fand das Absurde an diesem Bruch von Solidarität seine Grenzen, denn Adorno wurde sie abverlangt: weder erwog man ihre Wechselseitigkeit, noch hätte sie nach der Sachlage irgend etwas Zwangloseres werden können als eine mit einem Verrat – dessen Verschweigung ihn perpetuiert an ihr selber; obendrein aber mit der Geschichtskontinuität (die so unartikuliert wie ihm selbst unbewußt ist) des Normaldeutschen, wo dieser schon im Ansatz Revolutionen verdirbt, die er wie Regieeinfälle in Szene setzt; also mit der objektiven Begünstigung von Konterrevolution in Europa.«[3]

Der Passus spricht dann die Hoffnung aus, daß im Interesse der Wahrheit, die ihm diesmal mehr Zeit lasse als früherem Revolutionspfusch in Deutschland vergönnt war, die Studenten sich »unsentimental dazu durchringen« möchten, »die Besetzung des Instituts und was sonst ihres geistverlassenen Geistes war, zu bedauern«, stellt aber dann fest, daß es damit vorerst seine Schwierigkeit habe, da *die neue Linke nach Adorno* – die in einem gleichnamigen Band[4] ein Vierteljahr nach seinem Tod sich zu Wort meldete, wobei sie an dem folgenschwer Angerichteten sich mit einer eher verwischenden als überprüfenden Erklärung vorbeidrückte – weder so neu wie sie links noch so links sei wie zu sein vielleicht neu wäre. Worin das Neue einer möglichen Linken hätte bestehen können – ja, dies bis heute kann – hatte schon drei Jahre vor diesem Text, als sich im Mai 1968 die *Bewegung* eben ihrem Höhepunkt näherte, eine andere Veröffentlichung als fällige Wendung gegen das Knechtende einer neuen Institutionalisierung bestimmt, »die hierarchischen Begriffsfetischismus in die Ordnungen der Außenwelt projizierte«: sie ende, von ihren beiden Seiten her gesehen, nicht an der Mauer, die Hegels System gegen das Abwei-

---

3 Ulrich Sonnemann, Erkenntnis als Widerstand. Adornos Absage an Aktionsgebärden und ihr Ertrag für die Kriterien von Praxis« in: Theodor W. Adorno zum Gedächtnis, hrsg. von Hermann Schweppenhäuser, Frankfurt/Main 1971, S. 150–176, und S. 159-161.

4 Wilfried F. Schoeller (Hg.) Die neue Linke nach Adorno, München 1969.

chende, Heterogene errichtete, »während in seinem ahnungslosen Berlin es deren sichtbares Pendant noch nicht gab«, daher würde gerade die, die dort aufs Abweichende, jeweils Heterogene, den Blick verbaue, um keinen Tag früher fallen als auf ihren beiden Seiten der Hegelsche Staat.

»Ihn stürzen, wäre in einer Zusammenfassung, die lapidar ist, aber alles schon einschließt, was als Befreiung von deutscher Enge, Emanzipation von deren Hierarchien sich lohnt, das ihre Sache sich rechtfertigende Ziel der studentischen Linken; nur ist bis heute dies ihr Vorschwebende, das von seinem politischen Verwirklichungsprozeß nicht träumerisch getrennt werden möchte, ohne angemessene Klärung geblieben, gesellschaftlich daher ohne Macht. ... Die Behauptung, daß der Weg noch ganz unbegangen sei, würde gleichwohl schon heute manchen studentischen Akt außer acht lassen. Vergleicht man mit zu vielen der bekannt gewordenen witzlos rempelnden Slogans, die den Gegner erstrahlen lassen, da ihre unbewußte Farbtönung ihn entstrickt, das vorzügliche Spruchband, das Hamburger Studenten bei einer Feier in ihrer Aula entfalteten: »Unter den Talaren / Muff von tausend Jahren« – was den Muff auch sofort, als Aufschrei, man gehöre ins KZ, evozierte – stellt die Identität von Witz und Wahrheit und von beidem mit dem Praktischen sich heraus; da man diesen Kampf schnell gewann, der Herr von seinem Amt suspendiert wurde. Durchaus gibt es Ansätze zu spontaner Reflexion, zu ihrer Genauigkeit, die sich vor ihrem Feind etwas einfallen läßt, aus einem aufmerksamen Abstand zu ihm, ein Verhalten, dessen Initiative sich nach der Topologie seiner Situationen bestimmen will, gerade auf seiner Subjektseite unvorausberechenbar ist, da aus dem Blickwinkel der Gesellschaft als Genauigkeit immer hinterher erst erkennbar; nur gibt es sie noch nicht als vorherrschendes Prinzip der Aktionen, daher freilich auch noch keine Anfänge ihres möglichen revolutionären Erfolgs.«[5]

Im Gegenteil wird am Verhaltensbild der Bewegung gerade in den prüfenden Situationen, die schon zu ihrer eigenen Zeit als die geschichtlich entscheidenden sich erkennen lassen, das ominöse Gegenteil festgestellt:

»Solange man sie nicht umstellt, stehen die Signale auf Scheitern: die Gesellschaft, die man überraschen könnte, ordnet mühelos die Studentenopposition ein. Situationen wie die, die nach der Tötung Benno Ohnesorgs vierzehn Tage lang in der deutschen Öffentlichkeit vorherrschte, kann man ungenützt nicht verstreichen lassen, ohne daß ihr Optionsrecht verfällt, kann Marcuses Thesen zur Gewalt nicht durch unverbindliche Erörterung verifizieren, wenn man Chancen, die ohne Gewalt auskommen, noch während der Debatte verpaßt. Mit einem Minimum – denn nach internationalen Maßstäben wäre es immer noch eines gewesen, wie der Erfolg des Studentenstreiks selbst im gaullistischen Frankreich erwies – an Improvisation, Solidarität, hätte man landesweit in den Streik treten können, einen befristeten und bedingten, in seinen öffentlichen Begründungen mit unverwundbarer Minutiosität formuliert.«[6]

Aber der Institutionalismus, der dem entgegensteht, tut es nicht nur von außen: nie hätte er beiderseits der *Mauer* sich in den Staatsvergötzungen Hegelscher Wurzel mittels Kalter Kriegsspiele zumal, die er mit sich selbst treibt, behaupten können, wäre er vorerst und vor allem nicht Seelenmacht, Fünfte Kolonne, die noch seine potentiellen Gegner der Aufmerksamkeit ihrer Sinne mit beeindruckenden Abstraktionen entfremden kann:

[5] Ulrich Sonnemann, Institutionalismus und studentische Opposition, Frankfurt/Main 1968, S. 93–103.

[6] A.a.O., S. 97.

Das Ödipale an den Achtundsechzigern

»Man kann ihn ohne Vergleich mit ausländischen Verhältnissen nicht erkennen; und zwar, da er sich ostwärts fortsetzt, mit westlichen. Diesen Vergleich ist die studentische Linke aus einem einzigen Grund nicht gewohnt, der die Undialektik selbst ist: da sie, wenn inzwischen auch schon kritischer, den Fortschritt im Osten, den Rückschritt im Westen vermutet, identifiziert sie, ob auch nun weitgehend unbewußt, die Gesamtheit der Verhältnisse in beiden mit dem Gehalt dieser beiden Oberbegriffe; als wären die Wirklichkeit da wie dort nicht wie alle Wirklichkeit widerspruchsvoll in sich selber und als fange mit dem Aushalten solcher Widersprüche Dialektik nicht an. Da die amerikanische Gesellschaft in Vietnam einen Angriffskrieg führt und ihre Farbigen zu diskriminieren nicht aufhört, muß es auch in Amerika den Obrigkeitsstaat geben, ist seine evidente Abwesenheit, so eine deutsche linke Logik, bloß Schein, ein Irreführung bezweckender, auf Illusionserhaltung arglistig abzielender. Schein aber kann niemals das wirklich Geschehende sein, etwa in Deutschland schwer denkbare Verbrennung von Gestellungsbefehlen, sondern gerade seine Wegdiskutierung zugunsten einer apriorischen Theorieformel, die wie alle ihresgleichen sich nur selber als das Wirkliche setzt, hypothetisch nicht nur ist, sondern es, da sie Beweise gar nicht zuläßt, auch bleiben muß, und Schein also solche Ersetzung von Analyse durch Begriffsfetischismus. ... Nach den Prinzipien deutscher Oberbegrifflichkeit, die in Freund-Feind-Denken des Institutionellen aus Carl Schmittscher oder Arnold Gehlenscher Quelle sich als die explizite Form eines wohl verwurzelten Humanitätsmangels erhält, dessen implizite, wie wir gesehen haben, dann auch altmarxistischer Deduktion nicht erspart bleibt, hätte gar nicht passieren dürfen, was da in Detroit völlig unbekümmert um Axiome deutschen Denkens geschah: daß ein Staatsanwalt, nach einem Mord an einem Neger in diesen Krawallen begangen, Anklage wegen Mordes gegen zwei weiße Polizisten erhob, deren Tat also die Anklage nicht in fahrlässige Tötung schon umlog. Wenn der Institutionalismus in Amerika herrschen würde, gäbe es weder den Aufstand öffentlicher Meinung gegen Johnson bis in die Höhenlagen der Macht noch diesen Staatsanwalt, dem der Corpsgeist deutschen Beamtentums, diese zäheste Instinktverschwörung eines unredlichen Institutionellentums mit sich selber, noch in seinen Träumen, ja gerade in ihnen, vermutlich nur widerlich wäre. Ein vorweg gehegter Tötungsplan lag auch in dem Fall in Detroit nicht vor, er lag aber auch im Fall des Kriminellen Fabeyer nicht vor, der anders als Kurras sogar in einer subjektiven Zwangslage schoß und, ohne daß ein Zweifel zu seinen Gunsten auch nur im leisesten im Apparat sich geregt hätte, wegen Mordes doch verurteilt wurde; die angeblich strengen Kriterien für die Anwendbarkeit sowohl des letztern Begriffs als auch des *In dubio pro reo*, das für Institutionelle reserviert erscheint, erweisen sich in deutscher Rechtspraxis, wenn man nur ein wenig näher hinschaut, als Gummi. Das Axiom des einfachsten Anstands dämmerte der Berliner Staatsanwaltschaft nicht, daß selbst Fahrlässigkeit, wird sie einmal unterstellt, ihrem Gewicht nach hier verbrecherisch war: daß, wenn ein öffentlicher Verantwortungsträger unter Mißbrauch seiner Dienstfunktion sie begangen hat und ein Mensch, der sich nichts hatte zuschulden kommen lassen, in Wehrlosigkeit und Hilflosigkeit dabei starb, ein Antrag auf Bewährungsfrist auf nackten Zynismus hinausläuft. Die den Kulturzustand der Gesellschaft widerspiegelnde Tradition einer Rechtspflege, die aus tiefem menschlichen Verständnis, von Gesetzen aus der gleichen Wurzel beschützt, Gewalttaten seit jeher milder als andere Rechtsbrüche einstuft und ahndet, wurde durch die automatisch gewordene Perversion einer Zusammenhaltegesinnung vertieft, der da Dienstverbundenheit eines Gewaltdelikts nicht etwa wie anderswo auf Erden für erschwerend gilt, sondern für mildernd; daß überhaupt aber Fahrlässigkeit nach der Evidenz, die zusammenkam, vorlag, schloß die Rekonstruktion des Geschehens, die die Zeugenaussagen stringent ermöglichten, aus. Für diese apriorische Tatbestandsdämpfung verblieb in dessen Beurteilung unter rechtsstaatlichem Prinzip gar kein Spielraum, denn ein Polizeibeamter mit langjähriger Diensterfahrung weiß sehr wohl, was er tut, wenn er auf den Hinterkopf eines Zusammengeschlagenen, wehrlos am Boden Liegenden, einen Nahschuß abgibt, der auch bei so viel Erfahrung sich von selbst kaum gelöst haben kann. Die behauptete Erregung beeinträchtigte eines nicht, die Zielsicherheit der Hand dieses Beamten; wenn Erregung in ihm herrschte, war sie selbst bereits von kainitischer Art, und sämtliche Kriterien also, unter denen diese Tat nach den Begriffen zivilisierter Gesellschaften Mord ist, waren in dem Geschehen, das in Westberlin sich zutrug, erfüllt; nur ist, das bleibt dann als die einzige, unabweisbare Schlußfolgerung, die bauchrednerische Gesellschaft selber nicht zivilisiert, die eine derartige Tat erst ermutigte, dann judiziell ungesühnt ließ, wenn auch ein unrevidierter Revisionsantrag jetzt die Augen der Allgemeinheit noch täuscht. Die einzige Alternative zu der vorgetragenen Deutung des Falls, die sich verteidigen ließe angesichts der Volksverhetzung gegen die Studenten und die Kurras' eigene Verantwortung reduziert, wäre Mord in feiner Verteilung, und gerade sie änderte am wenigsten etwas am Urteil über die Kondition der Gesellschaft. Irreführend, zu sagen, daß die Konspiration hier eine vorsätzliche sei, daß das Leisetreten des Falls Kurras schon durch die Anklageformulierung auf Absicht beruhe, denn daß auf Mord da geklagt worden wäre, gegen die Tat eines deutschen Polizeibeamten im Dienst, ist jenseits der Phantasie, völlig unabhängig davon wie der Fall liegt: jenseits sowohl der, die deutsche Staatsanwälte selbst haben, als auch der, die die Freiheit, Unfreiheit ihres Gewissens erwägt – vor ihren typologischen Profilen nach der Grenze des Denkbaren fragt.[7]

Präzise solche deutschen Grenzen ihrer repressiven Starrheit, menschenverachtenden Schändlichkeit zu entreißen, war die Studentenbewegung selbst aufgebrochen; und ungenau wäre es, zu sagen, gerade das Starrmachende am heimisch Gegebenen habe ihr als alltäglicher Hinweis auf eine psychoanalytische Dimensionierung des gesellschaftlich und politisch Wirklichen nicht gedämmert. »Prinzipiell« war entdeckt und zugestanden – in Berlin nur viel bündiger als in Frankfurt –, was in weiterer Entfaltung (zu der es dann nur nicht gekommen ist) an der Stofflichkeit deutschen Staatswesens deren immerwährend Stoffliges so durchschaubar gemacht, gerade am deutschen Teilungspunkt die Unteilbarkeit Deutschlands als ein für Menschen, auch deutsche, schlechthin unbekömmlichen Zustand menschlicher Verhältnisse und Verhaltensweisen enthüllt hätte, daß eine Entdeckung der deutschen Geschichte *qua Psychohistorie* solcher Erfahrung entsprungen wäre: es mit der Pose eines frisch-fröhlichen Neubeginns, auf welche Diskontinuität des deutschen Be-

7 A.a.O., S. 109–112.

wußtseins die Kontinuität des dazugehörigen Seins am allerwenigsten, soll sie sich behaupten, verzichten kann, von selbst ein Ende gehabt hätte.

Wie weit war in diesen Dingen die Kritische Theorie damals selber? Von dieser Frage an (die uns dann unaufhaltsam zu Ödipus führt) sollte es zügiger als bis zu diesem Punkt tunlich erschien – so viel Einschlägiges wollte zur Wiedervergegenwärtigung der damaligen Situationen zitiert sein! – mit der Betrachtung ihres Verhältnisses zum Achtundsechziger-Aufstand vorangehen. Zunächst dürfte jedenfalls deutlich geworden sein, daß die Diagnose seines Scheiterns auch schon während es sich erst anbahnte sich schon stellen ließ, daß dabei aber auch ein Licht zuletzt – das zu scheuen feige Unterwerfung unter ein Tabu der Gesellschaft bedeutet hätte – auf die unfraglich für unsere Themenstellung *zentral erhebliche* Sache Ohnesorg / Kurras fiel, wird dem Autor hoffentlich nicht verargt.

II

Daß ein *langer Marsch durch die Institutionen* unter der Voraussetzung, die zu erfassen oft Mühe macht – auch fatal sein kann, daß sie selbst so unverwechselbar *vorbürgerlich* blieben wie ihre rechtskräftig geheime Ratschlüssigkeit auf ein institutionalistisch geprägtes Publikum immer rechnen darf – in welchem Fall er die Marschierer mehr nämlich als die durchmessenen Institutionen verändern wird –, hatte in seinem strahlenden Wohlwollen Rudi Dutschke, als es noch auf ihn angekommen war, nicht bedacht. Als ich ihn zwei Jahre vor seinem Tod, der sich soviel länger als Benno Ohnesorgs hinzog, daß es die Zugehörigkeit beider Tode zum *Terrorismus von oben* vernebeln kann, gelegentlich eines Hofgeismarer Rückblick-Symposions (»Damals im Mai«) auf diese differentia specifica ansprach, sah er sie indessen gleich ein, hatte ja überhaupt nichts Dogmatisches, das auf Argumente anderer offen einzugehen nicht jederzeit dialogisch bereit war. Vielleicht hatte er, er räumte es ein, deutsche Spezialumstände des empfohlenen Marsches einfach deswegen nicht strategisch genug bereits eingeplant, weil sie in der Lehre Herbert Marcuses einen sie differenzierenden Part nicht gespielt hatten.

Womit wir, wie wir es vorhatten, schon zurück bei der *Kritischen Theorie* sind, ist doch insofern deren Begriff, den man mit der *Frankfurter Schule* oft synonym setzt, ein weiterer, als er mehr Positionen in sich schließt, unter diesen eben Marcuses, als ihre. Dem verdienstvollen Anstoß, den er mit dem Aufweis des *Politischen* im Verhältnis von Triebstruktur und Gesellschaft, des emanzipatorischen Potentials der Psychoanalyse, einer Studentenschaft hatte geben können, die in Berlin wie in Berkeley sich als Trägerin fälliger Befreiungen stilisierte, stand in Berlin indessen entgegen, was nach Berkeley, nicht nach Berlin paßte, ein Pauschalbegriff bürgerlich-liberaler Gesellschaft, der ohne Differenzierung nach intersozietär Abweichendem an deren normaler geschichtlicher Genese entwickelt war; wo gerade diese mißglückt, psychohistorisch die gemeinte Stufe zwar in mancher kulturellen Dimension übersprungen, in jener unüberspringbar *tragenden* aber, die die politische Kultur einer Gesellschaft ist, gar nicht erreicht war, führte diese *topologische Nivellierung* nur auf eine schon zu ihrer Zeit registrierbare Art in die Irre. »Das ist eine andere Situation als in Amerika, wo, laut Marcuse, ein siegreicher Liberalismus zur Totalideologie entarten konnte: seine Ideologie, die hier eine höchst partikuläre ist, beschränkt sich in Deutschland auf die verstaubte Wirtschafts- und Sozialgesinnung der parlamentarischen Opposition und sonst nichts, da alles andere Ideologische, das in der FDP zu treffen ist, nicht zum Liberalismus gehört, sondern zu einem deutschen Mißverständnis von ihm, das in seiner historischen Schwäche sich von Ludwig Uhland bis auf Marion Döhnhoff gerächt hat, selbst in der *Spiegel*-Krise die Linkskoalition, den Sturz der Regierung, nicht wagte. Da der Liberalismus in Deutschland immer unterlegen ist, hat es auch an der Liberalität, die sein Wahrheitsmoment ist, stets gefehlt. Mit der Animosität gegen diese, die den unwahrscheinlichsten Maskenwechsel samt linkester Vorwende kennt, lag man in Deutschland immer so richtig, wie Deutschland selbst, nach der Geschichtsbilanz, immer falsch, als deren integrales Moment, ja als ihr Kern, gehört sie selbst zum Verfestigtsten, Dumpfesten der deutschen Verhältnisse, ist per se also konterrevolutionär und gestattet Präzisierung der Kriterien künftiger Revolution. Diese kann nur liberaler, nicht weniger liberal sein als die Liberale, sie erweiterte die Menschenrechte, täte es sofort und vorweg.«[8] Wenn auch die Berliner Studenten dies anzielten, genug Liberalität dafür in die Proklamationen ihrer Bewegung floß, sie insofern sich also für ihre spezielle Geschichtslage auch schon ohne deren explizite Thematisierung verständig zeigten, war es das Verdienst Rudi Dutschkes, konnte diese Thematisierung aber – wie sich alsbald an dem Anschlag auf ihn, mit dem eben jene Geschichtslage zuschlug, desto unmißverständlich grausamer zeigte – durchaus nicht ersetzen.

Was Marcuse zu wenig bedacht hatte, als er jenes vorzüglichste seiner Theoreme ersann, das zu Recht vor den Kulturdestruktionen einer entsublimierten Toleranz warnt, war, daß sie in einer solchen Gesellschaft einen weit schrankenloseren Spielraum auf Seiten der Herrschenden, Rechten findet – als Toleranz nämlich für Barbarei noch in ihren gewissenlosesten, unmittelbar mörderischsten Versionen – als ihr in liberaler selbst die Denkträgheit einer gleichmacherisch saloppen Scheelsucht eröffnen kann. Insofern die Berliner Studenten diese Differenz und ihren geschichtlichen Hintergrund nicht erwogen, verdoppelte sich in ihrer Bewegung das chimärisch Scheinhafte, jene Unwirklichkeit, die konstant seit dem Zweiten Weltkrieg – der unmißverständlicher von ihr ausgegangen war als der Erste – an der einstigen Reichshauptstadt selbst hängt; aber wo hätte jene sagenhafte *Aufarbeitung der deutschen Geschichte* näher gelegen, so geschäftig seit über vier Jahrzehnten *geraunt* wird, während man sie gleich energisch *verabsäumte* (was aufs prallste ein vorgeblicher *Historikerstreit*, der dann gar keiner geworden ist, jüngst erwies), daß jene Rede von ihr selbst nur als *Ersatz* für ihre gemiedene Wirklichkeit sich bestimmen läßt, als in Berlin?

Offenbar bringt diese Sache einen Widerstand gegen ihre Aufhellung auf, mit dessengleichen produktiv umzugehen nicht so auffällig Psychoanalytikern näher als Historikern läge, demonstrierte nicht diese Differenz selbst schon jene psychohistorische Dimension ihres Gegenstands, um den ihn willkürlich zu verkürzen keinem künftigen Historiographen mehr geraten sein kann,

[8] A.a.O., S. 118.

wenn seine Wissenschaft etwas taugen soll. Daß die schlüsselhaften Besonderheiten, die für Berliner Situationen so im gegenwärtigen Themenkreis wie in jedem gelten (für die Psychohistorie der Deutschen, ihren ganzen neueren Teil, gewiß triftig sind), uns hier zu weit verschlügen[9], macht den knappen Hinweis um so gebotener, daß die festgestellte *Entwirklichung*, unruhvolle Phantasmatik der Stadt, in deren Mitte der Eiserne Vorhang mit der Symbolkraft einer buchstäblichen Mauer fiel, in ihrer Tradition als eingefleischte Theaterstadt etwas Vorgeformtes, Programmatisches hatte, dessen bewußtlose Fatalität auch in jener Form der Studentenbewegung wiederauferstand, die sich in ihren Spektakeln erschöpfte. Unverblümter als anderswo war er selber von allem Anfang eher histrionisch dort als eine Kurskorrektur der Historie, ja bestätigend ist die einzige – unfraglich bedeutende – Spur, die als die Schaubühne Peter Steins von der ganzen Leistung, die sein produktiver Gewinn war, bis heute währt, eine Angelegenheit des Theaters.

Desto dringlicher wird es, dem deutschen Geschichtsverhängnis, das den Studenten damals – was nicht nur in Berlin galt – noch nicht deutlich genug, unabdingbar genug (waltete es doch in ihnen selber) vernehmbar war, endlich gründlicher auf die Spur zu kommen. Während die Menschenopfer, die es in Berlin forderte, zwei Studenten waren, Dutschke und Ohnesorg, war die Entsprechung für die andere Hauptszene – auf der sich der vermeintliche Aufstand in Frankfurt bewegte – Adorno.

»Nicht lange vor seinem Tod sprach er davon, wie er über jede glückende Rebellionsregung der ›Kinder‹, der oppositionellen Studenten, jeden Anflug von Geist, phantasievoller Polemik, von Witz, der in der Regel auch nicht unbelohnt von punktuellen Erfolgen geblieben sei, wie ein Schneekönig sich gefreut habe; seit der Ausschaltung Dutschkes durch einen eingeschworenen Leser der deutschen Presse bleibe die immer schon selten gewesene Gelegenheit zu solcher Freude ganz aus. Ersatz von Provokation durch Gebärdenkult, Witz durch subalterne Verhöhnung, der Unmittelbarkeit wiederherstellenden Schockpotenz im Sagen der Wahrheit durch ohnmächtigen Auseinanderfall zwischen linker Weltanschauung in gebrauchsfertigen Abstraktionen und dem arterhaltenden Konservatismus semantischer Analität war im Vordringen; er machte deutsche Studenten, die gegen den Nationalgötzen Staat erstmals aufmuckten, nicht zu Faschisten, sehr wohl aber zu Objekten einer durch gesellschaftliche Zwänge in Jahrhunderten verfestigten Seelenmacht, die im Nazismus overt geworden. war, dessen Sturz in allen Volkskreisen überdauert hatte und in ihrer prekären Latenz das natürliche Kampfobjekt der Studenten ihrem Interesse nach hätte werden müssen, statt als Fünfte Kolonne in ihnen selbst wieder zum Zuge zu kommen.«[10]

III

In einer Fußnote von *Zeit und Geschichte*[11] legt Philippe Ariès sich die Frage vor, die er sich sogleich auch beantwortet, warum sich der Faschismus im Frankreich der dreißiger Jahre nicht stärker entwickelt habe. Zu ihrer Verdeutlichung, es geht nicht um die unmittelbaren politischen Folgen der Niederlage,

---

9 Vgl. Ulrich Sonnemann, Stoßzeiten, in: Herbert Wiesner (Hg.) Stadtbesichtigung, München 1982, S. 7–23 und Veranstaltete Ereignisse. Anmerkungen zum Strukturgesetz ihrer Unmöglichkeit und zu einer Möglichkeit, die es aufhebt, in: Fragmente 25, Schriftenreihe zur Psychoanalyse, Kassel 1987, S. 46–54.

10 Ulrich Sonnemann, Erkenntnis als Widerstand, a.a.O., S. 158.

11 Philippe Ariès, Zeit und Geschichte, Frankfurt/Main 1988, S. 57

die Frankreich dann militärisch temporär im Zweiten Weltkrieg erlitt, die aber ebenfalls keine Resonanz in einer Volksbewegung faschistischer Art hatte, sondern um das glatte Scheitern eigener faschistischer Bewegungen wie der Croix de Feu, die es dort in den Dreißigern gab. »Genau deshalb«, antwortet Ariès, »weil er [der Faschismus] in den nationalistischen Kreisen, wo er bereits keimte, auf den Widerstand der Action française stieß, die ihn im Ansatz erstickte«; und hat gewiß damit recht, zu widersprechen ist diesem Memento, das mit topologischem Nahblick die Chronik seines Gegenstands nachzeichnet, nicht im geringsten. Aber es macht darauf aufmerksam, daß eine Klärung dieser molekularen Art keiner molaren entgegensteht – sich im Gegenteil in eine solche von selber fügt, ja sie fordert –, die sich an der nicht weniger triftigen, nicht weniger realen Auffälligkeit festmacht, daß jene Bewegungen nur in Ländern glückten, deren bürgerliche Revolutionen in Jahrhunderten vorher mißlungen waren: nicht nur für Frankreich, auch für Großbritannien, wo damals Mosley nicht weniger als die Feuerkreuzler in Frankreich gescheitert ist, galt das exemplarische Gegenteil.

Während die *Kritik der politischen Ökonomie* weder solche Differenzen noch ihre geschichtliche Wichtigkeit, noch ihre praxeologische Beherzigung ausschließt, sie nur freilich auch nicht thematisiert hat, zu solcher Ausschließung insgesamt Marx selbst das instruktive Gegenteil vorgeführt, als er aus seiner Einsicht in einen Gang der Geschichtsbewegung, der nicht ungestraft den emanzipatorischen Einschnitt der bürgerlichen Revolution überspringen kann, es gelegentlich des amerikanischen Sezessionskrieges klar mit Lincolns freiheitlicher Sache gehalten hat, dem kapitalistischen Norden gegen den sklavenwirtschaftlichen Feudalismus der Südstaaten. Was immer in unserm Jahrhundert, teils aus hegelischer, teils aus kantischer Wurzel, eine in Marxens Werk schon als Möglichkeit angelegte transparente Fehlentwicklung der Lehre bewirkte, die sich mit seinem Namen verbunden hat, eine Verkennung der Relevanz menschenrechtlicher Emanzipationen für jede weitere, ökonomische, hat ihn aufs dokumentierteste gegen sich, wie sollte ihrer Blindheit und Dumpfheit nicht erst recht eine Theoriebildung widerstanden haben, der die Wahrheit seiner Einsichten aus der Konkursmasse jener Fehlentwicklung zu erretten die denkbar eigenste Sache war? Nur war in den späten Sechzigern freilich auch die Frankfurter Schule, genauer die Kritische Theorie in ihrer über sie hinausgehenden, mittlerweile mehrstimmigen Konzertanz, erst in Annäherung, wenn auch keineswegs langsamer, an den möglichen entscheidenden Punkt begriffen, wo dann aussichtsvoller, weil situativ präzisierbarer, ihr Geschichtsverständnis studentischen Praxisvorstellungen als eingreifende Korrektur hätte dienen können.

Auf diese Denkbarkeit wie auch auf das, was zu ihrer Realisierung, die ausblieb, noch fehlte, ist eingehender später zurückzukommen; vorweg nur schon festzuhalten, daß jene im Anschluß an ein Ariès-Zitat vorstehend erörterte Differenz in der Psychohistorie von Völkern in ihrer buchstäblich pathogenen, mit dem Verhängnis gescheiterter Pubertäten im Kontext individueller Lebensgeschichten durchaus vergleichbaren Bedeutung schon damals eine Position des Verfassers war, die er in einer Reihe von Veröffentlichungen, zumal dem ausgiebig unter I hier zitierten *Institutionalismus und studentische Opposition* expliziert hatte. Adornos Zustimmung, die er mit der Widmung an mich – mit der versehen *Zu Theorie und Praxis*, sein letzter Essay, auch der letzte der *Stichworte*, dann in diesen erschien, als er selber schon tot war – bekundet hat, war ermutigend rückhaltlos bis in die absehbaren, fälligen Konsequenzen hinein, die solches Ernstmachen mit einer psychohistorischen – bei aller gebotenen kategorialen Behutsamkeit, wie sie auch Freud selbst schon im *Unbehagen in der Kultur* anmahnt, ohne daß er doch von diesem Fernziel gelassen hätte, schließlich psychoanalytischen – Dimensionierung des Geschichtsprozesses für die Weiterentwicklung der Kritischen Theorie hatte. »Daß die Kritische Theorie als globale, die ihren Begriff der bürgerlichen Gesellschaft in seiner nur partiell begründbaren ökonomischen Allgemeinheit nimmt, der intersozietäre Differenzen von immensem Volumen verschlossen bleiben, nicht mehr nach ihrer Anlage weiterwachsen, jene globale Bestimmung erfüllen könne, ohne zunächst zur speziellen Theorie: nämlich institutions- wie subjektgeschichtlich abgehobener und *bestimmter* Gesellschaften wie der in allen außerwirtschaftlichen Dispositionen sich vorbürgerlich verhaltenden deutschen zu werden: dieser Idee hat er zugestimmt.«[12]

Bei welcher Gelegenheit – als ich ihn im Frühjahr 1969, es wurde unser vorletztes Treffen, besuchte, ein absurdes Frankfurter Aktionistentheater irritierte bereits, ja beschwerte, ihn merklich – er nicht nur jene Widmung schon ankündigte, auch im thematischen Feld meines Institutionalismus-Bändchens eigene Wahrnehmungen und Verknüpfungen hatte, die ihm die studentische Unruhe eingab. Die sture Mechanik, worin zwischen den Weltkriegen die in zwei verfeindete Parteien gespaltene Arbeiterbewegung in Deutschland versackt war, diese Vernagelung jeweils Rechtgläubiger, Unansprechbarer schien sich nicht nur gegen eine Bewegung des Denkens, die präzise davon sich abgesetzt hatte, zu erneuern, sie tat es ausgerechnet von Seiten von Gruppen, auf deren Resonanz und Sukkurs dieser Aufklärungsversuch am vertrauensvollsten gezählt hatte. In solcher spontaneistisch maskierten Wiederkehr eines Altbekannten, das die Unspontaneität selbst war, nun in ihrer ressentimentalen Gestalt als Rancune, schien auch die antike *Moira* zurückgekehrt, ihr unappellierbarer Zwang, allem Tun und Lassen der zu Bezwingenden in dumpfer Planerfüllung, einer Art archaischer Wurstigkeit, vorgeordnet; wie auch ihr lange vor Anaximander, der ihn dann zum Weltprinzip bestimmte, ontologischer Schuldbegriff, der opak hinter die Taten der Menschen zurück auf jene Unzugänglichkeit für ihre Rechenschaft, die das Verhängnis ihrer Existenz ist, verlagert war, schon Ödipus hatte sich seine – was Freuds Auslegung seines Falles, als er dem berühmten Komplex dessen Namen gab, ja vielleicht noch nicht hinreichend (die primäre Täterschuld lag doch gerade bei Laios) bedacht hatte – schließlich nicht ausgesucht. Das war nicht nur mehrere Jahre, ehe Ödipus, qua *Anti-Ödipus*, von Deleuze und Guattari aufs Tapet gebracht, wie auch verstärkt durch Beobachtungen Parins und Morgenthalers an afrikanischen Stämmen, auch in den Ländern deutscher Sprache zu einer Präokkupation, intellektuellen Mode, gediehen war, merkwürdig nahm es auch eine These vorweg, auf deren ausgeführtere Fassung ich dann erst in einer Arbeit in Bremen 1981 gestoßen bin, als die Verfasserin unter meiner Mitwirkung mit ihr – die eine *Verteidigung* Freuds war, gegen die Argumente des *Anti-Ödipus*, aber um den

---

12 Ulrich Sonnemann, Die Tendenzwende und ihr Tiefen-TÜV, in: Konkursbuch V, Tübingen 1980, S. 43–68.

Preis genau der Kritik an Freud selber, die in jener flüchtigen Andeutung schon Adorno geübt hatte – promovierte.[13] Wenn die individuelle Bewältigung des ödipal genannten frühen Konfliktes, an dessen fundamentaler Bedeutung, wie immer es um seine kulturellen Varianten steht, sich nicht zweifeln läßt, in manchen Fällen, in denen sie zu wenig gelungen ist, den Komplex ergibt, diesen in der Tat mit Vatermord-Schuldgefühlen, wie sie zu seiner Selbstblendung Ödipus getrieben hatten, durchschossenen, vollendet das nicht, genau umgekehrt wie nach diesen Gefühlen, die um so drastischer sein *Triumph* sind, das Vernichtungswerk des Laios an dem Neugeborenen noch durch Verdrehung des Schuldkontos? Hat nicht die patrizidale Präokkupation Freuds, die ja auf Ödipus durchaus nicht beschränkt blieb, in den Spekulationen der Urhordenthese eine Geschichte deutende Allgemeinheit gewinnt, ohne hinreichenden kritischen Argwohn einfach einen Kulturzustand theoretisch verdoppelt, in dem die Väter mit ihren Kriegen die Söhne schlachten und doch nie dafür das Mittel entbehren konnten, ihnen vorsorglich einzuimpfen, eben mit ihrem Tode bezahlten sie dem Vaterland eine *Schuld*?

Aber das waren spätere Überlegungen; keine schon in jenem Gesprächsverlauf, der von etlichen Materien beansprucht war, auftauchende. Über den akuten Konflikt sagte Adorno nur noch, wahrscheinlich sei es ratsam, mit mehr *Hemdsärmeligkeit* als bisher in ihm – was erst recht aber in unserem Lande sich auch für den Widerstand gegen reaktionäre Affekte empfehle, die auch in theoretischer Verkleidung sich zunehmend tummelten – aufzutreten, an erwähnten Ödipus könne bei dem Degoutanten, das er erlebe, nur ein Grollen erinnern, das sich zwar als politischer Donner geriere, aber mit jeder Anstrengung, einem solchen zu gleichen, gleiche es demjenigen eines Familienkrachs, seiner dumpfen Verstrickungen, mehr.

IV

Was den Themenpunkt *Ödipus* gerade nicht erledigte, seit damals eher akzentuierte: wieso wurde aus einem Verhältnis des Hochschullebens, das es am wenigsten verdient hatte, ein Familienkrach? Was diese Problematik verschärfen muß, ehe es ihr freilich dann, folgt man seiner Spur, einen Schlüssel stellt, ist eine Verwechslung typischer Generationenkonflikte mit eo ipso »ödipalen«, der einriß: das Spezifische der letztern den erstern um so generalisierender unterstellt, als deren Normalfall, der das hätte entkräften können, zur Zeit der Studentenbewegung zu einer Seltenheit in Deutschland geworden war.

Das berührt einen Kernpunkt. Ob oder nicht und wie weitgehend immer sich seither in dieser meist abgeschirmten, für Sozialisationswege um so triftigeren Hinsicht etwas verändert hat, 1968 kamen die eigenen Väter für ihre normale Rollenfunktion jedenfalls *nicht in Frage*. Wie man nach einer umgangssprachlichen Rede einen Pudding nicht an die Wand nageln kann, bot ihre Unansprechbarkeit als Personen, diese ebenso begründete wie unartikulierte wie zumeist mit der hohlen Hektik des Wirtschaftswunders getarnte Beklommenheit, mit der sie auf der Flucht vor ihrem mehr oder weniger braunen Gestern begriffen waren, nichts Festes, womit man sich auseinandersetzen, wovon

[13] Liegt inzwischen in Buchform vor: Gabriele Groenewold, Ich und kein Ende – Der Mythos von Ödipus und der Sphinx, Frankfurt/Main 1985.

man sich *abstoßen* konnte, welcher Stellenwert von Vätern für die jeweils nächste Generation, wenn ihre Adoleszenz gelingen soll, unentbehrlich ist. So mußten, wie immer paradox, dafür die her, die von jenen Belastungen frei waren, ohne Rücksicht auf die Eventualität, daß seiner Interessenlage nach und jedenfalls im Ansatz – Mitte der Sechziger deshalb viel deutlicher als an deren Ende, als er zur Unkenntlichkeit schon entstellt war – der eigene Aufstand und der des erkorenen Vaters etwas Konvergentes hatten, beider Bewegung ein Treffpunkt winkte: weder war er, wie wir registrierten, auch auf Seiten der andern, der Kritischen Theorie selbst, schon erreicht, als der Tumult sich entfesselte, noch bedenkt, wer *mit Recht* kritisiert, daß gerade angehende Erforscher des Sozialprozesses und der Bewußtseinsgeschichte für das Potential perzeptiver hätten sein müssen, dessen Verwirklichung sie vertaten, daß die Pathologie einer Gesellschaft – wie immer verschieden die Rollen sind, die sie verteilt – gerade in dem, was diskret sie verbindet (als ihre hintergründige Gemeinsamkeit erst in intersozietärem Vergleich sich erkennen läßt) vor ihren Oppositionären nicht haltmacht.

Als *Narzißmus des verfrühten Feierns*, der verhängnisvoll die Aufmerksamkeit deutscher Linker von ihren Zielen und Aufgaben auf sie selbst als diesen sich geweiht Habende ablenkt, daher in Unaufmerksamkeit mündet: welcher Zug auch für die Studentenbewegung so belegbar wie für den Journalistenaufstand gelegentlich der *Spiegel*-Affäre, wie bereits für das Feuerwerk galt, das 1849 nicht dem Ende, das dann um so kläglicher wurde, der Nationalversammlung in der Frankfurter Paulskirche leuchtete, um so spektakelfreudiger im Jahr vorher ihren mit liberalen Hoffnungen verknüpften Zusammentritt; der aber schon im dreizehnten Jahrhundert dem letzten Staufer jenes Ende bereitet hat, das als politische Niederlage in allen diesen Fällen das gleiche war, da man nach Feiern zu Bett geht, hat der Autor diese Malaise und Malheur in früheren Texten auf den Begriff gebracht; zuletzt ist es auf den Plan getreten, als eine Kundgebung der Friedensbewegung dreihunderttausend Menschen auf den Trab nach Bonn brachte und Bonn selbst doch auf gar keinen. Während es nicht die einzige Konstante der deutschen Geschichte, vielmehr untrennbar mit andern verwoben ist, die uns hier nur zu weit verschlügen, ist es das nächstliegende, greifbarste: längst müßte den deutschen Linken an seiner Repetierlichkeit (die man sich eben darum nicht eingesteht) das Merkwürdige eben als dieses, also mindestens als Problem für eine rechenschaftliche Besinnung, gedämmert haben, daß es zwar überall auf der Welt Gängeler, Folterer, Bedrücker, Reaktionäre, selbst Nazis gibt, nur in der politischen Geschichte Deutschlands aber Emanzipationsbewegungen mit solcher Todsicherheit immer fehlschlugen, daß das Problem der Psychohistorie der Deutschen virtuell sich auf das dieser eingebauten linken *Verläßlichkeit* reduziert, sich von ihr her entwickeln ließe.

Von den Anstößen, die es dazu gegeben hat, sind des Autors eigene aus dem unabweisbaren Grund zu nennen, daß sie zu seinem gegenwärtigen Thema in einem ausnehmend nahen Verhältnis stehen. Ehe die Studentenbewegung begann, war nach dem *Land der unbegrenzten Zumutbarkeiten* die *Einübung des Ungehorsams in Deutschland* erschienen: *zu früh* für die Bewegung, sagte, als sie auf ihrer Höhe war, Helmut Gollwitzer, darum wurde dann ein Teil daraus für den Institutionalismus-Band (aus dessen anderm hier zitiert worden ist) übernommen. Den Kurs des »Aufstandes« noch zu beeinflussen, kam dieses Buch dann (1968) *zu spät*, »aber diese Wahrscheinlichkeit war in Kauf genommen: wichtiger, daß die Erkennbarkeit eines Fehlgangs, der statt aus seinem angeblichen Radikalismus aus seiner Gleichgültigkeit für Radices einer geworden war, *schon zu seiner eigenen Stunde* so notorisch wurde, daß es einer möglichen künftigen nützte«.[14] Daher bleibt auf einige spätere Einsichten, die sich aus seinem Ansatz – wie auch dem Adornos in Zu *Theorie und Praxis* – ergaben, wenigstens im Umriß zurückzukommen, noch zuvor nur auf das Verhältnis eben jener *Familienverwicklung* – seiner zitierten Bestimmung nach – zu ihrem mythischen Muster. Wie weit immer, was auch psychoanalytisch strittig ist, im Normalfall ›ödipale‹ Residua in den Vorgang pubertären *Sich-Abstoßens* von den Vätern eingehen, in seinen Konfliktlagen wiederaufleben, unstrittig besteht Nichtidentität zwischen ihnen und was sie gerade mißglücken läßt, dem *Komplex* – aber erledigt das, was in Adornos Bemerkung gar nicht auf diesen, sondern auf *Ödipus selber* verwiesen hatte, wenn sie diesen Zusammenhang auch mit einer Selbstironie ohne Selbstmitleid heruntergespielte, seinen diskret sich verratenden Wahrheitsgehalt eher wegwerfend streifte als nachbohrend? Bohren wir selbst nach, springt im Kernbereich blinder Fatalität die fatalere Blindheit ins Auge, die als triumphales Verkettungskomplott treffsicherer Selektionen des Zufalls so unleugbar den Lauf der Dinge auf der Frankfurter Szene gelenkt hat wie den im Modellfall. Der Vergleich (aber das reicht ja schon, das *Ödipale* zeigt sich immer so proteushaft) endet hier, weder ähnelte Adorno Laios noch die Studenten (Krahl eingeschlossen) gerade in Anbetracht ihres heftigen Vaterbedarfs und da er eben nur unaufmerksamkeitshalber in eine Rolle geriet, die den Tod des Vaters mindestens beschleunigt hat, Ödipus – ja taten sie es nicht um so weniger (wenn das auch *pro domo* bereits, da ihre Universität betreffend, eine unschlagbar parodistische Folge hatte), als sie die *Sphinx* gar nicht wahrnahmen?

V

Die Sphinx *wahr*- hieß wie immer soviel wie ihr Rätsel *ver*nehmen – für seine Verfänglichkeit weder taub sein noch sich von ihr beeindrucken lassen – das sie beinahe so herausfordernd ihnen zu ihrer Stunde aufgab wie zu seiner dem Ödipus. Nach Thebens Erfahrungen mit dem Monstrum, da ihm zusätzlich zu der Regel der Blutopfer alle an seinen Fragen gescheiterten Kandidaten verfallen waren, bedurfte das einer Aufmerksamkeit, die von allem, was sie teilen konnte, frei genug blieb, den Trick zu durchhorchen, der an der suggestiven Struktur einer Rätselfrage die Lösung versteckt hielt. Im Fall der an Ödipus – nach dem anfangs vier-, später zwei-, zuletzt dreibeinigen Wesen – ergehenden war das Versteckte die erforderte Wendung aus dem Blick ins Tierreich zurück auf die eigene Existenzform, daß sie aber selber nur als Sprung in ein Beherzigen des stampfenden Taktes gelingen konnte, der einen Krückstock zum Bein, jener frühen *techné* macht, die die Naturmotorik der Menschen schon in prähistorischen Zeiten erweitert hat, verdeutlicht das Antizipatorische in Ödipus

14 Ulrich Sonnemann, Die Einübung des Ungehorsams in Deutschland – Jubiläumsausgabe, Frankfurt/Main 1984, Vorrede, S. 12.

Das Ödipale an den Achtundsechzigern 253

für die Sache von Aufklärung: schon der Übergang in die griechische vollzieht sich dann als eben ein solcher, nämlich von den Ontologisierungen *angeschauter* Natur weg, auf deren Geheimnissen der vorsokratische Blick ruht, auf die Entdeckung des Menschlichen als des sich selber begegnenden *Dialogischen*, das *gehört* sein will, nicht beschaut. Offenbar ist für den Umgang mit öffentlichen Monstern das Auge nicht ausreichend, wollen mit dem Nachklang erfahrener Rhythmen auch die Stimmen der Erinnerung, der Vernunft und der Ordnung von Rede erfaßt sein. Was verschloß – da sie die Sphinx nicht erkannt haben können, uninne ihrer eigenen Teilhaberschaft, die zu sprengen war, an der auch von innen waltenden Schnödigkeit blieben die schon zu Anfang der sozialliberalen Ära unzweideutig ihre Bewegung besiegt hatte – das Ohr der Studenten?

Die *Okulartyrannis*, ja freilich, diese Vorherrschaft eines isolierend fixierenden Anschauens, anzuschauen vermeinenden Vorstellens, über die Erkenntnisprozesse der ganzen okzidentalen Moderne, die in Kants Fehlbestimmung noch der Zeit als *Anschauungsform* ihren philosophischen Gipfel gewinnen konnte:[15] deren klarer Zuordnung zum Gehör entgegen die ganze Anfänglichkeit für das Menschliche selber eines rufenden Anfangs, in dem *das Wort war*, vergessen ließ. Die Okulartyrannis, nun gut, die dem verabsolutierten Organ, das sie inzwischen weltweit mehr glotzen als schauen läßt, doch am wenigsten Vorteil brachte, aber im zwanzigsten Jahrhundert wird, wie ja in ihm für manches gilt, auch diese Fron brüchig. Zunehmend bedarf sie, will sie ihren Fortbestand zunächst sichern, des *Lärms*, mit dem es seit seinem Anfang so die Ohren der Zeitgenossen erfüllt, sie betäubt und sie abstumpft, daß die Eventualität zu bedenken bleibt, eine solche Herrschaft könne zu ihrer Selbstbehauptung auch die Bedingung ihrer eigenen Möglichkeit selbst erst *herstellen*. Beiden Spuren, der ihrer Direktheit und der dieser Umwegsamkeit, bliebe nachzugehen, aber wo träfen wir, da das in extenso zu tun dieser Text nicht der Rahmen ist, so auf *beide*, wenn nicht am Fall jenes *Aktionismus*, den Adorno in *Zu Theorie und Praxis* nicht nur vehement, auch so bündig aufs Korn nahm, daß die Mißverständnisse dann nicht ausblieben?

Abgewertet, so schien es, war mit dieser unverblümt konzessionslosen Rechenschaft der ganze Inhalt des Praxisbegriffes, mit dessen anti-objektivistischer Umwertung, die ihn dem Positivismus so in seiner historistischen Spielart wie seiner szientifischen als *human engineering* instrumentalistischer Gängler entrissen hat, die Kritische Theorie sich schon selbst so als Teilhaberschaft an der Anbahnung einer erhellteren geschichtlichen Praxis bestimmte, daß sie ohne dies Umdenken, das die gemeinte ins Innerste des betrachteten *Objektiven* verlegt statt *Geschichte* ihr kartesisch abgetrennt gegenüberzustellen selbst gar nicht denkbar wäre. Teils übersahen das die Aktionisten, teils spielten sie es gegen Adornos Polemik, als er selber schon nicht mehr am Leben war, aus; aber beharrten auf dieser Trennung, da sie als implizite Prämisse einer auf nichts gegründeten Verkündigung unverkennbar war, die unter dem Schlagwort der Theorie-Praxis-Einheit nur die erstere blind der Vorstellung unterwarf, die sie sich von der letzteren ohne einen Versuch ihrer Phantasie machten, so präzise *in den Köpfen des Gegners zu denken* wie schon Brecht für politische Konflikte empfohlen hatte, nicht gerade sie?

---

15 Vgl. das Kapitel *Zeit ist Anhörungsform – Über Wesen und Wirken einer kantischen Verkennung des Ohrs*, in: Ulrich Sonnemann, Tunnelstiche – Reden, Aufzeichnungen und Essays, Frankfurt/Main 1987, S. 279–298; auch in Varianten des Textes, in: Gottfried Heinemann (Hg.), Zeitbegriffe, Freiburg und München 1986, sowie Dietmar Kamper und Christoph Wulf (Hg.), Die sterbende Zeit, Darmstadt und Neuwied 1987.

Was Adornos Streitschrift für diese Sache – in der freilich, wie wir bemerken werden, die Konsequenz seiner Argumente nicht aufging, da sie im Gegenteil auch noch eine ganz andere, sehr viel weniger geläufige Distanzierung begründet – so wichtig machte, ist, »daß in ihr der Praxisbegriff in zwei scheinbar diametral sich widersprechenden Wendungen auftritt. Wo er in substantivischer Betonung erscheint, wird er als fetischhaft, blind und borniert, ja als wahnhaft kritisiert und verworfen, mit größter Selbstverständlichkeit aber im gleichen Kontext in seiner anzuerkennenden, vernünftigen, förderlichen Konnotation dort gebraucht, wo eine ganz beiläufige Satzfigur ihn nicht in abstrakter Verdinglichung anwendet, sondern prädikativ. ›Die Physiognomik von *Praxis* ist tierischer Ernst‹, schreibt Adorno, nach einer Kennzeichnung dieses Tierischen als Theoriefeindschaft aber: ›daß dieser die Theorie sich beugen soll, löst deren Wahrheitsgehalt auf…: das auszusprechen ist praktisch an der Zeit‹ – und am Schluß des Essays: ›Sind tatsächlich jene Ideologien falsches Bewußtsein‹ – es handelt sich um die der musikalischen Jugendbewegung um 1930 und des Jargons der Eigentlichkeit zwanzig Jahre später – ›so inauguriert ihre Auflösung, die im Medium des Gedankens weit sich verbreitete, eine gewisse Bewegung hin zur Mündigkeit: sie allerdings ist praktisch.‹«[16]

»Offenbar kann« – heißt es in der zitierten Arbeit des Autors, deren Erörterungsgang mit dem an diesem Punkt fälligen so fugenlos koinzidiert, daß ihm dieser für eine Strecke folgen kann, weiter – »was jeweils praktisch war, immer erst hinterher gewußt werden, günstigstenfalls im Moment der fraglichen Tätigkeit selbst, aber nicht vorher, nicht programmatisch: wo immer gesellschaftliche Praxis gerade ihrem emphatischen Begriff nach gelingt, vollzieht sie sich *bereits*, und natürlich wird zu ihrem Vollzug auch so mancher möglichst rationale, umsichtige und elastische Plan gehören, andernfalls wären kleinste Völker, Griechen und Portugiesen, ihre Militärdiktaturen nie aus eigener Kraft wieder losgeworden, *was* aber da programmiert wird, bewegt sich immer schon im Horizont jener menschlichen Selbstverständlichkeit, die da Pragma heißt, statt daß dieses als Abstraktum seinerseits zu einem Problem würde und dessen Lösung, die dann begreiflich gar nicht möglich ist, zum Programm. Was hier zum Vorschein kommt, ist das prinzipiell Irreführende an jeder reifizierenden, substantivierenden, also verdinglichenden Abstraktion von Geschichtlichem, Prozessualem, deren Zeitreferenz von ihr selbst so verdeckt wird, daß mit ihrer genetischen Ordnung auch ihre konstitutive unweigerlich vergewaltigt wird, nämlich platterdings umgedreht: was dann so begreiflich mißlingt wie seinerzeit Helmut Schelskys völlig ernstgemeinte komische Forderung, die für diesen paradox geschichtsvergessenen Historismus des deutschen Bewußtseins paradigmatisch ist, daß es ›unsere Aufgabe‹ sei, ›neue Traditionen zu begründen‹, als hätte je einer wirklichen Traditionsbegründung schon sie selber als Aufgabe vorgeschwebt statt als vorweggenommene Abstraktion gerade jede solche Möglichkeit zu vereiteln.

Entsprechendes gilt nicht minder dann zunächst für den komplementären Begriff. Wieso sollte *Revolution* sich die Mühe machen, sich auch noch zu allem Überfluß zu *ereignen*, wo schon ihr Name einen 1968 dermaßen sättigen konnte, auf dem berühmten Rosse von Holz; und wiederum gilt Entsprechendes eben offenbar auch für den Praxisbegriff; womit ich zu These 2, nämlich

16 Ulrich Sonnemann, Pragma und Prozeß, in: Michael Grauer, Gottfried Heinemann, Wolfdietrich Schmied-Kowarzik (Hg.), Die Praxis und das Begreifen der Praxis, Kasseler Philosophische Schriften 13, 1985, S. 379–384.

dem Erfordernis, das sie unterstrichen hat, überleite, die Psychohistorie der eigenen Gesellschaft endlich so entschieden in deren Bewußtsein zu heben, daß ein Ausbruch aus jener Konstellation, jenem ebenso ersetzenden wie erschleichenden, frustrierten wie beschwörenden Verhältnis zu dem, was der Praxisbegriff meint, eine Chance bekommt, doch noch rechtzeitig zu gelingen.

Seit die Pershing-Krise die Identität zwischen den beiden deutschen Souveränitätsdefiziten ans Licht brachte, dem in der Bevölkerung überlieferten menschlichen und dem außenpolitischen, das die Selbstentmündigung dieser Republik in einem internationalen Ernstfall betrifft, ist ein solcher Ausbruch höchst dringlich. Eine Praxis, die ihn zuwege bringt, kann sich nicht nach technologischem Muster als Anwendung einer fertigen Theorie verstehen, die vom Besonderen zum Allgemeinen führt. Ihre Wegrichtung wäre gerade umgekehrt die einer unverkürzten Bereitschaft zu neuer Erfahrung, ebenso der Sinne selbst wie des Geistes. Das Eingreifen solcher Erfahrung vollzieht sich nicht über gefrorene Oberbegriffe, die sich ihren Monopolanspruch, die einzig wahren Ideen zu sein, selbst bescheinigen, sondern zunächst über jene spontanen, homologistischen Assoziationen einer wahrnehmungsfähigen Physiognomik, die über die reflektierende Arbeit der Urteilskraft durchaus in theoretische Bestimmungen münden können, wenn auch Kant das verbot.

Kritischer dachte in dieser Sache nicht erst Francis Bacon, auch schon Duns Scotus. Nach der Nomenklatur seiner Sprache handelt es sich bei solchen Wahrnehmungen um die immer wieder verkannte, unausgeschöpfte Erkenntnismächtigkeit der Haecceitas, die der Vorrang des geschichtlichen Ereignisses über jegliche nomothetische Statik ist; welche waghalsige Kategorie, die das unwiederholbare und unrückführbare Jetzt und Hier einer individuellen Erscheinung meint, er der tradierten Tafel der Universalien einer begriffsrealistischen Scholastik hinzufügte; in Adornos Begriffen, die in diesem Punkt, in geschichtlicher Dimensionierung, mit dem unabgegoltenen Vergangenen in Walter Benjamins Geschichtsthesen konvergieren, um das Recht des Nichtidentischen, in dem Zukunft aufkeimt, gegen eine perfektfuturische hegelische Subsumtion, die es identitätslogisch wegzaubert: daß aus einer Allwissenheit von der Welt als Prozeß – für die im Prinzip dieser Prozeß schon so gelaufen ist, daß sie auf ihn zurückblickt – es keinen denkbaren Weg gibt, der die Vernunft aus ihrer Sphäre als theoretischer in die der praktischen zurückführen könnte, springt in die Ohren.«

Aber in das der Achtundsechziger sprang dieses offen Künftige, *Unverfügbare* an der geschichtlichen Spur jeder Praxis als der so unumkehrbar – wo sie in Geschichte eingreift – in ihr mächtig werden könnenden Spontaneität der Vernunft, daß sie das hinreichend selber einsieht, einen in ihrem Namen gestellten Verfügungsanspruch auf ein Perfektfutur, das sich gegen sie auswechselt, zu desavouieren, eben leider zu wenig. Das berührt schon die *andere* Distanzierung, die die Konsequenz des Adornoschen Textes, seines so verschiedenen Gebrauches von »Praxis« und »praktisch«, geboten macht – eine Konsequenz, die deutlicher gegenüber einem Mißverständnis Kritischer Theorie zu ziehen er bloß zu Lebzeiten nicht mehr vermochte. Nur zuvor, wenn die Zeitontologie[17] Zeit*verräumlichung*[18] – die so unabdingbar schon im historischen Ansatz steckte wie sie dann freilich erst in der Zeittheorie des Hegel zu

17 Vgl. Theodor W. Adorno, Drei Studien zu Hegel, in: ders., Gesammelte Schriften Bd. 5, Frankfurt/Main 1970, S. 247-382.

18 Vgl. Ulrich Sonnemann, Zeit ist Anhörungsform, a.a.O., und, gleichfalls in den Tunnelstichen, Der neueste Tod des Narziß – Über eine Vollendung des Spiegels, die Seitenverkehrung durch die Beseitigung von Verkehr ersetzt, S. 247-260.

Ende denkenden Hegelianers McTaggart in ihrer vollen Konsequenz – die Zeit *qua* Zeit als unsere *Täuschung* verwirft – ganz zum Vorschein kam, zu der zitierten unhegelisch grobschlächtigen – Subreption eines »kulturpolitisch« ambitionierten Machertums führte, dem zuvor schon die Fehlbestimmung[19] einer ganzen Generation der bundesdeutschen Gesellschaft entsprossen war, beleuchtete nach Schluß des *Familienkrachs* – die ganze Stimmung war hin, der Studentenaufstand kapitulierte – nichts in Frankfurt so listig verschlagen die überstürzt beeilte Erbötigkeit der revolutionären Gestikulanten von gestern wie daß fügsam auch sie (so weit es auf sie eben ankam) auf den Lehrstuhl Adornos einen Schelskyaner hoben, der zwar keinerlei Tradition dann begründet hat, aber genau jenen Harmonismus zu bieten hatte, der eine kritische liquidiert.

VI

Wenn sie nur in Frankfurt damit und als *Frankfurter Schule* – das allerdings gründlich – zu Ende war, da wenig später auch Horkheimer starb und sich deren Erben zerstreuten, es im übrigen aber keineswegs ist, liegt das an Außenseitern eben der *Schule* – die sie auch schon vorher begleiteten – nur insoweit, als deren Arbeit einer Sache ebenso des Denkens wie des Weltzustands Antwort steht, die viel zu inständig beides: unerledigt und die einer sich ihrer annehmenden Kritischen Theorie ist, als daß diese selbst schon im mindesten am Ende sein könnte. Was immer am Werk von Aufklärung nach Kritik ruft, deren Geschäft ist so konstitutiv in sie eingebaut, so sehr ihres, daß Gegenaufklärung nur im Recht gegen sie sein konnte, ließe sie es im Stich – so oder so ähnlich hat Jürgen Habermas unlängst zu einer Gegenaufklärung Stellung bezogen, die schon wieder einmal nach ihrer Gewohnheit ihre Stunde, allermindestens doch in Deutschland, geschlagen glaubt, nennt man eine Windigkeit doch leicht bei uns schon dann eine Wende, wenn im Vergleich mit ihren Anfangsstadien (die bis in die Gründungszeit des Staates zurückreichen) sie sich nur nicht mehr geniert. Ich zitierte dem Sinn nach – dem so einleuchtenden – also aus dem Gedächtnis, erinnere mich nicht des genauen Wortlauts noch der Gelegenheit; um so mehr freue ich mich *dieser*, gleich zu Anbeginn eines Abschnitts, der besagtes eingebautes Geschäft an ihm selbst zu üben aus dem einfachen Grund nicht umhin kann, daß das Thema es selber, ja allerspätestens an diesem Punkt, fällig macht, vorbehaltlos Habermas zuzustimmen und ihn zu rühmen.

Freilich ist die Bestimmbarkeit geschichtlicher Entitäten nicht die umfangslogisch wie erst recht qualitativ so viel unzweideutigeren schlichter Gegenstände im Raum, darum kann eine Übereinstimmung, die über ein so einfach erscheinendes Verhältnis wie das von Aufklärung und Gegenaufklärung erzielt wird, die zu ihrer Anwendung nötige, was diese Begriffe empirisch erfüllt, was sie nicht erfüllt, auch zuweilen beide Bestimmungen in einer Erscheinung vereinigt, weder gewährleisten noch ersetzen. Die Einfachheit endet hier, wie geläufig etwa ist Kant als Aufklärer und wie schon die deutsche Frühromantik als Trägerin von Gegenaufklärung, und doch gibt es an beiden

[19] Helmut Schelsky, Die skeptische Generation, Düsseldorf 1957; vgl. auch das Kapitel: Die alles nur nicht skeptische Generation, in: Das Land der unbegrenzten Zumutbarkeiten. Deutsche Reflexionen, Neuausgabe, Frankfurt/Main 1985, S. 184–192.
Christoph Türcke (Hg.), Perspektiven kritischer Theorie – Eine Sammlung zu Hermann Schweppenhäusers 60. Geburtstag, Lüneburg 1988, S. 38.

nicht bloß diese Kennzeichnungen modifizierende Züge, sondern ihnen präzise entgegengesetzte, die diese Schubladenordnung der Bequemlichkeit diametral umdrehen: klärt auf, wer das ignoriert? Und ignoriert es nicht bis heute, wer der Vernunft, die keinen Pachtvertrag eingeht, verbietet, sich mit dem gerade zu beschäftigen, was in der Welt ihr nicht gleicht, ja ihr ungehorsam entgegensteht, statt es hegelisch subsumtiv sich schon gleich zu machen, es effektiv also wegzuzaubern, so *in einem* sich verabsolitierend und sich sacht dabei ihrer kritischen Trennschärfe für die Situationen der Praxis entäußernd? Schließlich (längst sind wir bei Habermas) kämen – und im Bejahungsfall, wie denn? – jene Normen eines *herrschaftsfreien Diskurses*, die unweigerlich begriffliche Regeln sind, ohne jenes Herrschaftliche aus, das schon in jedem subsumtionsermächtigten Oberbegriff selbst steckt, also das Nichtidentische – mit dem Adorno es hielt – samt seiner ganzen vielleicht keimenden Künftigkeit abwürgt? Wäre an einem Diskurs, bei dem etwas Neues herausspränge, nicht gerade es dieses Neue? Wie der verbreitete Brauch, einen handlichen Oberbegriff als Diffamationsetikett auf eine unbequeme, mißliebige, ja vielleicht sehr verstörende Position zu kleben sich mit nachweislich haltlosen, aber eindrucksvollen Denunziationen verbinden kann, diese Erfahrung *Dietmar Kampers* wäre hier nicht zu erwähnen, hätte fraglicher Oberbegriff nicht eben wie (schon im Titel gedachten Vernichtungsversuches) gelautet? Nun, *Gegenaufklärung*.[20]

In irgendwelcher Direktheit hat Habermas damit nichts zu tun. Aber eine der unbemerktest stillen Bedingungen der Möglichkeit solcher rempelnden Überrumpelungen ist die Verwechslung von *Themen*, die sich im Bewußtsein von Bewußtseinsverwaltern nämlich schlagworthaft, eben oberbegrifflich, stets von selbst schon, automatisch, was die Gangart – Habermas wird da zustimmen – gerade von Aufklärung gewiß doch nicht sein kann, so mit irrationalistischen *Thesen* verbinden, daß die Assoziation zum Pawlowschen Reflex wird, in solchen Fällen also nicht nur zur schlichten Verwechslung eben von Themen mit Thesen führt, sondern zur Tabuierung der erstern. Unter der Vermeinung, sie rein zu halten, wird Vernunft damit nicht nur des ihr ungleich Entgegenstehenden beraubt, dessen sie für ihre Arbeit bedarf. Sie verliert auch als Spontaneität, Vernunft schon des Leibes, der Sinne, jenes Innesein ihrer selber, ohne das sie zu einem blassen Abstraktionen verwaltenden Schatten verkommt, und insofern dann diesen nichts hindert, unter ihrem Namen in Theorie einzugehen wie man traditionell diese auffaßt, als ikonische Repräsentation äußerer Gegenstände, die sie nomothetisch verdoppelt, gemahnt diese Konstellation nicht nur an Horkheimers kritische Umdenkung des Theoriebegriffs, sondern verdeutlicht, wie sehr erst Adornos Insistenz auf den Rechten des Nichtidentischen aus dem Entwurf eine Konsequenz zog, die seine *praktische* Fruktifizierung erlaubt: nicht mehr vom Besonderen zum Allgemeinen läuft, wie seit Platon die Besegung von Theorie war, sondern von diesem zu jenem.

Andernfalls wird der Primat, den der Praxis auch Habermas einräumt, am Ende an Theorie als jene Macht von *Kontrolle* zurückgebunden, die den gleichen Primat ja auch früher schon so um seine Wirklichkeit, nämlich mögliche Geschichtlichkeit brachte, erst bei Kant, dann bei Marx, daß es bei seiner Ver-

---

20 Klaus Laermann, Das rasende Gefasel der Gegenaufklärung, in: Merkur 39. Jg., Heft 433, März 1985, S. 211–220.

kündigung blieb. Die Folgen in der deutschen Geschichte sind bekannt, wenn auch kaum schon durchdrungen, allzu unbedacht aber blieb bis heute der Zusammenhang, der zwischen ihnen und einer Präokkupation mit Kontrolle und mit dem Ich als deren Instanz waltet, die sich mit auffälliger Beharrlichkeit durch die deutsche philosophische Tradition zieht. Durchschaut hat sie Schelling, an dessen Wort in der Freiheitsschrift von 1809[21] von der Unvereinbarkeit von Theorie und Geschichte ich hier ausdrücklich erinnern darf, und nicht weniger hat sie Adorno durchschaut: was wäre, als die eine administrative Unentbehrlichkeit unter allen Begriffen, das zentrale Schibboleth der *Verwalteten Welt*, der der ganze Aufstand seiner Philosophie galt, wo nicht eben Kontrolle? und andererseits, was wiese schlagender Habermas' vermeinte Fortsetzung der Frankfurter Schule als bedauerlichen Umschlag Kritischer Theorie in unkritische aus als es schon sein Mißverständnis der Psychoanalyse in *Erkenntnis und Interesse* tat, es gehe dieser um Sublimierungen, notabene vom Ich kontrollierte – ausgerechnet von dieser nach Freuds Aufdeckungen *korrumpierbarsten* unter den Instanzen der Psyche – oder darum sollte und könnte es ihr doch gehen, wird die Psychoanalyse da angemahnt. Unentwegt indigniert, manifestiert sich dieser Kontrollkomplex dann durch alle weiteren Abschnitte von Habermas' Opus, noch im rezenten Buchtitel *Die neue Unübersichtlichkeit* pflanzt sich hörbar die Klage eines aufrichtig gekränkten Willens zur Ordnung fort, der es der Welt nicht einfach durchgehen läßt, daß sie rein aus Mutwillen, zu chaotischem Schabernack, nicht in seine Fächer paßt, ohne daß diese dann klemmen. Daß aber *die* schon geklemmt hat, die auf die oben erwähnte Weise – den Anstrengungen der Diskurstheorie vorgängig – der Psychoanalyse gewiesen war: schreibt gerade *diese* Blockade sich der pauschalen Bestimmung der so bedachten als einer Unternehmung der Selbstreflexion zu? Ich glaube nicht. Es gibt Züge an ihr, die das allenfalls stützen, dabei auch der Egoität natürlich, ohne die es nie ganz geht, Konzessionen machen, um so erstaunlicher aber gleicht der gemeinte Vorgang dem Sinnieren des Ich eines vorbildlichen preußischen Strafgefangenen, jenes Verbrechers aus der weltberühmten Rechtsphilosophie – die in Globke und Freisler gemündet ist – unseres schwäbisch-preußischen Staatsdenkers; welchen idealen Hegelschen Zuchthäusler ja tatsächlich daher Habermas in jenem Kapitel von *Erkenntnis und Interesse* mit einer ahnungsvollen Ausdrücklichkeit als die passendste Vergleichsfigur für gedachtes kontrollierendes Ich selbst heranzieht, tut Gemeinter doch nur seine Pflicht, ja seine, preußisch, *verdammte Pflicht,* wenn er dies: daß er schließlich zu Recht sitzt, ja sein Sitzen nicht weniger als die Ordnung des Universums selbst wiederherstellt, wenigstens einsieht. So enorm normativ schreibt das Ich jeglichem Hofgang – sogar dem, wie wir bemerken, der Welt seine Ordnung vor: mag das Sitzen seines Inhabers noch so weit unten sein, *es in ihm* sitzt doch oben, und wie sollte dann seine Chance, wenn sogar ein Krimineller sie haben darf, einem Analysanden versagt bleiben? Wie weiland Max Scheler, der an allen andern Begriffen Freuds strikt vorbeilas, sieht auch noch Habermas sich an jenem patenten Triebbändiger aus dem Arsenal der psychoanalytischen Terme, dem *Sublimieren,* fest, und wie vollzieht sich dann, nach seiner Vorstellung, dieses Sublimieren in der psychoanalytischen Kur? »Nicht nur vermittels des Ich, sondern unter Kontrolle des Ich.«[22] Damit ist es auf dem Tisch;

---

[21] »Alles bewußte Schaffen setzt ein bewußtloses schon voraus, und ist nur Entfaltung, Auseinandersetzung desselben. – Seit Aristoteles ist ja sogar ein vom Menschen gewöhnlich Wort, daß ohne einen Zusatz von Wahnsinn keiner etwas Großes vollbringe. – Wo aber kein Wahnsinn, ist freilich auch kein rechter, wirkender, lebendiger Verstand … Weßhalb denn der gänzliche Mangel des Wahnsinns zu einem andern Äußersten führt, zum Blödsinn (Idiotismus), welcher eine absolute Abwesenheit alles Wahnsinns ist.«: F. W. J. Schelling, Werke, München 1927, 4. Hauptband, Schriften zur Philosophie der Freiheit, 1804–1815, S. 713–715.

[22] Jürgen Habermas, Erkenntnis und Interesse, Frankfurt/Main 1973, S. 300.

und die Psychoanalyse, die damit vermeintlich gedeutete, unter dem Teppich. Daß es, gerade umgekehrt, als gängelnde Zensur, jene spontaneitätswidrige dürre Kontrolle ist, über deren Aufhebung vor allem sich die analytische Arbeit vollzieht, kann er in seinem Weltbild, das neukantianisch ist, und im Kern heißt das kantisch, nicht unterbringen.

Was geht da vor, woher kommt das? Wie inzwischen die Diskurstheorie zeigte, noch weit untergründiger als von Hegel aus dem Omnipotenzvermächtnis jenes Fichteschen Ich, das sich sogar noch um sein Nicht-Ich, da es phantasmatisch dieses selbst setzt, erweitern kann: wie die Ordnung der Fichteschen Tathandlungen, deren Namenskomik, sind sie doch subjekt-interner Ersatz für die real ausbleibenden, gar nicht bemerkt wird, unterliegt der vermeintlich herrschaftsfreie Diskurs so unverhohlen der Herrschaft eines ihm vorgängigen Sets fester Regeln, daß er nicht nur von Herrschaft, sondern auch sonst nicht frei, ja noch nicht einmal, betrachtet man ihn genauer, Diskurs ist: da ein solcher nicht vorweg bestimmbar, durch keine Regeln, die innovative Entdeckungen ausschließen, eingehemmt, vielmehr für seine eigenen Möglichkeiten, die er zu seinem Beginn gar nicht kennen kann – nicht nämlich ehe ihre Verwirklichung (die sonst vereitelt wird) Ereignis ist –, offen bleibt: schon daß der Diskurskontrolleur sich gleichzeitig auf Thema und Regeln seiner Kommunikation konzentrieren muß – die ja nicht wie in manchem Brettspiel von der gleichen Art sind, also unweigerlich auseinanderklaffen –, zwingt seiner Aufmerksamkeit just als einer des Denkens eine Teilung auf, die sie für dessen Bedürfnisse ruiniert. Hat der Widersinn, der in der Vorstellung solcher Regeln liegt, einen bestimmbaren eigenen Kern, dieser wiederum Präzedenzen? Wie die Ich-Präokkupation schon des deutschen Idealismus, die vom Klang gerade der notorischen Oberstimmen im Konzert unserer philosophischen Tradition nicht zu trennen ist, hat auch ihre Wiederkehr in der Theoriebildung Habermas' einen sehr bestimmbaren Wurzelstrang in Kant selber. Da es keine Regeln für das Geschäft von Erkenntnis gibt, die nicht stillschweigend Vernunft schon voraussetzen, können ihr selbst keine gesetzt werden, die ihr nicht schon entstammten, wiederum also auf eine Zirkelbestimmung hinausliefen, aber diskret war in diesen *Paralogismus* schon der Ansatz Kants selber in der *Kritik der reinen Vernunft* verstrickt. Auch sein Grundmotiv ist bereits Kontrolle, wenn dieser Begriff auch noch unmittelbar keine Rolle spielt, und so liegt es nahe, eine schärfere Bestimmung zu versuchen, warum Verabsolutierungen von Kontrolle gerade über kognitive Diskurse mißglücken *müssen*. Das Ergebnis ist einfach genug, einsehbar können Regungen des Gedankens nicht im Augenblick ihres Auftretens auch schon sich selbst als Erscheinung haben, in ihre Bewegungen als intentionale nicht die Theorie ihrer eigenen ihnen unbewußten Physiognomik schon einbeziehen, was sie doch müßten, wenn Kontrolle jene Vollständigkeit und Hermetik erlangen soll, wie sie ein Ich, das sich effektiv absolut setzt, zu seiner Sicherung gegen jede Zukunft verlangen muß, die es nicht konzipierte.

Dieses Dilemma ist für viele Erscheinungen schlüsselhaft, die in diesem Text nicht mehr unterkommen. Um so ausgiebiger tun sie es in unserm Jahrhundert, gilt in Verbindung mit der schon berührten Zeitverkennung, die ihrerseits auf Kant ja zurückleitet, doch das gleiche für die mühelos wahrnehmbare, *postmoderne* Prominenz des Perfektfuturs, dieses zum Bild gerinnenden So-wird-und-soll-es-gewesen-sein, das zwar den Menschen keineswegs zur Verfügung steht, aber von den Möglichkeiten der Grammatik her ihrer endzeitlichen heutigen Neigung, sich eine offene Zukunft, also das erste Futur selbst bereits zu verrammeln, desto glatter verfügbar scheint. Erst recht gilt das für Ereignisse, die seit je zwar aus menschlichen Taten entsprungen sind, aber ungeachtet deren Bewußtheit und Zielstrebigkeit, die als situativ praktische sich erkennen läßt, eben unbewußt: erst im nachhinein *waren* es welche, während seit dem Historismus dieses Verhältnis, das doch gerade der Hegelschen Wesenslogik die ganze Geschichte hindurch die Treue hielt, pervertiert wird. Mit der kaum schon begriffenen Wandlung – die eben dem Perfektfutur seine beispiellosen, für Weltverwaltungsinteressen wahrhaft bestechenden Chancen schuf – des Historismus zum Manipulismus wird das Ereignishafte selber zum Handlungsziel, wobei es natürlich nicht mitmacht. Statt seiner erscheinen dann diese Simulacra, nicht erst nach Baudrillard, schon nach Günther Anders vor einem Vierteljahrhundert: der auch den kritischeren, politischeren Gebrauch von der Entdeckung gemacht hat, statt mit der These, daß Geschichte zu Ende sei, jedenfalls die des deutschen Kulturpessimismus mit nostalgischer Gemütlichkeit einfach fortzusetzen, ob auch zur Abwechslung auf französisch.

Aber jene Simulationen sind transparent. Was ihren Aufstieg zu vermeinter Postmoderne ermöglicht hat, ist mit der chronischen Unmöglichkeit für Bewußtseinsregungen, sich im Moment ihres Erscheinens auch schon selber als Bild, Theorie zu haben, deren Mißachtung durch Macher, die mangels eines zwanglos geschärften, zumal für Sprachdokumente perzeptiven Geschichtsverständnisses der Absurdität ihrer Projekte, dieser immer perfektfuturischen Positivitäten, nicht inne sind. Um so deutlicher stößt die Frage, wie die Konditionierung dieses Unwesens sich näher beschreiben läßt, auf zweierlei gleichzeitig. Einmal, daß es in scheinbar vertrauten Begriffen, die ihrer Herkunft nach Abstraktionen aus Geschichtserfahrungen sind, die zur Nachahmung einladen, einen stillen Zeitbezug gibt, der für sie unablösbar konstitutiv ist, dann, daß sie ihn mit ihrer Abstraktheit verdecken – die Kultur selber, die Geschichte, die Tradition, die öffentliche Ordnung, der Staat – also dem Praxisverständnis des Machers zu seinen instrumentell verfügenden Zwecken gefügig scheinen. Die Folgen sind jene Hybride, auf die ich an diesem Punkt nicht zum ersten Mal aufmerksam mache: weder überhaupt noch in diesem Text, sind es doch die gleichen Erscheinungen eben jenes hybrisartig sich verstockenden Widersinns, dem der Machbarkeitswahn des Jahrhunderts, der Zeit entzeitigt, ihre Entwürfe plattwalzt, entquollen ist, deren Exemplifizierungen wir schon gelegentlich jener Exegese von *Zu Theorie und Praxis* begegnet sind, wo sie in Gestalt so der Revolution *als Fetisch* wie von Helmut Schelskys Verkündigung neuer Traditionsbegründung *als unsere Aufgabe* auftauchten.

Und zuvor eben, bei Adorno selber, der nicht weniger gegen ihre Bedeutung verdrehten, *praktisch* vertanen, da fernangebeteten *Praxis* als begrifflicher Hypostase. Aber steht es um einen Diskurs, der in Gestalt kontrollierender Regelkonzepte Vernunft selbst sich vermeintlich verfügbar macht, statt in die ihrerseits schon verfügende (die sich Bilder zu machen verbietet, desto aufmerksamer und gelassener *vernommen* sein will) zu vertrauen, unserem Ergebnis nach anders? Hier schließt sich ein Kreis, nicht nur zeigen die symmetrischen Irrtümer, in die sich der Konflikt, der 1969 zu Ende ging, auseinanderlegt, sich im Grunde von gleicher Art, sie machen diese auch selber als Erbe eines tradierten Bewußtseins erkennbar, das so ingrimmig und so selbstherrlich Vernunft nur als alles schon wissende, allumfassende, noch die Profilansicht ihres eigenen Waltens kontrollierende *Verfügung* sich denken konnte, also als Egoität, daß ihre um so tiefere Ohnmacht in der politischen Geschichte des Landes, in dem sich eine solche Vorstellung von ihr bilden konnte, nicht mehr ganz so erstaunt.

VII

Wie erst Aufklärung, die auch über sich selbst sich noch aufklärte, welche sein kann, will Vernunft, gegen ihre Absolutsetzung, die kantianisch wie hegelisch die Hybris erzeugt, die wir gerade berührten, nicht die Anerkennung des *Unverfügbaren*, ihre Spontaneität objektiv Ermöglichenden überspringen, das sie ebenso als naturwüchsige wie als geschichtlich sedimentierte Erscheinung ist: dieser Konsens meines letzten Gesprächs mit Adorno hat für alle Frontstellungen dessen Konsequenzen gehabt, was ihm als *Selbstbehauptung* einer Kritischen Theorie, die die *Negative Dialektik* genauer durchdacht hätte, vorschwebte. In einer früheren Veröffentlichung hat der Verfasser diese Konsequenzen beschrieben. »An Adornos Stellung im Dreifrontenkrieg gegen jenen phantasielos phantastischen Aktionismus, die gleich sture Begriffsstutzigkeit, die im Positivismus zur Methode geronnen ist, schließlich die Eigentlichen, die schon damals mit linken Konventikeln übers Alles-oder-nichts des existenzialistischen Gestus vermittelt waren, sind späte Umdispositionen in der zweiten Frontstellung, die ihn in zunehmendem Widerstand gegen sich abzeichnende theoretische Kompromisse zeigten – und das heißt gegen faule; wie es in der Tat deren Rechenschaft (welcher unphilosophische Zug an ihnen sie eben zu Kompromissen bestimmen mußte) denn an Offenheit der Artikulierung schon damals fehlte – zu wenig bekanntgeworden. Anders und direkter gesagt, zum Austrag keimender Differenzen mit Habermas, an denen unser letztes Gespräch, das um diese kreiste, seinen Einspruch verdeutlichte, keinen Zweifel ließ, ist Adorno nicht mehr gekommen.«[23]

»Dieser Hinweis« – fährt der Text fort – »könnte in die Irre führen, fügte ich ihm hier nicht hinzu, daß Adornos Sorge von jeder Spur frei war, die als die eines persönlichen Antagonismus zu deuten die fraglichen Gespräche den leisesten Grund indiziert hätten. Sein Verhältnis zu Habermas schloß eine derartige Denkbarkeit aus. Die Verständigungen, auf die es gegründet war, sind bekannt, waren in beider Kampfstellung im Positivismusstreit noch einmal in ihrer vollen Reichweite sichtbar geworden, und wo jenseits der letztern allerdings eine Divergenz in den Blick fällt, war es keine, die beider Übereinstimmungen etwa zu vordergründigen öffentlichen Angelegenheiten berühren konnte, in denen Habermas sich erfreulicherweise bis heute in der Regel spontaner zeigt, als einem Ich, das damit beschäftigt wäre, zugleich Ausüber und Mittel von Kontrolle zu sein, im Bedarfsfall vergönnt wäre.« Buchstäblich hatte Habermas in

---

23 Ulrich Sonnemann, a.a.O., Die Tendenzwende und ihr Tiefen-TÜV, S. 55.; vgl. auch Ulrich Sonnemann, Metaphysische Bestürzung und stürzende Metaphysik, in: Jürgen Naeher (Hg.), Die Negative Dialektik Adornos, Opladen 1984, S. 293–316.

dem schon angeführten Psychoanalyse-Kapitel dem Ich *Sublimierungen* in genau dieser Doppelfunktion zugedacht (»nicht nur vermittels des Ich, sondern unter Kontrolle des Ich«), aber weit wichtiger bleibt inzwischen, daß er jene *erfreuliche Spontaneität* in der Tat dann auch weiter und später noch in öffentlichen Auseinandersetzungen – zuletzt im sogenannten *Historikerstreit* – an den Tag legte. »Gegen sie alle« – von denen an diesem Ort nicht zu reden ist, das Elend des Disputs, den eher Geschichtsmanipulisten und -klitterer als Historiker auf den Weg brachten, ist notorisch – »steht von Anfang an Jürgen Habermas: ›Aus Vergleichen werden Aufrechnungen‹ – was, da die Vergleiche qualitative sind, ihrer Quantifizierung entgegen ihr Befund überdies gar keine Gleichheit ist, bloß laxe Logik am Werk zeigt – und ›Joachim Fest beklagt sich … über die Empfindungslosigkeit, mit der man sich an manchen Professoren-Schreibtischen daran macht, die Opfer zu selektieren. Dieser schlimme Satz aus einem schlimmen Artikel kann nur auf Fest selber zurückfallen.‹ Und er tut es in der Tat, mit der ganzen unüberhörbaren Wucht, mit der ein Hetzton, der bereits pfiffig genug war –, seine Diffamationslust ohne die geringsten Belege diffamatorisch dem Opponenten zu unterstellen, selbst aufs prallste den Stimmenklang genau jener Zeit ins Gedächtnis ruft, die doch gerade leisezutreten Fest nach dem Tenor seines Textes am Werk ist. Habermas, in der gleichen Replik: ›Nach Auschwitz können wir nationales Selbstbewußtsein allein aus den besseren Traditionen unserer nicht unbesehen, sondern kritisch angeeigneten Geschichte schöpfen. Wir können einen nationalen Lebenszusammenhang, der einmal eine unvergleichliche Versehrung der Substanz menschlicher Zusammengehörigkeit zugelassen hat, einzig im Lichte von solchen Traditionen fortbilden, die einem durch die moralische Katastrophe belehrten, ja argwöhnischen Blick standhalten. Sonst können wir uns selbst nicht achten und von anderen nicht Achtung erwarten.‹«[24] Diese Habermas-Zitate ließen sich fortsetzen – die einzig rühmliche, einzig redliche Stimme, die in dem Streit, so weit er größere Publizität gewann, also abgesehen von einigen weniger hörbaren, überhaupt erklang, war unleugbar die seine.

Es beeinträchtigt nicht das Luftreinigende dieser spontanen moralischen Rechenschaft, nimmt nichts ihr von ihrer Verve, derengleichen wie eh und je kostbar in Deutschland und nur freilich auch in einem Unmaß, das selbst in dessen Annalen ohne Präzedenz ist, *benötigt* war, daß die Modifikation, die an diesem Punkt fällig wird, einen Problem-Abgrund, der sich schon zu schließen schien, wieder öffnet. Zur Information zunächst über ihren Hintergrund, die heikle Sache, die den ganzen Hader, der sie seiner Thematik nach hätte kritisch klären müssen, auch sonst durchzieht, ist der Komplex der bundesdeutschen Westbindung, in der ununterschieden seit dem Zweiten Weltkrieg zwei höchst unterschiedliche Dinge verknotet sind, die Demokratie und die Militärallianz, also die Freiheiten, normativen Menschenrechtsgarantien der den Atlantik gürtenden politischen Zivilisation aus revolutionsgeschichtlichen Wurzeln von erwiesener Stärke, aber ohne deutsche Vergleichbarkeit, und Bonns politisch-strategische Zugehörigkeit zu einem Interessenbündnis und Abhängigkeit von ihm. Mochte zu stalinistischer Zeit diese Verknotung selbst noch das Heterogene beider Arten von *Bindung* verdeckt halten, immer deutlicher und aus sich mehrenden Ursachen klaffen sie seither auseinander; während

24 Ulrich Sonnemann, Geschichte als Flucht vor ihr. Warum in den deutschen Historikern sich die deutsche Amnesie lieber fortsetzt als wahrnimmt, in: Christoph Türcke (Hg.), Perspektiven kritischer Theorie. Eine Sammlung zu Hermann Schweppenhäusers 60. Geburtstag, a. a. O., S. 38.

die erstgenannte in Deutschland zu einer geschichtskritischen Nachholung ihrer Modelle lädt, appelliert die andere an die Seelenmacht einer frustrierten, aber durchaus ungebrochenen, sich für national haltenden deutschen Vernagelung, die zwar alles, was ihre *Machtpolitik* angriff, einschließlich ihres eigenen Landes, ins Unglück stürzte, aber wahrnehmbar auf der Lauer liegt:

»Und am Gegenpol der Vereinnahmung der »Westorientierung« für dieses unansprechbar Sture, dessen Exponenten in einer amerikanischen Präsidentschaft Morgenluft wittern, deren Tage gezählt sind, dann Habermasens These und Plädoyer, sei es von der, sei es für die »vorbehaltlose Öffnung der Bundesrepublik gegenüber der politischen Kultur des Westens«; welche, in seinen Worten, »große intellektuelle Leistung unserer Nachkriegszeit« man »durch Überwindung genau dieser Ideologie der Mitte« vollzogen habe. Freilich macht dieses Urteil seinerseits den Vorbehalt fällig, daß es die »Mitte« eben nicht bloß als Ideologicum, für das sie mißbraucht wurde, sondern auch als höchst reale Lage des Landes, um dessen Politik es dieser Formulierung geht, selbst gibt und es keineswegs zur politischen Kultur des Westens gehörte, ihr im Gegenteil strikt zuwiderliefe, eine solche Gegebenheit als differentia specifica der natürlichen eigenen Interessen zu ignorieren. Aber im übrigen, was die »große intellektuelle Leistung« betrifft: schön wär's, nur: stimmt das?«[25]

Der Text weist dann exemplifizierend nach, daß es *nicht* stimmt. Da ist, wir greifen heraus, die *Chemische Keule* der Polizei, die in einem Land, das einmal den Gaskrieg begann, ihn in Auschwitz zu Ende gedacht hat, erst die Westberliner Schutzmächte den dortigen Apparatschiks verbieten mußten. Da ist die wie zu Weimarer Zeit unverhohlen demonstrative Beugung der Verfassung und seines Amtseids auf sie durch einen Strafrichter, dem die Gesinnung eines Angeklagten, dessen Fall zur Revision steht, nicht paßt. Zu ihrem Fazit kommt die Betrachtung über die letzte dieser Exemplifizierungen:

»Wenn es stimmte, wäre ein Urteil wie das des Supreme Court in Washington vom Januar 1975, das zwölftausend Demonstranten, die von der Polizei auseinandergejagt worden waren, die Rede eines zu ihrer Versammlung eingeladenen Parlamentariers nicht hören konnten, für die Verletzung ihrer Verfassungsrechte zwölf Millionen Dollar Entschädigung zusprach, in der Bundesrepublik auch nur träumbar? Viel zu sehr ist die *große intellektuelle Leistung* das selber, als daß sie die Feststellung uns ersparen könnte: stattgefunden hat sie nicht.«[26]

Da sie nicht stattfand, bleibt die Frage unabweisbar, warum wird sie fingiert? Was immer dafür das Motiv ist, zu unterstellen, es könnte bewußt sein, in schwindelhafter Veranstaltung einen auf solche Fiktion zielenden Vorsatz verfolgen, wäre angesichts des Duktus, der bei Habermas vorherrscht, den manipulativen Sinnstiftern keinerlei Konzessionen macht, nichts als ungereimt also bleibt zunächst das Dilemma, »daß die artikulierteste Stimme humaner Redlichkeit, die im Historikerstreit hörbar wurde, doch der Selbsttäuschung sei es der Vernunft, sei es der Sinne, nicht am Ende entging, die in jenem ... Dictum ... sich ausdrückte. Stimmte es auch nur tendenziell, kein Einwand hier wäre dagegen erhoben worden, aber die Gegenbelege, die berührt wurden und ad libitum ihrer Art nach vermehrbar sind, bewegen statt der normativen Zielvorstellung okzidentaler Rechtsstaatlichkeit mehr oder minder sich anzunähern

25 A.a.O., S. 41.

26 A.a.O., S. 50–51.

sich mit einer Dreistigkeit in der Gegenrichtung, die die einschlägigen Reminiszenzen aus der Zeit der Weimarer Republik unabweisbar macht. ... Daß im Vergleich mit 1918 1945 ein weit tieferes Trauma war, macht es einsehbar, daß ein selbstdestruktives Geschichtsverhängnis um Jahrzehnte länger verzögert als es jenes erste Mal für tunlich befand auf den Plan tritt, während aber ein Weimarer Untergang nicht wahrscheinlich ist, droht mit *Untergang überhaupt* jede Pershing in ihrem unauffälligen Bunkerversteck um so stetiger. Ungeschieden blieb an der Westorientiertheit der Republik auch von Habermas' Seiten der Anteil, der aufs Konto ihrer höchst realen Bündnispflicht zu verbuchen bleibt von einer um so irrealeren Westlichkeit der politischen Öffentlichkeit und Kultur, die nach dem wiedererstandenen Muster deutschen Glaubenskriegertums sich auf *Bekenntnisse* einschränkt.«[27]

Eine sehr deutsche Situation; mehr und bündiger, da mit der konsternierenden Auffälligkeit eines geschichtlich notorischen Wiederholungszwangs, eine deutsch-linke: manifester Schwindel wird abgewehrt, dann zeigt sich, noch im Kontext der Abwehr, in einer für die Orientierungen der *Praxis* entscheidenden Sache der Pferdefuß. Warum sie das ist, bleibt zu begründen, zunächst aber, *da* das Motiv nicht bewußt sein kann, aus dem jäh dieser Huf sich (der für häßlich gilt) uns als *Schönung* entgegenstreckt, sollte es doch vielleicht eine Verbindung zwischen ihm und dem korrumpierbaren Ich geben: eine diesem verfallene Theorie und eine (im ganzen) spontane Praxis nicht gar so quarantänisch *abgeschottet* voneinander sein wie es schien? »Versucht man, mit einem Begriff zu nennen, wogegen die Kritische Theorie – jeder Gedanke Adornos – sich auflehnte, heißt er *Verwaltete Welt* – und was, wo nicht eben Kontrolle, säße in deren Himmelreich axiomatischer Seligkeiten, unabdingbarer administrativer Werte zuoberst? So dürfte es in der Tat seltsam um eine Frankfurter vermeintliche Fortsetzung jener Lehre stehen, die so entschlossen deren Grundimpuls in sein Gegenteil verkehrt – und das ja vielleicht nicht einmal merkt – aber schließlich wäre das nicht so wichtig, könnte man gerade in diesem Fall sich auf jene Spontaneität einer unbeschädigten dialogischen Praxis verlassen, die sich um die Diskurslehre des fraglichen Praktikers wenig genug scherte, ihren Fußangeln zu entgehen. Leider kann man es nicht; zeigt die *große intellektuelle Leistung* doch eben den verstohlenen Einfluß an, den die Theorie auf die Praxis just in einer Sache übt, von deren präziser Wahrnehmung so viel abhängt. Daß diese ohne Aufmerksamkeit, ungeteilte, jene Direktheit kritischer Vernunft, nicht gelingen kann, die mit der Herrschaft vorgegebener Regeln, ihrem Schielenmüssen auf ein deliberierendes Ich, schon *zerstört* ist, bedeutet, daß diese Kontrollinstanz unbequeme Erfahrbarkeiten nur an sich heranläßt, wo deren Wahrheit sich in ihre Zensurschranke fügt, nicht sie durchlöchert. Evident hat die Täuschung, mit der das Ich – das in dieser diskurstheoretischen Konstellierung nur der verinnerlichte Fortsatz von Herrschaft ist – seine unhinterfragbare Identität mit der Vernunft prätendiert, die denkbar stolzeste Ahnenreihe...

Sie haben wir schon betrachtet, was aussteht, ist die Begründung, warum unbeirrt präzises Wahrnehmen der eigenen Geschichtslage eben als geschichtlicher, ergo diachron, für die Aufgaben einer Öffentlichkeitsarbeit, soll sie etwas beitragend Rettendes haben – also *praktisch* sein – unerläßlich ist. »Allzu

[27] A.a.O., S. 52–53.

offenbar hängt die Zukunft des Landes, ob es überhaupt nämlich jetzt noch eine hat oder die Unsouveränität, die in seinen Menschen bewahrt blieb, aus seiner eigenen, die sie sich noch verleugnen, das Schlimmste macht, von ihrer Bereitschaft ab, sich nicht länger über die Überfälligkeit – und zunächst also das *Ausgebliebensein* – jener zu unaufmerksam preisrednerisch ihnen schon zuerkannten Leistung zu täuschen.«[28]

Aber das gilt *überhaupt*: wie für einen Theoretiker, der Adorno *die* Sorgen machte, ohne welche die Hoffnung, die sich in einen Menschen menschlich setzen läßt, schließlich selbst nicht ist, auch für eine politischere Nachfolgeschaft der Studentenbewegung, die, insofern sie deren Erfahrungen – auch die *mit* ihnen, nicht bloß ihre eigenen – zu bedenken scheint, noch im nachhinein zu ihrer Rechtfertigung beitragen könnte: vorerst bleibt das ein Konjunktiv. Was eine assertorischere Bestimmung dieses Verhältnisses zur Zeit noch verbietet, ist, daß Fundis und Realos eher einen Glaubenskrieg führen, wie er im deutschen Buch des sechzehnten und siebzehnten Jahrhunderts steht, als einen republikanischen Dialog; aber gemach! das kann sich ändern, ja könnte selber schon, auf einer Fluchtlinie Kritischer Theorie, die sich der unverfügbar fügenden Weisheit der Gans Mimi in Hauffs Märchen vergleichen ließe, letztendliches Stimulans einer *Haarnadelkurve* der deutschen Geschichte sein. Während diese Kehre endlich anfangen muß, ist nicht zu sehen, wie sie anfangen *könnte*, außer Ereignisse *psychohistorischer Selbstentdeckung*, lange überfällig, führen ihren Anfang herbei, und was sollte ein solches Wagnis unwiderstehlicher provozieren können als der Wiederauftritt von Glaubenskämpfern?

Sorgfältiger erwogen, wäre es selbst schon der Anfang. Jede Schallbotschaft eines Tieffliegenden möchte Wagnisse dieser Art jetzt den Menschen, die ihm hilflos ausgesetzt sind, ans Herz legen, da sie diese zentralorganische Bestimmung aber nur in den selten gewordenen Fällen erreicht, wo zuvor ihre Verschlüsselung – was eine Leistung *schon der Ohren* ist – dechiffriert wurde, schränkt sich vor Millionen von abgestumpften, die ihre erkenntnismächtige Rolle verlernt haben, jede Zumutung hinnehmen, wenn sie sich nur zweckrational, mag der Zweck selbst auch ein Blödsinn sein, stilisieren kann, das Problem der Vernunft nun zunächst auf ihr legitimes Interesse ein, ihren mit ihr geborenen Anteil an unserm Sensorium zurückzugewinnen.

Das verdeutlicht ihr Wesen als so unerbittlich wie wohltätig *dezentral*. Erst mit einer, die wieder *vernehmen* kann, also ihre Ertaubung – die als kartesischer Hörsturz begann, ehe sie zur Anschauungshypostase gefror – endlich los ist, dürfte selbst wieder so viel los sein wie man ihrer Sache und Möglichkeit jetzt mit einer Genugtuung, die vielleicht etwas Voreiliges – da mit nicht zu übersehender Auffälligkeit Altbekanntes – hat, allgemein abspricht.

---

[28] A.a.O., S. 53.

Gunzelin Schmid Noerr

Horkheimers Habermas-Kritik von 1958

[1996]

Ein seltsames philosophisch-politisches Dokument aus längst vergangenen Tagen vor fast vierzig Jahren ist uns da überliefert. Mitten in der Adenauer-Ära, ein Jahrzehnt vor 1968, bricht am Frankfurter Institut für Sozialforschung das Problem der Revolution auf, und zwar in Gastalt eines jungen Revolutionstheoretikers namens Jürgen Habermas, seit zwei Jahren Assistent am Institut.

Der Noch-Institutsdirektor Max Horkheimer, der sich gerade im Tessin seinen Alterswohnsitz eingerichtet hat, auf den er sich nach seiner Emeritierung einige Jahre später zurückziehen wird, schreibt einen langen Brief an seinen Freund und Co-Direktor Theodor W. Adorno, um diesem die Augen zu öffnen über die Gefahren, die dem Institut seitens seines allzu rührigen neunundzwanzigjährigen Mitarbeiters drohen.[1] Dieser bekenne sich in seinem Artikel *Zur philosophischen Diskussion um Marx und den Marxismus*[2] in unverantwortlicher Weise zur Revolution, und das sei ein hinreichender Anlaß, ihn aus dem Institut zu werfen.

Irritierend an Horkheimers Brief ist, daß dieser die Nähe der Habermasschen Perspektive zu seiner eigenen und zu der Adornos durchaus sieht und auch Scharfsinn und Gewandtheit des Autors anerkennt, aber doch zu jener harschen Verurteilung kommt. Hätte es nicht näher gelegen (wie Adorno es in seiner letzten Randbemerkung[3] vorschlägt), mit Habermas das Gespräch zu suchen, um dem allzu ungestümen jungen Mitarbeiter sozusagen den letzten, richtigen Schliff zu geben? Was ist es, das den Zorn des späten Horkheimer so anstachelt?

Auf den ersten Blick handelt es sich da um das Zeugnis eines spätödipalen Dramas: Ein junger Adept eignet sich die Ideen seines Ziehvaters auf eine Weise an, daß dieser sein Lebenswerk bedroht sieht und sich des Zöglings zu entledigen sucht. Dies gelingt ihm zunächst auch, aber nun wird das Drama, wie wir nicht nur von Sophokles, sondern auch, rückblickend, von der weiteren Geschichte der Frankfurter Schule wissen, erst recht seinen Lauf nehmen. Gerade indem der Alte den Jungen verstößt, gewinnt dieser die Kraft, seinerseits den Alten zu beseitigen und an dessen Stelle zu treten.

Dieser Ablauf hatte noch seine besondere Pointe in der Vorgeschichte sowie in den Ereignissen der darauf folgenden Jahre. Zunächst waren ja, zwei Jahrzehnte zuvor, ähnlich umstürzlerische Ideen wie die des Jungen mit nicht weniger Emphase vom Alten, der damals noch selbst ein Junger war, vertreten worden. Und dann wird der Junge von 1958 selbst zu einem Alten. Bereits zehn Jahre später kommen neue Junge, die er nun seinerseits der Pseudorevolution bezichtigt und verstößt.

Aber in solchem Ringelreihen von Jugendrevolte und Alterskonservatismus erschöpft sich das Geschehen denn doch nicht. Was auf den ersten Blick

---

[1] Max Horkheimer, Brief an Theodor W. Adorno vom 27. 9. 1958, in: ders., Gesammelte Schriften Bd. 18: Briefwechsel 1949–1973, Frankfurt/Main 1996, S. 437–452.

[2] Jürgen Habermas, Zur philosophischen Diskussion um Marx und den Marxismus, in: Philosophische Rundschau, 5. Jg., Heft 3/4, 1957, S. 165 ff.; wieder veröffentlicht in: Jürgen Habermas, Theorie und Praxis. Sozialphilosophische Studien, Neuwied / Berlin 1967, S. 261 ff.

[3] Max Horkheimer, Brief an Theodor W. Adorno vom 27. 9. 1958, a. a. O., S. 452, Anm. 66 des Hrsg.

der Kern der Auseinandersetzung zu sein scheint: das von Habermas, so Horkheimer, »stets wiederholte Bekenntnis zur Revolution ... als eingeborenen Sinnes der Philosophie«[4], erweist sich in systematischer Hinsicht und aus der geschichtlichen Distanz als gar nicht so bedeutsam. Wichtiger ist vielmehr, daß in der Auseinandersetzung zwei unterschiedliche Grundauffassungen von dem, was kritische Theorie zu sein habe, zum Ausdruck kommen.

Dieser Assistent Habermas hatte in der *Philosophischen Rundschau* eine umfassende Bestandsaufnahme der damals zeitgenössischen Marxismusliteratur veröffentlicht. Darin nannte er auch den geistesgeschichtlichen und politischen Kontext dieser Diskussion. Da war zum einen die Rezeption der (zuerst 1932 veröffentlichten) Marxschen *Pariser Manuskripte* (1844). Die Auseinandersetzung darüber war in Deutschland erst nach Kriegsende in Gang gekommen. Sie blieb freilich weithin rein akademisch, und Marx galt in diesem Zusammenhang neben Kierkegaard und Nietzsche als klassischer Philosoph der »Entfremdung«. Zum anderen gehörte zum Kontext jener Diskussion aber auch die politische Realität des Sowjetmarxismus und der Kalte Krieg.

Habermas hatte nun die verschiedensten westlichen und östlichen Beiträge zum Marxismus insbesondere auf ihre Stimmigkeit im Verhältnis zur Marxschen Idee der Selbstaufhebung der Philosophie in revolutionäre Praxis der Prüfung unterzogen. Horkheimer erkennt in seinem Brief Sorgfalt und Scharfsinn dieser Arbeit an, zeigt sich aber abgestoßen von der durchgängig angelegten Norm, die Habermas bei seiner Kritik der zeitgenössischen Marxismus-Literatur dem Revolutionsbegriff des jungen Marx entnommen hatte.

Wie dieser die Hegelsche Philosophie des Geistes vom Kopf auf die Füße zu stellen versucht hatte, wollte nun noch einmal Habermas die autonome Philosophie in eine Geschichtsphilosophie in praktischer Absicht überführen, die ihre eigene Aufhebung als bloß theoretische Kritik in gesellschaftlich-revolutionäre Praxis zu betreiben habe. Was Horkheimer ihm dabei ankreidet, ist die ahistorisch unterschiedslose Übertragung des Revolutionsbegriffs von 1789 bis 1848 auf die Gegenwart. Revolution in der Gegenwart sei vor allem die staatsterroristische Beschleunigung nachholender Industrialisierung in der Dritten Welt.

In einem Nachtrag des Briefes bezieht sich Horkheimer dann im gleichen Sinn noch auf die von Habermas verfaßten *Reflexionen über den Begriff der politischen Beteiligung*, die den ersten Teil der Studie über *Student und Politik*[5] darstellten. Dabei handelte es sich um eine soziologische Untersuchung des Instituts zum politischen Bewußtsein Frankfurter Studenten. In seiner Einleitung hatte Habermas als Maßstab der Interviewauswertung einen emphatischen Begriff von politischer Demokratie entwickelt, den Horkheimer als durchsichtige Verkleidung jenes alten Revolutionsbegriffs ansieht.

Auch zweifelt Horkheimer nachdrücklich am empirisch-soziologischen Wert der Studie. Die Auseinandersetzungen darüber sollten sich in der Folgezeit noch längere Zeit hinziehen. Da zunächst nur 171 Studenten befragt worden waren, erscheinen die prozentualen Aufteilungen der verschiedenen Einstellungen zur Demokratie kaum repräsentativ. Im Frühjahr des darauf folgenden Jahres erarbeitet Ludwig von Friedeburg eine Ergänzungsstudie auf der Basis

---

4 A.a.O., S. 438

5 Jürgen Habermas / Ludwig von Friedeburg / Christoph Oehler / Friedrich Weltz, Student und Politik, Neuwied/ Berlin 1961.

von 550 weiteren Befragungen. Dennoch wird *Student und Politik,* aufgrund von Horkheimers hartnäckigen Einwänden, nicht im Rahmen der Institutsreihe publiziert. Die Studie erscheint 1961 mit einem nur beiläufigen Hinweis aufs Institut in einem anderen Verlag.

Die im Brief von 1958 geforderte Trennung des Instituts von Habermas erfolgt dann zwar nicht unmittelbar, aber Horkheimer verweigert ihm 1959 die Habilitation mit einer theoretischen Arbeit, indem er von ihm erst noch eine weitere empirische Untersuchung verlangt. Habermas scheut diesen nochmal dreijährigen Umweg, kündigt seine Anstellung am Institut und habilitiert sich bald darauf mit *Strukturwandel der Öffentlichkeit*[6] bei Wolfgang Abendroth in Marburg.

1961 wird er Professor in Heidelberg, 1964 dann in Frankfurt, und zwar ausgerechnet als Nachfolger Horkheimers, und dies – man höre und staune – mit dessen ausdrücklicher Billigung. »Ich will«, schreibt Horkheimer am 4. September 1963 an Herbert Marcuse, »nächstes Semester nicht lesen. ... Ich habe sogar mitgewirkt, daß Habermas in die Fakultät berufen wird, damit niemand sagen kann, es sei kein weiterer Philo-Soziologe da.«[7] Beide haben offenbar inzwischen ihre Lektion gelernt: Habermas verzichtet auf die Revolution und Horkheimer erkennt die universitäre Seriosität des »Philo-Soziologen« an.

Bereits wenige Jahre später, 1967–69, kommt es dann zu den weithin bekannten Auseinandersetzungen zwischen den Vertretern der Frankfurter Schule (insbesondere Adorno und Habermas) und revoltierenden Studenten (insbesondere Krahl als ihrem Wortführer) um die, wie es damals heißt, »Kontrolle über die Produktivkraft Wissenschaft«. Während die studentischen Wortführer, wohl auch um einem Nachlassen der Protestbewegung entgegenzuwirken, zunehmend radikalere Forderungen stellen, trägt auch Habermas durch prononcierte Gegenstellungnahmen zur Verschärfung der Konflikte bei. Die Autoritäten der Autoritätskritik werden zunehmend polemisch bedrängt (»Zerschlagt die Wissenschaft«) und reagieren gereizt (»Linksfaschismus«, »Scheinrevolutionäre«). Studentenstreiks und Besetzungen sowie polizeiliche Räumungen von Seminar- und Institutsgebäuden folgen aufeinander. Krahl wird des Hausfriedensbruchs angeklagt, Adorno muß vor Gericht als Zeuge gegen ihn auftreten. Im April 1969 heißt es in einem Flugblatt: »Adorno als Institution ist tot!« Im August desselben Jahres stirbt er an einem Herzinfarkt.

Die Konfrontation zwischen Habermas und den revoltierenden Studenten überrascht im nachhinein gerade dann nicht, wenn Horkheimer in seinem Brief von 1958 mit dem Einwand recht hat, Habermas verwende den überkommenen Revolutionsbegriff insgeheim ahistorisch und hyperidealistisch. Gemessen daran mußte Habermas die Aktionen der Achtundsechziger ebenso als »Klassenkampf im Wasserglas«[8] einschätzen wie ein Jahrzehnt zuvor Horkheimer die im Brief erwähnten Äußerungen seiner institutsinternen Kritiker. Habermas wie die Studentenbewegten waren beide auf diesen Revolutionsbegriff fixiert, nur zogen sie daraus entgegengesetzte Konsequenzen.

Ein Blick in *Zur philosophischen Diskussion um Marx und dem Marxismus* bestätigt: Der Habermas von 1957 war kein vorweggenommener Krahl, kein Verkünder der Revolution hier und jetzt, auch wenn das Wort dort tatsächlich

6 Jürgen Habermas, Strukturwandel der Öffentlichkeit, Neuwied / Berlin 1962.

7 Max-Horkheimer-Archiv: V 118.374. Stadt- und Universitätsbibliothek Frankfurt/Main.

8 Max Horkheimer, Brief an Theodor W. Adorno vom 27. 9. 1958, a. a. O., S. 446.

allgegenwärtig war. »Revolutionstheorie als Kategorienlehre der Kritik«, Revolution als Erzeugung des »Selbstbewußtseins der Gattung«[9] hieß: Die Revolution war für ihn in erster Linie ein *philosophisch-erkenntnistheoretisches* Problem, dessen praktische Seite er formelhaft an die empirischen Sozialwissenschaften verwies.

Die – trotz Beschwörung des Gegenteils – von Praxis und Empirie letztlich unberührte »reine« Philosophie war es vor allem, die ihn von Horkheimer trennte. Dieser hatte das Problem der mit Revolutionen verbundenen Gewalt immer schon als unauflösbares moralisch-praktisches Dilemma bitter ernst genommen, und nicht zuletzt speiste sich daraus sein später Konservatismus. Der war allerdings alles andere als bloß affirmativ. Vom damals zeitgenössischen Kulturkonservatismus unterschied sich Horkheimer dadurch, daß er die Sphäre der Kultur nicht als etwas an sich zu Bewahrendes ansah, sondern ihren archaisch-gewaltförmigen Untergrund vergegenwärtigte. Revolutionäre Aktionen würden diesen, seiner Ansicht nach, unweigerlich auf verhängnisvolle Weise wieder freisetzen.

Was Horkheimer Habermas im Brief an Adorno von 1958 vor allem vorwirft, ist ein ungeschichtlicher und von gesellschaftlichen Erfahrungen unberührter Gebrauch des Revolutionsbegriffs. Habermas nimmt, so Horkheimer, die revolutionären Parolen des Vormärz zum Maßstab für die Gegenwart, ohne ihre ursprüngliche gesellschaftliche Situierung zu berücksichtigen und ohne zu untersuchen, welchem Funktionswandel Revolutionen seither unterlegen sind. Horkheimer hat ein waches Sensorium für geschichtliche Konstellationen und ihre Veränderungen, und er empfindet Angst vor einer fatalen Dialektik der Aufklärung.

Das führt bei ihm allerdings auch dazu, daß er die Kontinuitäten, die seine eigene frühere kritische Theorie mit der von Habermas trotz allem verbinden, nun überscharf ausblendet. In den Schriften der dreißiger Jahre von der *Dämmerung* bis zu *Traditionelle und kritische Theorie* hatte er tatsächlich, wie später Habermas, ein bloß kontemplatives, nicht praxisbezogenes Verständnis der Marxschen Theorie verworfen und postuliert, diese durch empirische Sozialforschung anzureichern und zu korrigieren. Auch für ihn hatte gegolten, daß die Fragen der Philosophie letztlich nicht im Medium der Theorie allein, sondern nur durch geschichtlichen Fortschritt zu lösen seien.

Horkheimer kapselt jetzt seine eigene revolutionäre Vergangenheit gleichsam ein. Während er im Brief von 1958 behauptet, er und Adorno hätten »selbst in den Jahren, während der Nationalsozialismus heraufzog, während des Dritten Reichs, um die Vergeblichkeit des Gedankens an Rettung durch Revolution [gewußt]«[10], gesteht er später, im Vorwort zu der 1968 erfolgten Neupublikation seiner Essays aus den dreißiger Jahren, immerhin zu: »In der ersten Hälfte des Jahrhunderts war proletarische Erhebung in den von Krise und Inflation betroffenen europäischen Ländern eine plausible Erwartung. Daß zu Anfang der dreißiger Jahre die vereinigten Arbeiter im Bund mit Intellektuellen den Nationalsozialismus hätten verhindern können, war keine leere Spekulation.«[11]

9 Jürgen Habermas, Zur philosophischen Diskussion um Marx und den Marxismus, in: Philosophische Rundschau, 5. Jg., Heft 3/4, 1957, S. 192 und S. 217.

10 Max Horkheimer, Brief an Theodor W. Adorno, vom 27. 9. 1958, a.a.O., S. 43.

11 Max Horkheimer, Vorwort zur Neupublikation, in: ders., Gesammelte Schriften Bd. 3, Frankfurt/Main 1988, S. 14.

Aber auch auf der Seite des Rationalitätstheoretikers Habermas geht es in der Folgezeit nicht immer ganz rational zu. Im Aufsatz von 1957 hatte der Revolutionsbegriff wesentlich eine »Kategorienlehre der Kritik« beinhaltet. In der Folgezeit war bei Habermas von Revolution nicht mehr die Rede, um so mehr aber proklamierte er dann eine (anfänglich mit Bezug auf die »Revolution« gemeinte) »Geschichtsphilosophie in praktischer Absicht«.[12] Diese sollte eine Einheit von Selbstreflexion, Erkenntniskritik und Gattungsgeschichte darstellen. Der Begriff der Gattungsgeschichte als ein selbstreflexiv auszulegender Bildungsprozeß sollte die theoretische Legitimation der Gesellschaftskritik liefern.[13]

Habermas verfolgte das *Ziel* der normativen Grundlegung der Gesellschaftstheorie auch in den achtziger und neunziger Jahren. Die begrifflichen *Mittel* dazu wurden nun aber andere, nämlich solche der Sprachphilosophie. Diesen Wandel verstand er als »Paradigmenwechsel« in der Gesellschaftstheorie von der Philosophie des »Bewußtseins« hin zu der »kommunikativen Rationalität«.[14] In diesem Zusammenhang distanzierte er sich auch von der Version der kritischen Theorie, wie sie von Horkheimer und Adorno vertreten worden war. Er warf ihr hemmungslose Vernunftskepsis und Irrationalismus vor. Die sperrige, insgeheim theologische Idee der Verzahnung von Geist und Natur reduzierte er entschieden auf die empirisch griffigere der sprachlichen Verständigung.

Anders als Habermas hatten Horkheimer und Adorno jedoch nie beabsichtigt, Weltgeschichte als Bildungsprozeß der Gattung nachzukonstruieren und die gesellschaftlichen Pathologien vor dem Hintergrund eines kognitiven Normalverlaufs zu vermessen. Vor dem Hintergrund von Habermas' eigenem früheren, überspannten Entwurf einer Geschichtsphilosophie in praktischer Absicht, die Erkenntnis-, Wissenschafts- und Gesellschaftstheorie in einem sein wollte, erscheinen seine späteren Invektiven gegenüber dem »geschichtsphilosophischen Ballast« der älteren Kritischen Theorie weniger als Argumente gegen diese denn als Ausdruck einer uneingestandenen Selbstdistanzierung.

Habermas ist der prominenteste Vertreter der »zweiten Generation« der Frankfurter Schule geworden. Was ihn von der »ersten Generation« unterschied, war nicht erst der spätere sprachanalytische Paradigmenwechsel, sondern von Anfang an die Suche nach einer expliziten und positiven Formulierung von letzten normativen Grundlagen der Gesellschaftskritik, wie sie bei ihm schließlich zum Entwurf einer universalistischen Diskursethik führten.

Im Brief von 1958 weist Horkheimer das Ansinnen eines solchen positiven Normativismus als das nach einem illegitim »verendlichten Absolutum« zurück: »Das Unendliche, das dem endlichen Gedanken, der sich als solcher weiß, notwendig einwohnt, kann nicht zu irgendeinem Zeitpunkt zum Bestehenden, zur ›Gesellschaft‹ gemacht werden.« Horkheimer sieht, daß ein zum normativen Fundament gemachtes »Selbstbewußtsein der Gattung« ein ihr gegenüber Anderes in sich nicht bestehen läßt und so »Natur... aus der Versöhnung ausschließt«. Er bleibt skeptisch gegenüber einer gesellschaftsverändernden Praxis, die von einer fundamentalen Norm abgeleitet ist, und glaubt lieber an die »unendliche Aufgabe« von Kritik und Versöhnung, deren

12 Jürgen Habermas, Zur Logik der Sozialwissenschaften, in: Philosophische Rundschau, Beiheft 5, Tübingen 1967, S. 180.

13 Vgl. Jürgen Habermas, Erkenntnis und Interesse, Frankfurt/Main 1968, S. 85 f.

14 Vgl. Jürgen Habermas, Theorie des kommunikativen Handelns Bd. 1, Frankfurt/Main 1981, S. 489 ff.

volle Verwirklichung nicht im Bereich des Menschenmöglichen zu liegen scheint.[15]

Horkheimer sieht das Motiv und das Ziel ihrer Praxis im Einzelnen, in dem, was *nicht* allgemein erwartet und gefordert werden kann – um den Preis eines Mangels an stimmiger Begründung seiner Gesellschaftskritik. Dagegen begründet Habermas den Universalitätsanspruch des Maßstabs der Kritik um den Preis von dessen Geschichtsenthobenheit und der Einschränkung seiner Anwendung auf normative Probleme der Verteilungsgerechtigkeit. Der Brief von 1958 läßt schon sehr früh diesen Differenzpunkt zwischen beiden Ansätzen kritischer Theorie erkennen.

---

15 Max Horkheimer, Brief an Theodor W. Adorno vom 27.9.1958, a.a.O., S. 445 und S. 442.

Gespräch mit Oskar Negt

[1989]

KRAUSHAAR: Tilman Fichter hat in seiner Studie über das Verhältnis zwischen »SDS und SPD« unter Anlehnung an Karl Mannheim ein generationsspezifisches Interpretationsmuster zur Deutung des politischen Konfliktzusammenhangs unterlegt. Er unterscheidet zwischen einer »Frontgeneration«, einer »HJ- und Flakhelfergeneration« und einer »Kampf dem Atomtod-Generation« mit Helmut Schmidt, Ulrich Lohmar und Jürgen Seifert als ihren jeweiligen Prototypen. Diese Typologie, die sich auf den Zeitraum von der Gründung des SDS im Jahre 1946 bis zum Unvereinbarkeitsbeschluß der SPD 1961 bezieht, ist maßgeblich durch die Nachwirkungen von NS-Herrschaft und Krieg geprägt. Kann eine solche, auf die Wissenssoziologie zurückgehende Interpretationsfigur auch marxistischen Erkenntnisansprüchen Genüge tun? Oder greift das Generationenschema zu kurz und verkennt die Bedeutung, die die Klassengesellschaft auch für die Ausprägung von Motiven und Interessen von Einzelnen hat? Und – falls dies doch Gültigkeit beanspruchen sollte – wäre das ein Rahmen, in dem Du Dich, wohl am ehesten der Generation Jürgen Seiferts zugehörig, biographisch verorten könntest?

NEGT: Die generationsspezifischen Festlegungen, die Tilman Fichter vornimmt, haben nur dann einen guten Sinn, wenn der jeweils spezifische Erfahrungszusammenhang, den die Einzelnen haben, miteinbezogen wird. Was mich persönlich anbetrifft, so ist mein Familienzusammenhang viel prägender als das, was später hinzugekommen ist. Mein Vater, ein ostpreußischer Kleinbauer, war 1918 Mitglied des Arbeiter- und Soldatenrates und seitdem in der SPD. Er hat noch im »Dritten Reich« aktive Beziehungen zu anderen Sozialdemokraten gehabt und später als Anerkennung für seine Parteiarbeit irgendein goldenes Abzeichen von Willy Brandt erhalten. Unser Familienklima war durch die Beziehungen zu SPD und Gewerkschaften geprägt. Ich bin das jüngste von sieben Kindern. Was mir mein Vater an Traditionszusammenhängen der Arbeiterbewegung vermittelt hatte, das brachte ich bereits in mein Studium ein. Genau an meinem 20. Geburtstag bin ich in die SPD eingetreten – das war 1954. Und so war es für mich selbstverständlich, daß ich, als ich in Göttingen zu studieren begann, den SDS aufsuchte und dort, wie in den Semestern darauf in Frankfurt, aktiv wurde. In unserer Familie durfte über die Gewerkschaften nicht schlecht geredet werden. Sie waren ein so selbstverständlicher Bestandteil unserer Lebenssituation, daß das bereits prägend für mich war bevor ich in den SDS kam. Insofern ist meine Politisierung nicht Resultat der Auseinandersetzung mit dem Nationalsozialismus...

KRAUSHAAR: ... und insofern auch nicht das Produkt eines Bruches, sondern eher einer Kontinuität.

NEGT: Ja, man kann sogar sagen, daß dieser Traditionalismus für mich bis zum heutigen Tage so bestimmend geblieben ist, daß ich immer versuche, Neuerungen und Erweiterungen zu formulieren und an diesen Zusammenhängen festzuhalten.

KRAUSHAAR: Demnach könnte man sagen, daß es für Dich individuell eine Kontinuität in der Grundorientierung gibt, die sich bis heute ungebrochen durchhält?

NEGT: Ja. Und das gilt ganz gewiß nicht für eine ganze Reihe von Leuten, die Du erwähnt hast und die ich zum Teil persönlich kenne. Wo sich die Betreffenden erst aus ihren bürgerlichen Elternhäusern lösen mußten, da ist die Entwicklung, die in den SDS führte, doch erheblich anders verlaufen. Für die Militär- oder HJ-Erfahrung, die bei einigen eine ausschlaggebende Rolle gespielt hat, war ich noch zu jung gewesen. Obwohl ich auf sehr merkwürdige Weise in die Kriegsereignisse der letzten Monate einbezogen war, so ist das für mich dennoch kein Erfahrungszusammenhang gewesen, in dem ich irgend etwas aufzuarbeiten hatte. Ich bin zweimal geflohen, aus Ostpreußen und aus Ost-Berlin, und habe dann in Oldenburg auf einem ziemlich normalen Wege meine Schulbildung abgeschlossen.

KRAUSHAAR: Kannst Du vielleicht etwas genauer Dein Studium beschreiben, insbesondere welche Interessen für Dich dabei ausschlaggebend waren?

NEGT: Wie es damals noch üblich war, so studierte man an einer der Landesuniversitäten. Da ich in Oldenburg Abitur gemacht hatte, lag es für mich nahe, nach Göttingen zu gehen. Mein Vater wollte, daß ich ein »anständiges« Studienfach wählte – entweder Volkswirtschaft oder Jura. Und genau mit dieser Kombination begann ich auch. Von den Frankfurtern hatte ich jedoch bereits in der Schule gehört. Ich hatte die *Dialektik der Aufklärung* schon als Schüler gelesen.

KRAUSHAAR: Wie das?

NEGT: Wir hatten einen katholischen Lehrer, der sehr gebildet war. Philosophisch war er an Josef Pieper orientiert, dem Scholastiker, an Romano Guardini und Max Müller. Aus einer Tradition des Heidegger-Katholizismus heraus wollte er uns Marx und den dialektischen Materialismus widerlegen. Dadurch haben wir in unseren letzten Schuljahren die Frühschriften von Marx und Lenins *Staat und Revolution* gelesen, in einer sehr gründlichen Interpretation. Und in diesem Zusammenhang bin ich zum ersten Mal auf das Wort Dialektik gestoßen. Und als regelmäßiger Besucher der Landesbibliothek Oldenburg sah ich plötzlich einen Band mit dem Titel *Dialektik der Aufklärung*. Ich habe mir das Buch ausgeliehen, darin gelesen und fast nichts verstanden. Dennoch hat mich der Text fasziniert. Es war die eigentümliche Verbindung von Philosophie und Musik, die es mir angetan hatte. In unserer Schule gab es einen Kreis, in dem wir uns mit Wagner und Nietzsche, besonders dessen *Unzeitgemäßen Betrachtungen*, auseinandersetzten. Und diese Assoziation ging mir im Kopf herum, als ich mit meinem Studium begann.

KRAUSHAAR: Die intellektuelle Faszination, die von Adorno in der Adenauer-Ära ausging, ist für Jüngere kaum nachzuvollziehen. Am ehesten vorstellbar ist vielleicht noch die Anziehung, die er auf ästhetisch Interessierte wie

Hans Magnus Enzensberger, Alexander Kluge oder Karl Markus Michel ausübte. Ohne Adornos Bedeutung als Gesellschaftstheoretiker schmälern zu wollen: Wie konnte er auf einen politisch Engagierten wie Dich einen solchen Einfluß gewinnen? Gerade angesichts seiner unübersehbaren Hilflosigkeit in der politischen Auseinandersetzung die Frage: Worin lag die eigentümliche Radikalität Adornos?

NEGT: Ich bin damals nach Frankfurt gegangen, weil mich zunächst einmal Horkheimer faszinierte und nicht Adorno. Die Art und Weise, wie Horkheimer dachte, seine Verknüpfung von Philosophie und Soziologie, seine Auffassung von Marxismus waren für mich beeindruckend. Erst nach ein, zwei Semestern trat die Denkweise Adornos in den Vordergrund, besonders die Distanziertheit in seinem Denken. Für mich war es schon sehr früh das Musterbeispiel einer Theoriebildung, die als intellektuelle Orientierung dienen konnte ohne zugleich in die Praxis umgesetzt werden zu müssen. Für mich bestand nie das Problem, die Kritische Theorie in Praxis umsetzen zu müssen, weil die politische Praxis parallel verlaufend ohnehin vorhanden war. Ich habe mich nicht durch die Frankfurter Schule politisch sozialisiert. Ich war schon 1957/58 in der gewerkschaftlichen Bildungsarbeit tätig und bin dann 1960 als Assistent an die DGB-Bundesschule nach Oberursel gegangen. Gleichzeitig habe ich im SDS gearbeitet. Insofern war die Kritische Theorie für mich eher ein eigenes Terrain, auf dem ich mich intellektuell auseinandersetzen konnte. Sie vermittelte mir die Grundorientierung für das Begreifen der gesellschaftlichen Mechanismen, der Vorurteilsbildung etwa, der Formen, in denen das Marxsche Denken heute aufgenommen werden kann. Und da hat die Unbestechlichkeit Adornos, das Insistieren auf der Vermitteltheit des Unmittelbaren, eine nachhaltige Wirkung bei mir hinterlassen. Es ist einer der Grundgedanken, die ich nie mehr aus dem Kopf verloren habe: Die Auflösung des Scheins der Unmittelbarkeit durch immanente Kritik, Dialektik begriffen als der Nachweis der Vermitteltheit dessen, was sich unmittelbar und originär gibt. Es waren nicht so sehr bestimmte Inhalte seines Denkens, sondern die Denkweise selber, die mich an Adorno beeindruckte.

KRAUSHAAR: Wenn man es zuspitzen wollte, dann lag für Dich die Radikalität Adornos eher in der Form des Denkens als in irgendeinem seiner Gegenstände?

NEGT: So ist es. Mich hat z.B. nicht so sehr die Radikalität seiner Verdinglichungskritik überzeugt oder die Überzeugung, daß die Hoffnung ein Restposten in den Dingen sei, den es zu dechiffrieren gelte. In dieser Hinsicht habe ich immer eher die Blochsche Position geteilt. Es war nicht die Unbestechlichkeit der *Negativen Dialektik*, sondern die Radikalität der Denkform, die mich an Adorno so fasziniert hat.

KRAUSHAAR: In der 1960 erschienenen ersten Nummer der Zeitschrift *Neue Kritik*, dem theoretischen Organ des SDS, hast Du in dem Aufsatz *Die Zerstörung der Universität* darauf hingewiesen, daß die Studenten in Deutschland traditionell rechts standen. Aus dieser Kontinuität der obrigkeitsstaatlichen Fixierung ist erstmals in den sechziger Jahren ausgebrochen worden. Insofern kann es nicht überraschen, daß die Irritation, die die Bewegung der Studenten auslöste, auch sie selber nicht verschonte: Ihre Ausdrucksformen waren neuartig, es gab keine universitären Vorbilder, sie konnte an keine theoretische Tradition unmittelbar anknüpfen und sie war mit der schwierigen Aufgabe konfrontiert, ein politisches Realitätsprinzip zu entwickeln. In theoretischer Hinsicht war ihre Aufgabenstellung eine doppelte: Sie zielte einerseits ab auf die Rezeption des Marxismus – es galt, das analytische, von Lukács, Korsch und Horkheimer gesetzte Niveau der zwanziger Jahre wieder zu erreichen – und andererseits auf die Formulierung einer Gesellschaftstheorie der Gegenwart. War dieser Versuch, die Lücke, die der Nationalsozialismus gerissen hatte, zu schließen, wie er am deutlichsten vielleicht in den Texten Krahls zu erkennen ist, nicht eine ungeheure Überforderung?

NEGT: Sicher war es eine Überforderung. Doch ich glaube, daß dieser Versuch, abgerissene und in der Nachkriegszeit zerstörte Traditionen des Denkens wieder zu beleben, in dieser Aufbruchssituation der politischen Bewegung eine sehr viel größere Chance hatte, als wenn er durch die üblichen akademischen Kanäle hätte gehen müssen. So ist sowohl die politische Substanz dieses Denkens zum Vorschein gekommen als auch der Zusammenhang der politischen Theorie mit der gesellschaftlichen Wirklichkeit deutlich geworden. Wenn man sich überlegt, wie ungeheuerlich viel damals an Theorie öffentlich gemacht wurde, dann ist das nur aus dem Größenwahn der Zeit heraus verständlich, aus dem revolutionären Impetus, mit den Theorien auch wirklich die Welt verändern zu wollen. Und das kommt ja in der äußerst konsistenten Argumentationsweise Krahls deutlich zum Ausdruck. Gerade weil sie so sehr mit diesem revolutionären Pathos aufgeladen war, konnte sie in einem beträchtlichen Teil immanent verfahren. Viele seiner Texte sind Fragmente, bei denen nicht darauf beharrt werden mußte, daß die in ihnen geäußerten Gedanken in die Tat umgesetzt werden mußten.

KRAUSHAAR: Doch vielleicht noch einmal zurück zu der Lücke, die der Nationalsozialismus gerissen hat. Sie hörte ja nicht einfach 1945 auf, sondern dauerte noch viele Jahre weiter fort. Zwischen 1945 und 1968 hat es in der Bundesrepublik kaum irgendwo die Artikulation von revolutionstheoretischen Ansprüchen gegeben. Im Gegensatz etwa zu einzelnen unmittelbaren politischen Deklarationen, wie etwa der der KPD zu Beginn der fünfziger Jahre, das Adenauer-Regime stürzen zu wollen – so etwas hat es, wenn auch selten, durchaus gegeben. Jedoch das, was Georg Lukács mit *Geschichte und Klassenbewußtsein* artikuliert hatte, die Bedeutung der Oktoberrevolution im Traditionsstrom des Marxismus zu reflektieren und damit zugleich einen Anspruch auf revolutionäre Veränderung zu erheben, das hat es nicht mehr gegeben – natürlich auch nicht in dem 1951 von Horkheimer und Adorno wiedergegründeten Institut für Sozialforschung. Um solche gesellschaftsverändernden Gedanken aussprechen, ja überhaupt erst denken zu können, bedurfte es des Anstoßes, der von der Studentenbewegung ausging. Durch sie wurde eine kaum für möglich gehaltene Rezeptionswelle losgetreten. Die verstaubten und zum Teil absichtlich zurückgehaltenen Schriften aus den zwanziger und dreißiger Jahren wurden zum Medium einer gesellschaftspolitischen Neuorientierung und auf der Basis dieser Aneignung begann man dann die Gegenwartsprobleme, die in ihrem Innersten mit der NS-Vergangenheit verknüpft waren, neu zu definieren. War an diesem Versuch, die Revolutionstheorie wieder begründungsfähig zu machen, nicht ein doppeltes ungewöhnlich: Zum einen der Mut zur radikalen historischen Verkürzung und zum anderen der ungeheure Konzentrationsakt, politische Diskussionen unter strategischen Vorzeichen so führen zu wollen, daß dieser von 1933 bis 1945 und von 1945 bis 1968 zweimal unterbrochene Traditionsstrom jeweils durchscheint?

NEGT: Ich glaube, daß dies ein sehr folgenreicher Punkt ist. Die Abtrennung der Radikalität von der Arbeiterbewegung wird erst heute – und zwar nicht theoretisch, sondern praktisch – wieder rückgängig gemacht. Die Aneignung von Theorien hat sich damals in einer Abstraktion vollzogen, die den Zugang zur gesellschaftlichen Wirklichkeit auch verstellt hat. Lukács wurde so diskutiert, als ob es ein Projekt der zwanziger Jahre und nicht ein nachgeholtes Produkt der Aufarbeitung von Geschichte war. Hier ist ein Element des Ungeschichtlichen in der Bewegung enthalten gewesen, das zwar immer in solchen Aufbruchsituationen auftaucht, hier aber in der spezifischen Weise einer völlig idealisierten Zuneigung zur Arbeiterbewegung, genauer: zum Begriff der Arbeiterbewegung und nicht zu ihrem Sosein. Gleichzeitig hat man sich von den Gewerkschaften und der SPD distanziert, obwohl man nur zu genau wußte, daß es – wenn man in Revolutionskategorien denkt – ohne die reale Arbeiterbewegung nicht gehen würde. Das hat ja dann noch einmal in der gesamten K-Gruppen-Zersplitterung fatale Folgen gehabt. Hier hat man sich die Arbeiterbewegung nicht nur nach dem eigenen Bilde im Kopf zurechtgeformt, sondern dieses Gespinst auch noch praktisch Gestalt annehmen lassen.

KRAUSHAAR: So als wäre die Substitution, die sich im theoretischen Rezeptionsprozeß vollzogen hat, jetzt noch einmal praktisch verdoppelt worden. Die gesellschaftliche Wirklichkeit ist nicht mehr angeeignet worden. Statt dessen hat man sich in den K-Gruppen in einer Tradition verfangen, die als praktische nicht mehr vorhanden war und deshalb erst gestiftet werden mußte.

NEGT: Es sind nicht die realen Veränderungen dessen wahrgenommen worden, was die Arbeiterklasse heute in ihrer Differenzierung und Umschichtung ausmacht. Man hat, wie Bloch das einmal formulierte, nur auf die »Klopfzeichen« der wilden Streiks geachtet, um zu hören, ob bereits die Revolution vor der Tür steht.

KRAUSHAAR: In dieser Situation waren die Septemberstreiks 1969 sicherlich ein ganz entscheidendes Signal, das in der Zerfallsatmosphäre des SDS die Hoffnung wachrief, es könne jetzt doch eine von den Großorganisationen unabhängige Arbeiterbewegung entstehen, die den Ideen der revolutionären Umwälzung entspräche.

NEGT: *Die andere Arbeiterbewegung* – wie der Titel des einige Zeit später entstandenen Buches von Karl-Heinz Roth lautet.

KRAUSHAAR: Bestand nicht eine der eminentesten Schwierigkeiten am Ende der sechziger Jahre darin, daß, wer sich gesellschaftsanalytisch von der Kritischen Theorie anleiten lassen und dennoch nicht auf politisches Handeln verzichten wollte, dafür kaum theoretische Anknüpfungspunkte vorfand. Der Mangel an politischer Theoriebildung bei Adorno und Horkheimer, aber auch – was oft übersehen wird – bei Herbert Marcuse, stellte die politisierten Studenten vor eine schwierige Situation. Entweder konnten sie auf politische Einsprengsel der älteren Kritischen Theorie – wie z. B. Horkheimers Aufsatz *Autoritärer Staat* – und einzelne Texte von Franz Neumann zurückgreifen, oder aber sie mußten sich ganz anderen Denkern, die sich nur schwer mit den gesellschaftstheoretischen Prämissen der Frankfurter in Einklang bringen ließen, zuwenden. Wie erklärst Du den genannten Mangel? Und gab es unter den Voraussetzungen der Kritischen Theorie überhaupt jemals die Möglichkeit, ein spezifisch politisches Denken zu entwickeln?

NEGT: Zunächst: Ich habe schon relativ früh die Erkenntnis gewonnen, daß eine der größten und gefährlichsten Blindstellen bei Marx selber die Nichtbeachtung einer gewissen Selbständigkeit des politischen Handlungselements war, genauer: die Nichtentwicklung einer politischen Theorie. Die Tatsache, daß er, wenn er Elemente einer politischen Theorie überhaupt ins Spiel brachte, sie an französischen Verhältnissen entwickelte, ist ein Zeichen dafür, daß Politik für ihn wesentlich die Realisierung von eingesehenen gesellschaftlichen Gesetzmäßigkeiten war. Man kann sagen, daß die ganze liberale Tradition des politischen Denkens – von Machiavelli, Hobbes, Locke, Montesquieu usw. – von Marx negiert worden ist. Sie wurde von ihm entweder als ideologische Dekoration der Klassenverhältnisse betrachtet oder aber schlicht und einfach ignoriert. Es ist sehr, sehr merkwürdig, vielleicht aber auch kennzeichnend, daß die Abstinenz der Frankfurter Schule in dieser Hinsicht schon sehr früh existierte. In der Anfangsphase, als es noch einen Zusammenhang mit Lukács, Korsch und anderen gab, waren noch Ideen von politischen Handlungselementen vorhanden, aber auch nicht mehr. Nicht, daß man die Notwendigkeit politischen Handelns für die Veränderung der Gesellschaft geleugnet hätte – aber diesem politischen Handeln wurde die Theorieförmigkeit abgesprochen, das war für sie einfach kein theorieförmiger Gegenstand. Und aufgrund dieses Mangels mußten die Studenten sich ihre Politik in gewisser Weise selbst ausdenken – und das haben sie schließlich auch getan, mit den bekannten, zum Teil ganz fürchterlichen Folgen. Nachdem der Schwung der Bewegung weg war und sie mehr und mehr in ihre Einzelmomente zerfiel, wurde sichtbar, wie schwer das Erbe einer Theorie ist, die so etwas wie radikales Kompromißverhalten nicht vorweggedacht hat, ein revolutionäres Verhalten, das gleichzeitig imstande ist, sich auf bestehende Verhältnisse einzulassen, ohne die Identität zu verlieren. Daß bestimmte Rechte nicht angetastet werden dürfen, ist hier z.B. ein wichtiger Gesichtspunkt. Dabei spielt das Ignorieren der Menschenrechtsdimension bei Marx eine nicht zu unterschätzende Rolle. Daß Menschenrechte als enthüllte Privateigentumsrechte entsubstanzialisiert, zu bloß taktischen Zwecken mißbraucht werden konnten, ist durchaus auch als Folge dieser Verkennung zu begreifen. In den praktischen Umsetzungsformen des Marxismus-Leninismus,

Maoismus und zum Teil auch der Kritischen Theorie – gibt es bislang keine Tradition der politischen Begriffsbildung. Was wir in den Zusammenhängen des *Sozialistischen Büros* versucht haben, das ist ein Ansatz gewesen, dieses Defizit auszugleichen. Er konnte sich jedoch, das hat dieses Unterfangen so schwierig gemacht, auf keinen gesicherten Erfahrungszusammenhang stützen, von dem man hätte ausgehen können.

KRAUSHAAR: Im Exposé zu diesem Band habe ich Dich, sicher etwas zu schematisch, einer zweiten Generation der Kritischen Theorie zugerechnet. Unter denjenigen jedoch, die als Schüler der älteren Generation selber Lehrfunktionen wahrnahmen, hast Du meines Wissens eine besondere Rolle eingenommen. Sowohl in theoretischer Hinsicht als auch in Fragen praktischer Kooperations- bzw. Konfliktzusammenhänge bist Du als Vermittler aufgetreten. Zum einen warst Du stärker als Jürgen Habermas oder Alfred Schmidt etwa in die Diskussionen des SDS einbezogen und zum anderen kanntest Du als Assistent die Ansprüche, Absichten und auch Ängste von Adorno und Habermas am genauesten. Der Konflikt zwischen kritischen Autoritäten und antiautoritären Wortführern, wie er sich bereits 1967 anbahnte und 1969 während des Aktiven Streiks endgültig eskalierte, lud ja geradezu zu wechselseitigen Projektionen ein. Wo würdest Du die neurotische Dimension in dieser Auseinandersetzung sehen? Und wo lag – unter Interessensgesichtspunkten betrachtet – es war ja schließlich eine Konfrontation zwischen Studenten und Professoren – die objektive Linie des Konflikts?

NEGT: Zu dem ersten Punkt: Es hat in der Tat neurotische Konfliktlagen bis hin zu paranoiden Konstellationen, unverkennbare Züge des Verfolgungswahns, auf beiden Seiten gegeben. Ich glaube, daß die ungewöhnliche Zuspitzung der Alltagskonflikte gerade bei der Generation, die den Faschismus bewußt erlebt hatte, die Schrecken der Erinnerung zwangsläufig aktualisieren mußte. Sie hatte es am eigenen Leib erfahren, was es bedeutet, wenn Leute vor Massenversammlungen verurteilt, diskriminiert oder verunglimpft werden. Und die Wortwahl der Studenten war keineswegs harmlos. Ihre Sprache war durchaus gewalttätig. Ich weiß, daß gerade dies ein Punkt war, der für Jürgen Habermas, bei allem Verständnis, das er dem Ganzen intellektuell entgegenbrachte, entscheidende Bedeutung besaß: Die Angst, in solchen Situationen nicht mehr argumentieren zu können, der Verlust des Begründens von Positionen zugunsten der Exekution von Entscheidungen. Für mich persönlich hat das ja noch eine Komponente, die ich heute ganz anders sehe. Ich glaube, daß mein Projekt *Die Linke antwortet Jürgen Habermas* noch ein Gegenstand der Wiedergutmachung war. Damals ist von einer Gruppe von Leuten Habermas gegenüber eine Form der Arroganz im Spiel gewesen, die alles andere als gerechtfertigt war. Zum zweiten Punkt, der Frage nach dem objektiven Verlauf des Interessenkonflikts. Ich glaube, daß die ursprüngliche Forderung von Beteiligungsrechten – also Drittelparität, später dann zum Teil auch Halbparität – nur ein Vorwand für eine Konfrontation mit den Autoritäten gewesen ist, an denen man sich zwar orientieren, die man jedoch nicht in eine Solidarverpflichtung hineinziehen konnte. Ich erinnere mich noch genau an den

Beginn der Besetzung des Soziologischen Seminars in der Myliusstraße. Ich hielt eine Veranstaltung über Lenins *Staat und Revolution* ab, als das Gerücht auftauchte, es gehe jetzt an die Besetzung eben dieser Räume. Meine Idee war noch, daß *Staat und Revolution* für die Studenten doch sehr interessant sein müsse. Und plötzlich tauchte bei den »Lederjacken«, die immer vorn in der ersten Reihe saßen – Cohn-Bendit saß da auch und Krahl und Riechmann – die Andeutung auf, daß jetzt etwas geschehen werde. Ich kann Dir überhaupt nicht mehr die Merkwürdigkeit dieser Stimmung vermitteln. Das war so unbeschreiblich, daß von einer Minute auf die andere die Atmosphäre wechselte, als ob es plötzlich um etwas ganz Wesentliches ginge. Für einen Augenblick hatte ich den Eindruck: Jetzt geht es an den Vatermord. Die Vorlust eines großen Verbrechens breitete sich im Raum aus. Zum Glück ist das, wie wir ja wissen, alles viel harmloser gewesen, als es zunächst scheinen wollte. Ich glaube aber, daß das Brechen von Autorität, das Aufheben des geschützten Raumes von Personen, die diese Theorie – von der alle beeinflußt waren und die sie als solche auch gar nicht ablehnten – überhaupt erst hervorbrachten, die entscheidende Rolle gespielt hat.

KRAUSHAAR: Der Linksfaschismusvorwurf, den Habermas ja genau ein Jahrzehnt später während des Deutschen Herbstes entkräftet hat, ist vom SDS ja seinerzeit unisono zurückgewiesen worden. Das war sicher richtig. Ist dabei aber nicht übersehen worden, daß er im Vorwurf des Voluntarismus einen durchaus rationalen Kern hatte? Als Paradoxie formuliert lautet der Vorwurf: Der SDS versuche sich autoritärer Tendenzen in Staat und Gesellschaft zu erwehren, indem er auf handlungsanleitende Denkfiguren zurückgreife, die von präfaschistischen Theoretikern – wie Carl Schmitt z.B. – ausgebildet worden seien. Er bediene sich dabei normativ nicht ableitbarer Argumente, die in der politischen Praxis in den Voluntarismus beliebiger Entscheidungsakte einmündeten. Mit einem Satz: Antiautoritäre Politik laufe Gefahr, durch die voluntaristische Bestimmung ihrer Praxis selber autoritären Tendenzen Vorschub zu leisten, wenn nicht gar ihre antifaschistische Grundorientierung ins Gegenteil zu verkehren. Im Hinblick auf die Transformation erheblicher Teile des SDS in neoleninistische Kadergruppen hatte Krahl warnend von der »Dialektik des antiautoritären Bewußtseins« gesprochen. Hätte dieses Stichwort nicht auch auf die Voluntarismus- bzw. Dezisionismusproblematik bezogen werden müssen?

NEGT: Mit dem Vorwurf des Voluntarismus hat Habermas sicher einen zentralen Punkt von Gruppierungen getroffen, die sich aus der Protestbewegung heraus entwickelten. In dem Maße, in dem die Isolierung von der Gesellschaft sich durchsetzte, wurde auch die irrationale Willensentscheidung zur ultima ratio des politischen Handelns.

KRAUSHAAR: Lag nicht eines der entscheidenden Probleme gerade darin, daß mit dem Mangel an politischer Theoriebildung, den Du ja bis auf Marx zurückgeführt hast, für das Handeln keine hinreichenden Argumentationsfiguren zur Verfügung standen und die Studentenbewegung es immens schwer hatte, praktisch einzusetzen. Verstärkt wurde das noch durch die damalige innenpolitische Konstellation. Die Bundesregierung wurde bekanntlich von einer großen Koalition zwischen CDU/CSU und SPD gebildet und die Tarifpartner praktizierten auf Vorschlag von Karl Schiller eine »Konzertierte Aktion«. Die Opposition, die es in der Adenauer-Ära noch gegeben hatte, drohte nun vollends zu verschwinden. Die Studenten glaubten nun aus dem Bewußtsein heraus handeln zu müssen, sie seien in dieser Situation die einzigen, die in der Bundesrepublik noch eine oppositionelle Rolle wahrnehmen könnten.

NEGT: Das ist sicher richtig. Trotzdem muß man sehen, daß der Voluntarismusvorwurf nicht auf das gesamte Spektrum der außerparlamentarischen Bewegung bezogen ist. Die Argumente, die Habermas vorbringt, beziehen sich nicht auf die Teile der Bewegung, die damals bereits ihre Tradition hatten: Die Antiatombewegung, die Kampagne für Demokratie und Abrüstung, die Antinotstandsbewegung. Das sind alles Ansätze mit konkreten Widerstandsmomenten bis hin zur Fortsetzung dieser Traditionen in den Zusammenhängen des *Sozialistischen Büros*. Dagegen beziehen die Gruppen, die Habermas offenbar im Auge hat, die Willensbestimmung viel stärker aus Formen erborgter Realität, d.h. vor allem über die Form der Identifikation mit anderen Verhältnissen. Das gilt für die maoistische Variante ebenso wie für die, die sich bedingungslos am Aufbau einer KPD nach dem Muster aus einer bestimmten Phase der Weimarer Republik orientierte. Die organisatorische Konzeption ist auf andere, fremde Verhältnisse gerichtet und nicht auf die hier vorfindbaren. Der Internationalismus dieser Gruppierungen ist ein neues Element.

KRAUSHAAR: Dieses Stichwort möchte ich gerne aufgreifen. Du hast in Deinem Aufsatz *Politik und Protest* sehr stark auf die Dritte Welt verwiesen und zwar in einem Zusammenhang, in dem es vor allem um die politische Moral geht. Ich möchte Dich fragen, ob die Gefahr des Voluntarismus – ja die gesamte Dezisionismusproblematik – nicht zuletzt auch damit zusammenhängt, daß man glaubt, die gesellschaftlichen Verhältnisse in der Bundesrepublik, die aufgrund ihrer unübersehbaren Kontinuitäten mit der nationalsozialistischen Vergangenheit als durch und durch beschädigt galten, nur nach Maßgabe einer kompromißlosen politischen Moral verändern zu können, die es hierzulande anscheinend nicht gab und die man am ehesten – wenn überhaupt – in der Dritten Welt, nicht zuletzt in Kuba und dort in der Person Guevaras, glaubte finden zu können?

NEGT: Sicher, die Suche nach durch die Realität nicht korrumpierten Bildern, revolutionären Persönlichkeiten und Rollenträgern ist ein starkes Element der moralischen Identifikation mit den Befreiungsbewegungen der Dritten Welt gewesen. Keiner, der in europäischen Zusammenhängen Macht ausübte, hätte die Chance gehabt, in diese Kategorie von Vorbildern aufgenommen zu werden. Nur die Porträts von Rosa Luxemburg und Karl Liebknecht wurden damals auf den Demonstrationen mitgeführt. Hier sind zweifelsohne starke moralische Impulse vorhanden gewesen.

KRAUSHAAR: An Hans-Jürgen Krahl schieden sich die Geister. Nach Rudi Dutschke war er die dominante Figur im SDS. Mit ihm zusammen hat er der antiautoritären Fraktion zum Durchbruch verholfen – das Organisationsreferat vom September 1967 legt Zeugnis davon ab. Er war Doktorand

Adornos, geriet mit ihm in einen Konflikt, der schließlich vor Gericht ausgetragen wurde, er war der wohl unnachsichtigste Kritiker von Jürgen Habermas, der wiederum seinen Kontrahenten mit ostentativer Mißachtung strafte und er war Freund und Genosse – wohl nicht ganz ohne konkurrente Züge – von Oskar Negt. Krahl ist heute ein Mythos. Es ist schwer, seine Person von den Dutzenden von Episoden freizumachen, die inzwischen wohl verbreiteter sind als seine Schriften, als deren Herausgeber Du neben anderen firmierst. Wie war Dein Verhältnis zu ihm? Welche Anregungen gingen von ihm aus, wie schätzt Du seine Bedeutung zwei Jahrzehnte nach seinem Tod ein? Und – die Frage wirst Du vielleicht befürchtet haben – was wäre mit ihm in den siebziger Jahren anders gelaufen?

NEGT: Zu Hans-Jürgen Krahl hatte ich zunächst ein sehr zwiespältiges Verhältnis. Als ich 1964 aus Heidelberg zurück nach Frankfurt kam, war Krahl regelmäßiger Besucher meiner Seminare, die sich mit Hobbes, Locke und mehrere Semester lang mit Kants *Kritik der Urteilskraft* beschäftigten. In den ersten Semestern war er mir ein nicht besonders angenehmer Student.

KRAUSHAAR: Warum? Kannst Du vielleicht ein wenig beschreiben, worin die Gründe für Deine eher ablehnende Haltung lagen?

NEGT: Ich hatte den Eindruck, daß er die Haltung eines Hochstaplers einnahm. Seine Angeberei hat mich erheblich gestört. Er glaubte eigentlich immer, besser Bescheid zu wissen. Und es ist wohl die natürliche Reaktion eines Dozenten, daß man das nicht allzu gerne sieht (Gelächter). Was mich jedoch wunderte, war die Tatsache, daß er in den Konflikten, die nun unvermeidlich auftraten, ausgeharrt hat. Auch wenn ich auf meinen Interpretationen bestand, ihn zurechtwies und ihn verschiedentlich auch auf Fehler aufmerksam machte, dann blieb er zunächst für ein, zwei Sitzungen fort, kam dann aber wieder zurück. Und um ihn herum bildete sich ein ganzer Kranz von Leuten; Du wirst vermutlich die meisten von ihnen noch selber kennen. Etwa zu Beginn des Jahres 1967 hatte sich mit ihm und den anderen eine äußerst konzentrierte Zusammenarbeit entwickelt. Im Kern waren es vielleicht zehn bis fünfzehn Leute, mit denen ein sehr interessanter Dialog stattfand. Ich kannte ihn also schon einige Zeit, bevor er eine einflußreiche Rolle im SDS spielte. Das ist die eine Seite. In der Zeit, in der er dann zu einer öffentlichen Figur wurde, sind wir uns dann relativ nahe gekommen. Er war sehr bemüht, meinen Rat für vieles, was er vorhatte, einzuholen und diesen auch zu respektieren. Auch hat er mir seine schriftlichen Entwürfe vorgelegt. Man kann sagen, daß ich für ihn ein Diskussionspartner war. Und aufgrund meiner Ratschläge hat er auch Korrekturen vorgenommen. Vielleicht war auch ein Konkurrenzverhältnis zwischen ihm und mir vorhanden. Was ich an ihm schon bewunderte, war die Zähigkeit, mit der er sich aus dem Stadium des Hochstaplers – ich glaube wirklich, daß er einer war und diese Rolle nicht nur gespielt hat – zu einem sehr eigensinnigen und beharrlichen Theoretiker entwickelte. Seine große strategische Begabung sehe ich darin, daß er diese hochkomplexen Theoreme auf politische Formeln zu bringen vermochte. Persönlich sind wir am Ende miteinander befreundet gewesen. Er hat uns auch zu Hause besucht und meiner Tochter Märchen vorgelesen. Besonders erinnere ich mich noch an das Hauffsche Märchen *Das kalte Herz*. Es ist eine absolute Tragödie, daß Hans-Jürgen Krahl mit 27 Jahren bei einem Autounfall starb. Daß dieser Mensch lange hätte leben können, hatte ich jedoch bereits vorher für ausgeschlossen gehalten. So räuberisch wie er mit sich selber umgegangen ist, konnte das nicht lange gut gehen. Als mir Detlev Claussen die Nachricht von seinem Tod überbrachte, hatte ich zunächst auf Selbstmord getippt. Bei Krahl wechselten sich manische und depressive Phasen in rascher Folge ab. Seine depressive Grundstruktur war sicherlich mit ausschlaggebend für den ständigen Versuch, aktiv zu werden, sich fortwährend in Aktion zu halten. Das ist ein sehr künstliches und gefährliches Element in seiner politischen Betätigung gewesen. Natürlich weiß ich nicht, wie sich Krahl noch entwickelt hätte. Mit Sicherheit wäre er als einer meiner Assistenten mit nach Hannover gekommen. Politisch glaube ich, daß Krahl die Entwicklung nicht hätte verhindern können. Was aber durch ihn sicher geleistet worden wäre, das ist eine reflektierte Aufarbeitung der Bewegung. Ich glaube, daß am Ende sein Interesse vor allem darin bestand, innezuhalten und zu reflektieren, der Reflexionszeit einen wesentlich größeren Spielraum zu gewähren. Das hätte der Neuen Linken unzweifelhaft zugute kommen können. Doch ebensowenig wie Rudi Dutschke hätte er etwas Entscheidendes verhindern können.

KRAUSHAAR: Die Gemüter haben sich spürbar abgekühlt. 1988 – »Zwanzig Jahre danach« – war sicher kein Jubeljahr, dennoch aber eines mit gedämpfter und vielleicht zu breiter Zustimmung. Die Revolte der Jahre 67 bis 69 scheint eingemeindet zu sein, zum festen historischen Inventar dieser Republik zu zählen. Selbst innerhalb der Union beruft sich die Generation der Schönbohms, Radunskys und Gauweiler auf das Jahr 1968 – natürlich mit dem Zusatz, sie seien »die eigentlichen 68er«. Wer die Stimmen Revue passieren läßt, der stellt fest: Auch hier trifft sich fast alles um eine imaginäre Mitte. Jürgen Habermas hat die Revolte als Anstoß zu einem Prozeß der »Fundamentalliberalisierung« bewertet. Du hast attestiert, die Linke sei heute als soziale Bewegung fester verankert als jemals zuvor in Deutschland. Ist das nicht alles sehr selbstgefällig? Verdeckt das nicht das Scheitern aller linken Fraktionen und Bündnisse, die unter den Stichworten Demokratisierung, Vergesellschaftung und Emanzipation angetreten waren?

NEGT: Ja, wenn man das unter dem Stichwort Sozialismus oder Kommunismus begreift, was ja nichts anderes als die Umgestaltung der gesamten Gesellschaft bedeutet, dann stimmt das. Es ist nicht nur die Verwirklichung dieses Zieles gescheitert, sondern fatalerweise ist auch noch das Wort dafür, der Ausdruck Sozialismus, verdrängt worden. Die Linke hat sich nicht nur ihre Ideen und Utopien rauben lassen, sondern auch noch die Worte, die das bezeichnen. Das ist jedoch nur eine Seite, die, was das Verlieren und Vergessen anbetrifft, noch nicht richtig bewußt gemacht und aufgearbeitet worden ist. Auf der anderen Seite kommt man heute aber auch nicht umhin, festzustellen, daß sich die Vorstellung von Sozialismus verändert hat. Es wäre auch hier ein intellektueller Arbeitsprozeß erforderlich, die Beziehung zwischen dem, was Sozialismus heute sein könnte und sollte und dem, was er in der Tradition der Zweiten, Dritten und sogar Vierten Inter-

Gespräch mit Oskar Negt

nationale gewesen ist, genauer zu bestimmen. Es müßten gegenwärtig eigentlich drei Bücher zur Idee des Sozialismus geschrieben werden: 1. Das Buch der Verabschiedungen, der Trennungen. Wir können nicht länger mehr die Substanzvorstellung vom Proletariat aufrechterhalten und wir können unmöglich noch das Vertrauen in die Produktivkräfte aufbringen wie das etwa zu Bebels Zeiten noch der Fall war. 2. Das Buch der offenen Fragen. So wie es bei Brecht heißt, daß wir die Leute abschrecken, indem wir auf jede Frage eine Antwort haben, so sollten wir vielleicht einmal die vernünftigen offenen Fragen auflisten. Dazu gehört für mich z.B. das Problem der Demokratie. Die Frage, warum die Räte überall gescheitert sind, darf nicht voreilig mit dem Verweis auf die repräsentative Demokratie beantwortet werden. Bloß repräsentative Formen der Demokratie tragen den Stachel der Selbstaushöhlung in sich. Wie eigentlich, so ist zu fragen, müssen die Formen aussehen, in denen sich eine Dialektik von Organisation und Spontaneität, von Selbstbestimmung und Repräsentation entwickeln und langfristig auch bestehen kann? Wie organisieren wir eine Ökonomie, in der nicht allein der Markt bestimmt, wie sieht die Dialektik zwischen einer Markt- und einer Planökonomie aus? 3. Das Buch der Erneuerungen. Was haben wir vergessen, was müssen wir wieder aufgreifen? In diesem Buch müßte es auch um die Erneuerung der Dialektik gehen; das dualistische Denken entspricht nicht der Wirklichkeit. Dies alles zusammengenommen bestimmt für mich die Frage nach dem Sozialismus als Aufgabe. Im Unterschied dazu hat sich aber auch eine Menge positiv verändert, im Sozialisationsbereich etwa. Ich habe als jemand, der hier eine Schule – das Glocksee-Projekt – gegründet hat, Erfahrungen aus erster Hand sammeln können. Ich habe zwei mittlerweile erwachsene Töchter und ich habe einen fünfjährigen Sohn, der ebenfalls wieder in einen Kinderladen geht – ich muß Dir sagen, es ist unvorstellbar, was sich in diesem Bereich abgelagert hat: Darum haben wir damals gekämpft – darum muß heute nicht mehr gekämpft werden. Das wird heute als Selbstverständlichkeit angenommen. Es sind Formen der kulturellen Praxis, des Widerstandsbewußtseins, des Kennenlernens von Interessen, der Unbotmäßigkeit, der Lebensstile, des Sich-nicht-mehr-gefallen-lassens selbstverständlich geworden, die für uns als Repräsentanten einer älteren Generation – wie Habermas und mich – ganz neuartig sind. Die Tatsache, daß auch Arbeiter in dieser durch Existenzängste bestimmten Gesellschaft sich längst nicht mehr so viel gefallen lassen wie noch in den fünfziger und sechziger Jahren, das zeigt meines Erachtens ein Widerstands- und Protestpotential von einem erheblichen Ausmaß an. Für mich besteht das Problem der Linken vor allem darin, daß sie daraus noch keine eigenen Organisationsformen zu entwickeln vermochte, in denen diese individualisierten Potentiale eine bestimmte Vergesellschaftungsweise erfahren und damit auch der Selbstverständlichkeit von kulturellen Umgangsformen. Sie haben keine eigenen Traditionsbestände, kein kollektives Gedächtnis ihrer eigenen Erfahrungen, sie nehmen neue Positionen ein wie sie alte verabschieden, ohne sich dabei – was in der alten Arbeiterbewegung vielleicht überbetont war – der eigenen Traditionen zu vergewissern.

KRAUSHAAR: Wie kaum ein anderer hast Du Anstrengungen unternommen, das subjektphilosophische Potential der Kritischen Theorie in den politischen Diskurs, genauer in den in Marxschen Kategorien geführten politischen Diskurs einzubringen. Du hast von Erfahrungen und Interessen aus die politischen Problemstellungen durchzudeklinieren und zu klären versucht. Insofern bist Du nicht nur ein Vermittler zwischen kritischer Sozialforschung und politischer Reflexion, sondern auch einer zwischen Kritischer Theorie und marxistischer Orthodoxie, letzteres im Sinne von Lukács' berühmter Definition in *Geschichte und Klassenbewußtsein* verstanden. Worin würdest Du rückblickend die größte Schwierigkeit im theoretischen Brückenschlag sehen, im Versuch, die Aktualität der Marxschen Theorie mit Hilfe der interdisziplinär verfahrenden Kritischen Theorie herauszuarbeiten? Und wo liegt Deiner Meinung nach in diesem Spektrum die größte Herausforderung für die Zukunft?

NEGT: Die Frage der Vermittlung stellt sich darin, daß ich in der Marxschen Theorie nach wie vor so etwas wie eine epochale Theorie sehe, in der gleichzeitig die Erklärung einer gesellschaftlichen Epoche und der geschichtlichen Bedingtheit dieser Epoche zu geben versucht wird. Insofern ist die Marxsche Theorie durchaus vergleichbar mit der von Aristoteles und Konfuzius etwa. Die Reichweite und der geschichtliche Gehalt der Marxschen Theorie ist jedoch nicht vergleichbar mit der Max Webers. Letztere thematisiert Problemlagen, an denen eher analysiert wird, was mißglückt ist, was nicht gelingen konnte. Deshalb hat das Denken von Max Weber gerade für nachrevolutionäre Perioden eine große Bedeutung. Die gegenwärtige Situation der linken Theorie halte ich für ziemlich katastrophal, weil willentlich oder bewußtlos Produktionsmittel des Begreifens von Wirklichkeit geopfert werden, ohne daß an deren Stelle neue überzeugende Begriffe, Perspektiven und Denkweisen installiert würden. Eines meiner zukünftigen Projekte heißt *Marx und die Tragödien des 20. Jahrhunderts*. Darin möchte ich nicht untersuchen, wie die Abspaltungsprozesse von der Marxschen Theorie nachträglich in einer erweiterten und verlebendigten Form integriert werden, sondern wie die Einwände gegen die Form der Theorie, soweit sie als geschichtslose übernommen worden ist, aufgenommen werden können. In der Tatsache, daß die Marxsche Theorie das 20. Jahrhundert trotz aller Perspektivverschiebungen noch soweit bestimmen konnte, sehe ich ein Zeichen dafür, daß ihr geschichtlicher Gehalt noch nicht erschöpft sein kann. Für mich persönlich sehe ich eine wesentliche, gleichsam programmatische Aufgabe darin, den politischen Öffentlichkeitsverlust des Marxschen Denkens in der Aufarbeitung bestimmter Teile des westlichen Marxismus zu beheben. Auch gerade angesichts der Veränderungen in der Sowjetunion glaube ich, daß wir keinen Grund haben, uns opportun zu verhalten und in den Chor der Verabschiedungen einzustimmen. An der grundlegenden gesellschaftstheoretischen Substanz des Marxschen Denkens, die für uns allerdings in einer zeitgemäßen Form nicht vorstellbar ist ohne die Kritische Theorie z.B., muß festgehalten werden.

KRAUSHAAR: In der ersten Hälfte des 19. Jahrhunderts war dem Begriff soziale

Bewegung eine Auffassung inhärent, die in der Vorstellung einer Evolution gipfelte. Die gesellschaftliche Veränderung wurde als geradezu unvermeidliche Folge der industriellen Entwicklung gedacht. Theoretikern wie Fourier oder Saint-Simon war das Problem der Konstituierung eines gesellschaftsverändernden Subjekts weitgehend fremd. Es wurde als gelöst stillschweigend vorausgesetzt. Die Marxsche Kritik an einem solchen Geschichtsautomatismus ist bekannt. Besonders prononciert hat er sie gegenüber der Sozialdemokratie vorgetragen. Der Ausgang der Geschichte sollte hinfort von der befreienden Tat des Proletariats abhängig sein. Bewußtsein, Handeln, soziale Aktion waren angesagt. Doch so different die Revolution, die ein historisches Subjekt voraussetzte, auch gedacht wurde, sie bezog sich immer noch – die Formel von der Dialektik zwischen Produktivkräften und Produktionsverhältnissen zeigt das an – auf die Fortentwicklung der Industrie, auf materiellen Fortschritt. Im Unterschied zur alten sozialen Bewegung, der Arbeiterbewegung, scheint sich in den »neuen sozialen Bewegungen« – wie der Ausdruck vielleicht in irreführender Parallelität lautet – vor allem der Wunsch zu artikulieren, aus dem Fortschritt herauszuspringen und dem durch Wissenschaft und Technik mit Risiken und Katastrophen versehenen gesellschaftlichen Wandel zu entgehen. Die Klammer, die seit der Französischen Revolution zwischen industrieller Entwicklung und sozialer Bewegung existiert hat – man betrachte nur Comtes Dreistadiengesetz –, scheint aufgelöst zu werden. Die Fortschritte in der Produktivkraftentwicklung werden immer weniger als Handlungsgesetze der jüngsten Bewegungen begriffen. Vielleicht hat der Abschied von den Revolutionsvorstellungen und die in West und Ost gleichermaßen zu beobachtende Krise des Sozialismus mit diesem Paradigmenwechsel in den sozialen Bewegungen zu tun. Wie stellt sich, sofern diese Interpretationsfigur eine gewisse Plausibilität beanspruchen kann, der Horizont Deiner politischen Vorstellungen dar?

NEGT: Zunächst eine Vorbemerkung zur Veränderung der Produktivkräfte. Bei Marx wird ja die lebendige Arbeitsfähigkeit, die Organisationsfähigkeit der Arbeiterklasse, in diesen Produktivkraftzusammenhang einbezogen. Der Begriff der Produktivkraft hat insofern nicht nur eine technische Seite. Aber gleichwohl: Das Vertrauen auf die mit der Industrialisierung einhergehende Entfaltung der Produktivkräfte, der Vergrößerung des gesellschaftlichen Reichtums, wird bei Saint-Simon und Comte als die Herstellung eines friedlichen Zeitalters angenommen. Comte hätte sich einfach nicht vorstellen können, daß nach der Überwindung des Schwertadels, nach der Aufhebung des metaphysischen Zeitalters und der Kritik die industrielle Gesellschaft nicht so etwas wie ein organisches Zusammenwirken aller Bestandteile garantieren würde, eben ein friedliches Zeitalter. Und das ist natürlich absolut trügerisch gewesen. Diese Illusion hängt mit dem Prozeß eines historischen Auseinandertretens zusammen, der Diskrepanz zwischen der technischen Revolution als solcher und der gesellschaftlichen Verfügung über die neuen technischen Mittel. Ich glaube, daß Marx überhaupt nicht voraussehen konnte, daß mit Produktionsmitteln dieses Ausmaßes noch Herrschaftsverhältnisse verknüpft sein würden.

Das hat er nicht für möglich gehalten. Und schon gar nicht, daß mit diesen Produktionsmitteln die Menschheit sich effektiv selber vernichten könnte. Natürlich hat es zu seiner Zeit auch Völkermord und andere Formen der Vernichtung gegeben. Aber die Möglichkeit, daß die Menschen sich nun selber vernichten können, gibt den Produktivkräften einen ganz anderen gesellschaftlichen und geschichtlichen Horizont. Das zu begreifen ist inzwischen eine Weltangelegenheit. Ich glaube z.B., daß Tschernobyl für die Motivation der Gorbatschowschen Politik ein sehr wichtiger Punkt gewesen ist. Hier müssen gesellschaftliche Regelungen entwickelt werden, die viel stärker als bisher darauf ausgerichtet sind, Selbstbestimmung, Selbstwahrnehmung der Menschen, ihre Urteilsfähigkeit – also alle subjektiven Kontrollorgane gegenüber den Gefahren einer verselbständigten Produktivkraftentwicklung – entfalten zu können. Darin sehe ich eine systemübergreifende Aufgabenstellung, die in China ebenso aktuell ist wie bei uns. Selbst unter ökonomischen Überlebensbedingungen ist es notwendig, zu demokratisieren. Nicht wegen der Ideale – das vielleicht auch –, sondern weil ein hochkomplexes, differenziertes Gesellschaftssystem mit dieser explosionsartigen Entwicklung der Produktivkräfte die Beteiligung der einzelnen Menschen voraussetzt. Aus diesem Grund muß in beiden großen Systemen eine Basispolitik entwickelt werden, eine andere Form der Interessenartikulation. Wo gibt es Organisationsformen, die – in China, der Sowjetunion oder Polen etwa – die Interessen der Menschen gegenüber den verselbständigten Apparaturen artikulieren? Meines Erachtens wird es auch in der Sowjetunion unvermeidlich sein, freie Gewerkschaften zuzulassen.

KRAUSHAAR: Laß mich die Fragestellung noch einmal unter dem Gesichtspunkt der Fortschrittskritik zuspitzen: In dem Begriff soziale Bewegung steckt ja ebenso wie in dem des Fortschritts ein dynamisches, auf Innovation abzielendes Element. Das Problem, das sich mit dem Umschlagen von Produktiv- in Destruktivkräfte stellt, besteht meines Erachtens darin, daß immer weniger erkennbar wird, wie der durch wissenschaftliche und technische Innovationen vorgezeichnete Weg überhaupt noch gesellschaftlich gesteuert werden kann. Insofern glaube ich, daß die Voraussetzungen für einen produktiveren Umgang mit sozialen Bewegungen, für eine genauere Bestimmung ihres gesellschaftsverändernden Potentials an einen qualitativ anderen Umgang mit der Kategorie Fortschritt geknüpft sind, genauer mit dem in ihr vorgezeichneten Horizont subjektiver Erwartungen. Wie können soziale Bewegungen definiert werden, denen keine Kontinuität des klassischen, durch die Aufklärung geprägten Verständnisses von Fortschritt mehr inhärent ist? Oder anders formuliert: Woher sollen die sozialen Bewegungen heute ihre die Gesellschaft umwälzende Kraft beziehen, wenn sie nicht mehr auf die Logik der Produktivkraftentwicklung synchronisiert sind?

NEGT: Um die Ursprungsquelle des Fortschritts akkumuliert sich das Elend der traditionellen Bewegung. Das wird in Zukunft so nicht mehr sein. Die Ursprungsquellen haben sich in gewisser Weise vervielfältigt. Es werden spezifische Konfliktkonstellationen existieren, an denen sich die politischen

Potentiale auf Emanzipation hin bewegen. Sobald man anfängt, die neuen sozialen Bewegungen wiederum als eine Bewegungssubstanz zu fassen, wird man genau das verfehlen, was ihre neue Qualität in den Zellformen ausmacht. Für diese Mikrologie ist die Entwicklung von Unterscheidungsvermögen gegenüber der Technik von entscheidender Bedeutung. Wenn es der Linken nicht gelingt, aus der abstrakten Verneinung dessen herauszukommen, was Produktivkräfte im Sinne eines linearen Fortschrittsverständnisses waren, werden sie apriori auf das in der Technik sedimentierte Emanzipationspotential verzichten müssen. Ich gehe von einer Unterscheidung der Technik aus: Ich glaube, daß es bestimmte hermetische Technologien gibt wie die Atomindustrie, die, gleichgültig ob sie für militärische oder zivile Zwecke genutzt wird, in ihrer Struktur herrschaftsförmig ist. Die atomaren Potentiale müssen bewacht werden, unabhängig davon, ob ihre Anlagen in Betrieb sind oder nicht, ob sie funktionieren oder nicht.

KRAUSHAAR: Das Stichwort für die gesellschaftlichen Folgen dieser Gefahrenquellen hat ja Robert Jungk mit seinem Buch *Der Atomstaat* geliefert.

NEGT: Wer diese Technik zum entscheidenden Faktor der Energieversorgung macht, der fordert eine bestimmte Struktur der Gesellschaft heraus. Jungk beschreibt sehr plastisch, wie unter diesen Bedingungen das Gemeinwesen die Formen eines Sicherheitsstaates annimmt. Eine weitere hermetische Technologie ist die Gentechnologie. Hier kommen Gefahren auf die Menschen zu, denen sie in ihrer Verstandes- und Sinnesausstattung einfach nicht gewachsen sind. Eine Kampffront gegen diese Technologien zu entwickeln ist etwas ganz anderes als in den Alltagszusammenhängen moderne Kommunikationstechnologien zu verwenden. Ich glaube, daß die Einstellung der Linken gegenüber der Technik damit zu tun hat, daß sie überschätzt, was sich in solch veralltäglichten Kommunikationstechnologien an Herrschaftszusammenhängen herausgebildet hat. Ich verstehe heute noch nicht, warum die Gewerkschaften keine eigenen Rundfunk- oder Fernsehanstalten aufbauen, obwohl die entsprechenden Voraussetzungen dafür vorhanden sind. Das ist alles unbesetzt. Mit diesen Technologien anders umzugehen, ist ein Teil davon, wie die objektiven Möglichkeiten von Emanzipation ausgeschöpft werden können. In ihrer Struktur jedenfalls ist dieser zweite Typus von Technologie nicht antiemanzipatorisch.

KRAUSHAAR: Oder wie Herbert Marcuse bei seiner letzten Rede auf den Frankfurter Römerberggesprächen 1979 gesagt hat: Vielleicht können die Wunden, die die Technik geschlagen hat, nur mit der Technik selber kuriert werden.

NEGT: Jedenfalls nicht neben der Technik und schon gar nicht gegen sie. Darin sehe ich z. B. ein politisches Aktionsfeld der Linken. Denn hier können wir Produktionsmittel der Emanzipation gewinnen, die über das hinausgehen, worauf die Linke ein Monopol hat – nämlich auf das Diskutieren. Der Erfahrungsaustausch ohne die Vergegenständlichung in Arbeitsprozesse macht ein wesentliches Ohnmachtselement der Linken aus.

KRAUSHAAR: Zur Überraschung nicht weniger hat es im Wintersemester 1988/89 wieder einmal eine bundesweite Studentenbewegung gegeben. Sie ist in ihrer Anfangsphase von den Politikern fast mit ausgestreckten

Armen empfangen worden. Kaum jemand wollte sich ihren Sorgen verschließen. Selbst die FAZ konstatierte, daß sich die Studenten inzwischen wie gewöhnliche Arbeitnehmer verhielten; die Bewegung an den Universitäten sei »ideologiefrei«. Aus diesen und anderen Gründen haben linke Gruppen, die selbst am Streik beteiligt waren, das Verhalten ihrer Kommilitonen als ständisch, konkurrent, leistungsbewußt und karriereorientiert beklagt. Die gleiche Charakterisierung ist Dir vor zwei Jahren in einem *Spiegel*-Interview entgegengehalten worden, als Du das Verhalten von Studenten verteidigtest. Anläßlich der Streikwelle an den niedersächsischen Universitäten hast Du erklärt, daß »... die Studenten von heute ... radikaler als die von '68...« seien. Ohne sportiv in einen Wettkampf um Höchstleistungen eintreten zu wollen: Ich teile diese Einschätzung nicht. Deine Rede, daß es nun wieder »um den Menschen« gehe, halte ich eher für ein Syndrom der Individualisierung.

NEGT: Man muß bei dem angesprochenen Interview auch seine strategische Funktion beschreiben. Es ging mir auch darum, die Studenten, die in ihren, von den Resten der vergangenen Bewegungen verödeten Räumen etwas neu aufzubauen versuchten, zu unterstützen und zu ermutigen. Jedenfalls war das ein Motiv für mich. Insofern wollte ich in dem Interview nicht nur einen Tatbestand beschreiben, sondern auch ein Signal setzen. Vor allem wollte ich nicht in den Fehler des Maßnehmens verfallen: '68 waren die Studenten politisch, kollektiv, revolutionär usw. und zwanzig Jahre später verkriechen sich ihre Nachfolger ins »Lampenlicht des Privaten«, wie es bei Marx so schön heißt. In einem Punkt sind die heutigen Studenten in der Tat radikaler: Sie vertrauen den Parolen ihrer Stellvertreterorganisationen, die es an der Universität immer noch gibt, nicht mehr. Sie treten entschiedener in der Verfolgung ihrer eigenen Interessen auf. Dazu kommt, daß die Lernfähigkeit und die Theoriebedürftigkeit in den letzten Jahren ungeheuer gestiegen sind. In meinen Veranstaltungen – über Nietzsche, die *Dialektik der Aufklärung*, Adornos *Negative Dialektik*, über Marx und Freud – herrscht eine so konzentrierte Arbeitsatmosphäre, daß ich jetzt auch gegenüber meinen Kolleginnen und Kollegen, die oft eine gegenteilige Einschätzung vertreten, sagen muß, daß es auch von den Angeboten abhängig ist, ob etwas wahrgenommen wird oder nicht. Die Reaktion auf das *Spiegel*-Interview war ganz eindeutig: Zustimmung von den StudentInnen und Kritik von den KollegInnen. Es gibt unverkennbare Zeichen, daß unter den StudentInnen intellektuell etwas in Bewegung geraten ist, etwas, was auch durch soziale Notlagen angestoßen wird, die sich in den letzten Jahren verschärft haben. Nicht ungenannt bleiben soll aber, wo die Probleme der heutigen Studentengeneration, die Probleme der Linken insgesamt sind, liegen: Sie hat es verlernt, die Hochschule als einen sozialen Ort ernst zu nehmen und ihn entsprechend umzugestalten. Ein großer Teil der politisierten Studenten kommt von außerhalb. Sie sind häufig in Bürgerinitiativen aktiv. Im Gegensatz zu ihren lokalen Zusammenhängen ist die Universität im letzten Jahrzehnt als Ort der politischen Auseinandersetzung ausgezehrt worden. Man hat Politik nur noch in kleinen, überschaubaren Zusammenhängen betrieben. Und das zweite Problem liegt darin, daß kein Weg daran vorbei führt, ein Hauptziel der 68er Bewegung wieder aufzunehmen – die Demokratisierung der Hochschule. So ausgegliedert wie die Studenten heute von ihrer Institution sind, so können sie auch keine wirkliche Beziehung zu ihr entwickeln. Der wiedererwachte Ruf nach einer Demokratisierung der Hochschule könnte auch der Impetus für eine grundsätzliche politische Neuorientierung der Studenten sein.

KRAUSHAAR: Die *Süddeutsche Zeitung* hat Dich 1972 als »Autorität über die gesamte Breite der zersplitterten Linken hinweg« apostrophiert. Auch ohne die Rollenzuweisung der Tagespresse einfach übernehmen zu wollen: Du warst – nicht zuletzt im Zusammenhang des *Sozialistischen Büros* – eine Hoffnung für viele aus der Neuen Linken, die sich eine theoretische Autorität, die auf den Anspruch politischer Moral nicht verzichtete, wünschte. Inzwischen heißt es: Oskar Negt hat sich zurückgezogen, beruflich auf seine Rolle als Professor, politisch auf die eines Ratgebers von Gewerkschaften und SPD. Die Bewegungen, weder die ökologischen noch die der Jugend, weder die der Frauen noch die des Friedens, seien ihm ein Medium der Reflexion mehr. Ich will nicht fragen: Stimmt das? In solchen Enttäuschungen steckt auch ein gehöriges Maß an Personalisierung. Zugleich dürften sie auch Ausdruck projektiven Verhaltens sein. Meine Frage lautet: Wie definierst Du Dich heute politisch und hat sich Dein Selbstverständnis in diesem Zusammenhang verändert?

NEGT: Mein Selbstverständnis hat sich wahrscheinlich weniger verändert als das derjenigen, die mir das vorwerfen. Es ist natürlich völlig unbestreitbar, daß ich viele der Positionen, die mir zugesprochen wurden, gegen andere definiert habe. Denn das *Sozialistische Büro* war nicht zuletzt auch gegen diese RAF- und K-Gruppen-Welt gerichtet. Die Rückwendung zur Basis, zu den Interessen, zu den Erfahrungen, zum Alltag, zum jeweiligen Lebenszusammenhang – das ist inzwischen selbstverständlich geworden. Ich kann heute kein Buch mehr über *Öffentlichkeit und Erfahrung* schreiben. Vieles von dem – etwa die Forderung »Nicht nach Köpfen, sondern nach Interessen organisieren!« – wird heute einfach gemacht. Nicht weil ich das geschrieben habe, sondern weil sich diese Ideen durchsetzen konnten. Und das gilt natürlich auch für das, was ich in den sechziger Jahren unter dem Stichwort »Arbeiterbildung« angeregt habe. Ich betrachte es als höchst befriedigend, nach immerhin fünfzehn Jahren innergewerkschaftlicher Kontroversen nun feststellen zu können, daß nach dem Erfahrungsansatz vorgegangen wird. Ich betrachte mich nicht als einen, der sich zurückgezogen hat. Ganz im Gegenteil: Ich bin heute in vieler Hinsicht öffentlich engagierter als noch vor sieben oder acht Jahren, allerdings in einer anderen Form und auch in einer anderen Suchbewegung. Es ist eben nicht mehr möglich, eine gemeinsame politische Formel für Bewegungen zu finden, die ihre eigene Kraft entfalten müssen – wie z. B. die Frauenbewegung. Ich glaube, daß gerade das Recht des Besonderen in der politischen Entwicklung – und zwar nicht im Sinne von partikular, sondern von spezifisch – ein ganz wichtiger Punkt geworden ist. Meine Projekte sind eher darauf gerichtet, diese Ideen vor der gesellschaftlichen Ausgliederung zu bewahren. Gegenwärtig habe ich die fixe Idee, das, was ich vor zehn Jahren außerhalb der Großorganisationen gemacht habe, hier weiter zu betreiben. Inzwischen bin ich in den Gewerkschaften wieder so aktiv wie vor etwa zwanzig Jahren. Das beginnt mit Forschungsprojekten und endet mit der Ideenproduktion, z. B. der Frage nach den Möglichkeiten zur Erweiterung des politischen Mandats der Gewerkschaften in verschiedene Alltagsbereiche hinein.

KRAUSHAAR: An einer Stelle möchte ich noch einmal nachhaken. Ich habe Deine Entwicklung so wahrgenommen, daß Du in den schwierigen Jahren der Neuen Linken, als sich aus ihrer Krise heraus eine Auffächerung in grün-bunt-alternative Gruppen vollzogen hat, die um die Jahreswende 1979/80 in die Konstitution der Partei der *Grünen* einmündete, daß Du in dieser Zeit, in der sich ja auch das Denken der Neuen Linken in frappanter Weise umgemodelt hat, keine öffentlich wahrnehmbare Position bezogen hast. Nicht wenige dürften in dieser Phase der zum Teil quälenden Selbstvergewisserung und Neuorientierung Deine Stimme vermißt haben.

NEGT: Ja, die hat es nicht gegeben.

KRAUSHAAR: Vielleicht wäre es ganz gut, wenn Du dazu noch etwas ausführen würdest. Ich vermute, daß vielleicht doch mehr als Du vielleicht selbst geglaubt hast, von Dir erwartet wurde, jedenfalls mehr als seinerzeit ein paar Breitseiten gegen das Aufkommen der »Neuen Philosophen« in Frankreich auszuteilen.

NEGT: Das ist richtig. Dazu habe ich mich in begründeter Form nicht geäußert. In mir steckt ein tiefes Mißtrauen gegenüber rein organisatorischen Lösungen. Ich habe damals in Kassel auch entschieden gegen eine Kandidatur der *Grünen* für den Bundestag gesprochen. Mein Verständnis von politischer Arbeit ist auch heute noch an den Problemen unterhalb der Organisationsebene orientiert. Ich weiß, daß viele Leute – Willi Hoss z. B. – von mir eine andere Stellungnahme zu den Grünen erwartet haben. Vor einigen Jahren wollte ich trotz meiner Skepsis eine Initiative zur Unterstützung der *Grünen* starten, habe das dann aber doch wieder seingelassen. Für mich ist es lebensgeschichtlich nicht möglich, eine Kritik an einem parlamentarisch ausgerichteten Begriff des politischen Handelns mit der Überzeugung zu verbinden, daß die wirklichen Bewegungen unterhalb dieser Ebene verlaufen. Dabei bin ich nie ein solcher Antiparlamentarier wie etwa Joschka Fischer gewesen. Ich glaube, gerade dadurch, daß ich mich nicht in dieses Gerangel hinein begeben habe, nun von den Grünen, der SPD und den Gewerkschaften herausgefordert zu werden – mit Vorträgen, Aufsätzen usw.

KRAUSHAAR: Ist das so zu verstehen, daß Du über die Zerklüftung dieser Parteien- und Organisationslandschaft hinaus als unabhängiger politischer Kopf Gehör finden willst, weil Du Dir von einer Nichteinbindung in parlamentarische oder organisatorische Interessenszusammenhänge ein größeres Gewicht für die Wirksamkeit Deiner Analysen und Einschätzungen in der Öffentlichkeit versprichst?

NEGT: So würde ich es jedenfalls sehen. In dieser Frage hat es auch eine Reihe von Auseinandersetzungen mit Rudi Dutschke gegeben. Er ist noch 1979 mehrfach in Hannover gewesen, um mich für die Initiative zur Gründung der grünen Partei zu gewinnen. Dutschke schwankte ja zwischen dem *Sozialistischen Büro* und den *Grünen* hin und her. Er war sich keineswegs hundertprozentig sicher, ob seine Entscheidung, Mitglied der *Grünen* zu werden, richtig sein würde. Ich glaube, daß das Durchhalten von Positionen, die aber nicht einfach in der Bewahrung von Traditionsbeständen aufgehen, meine Rolle definiert. Im Gegensatz zu der Haltung, sich mit Haut und Haaren einer Organisation zu verschreiben – ich bin nicht wieder SPD-Mitglied geworden, ich habe eine unabhängige Position gegenüber den Gewerkschaften – sehe ich meine Möglichkeiten in dieser nicht-vermittelnden, durch eine bestimmte Theoriearbeit artikulierenden Funktion. Darin würde ich auch meine zukünftige politische Aufgabe sehen.

Oskar Negt auf der Veranstaltung am 18. März 1970 gegen den Vietnamkrieg in der Paulskirche

Drucknachweise

Wolfgang Kraushaar: Autoritärer Staat und antiautoritäre Bewegung – Zum Organisationsreferat von Rudi Dutschke und Hans-Jürgen Krahl; zunächst als mündlicher Beitrag auf dem Symposium »Der Sozialistische Deutsche Studentenbund in der Nachkriegsgeschichte 1946–1969« am 27. Juni 1985 an der Freien Universität in West-Berlin; erstmals publiziert in: 1999 – Zeitschrift für Sozialgeschichte des 20. und 21. Jahrhunderts, 2. Jg., Heft 3/1987, S. 76–104.

Bernd Rabehl: Zur archaischen Inszenierung linksradikaler Politik
(Originalbeitrag)

Detlev Claussen: Hans-Jürgen Krahl – Ein philosophisch-politisches Profil, in: Hans-Jürgen Krahl, Konstitution und Klassenkampf – Schriften und Reden 1966–1970, Frankfurt/Main 1985, S. 407–415.

Alex Demirović: Bodenlose Politik – Dialoge über Theorie und Praxis
(Originalbeitrag)

Bernd Leineweber: Entsetzen und Besetzen – Zur Dialektik der Aufklärung in der Studentenbewegung (Originalbeitrag)

Rudolf zur Lippe: Die Frankfurter Studentenbewegung und das Ende Adornos
(Originalbeitrag)

Mona Steffen: SDS, Weiberräte, Feminismus?
(Originalbeitrag)

Ulrike Prokop: Zur Geschichte der Frankfurter Frauenseminare
(Originalbeitrag)

Reimut Reiche: Sexuelle Revolution – Erinnerungen an einen Mythos, in: Lothar Baier u.a.: Die Früchte der Revolte – Über die Veränderungen der politischen Kultur durch die Studentenbewegung, West-Berlin 1988, S. 45–72.

Heide Berndt: Nachträgliche Bemerkungen zur »Unruhe der Studenten«, in: Psyche, 27. Jg., Heft 12, Dezember 1973, S. 1128–1151.

Dan Diner: Täuschungen – Israel, die Linke und das Dilemma der Kritik
(Originalbeitrag)

Wolfgang Kraushaar: Herbert Marcuse und das lebensweltliche Apriori der Revolte, zunächst als mündlicher Beitrag auf der Herbert-Marcuse-Konferenz »Kritischer Theoretiker der Emanzipation« am 14. Oktober 1989 an der Johann Wolfgang Goethe-Universität in Frankfurt.

Frank Böckelmann: Bewegung (Originalbeitrag, vorab veröffentlicht in: ders., Begriffe versenken – Belastungsproben und Liquidationen in drei Jahrzehnten, Frankfurt/Main 1997, S. 141–185)

Silvia Bovenschen: Die Generation der Achtundsechziger bewacht das Ereignis – Ein kritischer Rückblick, in: Frankfurter Allgemeine Zeitung vom 3. Dezember 1988

Ulrich Sonnemann: Das Ödipale an den Achtundsechzigern
(Originalbeitrag)

Gunzelin Schmid Noerr: Horkheimers Habermas-Kritik von 1958, zuerst unter dem Titel »Aus der Vorgeschichte eines gesellschaftstheoretischen Paradigmenwechsels – Horkheimers Kritik an Habermas«, in: Konkret, 41. Jg., Heft 9, September 1996, S. 43–45.

Gespräch mit Oskar Negt
(Originalbeitrag)

Zu den Autoren

Heide Berndt, geb. 1938; Professorin an der Pädagogischen Hochschule Berlin; Veröffentlichungen u.a.: Die Natur der Stadt, Frankfurt/Main 1978; zusammen mit Alfred Lorenzer, Klaus Horn, Architektur als Ideologie, Frankfurt/Main 1968.

Frank Böckelmann, geb. 1941; Kommunikationswissenschaftler und Schriftsteller, lebt in München, in den sechziger Jahren Mitglied der »Subversiven Aktion« und des Münchner SDS; Mitherausgeber der Zeitschrift »Tumult – Schriften zur Verkehrswissenschaft«; Veröffentlichungen u.a.: Die schlechte Aufhebung der autoritären Persönlichkeit, Frankfurt/Main 1971, Neuauflage: Freiburg 1987; Über Marx und Adorno – Schwierigkeiten der spätmarxistischen Theorie, Frankfurt/Main 1972; Theorie der Massenkommunikation, Frankfurt/Main 1975; Subversive Aktion – Der Sinn der Organisation ist ihr Scheitern, Frankfurt/Main 1976 (Hg. zusammen mit Herbert Nagel); Begriffe versenken – Belastungsproben und Liquidationen in drei Jahrzehnten, Frankfurt/Main 1997.

Silvia Bovenschen, geb. 1946; Literaturwissenschaftlerin, lehrt an der Universität Frankfurt; Veröffentlichungen u.a.: Die imaginierte Weiblichkeit, Frankfurt/Main 1979; (Hg.), Die Listen der Mode, Frankfurt/Main 1991; (Hg.), Der fremdgewordene Text – Festschrift für Helmut Brackert zum 65. Geburtstag, Berlin 1997.

Detlev Claussen, geb. 1948; Professor für Soziologie an der Universität Hannover; Veröffentlichungen u.a.: Grenzen der Aufklärung – Die gesellschaftliche Genese des modernen Antisemitismus, Frankfurt/Main 1987; Mit steinernem Herzen – Politische Essays 1969–1989, Bremen 1989; Was heißt Rassismus? Darmstadt 1994.

Alex Demirović, geb. 1952; Politikwissenschaftler am Frankfurter Institut für Sozialforschung; Veröffentlichungen u.a.: Demokratie und Herrschaft, Münster 1997; (Hg.), Hegemonie und Staat – Kapitalistische Regulation als Projekt und Prozeß, Münster 1992; zusammen mit Gerd Paul, Demokratisches Selbstverständnis und die Herausforderung von rechts, Frankfurt/Main 1996.

Dan Diner, geb. 1946; Professor für Neuere und Außereuropäische Geschichte an der Gesamthochschule Essen und der Universität Tel Aviv; Veröffentlichungen u.a.: Weltordnungen – Über Geschichte und Wirkung von Recht und Macht, Frankfurt/Main 1993; Verkehrte Welten – Deutscher Antiamerikanismus in Deutschland, Frankfurt/Main 1993; Kreisläufe: Nationalsozialismus und Gedächtnis, Berlin 1995; America in the Eyes of the Germans, Princeton 1996; (Hg.) Deutschlandbilder, Gerlingen 1997.

Wolfgang Kraushaar, geb. 1948; Politikwissenschaftler, seit 1987 Mitarbeiter am Hamburger Institut für Sozialforschung; studierte an der Universität Frankfurt/Main Politikwissenschaft, Philosophie und Germanistik. Neuere Veröffentlichungen: Revolte und Reflexion – Politische Aufsätze 1976–87, Frankfurt/Main 1990; Die Protest-Chronik 1949–1959, Hamburg 1996; 1968 – Das Jahr, das alles veränderte, München 1998; Linke Geisterfahrer – Denkanstöße für eine antitotalitäre Link, Frankfurt/Main 1998.

Bernd Leineweber, geb. 1943; studierte Philosophie und Soziologie in Frankfurt; 1971 bis 1981 wiss. Assistent am Sozialwissenschaftlichen Seminar der Universität Hannover; lebt und arbeitet seit 1976 in Landkommunen in Niederbayern und Umbrien; 1990 bis 1993 Mitarbeit an einem Forschungsprojekt zur »Generationengeschichte des Nationalsozialismus«; Veröffentlichungen: Die Revolution ist vorbei – Wir haben gesiegt, West-Berlin 1975 (zusammen mit Karl-Ludwig Schibel); Intellektuelle Arbeit und kritische Theorie, Frankfurt 1977; »Die Alternativbewegung«, in: Wolfgang Kraushaar (Hg.), Autonomie oder Getto?, Frankfurt/Main 1978 (zusammen mit Karl-Ludwig Schibel); Pflugschrift – Über Politik und Alltag in Landkommunen und anderen Alternativen, Frankfurt/Main 1981; Das Erbe der Napola – Versuch einer Generationengeschichte des Nationalsozialismus, Hamburg 1996 (zusammen mit Christian Schneider und Cordelia Stillke).

Rudolf zur Lippe, geb. 1937; Diplom in Nationalökonomie, Promotion in Mittlerer und Neuerer Geschichte; seit 1974 Professor für Sozialphilosophie und Ästhetik an der Universität Oldenburg; 1981/82 Fellow am Wissenschaftskolleg Berlin; Initiator der seit 1991 durchgeführten »Karl-Jaspers-Vorlesungen zu Fragen der Zeit« als deutscher Beitrag zur »UNESCO-Dekade für kulturelle Entwicklung«; 1998 Wahrnehmung einer Professur für die Philosophie der Lebensformen an der Universität Witten-Herdecke; Veröffentlichungen u. a.: Naturbeherrschung am Menschen, 2 Bde., Frankfurt/Main 1974; Am eigenen Leibe: Zur Ökonomie des Lebens, Frankfurt/Main 1978; Sinnenbewußtsein – Grundlegung einer anthropologischen Ästhetik, Reinbek 1987; Freiheit, die wir meinen, Reinbek 1991; Kultur der Stille: Karlfried Graf Dürckheim – ein Lehrer des Zen im Westen, Aachen 1997; Neue Betrachtungen der Wirklichkeit: Wahnsystem Realität, Hamburg 1997.

Oskar Negt, geb. 1934; Professor für Soziologie an der Universität Hannover; Veröffentlichungen u. a.: Achtundsechzig: Politische Intellektuelle und die Macht, Göttingen 1995; Unbotmäßige Zeitgenossen, Frankfurt/Main 1994; Karl Marx – ausgewählt und vorgestellt von Oskar Negt, München 1996; Kindheit und Schule in einer Welt der Umbrüche, Göttingen 1997.

Ulrike Prokop, Professorin am Fachbereich Erziehungswissenschaft der Universität Marburg; Veröffentlichungen u. a.: Die Illusion vom großen Paar, Bd. 1 und 2, Frankfurt/Main 1992; zusammen mit Mechthild M. Jansen (Hg.), Fremdenangst und Fremdenfeindlichkeit, Basel – Frankfurt/Main 1993.

Bernd Rabehl, geb. 1938; Professor für Soziologie an der Freien Universität Berlin; seit 1992 Mitarbeiter am Forschungsverbund SED-Staat; Veröffentlichungen u. a.: Am Ende der Utopie – Die politische Geschichte der Freien Universität Berlin, West-Berlin 1988.

Reimut Reiche, geb. 1941; Psychoanalytiker in Frankfurt/Main; Lehranalytiker der Deutschen Psychoanalytischen Vereinigung (DPV); habilitiert für das Fach Sexualwissenschaft am Fachbereich Medizin der Universität Frankfurt; 1966/67 Bundesvorsitzender des SDS; Veröffentlichungen u. a.: Sexualität und Klassenkampf – Zur Abwehr repressiver Entsublimierung, Frankfurt/Main 1968; Der gewöhnliche Homosexuelle – Eine soziologische Untersuchung über männliche Homosexuelle in der Bundesrepublik, Frankfurt/Main 1974 (zusammen mit Martin Dannecker); Geschlechterspannung – Eine psychoanalytische Untersuchung, Frankfurt/Main 1990; Von innen nach außen? Sackgassen im Diskurs über Psychoanalyse und Gesellschaft, in: Psyche, Heft 49, 1995.

Gunzelin Schmid Noerr, geb. 1947; Privatdozent für Philosophie an der Universität Frankfurt/Main; Buchveröffentlichungen: Sinnlichkeit und Herrschaft, Meisenheim/Glan 1980; Das Eingedenken der Natur im Subjekt, Darmstadt 1990; Gesten aus Begriffen. Konstellationen der Kritischen Theorie, Frankfurt/Main 1997. Mitherausgeber der Gesammelten Schriften Max Horkheimers, 19 Bde., Frankfurt/Main 1985–1996.

Ulrich Sonnemann (1912–1993); zuletzt außerordentlicher Professor an der Gesamthochschule Kassel, 1992 emeritiert; Veröffentlichungen u.a.: Negative Anthropologie – Vorstudien zur Sabotage des Schicksals, Frankfurt/Main 1981; Tunnelstiche – Reden, Aufzeichnungen und Essays, Frankfurt/Main 1987; Gangarten einer nervösen Natter bei Vollmond – Volten und Weiterungen, Frankfurt/Main 1988; Das Land der unbegrenzten Zumutbarkeiten – Deutsche Reflexionen, Hamburg 1992; (Hg.), Nation, Tübingen 1992; Die Einübung des Ungehorsams, Hamburg 1992.

Mona Steffen, geb. 1943; Studium der Soziologie in Frankfurt/Main (Diplom); Mitglied im SDS-Bundesvorstand 1969/70; Redakteurin der Frankfurter Studentenzeitung »Diskus«; wissenschaftliche Mitarbeit bei Bundestagsabgeordneten; wissenschaftliche Mitarbeit im SPD-Parteivorstand; Öffentlichkeitsarbeit für verschiedene Verbände; freiberufliche journalistische Tätigkeit; Projektassistenz bei der Friedrich-Ebert-Stiftung in Shanghai und London.

Quellenverzeichnis der Bild- und Textdokumente

1. Photos

Lisa Abendroth (Frankfurt/Main): S. 78
ADN/Bundesarchiv: S. 51 (re.), 525
Theodor W. Adorno-Archiv (Frankfurt/Main): S. 42
Agence Diffusion N. Photographique (Paris): S. 316
Agence France-Presse (Paris): S. 345
An Unmastered Past – The Autobiographical Reflections of Leo Löwenthal, edited by Martin Jay, Berkeley / Los Angeles / London 1987: S. 602
Archiv des Hamburger Instituts für Sozialforschung (Hamburg): S. 49, 57, 59, 64, 74, 77, 82, 83, 84, 91, 95, 99 (li.), 107, 112 (ob.), 113, 119, 137, 149, 156, 171, 191, 218, 266, 272, 285, 350, 377, 411, 523, 529, 546, 547, 563 (li., re.), 574, 576
Archiv des Parteivorstandes der SPD (Bonn): S. 155
Archiv der sozialen Demokratie in der Friedrich-Ebert-Stiftung (Bonn): S. 69, 98
Archiv Frank Benseler (Paderborn): S. 472
Archiv Vera und Hans Peter Zimmer (Braunschweig): S. 181
Associated Press (Frankfurt/Main): S. 108, 230, 280, 410
Associated Press/Strumpf (Frankfurt/Main): S. 333
Beiträge zur marxistischen Ästhetik, Verlag europäische ideen, West-Berlin 1977: S. 583
Bethke, Kurt: S. 211 (re.), 430
Bloch, Karola (Tübingen): S. 352, 274
Bopp, Alexander (Frankfurt/Main): S. 209, 516, 532, 557
Bundesbildstelle (Bonn): S.157
Caron, Gil (Paris): S. 318 (unt.)
Chase, Nancy (San Diego): S. 224
Cohn-Bendit, Daniel (Frankfurt/Main): S. 589
Dabrowski, T. (Frankfurt/Main): S. 419, 451, 579
Darchinger, Jupp (Bonn): S. 143
Deutsche Presse-Agentur (Frankfurt/Main): S. 48, 54, 101, 112, 126, 133, 134, 139, 211, 300, 315, 318 (ob.), 324, 325, 327, 331, 367, 439, 452, 456, 457, 520, 545, 552 (li.), 562, 577, 583
Diskus – Frankfurter Studentenzeitung: S. 509, 514, 526
Frankfurter Rundschau: S. 299 (ob.), 339, 603, 606
Freund, Gisèle (Paris): S. 586
Groenewold, Gisela (Hamburg): S. 297
Henschel (West-Berlin): S. 254
Historisches Museum Frankfurt (Frankfurt/Main): S. 47
Hoffmann, Chris: S. 258
Max Horkheimer-Archiv in der Stadt- und Universitätsbibliothek (Frankfurt/Main): S. 37, 38, 50, 52 (li.), 52 (re.), 60, 65, 71, 72 (re.), 73, 75, 89, 93, 96, 103, 111, 115,141, 188 (ob.), 189, 217
Informationsdienst/Bilderdienst (Frankfurt/Main): S. 569
Institut für Stadtgeschichte der Stadt Frankfurt/Main (Frankfurt/Main): S.41, 42/43, 53, 61, 62/63, 159, 177, 187, 197, 200, 201, 202, 204 (li.), 205, 210, 212, 215, 223, 225, 232, 238, 273, 276, 353, 382 (li.)

Die Seitenangaben beziehen sich außer wenn einer der beiden anderen Bände ausdrücklich genannt wird auf Band 1. Die Abbildungen auf den Jahresanfangsseiten der Chronik wiederholen sich auf denen der Dokumentation

Jungwirth, Nikolaus / Kromschröder, Gerhard, Ein deutscher Platz – Zeitgeschehen auf dem Frankfurter Römerberg von der Jahrhundertwende bis heute, Frankfurt/Main 1980, S. 158/159: S. 251
Keim (Frankfurt/Main): S. 72 (li.)
Keystone (Hamburg): S. 122, 131
Kleinhans, Lutz (Frankfurt/Main): S. 337, 359 (li.), 360, 473
Klemm, Barbara, Frankfurter Allgemeine Zeitung (Frankfurt/Main): S. 260, 277, 361, 385, 420/421, 486, 487
Kohn, Werner (Berlin): S. 298
Kunzelmann, Dieter (Berlin): S. 173, 188
Lausen, Heide: S. 174
Loo, Otto van de (München): S. 146
Luchterhand Verlag: S. 250
Lüth, Erich: Viel Steine lagen am Weg, Hamburg 1966: S. 133
Mayer-Gehrken, Ilse (Davos): S. 454, 455
Herbert Mehrens (Frankfurt/Main): S. 291
Meier-Ude, Klaus (Frankfurt/Main): S. 289, 464, 492
Meidele, Heinz (Baden-Baden): S. 567
Meisert, Harald (Frankfurt/Main): S. 283, 317, 382 (re.), 388, 421, 437, 474
Meller-Marcovicz, Digne: S. 584
Meysenbug, Alfred von (Hamburg): S. 418
Munker, Georg (Bonn): S. 213
News Press Lutetia (München): S. 500
Pan American Airways: S. 165
Rauch, Malte J. (Frankfurt/Main): S. 167
Reinicke, Helmut (Flensburg): S. 575
Rempfer, Hans (Frankfurt/Main): S. 425, 478, 496, 511
Roewer, Jan (Frankfurt/Main): S. 465
Rumney, Ralph: Archiv Jacqueline de Jong (Amsterdam): S. 129
Scheler, Max (Hamburg): S. 383, 386, 389, 393, 394, 397, 398, 399, 404, 427; 69 (Bd. 3)
Simon, Sven (Essen): S. 561 (re.)
Snark International Dumage: S. 319
Sulzer-Kleinemeier, Erika (Frankfurt/Main): S. 282, 305, 306 (ob.), 320, 321 (li.), 335, 338, 343, 356, 358, 359 (li.), 360, 373 (li.), 375, 401 (li.), 448, 449, 483, 535, 542, 572; 64 (Bd. 3)
Tiedemann, Rolf (Frankfurt/Main): S. 148
Tripp, Manfred A. (Tönisvorst 2): S. 220, 227, 237, 255 (li.), 255 (re.), 257, 263, 274, 332, 336 (li.), 422, 499, 506; 162 (Bd. 3)
Abisag-Tüllmann-Archiv (Frankfurt/Main): S. 173, 246 (unt.), 269 (re.), 306 (unt.), 307, 334, 342, 355, 376, 387 (ob.), 387 (unt.), 390, 423, 469, 493, 498, 503, 513, 518, 521, 539, 543, 544, 548, 551, 553 (re.), 555, 565, 571, 597
United Press: S. 496
Vereinigung der Freunde und Förderer der Johann Wolfgang Goethe-Universität (Hg.): Jahrbuch der Johann Wolfgang Goethe-Universität 1966, Frankfurt/Main 1968, Tafeln XXI, XLIX, LII: S. 166, 216, 348
Voss, Hartfrid (Hg.): Spektrum des Geistes – Literaturkalender 1958 – Ein Querschnitt durch das Geistes- und Verlagsschaffen der Gegenwart, Ebenhausen 1957: S. 587
Weiner, Kurt (Frankfurt/Main): S. 199, 241, 246 (unt.), 247, 271, 330, 359 (re.), 363, 368, 396, 403
Werth, Inge (Frankfurt/Main): S. 233, 373 (re.), 379, 381, 415, 442, 443, 488; 292 (Bd. 3)
Winkler, Horst (Frankfurt/Main): S. 221, 245, 295, 308, 402, 416, 479
Witschel, Roland: S. 268

2. Titelbild, Titelseite, Titelzeile

Adam, Heribert: Studentenschaft und Hochschule – Möglichkeiten und Grenzen studentischer Politik, Frankfurt/Main 1965: S. 219
Adorno, Theodor W.: Minima Moralia – Reflexionen aus dem beschädigten Leben, Frankfurt/Main 1951: S. 66
Alternative – Zeitschrift für Literatur und Diskussion, Okt./Nov. 1967, Nr. 56/57: S. 293
Angela Davis-Solidaritätskomitee (Hg.), Am Beispiel Angela Davis-Solidaritäts-kongreß Frankfurt/Main 3./4. Juni 1972 – Kongreßprogramm, Offenbach 1972: S. 520 (re.)
Asta-Information vom 17. Oktober 1969, Nr. 6: S. 466
Benjamin, Walter: Eine kommunistische Pädagogik – Spielzeug und Spielen – Programm eines proletarischen Kindertheaters, West-Berlin 1969 (Raubdruck): S. 471
Black Panther-Solidaritätskomitee, Informationsbrief 2/1971, Frankfurt/Main: S. 501
Bott, Gerhard (Hg.): Erziehung zum Ungehorsam – Antiautoritäre Kinderläden, Frankfurt/Main 1971: S. 477
Courage – Internationale der Kriegsdienstgegner vom Januar 1966, 3. Jg., Nr. 1: S. 229
Das Argument vom November 1960, Nr. 1, Flugblatt-Sonderausgabe: S. 170
Der Spiegel vom 7. August 1957, 11. Jg., Nr. 32: S. 128
Der Spiegel vom 24. Juni 1968, 22. Jg., Nr. 26: S. 341
Der Spiegel vom 3. November 1969, 23. Jg., Nr. 45: S. 467
Der Spiegel vom 29. Mai 1972, 26. Jg., Nr. 23: S. 519 (li.)
Der Spiegel vom 4. November 1985, 39. Jg., Nr. 45: S. 594
Diskus Extra Blatt vom Mai 1968, Nr. 3: S. 326
Diskus – Frankfurter Studentenzeitung vom November 1956, 6. Jg., Nr. 9: S. 121
Diskus – Frankfurter Studentenzeitung vom Juni 1958, 8. Jg., Nr. 5: S. 138
Diskus – Frankfurter Studentenzeitung vom Dezember 1963, 13. Jg., Nr. 10: S. 204
Diskus – Frankfurter Studentenzeitung vom 28. Oktober 1971, 21. Jg., Nr. 5: S. 505
Diskus – Frankfurter Studentenzeitung vom April 1974, 24. Jg., Nr. 2/3: S. 537
Diskus – Frankfurter Studentenzeitung vom Juni 1975, 25. Jg., Nr. 1, S. 14: S. 540
Diskus – Frankfurter Studentenzeitung vom Juni 1979, 29. Jg., Nr. 3/4: S. 573
Dokumentation zum Teach-in der Roten Hilfe zur unmittelbaren Unterdrückung durch Polizei und Justiz : Neues vom Sozial-Staat: S. 519 (re.)
Habermas, Jürgen / Friedeburg, Ludwig von / Oehler, Christoph / Weltz, Friedrich: Student und Politik – Eine soziologische Untersuchung zum politischen Bewußtsein Frankfurter Studenten, Neuwied/West-Berlin 1961: S. 178
Hannover, Heinrich / Seifert, Jürgen / Kogon, Eugen / Abendroth, Wolfgang / Ridder, Helmut: Der totale Notstandsstaat, Frankfurt/Main 1965: S. 219
Häuserrat Frankfurt: Wohnungskampf in Frankfurt, Schriften zum Klassenkampf 42, München 1974: S. 533
Homberger Schulecho Nr. 2/1967: S. 249
Kommune I, Gesammelte Werke gegen uns, West-Berlin 1967: S. 242, 243
Kraushaar, Wolfgang (Hg.), Autonomie oder Getto? Kontroversen über die Alternativbewegung, Frankfurt/Main 1978: S. 561 (li.)
Konkret – Unabhängige Zeitschrift für Politik und Kultur, 2. Januar-Ausgabe 1959, Nr. 2: S. 145
Marcuse, Herbert, Repressive Toleranz, o.O., o.J. (Raubdruck): S. 235
Mosler, Peter: Was wir wollten, was wir wurden. Studentenrevolte – zehn Jahre danach, Reinbek 1977: S. 560 (re.)
Negt, Oskar / Kluge, Alexander: Geschichte und Eigensinn, Frankfurt/Main 1981: S. 580
Neue Kritik – Zeitschrift für sozialistische Theorie und Politik vom April 1968, 8. Jg., Nr. 47: S. 312

Quellenverzeichnis der Bild- und Textdokumente

Neue Kritik – Zeitschrift für sozialistische Theorie und Politik, 1970, 10. Jg., Nr. 55/56: S. 484
Pardon – die deutsche satirische Monatsschrift vom September 1962, 1. Jg., Nr. 1: S. 192
Pardon – die deutsche satirische Monatsschrift vom Oktober 1962, 1. Jg., Nr. 2: S. 193
Pflasterstrand vom 2.-15. Februar 1977, Nr. 3: S. 560 (li.)
Pflasterstrand-Sondernummer vom Oktober 1978: H.-J. Klein-Interview: S. 550
Programmheft Hessen Drei: Frankfurter Schule – Theodor W. Adorno und die Kritische Theorie: S. 601
Republikanische Hilfe, Frankfurt/Main: S. 424
Revolutionärer Kampf vom 1. April 1971, 1. Jg., Nr. 1: S. 50
Rote Hilfe (Hg.), Neues vom Sozialstaat – Dokumentation zum Teach-in der Roten Hilfe zur unmittelbaren Unterdrückung durch Polizei und Justiz, Frankfurt/Main 1972: S. 519 (re.)
Sozialistischer Deutscher Studentenbund (Hg.): Aufgaben und Arbeit des Sozialistischen Deutschen Studentenbunds, Hamburg 1953: S. 99
Sozialistischer Deutscher Studentenbund (Hg.): SDS-Hochschuldenkschrift, Frankfurt/Main 1972: S. 182
Wir Wollen Alles vom November 1974, 2. Jg., Nr. 22: S. 541
Wolff, Robert Paul / Moore, Barrington / Marcuse, Herbert: Kritik der reinen Toleranz, Frankfurt/Main 1965: S. 235
Zoller (Hg., d.i. Peter Zollinger): Aktiver Streik – Dokumentation zu einem Jahr Hochschulpolitik am Beispiel der Universität Frankfurt am Main, Darmstadt 1970, S. 66: S. 377

3. Textdokumente

Agit 883 vom 5. Juni 1970, 2. Jg., Nr. 62, S.6: S. 494
Archiv des Hamburger Instituts für Sozialforschung: S. 67, 117, 132, 269 (li.), 441
Aus Politik und Zeitgeschichte vom 17. März 1965, B 11/65, S.16: S. 160
Der Spiegel vom 24. April 1957, 11. Jg., Nr. 17, S.11: S. 123
Der Spiegel vom 12. Dezember 1962, 16. Jg., Nr. 50, S.18: S. 194
Der Spiegel vom 24. März 1969, 23. Jg., Nr. 13, S. 159: S. 408
Der Spiegel vom 28. Juli 1969, 23. Jg., Nr. 31, S.103: S. 453
Frankfurter Allgemeine Zeitung vom 3. August 1959, S.2: S. 153
Frankfurter Neue Presse vom 10. Juli 1973: S. 532 (unt.)
Informationsdienst vom 12. Juni 1976, Nr. 129, S. 2/3 (Beitrag der Frankfurter Spontis, d.i. Joschka Fischer): S. 554
Klein, Jochen (d.i. Hans-Joachim): Offener Brief an die Rote Hilfe u.a. und Sponti-Gruppen, Frankfurt/Main 1974: S. 549
Konkret – Unabhängige Zeitschrift für Kultur und Politik vom 16. Juni 1969, Nr. 13: S. 428
Max Horkheimer-Archiv in der Stadt-und Universitätsbibliothek: S. 51 (li.)

4. Karikaturen, Zeichnungen, Comics

Edelmann, Heinz: S. 431
Meysenbug, Alfred von: S. 256 (li.), 322, 364, 365, 378, 401 (re.), 447
Proll, Heike : S. 406

5. Plakate, Aufkleber, Tickets

Archiv des Hamburger Instituts für Sozialforschung: S. 85, 116 (li., Mitte, re.), 136, 298 (li.), 299 (unt.), 321, 328, 329, 340, 466, 481, 495, 517, 552 (re.), 553 (li.), 559
Bockenheimer Realsurrealisten (Frankfurt/Main): S. 553 (li.)
Bundeskriminalamt (Wiesbaden): S. 552 (re.)
Holtfreter, Jürgen (Berlin): S. 301
Schmidt, Uve; Jäger, Bernhard; Bayrle, Thomas: S. 304

6. Flugblätter

Archiv des Hamburger Instituts für Sozialforschung: S. 81, 147, 222, 256 (re.), 300, 336 (re.), 369, 371 (li.), 429, 461, 463, 476, 515, 530, 593
Schrenk, Klaus (Hg.): Aufbrüche – Manifeste, Positionen in der bildenden Kunst zu Beginn der 60er Jahre in Berlin, Düsseldorf und München, Köln 1984, S.185: S. 142

7. Karten

Institut für Stadtgeschichte der Stadt Frankfurt/Main: S. 34/35
Register of the Department of State, Washington 1948, S. 76: S. 434

Register

Verweise zu Abbildungen sind *kursiv*
B 1: = Band 1
B 2: = Band 2
B 3: = Band 3

Personenregister

Abendroth, Wolfgang **B1:** 25, 79, 88, 96, 134, 149, 169, 182, 184, 190, 202, 231, 232, 272, 285, 307, 321, 326, 399, 457, 488, 522, 542, 574 – *Abb. 78*
  B2: 95, 157, 378, 393, 395, 569, 811 **B3:** 127, 269
Abosch, Heinz **B1:** 232
Abs, Hermann Josef **B2:** 556
Achenbach, Andreas **B1:** 356
Achilles, Ernst **B1:** 497
Achterberg, Bernhard **B1:** 312
Ackermann, Nathan W. **B1:** 63
Adam, Erika **B1:** 116
Adam, Heribert **B1:** 219 **B2:** 193, 194
Adenauer, Konrad **B1:** 23, 25, 83, 84, 85, 109, 110, 124, 127, 129, 135, 141, 154, 158, 160, 161, 165, 200 – *Abb. 83* **B2:** 50, 97, 392 **B3:** 267, 274, 281
Adler, Alfred **B2:** 431
Adorno, Margarete (Gretel) **B1:** 31, 88, 96, 326, 455, 457 – *Abb. 456*
  B2: 117, 156, 456, 520 **B3:** 116
Adorno, Theodor Wiesengrund **B1:** 13, 14, 17, 18, 19, 20, 24–32, 45, 49, 50, 52, 53, 54, 55, 58, 59, 60, 63, 66, 71, 73, 75, 80, 87, 88, 96, 97, 98, 109, 110, 111, 113, 114, 117, 124, 125, 127, 140, 148, 154, 155, 168, 171, 176, 178, 179, 183, 189, 190, 193, 195, 200, 201, 202, 208, 212, 213, 214, 216, 218, 219, 222, 225, 229, 230, 231, 234, 235, 237, 240, 245, 253, 254, 260, 261, 263, 264, 265, 266, 268, 278, 282, 284, 285, 292, 303, 307, 310, 317, 324, 326, 338, 346, 348, 349, 354, 355, 361, 362, 366, 372, 373, 378, 379, 380, 381, 382, 383 393, 398, 401, 404, 405, 409, 410, 411, 412, 414, 415, 418, 422, 426, 427, 430, 431, 433, 435, 437, 438, 439, 445, 447, 448, 449, 450, 452, 454, 455, 457, 458, 459, 460, 470, 471, 476, 477, 483, 485, 486, 487, 489, 490, 491, 502, 507, 518, 525, 527, 531, 532, 569, 589, 590, 591, 595, 600, 601, 604, 605, 606, 607 – *Abb. 53, 66, 111, 115, 148, 216, 256, 260, 361, 385, 418, 430, 437, 447, 448, 454, 455, 606*
  B2: 25, 29, 32, 41, 46, 47, 50, 51, 52, 56, 58, 61, 65, 66, 82-86, 90, 91, 100, 101, 112, 133, 136, 137, 155, 163, 164, 165, 166, 168, 169, 179, 187, 199, 260, 261, 264, 265, 266, 267, 278, 304-310, 315, 320, 325-329, 337-339, 348, 354, 355, 395, 456, 459, 461, 462, 464, 465, 466, 471, 472, 481, 487, 494, 499, 511, 520, 521, 527, 541, 546, 555, 562, 572-575, 586, 587, 591, 603, 605-607, 620-623, 625, 629, 649, 656, 672-684, 690-696, 703, 705, 711, 717-721, 723-727, 735, 745, 775, 788, 801, 804, 808, 816, 817, 820, 824, 825, 845, 851, 854
  B3: 91-97, 98, 103, 106, 109, 112-125, 127, 144, 180, 181, 186, 195, 197, 199, 200, 205-207, 209, 216, 217, 225-231, 234, 240-242, 248, 250, 251, 253-259, 261, 262, 265, 266, 267, 269, 270, 271, 274-276, 278, 279, 282, 289
Agartz, Viktor **B3:** 127
Agnoli, Johannes **B1:** 470, 590 – *Abb. 297* **B2:** 351, 370, 371, 467, 596, 811 **B3:** 151
Ahlborn, Herbert **B1:** 462
Ahlers, Conrad **B1:** 232, 575
Al-Hindi, Amin **B1:** 436
Albers, Detlev **B1:** 560
Albers, Gerd **B1:** 541
Albert, Hans **B1:** 183, 512 **B2:** 699
Albertz, Heinrich **B1:** 254, 544, 564 **B2:** 257, 258, 372
Albrecht, Ernst **B2:** 848, 849
Albrecht, Karl **B1:** 87
Aleksandrowicz, Dariusz **B1:** 599
Alexander II. **B2:** 181
Alexander, Neville **B1:** 202
Alff, Wilhelm **B1:** 488, 492
Ali, Tariq **B1:** 298, 345 – *Abb. 297, 345*
Allen, Robert **B1:** 370 **B2:** 476, 477
Allerbeck, Klaus **B1:** 303
Alsheimer, Georg W. **B1:** 358
Alten, J. von **B2:** 812
Althusius, Johann **B1:** 63
Altun, Kemal **B1:** 586
Altvater, Elmar **B1:** 272, 277, 296, 554 **B2:** 340, 597
Amelunxen, Rudolf **B 1:** *Abb. 134*
Amendt, Günter **B1:** 306, 308, 312, 313, 358, 402, 462, 466, 468, 469, 470, 472, 477, 480, 534 – *Abb. 297, 305, 306, 467, 469* **B3:** 135
Améry, Jean **B1:** 450
Amin, Idi **B1:** 555, 556

Personenregister 305

Ana, Marcos **B1:** 476
Anders, Günther **B1:** 141, 226, 586 – *Abb.* 587 **B2:** 180 **B3:** 227, 261
Andersch, Alfred **B1:** 59, 193
Anderson, Martin **B1:** 175
Anderson, Nyls **B2:** 56, 58
Andrae, Alexander **B1:** 94
Andres, Stefan **B1:** 140
Anger, Hans **B2:** 91
Appel, Christa **B1:** 249
Arendt, Hannah **B1:** 140, 141, 264, 346, 578, 586 **B2:** 182, 671, 821, 822, 845
Argelander, Hermann **B1:** 584
Ariès, Philippe **B3:** 248, 249
Aristoteles B2: 65, 390
Arndt, Adolf **B1:** 88, 132, 151, 156 – *Abb.* 156
Arndt, Claus **B1:** 88, 98, 110
Arndt, Rudi **B1:** 335, 531, 533, 539 **B2:** 463
Arneth, Volker **B1:** 228, 283
Arnold, Rolf **B1:** 313
Aron, Raymond **B1:** 18, 49, 84, 533 *Abb.* 84 **B2:** 94, 95, 882
Artelt, Walter **B1:** 195, 203, 209
Asdonk, Brigitte **B1:** 496
Asew, E. F. **B2:** 181
Auerbach, Philipp **B1:** 62 – *Abb.* 62
Augstein, Rudolf **B1:** 273, 296, 338, 340, 343, 364 **B2:** 191, 347, 395, 396, 415, 461
Aust, Stefan **B 1:** *Abb.* 428

Baader, Andreas **B1:** 302, 367, 368, 438, 441, 442, 443, 454, 472, 473, 491, 493, 494, 495, 496, 510, 520, 521, 522, 541, 542, 546, 547, 548, 552, 553, 561, 562, 566 – *Abb.* 368, 442, 443, 520, 550, 563 **B2:** 746, 747, 754, 762
Bachmann, Kurt **B1:** 547
Bachmann, Ingeborg **B1:** 214
Bachmann, Josef **B1:** 304
Bacon, Francis **B3:** 256
Baez, Joan **B1:** 231
Baginski, Rainer **B1:** 191
Bahrdt, Hans Paul **B1:** 182 **B2:** 179
Bahro, Rudolf **B1:** 569, 570, 575 **B2:** 840, 841
Baier, Horst **B1:** 485, 491, 511, 512, 514, **B2:** 721
Baier, Ulli **B 2:** 506 – *Abb.* 390
Baigger, Reinhard **B1:** 607
Bakunin, Michail **B1:** 60, 290, 371
Baldeney, Christopher **B1:** 202
Baldwin, James **B2:** 733
Balint, Alice **B2:** 663
Balser, Frolinde **B1:** 592
Balzac, Honoré de **B3:** 123
Bantzer, Günther **B1:** 88

Barakad, Daud **B1:** 446
Baran, Paul A. **B2:** 705
Baretzki, Stefan **B1:** 224
Bärmann, Michael **B 1:** *Abb.* 442
Bartels, Karsten **B1:** 604
Barth, Heinrich **B1:** 274
Barth, Karl **B1:** 145, 169
Bartsch, Hans-Werner **B1:** 284, 321, 329, 336 **B2:** 320
Barzel, Rainer **B1:** 166 **B2:** 321, 358, 369
Bateson, Gregory **B1:** 267
Baudelaire, Charles **B1:** 50 **B2:** 621
Baudissin, Wolf Graf von **B1:** 104
Bauer, Hannes **B2:** 165
Bauer, Arnold **B1:** 162
Bauer, Fritz **B1:** 205, 213, 260 **B2:** 169
Bauer, Rudolph **B1:** 263
Bauersfeld, Heinrich **B1:** 401
Baum, Bruno **B1:** 212
Baumgarten, Eduard **B2:** 91
Beatles B1: 218, 310
Beauvoir, Simone de **B1:** 171 **B3:** 127, 146
Bebel, August **B2:** 467
Becher, Johannes R. **B1:** 50
Bechmann, Gotthard Jürgen **B2:** 315
Beck, Erwin **B1:** 298
Becker (Landgerichtsrat) **B1:** 470
Becker, Eberhard **B1:** 372
Becker, Egon (Soziologe) **B1:** 178, 217, 236, 303, 382 – *Abb.* 215
Becker, Egon (Pädagoge) **B1:** *Abb.* 215
Becker, Hellmut **B1:** 307, 457, 458 – *Abb.* 148, 456
Becker, Marie-Luise **B1:** 548
Becker, Regina (identisch mit Regina Schmidt)
Becker, Verena **B1:** 544
Becker, Werner **B1:** 533
Beckett, Samuel **B1:** 176, 221, 573 **B2:** 471, 840
Bednarek, Emil **B1:** 224
Behncke, Claus **B1:** 272
Behncke, Jürgen **B1:** 372
Behrens, Fritz **B1:** 272
Behrisch, Arno **B1:** 149
Beltz, Matthias **B1:** 497, 498 – *Abb.* 375
Ben-Gurion, David **B1:** 165 **B3:** 190
Ben-Nathan, Asher **B1:** 435, 436 **B3:** 187, 188
Benda, Ernst **B1:** 261, 305, 397, 414 **B2:** 556, 587
Benjamin, Walter **B1:** 17, 50, 120, 216, 250, 264, 292, 293, 348, 470, 471, 524, 575, 576, 583, 585, 586, 588, 589, 591 – *Abb.* 293, 471, 586 **B2:** 194-197, 266, 359, 530, 682, 683, 690, 856 **B3:** 104, 117, 124, 195, 227
Bense, Max **B1:** 54, 55, 146, 147
Benseler, Frank **B1:** 349, 361, 464 **B2:** 458, 459, 466, 472
Benz, Georg **B1:** 221, 236, 296, 307, 321 **B2:** 340, 341

Berberich, Frank **B1:** 580
Berberich, Monika **B1:** 496
Berg, Alban **B1:** 605
Bergengruen, Werner **B1:** 213
Berger, Robert **B1:** 110
Bergmann, Joachim **B1:** 303, 598 **B2:** 651
Bergsträsser, Arnold **B1:** 169
Bermann Fischer B2: 354
Bernfeld, Siegfried **B1:** 125 **B3:** 134, 151
Bernhard (Professor) **B1:** 292
Bernhardt, Hanspeter **B1:** 253, 309, 310, 313, 366, 370, 410, 411, 416 – *Abb. 410, 411*
Bernstein, Michèle **B1:** 128
Bernt, Emil **B1:** 212
Bessau, Gerhard **B1:** 149, 150, 152
Bethke, Hildeburg **B1:** 322
Beutler, Ernst **B1:** 78
Bevermeier, Franz-Josef **B1:** 483 **B2:** 712
Beyer, Lucie **B1:** 110, 136
Bhagwan B3: 157
Biedenkopf, Kurt H. **B1:** 557
Bielefeld, Hanns-Heinz **B1:** 539
Bierlein, Inge **B2:** 812
Biermann, Wolf **B1:** 326, 548
Bingel, Horst **B1:** 257
Birkelbach, Willi **B1:** 94, 110, 128, 129
Birkholz, Hans-Jürgen **B1:** 275, 280, 286, 290, 309, 337, 346, 375 **B2:** 313, 316, 318
Birnbaum, Norman **B1:** 232
Bismarck, Otto Fürst von **B2:** 723
Bissinger, Manfred **B1:** 392
Bitzer, Eberhard **B1:** 152
Blachstein, Peter **B1:** 155
Blanco, Carrero **B1:** 562 **B2:** 807
Blanke, Thomas **B1:** 588
Blanke, Werner **B1:** 216, 278
Blanqui, Auguste **B1:** 60
Blaum, Kurt **B1:** 38
Blind (Professor) **B2:** 605
Bloch, Dora **B1:** 556
Bloch, Ernst **B1:** 26, 32, 55, 202, 226, 236, 262, 274, 275, 294, 326, 338, 348, 351, 457, 488, 489, 524, 546, 580, *Abb. 274, 352, 274*
B2: 179, 263, 347, 361, 374, 405, 429, 472, 657, 687, 694, 715, 720, 798, 799, 808, 845 **B3:** 202, 206, 277
Bloomquist, Paul A. **B1:** 518
Blücher, Franz **B1:** 69
Bluem, Burkhard **B1:** 281, 285, 294, 403, 446, 447, 498 **B2:** 315, 340
Blüher, Heinrich **B2:** 162
Blumenfeld, Erik **B2:** 346
Bockelmann, André **B1:** 477, 485
Böckelmann, Frank **B1:** 26, 208, 470, 568
Bockelmann, Werner **B1:** 125, 126, 127, 136, 140, 145, 166
Böcker, Carl **B1:** 442, 443
Boeden, Gerhard **B1:** 566
Boehlich, Walter **B1:** 275 – *Abb.* 565
Boger, Wilhelm **B1:** 224
Böhm, Franz **B1:** 21, 38, 45, 49, 58, 64, 79, 188 – *Abb. 49, 59*
B2: 60, 108, 636
Bohrer, Karl Heinz **B1:** 296, 502, 503, 584 **B2:** 722
Bolewski, Hans **B1:** 311 **B3:** 98
Böll, Heinrich **B1:** 135, 214, 321, 338, 564 **B2:** 395, 813, 823, 829
Bölling, Klaus **B1:** 273
Bollnow, Otto Friedrich **B1:** 212
Bolz, Norbert **B1:** 599
Bondy, François **B1:** 59
Boock, Peter-Jürgen **B1:** 443
Boos, Anton **B1:** 155
Borkenau, Franz **B1:** 125, 126 – *Abb. 126*
Born, Max **B1:** 124, 135, 145
Bornemann, Ernest **B3:** 139
Börner, Holger **B1:** 581, 594 – *Abb. 577*
Borries, Achim von **B1:** 140
Borris, Herbert **B1:** 54
Böse, Wilfried **B1:** 491, 555, 556
Bott, Dieter **B1:** 15, 249, 309, 310, 313, 366, 370, 410, 411, 416, 476 – *Abb. 410, 411, 477*
Bott, Gerhard **B1:** 477
Bott, Odina **B1:** 412
Bouguereau, Jean-Marcel **B1:** 542
Bourdet, Claude **B1:** 234
Bovenschen, Silvia **B 1:** *Abb. 389, 442*
Boveri, Margret **B2:** 181
Bracher, Karl-Dietrich **B1:** 220, 566, 606 **B2:** 854, 855, 859
Brackert, Helmut **B1:** 440
Brakemeier, Heinz **B1:** 116, 307 **B2:** 158
Brandler, Heinrich **B1:** 125
Brandt, Gerhard **B1:** 303, 382, 533, 591, 598
Brandt, Heinz **B1:** 234, 539, 549
Brandt, Peter **B1:** 263
Brandt, Willy **B1:** 28, 148, 203, 239, 240, 360, 366 **B2:** 132, 136, 215, 216, 217, 372, 458, 472, 473 **B3:** 273
Braun, Hubertus **B1:** 392
Braunthal, Julius **B1:** 69
Brausdorf, Marno **B1:** 278
Brecht, Bertolt **B1:** 154, 190, 293, 490 **B2:** 180, 641, 671, 705, 721 **B3:** 104, 182, 254, 284
Brenner, Hildegard **B1:** 292, 296, 343, 470
Brenner, Otto **B1:** 236, 326, 353 **B2:** 386, 415, 461, 473
Brentano, Heinrich von **B1:** 84 – *Abb. 84* **B2:** 395
Brentano, Margherita von **B1:** 162

Breschnew, Leonid Iljitsch **B1:** 352
Brick, Barbara **B1:** 574
Briegleb, Klaus **B1:** 560
Briem, Jürgen **B1:** 71
Brill, Hermann **B1:** 49 **B2:** 31
Britten, Benjamin **B1:** 145
Brocher, Tobias **B1:** 212, 412
Brock, Bazon **B1:** 200
Brockdorff, Cay von **B2:** 28
Brokmeier, Peter **B1:** 191
Brown, Norman O. **B2:** 428
Brown, Rita **B3:** 149
Brückner, Peter **B1:** 307, 337, 384, 411, 412, 527, 561, 565, 582, 583 – *Abb. 565, 583* **B2:** 370, 371, 616 **B3:** 151
Brühmann, Horst **B1:** 249, 369
Brumlik, Micha **B1:** 602
Brundert, Willi **B1:** 213, 218, 229, 252, 253, 275, 300, 303, 304, 308, 309, 335, 353, 359, 364, 365, 414, 457 – *Abb. 456* **B2:** 201, 353, 587
Brunet, Christian **B1:** 314
Brunkhorst, Hauke **B1:** 574, 600
Brunt, Renaldo van **B1:** 125
Bruxelas, Mario **B1:** 547
Brzezinski, Zbigniew **B1:** 434
Buback, Siegfried **B1:** 560, 562 **B2:** 806, 808
Bubenberger, Peter **B1:** 356
Buber, Martin **B1:** 97 **B2:** 846
Bubis, Ignatz **B1:** 592, 593
Bubner, Rüdiger **B1:** 482
Buch, Georg **B1:** 438
Bucharin, Nikolai **B2:** 176
Bulganin, Nikolai **B1:** *Abb. 112*
Bulthaup, Peter **B1:** 588
Bumke, Erwin **B2:** 31
Büning, Meino **B1:** *Abb. 493*
Bunsh, Charlotte **B3:** 149
Burger, Heinz Otto **B1:** 203, 204, 421, 440
Bürger, Peter **B1:** 584
Burk, Henning **B1:** 601
Buro, Andreas **B1:** 307, 414, 546, 568 – *Abb. 488*
Busch, Günther **B1:** 574 **B2:** 234-236
Busch, Hans-Joachim **B1:** 592
Büsch, Otto **B2:** 102
Büsch, Wolfgang **B1:** 120 **B2:** 257
Busche, Jürgen **B1:** 590
Buselmeier, Michael **B1:** 373
Bussche, Axel von dem **B1:** 79
Bychowski, Gustav **B3:** 175

Cabral, Amilcar **B1:** 358
Caglio, Anna Maria **B2:** 181
Cahn, Max L. **B1:** 64

Callaghan, James **B1:** 345
Calley, William L. **B1:** 508
Canetti, Elias **B1:** 327
Carl, Konrad **B1:** 497
Carmichael, Stokely **B1:** 267
Carter, Jimmy **B2:** 796, 815
Castoriadis, Cornelius **B1:** 602
Castro, Fidel **B1:** 179, 300 **B2:** 140, 299
Cerutti, Furio **B1:** 471
Che Guevara, Ernesto **B1:** 270, 296, 351, 473 **B2:** 192, 215, 255, 290, 299, 339, 345, 346, 439, 492, 493, 643, 648, 663, 775, 806, 849 **B3:** 129, 158
Chomsky, Noam **B2:** 223, 658
Chotjewitz, Peter O. **B1:** 363
Chruschtschow, Nikita Sergejewitsch **B1:** 148, 185, 193 **B2:** 112, 127
Churchill, Winston **B1:** 272 **B2:** 291
Claessens, Dieter **B1:** 267
Claussen, Detlev **B1:** 15, 446, 471, 484, 485, 574, 601, 602, 606, 607 – *Abb. 325, 464* **B3:** 283 – *Abb. 69*
Cleaver, Eldridge **B1:** 501
Cleaver, Kathleen **B1:** 501, 502
Clément, Horst **B1:** 310, 366, 411, 416
Clemenz, Manfred **B1:** 310
Cohn-Bendit, Daniel **B1:** 14, 28, 290, 300, 301, 302, 314, 316, 318, 319, 323, 324, 326, 327, 328, 329, 331, 332, 338, 340, 345, 346, 357, 358, 359, 361, 362, 363, 368, 369, 370, 384, 387, 390, 391, 392, 395, 400, 402, 409, 410, 417, 419, 420, 424, 427, 434, 438, 439, 454, 459, 460, 461, 466, 469, 474, 489, 490, 497, 498, 502, 509, 511, 515, 517, 519, 523, 526, 527, 542, 548, 558, 565, 568, 574, 592, 593, 605 – *Abb. 300, 318, 324, 327, 331, 345, 359, 360, 363, 373, 376, 379, 387, 390, 439, 548, 565, 567, 589* **B2:** 398, 464, 534, 575-577, 584, 624, 644, 653, 658 **B3:** 167, 168
Coing, Helmut **B1:** 122
Comte, Auguste **B1:** 405, 437 **B2:** 47, 486, 487, 651 **B3:** 286
Conant, James B. **B1:** 22, 92 – *Abb. 93*
Cooper, David **B1:** 267
Coudenhove-Kalergi, Richard Graf von **B1:** 69
Cramer, Wolfgang **B2:** 113, 722
Croissant, Klaus **B1:** 542, 547
Cromwell, Oliver **B2:** 116
Cues, Nicolaus von **B1:** 63
Custodis, Ernst **B1:** 157

Dabrowski, Hartmut **B1:** 228, 232, 235
Dahmer, Helmut **B1:** 438, 592
Dähne, Eberhard **B1:** 191 **B2:** 157, 158, 159
Dahrendorf, Ralf **B1:** 102, 103, 183, 303, 457, 541 **B2:** 354, 405, 621, 802, 803, 804, 805

Dam, Hendrik van **B1:** 48
Dann, Sophie **B3:** 164, 165
Danton, Georges Jacques **B2:** 576
Dänzer, Hermann **B1:** 228
Davis, Angela **B1:** 224, 246, 267, 345, 463, 469, 497, 499, 500, 501, 502, 506, 507, 511, 521, 522, 524, 552 – *Abb. 224, 497, 500, 506, 523, 525* **B2:** 688, 689, 727, 728, 730-733, 740, 747, 748, 752, 757, 782
Dayan, Moshe **B1:** 262, 435 **B3:** 188
De Gaulle, Charles **B1:** 320, 327, 333, 339, 340 **B2:** 94, 113, 228, 374, 422, 576, 626, 758 **B3:** 190
Debord, Guy **B1:** 128, 190
Debrays, Regis **B1:** 473 **B2:** 643
Dedecius, Karl **B1:** 192
Degenhardt, Franz Josef **B1:** 488 – *Abb. 331*
Dehler, Thomas **B1:** 97, 135
Dehm, Dieter **B 1:** *Abb. 276*
Deist, Heinrich **B1:** 155
Deleuze, Gilles **B3:** 250
Dellwo, Karl-Heinz **B1:** 546
Dembitzer, Hertha **B1:** 532
Demski, Eva **B1:** 605
Denninger, Eberhard **B1:** 328, 350, 388, 450
Deppe, Frank **B1:** 232, 235
Descartes, René **B3:** 201
Deutsch, Ernst **B1:** 126
Deutsch, Karlheinz **B1:** 442
Diallo, Tirmiziou **B1:** 176
Diba, Farah **B1:** 172
Diderot, Denis **B2:** 466
Diederich, Nils **B1:** 130
Diehl, Jürgen **B1:** 389
Diem, Ngo Dinh **B1:** 228 **B2:** 752
Dieterle, William **B1:** 229
Dietrich, Karl **B1:** 282, 293, 483
Diner, Dan **B1:** 436, 568
Dirks, Walter **B1:** 21, 78, 114
Ditfurth, Jutta **B1:** 593
Döbert, Rainer **B1:** 382
Dohm, Hedwig **B3:** 141
Dohmen, Wolfgang **B1:** 213
Dohnanyi, Klaus von **B1:** 512
Dohrn, Bernadine **B1:** 407
Dollinger, Hans **B2:** 131
Domitzlaff, Hans **B2:** 200
Dommermut, Gerold **B1:** 476
Dönhoff, Marion Gräfin **B1:** 293 **B2:** 200 **B3:** 247
Dorn, Wolfram **B1:** 321
Dorsch, Heinrich **B1:** 155
Draker, Heinz-Otto **B1:** 148
Dregger, Alfred **B1:** 14, 514, 564, 565, 566, **B2:** 808, 809, 810, 817, 818
Drenkmann, Günter von **B1:** 540

Drews, Jörg **B1:** 584
Dubček, Alexander **B1:** 353
Dubiel, Helmut **B1:** 596, 607
Dufhues, Josef-Hermann **B1:** 157
Dühring, Eugen **B2:** 710
Düker, Heinz **B1:** 184, 220
Dulles, John Foster **B1:** 228
Durkheim, Emile **B2:** 809 **B3:** 171
Durruti, Buenaventura **B1:** 290
Dutschke, Rudi **B1:** 14, 26 , 27, 28, 31, 208, 235, 246, 258, 259, 267, 269, 270, 278, 285, 287, 290, 294, 295, 296, 298, 299, 300, 304, 305, 307, 312, 318, 322, 323, 326, 362, 364, 367, 434, 453, 468, 482, 483, 491, 545, 548, 562, 568, 576, 578, 590 – *Abb. 241, 285, 289, 297, 298, 304, 548, 567, 576*
B2: 225, 254, 268-271, 276, 278, 279, 330, 336, 340, 350, 351, 356, 357, 358, 363, 367, 375, 385, 459, 477, 483, 493, 643, 711, 746, 753, 775, 792, 803, 805, 829, 838, 841, 844-845, 852
B3: 128, 177, 178, 214, 219, 220, 221, 226, 246, 247, 248, 281, 283, 291, 292
Duvalier, François **B2:** 258, 270
Düx, Heinz **B2:** 315
Dylan, Bob **B2:** 390

Ebbinghaus, Angelika **B1:** 560
Ebelseder, Sepp **B1:** 407
Ebert, Gerhard **B1:** *Abb. 513*
Ebert, Theodor **B1:** 587
Eckert (Staatsanwalt) **B1:** 450, 451, 470
Eden, Sir Anthony **B 1:** *Abb. 112*
Eggebrecht, Axel **B1:** 135
Ehmann, Christoph **B1:** 321, 341
Ehmke, Horst **B2:** 812
Ehre, Ida **B1:** 126
Eich, Günter **B1:** 200, 358
Eichels, Christine **B1:** 605
Eichendorff, Joseph Freiherr von **B2:** 266
Eichengrün, Ernst **B1:** 151
Eichhöfer, Klaus **B1:** 598
Eichler, Andreas **B1:** 598
Eichler, Willi **B1:** 130
Eichmann, Adolf **B2:** 212
Eick, Hans **B1:** 83
Einsele, Helga **B1:** 155, 496
Einstein, Albert **B1:** 145
Eisenhower, Dwight David **B1:** 168 – *Abb. 112* **B2:** 129
Eisler, Elfriede **B1:** 148
Eisler, Gerhard **B1:** 148
Eisler, Hanns **B1:** 148
Eisner, Erich **B1:** 235
Eissler, Kurt **B3:** 172
El Kassem **B2: 115

Elias, Norbert **B1:** 563 **B2:** 817
Ellwein, Thomas **B1:** 220, 325, 395
Emrich, Wilhelm **B2:** 266, 471
Engelmann, Bernt **B1:** 547
Engels, Friedrich **B1:** 60, 430 **B2:** 112, 116, 186, 298, 348, 351, 413, 453, 493, 634, 698, 710, 714
Engels, Wolfram **B1:** 536
Ensslin, Gudrun **B1:** 302, 367, 368, 438, 441, 454, 472, 473, 496, 546, 547, 548, 552, 561, 562, 591 – *Abb. 368, 442, 563*
Enzensberger, Dagrun **B1:** 242
Enzensberger, Hans Magnus **B1:** 180, 181, 192, 200, 214, 221, 226, 236, 248, 277, 338, 343, 502 – *Abb. 207, 237, 338* **B2:** 180-182, 218, 394, 395, 699 **B3:** 275
Enzensberger, Ulrich **B1:** 242
Eppler, Erhard **B2:** 815
Eppstein, Aaron **B1:** 592
Erbes, Volker **B1:** *Abb. 382*
Erd, Rainer **B1:** 490, 599, 600
Erhard, Ludwig **B1:** 154, 161, 212, 226, 234, 282 – *Abb. 213, 397* **B2:** 217, 385, 572
Erikson, Erik Homburger **B1:** 118 **B2:** 664
Erler, Adalbert **B1:** 369, 370 **B2:** 553
Erler, Fritz **B1:** 151 – *Abb. 155*
Erzberger, Matthias **B2:** 242, 746
Euchner, Walter **B1:** 210

Fabian, Walter **B1:** 139, 321
Falkenberg, Walmot **B1:** 172 **B2:** 205
Faller, Herbert **B1:** 175, 461 – *Abb. 149*
Fanon, Frantz **B2:** 261, 344, 361, 775
Faß, Wilfried **B1:** 175 **B2:** 106
Fassbinder, Rainer Werner **B1:** 531, 592
Fatai, Nadar **B1:** 362
Fay, Wilhelm **B1:** 394, 455
Feddersen, Jens **B1:** 270
Federn, Paul **B3:** 175
Feltrinelli, Gian Giacomo **B1:** 298
Fenichel, Otto **B3:** 151
Fest, Joachim **B1:** 574, 600 **B2:** 818 **B3:** 263
Fetscher, Iring **B1:** 202, 239, 262, 270, 272, 281, 326, 351, 352, 458, 545, 584, 588, 591, 592 – *Abb. 546* **B2:** 312, 313, 319, 320, 378, 383, 482
Fette, Christian **B1:** 83
Fichter, Tilman **B3:** 273
Fichtner, Otto **B1:** 116, 117
Figueroa, Luis **B1:** 547
Fijalkowski, Jürgen **B1:** 96
Filbinger, Karl **B1:** 14, 564 **B2:** 812, 825
Finley, Moses I. **B1:** 70
Fischer, Ernst **B1:** 239, 499 **B2:** 455, 668, 699
Fischer, Hugo **B2:** 28
Fischer, Joschka **B1:** 14, 28, 274, 359, 498, 515, 522, 539, 554, 568, 585, 594, 596, 602, 605 – *Abb. 333, 356, 539, 554, 577, 594* **B3:** 291
Fischer, Kuno **B2:** 310
Fischer, Ruth **B1:** 148, 149
Fischer, Werner **B1:** 462
Flach, Karl-Hermann **B1:** 195, 270, 293, 431
Flapan, Simcha **B1:** 435
Flechtheim, Ossip K. **B1:** 149, 162, 182, 184, 542 **B2:** 378 **B3:** 136
Fleischer, Helmut **B1:** 80
Fleißer, Marie-Luise **B3:** 141
Flick, Friedrich **B2:** 556
Flowerman, Samuel H. **B1:** 63
Flügge, Johannes **B2:** 727
Fogt, Helmut **B1:** 599
Forster, John **B1:** 433
Foster, Harry L. **B1:** 347
Fouchet, Christian **B1:** 320, 332, 338
Fourier, Charles **B2:** 196
Fraenkel, Boris **B1:** 344
Fraenkel, Ernst **B1:** 139 **B2:** 111
Francis, John J. **B3:** 174
Franco y Bahamonte, Francisco **B1:** 565 **B2:** 140, 258, 556, 818
Franghi, Abdallah **B1:** 436
Frank, Anne **B1:** 126, 127, 151, 260, 438
Frank, Otto **B1:** 126
Franke, August **B1:** 310
Franke, Egon **B1:** 151
Franking, Ann-Carine **B1:** 556
Franz, Wolfgang **B1:** 457
Freisler, Roland **B3:** 259
Frenzel, Ivo **B1:** 533, 558
Fresenius, Otto **B1:** 394, 416
Freud, Anna **B2:** 664 **B3:** 164, 165
Freud, Sigmund **B1:** 118, 130, 167, 190, 209, 574 **B2:** 62, 87, 155, 160, 182, 428, 433, 435, 449, 459, 561, 647, 664, 687, 781, 786, 796, 797, 800, 809, 837 **B3:** 136, 151, 153, 156, 157, 166, 197, 250, 251, 259, 289
Freyhold, Klaus von **B1:** 239
Freyhold, Michaela von **B1:** 239
Fried, Erich **B1:** 298, 321, 549 – *Abb. 555* **B2:** 699, 728
Friedeburg, Ludwig von **B1:** 14, 28, 29, 31, 176, 216, 218, 219, 234, 239, 240, 244, 253, 257, 259, 283, 303, 307, 326, 350, 361, 369, 379, 380, 382, 388, 390, 392, 398, 399, 405, 411, 412, 4147, 426, 427, 428, 4445, 447, 448, 450, 454, 457, 458, 463, 473, 485, 486, 512, 519, 536, 541, 586, 600, 604, 607 – *Abb. 111, 381, 473* **B2:** 137, 179, 217, 218, 219, 313, 378, 395, 458, 469, 470, 473, 481, 484, 485, 499, 510, 511, 520, 521, 527, 546, 555, 562, 573, 574, 575, 579, 586, 587, 591, 604, 605, 627, 628, 629, 630, 652, 653, 671 **B3:** 95-98, 185, 227, 286

Friedmann, Georges **B1:** 49
Friedmann, Michel **B1:** 592
Fries, Margaret E. **B3:** 174
Frisch, Max **B1:** 312
Fritko, Dieter **B1:** 67
Fritz, Hans Georg **B1:** 313
Frobenius, Leopold **B1:** 184
Fröhder, Christoph M. **B1:** 337
Fromm, Erich **B1:** 484 **B3:** 227
Fronius, Sigrid **B1:** 278
Fuchs, Vilem **B1:** 353
Fuchs, Werner **B1:** 96
Fülberth, Georg **B1:** 203
Fulbright, William **B1:** 433
Funke, Lieselotte **B1:** 364
Funke, Manfred **B1:** 598
Furth, Peter **B1:** 267 **B2:** 102, 103, 151-155

Gadamer, Georg **B1:** 234 **B2:** 743
Gallas, Helga **B1:** 293
Gallus, Hans **B1:** 361, 460
Galm-Gräfe, Christa **B1:** 558
Galtung, Johan **B1:** 174
Gandhi, Mahatma **B2:** 665
Gäng, Peter **B1:** 235, 267 **B3:** 134
Gans, Oscar **B1:** 98 – *Abb.* 99 **B2:** 125
Ganz, Rudolf **B1:** 323 **B2:** 275
Garaudy, Roger **B2:** 815
Gasché, Rodolphe **B1:** 202
Gaus, Günter **B1:** 285, 370 – *Abb.* 285
Gaveau, André **B1:** 320
Gaveau, Jean-François **B1:** 320
Gebbert, Volker **B1:** 242
Gebhardt, Heiko **B1:** 406
Geerds, Friedrich **B1:** 341
Gehlen, Arnold **B1:** 216, 434 **B2:** 808, 814 **B3:** 244
Gehrmann (Richter) **B1:** 462
Geiler, Karl **B1:** 38
Geismar, Alain **B1:** 319, 323, 446 – *Abb.* 324, 345
Geißler, Heiner **B1:** 566
Gembardt, Ulrich **B2:** 91
Genscher, Hans-Dietrich **B1:** 501, 582
Genzmer, Harald **B1:** 43
Georg, Hertha **B1:** 454
Georg, Wolfram **B1:** 274
Gerassi, John **B1:** 267
Gerhardt, Ernst **B1:** 395, 472, 473
Gerhardt, Ezra **B1:** 263
Gerhardt, Ute **B1:** 224
Gerlach, Erich **B1:** 61
Gerloff, Wilhelm **B1:** 39
Gerold, Karl **B1:** 21, 78
Gerstenmaier, Eugen **B1:** 161, 195

Gessler, Werner **B1:** 170
Geßner, Manfred **B1:** 167
Geulen, Rainer **B1:** 372
Geus, Friedrich **B1:** 282
Geuss, Theo **B1:** 424
Geyer, D. **B1:** 210
Giap, Vo Nguyen **B2:** 299
Gid, Marion **B1:** 87
Gide, André **B2:** 116
Giegel, Hans Joachim **B2:** 743
Giering, Dietrich **B1:** 337
Gillessen, Günther **B1:** 195
Gillman, Joseph M. **B1:** 272
Ginsberg, Allen **B2:** 272
Ginsberg, Morris **B2:** 47, 48
Giordano, Egon **B1:** 58
Girnus, Wilhelm **B1:** 144, 152
Glaser, Hermann **B1:** 248, 311
Gläss, Theodor **B1:** 139
Globke, Hans **B3:** 259
Glocke, Gottfried **B1:** 163
Glucksmann, André **B1:** 568
Göbels (Probst) **B1:** 62
Gockel, Alexander **B1:** 216
Godard, Jean-Luc **B1:** 434 **B2:** 658
Goebbels, Joseph **B1:** 58, 87, 127, 230, 351 **B2:** 165, 556, 636
Goes, Albrecht **B1:** 97
Goethe, Johann Wolfgang von **B1:** 23, 27 **B2:** 266, 431, 705
Goldman, Lucien **B1:** 267
Goldmann, Nahum **B1:** 161, 162
Goldschmidt, Dietrich **B1:** 162, 184
Goldstein, Joseph **B3:** 172
Goldwater, Barry Morris **B2:** 182
Gollwitzer, Gerhard **B1:** 156
Gollwitzer, Helmut **B1:** 109, 144, 162, 164, 175, 184, 258, 326, 564 **B2:** 238 **B3:** 252
Gölter, Georg **B1:** 512
Golzem, Armin **B1:** 561
Goodman, Paul **B1:** 267
Goral, Arie **B1:** 273
Gorbatschow, Michail **B3:** 287
Göring, Hermann **B3:** 185
Gorter, Hermann **B1:** 498
Gorz, André **B2:** 186, 208, 775
Gottschalch, Winfried **B1:** 278
Grabbe, Christian Dietrich **B2:** 622
Grabner, Hermann **B2:** 165
Gradwol, Roland **B1:** 533
Grandadam, Jacques **B1:** 315
Granzow, Brigitte **B1:** 364
Grappin (Dekan) **B1:** 301

Grashof, Manfred **B2:** 762
Grass, Günter **B1:** 586 **B2:** 458, 470, 471, 472, 473
Gresmann, Hans **B1:** 271
Grewe, Wilhelm G. **B1:** 149
Grieger, Arno **B2:** 315
Griepenburg, Rüdiger **B1:** 232
Grimminger, Horst **B1:** 478, 493
Grißhammer, Heinrich **B1:** 220
Groenewold, Kurt **B1:** 547
Grönert, Jochen **B1:** 152
Gross, Helga **B1:** 170
Gross, Johannes **B1:** 401
Großmann (Oberstaatsanwalt) **B1:** 67, 280 **B2:** 318
Grossmann, Heinz **B1:** 18, 150, 170
Grossmann, Henryk **B2:** 187
Grossner, Claus **B1:** 322, 486, 492 **B2:** 723-725
Grotewohl, Otto **B1:** 153
Groth, Günter **B1:** 512
Grüber, Heinrich (Probst) **B1:** 144, 162
Gruhl, Herbert **B2:** 815
Grumbach, Salomon **B1:** 61
Grünberg, Carl **B2:** 846
Grunenberg, Antonia **B1:** 283, 290 – *Abb.* 387 **B2:** 313, 340
Grüner, Martin **B1:** 512
Guardim, Romano **B3:** 174
Guattari, Félix **B3:** 250
Güde, Max **B1:** 156
Guderian, Heinz **B1:** 114
Gumnior, Helmut **B1:** 483
Gumpertz, Julian **B1:** 70
Günther, Joachim **B1:** 455
Günther, Johannes **B2:** 165
Gunzert, Rudolf **B1:** 398 **B2:** 574
Gur, Mordechai **B1:** 556
Gurland, Arkadij **B1:** 195
Gustafsson, Bo **B1:** 232
Guterman, Norbert **B1:** 63

Haag, Karlheinz **B1:** 225, 401, 486, 487, 490 **B2:** 265, 717, 721 **B3:** 95-98, 106
Haag, Siegfried **B1:** 548
Habe, Hans **B1:** 533
Habermas, Jürgen **B1:** 14, 23-26, 27, 28, 30, 31, 32, 95, 118, 124, 139, 140, 171, 176, 177, 182, 183, 184, 192, 195, 200, 202, 203, 208, 220, 221, 224, 225, 226, 228, 231, 234, 236, 238, 239, 244, 248, 258, 259, 277, 284, 296, 322, 324, 326, 338, 340, 341, 343, 347, 349, 350, 351, 352, 361, 363, 374, 375, 376, 378, 379, 380, 382, 388, 389, 390, 391, 393, 396, 401, 404, 405, 407, 411, 414, 426, 427, 437, 439, 449, 457, 458, 460, 463, 477, 482, 485, 486, 487, 489, 490, 502, 503, 508, 519, 524, 525, 532, 534, 545, 546, 562, 563, 564, 573, 574, 575, 576, 578, 580, 581, 585, 586, 587, 588, 589, 591, 593, 594, 595, 596, 599, 600, 606 – *Abb. 171, 209, 220, 342, 361, 381, 389, 427, 456, 546, 579* **B2:** 25, 91, 137, 138, 157, 159, 179, 186, 192, 217, 218, 249, 250, 251, 254, 255, 256, 275, 276, 292, 340, 341, 362, 378, 391, 395, 396, 399, 401, 407, 413, 414, 415, 417-425, 427-433, 434-440, 461-463, 465, 466, 467, 468, 469, 470, 471, 473, 475, 476, 481, 487, 491, 492, 499, 500, 505-512, 515, 520, 521, 523, 527, 541, 546, 549, 555-560, 562, 563, 565, 567, 569, 572-575, 586, 587, 591, 602, 606, 616, 622, 625, 629, 636, 651, 653-655, 671, 684, 694, 699, 705, 706, 710, 711, 718, 720, 723, 733-735, 775, 792, 882, 811, 817, 820, 837, 851, 852 **B3:** 94, 95-98, 136, 151, 180, 181, 185, 186, 199, 225-227, 257-259, 262-265, 267-272, 279-284
Habermas, Ute **B1:** 486
Hackenberg, Richard **B1:** 594
Hacker, Friedrich (Frederick J.) **B1:** 88, 96, 518
Haerder, Robert **B1:** 124
Häfner, Rita **B1:** 557
Hagen, Volker von **B1:** 62
Hahn, Erich **B1:** 485 **B2:** 552
Hahn, Fritz **B1:** 139
Hahn, Otto **B1:** 124, 163 – *Abb. 159*
Hahn, Wilhelm **B1:** 169, 527
Halberstadt, Heiner **B1:** 307, 414 – *Abb. 215*
Halbritter, Kurt **B1:** 192, 515
Hallstein, Walter **B1:** 69, 84 – *Abb. 84* **B2:** 47, 50
Hamilton, Alexander **B2:** 111, 112
Hamm-Brücher, Hildegard **B1:** 249, 273, 313
Hammerstein, Notker **B1:** 49, 119
Handke, Peter **B1:** 372
Hannover, Heinrich **B1:** 333, 349, 361, 363, 392 – *Abb. 379*
Hano, Horst **B1:** 426
Hardenberg, Graf von **B3:** 122
Hardrick, Raphael **B1:** 201
Harich, Wolfgang **B2:** 31, 815
Harlan, Veit **B1:** 21, 22, 48, 58, 64, 66, 67, 78, 79, 80, 92, 93, 132, 133 – *Abb. 48, 67* **B2:** 59, 60, 61, 69, 71, 633
Harrer (Student) **B2:** 225
Hartmann, Heinz **B2:** 87
Hartmann, Thomas **B1:** 214, 216, 313, 375, 404, 420 – *Abb. 394*
Hartner, Willi **B1:** 160, 163 **B2:** 125
Hartshorn, Charles **B2:** 28
Haselberg, Peter von **B1:** 218
Hassel, Kai-Uwe von **B2:** 136
Hasselbring, Werner **B1:** 151, 167
Haug, Wolfgang Fritz **B1:** 216, 576, 584
Hauptmann, Benvenuto **B1:** 90
Hauptmann, Gerhart **B1:** 90, 202

Hauptmann, Margarete **B1:** 90
Hausner, Siegfried **B1:** 546
Hauß, Hajo **B1:** 221
Hausser, Paul **B1:** 114
Häußermann, Hartmut **B1:** 273 **B2:** 228, 267
Havighorst, Robert J. **B1:** 42 **B2:** 39, 40, 42, 43
Hax, Karl **B1:** 176
Hayden, Tom **B1:** 407, 552
Hays (General) **B1:** 44
Heckenauer, Manfred **B1:** 155
Heer, Hannes **B1:** 270
Hegel, Georg Wilhelm Friedrich **B1:** 19, 53, 54, 71, 89, 184, 192, 409
  B2: 47, 64, 84, 85, 113, 116, 138, 178, 186, 187, 291, 310, 349, 381, 471, 477, 517, 635, 636, 651, 675, 682, 687, 765, 785, 787, 809, 825, 837, 838
  B3: 95-97, 103, 115, 127, 242, 243, 256, 259, 260, 261
Hegemann, Carl **B1:** 483
Heidegger, Martin **B1:** 50, 95, 246, 213, 216, 264, 564, 574 **B2:** 58, 61, 166, 168, 675, 692, 693, 698, 699, 777, 817, 836, 837, **B3:** 199, 200, 235, 274
Heidemann, Wilfried **B1:** 506 **B2:** 744, 745
Heider, Brigitte **B2:** 584
Heigert, Hans **B1:** 232
Heilmann, Cary **B2:** 584
Heilmann, Peter **B1:** 152
Heimann, Horst **B1:** 511, 582
Heinemann, Gustav **B1:** 28, 109, 136, 240, 248, 366, 466 – *Abb. 137* **B2:** 471, 473, 627
Heinrich, Brigitte **B1:** 272, 546
Heiseler, Wanja von **B1:** 356
Heisenberg, Werner **B1:** 124
Heißenbüttel, Helmut **B1:** 214
Heissler, Rolf **B1:** 544
Held, Robert **B1:** 487
Heldmann, Karl-Heinz **B1:** 548
Heller, Agnes **B1:** 351 **B2:** 846
Heller, Hermann **B2:** 846
Helvés, Pierre **B2:** 92
Hemmer, Gertrud **B1:** 242
Henckel, Peter-Paul **B1:** 167
Henkel (Zeuge) **B2:** 580
Hennius, Carla **B3:** 124
Henseler, Klaus **B1:** 451
Hentig, Hartmut von **B1:** 311
Herborn, Klaus **B2:** 50
Herhaus, Ernst **B1:** 9, 504
Herking, Ursula **B1:** 140
Herles, Helmut **B1:** 346
Hermann, Kai **B1:** 268, 278, 293, 356
Hermann, Klaus **B1:** 592
Herxheimer, Karl **B1:** 210
Hess, Werner **B2:** 395

Hessen, Johannes **B1:** 109
Hetzer, Willy **B1:** 462
Heuss, Theodor **B1:** 22, 92, 97, 118, 163, 229 – *Abb. 91, 93* **B2:** 63, 150
Heydorn, Heinz-Joachim **B1:** 39, 40, 182, 184, 262, 307, 322, 329, 476, 488, 489, 542 – *Abb. 542*
Heydrich, Reinhard **B2:** 819
Heym, Georg **B1:** 348
Hilbig, Norbert **B1:** 604
Hillegaart, Heinz **B1:** 546
Hindemith, Paul **B1:** 44
Hirsch, Joachim **B1:** 292, 602
Hirschauer, Gerd **B2:** 182
Hitler, Adolf **B1:** 62, 75, 125, 126, 127, 129, 140, 204, 226, 468, 585 **B2:** 39, 50, 71, 104, 117, 129, 348, 556, 622, 626, 636, 672, 753, 807, 818, 819, 828 **B3:** 185, 190
Ho Chi Minh **B1:** 246, 270, 294, 350 **B2:** 439, 469, 700, 763, 775, 849 **B3:** 129, 158
Hobbes, Thomas **B2:** 692, 810
Höcher, Edwin **B1:** 163
Höcherl, Hermann **B1:** 202
Hochhuth, Rolf **B1:** 259, 338, 462, 488
Hochkeppel, Willy **B1:** 558
Hoddis, Jakob van **B1:** 348
Hodes, Oswald **B1:** 500
Höfer, Werner **B2:** 808
Hoff, Hans vom **B1:** 69
Hoffmann, E.T.A. **B2:** 731
Hoffmann, Hilmar **B1:** 592
Hoffmann, Peter **B1:** 40
Hoffmeister, Reinhart **B1:** 539
Höfl, Heinz **B1:** 147
Hofmann (Polizeioberrat) **B1:** 120
Hofmann, Hilmar **B1:** 600, 604 – *Abb. 603*
Hofmann, Werner **B1:** 272, 307, 326, 346, 361, 457 **B2:** 460, 465, 467
Hofmeyer, Hans **B1:** 224
Hofstätter, Peter **B1:** 566
Hoger, Hannelore **B1:** *Abb. 456*
Hohmann, Georg **B1:** 38
Höhn, Willi **B1:** 476
Höke, Bernhard **B1:** 516
Hoke, Michael **B1:** 462
Hölderlin, Johann Christian Friedrich **B3:** 106
Holthoff, Fritz **B2:** 510
Holz, Hans Heinz **B1:** 470 **B2:** 466
Holzapfel, Hartmut **B1:** 262
Honecker, Erich **B1:** 524
Honneth, Axel **B1:** 596, 599
Hooge, Alfred **B1:** 39
Hooge, Dieter **B1:** 547
Hoover, Edgar **B2:** 727
Hoppe, Werner **B1:** 555

Horkheimer, Maidon **B1**: 45, 102, 163, 229, 533 – *Abb. 37* **B2**: 54, 58, 79, 80, 125, 156, 520
Horkheimer, Max (siehe auch: Regius, Heinrich) **B1**: 13, 14, 18, 19, 20, 21-26, 27, 31, 32, 42, 44, 45, 49, 50, 51, 52, 53, 54, 55, 59, 60, 63, 67, 69, 70, 71, 72, 73, 74, 78, 79, 80, 81, 83, 84, 85, 86, 87, 88, 89, 90, 92, 93, 94, 95, 96, 97, 98, 99, 102, 104, 105, 109, 113, 114, 118, 125, 127, 137, 140, 148, 154, 157, 160, 162, 163, 165, 167, 168, 169, 177, 178, 179, 182, 183, 188, 189, 190, 196, 200, 208, 211, 212, 216, 222, 223, 224, 226, 229, 230, 232, 243, 245, 252, 253, 260, 261, 263, 264, 268, 269, 272, 276, 277, 282, 287, 311, 343, 354, 372, 373, 374, 377, 381, 409, 411, 414, 430, 433, 435, 438, 444, 449, 452, 454, 455, 456, 457, 459, 473, 476, 482, 485, 490, 491, 502, 503, 504, 507, 518, 525, 527, 531, 532, 569, 589, 590, 591, 595, 600, 601, 607 –
Abb. 37, 42, 50, 65, 71, 72, 73, 75, 83, 89, 96, 99, 111, 141, 159, 165, 167, 189, 211, 213, 217, 230, 260, 277, 456, 473, 532
B2: 25, 26, 29, 30, 31, 32, 34, 35, 38, 39, 40, 41, 42, 43, 46, 47, 48, 50, 51, 53, 54, 55, 58, 59, 60, 61, 62, 63, 64, 68, 69, 70, 71, 74, 78, 79, 80, 87, 88, 90, 91, 128, 129, 130, 133, 137, 151, 155, 156, 179, 183, 187, 188, 189, 190, 199, 200, 201, 230, 232, 260, 261, 263, 264, 285, 287-339, 388, 462, 469, 473, 487, 494, 499, 519, 520, 572, 578, 602, 607, 621, 625, 654, 656, 667, 668, 671, 673, 674, 675, 682, 691-694, 698, 702, 703-705, 714, 717, 718, 720, 723-726, 735, 736, 777, 787, 788, 801, 802, 804, 837, 846, 851
B3: 91, 92, 94, 95, 96, 97, 98, 99, 101, 104, 106, 107, 127, 151, 176, 180, 181, 186, 195, 196, 197, 199, 200, 205-207, 209, 217, 227, 228, 234, 238, 257, 258, 267-272, 275, 276
Horkheimer, Moritz **B2**: 86
Horlemann, Jürgen **B1**: 191, 484 – *Abb. 327*
Horn, Klaus **B1**: 311, 590, 592
Hornischer, Inge **B1**: *Abb. 379*
Höß, Rudolf **B1**: 48, 112
Hoss, Willi **B3**: 291
Hossel, Dieter **B1**: 539
Huber, Ludwig **B2**: 552
Hübsch, Susi **B1**: 249
Huebner (General) **B1**: 44
Huffschmidt, Joachim **B2**: 313
Hughes, Stuart **B2**: 141
Hüller, Oswald **B1**: 130, 142, 144, 148, 149, 150, 151, 152 **B2**: 157
Humboldt, Wilhelm von **B1**: 49, 89, 182 **B2**: 223, 417
Hume, David **B2**: 47, 222
Humphrey, Hubert H. **B3**: 219
Hussein II. **B1**: 496
Husserl, Edmund **B3**: 199, 200, 201, 202
Hutchins, Robert N. **B1**: 44 **B2**: 210

Iden, Peter **B1**: 230, 579
Ignée, Wolfgang **B1**: 268
Illing, Ursula **B1**: 104, 161 **B2**: 59
Im, Luitgard **B1**: 126
Imhoff, Hans **B1**: 358, 363, 370, 372, 437, 438 **B2**: 486, 487
Ionesco, Eugène **B1**: 214

Jäckel, Eberhard **B2**: 856
Jackson, George **B1**: 497
Jackson, Jonathan **B1**: 497
Jacobs, P. **B1**: 139
Jaeger, Richard **B1**: 401 **B2**: 142
Jaerisch, Ursula **B1**: 302
Jäger, Herbert **B1**: 497
Jahn, Friedrich Ludwig **B2**: 128
Jahn, J. H. **B1**: 358
Jahn, Thomas **B1**: 574
Jahnn, Hans Henny **B1**: 135
Jahrreiß, Hermann **B1**: 152
Jalée, Pierre **B2**: 391
Jánossy, Franz **B1**: 269 **B2**: 288
Janssen-Jurreit, Marie-Luise **B3**: 138, 139, 140
Jaspers, Gertrude **B1**: 346
Jaspers, Karl **B1**: 141, 346, 574 **B2**: 31
Jay, Martin **B1**: 18, 586 **B2**: 579 **B3**: 104
Jens, Tilman **B1**: 601
Jens, Walter **B1**: 338
Johnson, Lyndon B. **B1**: 225, 226, 246, 252, 253 **B2**: 262, 455, 753 **B3**: 244
Johnson, Uwe **B1**: 242
Joliot-Curie, Frédéric **B2**: 50
Joppe, Walter **B2**: 788
Jordan (Polizeidirektor) **B1**: 344, 452, 470
Jorn, Asger **B1**: 128, 132
Joyce, James **B1**: 200
Jucquin, Pierre **B2**: 398
Jung, Heinz **B1**: 410, 414
Jünger, Ernst **B1**: 592
Jungheinrich, Hans-Klaus **B1**: 30
Jungk, Robert **B1**: 144, 311, 488 – *Abb. 488* **B3**: 98, 288

Kadritzke, Niels **B1**: 273
Kaduk, Oswald **B1**: 224
Kafka, Franz **B1**: 190 **B2**: 180
Kahl, Reinhard **B1**: 274
Kahle, Wolfgang **B1**: 226
Kaiser, Christian **B2**: 91
Kaiser, Horst Helmut **B1**: 213
Kaiser, Joachim **B1**: 147
Kalász, Claudia **B1**: 585
Kalk, Albert **B1**: 452, 475
Kallauch, Günther **B1**: 142, 144, 150, 152, 169

Kaltenbrunner, Gerd-Klaus **B1**: 407
Kamper, Dietmar **B3**: 258
Kanka, Karl **B1**: 210, 212
Kant, Immanuel **B1**: 19, 38, 53, 164, 179, 180, 216, 225 **B2**: 82, 83, 85, 113, 116, 198, 199, 298, 310, 382, 635, 681, 809, 821, 838
 B3: 95-97, 103, 106, 127, 256, 257, 258, 260, 282
Kantzenbach, Erhard **B1**: 511, 515, 517, 519, 520, 536
Kappler, Herbert **B2**: 818
Karajan, Herbert von **B1**: 396 **B2**: 557
Karasek, Hellmuth **B1**: 430, 601
Karasek, Horst **B1**: 453
Karpf, Fay B. **B2**: 53
Karpf, Maurice J. **B2**: 53
Karry, Heinz-Herbert **B1**: 410, 581
Karst, Heinz **B1**: 104
Kaschnitz, Marie-Luise **B1**: 78, 214
Kästner, Erich **B1**: 135, 192 **B2**: 638
Katarski, Klaus-Dieter **B2**: 315, 584
Kautsky, Karl **B2**: 704, 705, 720
Keener, William **B1**: 125
Kegler, Jürgen **B1**: 344
Keil, Ludwig **B1**: 97
Keller, Gottfried **B2**: 638
Kemps, Hans-Werner **B1**: 39
Kempski, Jürgen von **B2**: 640
Kennan, George F. **B1**: 145
Kennedy, John F. **B1**: 193, 201, 203, 204, 229 **B2**: 210, 455, 838
Kernmayr, Erich **B1**: 114
Kerouac, Jack **B1**: 214
Keynes, John Maynard **B2**: 94
Khosrowi, Koron **B1**: 122
Kierkegaard, Sören **B2**: 168, 684 **B3**: 95
Kiesinger, Kurt Georg **B1**: 313, 339, 396, 414, 468 **B2**: 217, 258, 270, 357, 358, 372, 385, 556, 572, 585, 587, 619, 839
Kilian, Hans **B3**: 162
King, Martin Luther **B1**: 299, 304
Kippert (Professor) **B1**: 401
Kirchheimer, Otto **B1**: 18 **B2**: 62
Kissel, Otto Rudolf **B1**: 497
Kittsteiner, Heinz-Dieter **B1**: 293
Klarsfeld, Beate **B2**: 585
Klauber, John **B3**: 171
Klein, Hans-Joachim **B1**: 549, 550, 556 – *Abb. 549, 550*
Klemm, Barbara **B1**: 399, 455, 605
Klenbort, Chanan **B1**: 346
Klingelhöfer (Ministerialrat) **B1**: 39
Klingler, Herbert **B1**: 116
Klinke, Johnny **B1**: 515
Kloess, Erhard **B1**: 568
Klönne, Arno **B1**: 168, 232, 414

Kloppenburg, Heinz **B1**: 149
Klotz-Dutschke, Gretchen **B1**: 576 **B2**: 844
Klotz-Dutschke, Hosea Che **B1**: 576
Klotz-Dutschke, Polly **B1**: 576
Kluge, Alexander **B1**: 524, 538, 580, 593 – *Abb. 456* **B3**: 275
Kluge, Thomas **B1**: 574
Kluke, Paul **B1**: 210
Klüwer, Rolf **B1**: 592
Knapp, Udo **B1**: 372, 488, 489, 490 **B2**: 508, 510
Knief, Johann **B1**: 498
Knieping, Marcella **B1**: 274
Knoeringen, Waldemar von **B1**: 141, 142, 144, 145, 151, 152
Knudsen, Knud **B1**: 229, 230 – *Abb. 230*
Koch, Gertrud **B1**: 574
Koch, Mathias **B1**: 345
Koch, Thilo **B1**: 273
Kofler, Leo **B1**: 80 **B2**: 100, 101, 102
Kogon, Eugen **B1**: 18, 21, 49, 52, 59, 78, 79, 84, 88, 126, 127, 135, 140, 214 – *Abb. 84, 134*
Kohl, Helmut **B1**: 564, 566 **B2**: 813, 815, 816
Köhler, Otto **B1**: 73, 74, 120
Kohlmann, Günther **B1**: 440
Kolakowski, Leszek **B1**: 486, 487, 489, 490 – *Abb. 486* **B2**: 407, 717, 718, 719, 721
Kolb, Walter **B1**: 20, 43, 44, 67, 73, 74, 78, 79, 80, 92, 93, 97, 98, 99 – *Abb. 62, 65, 73, 74, 83* **B2**: 233
Kolbe (Pastor) **B1**: 304
Kolley, Klaus **B1**: 462, 493
Koneffke, Gernot **B1**: 322
König, René **B1**: 20, 73, 183 – *Abb. 72* **B2**: 405
Konstantin II. **B2**: 374
Köpke, Horst **B1**: 217
Koppel, Wolfgang **B1**: 156
Koppmann, Hansgeorg **B1**: 500
Körber, Benno **B1**: 452
Körber, Klaus **B1**: 303
Korsch, Karl **B1**: 60, 596 – *Abb. 60* **B2**: 213, 215, 289, 420, 675, 691, 777 **B3**: 104, 153, 276, 278
Kotanyi, Attila **B1**: 190
Krabbe, Hanna **B1**: 546
Krahl, Hans-Jürgen **B1**: 28-32, 258, 267, 269, 270, 280, 281, 284, 285, 290, 291, 292, 294, 296, 297, 298, 303, 305, 306, 307, 308, 309, 310, 314, 315, 316, 321, 322, 325, 327, 329, 333, 335, 336, 337, 338, 341, 343, 346, 353, 354, 356, 357, 358, 359, 360, 362, 363, 366, 380, 384, 398, 399, 400, 402, 403, 405, 409, 411, 413, 427, 432, 441, 447, 448, 450, 482, 484, 485, 516, 531, 534, 585, 589, 602, 606, 607 – *Abb. 232, 241, 283, 335, 358, 361, 376, 403, 447, 448, 467, 483*
 B2: 276, 315, 316, 317, 318, 326, 328, 340, 382, 383, 389, 391, 397, 430, 459, 460, 463, 464, 465, 466, 467,

Personenregister 315

468, 469, 470, 471, 472, 505, 508, 511, 557–559, 572–575, 579, 580, 585, 613, 627, 628, 651, 706–708, 714–717, 775–777, 838 **B3**: 91, 92, 94, 96, 103, 109, 116, 121, 122, 123, 144, 176, 179, 182, 228, 235, 236, 253, 269, 276, 280, 281, 282, 283
Krahwinkel, Michael **B1**: *Abb. 513*
Kramer (Oberstaatsanwalt) **B1**: 48
Krämer-Badoni, Rudolf **B1**: 592
Kraus, Karl **B1**: 154, 294 **B2**: 638
Kraushaar, Wolfgang **B1**: 420, 545, 561, 574, 590, 596, 604
Krauss, Ludwig **B2**: 165
Kreisky, Bruno **B1**: 549
Kreppel, Klaus **B1**: 344
Kressmann, Willy **B1**: 162
Kreuder, Thomas **B1**: 587
Krippendorf, Ekkehart **B1**: 259, 299, 311 **B3**: 218, 220
Krivine, Alain **B1**: 314
Kröcher-Tiedemann, Gabriele **B1**: 544, 549
Krockow, Christian Graf von **B2**: 554
Kroetz, Franz Xaver **B1**: 582
Krolow, Karl **B1**: 214
Kronawitter, Georg **B1**: 593
Kropotkin, Pjotr **B2**: 259
Kuby, Erich **B1**: 144, 145 **B2**: 191 **B3**: 220
Kuhlmann, Brigitte **B1**: 556
Kuhlmann, Werner **B1**: 500
Kuhlmann, Willi **B1**: 155
Kuhn, Helmut **B2**: 320
Kuhr, Dieter **B2**: 158
Kuiper, Pieter **B2**: 663, 664
Kumlin, Karl-Joachim **B1**: 175
Kunert, Günter **B1**: 586
Kunzelmann, Dieter **B1**: 26, 174, 182, 190, 202, 208, 242, 243, 268 – *Abb. 173, 174, 181, 188* **B3**: 157
Künzli, Arnold **B1**: 351
Kurnitzky, Horst **B1**: 287 **B2**: 330, 336
Kurras, Karl-Heinz **B1**: 282, 283 **B2**: 323, 324, 357, 753 **B3**: 244, 245, 246
Kurz, Robert **B1**: 607
Küstermeier, Rudolf **B1**: 70
Kux, Ernst **B2**: 292
Ky, Nguyen Cao **B2**: 231, 258, 270
Kynast, Willi **B1**: 108, 109

Lacan, Jaques **B3**: 174, 175
Lafargue, Paul **B1**: 476
Laing, Ronald D. **B1**: 267
Lambrecht, Gerd **B1**: 152
Lamche, Ann **B1**: 345
Lamche, Gustav **B1**: 345
Lamm, Fritz **B1**: 134, 182, 542 **B2**: 96
Lammers, Walther **B1**: 303, 348

Landau, Bernhard **B1**: 9
Landauer, Karl **B1**: 167
Landmann, Michael **B1**: 162
Langbein, Hermann **B1**: 124
Lange, Ernst **B1**: 109
Lange, Hermann **B1**: 262
Lange, Karl-Konstantin **B1**: 185
Langer, Peter **B1**: 533
Langhans, Rainer **B1**: 357, 363 **B2**: 353 **B3**: 117, 159
Langkau, Götz **B1**: 152
Laternser, Hans **B1**: 214
Lattimore, Owen **B1**: 70
Lattmann, Dieter **B2**: 336
Laue, Max von der **B1**: 124
Lauermann, Manfred **B1**: 490
Laurien, Hanna-Renate **B1**: 512
Lauschke, Gerd **B1**: 149
Lausen, Uwe **B1**: 181, 182, 190
Lazarsfeld, Paul **B1**: 18, 49 **B2**: 42
Le Fort, Gertrud von **B1**: 145
Leber, Georg **B1**: 140, 410
Lee, Franz J. T. **B1**: 298
Lefèbvre, Henri **B1**: 279, 316 **B2**: 161
Lefèvre, Wolfgang **B1**: 216, 235, 267, 278, 303, 347, 560 **B2**: 249, 775
Leggewie, Claus **B1**: 516
Leibniz, Gottfried Wilhelm Freiherr von **B2**: 113, 635
Leineweber, Bernd **B1**: 15, 409, 484, 485 – *Abb. 393*
Leiske, Walter **B1**: *Abb. 159*
Leisler Kiep, Walter **B1**: 228
Leithäuser, Thomas **B1**: 337, 592
Lenin, Wladimir Iljitsch **B1**: 357, 430, 485 **B2**: 117, 158, 178, 192, 298, 301, 349, 399, 419, 421, 424, 426, 461, 498, 618, 634, 670, 700, 701, 704, 707–709, 711, 712, 741, 757, 765, 766, 775, 789 **B3**: 110, 129, 153, 274
Lenk, Elisabeth **B1**: 222, 223 **B2**: 157
Lenk, Hans **B1**: 582
Lenk, Kurt **B1**: 311, 361 **B2**: 101, 459, 460, 467 **B3**: 98
Lenz, Dieter **B1**: 128
Leone, Sergio **B1**: 534
Leonhard, Karl Heinz **B1**: 274
Leonhardt, Rudolf Walter **B1**: 340
Lepenies, Wolf **B1**: 563
Lepper, Gisbert **B1**: 296 **B2**: 340
Lessing, Gotthold Ephraim **B2**: 638, 816
Lessing, Helmut **B2**: 157
Lessing, Theodor **B3**: 206
Lettau, Reinhard **B1**: 28, 573 **B2**: 336
Leuschner, Wilhelm **B1**: 594
Leutenegger, Gertrud **B1**: 582
Lévi-Strauss, Claude **B2**: 809
Levinson, Daniel J. **B1**: 63
Levinson, Siegfried **B1**: 400

Libuda, Fritz **B1:** 262
Lichey, Reinhold **B2:** 165
Lichtenberg B2: 83
Lichtenstein, Alfred **B1:** 348
Lieb, Fritz **B1:** 145
Lieber, Hans-Joachim **B2:** 179
Liebknecht, Karl **B2:** 190, 242 **B3:** 281
Lietz, Hermann **B2:** 46
Lincoln, Abraham **B3:** 249
Lindenberg, Udo **B1:** 573 – *Abb. 573*
Lindlau, Dagobert **B1:** 211, 224 – *Abb. 211*
Lindner, Burkhardt **B1:** 584
Lindner, Rainer **B1:** *Abb. 443*
Lindner, Wolf **B1:** 478
Linke, Georg **B1:** 494
Lippe, Rudolf zur **B1:** 15 **B3:** 122
Lipset, Seymour M. **B1:** 236
Lissner, Erich **B1:** 98, 487 **B2:** 718
Litt, Theodor **B1:** 169
Littmann, Claudia **B1:** 466 – *Abb. 404* **B2:** 573, 587
Littmann, Gerhard **B1:** 93, 296, 308, 309, 414, 424, 452, 470, 475
Löbe, Paul **B1:** 135
Löbel, Eli **B1:** 435, 436
Lobkowicz, Nikolaus **B1:** 534, 578
Loch, Hans **B1:** 109
Loch, Wolfgang **B1:** 584
Loewy, Ronny **B1:** 281 – *Abb. 393* **B2:** 25, 315
Löffler, Siegfried **B1:** 253,
Lohmann, Hans-Martin **B1:** 584
Lohmar, Ulrich **B1:** 88, 96, 97, 98, 103, 110, 116 **B3:** 273
Lorenz, Peter **B1:** 544 – *Abb. 545*
Lorenzer, Alfred **B1:** 590
Loriot (d.i. Bülow, Vico von) **B1:** 192
Lottenburger, Werner **B1:** 175
Loughran, Gerry **B1:** 446
Löwenthal, Gerhard **B1:** 527
Löwenthal, Leo **B1:** 18, 63, 234, 539, 583, 586, 600, 602, 604 – *Abb. 602* **B2:** 29, 31, 720
Löwenthal, Richard **B1:** 126, 267
Lubasz, Heinz **B2:** 801ff
Lübbe, Hermann **B1:** 541, 566 **B2:** 809
Lübke, Heinrich **B1:** 158, 359 **B2:** 256, 372, 373
Lücke, Paul **B1:** 297
Lüder, Wolfgang **B1:** 488
Lüderitz (Professor) **B1:** *Abb. 370*
Lüderssen, Klaus **B1:** 587
Lüdke, Martin W. **B1:** 584, 601
Luhmann, Niklas **B1:** 599 **B3:** 218
Lukács, Georg **B1:** 55, 80, 259, 278, 312, 471, 472, 596 – *Abb. 472* **B2:** 47, 177, 301, 302, 420, 461, 600, 606, 675, 691, 696, 741, 742, 766, 775, 808 **B3:** 104, 106, 151, 153, 276, 277, 278

Lukasik, Michael **B1:** 274
Lumumba, Patrice **B1:** 175, 176
Lunkewitz, Bernd **B1:** 462
Lüth, Erich **B1:** 64, 70, 79, 132, 133 – *Abb. 64, 133*
Lüth, Paul **B1:** 454
Lütkehaus, Ludger **B1:** 606
Luxemburg, Rosa **B1:** 350 **B2:** 242, 294, 339, 349, 444, 461, 512, 692, 720, 736, 746, 754, 789, 849 **B3:** 104, 281
Lynd, Robert S. **B1:** 49

MacIver, Robert **B2:** 47
Madariaga, Salvador de **B1:** 165
Mahler, Eugen **B3:** 169
Mahler, Gustav **B2:** 304
Mahler, Horst **B1:** 349, 491, 495, 496,
Maier, Hans **B1:** 541
Maihofer, Werner **B1:** 274, 560
Mailinger, Ludwig **B1:** 598
Mallet, Serge **B2:** 186, 187, 208, 695, 776
Malraux, André **B1:** 171
Maluschke, Günther **B1:** 598
Mandel, Ernest **B1:** 272, 298, 499, 522 **B3:** 127
Mandelbaum, Kurt **B2:** 187
Mandeville, Bernard de **B2:** 180
Mangold, Günther **B1:** 372
Mangold, R. **B2:** 701
Mann, Golo **B1:** 541, 600 **B2:** 810, 813
Mann, Katja **B1:** 90
Mann, Thomas **B1:** 51, 89, 90 – *Abb. 47, 51, 89*
Mannheim, Karl **B1:** 563 **B2:** 846 **B3:** 273
Manz, Ulrich **B1:** 553
Mao Tse-tung B1: 70, 350, 351, 429, 430, 443, 482 **B2:** 182, 213, 296, 299, 349, 380, 397, 439, 634, 700, 709, 722, 757, 765, 772 **B3:** 108, 129, 158
Marchais, Georges **B1:** 314
Marcuse, Herbert **B1:** 13, 14, 18, 27, 28, 30, 31, 53, 58, 69, 88, 104, 118, 119, 179, 190, 200, 208, 209, 211, 213, 219, 224, 225, 226, 229, 232, 233, 234, 235, 236, 240, 243, 247, 248, 249, 250, 265, 266, 267, 268, 272, 277, 284, 285, 286, 287, 290, 302, 316, 322, 323, 324, 326, 327, 345, 346, 347, 349, 350, 351, 352, 365, 367, 370, 372, 373, 374, 380, 381, 405, 409, 411, 415, 426, 427, 429, 430, 431, 432, 433, 434, 438, 439, 440, 441, 444, 445, 449, 452, 453, 454, 459, 463, 469, 482, 485, 490, 491, 494, 497, 499, 501, 502, 504, 506, 508, 511, 521, 522, 523, 524, 525, 530, 532, 538, 539, 540, 545, 547, 548, 552, 556, 557, 558, 560, 561, 562, 568, 569, 570, 572, 574, 578, 602 – *Abb. 52, 224, 233, 235, 250, 266, 352, 367, 431, 439, 453, 521, 540, 571, 572* **B2:** 25, 38, 39, 55, 58, 61, 62, 63, 113, 114, 127, 151–155, 156, 162, 186, 187, 193, 215, 219, 233, 234-236, 237, 263, 265, 275, 276, 277, 280–284, 285, 286, 287, 289, 291, 293–296,

Personenregister 317

299, 345, 361, 380, 397, 398, 399, 404, 405, 416, 421, 443, 444, 447, 476, 477, 487, 488–494, 519, 541, 576, 577, 618, 623, 639, 643–648, 649, 655-660, 661, 675, 679-681, 687, 693, 694, 698–700, 720, 721, 728, 747, 748, 758–761, 772, 775, 784–787, 793, 802, 803, 804, 805, 824, 825, 828–831, 836-841, 844, 845, 849 **B3:** 107, 124, 127, 153, 155, 156–180, 182, 195-203, 221, 225–227, 234, 243, 246, 247, 269, 278, 288
Marcuse, Inge **B1:** *Abb. 367* **B2:** 233, 454
Marcuse, Ludwig **B1:** 216
Marcuse, Peter **B1:** 602
Marighela, Carlos **B2:** 756
Marijnissen, Hilde **B1:** 576
Marmse, Sophie **B2:** 55, 58, 61
Märthesheimer, Peter **B1:** 170
Martin, Peter **B1:** 15, 446
Maruhn, Jürgen **B1:** 167
Marx, Karl **B1:** 38, 60, 69, 70, 88, 103, 140, 155, 164, 171, 172, 200, 209, 258, 272, 282, 311, 316, 345, 348, 404, 430, 431, 477, 532, 566, 574, 604
B2: 52, 94, 95, 112, 113, 114, 115, 116, 177, 186, 191, 192, 251, 256, 260, 273, 276, 288, 289, 291, 294, 295, 296, 297, 298, 306, 335, 339, 348, 351, 352, 374, 380, 397, 398, 399, 405, 410, 413, 417, 419, 420, 423, 445, 446, 448, 453, 454, 473, 490, 493, 560, 623, 634, 636, 641, 642, 643, 647, 657, 658, 660, 675, 683, 686, 687, 688, 694, 695, 701, 703, 704, 706, 710, 711, 714, 720, 722, 724, 737, 739-741, 743, 755, 765, 773, 777, 785, 805, 806, 811, 814, 816, 818, 837, 839, 849
B3: 91, 95, 97, 129, 136, 153, 197, 206, 234, 249, 268, 274, 278, 280, 285, 286, 289
März, Eduard **B1:** 272
Maschke, Günter **B2:** 684
Massing, Hede **B1:** 70
Massing, Paul **B1:** 63 **B2:** 29, 127
Massu, Jacques **B1:** 339
Mather, George R. **B1:** 252
Matthäus-Maier, Ingrid **B1:** 560
Matthews, David **B1:** 228
Matthias, L. L. **B1:** 433 **B2:** 660, 671
Matthöfer, Hans **B1:** 203, 424, 497
Mattick, Kurt **B1:** 144
Mauke, Michael **B1:** 110, 150 **B2:** 775
Maurer, Rudi **B1:** 466
Maus, Heinz **B1:** 71, 102, 182, 184 **B2:** 28, 29, 378
Mayer, Evelies **B1:** 382
Mayer, Georg **B1:** 152
Mayer, Hans **B2:** 40
Mayer, Margit **B1:** 561
Mayorga, René **B1:** 267
McCarthy, Joseph R. **B1:** 546, 588 **B3:** 125
McCloy, John J. **B1:** 18, 52, 53, 62, 68, 73 – *Abb. 65* **B2:** 125, 150

McLuhan, Marshall **B2:** 640
Mehring, Franz **B1:** 286
Meinhof, Ulrike **B1:** 139, 144, 149, 151, 438, 494, 495, 496, 510, 519, 522, 546, 547, 548, 552, 553, 566, 582, 591 – *Abb. 481* **B2:** 746, 747, 754
Meins, Holger **B1:** 520, 521, 540 – *Abb. 541*
Melzer, Max **B1:** 333
Memmi, Albert **B3:** 192
Mendès-France, Pierre **B1:** 323
Meng, Heinrich **B1:** 166
Menne, Lothar **B2:** 699
Mensching, Günther **B1:** 588
Menzel, Walter **B1:** 135
Menzer, Rudolf **B1:** 184, 209
Merleau-Ponty, Maurice **B2:** 114, 686, 696
Merseburger, Peter **B1:** 80, 277 **B2:** 293-296
Merton, Robert **B1:** 49
Meschkat, Klaus **B1:** 110, 152, 259, 267, 277, 324, 349
Messinger, Bernd **B1:** 594
Messmer, Pierre **B1:** 320
Metze, Hans **B1:** 162
Metzger, Günther **B1:** 120
Metzger, Heinz-Klaus **B1:** 588
Metzger, Ludwig **B1:** 20, 80, 96, 97
Meunier, Lutz **B1:** 110
Meyerhold, Karl Theodor Kasimir **B2:** 52
Meysenbug, Karl-Alfred von **B1:** *Abb. 322, 364, 378, 401, 469* **B3:** 135
Michaud, Guy **B1:** 316
Michel, Hans **B1:** 286, 423, 438
Michel, Karl Markus **B1:** 212, 221 **B2:** 218 **B3:** 275
Mill, John Stuart **B2:** 333
Mills, C. Wright **B2:** 298, 362
Minssen, Friedrich **B2:** 627
Mintz, Norbert **B2:** 141
Mirbach, Andreas von **B1:** 546
Miska, Peter **B1:** 273
Missoffe, François **B1:** 290
Mitscherlich, Alexander **B1:** 32, 38, 118, 166, 184, 202, 203, 226, 236, 239, 243, 259, 286, 293, 298, 307, 311, 340, 380, 382, 412, 457, 466, 476, 557, 582, 584 – *Abb. 166, 294, 584* **B2:** 74, 87, 350, 371, 378, 508, 510, 520, 521, 527, 562 **B3:** 151, 169–176, 185, 186, 195
Mitscherlich, Margarete **B1:** 497 **B3:** 151,
Mitscherlich, Monika **B1:** 142, 152, 153, 154 **B3:** 134
Mitscherlich, Thomas **B1:** 224 – *Abb. 269*
Mitterrand, François **B1:** 324, 347 **B3:** 190
Mochalski, Herbert **B1:** 139, 156, 225 – *Abb. 215*
Mohl, Ernst Theodor **B1:** 303, 485 **B2:** 107
Möller, Irmgard **B1:** 562
Möller, Walter **B1:** 155, 218, 310, 353, 497, 507
Mollet, Guy **B1:** 68, 324
Mommer, Karl **B1:** 150

Moneta, Dalia **B1**: 483
Moneta, Jakob **B1**: 307, 549 **B3**: 127
Montaigne, Michel Eyquem, Seigneur de **B2**: 113, 310
Montesquieu, Charles de Secondat, Baron de La Brède et de **B2**: 635
Montgomery, John **B1**: 114
Moosmeyer, Erhard **B1**: 120
Morgenthaler **B3**: 250
Mörike, Eduard **B2**: 266
Morricone, Ennio **B1**: 534
Mörschel, Hartmut **B1**: 462
Morus, Thomas **B2**: 181
Mosler, Peter **B1**: 312
Mosler, Volkhard **B1**: 352, 459
Motschmann, Klaus **B1**: 598
Mozer, Alfred **B1**: 61
Mühlfenzl, Robert **B1**: 564 **B2**: 817
Müller, Arnold **B1**: 155
Müller, Edwin **B1**: 602 – *Abb. 603*
Müller, Egon Erwin **B1**: 88, 96, 110
Müller, Gerd **B2**: 584
Müller, Günther **B1**: 120, 130
Müller, Hans **B1**: 130
Müller, Hans Dieter **B1**: 340 **B2**: 400
Müller, Heiner **B1**: 592
Müller, Knut **B1**: 500, 509, 515, 536, 539
Müller, Manfred **B1**: 262
Müller, Philipp **B1**: 94
Müller, Rudi **B1**: 225
Müller, Wolfgang **B1**: 414
Mülter, Max **B3**: 274
Müntzel, Herbert **B2**: 165, 168
Mürmann, Peter **B1**: 209, 210, 211 – *Abb. 210*
Musashi Nii **B1**: 276
Mussolini, Benito **B2**: 124
Muth, Hermann **B1**: 140
Mutzenbacher, Josefine **B1**: 477

Narr, Wolf-Dieter **B1**: 545, 546 **B2**: 811
Nassauer, Hartmut **B1**: 588
Nasser, Gamal Abd el **B1**: 25 **B2**: 103, 115, 124, 125
Nauta, Lolle **B1**: 599, 600
Neckermann, Josef **B1**: 224, 396
Negt, Oskar **B1**: 14, 31, 114, 152, 164, 165, 225, 232, 257, 264, 272, 277, 278, 296, 306, 318, 336, 338, 343, 354, 364, 401, 456, 459, 471, 484, 485, 486, 487, 488, 490, 491, 504, 506, 510, 522, 523, 524, 525, 526, 534, 540, 554, 568, 569, 596, 600, 605 – *Abb. 307, 343, 393* **B2**: 95, 96, 97, 100, 101, 186, 340, 341, 365, 366, 367, 396, 481, 507, 614, 651, 695, 717, 719, 721, 742, 776, 811, 847-850 **B3**: 95-97, 106, 185, 282, 290 – *Abb. 292*
Nehru, Jawaharlal **B1**: 145
Neis, Hans-Joachim **B1**: 249

Nellen, Peter **B1**: 166
Nelson, Leonard **B1**: 542
Nenning, Günther **B1**: 568
Netanjahu, Benjamin **B1**: 556, 557
Netanjahu, Jonathan **B1**: 556
Neto, Agostinho **B1**: 506
Nettelbeck, Uwe **B1**: 368
Neumann, Franz **B1**: 18, 103, 155, 182, 455 – *Abb. 103* **B2**: 30, 31, 391, 462, 720 **B3**: 278
Neumann, Max **B1**: 127
Neumann, Michael **B1**: 347
Neumann, Robert **B1**: 192
Neumark, Fritz **B1**: 113, 183, 190, 600
Neurohr, Jean **B2**: 94
Neuss, Wolfgang **B1**: 216
Nevermann, Knut **B1**: 273, 560, 568 **B2**: 276 **B3**: 218
Newman, James R. **B1**: 38, 43, 44, 63
Nielsen-Stokkeby, Bernd **B1**: 270
Niemöller, Martin **B1**: 23, 135, 140, 141, 145, 156, 229, 299, 488
Nietzsche, Friedrich **B2**: 83, 84, 199, 812, 817 **B3**: 274, 289
Nikel, Hans A. **B1**: 192
Nipperdey, Thomas **B2**: 809
Nirumand, Bahman **B1**: 254, 264, 267, 298, 324
Nitsch, Wolfgang **B1**: 170, 224, 278
Nitzschke, Volker **B1**: 210 **B2**: 455
Nixon, Richard M. **B1**: 502, 518 **B2**: 655, 748, 754
Nohara, Erik **B1**: 152, 153
Noll, Roland **B1**: 461, 523
Nollau, Günther **B1**: 248
Nolte, Ernst **B1**: 590, 595
Noth, Jochen **B1**: 446, 447
Novak, Helga M. **B1**: 453
Novalis (d.i. Georg Philipp Friedrich Freiherr von Hardenberg) **B3**: 122, 123
Nussbaum, Henrich von **B1**: 373

Obendrein, B. von **B2**: 129
Oberlercher, Reinhold **B1**: 372
Oehler, Christoph **B1**: 14, 176 **B2**: 91, 137
Oertzen, Peter von **B1**: 40, 155, 491
Oevermann, Ulrich **B2**: 744
Offe, Claus **B1**: 170, 224, 403 **B2**: 448, 776, 811 **B3**: 97
Ohnesorg, Benno **B1**: 27, 254, 256, 257, 258, 261, 262, 264, 282, 284, 318, 344, 576 – *Abb. 254, 258* **B2**: 241, 242, 243, 244, 263, 264, 270, 305, 336, 356, 364, 372, 385, 622, 753, 806, 811, 838, 839, 844, 852 **B3**: 128, 196, 219, 220, 243, 246, 248
Ollenhauer, Erich **B1**: 38, 61, 68, 88, 103, 108, 135, 151 – *Abb. 57, 134, 155* **B2**: 136
Olmo, Walter **B1**: 128
Opel, Fritz **B1**: 148

Opitsch, Ernst **B2**: 808
Opitz, Reinhard **B1**: 144, 145, 149
Oppenheimer, Franz **B2**: 846
Ormond, Henry **B1**: 472
Orthmeyer, Benjamin **B1**: 336, 462 – *Abb. 276*
Osborg, Eckart **B1**: 296 **B2**: 340, 507
Osborne, John **B1**: 214
Osswald, Albert **B1**: 463
Ostendorf, Jens-Peter **B1**: 606

Packard, Vance **B2**: 162
Padoux, André **B1**: 315
Paeschke, Hans **B1**: 54 **B2**: 816
Palme, Olof **B2**: 815
Panitz, Erich **B1**: 410, 452, 462, 569
Pankiewicz, Roland **B2**: 315
Pannekoek, Anton **B1**: 498 **B2**: 461 **B3**: 151
Papadimitriou, Zissis **B1**: 446
Papandreou, Andreas **B1**: 311
Papier, Marcel **B1**: 126
Pareto, Vilfredo **B1**: 590
Parin, Paul **B1**: 584 **B3**: 169, 173, 250
Parsons, Talcott **B1**: 18, 49 **B2**: 651
Pasero, Nico **B1**: 263
Patalas, Enno **B1**: 148
Pearson, Drew **B1**: 434
Pessoa, Neville **B1**: *Abb. 376*
Petermann (Assessor) **B2**: 389
Peters, Gerhart Friedrich **B1**: 48, 53, 112
Peters, Siegfried **B1**: 257, 262
Petrovič, Gajo **B1**: 351
Peyrefitte, Alain **B1**: 319
Pfringsheim (Professor) **B2**: 329
Pfuhl, Albert **B1**: 88
Piaget, Jean **B2**: 809
Picht, Georg **B3**: 225
Pieck, Wilhelm **B1**: 153
Pieper, Josef **B3**: 274
Pieper, Karl **B1**: 83
Pilot, Harald **B1**: 183
Pimental, Edward **B1**: 590, 591
Pirker, Theo **B1**: 232, 590
Pius XII., Papst **B1**: 145
Platon **B2**: 65
Platschek, Hans **B1**: 132
Platzhoff **B1**: 45
Pless, Philip **B1**: 220, 333
Plessner, Helmuth **B1**: 148, 182 **B2**: 808
Ploog, Arno **B1**: 246
Plottnitz, Rupert von **B1**: 468, 470, 472, 548 – *Abb. 339, 467*
Poe, Edgar Allen **B3**: 106
Pöhle, Klaus **B1**: 130

Pohle, Rolf **B1**: 544
Pohlen, Manfred **B3**: 175
Pohrt, Wolfgang **B1**: 420, 588 – *Abb. 390* **B2**: 511 **B3**: 108
Poindexter, David **B1**: 499
Pollock, Carlota **B2**: 58
Pollock, Friedrich **B1**: 18, 25, 52, 59, 96, 97, 103, 104, 114, 414, 503, 504, 533 – *Abb. 37* **B2**: 30, 31, 32, 53, 54, 58, 494, 572, 601
Pompidou, Georges **B1**: 339
Ponto, Jürgen **B1**: 561, 562 **B2**: 829
Popper, Karl **B1**: 183, 504 **B2**: 54, 55, 699, 882
Porsche, Ferdinand **B1**: 229
Porst, Hans **B1**: 357
Porter, Robert W. **B1**: 125
Posser, Diether **B1**: 149
Postone, Moishe **B1**: 561, 568, 574
Potapow, Illavion **B1**: 547
Poth, Chlodwig **B1**: 192
Poulantzas, Nicolas **B1**: 272
Powell, Cecil Frank **B1**: 145
Prall, Kalli **B1**: 128
Praunheim, Rosa von **B1**: 274
Prelle, Hansjörg **B1**: *Abb. 513*
Prem, Heimrad **B1**: 147, 190 – *Abb. 173*
Preuß, Ulrich K. **B1**: 224, 590
Prinzing, Theodor **B1**: 547
Proll, Astrid **B1**: 473
Proll, Thorwald **B1**: 302, 367, 368, 438, 441, 472, 473 – *Abb. 368, 442*
Pross, Harry **B1**: 245
Pross, Helge **B1**: 244, 245, 307
Proudhon, Pierre Joseph **B1**: 60, 290
Proust, Marcel **B2**: 155, 472
Pusch, Peter **B1**: 202

Raabe, Christian **B1**: 152, 438
Raabe, Wilhelm **B2**: 165
Rabehl, Bernd **B1**: 26, 208, 318, 347, 371, 568, 590 **B2**: 838 **B3**: *Abb. 64*
Rabin, Yitzhak **B1**: 556
Rabinowitsch, Eugene **B1**: 145
Radbruch, Gustav **B2**: 31
Raddatz, Fritz J. **B1**: 578
Radtke, Olaf **B1**: 149
Rafferty, Max **B2**: 476
Rahn (Oberstaatsanwalt) **B1**: 452 **B2**: 110
Rahner, Karl **B1**: 222
Rajewski, Boris von **B1**: 73, 74 – *Abb. 73* **B2**: 340
Rajewski, Xenia **B1**: 296, 382
Ralle, Dieter E. **B1**: 156
Rammelmeyer, Alfred **B1**: 203, 209, 210, 211
Rascovski, Arnoldo **B3**: 175

Rasp, Renate **B1:** 363
Raspe, Jan-Carl **B1:** 520, 546, 547, 548, 552, 555, 561, 562
Rathenau, Walter von **B2:** 242, 746
Ratzinger, Joseph Kardinal **B2:** 823
Rauch, Georg von **B2:** 762
Rauch, Malte **B1:** 345 – *Abb. 388*
Raudszus, Bruno **B1:** 45
Rausch, Karin **B1:** 286
Rauschenberger, Hans **B1:** 222, 309, 321
Rauter, Herbert **B1:** 445 **B2:** 605, 629, 630, 652, 653
Ray, Michèle **B1:** 495
Reagan, Ronald **B1:** 323, 347, 406, 428, 429, 522 **B2:** 476
Rebmann, Kurt **B1:** 581
Rector, James **B1:** 428
Reemtsma, Jan Philipp **B1:** 607
Regius, Heinrich (siehe auch: Horkheimer, Max) **B1:** 268, 343, 374, 409 **B2:** 413, 499
Reible, Dieter **B1:** 336
Reich, Wilhelm **B1:** 130, 268 **B2:** 480, 698, 849 **B3:** 151, 153, 155, 157-159, 161, 162, 177
Reich-Ranicki, Marcel **B1:** 592
Reiche, Reimut **B1:** 216, 235, 277, 306, 327, 347, 364, 378, 498, 507, 508 – *Abb. 255* **B2:** 509, 569 **B3:** 134 – *Abb. 162*
Reim, Georg Friedrich **B1:** 483
Rein, Dorothea **B1:** 574
Rein, Gerhard **B1:** 507
Reinders, Ralf **B1:** 555
Reinhold, Conrad **B1:** 317
Reinhold, Johannes **B1:** 120
Reinhold, Otto **B1:** 272
Reinicke, Helmut **B1:** 15, 490, 576 **B2:** 720, 721
Reinke, Ellen **B1:** 592
Reis, Willi **B1:** 333
Reisch, Linda **B1:** 606
Reiss, Willi **B1:** 273, 424
Rendtorff, Rolf **B1:** 262
Renger, Annemarie **B1:** 585
Rengstorf, Karl Heinrich **B2:** 263
Renk, Heidemarie **B1:** 557
Reumann, Kurt **B1:** 587
Reuter, Ernst **B2:** 257
Reuter, Georg **B1:** 109
Reuter, Waldemar **B1:** 128
Reuther, Hanno **B1:** 230
Rexin, Manfred **B1:** 144
Rexroth, Tillman **B1:** 9, 524, 575, 576 – *Abb. 575*
Rheinschmidt (Richter) **B1:** 461
Ricardo, David **B2:** 809
Richter, Hans Werner **B1:** 145
Ricouer, Paul **B1:** 316

Ridder, Dorothea **B1:** 242
Ridder, Helmut **B1:** 221, 236, 262, 321, 326, 338 **B2:** 378, 393
Riechmann, Udo **B1:** 281, 290, 305, 402, 420, 447, 462, 574 – *Abb. 493* **B2:** 25, 315, 506-508, 580, 585
Riedel, Helmut **B1:** 548
Riehl-Heyse, Herbert **B1:** 570
Riehn, Hartmut **B1:** 286, 387, 432 **B2:** 581
Riemann, Johannes **B1:** 403, 412, 450, 451, 467, 472 – *Abb. 467*
Riemeck, Renate **B1:** 139
Riesman, David **B1:** 237 **B2:** 664 **B3:** 225
Rietzschel, Claus **B1:** 217, 237
Ringguth, Rudolf **B1:** 105
Ristock, Harry **B1:** 298 **B2:** 257
Ritsert, Jürgen **B1:** 382
Ritter, Hellmut **B1:** 117, 118
Ritter, Joachim **B1:** 192
Ritter, Waldemar **B1:** 167
Robespierre, Maximilien de **B1:** 483 **B2:** 117, 298, 642, 711
Robinson, Joan **B1:** 414
Roche, Jean Marie **B1:** 314
Rochet, Waldeck **B2:** 399
Rochefort, Christiane **B2:** 162
Röhl, Klaus Rainer **B1:** 144, 145, 151
Rohrmoser, Günter **B1:** 490, 512, 518, 519, 590
Rolfs, Rudolf **B1:** 141, 217, 279, 413
Rolshausen, Claus **B1:** 382, 477
Rosdolsky, Roman **B1:** 272
Rösemann, Hermann **B1:** 370
Rosenbaum, Wolf **B1:** 277
Rosenkötter, Lutz **B1:** 584
Roskamp, Hermann **B3:** 170, 175
Rössner, Bernd **B1:** 546
Rotblat, Joseph **B1:** 145
Roth, Hans-Georg **B1:** 598
Roth, Karl-Heinz **B2:** 705 **B3:** 277
Rothe, Friedrich **B1:** 560
Rothfels, Hans **B1:** 169
Rottleuthner, Hubert **B2:** 340
Rotter, Hartmut **B1:** 180, 183
Röttger (Assistent) **B2:** 389
Rottleuthner, Hubert **B1:** 296
Rousseau, Jean-Jacques **B1:** 90 **B2:** 138, 332, 606, 642
Rousset, David **B1:** 64
Roy, Marie-Ange **B1:** 315
Rudel, Hans-Ulrich **B1:** 114
Rudert, Arno **B1:** 44
Rudizio (Zeuge) **B2:** 317
Rüegg, Walter **B1:** 253, 255, 279, 280, 281, 283, 284, 286, 290, 291, 292, 309, 325, 335, 344, 346, 384, 386, 396, 404, 420, 429, 444, 450, 514, 533 – *Abb. 386*

B2: 313, 317, 319, 320, 322, 389, 473, 482, 526, 532, 533, 534, 535, 537-539, 543, 555-557, 579-581, 629
Rüger, Sigrid **B1:** 356
Rühle, Günther **B1:** 592
Rühle, Otto **B1:** 498
Rühmkorf, Peter **B1:** 200
Ruhnau, Heinz **B1:** 155
Rumpf, Horst **B1:** 592
Runge, Erika **B1:** 149
Russell, Bertrand **B1:** 145, 193
Rust, Bernd **B2:** 41

Sackenheim, Friedrich **B1:** 195
Saint Just, Antoine **B2:** 642
Salazar, António de Oliveira **B2:** 140, 145
Salvatore, Gaston **B1:** 292, 296, 312 – *Abb. 297, 331*
Salzmann, Werner **B1:** 155
Sanchez, Iljitsch Ramirez **B1:** 549
Sander, Helke **B1:** 356 **B3:** 161
Sanford, R. Nevitt **B2:** 29
Sare, Günther **B1:** 537, 591, 592 – *Abb. 591*
Sartre, Jean-Paul **B1:** 171, 190, 221, 326, 327, 541, 542, 550, 586 – *Abb. 550* **B2:** 92, 95, 113, 153, 261, 775, 777
  B3: 127, 195, 199, 202, 203
Sau, Ly van **B1:** 520
Sauer, Dieter **B1:** 113 – *Abb. 113*
Sauermann, Heinz **B1:** 39, 432 **B2:** 605, 629
Saussure, Ferdinand de **B2:** 223
Sauvageot, Jacques **B1:** 313, 314, 323 – *Abb. 324*
Savio, Mario **B2:** 270
Savonarola, Girolamo **B2:** 736
Schaaf, Gitta **B1:** 560
Schach (Student) **B2:** 110 ff
Schacht, Effi **B1:** *Abb. 513*
Schachtschnabel, Hans **B2:** 56
Schäfer (Polizeioberrat) **B1:** 452
Schäfer, Eckhard **B1:** 416
Schäfer, Edmund **B1:** 79
Schäffer, Fritz **B1:** 166
Schäffer, Roland **B1:** 580
Schah Reza Pahlevi B1: 27, 254, 279, 395
  B2: 243, 244, 258, 299, 364, 372, 753, 838
  B3: 157, 219, 220, 234
Schalmey (Student) **B2:** 627
Scharting, Eugen **B1:** 157
Schaub, Hermann **B1:** 74
Schauer, Helmut **B1:** 212, 220, 232, 234, 235, 277, 301, 307, 321, 346, 349, 461, 568, 596 – *Abb. 233*
  B3: 159, 168, 185
Scheel, Walter **B1:** 564
Scheidemann, Karl Friedrich **B1:** 116
Scheler, Max **B2:** 846 **B3:** 259

Schellenberg, Gerhard-Wolfgang **B1:** 222
Schellhaas, Horst **B1:** *Abb. 513*
Schelsky, Helmut **B1:** 88, 98, 182 **B3:** 255, 261
Scherer, Willi **B1:** 522
Scheuch, Erwin K. **B1:** 273, 302, 303, 311, 459
  B2: 405, 627, 814 **B3:** 98
Scheunemann, Klaus **B1:** 262, 305
Scheunemann, Renate **B1:** 496
Schiller, Friedrich **B2:** 165
Schiller, Karl **B1:** 277, 286 **B2:** 385, 753 **B3:** 281
Schily, Otto **B1:** 548
Schirach, Baldur von **B2:** 164, 165, 168
Schirmbeck, Samuel H. **B1:** 344, 345
Schlaeger, Hilke **B1:** 245
Schleifstein, Josef **B1:** 286, 415, 485
Schleyer, Hanns Martin **B1:** 562, 564 – *Abb. 561, 562*
  B2: 813, 829
Schlüter, Erika **B1:** 114
Schlüter, Leonhard **B1:** 114
Schmelz, Hans **B1:** 195
Schmid Noerr, Gunzelin **B1:** 574, 607
Schmid, Fred **B1:** 356
Schmid, Carlo **B1:** 135, 155, 161, 165, 279, 280, 281, 283, 284, 365, 412 – *Abb. 155, 280*
  B2: 105, 311, 312, 313, 315, 316, 317, 318, 319, 320, 321, 322, 329, 482, 538, 547, 579-583, 584-586
Schmid, Thomas **B1:** 15, 498, 561, 583
Schmidt, Adolf **B1:** 594
Schmidt, Alfred **B1:** 31, 148, 225, 249, 272, 287, 372, 437, 471, 485, 486, 487, 490, 492, 512, 519, 533, 539, 586, 588, 591, 604, 607 – *Abb. 487, 518* **B2:** 233, 486, 487, 651, 717, 719, 721, 801, 804 **B3:** 95-97, 227, 279
Schmidt, Gieselher **B1:** 598
Schmidt, Helmut **B1:** 28, 40, 144, 151, 366, 546, 560
  B2: 474 **B3:** 273
Schmidt, Manfred **B1:** 152
Schmidt, Regina **B1:** 236, 382 **B2:** 212 **B3:** 98
Schmidt, Vera **B3:** 164
Schmidt-Leichner, Erich **B1:** 449, 450 – *Abb. 449*
Schmiederer, Ursula **B2:** 159
Schmierer, Joscha **B1:** 372, 475, 482, 484 – *Abb. 371*
Schmitt, Carl **B1:** 564, 590, 600
  B2: 181, 358, 692, 808, 817 **B3:** 244, 280
Schmitt-Vockenhausen, Hermann **B1:** 273
Schnädelbach, Herbert **B1:** 606
Schneck, Felicitas **B1:** 557, 558 – *Abb. 557*
Schneider, Alfred **B1:** 310
Schneider, Detlef **B1:** 446
Schneider, Günter **B1:** 234
Schneider, Hans H. **B1:** 262
Schneider, Heinrich **B1:** 361
Schneider, Karl Ludwig **B1:** 348
Schneider, Lambert **B1:** 127

Schneider, Peter **B1:** 604
Schnurre, Wolfdietrich **B1:** 162
Schoeler, Andreas von **B1:** 313
Schoeller, Wilfried F. **B1:** 470, 601
Schöffmann, Dieter **B1:** 587
Scholem, Gershom **B1:** 524 **B2:** 683
Scholl, Hans **B1:** 22, 92, 594 – *Abb. 197*
Scholl, Sophie **B1:** 22, 92, 594 – *Abb. 197*
Schönbach, Peter **B1:** 178
Schönberg, Arnold **B1:** 605 **B2:** 681
Schönen, Paul Josef **B1:** 157, 162
Schopenhauer, Arthur **B2:** 55
Schorlemmer, Friedrich **B2:** 858
Schostakowitsch, Dimitri **B2:** 128
Schröder, Dieter **B2:** 813
Schröder, Gerhard **B1:** 116, 161, 164, 169
Schröder, Rudolf Alexander **B1:** 44
Schroeder, Klaus **B2:** 164, 166, 168, 169
Schubert, Ingrid **B1:** 555
Schultz, Hans-Jürgen **B1:** 476
Schulz, Peter **B1:** 80
Schulz, Til **B1:** *Abb. 390*
Schumacher, Kurt **B1:** 39, 68
Schumann, Michael **B1:** 169, 170
Schurz, Carl **B1:** 188
Schuster, Bernhard **B2:** 165
Schütt, Peter **B1:** 560
Schütte, Ernst **B1:** 163, 166, 203, 209, 211, 249, 283, 324, 325, 329, 335, 373, 384, 387, 388, 457, 600 – *Abb. 387, 388* **B2:** 510, 533-536, 537-540, 543, 552, 559
Schütte, Guido **B1:** 354
Schütte, Wolfram **B1:** 235, 292, 362, 455, 483, 562, 578, 606
Schütz, Klaus **B1:** 40 **B2:** 372
Schütz, Waldemar **B1:** 114
Schwab-Felisch, Hans **B1:** 578
Schwabe, Moshe **B2:** 69
Schwalbe, Wolf **B1:** 447, 451
Schwalm, Torsten **B1:** 598
Schwan, Alexander **B1:** 267
Schwarz, Hans **B1:** 59
Schwarz, Michael **B1:** 491
Schwarzenstein, Christa-Mette Mumm von **B1:** 533
Schwarzer, Alice **B1:** 565 – *Abb. 565* **B3:** 135, 138, 139
Schwarzhaupt, Elisabeth **B1:** 364
Schwedt, Ernst-Hennig **B1:** 462, 485, 585
Schweitzer, Albert **B1:** 145, 163
Schwelien, Joachim **B2:** 733
Schweppenhäuser, Hermann **B1:** 482, 486, 487, 490, 492, 524, 584, 586, 588, 607 **B2:** 717, 719, 721 – *Abb. 115* **B3:** 95-98
Scotus, Duns **B3:** 256
Seale, Bobby **B1:** 407, 470, 492, 502

See, Klaus von **B1:** 440
Seeger, Heinz **B1:** 108, 134
Seehuber, Dagmar **B1:** 242
Seeliger, Rolf **B1:** 147
Seifert, Jürgen **B1:** 142, 144, 149, 151, 220, 277, 349, 400, 568 **B3:** 273
Seifert, Monika [d.i. Monika Mitscherlich, verh. Seifert] **B1:** 395, 477
Seiffe, Michaela **B2:** 679
Selmi, Ali **B1:** 509
Semler, Christian **B1:** 270, 318, 484 – *Abb. 269, 297*
Semmelrot, Karl **B1:** 126
Semprún, Jorge **B1:** 595
Senghaas-Knobloch, Eva **B1:** 592
Senghor, Léopold Sédar **B1:** 28, 184, 357, 358, 359, 360, 362, 392, 435, 466, 477, 480 – *Abb. 466* **B2:** 457, 469, 711
Seppel, Ursula **B1:** 446
Sering, Paul [d.i. Richard Löwenthal] **B2:** 334
Shell, Kurt **B1:** 273
Shomron, Daniel **B1:** 556
Sichtermann, Barbara **B1:** 582
Sichtermann, Simon **B1:** 582
Siebcke, Horst **B2:** 59
Siedler, Wolf Jobst **B1:** 157
Siepman, Ina **B1:** 544
Sieverts, Rudolf **B1:** 222
Silone, Ignazio **B1:** *Abb. 26*
Simenauer, Erich **B3:** 174
Simmel, Georg **B2:** 846
Simon, Helmut **B1:** 135
Simon-Schäfer, Roland **B1:** 582
Simonsohn, Berthold **B1:** 322 **B2:** 263
Sinzheimer, Hugo **B2:** 846
Sittenfeld, Hans **B2:** 91
Sittner, Hermann **B1:** 212
Skowronnek, Edelgard **B1:** 275
Slawson, John **B2:** 34
Sloterdijk, Peter **B1:** 599 **B3:** 118
Smith, Adam **B2:** 47
Söderbaum, Christina **B1:** 21, 66
Sohn-Rethel, Alfred **B1:** 457, 485, 576 – *Abb. 456*
Söhnlein, Horst **B1:** 302, 367, 368, 438, 472 – *Abb. 368*
Sölle, Dorothee **B1:** 575
Sollwedel, Inge **B1:** 594
Sommer (Polizeidirektor) **B1:** 344
Sonnemann, Ulrich **B1:** 179 **B2:** 638, 825
Sontheimer, Kurt **B1:** 557, 568, 605 **B2:** 808, 809, 811, 812, 814
Sophokles **B3:** 166
Sorel, Georges **B2:** 94
Sörgel (Student) **B2:** 10ff
Spaemann, Robert **B1:** 541

Spanehl, Werner **B2**: 156
Speier, Hans **B2**: 28
Spengler, Oswald **B1**: 126
Spengler, Volker **B1**: 592
Spinoza, Baruch de **B2**: 84, 113
Spoo, Eckart **B1**: 149
Springer, Axel **B1**: 269, 273, 274, 275, 281, 313, 364, 435 **B2**: 253, 313, 341, 342, 427 **B3**: 188
Stadler, Gretel **B1**: 147
Staff, Curt **B1**: 469
Staff, Ilse **B1**: 322
Staiger, Emil **B1**: 348
Stalin, Josef Wissarionowitsch **B1**: 126, 148, 430 **B2**: 104, 117, 634, 772
Stammer, Otto **B1**: 70, 80, 88, 144
Staudinger, Hugo **B1**: 582
Stauff (Professor) **B2**: 320
Steckel, Horst **B1**: 142
Steffel-Sterga, Marion **B1**: 202
Steffen, Hans Joachim **B1**: 262
Steffen, Jochen **B1**: 401 **B2**: 811
Steffen, Monika (Mona) **B1**: 372, 393, 489, 492 – Abb. 493 **B2**: 285, 485
Steigerwald, Robert **B1**: 485
Stein (Straßenbahndirektor) **B1**: 228
Stein, Peter **B3**: 248
Stein, Werner **B1**: 155 **B2**: 510
Steinacker, Fritz **B1**: 214
Steinbach, Erika **B1**: 592
Steinberg, Willi **B1**: 604
Steiner, Felix **B1**: 114
Steiner, George **B1**: 524
Steinhaus, Kurt **B1**: 228, 232, 235 **B3**: 151
Stempel, Hans **B1**: 135
Stenzel, Hugo **B1**: 64
Stern, Hans **B1**: 144, 145, 149
Stern, Martin **B1**: 312, 348, 349 – Abb. 348 **B2**: 445, 810, 811
Sternberg, Fritz **B1**: 61, 531 – Abb. 57 **B2**: 38, 178
Sterzel, Dieter **B1**: 191 **B2**: 158
Steuben, Friedrich Wilhelm von **B1**: 188
Stiegeler, Willy **B2**: 584
Stiller, Georg **B1**: 248
Stock, Christian **B1**: 63
Stöcklein (Professor) **B1**: 440
Stoecker, Dietrich **B1**: 546
Stojanovic, Svetozar **B1**: 352
Stoltenberg, Gerhard **B1**: 436 **B2**: 377, 378, 379
Stone, Shepard **B1**: 73
Storch, Karin **B1**: 365
Strasser, Johano **B2**: 811
Strauß, Franz Josef **B1**: 23, 124, 192, 193, 195, 240, 286, 357, 468, 564, 581 **B2**: 182, 216, 217, 219, 258, 270, 372, 373, 382, 745, 746, 753, 816, 817, 818 **B3**: 127
Strauss, Leo **B2**: 808
Strecker, Reinhard **B1**: 156, 162, 164, 188 **B3**: 151
Streeck, Wolfgang **B1**: 286, 292, 427 **B2**: 280, 318
Strelitz, Johannes **B1**: 500
Strelzik, Franz **B2**: 165
Strobel (Verwaltungsdirektor) **B2**: 580
Strobel, Käthe **B1**: 364, 497
Ströbele, Hans-Christian **B1**: 547
Strumpf, Kurt **B1**: 185
Strunk, Arnold **B1**: 157, 162
Stubenrauch, Herbert **B1**: 193, 438
Stumpf, Edith **B1**: 592
Sturm, Helmut **B1**: 147, 190 – Abb. 173
Süllwold, Fritz **B1**: 418
Süssmuth, Rita **B1**: 599
Svitak, Ivan **B1**: 434
Sweezy, Paul M. **B1**: 267 **B2**: 280, 705
Syberberg, Jürgen **B1**: 599
Szczesny, Gerhard **B1**: 80
Szondi, Peter **B1**: 265, 278 **B2**: 266, 267, 304-310

Taheri, Ahmed **B1**: 413, 416, 419, 420, 421, 460, 461 – Abb. 416
Tau, Max **B1**: 59
Taubert, Sigfried **B1**: 273, 274, 275
Taubes, Jacob **B1**: 104, 105, 267, 324, 590 **B2**: 336 **B3**: 98
Taufer, Lutz **B1**: 546
Teller, Edward **B2**: 182
Temrath, Volker **B1**: 274
Tenbruck, Friedrich **B2**: 91
Teschner, Eckart **B1**: 574 **B2**: 355
Teufel, Fritz **B1**: 262, 264, 271, 272, 356, 363, 366, 555, 599 – Abb. 271, 272, 355 **B2**: 266, 271, 353, 472, 838
Thadden, Adolf von **B1**: 283, 357, 460, 462 **B2**: 373 **B3**: 117
Thalheimer, August **B3**: 151
Thelen, Dieter **B1**: 292 **B2**: 340
Theunissen, Michael **B1**: 578
Thierse, Wolfgang **B2**: 858
Thieu, Nguyen Van **B2**: 752
Thomä, Helmut **B1**: 584
Thomae, Jutta **B2**: 91
Thomasius, Christian **B2**: 113
Thönessen, Werner **B2**: 101
Thümen, Achaz von **B1**: 344, 379, 445, 517, 533 **B2**: 652
Thurmond, Strom **B1**: 407, 409
Tiedemann, Rolf **B1**: 265, 292, 524, 584, 586, 588, 605 – Abb. 148
Tiedemann-Bartels, Hella **B1**: 524

Tigar, Michael **B1:** 407
Tillich, Ernst **B1:** 84 – *Abb. 84*
Tillich, Hannah **B1:** 532
Tillich, Paul **B1:** 18, 49, 253, 532 **B2:** 846
Tito, Josip Broz **B1:** 352
Tjaden, Kay **B1:** 130
Tojurtschi, Assadollah **B1:** 344
Tomberg, Friedrich **B2:** 178
Tophoven, Elmar **B1:** 176
Topitsch, Ernst **B1:** 566
Touraine, Alain **B1:** 302, 316, 319
Trauberg, Ursula **B1:** 358
Trautmann, Kurt Ferdinand **B2:** 315
Traxler, Hans **B1:** 192
Treitschke, Heinrich von **B2:** 181
Trenker, Luis **B1:** 166
Trexler, Richard **B1:** 203, 204
Trimble, William C. **B1:** 125
Trömel Plötz, Senta **B3:** 138, 139
Tronti, Mario **B1:** 498
Trotzki, Leo D. **B1:** 351, 392 **B2:** 178, 349
Trujillo, Rafael **B2:** 180
Truman, Harry S. **B1:** 18, 51
Tschiang Kaischek B1: 61 **B2:** 140
Tschombé, Moise **B2:** 252, 753
Tucholsky, Kurt **B1:** 152, 223 **B2:** 200
Tüllmann, Abisag **B1:** 605
Türcke, Christoph **B1:** 588, 607
Tyrolf, Walter **B1:** 48, 58

U Thant, Sithu **B1:** 193, 202
Uchmann, Wolfgang **B1:** 341, 360, 392
Uhland, Ludwig **B3:** 247
Ulbricht, Walter **B1:** 152, 153, 154, 170, 524 **B2:** 684
Ungeheuer, Josef **B1:** 135
Unruh, Fritz von **B1:** 43, 44
Unseld, Siegfried **B1:** 30, 176, 275, 292, 406, 409, 582, 584, 606 **B2:** 577, 578
Urschlechter, Andreas **B1:** 248, 311

Vack, Klaus **B1:** 217, 225, 277, 307, 349, 414 – *Abb. 415, 513*
Valéry, Paul **B1:** 190 **B2:** 38
Vaneigem, Raoul **B1:** 190
Varga, Eugen **B1:** 125
Veblen, Thorsten **B2:** 83, 274
Velde, van der **B1:** 476
Verrone, Elena **B1:** 128
Verwoerd, Hendrik Frensch **B1:** 203 **B2:** 252
Vesper, Bernward **B1:** 368
Vester, Michael **B1:** 568 **B2:** 186
Victor, Pierre **B1:** 542
Viehweg, Willi **B2:** 46

Viett, Inge **B1:** 555
Vilmar, Fritz **B1:** 491
Visconti, Luchino **B2:** 772
Vitt, Werner **B1:** 221, 312
Voeglin, Eric **B2:** 808
Voetz, Stephan **B1:** 356
Vogel (Hauptkommissar) **B1:** 315, 478, 537
Vogel, Heinrich **B1:** 144
Vogel, Horst **B1:** 493
Vogel, Rudolf **B1:** 322
Vogel, Wolfgang **B1:** 184
Vogt, Irmgard **B1:** 592
Voigt, Bodo **B1:** 492
Voigt, Helmut **B1:** 478
Voigt, Karsten **B1:** 466, 488, 497, 539, 560 – *Abb. 513*
Voltaire, François-Marie Arouet **B2:** 113
Vondenhoff, Bruno **B1:** 43
Voorst, Bruce van **B1:** 270
Vorbeck, Dorothee **B1:** 497
Vosz, Manfred **B1:** 170
Vranicki, Pedrag **B1:** 272
Vring, Thomas von der **B1:** 172, 191

Wachter, Richard **B1:** 285
Waechter, Friedrich Karl **B1:** 192
Wagner, Helmut **B2:** 91
Wagner, Robert **B3:** 274
Walden, Matthias **B1:** 568 – *Abb. 567*
Waldheim, Kurt **B1:** 556
Wallmann, Walter **B1:** 563, 572, 578, 586 – *Abb. 579*
Walser, Martin **B1:** 338, 358, 488 – *Abb. 338*
Walter, Helmut **B1:** 40
Wassermann, Rudolf **B1:** 362
Weber, Alfred **B1:** 109, 135
Weber, Ellen **B1:** 412
Weber, Gottfried **B1:** 117
Weber, Jürgen **B1:** 553
Weber, Max **B1:** 585 **B2:** 287, 809, 814, 816, 837, 847 **B3:** 285
Weber-Kellermann, Ingeborg **B1:** 594
Wedler, Jürgen **B1:** 15
Wegeleben, Gunter **B1:** 382
Wehner, Herbert **B1:** 144, 151, 155, 183, 240 – *Abb. 155* **B2:** 96, 97, 157, 216, 217
Weick, Edgar **B1:** 209
Weidl, Norbert **B1:** 568
Weil, Felix **B1:** 39, 386, 531 – *Abb. 37* **B2:** 30, 187
Weil, Hermann **B1:** 386
Weill-Strauss, Eugen **B2:** 86
Weinberg, Wilhelm **B2:** 70
Weinrich, Hannes **B1:** 475, 478, 491, 556
Weisbecker, Thomas **B2:** 762
Weischedel, Wilhelm **B1:** 144, 162, 164

Personenregister

Weisenborn, Günther **B1:** 149
Weiss, Peter **B1:** 298, 302, 506 **B2:** 840
Weisser, Gerhard **B2:** 100
Weith, Peter **B1:** 438
Weizsäcker, Carl Friedrich von **B1:** 124, 135, 502, 580 **B2:** 108, 733, 744, 745
Weizsäcker, Karl-Ulrich von **B1:** 370
Weller (Student) **B2:** 254
Wellmer, Albrecht **B1:** 14, 347, 599 **B2:** 683, 703, 704, 706, 823, 825
Weltz, Friedrich **B1:** 14, 176 **B2:** 137
Wenger **B2:** 808, 811, 812
Wentzke, Hans **B1:** 341
Werder, Lutz von **B3:** 134
Werner, Horst **B1:** 553
Werth, Inge **B1:** 446
Werth, Jürgen **B1:** 216
Wessel, Helene **B1:** *Abb. 134*
Wessel, Kurt **B1:** 270
Wessel, Ullrich **B1:** 546
Westernhagen, Dörte von **B3:** 185
Westphal (Student) **B1:** *Abb. 113*
Wetzel, Dietrich **B1:** 165, 175, 283, 287, 292, 318, 336, 354, 433, 434, 435, 568 **B2:** 340
Wick, Konrad **B1:** 239
Wickert, Ulrich **B1:** 568, 601
Widmann, Arno **B1:** 580
Wiechert, Ernst **B2:** 34
Wiegenstein, Roland **B2:** 304
Wiegler, Paul **B1:** 50
Wiener, Alfred **B1:** 162 **B2:** 70-72
Wiese, Leopold von **B1:** 20, 39, 73 **B2:** 28, 100
Wiethölter, Rudolf **B1:** 286, 328, 329, 338, 350, 388 **B2:** 394, 554
Wiggershaus, Rolf **B1:** 18 **B2:** 25 **B3:** 104
Wildenmann, Rudolf **B2:** 626
Wilhelm, Kurt Jacob David **B2:** 125
Wilhelmer, Bernhard **B2:** 267
Winter, Karl-Heinz **B1:** 162
Winter, Margit **B1:** 533
Wirth, Joseph **B1:** 87
Wittenberg, David H. **B1:** 262, 485 – *Abb. 469*
Wittfogel, Karl August **B1:** 69, 70, 575 – *Abb. 70, 574*
Wittgenstein, Ludwig **B2:** 698, 699
Wittrock, Karl **B1:** 40
Wittstock, Marion **B1:** 560
Wohlfarth, Irving **B1:** 584

Wolf, Alfons **B1:** 122
Wolf, Heinz **B1:** 160
Wolf, Herbert **B1:** 191
Wolfer-Melior, Wolfram **B1:** 561
Wolff, Frank **B1:** 270, 275, 281, 282, 285, 290, 293, 307, 321, 340, 370, 383, 398, 483, 488, 489, 490, 497, 498, 560, 565, 576, 589 – *Abb. 241, 282, 376, 488, 565* **B2:** 315, 316, 317, 318, 508, 510, 511, 572 **B3:** 117, 185
Wolff, Georg **B1:** 265
Wolff, Karl Dietrich **B1:** 270, 298, 301, 302, 306, 307, 321, 329, 331, 341, 344, 345, 348, 349, 350, 351, 355, 361, 362, 363, 387, 407, 409, 412, 413, 424, 430, 435, 440, 441, 460, 464, 465, 466, 467, 468, 470, 472, 474, 475, 478, 479, 480, 491, 492, 497, 501, 502, 556, 591, 605 – *Abb. 297, 350, 379, 467, 474* **B2:** 350, 463, 464 **B3:** 185
Wolff, Kurt H. **B1:** 114
Wolff, Michael H. **B1:** 262, 370, 404 – *Abb. 427*
Wolff, Reinhard **B1:** 278, 280, 416, 477, 490 **B2:** 508, 509, 510, 511 **B3:** 134
Wolfstetter, Lothar **B1:** 235
Wolheim, Norbert **B1:** 58
Wollenberg, Friedrich **B1:** 67
Wright, Richard **B2:** 733
Wulf, Joseph **B1:** 229
Wunder, Dieter **B1:** 152
Wunderle, Michaela **B1:** 15, 497, 498
Wünsch, Georg **B1:** 184
Wuthe, Gerhard **B1:** 599
Wyatt, Frederick **B3:** 169

Yaacobi, Gad **B1:** 556

Zahl, Peter Paul **B1:** 553
Ziegenhain, Heinrich **B1:** 79
Zilliacus, Konny / Konni **B1:** 149, 234
Zimmer, Dieter E. **B1:** 372
Zimmer, Hans-Peter **B1:** 147, 190 – *Abb. 173*
Zimmerle, Rudolf **B1:** 156
Zimmermann, Günter **B1:** 520
Zimmermann, Kurt **B1:** 601
Zinn, Georg August **B1:** 92, 97, 98, 118, 166, 229, 252, 359 – *Abb. 93*
Zinnkann, Heinrich **B1:** 54, 63, 94
Zoebe, Gerhard **B1:** 368, 480
Zollinger, Peter **B1:** 442 – *Abb. 443* **B2:** 847
Zwerenz, Gerhard **B1:** 192, 531, 538, 539

Politische Organisationen

Action directe **B1:** 591
Action française **B3:** 249
Afro-Asiatischer Studentenbund **B1:** 120, 122
Akademische Turnervereinigung Tuiskonia **B1:** 189
Aktion Widerstand **B2:** 746
Aktionsausschuß gegen die Notstandsgesetze **B1:** 220, 262, 321
Aktionsbündnis Demokratischer Fortschritt / ADF **B1:** 460
Aktionsgemeinschaft gegen die Remilitarisierung **B1:** 117
Aktionsgemeinschaft Westend / AGW **B1:** 417, 498
Aktionskomitee Demokratie im Notstand **B1:** 338 **B2:** 378
Aktionskomitee Demokratischer Studenten / ADS **B1:** 440 **B2:** 604
Aktionskomitee Hausbesetzer Frankfurt **B1:** 510
Aktionskomitee zur Enteignung von Axel Springer **B2:** 258
Aktionsrat zur Befreiung der Frau **B1:** 356, 365, 406 **B2:** 456, 480 **B3:** 161
Aktionszentrum für Sozialismus und Demokratie **B1:** 250
Aktionszentrum Unabhängiger Sozialistischer Schüler / AUSS **B1:** 262, 274, 462 **B2:** 556
Aktive Hochschulpolitik **B1:** 360
Allgemeiner Studentenausschuß / AStA **B1:** 49, 79, 89, 90, 102, 113, 119, 122, 128, 133, 136, 180, 183, 191, 209, 210, 211, 219, 222, 228, 234, 253, 254, 256, 257, 262, 276, 273, 275, 276, 280, 283, 286, 292, 309, 337, 344, 346, 347, 375, 387, 394, 400, 404, 420, 427, 429, 434, 466, 473, 475, 478, 483, 484, 485, 536, 545, 557, 558, 561, 582 **B2:** 50, 106, 107, 110, 137, 139, 194, 229, 252, 253, 267, 314, 316, 318, 319, 325, 531, 537, 554, 580, 617, 742 **B3:** 37
Alsatia **B1:** 102
Alte Prager Landsmannschaft »Hercynia« **B1:** 239
American Jewish Committee / AJC **B1:** 212, 229, 533 **B2:** 151, 627
Amnesty International **B1:** 466 **B2:** 849
Angela-Davis-Solidaritätskomitee **B1:** 501
Antimilitaristische Aktion **B1:** 128
Anti-Olympisches Komitee / AOK **B1:** 476,
Arbeitsgemeinschaft Frankfurter Korporationen **B1:** 179
Arbeitsgemeinschaft für Südostasien-Fragen **B1:** 228
Arbeitsgemeinschaft sozialdemokratischer Frauen / AsF **B1:** 136, 137
Arbeitsgemeinschaft Sozialistische Opposition / ASO **B1:** 250
Arbeitsgemeinschaft Sozialistischer Studenten **B1:** 39
Arbeitsgruppe Kommunistische Infiltration und Machtkampftechnik **B1:** 165
Arbeitskreis »Politische Psychologie« **B1:** 592
Arbeitskreis für ein kernwaffenfreies Deutschland **B1:** 139
Arbeitskreis gegen die atomare Aufrüstung **B1:** 137
Arbeitskreis Kulturrevolution **B1:** 373
Arbeitskreis Notstand und parlamentarische Kontrolle **B1:** 220
Arbeitskreis Pressefreiheit im Notstandsfall **B1:** 220
Arbeitskreis Streikrecht und Zivildienst **B1:** 220
Argument-Club **B1:** 162, 170, 175, 216, 279 **B2:** 204 **B3:** 180
Arm der Arabischen Revolution **B1:** 549
Aufbauorganisation für eine Kommunistische Partei Deutschlands / KPD/AO **B1:** 490 **B2:** 738
Ausschuß für Deutsche Einheit **B1:** 109
Außerparlamentarische Opposition / APO **B1:** 290, 301, 310, 317, 322, 335, 338, 341, 343, 349, 353, 354, 357, 363, 368, 410, 413, 422, 424, 426, 440, 441, 442, 445, 460, 461, 462, 463, 466, 493, 510, 590, 598, 599 **B2:** 25, 298, 315, 335, 341, 343, 362, 366, 367, 369, 371, 384, 385, 386, 387, 393, 394, 414, 417, 418, 423, 425, 437, 458, 461, 463, 464, 467, 468, 469, 473, 558, 559, 585, 621, 624, 625, 642, 651, 652, 671, 685, 711, 712, 807, 829, 850 **B3:** 11, 30, 31, 43, 108, 112, 167, 222, 226

Befreiungsbewegung Guinea-Bissao / PAIGC **B1:** 358
Befreiungsfront der Dritten Welt **B1:** 406
Bewegung 2. Juni **B1:** 541, 544, 555
Bewegung 22. März **B1:** 300, 301, 302, 313, 314, 318, 324, 327, 329, 346
Bewegung 26. Juli **B1:** 300
Black Panther Party / BPP **B1:** 407, 470, 479, 492, 495, 501, 522 **B2:** 732, 758
Black-Panther-Solidaritätskomitee **B1:** 491, 501 – *Abb. 501*
Bund Deutscher Jugend / BDJ **B1:** 87, 454
Bund für Bürgerrechte **B2:** 59
Bund für Volksbildung **B1:** 213, 364
Bund Nationaler Studenten / BNS **B1:** 164
Bundesverband Jüdischer Studenten in Deutschland / BJSD **B1:** 434
Bündnis 90 / Die Grünen **B1:** 576, 578, 585, 590, 594, 598, 607 **B2:** 844, 849 **B3:** 33, 126, 291, 292
Bürgeraktion für Demokratie **B1:** 451, 452
Bürgerverein Bockenheim-Westend **B1:** 394

Christlich Demokratische Union / CDU **B1:** 80, 84, 116, 127, 129, 130, 132, 134, 136, 141, 152, 157, 158, 161, 164, 166, 169, 210, 228, 236, 239, 261, 297, 305, 364, 394, 395, 436, 455, 466, 472, 512, 514, 527, 541, 544, 553, 557, 563, 564, 565, 566, 572, 578, 585, 586, 589, 592, 593, 599, 604 **B2:** 105, 132, 136, 215, 217, 316, 377, 552, 815, 817, 845 **B3:** 17, 126, 127, 232, 281
Christlich Soziale Union / CSU **B1:** 124, 130, 132, 236, 239, 248, 357, 401, 564, 566, 585, 586, 598 **B2:** 216 **B3:** 17, 127, 281
Club International **B1:** 274
Coburger Convent **B1:** 102
Commissiones Obreras **B1:** 476
Confédération Général du Travail / CGT **B1:** 332 **B2:** 479, 765
Corps Montania **B1:** 165
Croix de Feu **B3:** 249

Demokratische Front für die Befreiung Palästinas / DFLP **B1:** 445, 446
Deutsche Friedensgesellschaft / DFG **B1:** 109
Deutsche Gesellschaft für Soziologie / DGS **B1:** 39
Deutsche Kommunistische Partei / DKP **B1:** 410, 412, 451, 466, 485 **B2:** 708, 709, 722, 766, 769, 773, 788 **B3:** 13
Deutsche Partei / DP **B3:** 235
Deutsche Reichspartei / DRP **B1:** 157, 162, 163, 165 **B2:** 124
Deutsche Union / DU **B1:** 58
Deutscher Gewerkschaftsbund / DGB **B1:** 69, 78, 83, 85, 96, 109, 128, 136, 139, 161, 261, 262, 286, 311, 320, 326, 330, 333, 353, 354, 424, 572, 573 **B2:** 268, 385, 386, 393, 394, 415 **B3:** 275
Deutsch-Israelische Gesellschaft / DIG **B1:** 261, 262, 436
Deutsch-Israelische Studiengruppe / DIS **B1:** 162, 208, 262

El Fatah **B1:** 445, 446, 447, 474 **B2:** 700 **B3:** 188
Europäisches Komitee gegen Atomrüstung / EKA **B1:** 145
Europa-Union / EU **B1:** 126
Evangelische Studentengemeinde / ESG **B1:** 137

Fédération de la gauche démocrate et socialiste / FDGS **B1:** 347
Föderation iranischer Studenten / CISNU **B1:** 255, 344, 395, 413, 569
Föderation Neue Linke / FNL **B1:** 180, 297, 473, 474
Fortschrittliche Volkspartei **B2:** 722
Frankfurt-Chicago University Exchange Committee **B2:** 151
Frankfurter Friedenskartell **B1:** 110
Frankfurter Jugendring **B1:** 126
Frankonia **B1:** 102

Frauenaktion 70 **B3:** 134
Freie Demokratische Partei / FDP **B1:** 69, 114, 135, 136, 166, 239, 261, 273, 303, 313, 321, 364, 410, 466, 501, 512, 541, 560, 581, 592 **B2:** 216 **B3:** 126, 247
Freie Deutsche Jugend / FDJ **B1:** 48, 110, 144, 157, 234, 235 **B2:** 191, 439
Front de Libération Nationale / FLN **B2:** 142, 158, 268

Generalunion Palästinensischer Studenten / GUPS **B1:** 436
Gesamtdeutsche Volkspartei / GVP **B1:** 109, 136
Gesellschaft für christlich-jüdische Zusammenarbeit **B1:** 64, 78, 79, 80, 97, 126, 154, 193, 262
Gewerkschaft der Polizei / GdP **B1:** 475, 500
Gewerkschaft Erziehung und Wissenschaft / GEW **B1:** 228
Gewerkschaft Öffentliche Dienste, Transport und Verkehr / ÖTV **B1:** 188, 500
Gewerkschaftliche Arbeitsgemeinschaft / GAG **B1:** 228
Gewerkschaftsjugend **B1:** 85, 108, 109, 148, 422, 451
Graue Wölfe **B1:** 526
Gruppe 47 **B1:** 193
Gruppe der Wehrdienstverweigerer / GdW **B1:** 108, 109
Gruppe Dziga Vertov **B1:** 434
Gruppe Occident **B1:** 314
Gruppe SPUR **B1:** 142, 147, 168, 169, 173, 174, 188, 202, 242 – Abb. 142

Hasso-Nassovia **B1:** 127
Hessischer Arbeitskreis der Jugend **B1:** 94
Humanistische Studenten-Union / HSU **B1:** 228, 240, 344, 374
Humanistische Union / HU **B1:** 262, 305, 517

Il Manifesto **B2:** 739, 769
Industrie-Gewerkschaft Bau, Steine, Erden **B1:** 140, 497
Industrie-Gewerkschaft Bergbau und Energie **B1:** 594
Industrie-Gewerkschaft Chemie **B1:** 221, 262
Industrie-Gewerkschaft Druck und Papier **B1:** 333
Industrie-Gewerkschaft Holz **B1:** 108, 134
Industrie-Gewerkschaft Metall **B1:** 81, 83, 129, 137, 148, 225, 236, 326, 346, 424 **B2:** 394, 473 **B3:** 18, 168
Initiativausschuß zur Rettung von Angela Davis **B1:** 502
Initiative Internationale Vietnam-Solidarität **B1:** 488
Institut für marxistische Studien und Forschungen / IMSF **B1:** 414 f., 485
Internationale Arbeiterassoziation **B1:** 69
Internationale der Kriegsdienstgegner / IdK **B1:** 117
Internationale Gesellschaft zur Förderung des Jugendaustausches **B1:** 78
Internationale Kommunisten Deutschlands **B1:** 459
Internationale Sozialistische Konferenz / COMISCO **B1:** 68

Internationaler Studentenbund / ISSF **B1:** 184, 185
Internationales Auschwitz-Komitee / IAK **B1:** 124
Irish Republican Army / IRA **B1:** 446
Israelisches Revolutionäres Aktionskomitee im Ausland / ISRACA **B1:** 436

Jüdische Gemeinde **B1:** 114, 261, 592, 593
Jungdemokraten **B1:** 313
Junge Union / JU **B1:** 229, 467 **B2:** 711 **B3:** 235
Jungsozialisten / JUSO **B1:** 108, 109, 117, 148, 150, 255, 353, 497, 511, 532, 553, 557, 558, 587

Kampagne »Kampf dem Atomtod« / KdA **B1:** 135, 136, 139, 140, 141, 144 **B2:** 106, 110 **B3:** 17
Kampagne »Zerschlagt die NATO« **B2:** 345, 346
Kampagne für Demokratie und Abrüstung – Ostermarsch der Atomwaffengegner **B1:** 217, 223, 225, 276, 298, 307, 399, 414 **B2:** 298
Kampfgruppe der Vordiplomanden **B1:** 445
Kampfgruppe ehemaliger Erziehungsheiminsassen **B1:** 461
Kampfgruppe ehemaliger »Fürsorgezöglinge« **B1:** 442
Kampfgruppe gegen Unmenschlichkeit / KgU **B1:** 84
Kampfgruppe Jura **B1:** 440
Komitee der Nichthabilitierten für Demokratisierung der Universität **B1:** 293
Komitee gegen Atomrüstung **B1:** 145
Komitee gegen die Folter politischer Gefangener / Folter-Komitee **B1:** 531
Komitee Solidarität mit Günter Amendt **B1:** 534
Kommando Holger Meins **B1:** 546
Kommando Petra Schelm **B1:** 518
Kommando Siegfried Hausner **B1:** 562
Kommando Ulrike Meinhof **B1:** 560
Kommune I / K 1 **B1:** 242, 243, 251, 264, 268 – *Abb. 242, 243* **B2:** 238, 266, 327, 352, 371, 426, 435, 479 **B3:** 117, 157, 159, 161, 163, 197
Kommune II / K 2 **B1:** 264, 265 **B3:** 84, 102, 157, 161, 162, 163
Kommunistische Internationale / Komintern **B1:** 125
Kommunistische Jugend-Internationale / KJI **B1:** 491
Kommunistische Partei der Sowjetunion / KPdSU **B1:** 125, 148, 352 **B3:** 41
Kommunistische Partei der USA / KPdUSA **B1:** 70, 345, 524
Kommunistische Partei Deutschlands / KPD **B1:** 40, 48, 58, 119, 120, 125, 142, 145, 148, 149, 240, 269, 301, 350, 356, 539 **B2:** 95, 179, 216, 282, 351, 352, 358, 397, 398, 424, 439, 468, 479, 480, 489, 498, 618, 641, 658, 670, 732, 738, 748, 776 **B3:** 17, 19, 34, 35, 36, 50, 54, 67, 276, 281
Kommunistische Partei Deutschlands / Marxisten-Leninisten / KPD/ML **B1:** 526

Kommunistische Partei Frankreichs / KPF **B1:** 314, 327, 347 **B2:** 92, 399, 489 **B3:** 58, 189
Kommunistische Partei Italiens / KPI **B1:** 438 **B2:** 467 **B3:** 35
Kommunistische Partei Kubas / KPK **B1:** 278
Kommunistische Partei Österreichs / KPÖ **B1:** 130
Kommunistische Partei Spaniens / KPS **B1:** 595
Kommunistischer Arbeiterbund / KAB **B2:** 701, 738
Kommunistischer Bund Westdeutschlands / KBW **B2:** 776
Kommunistischer Studentenverband / KSV **B1:** 514, 515, 516
Koordinationsstelle Ziviler Ungehorsam **B1:** 587
Kösener Senioren-Convent **B1:** 94
Kuratorium »Notstand der Demokratie« **B1:** 320, 346 **B2:** 377
Kuratorium »Republikanische Hilfe« **B1:** 349
Kuratorium für Abrüstung und Demokratie **B1:** 251

La Main Rouge **B1:** 158
Labour Party **B1:** 149
Lagergemeinschaft Buchenwald **B1:** 212
Liaison des étudiants anarchistes / LEA **B1:** 290
Liberaldemokratische Partei Deutschlands / LDPD **B1:** 109
Liberaler Studentenbund Deutschlands / LSD **B1:** 137, 152, 164, 204, 228, 240, 246, 313, 333, 350, 360, 375, 384, 404, 420 **B2:** 253
Likud **B1:** 556
Linke Liste **B1:** 602
Ludendorff-Bund **B1:** 467 **B2:** 711 **B3:** 235

Marxisten-Leninisten / ML **B2:** 698, 699, 701, 706, 738, 776
Marxistischer Studentenbund Spartakus / MSB **B1:** 512
Matzpen **B1:** 435
Movimento Popular de Libertacão de Angola / MPLA **B1:** 506

National United Committee to Free Angela Davis **B1:** 501
Nationaldemokratische Partei Deutschlands / NPD **B1:** 237, 239, 283, 284, 302, 357, 362, 451, 451, 452, 452, 460, 461, 462, 493, 527, 568, 572, 573, 591 **B2:** 216, 219, 224, 253, 358, 359, 372, 373, 374, 626, 627, 651, 746 **B3:** 220
Nationaldemokratischer Hochschulbund / NHB **B1:** 325
Nationalsozialistische Deutsche Arbeiterpartei / NSDAP **B1:** 148, 164 **B2:** 103, 179, 626
Nationalverband Polnischer Studenten / ZSP **B1:** 130
Naturfreundejugend Deutschlands **B1:** 104, 108, 109, 117, 148, 167, 175, 212, 248

Politische Organisationen

Öffentliches Forum **B1:** 58

Palästinensische Befreiungsorganisation / PLO **B1:** 591
Panhellenische Befreiungsbewegung **B1:** 311
Paradies-Bewegung **B1:** 516
Pariser Commune 1871
Partei der Arbeit / PdA **B1:** 61
Partido Obrero de Unificación Marxista / POUM **B1:** 125
Parti Socialiste Unifié / PSU **B2:** 467
Praxis-Gruppe **B1:** 211, 351, 545
Projektgruppe Barrikadenbau **B1:** 534
Projektgruppe März
Provos **B1:** 247 **B2:** 227

Rassemblement Démocratique Révolutionnaire / RDR **B2:** 92
Rat der besetzten und bestreikten Häuser / Häuserrat **B1:** 510, 517, 518, 534
Reichsblock **B1:** 94
Republikanischer Club West-Berlin / RC **B1:** 438 **B2:** 302, 400, 401
Rettet die Freiheit e.V. **B1:** 165, 166
Revolutionäre Jugend / RJ **B2:** 701
Revolutionäre Zellen / RZ **B1:** 556, 581
Revolutionärer Kampf / RK **B1:** 498, 507, 508, 510, 514, 515, 522, 523, 524, 526, 530, 540, 550, 554 **B3:** 13
Ring Christlich-Demokratischer Studenten / RCDS **B1:** 137, 192, 201, 228, 229, 325
Rote Armee Fraktion / RAF **B1:** 444, 493, 494, 495, 496, 518, 519, 520, 521, 522, 523, 524, 527, 531, 540, 541, 542, 546, 547, 550, 552, 555, 561, 562, 565, 582, 591 **B2:** 745, 746, 752, 755, 756, 757, 760, 761, 762, 763, 764, 766, 793, 811, 816, 822 **B3:** 23, 24, 31, 49, 57, 66, 212, 290
Rote Hilfe / RH **B1:** 492, 519, 520, 526, 527, 550 **B2:** 762
Rote Zelle Homberg **B1:** 483
Rote Zelle Soziologie **B1:** 511, 512
Rote Zellen **B1:** 475, 516
Roter Studentenbund **B1:** 125

Sindicato Democratico de Estudiantes / SDE **B1:** 254
Situationistische Internationale / S.I. **B1:** 128, 129, 132, 132, 133, 142, 146, 147, 168, 169, 174, 175, 181, 189, 202 – *Abb. 129, 132, 146, 147*
Sozialdemokratische Partei Deutschlands / SPD **B1:** 38, 39, 43, 54, 58, 61, 63, 68, 74, 80, 88, 93, 94, 98, 109, 126, 127, 130, 132, 134, 135, 136, 137, 140, 141, 142, 143, 144, 145, 149, 150, 151, 152, 154, 155, 155, 156, 161, 164, 166, 167, 169, 170, 182, 183, 184, 203, 212, 220, 221, 232, 235, 236, 239, 240, 248, 254, 261, 262, 269, 273, 275, 279, 300, 308, 310, 329, 340, 353, 364, 365, 366, 384, 400, 401, 410, 412, 461, 463, 466, 491, 497, 500, 501, 509, 512, 518, 531, 532, 536, 539, 541, 542, 546, 553, 558, 559, 575, 581, 588, 592, 594, 599, 604, 606 **B2:** 96, 105, 110, 136, 157, 158, 179, 215, 216, 217, 218, 219, 276, 287, 288, 312, 318, 334, 384, 386, 425, 473, 552, 585, 587, 634, 753, 766, 768, 812, 813, 829, 845 **B3:** 11, 13, 17, 18, 19, 35, 36, 43, 50, 54, 67, 68, 126, 127, 128, 150, 224, 273, 277, 281, 290, 291, 292
Sozialdemokratischer Hochschulbund / SHB **B1:** 167, 169, 201, 221, 228, 239, 240, 246, 283, 286, 292, 333, 336, 346, 350, 375, 483, 485, 589 **B2:** 157, 191, 253, 603, 604
Sozialistische Einheitspartei Deutschlands / SED **B1:** 40, 110, 136, 142, 144, 151, 152, 153, 156, 163, 164, 170, 235, 274, 524, 548, 606 **B2:** 158 **B3:** 34, 35, 41
Sozialistische Einheitspartei Westberlins / SEW **B3:** 54
Sozialistische Förderergesellschaft der Freunde, Förderer und ehemaligen Mitglieder des Sozialistischen Deutschen Studentenbundes / Sozialistischer Bund **B1:** 182, 184, 191, 192, 458, 542 **B2:** 157, 158
Sozialistische Hochschulinitiative / SHI **B1:** 515, 530, 557, 572
Sozialistische Internationale / SI **B1:** 68f.
Sozialistische Jugend Deutschlands – Die Falken **B1:** 104, 108, 109, 117, 128, 148, 168 **B2:** 214
Sozialistische Partei Frankreichs **B1:** 61, 68
Sozialistisches Patientenkollektiv / SPK **B1:** 527, 546
Sozialistische Reichspartei / SRP **B2:** 102, 103
Sozialistischer Bund **B1:** 183, 542
Sozialistischer Deutscher Studentenbund / SDS **B1:** 38, 40, 84, 88, 96, 97, 98, 99, 102, 103, 108, 109, 110, 114, 116, 117, 120, 127, 129, 130, 137, 141, 142, 144, 148, 149, 150, 151, 152, 153, 156, 162, 164, 166, 167, 169, 170, 172, 175, 178, 182, 184, 190, 191, 192, 195, 201, 202, 204, 209, 212, 220, 224, 225, 228, 232, 234, 235, 240, 242, 243, 244, 246, 247, 248, 249, 250, 251, 252, 253, 254, 257, 258, 259, 260, 262, 264, 266, 267, 268, 269, 270, 271, 272, 273, 275, 276, 278, 279, 280, 282, 283, 284, 285, 286, 287, 290, 291, 292, 293, 294, 295, 296, 297, 298, 301, 302, 303, 304, 305, 306, 307, 308, 309, 310, 311, 312, 313, 314, 318, 321, 322, 327, 329, 331, 333, 335, 336, 337, 338, 340, 341, 342, 343, 344, 345, 346, 347, 348, 350, 351, 352, 353, 354, 355, 356, 357, 358, 360, 361, 362, 363, 364, 365, 366, 370, 371, 372, 374, 375, 378, 383, 384, 386, 387, 388, 390, 392, 395, 398, 400, 401, 402, 404, 405, 407, 409, 416, 417, 418, 419, 420, 421, 422, 424, 425, 426, 430, 433, 434, 436, 437, 440, 441, 442, 443, 444, 445, 446, 447, 448, 455, 456, 457, 460, 461, 462, 464, 466, 467, 468, 471, 472, 473, 474, 475, 476, 477, 478, 479, 480, 483, 484, 485, 488, 489, 496, 498, 501, 516, 534, 542, 546, 576, 582, 585, 589, 590, 596, 600, 606 – *Abb. 98, 116, 149, 153, 182, 249, 268, 269, 301, 312, 321, 341,*

364, 398, 424, 425, 446, 464, 496, 498 **B2:** 25, 95, 96, 97, 109, 100, 110, 111, 157, 158, 159, 190, 191, 204, 214, 226, 227, 231, 232, 233, 253, 260, 261, 263, 266, 267, 271, 276, 279, 287, 288, 290, 301, 312, 313, 314, 315, 316, 317, 318, 319, 320, 321, 322, 325, 326, 327, 329, 339, 340, 350, 351, 352, 353, 364, 365, 378, 379, 380, 381, 390, 393, 395, 408, 411, 413, 414, 423, 425, 426, 427, 428, 429, 430, 431, 432, 436, 437, 456, 457, 458, 460, 461, 463, 465, 466, 467, 468, 469, 470, 471, 473, 478, 479, 480, 481, 482, 483, 484, 485, 486, 496, 498, 507, 521, 535, 541, 542, 543, 547, 549, 550, 556, 569, 570, 571, 572, 574, 575, 577, 579, 581, 582, 584, 587, 588, 589, 591, 592, 593, 602, 603, 604, 610, 611, 614, 619, 621, 622, 685, 695, 696, 709, 711, 712, 714, 716, 766, 767, 774, 775, 776, 777, 792, 801, 844 **B3:** 11, 12, 13, 15, 16, 18, 19, 21, 23, 24, 25, 26, 29, 30, 31, 32, 35, 36, 37, 38, 39, 40, 41, 42, 43, 44, 48, 49, 50, 54, 55, 57, 65, 67, 68, 71, 78, 83, 84, 85, 86, 88, 99, 100, 101, 102, 103, 104, 106, 107, 108, 109, 112, 115, 117, 118, 122, 126, 127, 128, 129, 130, 131, 132, 133, 134, 135, 136, 137, 141, 150, 152, 157, 159, 160, 161, 168, 178, 179, 180, 181, 185, 187, 188, 196, 197, 220, 234, 236, 241, 273, 274, 275, 277 279, 280, 281, 282
Sozialistischer Jugendverband / ZMS **B1:** 130
Sozialistischer Lehrerbund / SLB **B1:** 374, 438
Sozialistisches Büro / SB **B1:** 414, 525, 546, 554 **B3:** 13, 290, 292
Sozialistische Deutsche Arbeiterjugend / SDAJ **B1:** 350, 451 **B2:** 634
Spartakus-Seminar **B1:** 377, 378, 381, 382, 383, 384, 395, 396, 409, 445 **B2:** 502, 512, 514, 520, 521, 523, 526, 527, 547, 555, 556, 557, 558, 586 **B3:** 101
Studentengruppe gegen Atomrüstung **B1:** 139, 144, 162
Students for a Democratic Society / SDS **B1:** 407
Subversive Aktion **B1:** 202, 208, 242, 578 **B2:** 172
Teutonia auf der Schanz **B1:** 102

Unabhängige Sozialdemokratische Partei Deutschlands / USPD **B2:** 190

Unabhängige Sozialistische Schülergemeinschaft / USSG **B1:** 314 **B2:** 556
Union nationale des étudiantes de France / UNEF **B1:** 301, 313, 314, 384

Verband Alter Korpsstudenten **B1:** 94
Verband der Kriegsdienstverweigerer / VdK **B1:** 140, 193, 386
Verband Deutscher Studentenschaften / VDS **B1:** 79, 165, 167, 175, 219, 257, 287, 321, 336, 341 **B2:** 424
Verband für Freiheit und Menschenwürde **B1:** 78, 126, 438
Verband des linken Buchhandels / VLB **B1:** 565
Vereinigung afrikanischer Studenten **B1:** 175, 176
Vereinigung demokratischer Kreise e.V. **B1:** 87
Vereinigung der Akademikerverbände **B1:** 93, 94
Vereinigung der Verfolgten des Naziregimes / VVN **B1:** 48, 58, 212, 547
Vereinigung zur Wahrung demokratischer Rechte **B1:** 66
Vietcong **B1:** 474 **B2:** 339, 340, 344, 411, 414, 436, 437, 439, 440
Vietnam-Komitee **B1:** 480
Volksfront für die Befreiung Palästinas / PFLP **B1:** 496, 555

Weiberrat **B1:** 371, 393, 515 **B2:** 549 **B3:** 130, 131, 132, 133, 134, 135, 136, 137, 141
Weiße Rose **B1:** 594
Welfenpartei **B3:** 235
Women's Liberation Movement **B1:** 538

Zentralkomitee der befreiten Juden der Britischen Zone **B1:** 48, 58
Zentralrat der Juden in Deutschland **B1:** 59, 62, 112, 158
Zentralrat der Sozialistischen Kinderläden Westberlin **B1:** 407, 470, 471 **B2:** 690 **B3:** 161, 164, 165

Titelverzeichnis

Bücher, Broschüren, Flugblätter

Alle reden von Schulung, Flugblatt **B1**: 429

Angaben zur Person, Hans-Jürgen Krahl **B3**: 67

Anleitung für eine revolutionäre Erziehung, Zentralrat der sozialistischen Kinderläden (Hg.) **B3**: 164

Auch Du hast Kennedy erschossen! Subversive Aktion, Flugblatt **B1**: 202

Aus der Erfahrung des Denkens, Martin Heidegger **B1**: 213

Ausnahmezustand im soziologischen Seminar an der Myliusstraße – Habermas / Friedeburg / Adorno verbieten politische Praxis, Flugblatt, Spartakus-Seminar **B1**: 396

Auswirkungen der Entnazifizierung auf kleine und mittlere Gemeinden in den drei Zonen der Bundesrepublik, Kurt H. Wolff **B1**: 114

Autoritärer Staat, Max Horkheimer **B1**: 269 **B3**: 27, 28, 71, 73, 75, 278

Avantgarde ist unerwünscht, Gruppe SPUR **B1**: 174

Behemoth, Franz Neumann **B1**: 103 **B2**: 391

Berliner Chronik, Walter Benjamin **B1**: 17

Bürger und Partisan – Über den Widerstand gestern, heute und morgen, Paul Lüth **B1**: 454

Charakteranalyse, Wilhelm Reich **B1**: 268

Dämmerung, Heinrich Regius (d.i. Max Horkheimer) **B1**: 268, 343, 374, 409 **B3**: 26, 99, 101

Das andere Geschlecht, Simone de Beauvoir **B3**: 146

Das Deutsche Manifest, Manifest der Konferenz »Rettet Einheit, Frieden und Freiheit! Gegen Kommunismus und Nationalismus« **B1**: 109

Das Elend der Philosophie, Karl Marx **B2**: 186

Das Ende der Wirtschaftswunder, Ferencz Jánossy **B3**: 19

Das Institut für Sozialforschung in den neunziger Jahren – Überlegungen für eine Neuorientierung einer traditionsreichen Institution, Rainer Erd u. a. **B1**: 600

Das Kapital, Karl Marx **B1**: 272 **B2**: 187, 191, 293, 642 **B3**: 57

Das Kommunistische Manifest, Karl Marx / Friedrich Engels **B2**: 348, 838

Das Kunstwerk im Zeitalter seiner technischen Reproduzierbarkeit, Walter Benjamin **B1**: 216

»Das Monopol der Gewalt hat der Staat« – Argumente zum Widerstand, Flugblatt, AStA **B1**: 394

Das politische Grundwissen des jungen Kommunisten, Black-Panther-Solidaritätskomitee **B1**: 491

Das Tagebuch der Anne Frank, Anne Frank **B1**: 127

Demokratischer und autoritärer Staat, Franz Neumann **B1**: 103

Der Atomstaat, Robert Jungk **B3**: 288

Der Begriff des Gerechten im Denken von Karl Marx, Ralf Dahrendorf **B1**: 103

Der eindimensionale Mensch, Herbert Marcuse **B1**: 13, 249, 327 **B2**: 187, 281, 286, 291, 804, 838 **B3**: 10, 156, 199

Der europäische Kommunismus, Franz Borkenau **B1**: 126

Der Funktionswandel des Gesetzes im Recht der bürgerlichen Gesellschaft, Franz Neumann **B1**: 103

Der große Zampano der Deutschen Wissenschaft kommt, Kommune II, Flugblatt **B1**: 265

Der Lange Marsch, Rudi Dutschke u.a. (Hg.) **B3**: 24

Der Linksradikalismus, die Kinderkrankheit im Kommunismus, Wladimir Iljitsch Lenin **B2**: 424

Der proletarische Bürger, Leo Kofler **B2**: 179

Der SS-Staat, Eugen Kogon **B1**: 59, 214

Der Übergang vom feudalen zum bürgerlichen Weltbild, Franz Borkenau **B1**: 125

Der verratene Sozialismus, Karl Albrecht **B1**: 87

Destruktion oder Demokratisierung? Ist die »Neue Radikalität« des SDS reaktionär? SDS, Flugblatt **B1**: 418

Dialektik der Aufklärung, Max Horkheimer/Theodor W. Adorno **B1**: 13, 45, 50, 55, 59, 104, 154, 189, 264, 414, 435 **B2**: 29, 41, 155, 156, 187, 330, 579, 600f., 621, 703 **B3**: 71, 72, 92, 98, 199, 200, 204, 205, 207, 240, 274, 289

Dialektik der Herrschaftsformen, Raymond Aron **B2**: 95

Dialektische Phantasie, Martin Jay **B1**: 18

Die Alternative, Rudolf Bahro **B1**: 569, **B2**: 841

Die andere Arbeiterbewegung, Karl-Heinz Roth **B3**: 277

Die Atombombe und die Zukunft des Menschen, Karl Jaspers **B1**: 141

Die Bekenntnisse des Hochstaplers Felix Krull, Thomas Mann **B1**: 89

Die Bildenden Künste im Dritten Reich, Joseph Wulf **B1**: 229

Die Blechtrommel, Günter Grass **B1**: 28

Die dritte Walpurgisnacht, Karl Kraus **B1**: 154

Die einsame Masse, David Riesman **B1**: 237

Die Fahne der Verfolgten, Baldur v. Schirach **B2**: 164, 165, 166

Die Frankfurter Schule, Rolf Wiggershaus **B1**: 18

Die Funktion des Orgasmus, Wilhelm Reich **B1**: 268, **B3**: 157, 158

Die Gesellschaftslehre des sowjetischen Marxismus, Herbert Marcuse **B1**: 208 **B2**: 193, 803
Die Hochschule in der modernen Gesellschaft, SDS (Hg.) **B1**: 96, 104
Die Klassentheorie von Marx und Engels, Michael Mauke **B2**: 775
Die Kommunisten und der Frieden, Jean-Paul Sartre **B2**: 92
Die Krisis der europäischen Wissenschaft und die tranzendentale Phänomenologie, Edmund Husserl **B3**: 200
Die Linke antwortet Jürgen Habermas, Oskar Negt (Hg.) **B1**: 343, 364, 411, 414, 600 **B2**: 433, 481, 569, 852 **B3**: 279
Die Neue Linke nach Adorno, Winfried F. Schoeller (Hg.) **B1**: 470
Die neue Unübersichtlichkeit, Jürgen Habermas **B1**: 593
Die sexuelle Revolution, Wilhelm Reich **B3**: 157
Die Unfähigkeit zu trauern, Alexander u. Margarete Mitscherlich **B3**: 151
DM-Imperialismus, Brigitte Heinrich **B1**: 546
Drei Abhandlungen zur deutschen Geschichte, Franz Borkenau **B1**: 126
Eclipse of Reason, Max Horkheimer **B1**: 74 **B2**: 41, 324
Egoismus und Freiheitsbewegung, Max Horkheimer **B2**: 189, 736
Eichmann in Jerusalem, Hannah Arendt **B2**: 821
Ein Gott, der keiner war, George Orwell u.a. **B1**: 126
Einführung in die deutsche Soziologie der Gegenwart, Raymond Aron **B2**: 94
Ende und Anfang – Von den Generationen der Hochkulturen und von der Entstehung des Abendlandes, Franz Borkenau **B1**: 126
Erkenntnis und Interesse, Jürgen Habermas **B1**: 363, 384 **B2**: 391, 563, 773 **B3**: 259
Eros und Civilisation, Herbert Marcuse **B3**: 155
Frauen und Kapitalismus, Angela Davis **B2**: 782
Frauenliebe, Rita Brown / Charlotte Bunsh **B3**: 149
Furcht und Elend des Dritten Reiches, Bertolt Brecht **B1**: 154
Gemeinschaftsleben im frühen Kindesalter, Anna Freud / Sophie Dann **B3**: 164
Gesammelte Schriften, Walter Benjamin **B1**: 575, 586
Geschichte und Eigensinn, Oskar Negt / Alexander Kluge **B1**: 580
Geschichte und Klassenbewußtsein, Georg Lukács **B1**: 471 f. **B2**: 177, 187, 301 **B3**: 68, 106, 276, 285
Geschichtsphilosophische Thesen, Walter Benjamin. Siehe: Thesen über den Beginn der Geschichte
Gruppenexperiment / Ein Studienbericht, Institut für Sozialforschung (Hg.) **B1**: 20, 111, 113, 127
Heile Welt, Werner Bergengruen **B1**: 213

Herausforderung und Antwort, Franz Josef Strauß **B1**: 357
Hochschule in der Demokratie, Wolfgang Nitsch u.a. **B1**: 224, 278
Hochschule in der Demokratie, SDS (Hg.) **B1**: 178
Ich und du, Martin Buber **B1**: 97
Ideologie und Propaganda, Peter Furth **B2**: 103
Januar-Manifest, Situationistische Internationale / Gruppe SPUR **B1**: 174
Jargon der Eigentlichkeit – Zur deutschen Ideologie, Theodor W. Adorno **B1**: 212
Jugend in der modernen Gesellschaft, Ludwig von Friedeburg **B1**: 218
Kampfplatz Spanien, Franz Borkenau **B1**: 126
Kritik der dialektischen Vernunft, Jean-Paul Sartre **B3**: 58
Kritik der reinen Toleranz, Robert Paul Wolff / Barrington Moore / Herbert Marcuse **B1**: 235, **B2**: 493
Kritik der reinen Vernunft, Immanuel Kant **B1**: 384, **B2**: 681 **B3**: 260
Kritische Bemerkungen zur Analyse Herbert Marcuses, Wolfgang Abendroth **B1**: 285
Kritische Theorie – Eine Dokumentation, Alfred Schmidt **B1**: 287
Kultur und Gesellschaft, Herbert Marcuse **B2**: 187
L'être et le néant, Jean-Paul Sartre **B2**: 153 **B3**: 199
La Révolution et les Fétiches, Pierre Hervé **B2**: 92
Manifest der Hochschulen gegen die Notstandsgesetze, SDS **B2**: 321
Marginalien zu Theorie und Praxis, Theodor W. Adorno, **B1**: 29, 409, 431, 458 **B2**: 825 **B3**: 250, 253, 255, 261
Massenpsychologie des Faschismus, Wilhelm Reich **B1**: 268 **B3**: 151
Materialismus und Revolution, Jean-Paul Sartre **B2**: 92
Minima Moralia – Reflexionen aus dem beschädigten Leben, Theodor W. Adorno **B1**: 28, 66 **B2**: 166, 267, 672, 674, 682
Montaigne und die Funktion der Skepsis, Max Horkheimer **B2**: 41, 189
Nachträgliche Bemerkungen zur »Unruhe der Studenten«, Heide Berndt **B3**: 184
Nathan der Weise, Gotthold Ephraim Lessing **B1**: 126
Negative Dialektik, Theodor W. Adorno **B1**: 235, 310 **B2**: 233, 267, 456, 607, 623, 672, 675, 824, 825 **B3**: 216, 262, 289
Négritude und Humanismus, Léopold S. Senghor **B1**: 357
Neue Geborgenheit, Otto Friedrich Bollnow **B1**: 212
Notizen während der Abschaffung des Denkens, Ernst Herhaus **B1**: 504
Öffentlichkeit und Erfahrung, Oskar Negt / Alexander Kluge **B1**: 524
Ohrfeigt Kiesinger, SDS, Flugblatt **B1**: 396

Philosophisch-politische Profile, Jürgen Habermas **B3:** 65

Philosophie der neuen Musik, Theodor W. Adorno **B1:** 55

Politik und Verbrechen, Hans Magnus Enzensberger **B2:** 180

Politisierung der Germanistik – schon wieder?, Martin Stern **B1:** 348

Prismen, Theodor W. Adorno **B1:** 127

Protestbewegung und Hochschulreform, Jürgen Habermas **B1:** 563

Psychoanalyse – Kritische Theorie des Subjekts, Alfred Lorenzer **B1:** 590

Psychoanalyse und antiautoritäre Erziehung, Reinhard Wolff / Lutz von Werder (Hg.) **B3:** 134

Quo vadis, Habermas?, Flugblatt **B1:** 390

Reaktionen auf die antisemitische Welle im Winter 1959/1960, Peter Schönbach **B1:** 178

Reaktionen auf politische Vorgänge, Regina Schmidt / Egon Becker **B1:** 236

Rechenschaftsbericht, Weiberrat **B1:** 372

Repressive Toleranz, Herbert Marcuse **B1:** 14 **B2:** 215, 281, 284, 330, 332

Rotbuch II, Arbeitsgruppe Kommunistische Infiltration und Machtkampftechnik (Hg.) **B1:** 165, 166, 167

Sind Arbeiter autoritär? – Zur Methodenkritik politischer Psychologie, Ursula Jaerisch **B1:** 302

Sociologica, Theodor W. Adorno **B1:** 127

Soziologische Phantasie und Exemplarisches Lernen, Oskar Negt **B2:** 695

Stichworte zur geistigen Situation der Zeit, Jürgen Habermas (Hg.) **B1:** 574

Strukturwandel der Öffentlichkeit, Jürgen Habermas **B1:** 25, 190, 524 **B2:** 179 **B3:** 269

Student und Politik, Jürgen Habermas / Ludwig von Friedeburg / Christoph Oehler / Friedrich Weltz **B1:** 14, 176 **B3:** 268, 269

Studentenschaft und Hochschule, Heribert Adam **B1:** 219

Studies in Prejudice, Max Horkheimer / Samuel H. Flowerman (Ed.) **B1:** 18, 62, 67

Suchanzeige, Subversive Aktion, Flugblatt **B1:** 208

Technik und Wissenschaft als »Ideologie«, Jürgen Habermas **B1:** 364

The Authoritarian Personality, Theodor W. Adorno u.a. **B1:** 237 **B2:** 219, 459, 642 **B3:** 77, 78, 92

The Lessons of Fascism, Max Horkheimer **B1:** 19

The Potentials of World Communism, Herbert Marcuse **B1:** 53

The Spanish Cockpit, Franz Borkenau **B1:** 125

The Totalitarian Enemy, Franz Borkenau **B1:** 126

Theorie des kommunikativen Handelns, Jürgen Habermas **B1:** 581

Theorie und Praxis, Jürgen Habermas **B1:** 200 **B2:** 740

Thesen über den Begriff der Geschichte, Walter Benjamin **B1:** 17 **B2:** 194, 195, 196 **B3:** 28

Transformation der Demokratie, Johannes Agnoli / Peter Brückner **B1:** 590, **B2:** 370 f., 467

Über den Prozeß der Revolution, Norbert Elias **B1:** 563

Über die allmähliche Verfertigung der Gedanken beim Reden, Heinrich von Kleist **B3:** 29

Über die Sozialwissenschaften in Deutschland, Institut für Sozialforschung (Hg.) **B1:** 92

Unskilled Labour in British Industry, Ralf Dahrendorf **B1:** 103

Ursprung des deutschen Trauerspiels, Walter Benjamin **B2:** 266

Verschwörung gegen die Freiheit, Rettet die Freiheit e.V. (Hg.) **B1:** 165

Versuch einer Revolutionierung des bürgerlichen Individuums, Kommune II (Hg.) **B3:** 161

Versuch, das Endspiel zu verstehen, Theodor W. Adorno **B1:** 176

Warum waren die Erfolgserwartungen falsch?, AfE, Flugblatt **B1:** 386

Wer ist hier faschistisch? SDS, Flugblatt **B1:** 281

Wie sieht die Hölle aus?, Ernst-Henning Schwedt **B1:** 585

Wissenschaftliche Standards = Polizeimassnahmen, Flugblatt **B1:** 414

Zeit und Geschichte, Philippe Ariès **B3:** 248

Zum richtigen Gebrauch der Begriffe, Flugblatt **B1:** 281

Zur Dialektik des antiautoritären Bewußtseins, Hans-Jürgen Krahl **B2:** 777

Zur Geschichte der bürgerlichen Gesellschaft, Leo Kofler **B1:** 80

Zur Kritik der Gewalt, Walter Benjamin **B1:** 591 **B2:** 195

Zur philosophischen Diskussion um Marx und Marxismus, Jürgen Habermas **B3:** 267, 269

Zur politischen Verantwortung der Wissenschaftler, Jürgen Habermas / Albrecht Wellmer **B1:** 347

Zur Psychologie der Revolution: Die vaterlose Gesellschaft, Paul Federn **B3:** 175

Zur Rezeption rechtsextremer Propaganda, Institut für Sozialforschung (Hg.) **B1:** 302

Beiträge in Zeitschriften, Zeitungen

Abgeordnete stellen sich nicht / FR **B1:** 326

Adorno als Lehrer, Oskar Negt / FR **B1:** 569

Adorno und der Terror der Jugend, Erwin K. Scheuch / Christ und Welt **B1:** 459

Aktion statt Argumente, SDS / Die Zeit **B1:** 372

Alles wäre besser, als so weiterzumorden, Karl Dietrich Wolff / TAZ **B1**: 591
Angeklagte Angela Davis – Faschismus in Amerika, Der Spiegel **B1**: 511
Anmerkungen zur Frankfurter Basisarbeit und Jungarbeiter-Agitation, SDS-Info **B1**: 424
Antwort an Habermas, Reimut Reiche / Konkret **B1**: 364
Auf die Frage: Was ist deutsch?, Theodor W. Adorno / FAZ **B1**: 230
Auferstehung der Kultur in Deutschland?, Theodor W. Adorno / Frankfurter Hefte **B1**:19
Aus Protest eine Karriere aufgegeben, FAZ **B1**: 282
Ausfalten das Schweißtuch der Theorie, Wolfram Schütte / FR **B1**: 455
Ballade vom einäugigen Revoluzzer zu Frankfurt a.M., Gerhard Zwerenz / FR **B1**: 531
Blue-Collar Revolution, Herbert Marcuse / New York Times **B1**: 524
Boykott des Soziologie-Vordiploms, asta-information **B1**: 427
Das chronische Leiden der Hochschulreform, Jürgen Habermas / Merkur **B1**: 124
Das Ende der Frankfurter Schule?, Karl Heinz Bohrer / FAZ **B1**: 502
Das Ende des Stalinismus, Oskar Negt / Konkret **B1**: 354
Das Gesetz der Serie, Bruno Raudszus / FR **B1**: 45
Das Idol der Berliner Studenten, Kai Hermann / Die Zeit **B1**: 267 f.
Das Leben der Studenten, Walter Benjamin / Diskus **B1**: 120
Das stille Leben eines Erschütterers, Herbert Riehl-Heyse / SZ **B1**: 570
Das war mein größter Fehler, Max Horkheimer / Frankfurter Neue Presse **B1**: 287
Der ehrbare Antisemitismus, Jean Améry / Die Zeit **B1**: 450
Der jüdische Rektor und seine deutsche Universität, Interview mit Max Horkheimer / Allgemeine Wochenzeitung der Juden in Deutschland **B1**: 86
Der Kanzler will es, Ulrich Lohmar / Standpunkt **B1**: 116
Der politische Widerspruch der Kritischen Theorie Adornos, Hans-Jürgen Krahl / FR **B1**: 456
Der Zwang, ein freier Mensch zu sein, Herbert Marcuse / Twen **B1**: 431
Destruktiver und konstruktiver Haß, Alfred A.Häsler u. Herbert Marcuse / Die Tat **B1**: 380
Deutschlands unartigste Kinder, Heiko Gebhardt / Der Stern **B1**: 406
Deutschlands bekanntester Student, FAZ **B1**: 391
Die Frankfurter Schule in der Defensive, Wilhelm Alff / FAZ **B1**: 488

Die große Liquidierung, SDS / Die Zeit **B1**: 372
Die harmlose Intelligenz – Über Gammler, Ostermarschierer, Adorniten und andere Oppositionelle, Bahman Nirumand / Kursbuch **B1**: 264
Die Internationale der Rebellierenden, Alexander Mitscherlich / Die Zeit **B1**: 311
Die Johann Wolfgang Goethe-Universität – Niedergang und Aufbau, Max Horkheimer / Basler Nachrichten **B1**: 86
Die Neue Linke ist keineswegs tot, Horst Heimann / FR **B1**: 511
Die Phantasie an die Macht, Die Zeit **B1**: 327
Die positive Bedeutung der Frankfurter Schule für die Überwindung der Krise unserer Zeit, Hugo Staudinger / Das Parlament **B1**: 582
Die rassischen Kräfte im deutschen Schrifttum, Heinz Otto Burger / Zeitschrift für Deutschkunde **B1**: 203
Die Rote Armee aufbauen, Agit 883 **B1**: 495
Die Solidarität endlicher Wesen, Alfred Schmidt / FAZ **B1**: 532
Die sprachlose Intelligenz, Karl Markus Michel / Kursbuch **B1**: 221
Die theoretische Auseinandersetzung vorantreiben und die Reste bürgerlicher Ideologie entschieden bekämpfen – Die Kritische Theorie und die Studentenbewegung, Joscha Schmierer / Rotes Forum **B1**: 482
Die ungebärdigen Linken, Richard Wachter / FR **B1**: 285
Die Universitäten Westdeutschlands werden keine Kaderschulen der Amis, Tägliche Rundschau **B1**: 87
Die Verfolgung und Ermordung der Theorie durch die Praxis, dargestellt von Jürgen Habermas, Winfried Heidemann / Diskus **B1**: 506
Die Wissenschaft von der Gegenwart, Volker von Hagen / Die Neue Zeitung **B1**: 62
Die Zerstörung der Universität, Oskar Negt / Neue Kritik **B1**: 164 **B3**: 275
Ein klarer Auftrag, Vorwärts **B1**: 152
Ein wahrhaftiger Sozialist, Jürgen Habermas / Die Zeit **B1**: 578
Emigriert Jürgen Habermas?, Fritz J. Raddatz / Die Zeit **B1**: 578
Empathie und Antisemitismus, Hauke Brunkhorst / FR **B1**: 600
Ermordung der Theorie, Jürgen Habermas / Diskus **B1**: 508
Ferienlager bei El Fatah, Die Zeit **B1**: 447
Fragwürdige Volksbefragung, FR **B1**: 66
Frankfurt, Beobachtungen in der neuen Gesellschaft – Oder: Der Philosoph bellt im Hauptbahnhof, Dagobert Lindlau / Frankfurter Neue Presse **B1**: 224
Frankfurter Schule am Ende, Claus Grossner / Die Zeit **B1**: 492 **B2**: 724

Frankfurter Schule und Studentenbewegung – Eine Fact-Finding-Discussion, Pflasterstrand **B1:** 589

Genosse Ulbricht kann sich ins Fäustchen lachen, Der Kurier **B1:** 144

Gesellschaftliche Arbeit statt Kunst, Michael Buselmeier / Die Zeit **B1:** 373

Gewalt, Revolutionärer Kampf / Diskus **B1:** 523

Gratulator, Theodor W. Adorno / FR **B1:** 216

Grundsätze für ein neues Hochschulgesetz, Eberhard Denninger u. a. / FAZ **B1:** 350

Habermas und die Anwendbarkeit der Arbeitswerttheorie, Wolfgang Müller / Sozialistische Politik **B1:** 414

Heilige Kühe der Hochschule, Jürgen Habermas / Die Zeit **B1:** 363

Helft Angela, Neues Forum **B1:** 501

Hier irrt Habermas, Peter Brückner / Konkret **B1:** 411

Hochschule in der Demokratie, SDS **B1:** 182

Im Krankenwagen nach Frankfurt, Hans Habe / FAZ **B1:** 533

Immigrant, Jude, USA-Bürger und erfolgreicher deutscher Universitäts-Rektor, Aufbau **B1:** 22, 86

In Sachen Benjamin – Siegfried Unseld / FR **B1:** 292

In Sachen Benjamin – Entgegnung auf Rolf Tiedemanns Beitrag, Alternative **B1:** 292

In Sachen Benjamin – Entgegnung auf Siegfried Unselds Darstellung, Alternative **B1:** 292

In Sachen Benjamin – Vorläufige Entgegnung eines Benjamin-Mitherausgebers, Rolf Tiedemann / Alternative **B1:** 292

Informationen, Michael Schumann / Neue Kritik **B1:** 170

Interimsbescheid, Theodor W. Adorno u. a. / Alternative **B1:** 292

Jenseits der Fachwissenschaft, Max Horkheimer / FR **B1:** 200

Kämpfer ohne Illusion, Iring Fetscher / Die Zeit **B1:** 458

Kirche und kritische Philosophie, Elisabeth Lenk / Diskus **B1:** 222

Klärung im Sozialistischen Deutschen Studentenbund, SPD-Pressedienst **B1:** 152

Kongreß oder Gemeinde?, FAZ **B1:** 222

Konstitution und Klassenkampf, Claus Leggewie / FR **B1:** 516 **B3:** 24

Kritische Theorie weiterführen, FR **B1:** 458

Kunst als Ware der Bewußtseinsindustrie, Die Zeit **B1:** 372

Lügen, stehlen, streunen, schwänzen…, FAZ **B1:** 392

Marcuse Defines His New Left Line, New York Times Magazine **B1:** 367

Mord darf keine Waffe der Politik sein, Herbert Marcuse / Die Zeit **B1:** 562

Obszöne Welt, Der Spiegel **B1:** 444

Odyssee der Vernunft in die Natur, Jürgen Habermas / Die Zeit **B1:** 460

Odysseus oder Mythos und Aufklärung, Max Horkheimer, Theodor W. Adorno / Sinn und Form **B1:** 49, 50

Organisationsfrage und revolutionäres Subjekt, Hans Magnus Enzensberger / Kursbuch **B1:** 502

Partisanenprofessor im Lande der Mitläufer, Jürgen Habermas / Die Zeit **B1:** 231

Pfad-Finder – Herbert Marcuse und die Neue Linke, Rudi Dutschke / Neues Forum **B1:** 568

Philosoph der Jugendrevolte, Jürgen Habermas / FR **B1:** 349

Prof. Max Horkheimer: Terror muß dabei sein! Rote Hilfe **B1:** 527

Protest und Revolution, Paul Parin / Psyche **B3:** 169, 171

Protosozialismus und Spätkapitalismus, Herbert Marcuse / Kritik **B1:** 569

Reflections on Calley, Herbert Marcuse / New York Times **B1:** 508

Rektoren-Diktatur, Industriekurier **B1:** 93

Revolution aus Ekel, Herbert Marcuse / Der Spiegel **B1:** 452

Revolution ohne das Proletariat, Günter Rohrmoser / Die Welt **B1:** 490

Revolution und Moral, Ivo Frenzel / SZ **B1:** 533

Revolutionärer Realismus, Karl Dietrich u. Frank Wolff / Die Zeit **B1:** 293

Rezension zu »Negative Dialektik«, Manfred Clemenz / FR **B1:** 310

Rezension zu: Theodor W. Adorno, Jargon der Eigentlichkeit, Welt der Literatur **B1:** 216

Schuldgefühle habe ich nicht, Theodor W. Adorno / SZ **B1:** 422

Schwere Vorwürfe gegen Herbert Marcuse, L. L. Matthias / Berliner Extra-Dienst **B1:** 433

Sex – von dem die Schule nicht spricht, Bild am Sonntag **B1:** 310

Späte Antwort, Golo Mann / FAZ **B1:** 600

Steinzeit, uni-report **B1:** 404

Student Protest is Non-Violent Next to the Society Itself, Herbert Marcuse / New York Times Magazine **B1:** 426

Studenten und Arbeiterschaft – Zur Krise der Neuen Linken in der Bundesrepublik, Oskar Negt / Konkret **B1:** 456

Studenten vor Gericht, Der Spiegel **B1:** 472

Technik und Wissenschaft als Ideologie, Claus Rolshausen / Sozialistische Politik **B1:** 477

Terror from the Right: An FBI Informant talks, Sun-Times **B1:** 552

The father of the student rebellion? The Listener **B1:** 367

The Paris Rebellion, Herbert Marcuse / The Peace News **B1:** 346

Theorie und Praxis von Professor J. Habermas, Konkret **B1**: 407
Thesen gegen die Koalition der Mutlosen mit den Machthabern, Jürgen Habermas / Diskus **B1**: 239
Totalpräsenz des Geistes, Joachim Günther / FAZ **B1**: 455, 458
Totgeborene Sätze, Peter Handke / Die Zeit **B1**: 372
Traditionelle und kritische Theorie, Max Horkheimer / Zeitschrift für Sozialforschung **B1**: 277 **B2**: 693 **B3**: 71
Trauerfeier, Wolf Wondratschek / FR **B2**: 715
Turning Point in the Struggle, Robert Allen u. Herbert Marcuse / The Guardian **B1**: 370
Über Calley, SZ **B1**: 508
Über einige Motive bei Baudelaire, Walter Benjamin / Zeitschrift für Sozialforschung **B1**: 50
Unruhe erste Bürgerpflicht, Jürgen Habermas / Diskus **B1**: 23
Vergangenheit, die nicht vergehen will, Ernst Nolte / FAZ **B1**: 595
Versuch über die Befreiung, Herbert Marcuse / Konkret **B1**: 432, 438, 444, 445 **B2**: 660, 882
Vier Jungkonservative beim Projektleiter der Moderne, Frank Berberich u.a. / TAZ **B1**: 580
Von der kritischen Theorie zur Praxis, SDS-Info **B1**: 383
Was denn nun Genossen?, Kai Hermann / Die Zeit **B1**: 356
Was die Studenten in Frankfurt gelernt haben, SDS-Info **B1**: 393
Was ist von der Bewegung noch übrig geblieben?, Frank Wolff u. Eberhard Windaus / FR **B1**: 560
Welche Chance hat die Revolution?, Heinrich von Nussbaum u. Herbert Marcuse / Pardon **B1**: 373 **B2**: 488
Wer bildet die jungen Rebellen von Frankfurt? Keiner will ihr geistiger Vater sein, SZ **B1**: 422
Werden wir richtig informiert?, Jürgen Habermas / Die Zeit **B1**: 340
Widersprüche und Wahrheiten, Joachim Fest / FAZ **B1**: 574
Wie links ist der terroristische Aktionismus?, Stuttgarter Zeitung **B1**: 562
Wortführer einer kritischen Soziologie, Horst Köpke / FR **B1**: 217
Ziele, Formen und Aussichten der Studentenopposition, Herbert Marcuse / Das Argument **B1**: 284
Zu aktuellen Problemen der Emanzipationsbewegung, Herbert Marcuse / The Guardian **B1**: 367 **B2**: 476
Zur Kritik an den Editionen Walter Benjamins, Siegfried Unseld **B1**: 292
Zur Polizei und den Studenten, Die Zeit **B1**: 259
Zur Theorie der antiautoritären Kinderläden, Monika Selfert / Konkret **B1**: 395
Zwangsjacke für die Studienreform – die befristete Immatrikulation und der falsche Pragmatismus des Wissenschaftsrates, Jürgen Habermas / Der Monat **B1**: 238
Zwei große Buketts, Erich Kästner / Pardon **B1**: 192
Zwei Professoren im Gespräch, Bonner Rundschau **B1**: 212

Zeitschriften, Illustrierte, Magazine, Nachrichtenagenturen

Agit 883 **B1**: 494, 495
Allgemeine Deutsche Nachrichtenagentur (ADN) **B1**: 414
Allgemeine Wochenzeitung der Juden in Deutschland **B1**: 22, 86, 112, 158
Alternative **B1**: 292 **B2**: 690
American Sociological Review **B1**: 49
Amtliches Mitteilungsblatt der Reichsjugendführung **B2**: 165, 168
asta-informationen **B1**: 427
Ästhetik und Kommunikation **B1**: 576
Aufbau **B1**: 22, 86, 87 **B2**: 34
Basler Nachrichten **B1**: 86
Bayern-Kurier **B1**: 582
Berliner Extra-Dienst **B1**: 433
Bienenkorb-Gazette **B1**: 249
Bild-Zeitung **B1**: 200, 275, 305, 308, 310, 539 **B2**: 367, 385, 400
Bonner Rundschau **B1**: 212
Bulletin des Presse- und Informationsamtes der Bundesregierung **B1**: 166
Christ und Welt **B1**: 268, 459 **B2**: 169
Civis **B1**: 192
Combat **B1**: 417
Das Argument **B1**: 216, 284 **B2**: 151, 178
Das Capital **B2**: 351 **B3**: 56
Das Parlament **B1**: 582
Der Angriff **B1**: 230
Der Kurier **B1**: 144, 273
Der Monat **B1**: 50, 59, 238
Der Spiegel **B1**: 31, 192, 193, 195, 203, 236, 265, 273, 280, 320, 338, 340, 407, 416, 426, 434, 438, 444, 449, 452, 453, 454, 455, 472, 490, 495, 511, 523, 532, 541, 562, 564, 593, 594, 596 **B2**: 181, 212, 225, 268 – 271, 279-286, 291, 316, 318 f, 347, 350, 362, 396, 407, 499, 578, 580f, 620-623, 667f., 747f., 848-850 **B3**: 10, 45, 71, 72, 127, 247, 252, 289
Der Stern **B1**: 245, 392, 405, 406, 407, 556, 568, 805 **B2**: 828-831 **B3**: 136

Der Tagesspiegel **B1:** 157
Der Völkische Beobachter **B1:** 230
Deutsche Nachrichten **B2:** 626
Deutsche National-Zeitung **B2:** 281, 626
Deutsche Post **B1:** 196
Deutsche Presse-Agentur (dpa) **B1:** 446, 472, 494
Deutsche Soldatenzeitung **B1:** 124 **B2:** 218, 281
Deutsche Volkszeitung **B1:** 485
Deutsche Woche **B1:** 87
Deutscher Studenten-Anzeiger **B1:** 244 f.
Deutsches Recht **B1:** 450
Die Gegenwart **B1:** 124
Die Musik **B2:** 164, 165
Die Neue Zeitung **B1:** 58, 60, 62, 70, 71
Die Tageszeitung (TAZ) **B1:** 580, 583, 591 **B3:** 195
Die Tägliche Rundschau **B1:** 87
Die Tat **B1:** 286, 380
Die Welt **B1:** 70, 273, 297, 345, 391, 490
Die Zeit **B1:** 231, 23, 245, 259, 267, 270, 271, 278, 293, 311, 327, 340, 356, 363, 368, 372, 430, 435, 447, 450, 458, 460, 492, 562, 578, 580 **B2:** 108, 200, 347, 366f., 374, 399-402, 723, 725 **B3:** 117, 124
Diskus – Frankfurter Studentenzeitung **B1:** 23, 26, 120, 157, 167, 183, 184, 189, 216, 223, 228, 239, 262, 263, 312, 313, 345, 506, 508, 523, 537, 540, 573 **B2:** 25, 64, 164, 263, 285, 378, 617f, 744 **B3:** 8
Extrablatt **B1:** 262
Frankfurter Allgemeine Zeitung (FAZ) **B1:** 62, 95, 109, 118, 152, 154, 163, 168, 169, 195, 196, 222, 230, 259, 282, 285, 286, 297, 307, 343, 350, 354, 391, 392, 399, 410, 455, 458, 473, 487, 502, 532, 533, 574, 578, 587, 590, 593, 594, 600, 606, 855 **B2:** 59, 100, 110, 130, 132, 168, 242, 264, 326, 329, 382, 471, 671, 753, 808, 816 **B3:** 85, 196, 289
Frankfurter Hefte **B1:** 19, 21, 52, 59, 78, 79, 114
Frankfurter Neue Presse **B1:** 64, 224, 287 **B2:** 59
Frankfurter Rundschau (FR) **B1:** 21, 30, 44, 45, 52, 54, 66, 71, 78, 98, 164, 168, 189, 193, 195, 200, 204, 211, 213, 216, 217, 236, 270, 273 ff., 282, 285, 290, 292, 302, 310, 313, 323, 326, 349, 354, 359, 362, 363, 371, 395, 424, 430, 431, 438, 455, 456, 458, 461, 470, 483, 486, 487, 489, 490, 511, 516, 519, 531, 560, 562, 569, 578, 584, 599, 600, 601, 605, 606, 607 **B2:** 59, 378, 379, 382, 417, 430, 629, 631, 673, 718, 823 **B3:** 66
FreePress **B2:** 311
Funken **B1:** 134
Hannoversche Allgemeine Zeitung **B1:** 583
Hessische Allgemeine Zeitung **B1:** 313
Industriekurier **B1:** 93
International Times **B1:** 476
Klüter-Blätter **B2:** 626
Kölnische Rundschau **B2:** 105
Konkret **B1:** 144, 149, 150, 151, 152, 156, 162, 167, 264, 354, 364, 395, 407, 411, 432, 438, 456, 460, 495, 506, 522, 552, 574 **B2:** 157, 159, 657, 758f **B3:** 35
Kreisblatt **B1:** 253, 416
Kürbiskern **B3:** 35
Kursbuch **B1:** 221, 264, 502 **B2:** 218
L'Humanité **B1:** 314
L'Express **B2:** 92, 398
Le Figaro **B1:** 84 **B2:** 398
Le Monde **B1:** 438 **B2:** 380, 398, 818
Le Nouvel Observateur **B1:** 326, 398, 495 **B3:** 136
Les Temps Modernes **B3:** 58
Libération **B1:** 542
Links **B1:** 101, 602 **B2:** 218, 784
Los Angeles Times **B1:** 88
Marburger Blätter **B2:** 157
Marxistische Blätter **B1:** 286
Merkur **B1:** 24, 50, 54, 55, 124
Münchner Merkur **B1:** 270
Münchner Tageszeitung **B1:** 578
Neue Kritik **B1:** 164, 170, 182, 484, 569 **B2:** 25, 159, 478, 587, 593, 617 **B3:** 102
Neue Presse **B1:** 583 **B2:** 515
Neue Zürcher Zeitung **B2:** 113
Neue-Ruhr-Zeitung **B1:** 270
Neues Deutschland **B2:** 281
Neues Forum **B1:** 501, 568
New Outlook **B1:** 435
New York Times **B1:** 367, 426, 508, 524 **B2:** 398
Newsweek **B1:** 270 **B2:** 733
Ostprobleme **B1:** 126
Our Generation **B1:** 407
Pardon **B1:** 192, 200, 246, 264 **B2:** 488-494
Peng **B1:** 476
Pflasterstrand **B1:** 589
Philosophische Rundschau **B2:** 112, 117 **B3:** 268
Playboy **B3:** 57
Politika Ekspres **B1:** 351
Prawda **B2:** 397
Praxis **B1:** 302, 540
Psyche **B3:** 169, 186
Rote Hilfe **B1:** 527
Rotes Forum **B1:** 447, 482 **B2:** 701
San Francisco Examiner **B1:** 409
Schulecho **B1:** 249, 253
Schülerspiegel **B2:** 337-339
SDS-Info **B1:** 383, 388, 392, 424, 447, 489
Sinn und Form. **B1:** 49, 50
Sozialistische Correspondenz – Info **B1:** 475, 490
Sozialistische Politik **B1:** 134, 414, 477
SPD-Pressedienst **B1:** 152
Spur **B1:** 169, 189
Standpunkt **B1:** 116, 150, 153
Stuttgarter Zeitung **B1:** 562

Süddeutsche Zeitung (SZ) **B1:** 147, 248, 346, 422, 508, 533, 570, 578 **B2:** 759–761, 812, 813, 820, 822, 823 **B3:** 290
Sun-Times **B1:** 552
The Guardian **B1:** 367, 370, 374 **B2:** 242, 476, 496
The Listener **B1:** 367
The Times **B2:** 242
The Peace News **B1:** 346
Tüte **B1:** 602
Twen **B1:** 431
uni-report **B1:** 387, 388, 404, 444 **B2:** 571
Unverbindliche Richtlinien **B1:** 202
Volkszeitung **B1:** 580
Vorwärts **B1:** 152
Washington Post **B1:** 433
Welt der Literatur **B1:** 216
Weltwoche **B1:** 533
Zeitschrift für Deutschkunde **B1:** 203
Zeitschrift für kritische Theorie **B1:** 607
Zeitschrift für Sozialforschung **B1:** 50, 104, 277 **B2:** 182, 189, 197, 293, 348, 683 **B3:** 180
Zeitschrift für Soziologie **B1:** 598

Kongresse, Kundgebungen, Diskussionen, Veranstaltungen, Tagungen etc.

30 Jahre Befreiung vom Hitler-Faschismus – Mai 1975, Frankfurt/Main **B1:** 547
Abschied vom Elfenbeinturm – März 1960, West-Berlin **B1:** 164
Adorno-Nacht – November 1993, Hamburg **B1:** 605
Adorno-Symposion – Mai 1984, Hamburg **B1:** 588
Aggression und Gewalt im Spätkapitalismus – Oktober 1970, Wien **B1:** 499
Akademische Gedächtnisveranstaltung für Alexander Mitscherlich – Oktober 1982, Frankfurt/Main **B1:** 584
Am Beispiel Angela Davis – Juni 1972, Frankfurt/Main **B1:** 513, 520, 521 **B2:** 752
American Civil Liberties Union Conference – Dezember 1966, San Diego **B1:** 240
Angestellte heute – und morgen? – Mai 1958, Mülheim a. d. Ruhr **B1:** 137
Antiimperialistische Woche – November 1969, Frankfurt/Main **B1:** 473
Antisemitismus und politische Bildung – Januar 1964, Deutsch-Israelische Studiengruppe (DIS) **B1:** 208
APO, Frankfurter Schule, Kritische Theorie und die Fernwirkung auf Politik, Staat und Gesellschaft heute – Februar 1988, Wildbad Kreuth (Tagung) **B1:** 598
Arbeitstagung für das Werk Herbert Marcuses – Oktober 1989, Frankfurt/Main **B1:** 602
Autoritäten und Revolution – November 1968, Frankfurt/Main (Podiumsdiskussion) **B1:** 361
Autoritäten und Revolutionen – September 1968, Frankfurt/Main **B1:** 28, **B2:** 458
Bildung sichert die Zukunft – Juli 1965, Frankfurt/Main **B1:** 222
Bundesfrauenkongreß – März 1972, Frankfurt/Main **B1:** 517
Deklaration über Ziele und Aufgaben des demokratischen Sozialismus – Juli 1951 **B1:** 68
Demokratie vor dem Notstand – Mai 1965, Bonn **B1:** 220
Der Positivismusstreit in der deutschen Soziologie – Oktober 1961, Tübingen **B1:** 183
Der Sozialistische Deutsche Studentenbund in der Nachkriegsgeschichte 1946-1969 – Juni 1985, West-Berlin (Symposium) **B1:** 589
Der Weg in die Gewalt – Geistige und gesellschaftliche Ursachen des Terrorismus – November 1977, Bonn (Tagung) **B1:** 566
Der Widerstreit zwischen philosophischer Revolution und politischer Veränderung – August 1976, Düsseldorf (Podiumsdiskussion) **B1:** 557
Die Frankfurter Schule im Lichte des Marxismus – Februar 1970, Frankfurt/Main (Tagung) **B1:** 485 **B2:** 788
Die Frankfurter Schule und die Folgen – Dezember 1984, Ludwigsburg (Symposium) **B1:** 588
Die Godesberger Erklärung der Westdeutschen Rektorenkonferenz (Podiumsdiskussion) – Januar 1968, Frankfurt/Main **B1:** 291
Die Kunst und die moderne Welt – August 1974, Korčula **B1:** 540
Die Neugier des Neuen – November 1989, West-Berlin (Konferenz u. Konzert) **B1:** 602
Europa und die Einheit Deutschlands – Juni 1952 **B1:** 84
Europäischer Kongreß gegen Atomrüstung – Januar 1959, München / Berlin **B1:** 145 **B2:** 157
Frankfurt 1968 – 25 Jahre danach: Utopien ohne Zukunft? – März 1993, Frankfurt/Main (Podiumsdiskussion) **B1:** 604
Frauen in unserer Zeit – 50 Jahre Wahlrecht der Frauen – Oktober 1968, Frankfurt/Main (Kundgebung) **B1:** 364
Frieden in Nahost – Juni 1969, Frankfurt/Main **B1:** 435
Für das Lebensrecht Israels und einen dauerhaften Frieden im Nahen Osten – Juni 1967, Frankfurt/ Main **B1:** 262
Gegen den Krieg in Vietnam – für weltweite Abrüstung und Entspannung – Oktober 1965, Frankfurt/Main **B1:** 225
Gegen politische Unterdrückung, gegen ökonomische Ausbeutung – Juni 1976, Frankfurt/Main **B1:** 554

Titelverzeichnis

Hochschule und Demokratie – Bedingungen und Organisation des Widerstands – Juni 1967, Hannover **B1**: 27, 258 **B2**: 249, 250, 251 **B1**: 19

Hommage à Samuel Beckett – Suhrkamp Verlagsabend Februar 1961, Frankfurt/Main **B1**: 176

Internationale Fachkonferenz zum Verhältnis von Kritik und Utopie im Werk von Herbert Marcuse – Oktober 1990, Frankfurt/Main **B1**: 604

Internationaler Kongreß zur Kritik der Frankfurter Schule – Oktober 1972, Marienbad **B1**: 524

Internationaler Kulturkritiker-Kongreß – Juni 1958, München **B1**: 140

Internationaler Vietnam-Kongreß – Februar 1968, West-Berlin **B1**: 297 **B2**: 330, 344

Kampagne der sexuellen Information und Aufklärung – März 1967, Nanterre **B1**: 248

Karl Marx und die Revolution – August 1968, Korčula **B1**: 351 **B2**: 453

Kongreß für Demokratie, gegen Militarismus und Restauration – Mai 1959 **B1**: 148, 150 **B2**: 157

Kongreß für kulturelle Freiheit – Juni 1950, Westberlin **B1**: 126

Kritik der instrumentellen Vernunft – September 1985, Frankfurt/Main (Konferenz) **B1**: 591

Kritik der instrumentellen Vernunft – Februar 1995, Frankfurt/Main **B1**: 607

Kritik der politischen Ökonomie heute – 100 Jahre »Das Kapital« – September 1967, Frankfurt/Main **B1**: 273

Kundgebung gegen Neonazismus und Vorbeugehaft – Januar 1969, Frankfurt/Main **B1**: 399

Marxistische Pluralität und kommunistische Systemerhaltung – Oktober 1979, Düsseldorf (Podiumsdiskussion) **B1**: 575

Max Weber und die Soziologie heute – April 1964, Heidelberg (Dt. Soziologentag) **B1**: 208

Moral und Politik in der Überflußgesellschaft – Juli 1967, West-Berlin (Podiumsdiskussion) **B1**: 267

Nationalismus – Juni 1960, Ingelheim am Rhein **B1**: 168

Nie wieder Krieg – nie wieder Faschismus – nie wieder Auschwitz / Kundgebung gegen Krieg und Faschismus – November 1964, Frankfurt/Main **B1**: 212

Notstand der Demokratie – Oktober 1966, Frankfurt/Main **B1**: 236, 346

Notstandspraktiken gegen Arbeiter und Studenten – Juni 1967, West-Berlin **B1**: 262

Opposition in Deutschland – April 1968, Nürnberg (Podiumsdiskussion) **B1**: 311

Podiumsdiskussion über zivilen Ungehorsam – November 1983, Frankfurt/Main **B1**: 587

Politische Justiz – Oktober 1969, Frankfurt/Main (Forum) **B1**: 463f.,

Politische Universität – Mai 1968, Frankfurt/Main **B1**: 334

Prima Klima – Wider den Zeitgeist: Erste gnadenlose Generaldebatte zur endgültigen Klärung aller unzeitgemäßen Fragen – November 1986, Frankfurt/Main (Kongreß) **B1**: 596

Reform und Revolution als Methoden gesellschaftlichen Fortschritts – Mai 1970, Hildesheim (Podiumsdiskussion) **B1**: 491

Rettet Einheit, Frieden und Freiheit! Gegen Kommunismus und Nationalismus – Januar 1955, Frankfurt/Main **B1**: 109

Schluß mit dem Krieg in Vietnam – Februar 1968 (Kundgebung) **B1**: 299

Schüler- und Studentenkongreß – Juni 1968, Frankfurt/Main **B1**: 341

Selbstbestimmung für alle Deutschen – Juni 1961, Arbeitsgemeinschaft Frankfurter Korporationen, Frankfurt/Main **B1**: 179

Sozialer Wandel – April 1961, Paris **B1**: 178

Sozialistische Arbeitskonferenz – Oktober 1967, Frankfurt/Main **B1**: 277

Staffelberg-Kampagne – Juni 1969, Frankfurt/Main **B1**: 441, 442, 443, 461

Studentenkongreß gegen Atomrüstung – Januar 1959, Westberlin **B1**: 144

Sympathy for the Devil – Hexenjagd auf die Linke – Oktober 1977, Frankfurt/Main (Podiumsdiskussion) **B1**: 565

Tag der allseitigen Diskussionen – März 1968, Nanterre **B1**: 301

The Dialectics of Liberation – Juli 1967, London **B1**: 267

Thesen zum Verhältnis von Alternativ- und Fluchtbewegung – Juli 1977, Frankfurt/Main (Diskussion) **B1**: 561

Über die Rolle und Bedeutung der »Neuen Philosophen« in Frankreich – Juni 1978, Frankfurt/Main (Podiumsdiskussion) **B1**: 568

Überwindung des Antisemitismus. – Februar 1960, West-Berlin **B1**: 162

Universität und Demokratie – Januar 1967, West-Berlin **B1**: 243

Universitätswoche Frankfurt – Jerusalem – Januar 1968, Frankfurt/Main **B1**: 291

Vietnam – Analyse eines Exempels – Mai 1966, Frankfurt/Main **B1**: 232 **B2**: 204, 205, 437

Vietnam – Die Dritte Welt und die Opposition in den Metropolen – Juli 1967, West-Berlin (Podiumsdiskussion) **B1**: 267

Vietnam – Reicht das amerikanische Engagement aus? – September 1967, Frankfurt/Main (Podiumsdiskussion) **B1**: 270

Vietnam-Woche – Oktober 1967, Frankfurt/Main **B1**: 276

Was bedeutet: Aufarbeitung der Vergangenheit? – November 1959, Wiesbaden **B1**: 154

Was ist im deutschen Strafrecht reformbedürftig? – Oktober 1964, Frankfurt/Main (Podiumsdiskussion) **B1:** 212
Welche Freiheit für Vietnam? – Februar 1966, Frankfurt/Main (Podiumsdiskussion) **B1:** 228
Widersprechen die Demonstrationen gegen Springer den Interessen der Arbeiter? – Mai 1968, Frankfurt/Main (Podiumsdiskussion) **B1:** 313
Wie aktuell ist die Kritische Theorie? – Dezember 1988, Rotterdam (Konferenz) **B1:** 599
Wirtschaftstag 77 – Oktober 1977, Frankfurt/Main **B1:** 564
Woche der Brüderlichkeit – März 1952, Frankfurt/Main **B1:** 79
Ziele und Gefahren der direkten Aktion – Oktober 1967, Frankfurt/Main (Podiumsdiskussion) **B1:** 273

Vorlesungen, Reden, Vorträge

Abrechnung mit den 1945ern, Alexander Andrae **B1:** 94
Aktuelle Probleme der Wachstums- und Einkommenspolitik, Wolf Rosenbaum **B1:** 277
Al-Fatah – Representative of the Palestine People?, Simcha Flapan **B1:** 435
Algerien ist überall, Hans Magnus Enzensberger **B1:** 180
Allgemeine Grundlagen des theoretischen Sozialismus, Leo Kofler **B1:** 80
Amerika heute im Bewußtsein der Deutschen: Zum Problem der Verständigung, Max Horkheimer **B1:** 252
Ansprache im Goethejahr 1949, Thomas Mann **B1:** 51
Anti-CIA-Coalition, Herbert Marcuse **B1:** 552
Anti-democratic Popular Movement, Herbert Marcuse **B1:** 58
Antisemitismus und Gesellschaft, Margherita von Brentano / Peter Furth **B1:** 170
Ästhetik, Theodor W. Adorno **B1:** 282, 284, 285 **B2:** 267 **B3:** 79
Aufgaben der Sozialforschung in Deutschland, Max Horkheimer **B1:** 60
Autonome Gewerkschaften als Gegenmacht, Jürgen Seifert **B1:** 277
Bedingungen für eine Revolutionierung spätkapitalistischer Gesellschaftssysteme, Jürgen Habermas **B1:** 352
Bedrohungen der Freiheit, Max Horkheimer **B1:** 222
Befreiung von der Überflußgesellschaft, Herbert Marcuse **B1:** 267
Begriff der Gesellschaft, Theodor W. Adorno **B1:** 26
Beitrag der Kritischen Theorie zur Erneuerung der marxistischen Denkweise, Oskar Negt **B1:** 540
Bildung als soziale Macht, Helmut Schelsky **B1:** 98

Civil disobedience, Herbert Marcuse **B1:** 494
Das Ende der Utopie, Herbert Marcuse **B1:** 27, 266 **B2:** 336 **B3:** 197
Das Individuum in der Great Society, Herbert Marcuse **B1:** 226
Das Judentum und die Krise der Religion, Max Horkheimer **B1:** 532
Das kleine und das große Ich, Leo Löwenthal **B1:** 602
Das politische Bewußtsein der Studenten, Helga Gross / Peter Märthesheimer **B1:** 170
Das Problem der Gewalt in der Opposition, Herbert Marcuse **B1:** 266 **B2:** 275
Das Problem der sozialistischen Revolution in der modernen Welt, Svetozar Stojanovic **B1:** 352
Das Vorurteil, Max Horkheimer **B1:** 114
Der Begriff der Bildung, Max Horkheimer **B1:** 89
Der Einfluß der deutschen Emigration auf das amerikanische Geistesleben: Philosophie und Soziologie, Herbert Marcuse **B1:** 208
Der neue Revisionismus in der Geschichtsschreibung des Nationalsozialismus, Jürgen Habermas **B1:** 596
Dialektik im Stillstand, Rolf Tiedemann **B1:** 584
Die gegenwärtige Situation soziologisch betrachtet, Leopold von Wiese **B1:** 39
Die Hochschulpolitik der Unternehmer, Heinz Grossmann **B1:** 170
Die Idee des Fortschritts im Lichte der Psychoanalyse, Herbert Marcuse **B1:** 118
Die Idee des Friedens und die menschliche Aggressivität, Alexander Mitscherlich **B1:** 293
Die Integrität des Intellektuellen, Leo Löwenthal **B1:** 583
Die Juden und Europa, Max Horkheimer **B1:** 140 **B2:** 231 **B3:** 151
Die Kindheit, der Flaneur und die Phantasmagorien der Großen Stadt, Burkhardt Lindner **B1:** 584
Die klassische Lehre von der Politik in ihrem Verhältnis zur Sozialphilosophie, Jürgen Habermas **B1:** 184
Die Krise des Wohlfahrtsstaates und die Erschöpfung utopischer Energien, Jürgen Habermas **B1:** 588
Die Kritische Theorie als Geschichtsphilosophie, Alfred Schmidt **B1:** 539
Die Macht des Negativen, Theodor W. Adorno **B2:** 271
Die Revolte der Lebenstriebe, Herbert Marcuse **B1:** 572
Die Rolle der Studenten in der außerparlamentarischen Opposition, Oskar Negt / Hans-Jürgen Krahl **B1:** 296
Die Rolle der Studenten in der außerparlamentarischen Opposition, Jürgen Habermas **B2:** 341
Die Scheinrevolution und ihre Kinder, Jürgen Habermas **B1:** 341
Die soziale und die psychologische Repression: Die politische Aktualität Freuds, Herbert Marcuse **B1:** 190

Die Todesstrafe, Heinz Kloppenburg **B1:** 149
Die Universität als Großbetrieb, Leo Löwenthal **B1:** 234
Die unpolitischen Naturwissenschaften im politischen Verwertungsprozeß, Xenia Rajewski **B1:** 296
Die Verantwortung des Studenten gegenüber Volk und Staat, Max Horkheimer **B1:** 102
Drei Thesen zur Wirkungsgeschichte der Frankfurter Schule, Jürgen Habermas **B1:** 589
Einführung in das dialektische Denken, Theodor W. Adorno **B1:** 418, 437 **B3:** 85
Einführung in die Dialektik, Theodor W. Adorno **B1:** 29 **B2:** 578, 605
Einführung in die philosophische Terminologie, Theodor W. Adorno **B3:** 119
Einführung in die Rechtswissenschaft, Adalbert Erler **B1:** 369, 370
Einführung in die Soziologie, Theodor W. Adorno **B1:** 317, 324, 349 **B2:** 375, 445
Erkenntnis und Interesse, Jürgen Habermas **B1:** 221, 384
Expressionismus, Martin Stern **B1:** 312, 348
Faschismus als letzter Ausweg, Ruth Fischer **B1:** 149
Fragen des Hochschulunterrichts, Max Horkheimer **B1:** 85
Freiheitsbegriff des deutschen Idealismus in Beziehung zur Gegenwart, Max Horkheimer **B1:** 179
Fünfzig Jahre Universität Frankfurt am Main, Alfred Rammelmeyer **B1:** 210
Geschichte, Transzendenz und sozialer Wandel, Herbert Marcuse **B1:** 323 **B2:** 837
Gesellschaftliches und politisches Bewußtsein des Arbeiters, Michael Schumann **B1:** 170
Hat der autoritäre Staat der BRD noch eine Massenbasis?, Reimut Reiche **B1:** 327
Hegel und die kalifornische Emigration, Max Bense **B1:** 54 f.
Hegels Kritik der französischen Revolution, Jürgen Habermas **B1:** 192
Hochschule in der Demokratie – Anspruch und Realität, Claus Offe **B1:** 170
Hochschulreform und Hochschulrevolte, Bernhard Achterberg **B1:** 312
Ideologie oder objektive Wissenschaft?, Alfred Schmidt **B1:** 148
Ideologische Funktionen der Sprachwissenschaft, Gisbert Lepper **B1:** 296
Individuum und Organisation, Theodor W. Adorno **B1:** 97
Industrialisierung und Kapitalismus, Herbert Marcuse **B1:** 208
Innerlichkeit und Öffentlichkeit, Ulrich Sonnemann **B1:** 179
Jugend in der modernen Gesellschaft, Ludwig von Friedeburg **B1:** 369, 401, 585

Kampf der Gewerkschaften gegen die Restauration, Olaf Radtke **B1:** 149
Klischees der öffentlichen Meinung, Max Horkheimer **B1:** 188
Kultur und Gewalt – Die Aktualität Walter Benjamins, Jürgen Habermas **B1:** 524
Kulturvergötzung, Wolfgang Pohrt **B1:** 588
Les racines de la négritude, Léopold Sédar Senghor **B1:** 184
Lobbyismus und pressure groups in der Bundesrepublik, Ossip K. Flechtheim **B1:** 149
Marx, Freud und der Monotheismus, Herbert Marcuse **B1:** 209
Marxismus und Feminismus, Herbert Marcuse **B1:** 538, 540
Militarismus und Widerstandsbewegung, Günther Weisenborn **B1:** 149
Möglichkeiten radikaler Veränderung in hochentwickelten Industriegesellschaften, Herbert Marcuse **B1:** 523
Narrenfreiheit in der Zwangsjacke? Aufgaben und Grenzen intellektueller Kritik in der Bundesrepublik, Karl Markus Michel **B1:** 212
Nationalökonomie unter dem Diktat der autoritären Leistungsgesellschaft, Elmar Altvater **B1:** 296
Notstandsgesetz und Staatsgefährdung, Diether Posser **B1:** 149
Obsolescence of Socialism, Herbert Marcuse **B1:** 219
On Students, the University and Education, Herbert Marcuse **B1:** 548
Organisationsreferat, Rudi Dutschke / Hans-Jürgen Krahl **B1:** 269 **B3:** 16, 19-31, 48 f.
Perspektiven des Sozialismus in der entwickelten Industriegesellschaft, Herbert Marcuse **B1:** 211
Philosophie als Kulturkritik, Max Horkheimer **B1:** 140
Philosophie und Studium, Max Horkheimer **B1:** 45
Politik und Gewalt, Oskar Negt **B2:** 365
Politik und Kultur, Hannah Ahrendt **B1:** 140
Politische Kultur – heute? Jorge Semprún **B1:** 595
Politische Praxis und Schulung im SDS, Frank Deppe / Kurt Steinhaus **B1:** 235
Probleme einer materialistischen Erkenntnistheorie, Jürgen Habermas **B1:** 380, 389
Protest and Futility, Herbert Marcuse **B1:** 247
Protest und Politik, Oskar Negt **B1:** 277, 296 **B2:** 481 **B3:** 281
Proteste der Jugend, Hartmut von Hentig **B1:** 311
Radical Change, Herbert Marcuse **B1:** 572
Re-examination of the Concept of Revolution, Herbert Marcuse **B1:** 317
Rechtspositivismus und Staatsautorität, Eckart Osborg / Hubert Rottleuthner **B1:** 296
Restauration und Anti-Kommunismus, (Mitglied der Labour Party) **B1:** 149

Restauration und Gefährdung der Demokratie in der Bundesrepublik, Wolfgang Abendroth **B1**: 149

Restaurative Einflüsse und Tendenzen in der Bundeswehr, Arno Behrisch **B1**: 149

Revolutionäres Subjekt und Autonomie, Herbert Marcuse **B1**: 352

SDS als Teil der außerparlamentarischen Opposition, Günter Amendt **B1**: 312

Sexualverhalten und gesellschaftliche Normativität, (Professor) Kippert **B1**: 401

Sigmund Freuds psychoanalytische Krise, Erik Homburger Erikson **B1**: 118

Sozialdemokratische Kulturpolitik, Waldemar von Knoeringen **B1**: 141

Soziale Leitbildung im deutschen Nachkriegsfilm, Enno Patalas **B1**: 148

Soziologie der Literatur und Massenkunst im Rückblick, Leo Löwenthal **B1**: 539

Soziologie und Philosophie, Max Horkheimer **B1**: 148

Spielen Schriftsteller eine Rolle?, Hans Magnus Enzensberger **B1**: 214

Sprachphilosophie, Jürgen Habermas **B1**: 370, 379, 437

Standort und Aufgaben der sozialistischen Bewegung, Otto Stammler **B1**: 70

Student und Politik, Kurt Schumacher **B1**: 39

Studentenprotest in der Bundesrepublik, Jürgen Habermas **B1**: 284

Studentenunruhen in Berkeley, Leo Löwenthal **B1**: 234

Tendenzen der spätkapitalistischen Gesellschaft, Heinz-Otto Draker **B1**: 148

The Inner Logic of America Policy In Vietnam, Herbert Marcuse **B1**: 229

The Movement in a New Era of Repression: An Assessment, Herbert Marcuse **B1**: 506

The Problem of Social Change in the Technological Society, Herbert Marcuse **B1**: 178

Theorie der Halbbildung, Theodor W. Adorno **B1**: 148

Theorie und Praxis der Außenpolitik, Carlo Schmid **B1**: 280, **B2**: 313

Thesen zur »Politisierung der Wissenschaften«, Peter Brückner / Thomas Leithäuser **B1**: 337

Tiere an Ketten, Monika Steffen **B2**: 285

Tradition und Freiheit, Max Horkheimer **B1**: 189

Transition of Advanced Capitalism to Democratic Totalitarianism, Herbert Marcuse **B1**: 561

Trieblehre und Freiheit, Herbert Marcuse **B1**: 118

Über Adornos Sprache zwischen Begriffsterror und Metaphernklang, Christine Eichel **B1**: 605

Über den doppelten Boden des demokratischen Rechtsstaates, Jürgen Habermas **B1**: 594

Über die Aufgaben des Sozialistischen Deutschen Studentenbundes in der gegenwärtigen Situation, Jürgen Seifert **B1**: 151

Über die Idee einer kritischen und antiautoritären Universität, Oskar Negt **B1**: 343

Über die Planung der Zukunft, Hans-Georg Gadamer **B1**: 234

Über die Sprache, Martin Heidegger **B1**: 146

Über die Weltfremdheit des Menschen, Günther Anders **B1**: 586

Über Feindseligkeit und hergestellte Dummheit – einige andauernde Erschwernisse beim Herstellen von Frieden, Alexander Mitscherlich **B1**: 466

Über Intelligenz und Revolution, Gaston Salvatore **B1**: 312

Universität in der Demokratie – Demokratisierung in der Universität, Jürgen Habermas **B1**: 244 **B3**: 98

Universität und Öffentlichkeit, Ludwig von Friedeburg **B1**: 244, 253

Ursachen und Bedingungen der jugendlichen Protestbewegungen, Reimut Reiche **B1**: 277

Versuch, das Endspiel besser zu verstehen, Theodor W. Adorno **B1**: 176

Vom halbstarken zum starken Protest, Alexander Mitscherlich / Klaus Horn **B1**: 311

Walter Benjamin und sein Engel, Gershom Scholem **B1**: 524

Was ist ein Vorurteil?, Theodor W. Adorno **B1**: 97

Welches ist der Weg zum Frieden für den Nahen Osten? Eli Löbel **B1**: 436

Wiederkehrende philosophische Themen in der Literatur der Schwarzen, Angela Davis **B1**: 463

Wozu Philosophie heute?, Theodor W. Adorno **B1**: 110

Zehn Jahre Hochschulwesen in der DDR, Wilhelm Girnus **B1**: 152

Zehn Thesen über Marxismus heute, Karl Korsch **B1**: 60

Zum Begriff der Verantwortung, Max Horkheimer **B1**: 23, 102

Zum Begriff der Vernunft, Max Horkheimer **B1**: 20, 74

Zum Diskurs der Moderne, Jürgen Habermas **B1**: 585

Zum Klassizismus von Goethes Iphigenie, Theodor W. Adorno **B1**: 264 **B2**: 267 **B3**: 197

Zum Philosophiestudium heute, Max Horkheimer **B1**: 276

Zur aktuellen politischen Bedeutung der Frankfurter Schule, Iring Fetscher **B1**: 588

Zur Bekämpfung des Antisemitismus heute, Theodor W. Adorno **B1**: 193

Zur gegenwärtigen Stellung der empirischen Sozialforschung in Deutschland, Theodor W. Adorno **B1**: 75

Zur Geschichtsphilosophie des autoritären Staates, Hans-Jürgen Krahl **B1**: 327

Zur Kritik der gegenwärtigen Gesellschaft, Max Horkheimer **B1**: 311

Zur Situation der Neuen Linken, Herbert Marcuse **B1**: 374

Zusammenhang zwischen revolutionären Befreiungsbewegungen in den Ländern der Dritten Welt und den Protestbewegungen in den Metropolen, Hans-Jürgen Krahl **B1:** 294

Zwischen Philosophie und Wissenschaft: Marxismus als Kritik, Jürgen Habermas **B1:** 171

Beiträge in Hörfunk und Fernsehen

An die Amtswalter der Bibel, Hans Domitzlaff / HR **B2:** 200

APO und Establishment, HR **B1:** 410

Aspekte, ZDF **B1:** 539

Berliner Ansichten: Von der Unruhe der Studenten, Theodor W. Adorno u. Peter Szondi / WDR **B1:** 278 **B2:** 304 **B3:** 98

Club 2, ORF **B1:** 568

Das Elend der Kritischen Theorie, NDR **B1:** 512

Das Porträt NDR / RB / SFB **B1:** 483

Der Friede als gesellschaftliche Lebensform, Herbert Marcuse / Südwestfunk **B1:** 365

Der gewaltsame Tod unseres Berliner Kommilitonen Benno Ohnesorg…, Ludwig von Friedeburg **B2:** 244

Die Bundesrepublik heute – Beobachtung in der neuen deutschen Gesellschaft, Dagobert Lindlau / ARD **B1:** 211

Die Menschen und der Terror, HR **B1:** 59

Die neue Linke, ARD **B1:** 504

Die radikalen – Gewalt gegen Gegengewalt? Wo sind die Grenzen der Toleranz?, WDR **B1:** 401

Engagement, Theodor W. Adorno / Radio Bremen **B1:** 190

Erziehung nach Auschwitz, Theodor W. Adorno / HR **B1:** 231

Erziehung zum Ungehorsam, Gerhard Bott / ARD **B1:** 477

Erziehung zur Entbarbarisierung, Theodor W. Adorno / HR **B1:** 307

Erziehung zur Mündigkeit, Theodor W. Adorno / HR **B1:** 458

Fast eine Revolution, WDR **B1:** 568

Frankfurter Schule – Theodor W. Adorno und die Kritische Theorie / HR (mehrteilige Serie) **B1:** 601

Freiheit: zu oder von?, Herbert Marcuse / WDR **B1:** 213

Freizeit – Zeit der Freiheit? Leben als Konterbande, Theodor W. Adorno / DLF **B1:** 412

Herbert Marcuse – Philosoph und Revolutionär, WDR **B1:** 568

Herbert Marcuse – Über den politischen Einfluß von Philosophie, Gerd-Klaus Kaltenbrunner / HR **B1:** 407

Hessenschau, HR **B1:** 553

Hitler und das deutsche Volk, Wolfgang Kahle / BR **B1:** 226

Ist der soziale Konflikt institutionalisiert? Kritische Anmerkungen zur heutigen Soziologie, Theodor W. Adorno / HR **B1:** 268

Ist die Soziologie eine Wissenschaft vom Menschen?, Theodor W. Adorno / SWF **B1:** 216

Jürgen Habermas. Über den politischen Einfluß der Philosophie, Willy Hochkeppel / HR **B1:** 410

Karl Marx 1967 – eine notwendige Aufklärung, Max Horkheimer / SR **B1:** 282

Kritik, Theodor W. Adorno / SR **B1:** 430

Kritik am Positivismus: Zum Grundsatzstreit in der deutschen Soziologie, Theodor W. Adorno / HR **B1:** 405

Langer Marsch wohin? Gitta Schaaf / NDR **B1:** 560

Marcuse spricht – Marcuse antwortet – Über die Schwierigkeiten, eine Theorie zu verbreiten, Brigitte Granzow / HR **B1:** 364

Monitor, Max Horkheimer / ARD **B1:** 547 **B2:** 793

Nachmittag eines Aufsässigen – Ein dokumentarischer Bericht, Horst Karasek / HR **B1:** 453

Neues Denken über Revolution – warum ich mich geändert habe, Gerhard Rein / SR **B1:** 507

Panorama, Peter Merseburger / ARD **B1:** 277 **B2:** 293-296,

Philosophisches Streitgepräch, BR **B1:** 518

Politik für Nicht-Politiker – Radikalismus, Hans-Jürgen Schultz / SR **B1:** 476

Porträt eines Aufklärers, Hellmuth Karasek / ARD **B1:** 430

Report, ARD **B1:** 232, 243, 298, 426 **B2:** 627

Resignation, Theodor W. Adorno / SFB **B1:** 404

Spätkapitalismus und Industriegesellschaft, Theodor W. Adorno / SWF **B1:** 417

Spectrum, WDR **B1:** 491

Theodor W. Adorno – Über den politischen Einfluß von Philosophie, Jürgen von Kempski / HR **B1:** 410

Titel, Thesen, Temperamente, ARD **B1:** 459 **B2:** 678f

Über die geschichtliche Angemessenheit des Bewußtseins, Peter von Haselberg / HR **B1:** 218

Universität in der Demokratie – Demokratisierung der Universität. Kritische Überlegungen zu einem aktuellen Thema, Jürgen Habermas / HR **B1:** 248

Versuch einer Bilanz über Hans-Jürgen Krahl, HR **B1:** 485

Wer kommt nach Adorno? – Die Zukunft der Frankfurter Schule, ARD **B1:** 485

ZDF-Magazin, ZDF **B1:** 514, 527

Zu Protokoll, ARD **B1:** 285

Zum Fall Baader-Meinhof, Oskar Negt / WDR **B1:** 510 **B2:** 745

Zum gegenwärtigen Antiamerikanismus, Max Horkheimer / SR **B1:** 272

Zur Ansicht, WDR **B1:** 558
Zur Grundfrage der gegenwärtigen Gesellschaftsstruktur, Theodor W. Adorno / HR **B1:** 344

Rundfunk- und Fernsehanstalten

Bayerischer Rundfunk (BR) **B1:** 226, 518, 558, 627 **B2:** 817
British Broadcasting Company (BBC) **B1:** 126, 345
Canadian Broadcasting Corporation (CBC) **B1:** 162
Deutsche Welle (DW) **B1:** 401
Deutschlandfunk (DLF) **B1:** 412
Erstes Deutsches Fernsehen (ARD) **B1:** 211, 243, 285, 298, 426, 430, 459, 477, 485, 504, 547, 564 **B2:** 817
Europe 1 **B1:** 319
Hessischer Rundfunk (HR) **B1:** 59, 127, 181, 195, 218, 231, 248, 268, 307, 338, 344, 359, 364, 405, 407, 410, 453, 458, 477, 482, 485, 520, 530, 553, 601, 602 **B2:** 59, 181, 393, 394, 415 **B3:** 185
International Television (ITV) **B1:** 345
Norddeutscher Rundfunk (NDR) **B1:** 273, 477, 483, 512, 560
Österreichischer Rundfunk (ÖRF) **B1:** 549
Österreichisches Fernsehen (ORF) **B1:** 568
Radio Bremen **B1:** 190, 483
Radio Luxembourg (RTL) **B1:** 319
Radio Prag **B1:** 353
Sender Freies Berlin (SFB) **B1:** 380, 404, 483, 606, 607
Süddeutscher Rundfunk (SR) **B1:** 272, 282, 430, 507
Südwestfunk (SWF) **B1:** 216, 365, 417
Westdeutscher Rundfunk (WDR) **B1:** 213, 272, 278, 355, 401, 491, 510, 533, 558, 568 **B2:** 745
Zweites Deutsches Fernsehen (ZDF) **B1:** 270, 344, 514, 527, 539, 808, 810

Filme

Die grünen Teufel, John Wayne **B1:** 354
Hanna Amon, Veit Harlan **B1:** 21
In Gefahr und größter Not bringt der Mittelweg den Tod, Alexander Kluge **B1:** 538
Jud Süß, Veit Harlan **B1:** 21, 22, 48, 58, 67, 79, 80, 133 **B2:** 60
Kolberg, Veit Harlan **B2:** 633
Le vent d'Est, Jean-Luc Godard **B1:** 434
Spiel mir das Lied vom Tod, Sergio Leone **B1:** 534
Unsterbliche Geliebte, Veit Harlan **B1:** 21, 64, 67, 78, 80, 92 **B2:** 61

Verlage, Filmgesellschaften

Beacon Press **B2:** 336
Binz Verlag **B2:** 59
Diederichs Verlag **B1:** 357, 358
edition et **B1:** 275
Einaudi **B1:** 264
Europäische Verlagsanstalt **B1:** 111, 178, 219, 236, 272
Frankfurter Autoren- und Verlagsgesellschaft Syndikat **B1:** 542
Hanser Verlag **B1:** 275
Herzog-Filmgesellschaft **B1:** 80, 93
Kiepenheuer & Witsch **B1:** 218, 363
Kindler Verlag **B1:** 470
Luchterhand Verlag **B1:** 176, 178, 190, 200, 208, 224, 249, 275, 361, 464
März Verlag **B3:** 135
Verlag Neue Kritik **B1:** 561, 572, 574
Plesse Verlag **B1:** 114
Querido Verlag **B1:** 264, 414 **B2:** 42, 600
Roter Stern **B1:** 556
Rowohlt Verlag **B2:** 158 **B2:** 575f. **B3:** 195
S. Fischer Verlag **B1:** 127, 287, 414, 435, 156 **B2:** 182, 311, 325, 353, 727
Seewald Verlag **B1:** 357
Societäts-Druckerei **B1:** 304, 305, 308, 534 **B2:** 547
Springer Verlag **B1:** 28, 273, 275, 281, 282, 296, 304, 306, 307, 308, 309, 310, 317, 318, 362, 469, 522 **B2:** 242, 246, 247, 253, 258, 259, 268, 269, 312f., 319f., 340–342, 350, 353, 358, 362-364, 367, 369, 372, 376, 378, 382, 385, 400, 417, 427, 464 f, 482f, 548ff, 571, 583, 623, 685, 746, 753f, 763, 776 **B3:** 44, 47, 107, 128, 188
Suhrkamp Verlag **B1:** 30, 66, 176, 212, 214, 216, 221, 235, 275, 292, 358, 363, 406, 409, 524, 581, 582, 584, 606 **B2:** 395, 566, 577f **B3:** 195
Trikont Verlag **B1:** 526
Ullstein Verlag **B1:** 273
Wilhelm-Goldmann-Verlag **B1:** 464
zu Klampen Verlag **B1:** 607
Zweitausendeins **B1:** 580

Gegeneinrichtungen

Gegenschule **B1:** 309, 310, 366 **B2:** 259
Kritische Universität (KU) **B1:** 318, 327, 335 **B2:** 292f., 340, 341, 416, 509, 767, 775, 789
Politische Universität **B1:** 334, 335, 336, 343, 344 **B2:** 382, 389, 394, 397, 483f., 548, 567, 775, 789 **B3:** 100

Konzerte, Kabarett, Ausstellungen, Stücke

Ausstellung: Die entartete Musik **B2:** 168
Ausstellung: Extremisten – Realisten, Berufsverband Bildender Künstler **B1:** 146
Ausstellung: Nacht fiel über Deutschland, Arno Klönne **B1:** 168
Ausstellung: Radikale Träumer, Barbara Klemm / Abisag Tüllmann **B1:** 605
Ausstellung: Ungesühnte Nazi-Justiz, SDS **B1:** 156, 164, 188
Ausstellung: Was geht uns Algerien an?, Der Argument-Club **B1:** 175
Happening: Dichterlesung, Rosa von Praunheim / Volker Temrath **B1:** 274
Kabarett, Die Schmiere **B1:** 141
Kabarett, Die Unbequemen **B1:** 188
Konzert: Frankfurter Konzert 1948, Harald Genzmer **B1:** 43
Konzert: Rock gegen Rechts **B1:** 573
Lied: Drei Kugeln auf Rudi Dutschke, Wolf Biermann **B1:** 326
Theater: Die Soldaten, Rolf Hochhuth **B1:** 462
Theater: Die Stadt, der Müll und der Tod, Rainer Werner Fassbinder **B1:** 531, 592

Abkürzungsverzeichnis

ADF	Aktionsbündnis Demokratischer Fortschritt
ADN	Allgemeine Deutsche Nachrichtenagentur
ADS	Aktionskomitee Demokratischer Studenten
AfE	Abteilung für Erziehungswissenschaften
AGW	Aktionsgemeinschaft Westend
AJC	American Jewish Committee
AOK	Anti-Olympisches Komitee
APO	Außerparlamentarische Opposition
ARD	Allgemeine Rundfunkanstalten Deutschlands
AsF	Arbeitsgemeinschaft sozialdemokratischer Frauen
ASO	Arbeitsgemeinschaft Sozialistische Opposition
AStA	Allgemeiner Studentenausschuß
AUSS	Aktionszentrum Unabhängiger Sozialistischer Schüler
BBC	British Broadcasting Corporation
BDJ	Bund Deutscher Jugend
BJSD	Bundesverband Jüdischer Studenten in Deutschland
BNS	Bund Nationaler Studenten
BRD	Bundesrepublik Deutschland
CBC	Canadian Broadcasting Corporation
CDU	Christlich Demokratische Union
CGT	Confédération Général du Travail
CIA	Central Intelligence Agency
CISNU	Föderation iranischer Studenten
COMISCO	Internationale Sozialistische Konferenz
CRS	Compagnies républicaines de sécurité
ČSSR	Tschechoslowakische Sozialistische Republik
CSU	Christlich Soziale Union
DANA	Deutsche Nachrichtenagentur
DDR	Deutsche Demokratische Republik
DFG	Deutsche Friedensgesellschaft
DFLP	Demokratische Front für die Befreiung Palästinas
DGB	Deutscher Gewerkschaftsbund
DGS	Deutsche Gesellschaft für Soziologie
DIG	Deutsch-Israelische Gesellschaft
DIS	Deutsch-Israelische Studiengruppe
DK	Delegierten-Konferenz
DKP	Deutsche Kommunistische Partei
dpa	Deutsche Presse Agentur
DRP	Deutsche Reichspartei
DSA	Deutscher Studenten-Anzeiger
DU	Deutsche Union
EKA	Europäisches Komitee gegen Atomrüstung
ERP	European Recovery Program
ESG	Evangelische Studentengemeinde
EVG	Europäische Verteidigungsgemeinschaft
FAZ	Frankfurter Allgemeine Zeitung
FBI	Federal Bureau of Investigation
fdGO	freiheitlich-demokratische Grundordnung
FDGS	Fédération de la gauche démocrate et socialiste
FDJ	Freie Deutsche Jugend
FDP	Freie Demokratische Partei
FLN	Front de Libération Nationale
FNL	Föderation Neue Linke
FR	Frankfurter Rundschau
GAG	Gewerkschaftliche Arbeitsgemeinschaft
GdP	Gewerkschaft der Polizei
GdW	Gruppe der Wehrdienstverweigerer
GEW	Gewerkschaft Erziehung und Wissenschaft
GSG 9	Grenzschutzgruppe 9
GULag	Hauptverwaltung der Lager (in der UdSSR)
GUPS	Generalunion Palästinensischer Studenten
GVP	Gesamtdeutsche Volkspartei
HICOG	US High Commissioner for Germany
HR	Hessischer Rundfunk
HSU	Humanistische Studenten-Union
HU	Humanistische Union
IAK	Internationales Auschwitz-Komitee
IdK	Internationale der Kriegsdienstgegner
IG	Industrie-Gewerkschaft
IMSF	Institut für marxistische Studien und Forschungen
IRA	Irish Republican Army
ISRACA	Israelisches Revolutionäres Aktionskomitee im Ausland
ISSF	Internationaler Studentenbund
IT	International Times
ITV	International Television
JUSO	Jungsozialisten
K 1	Kommune I
K 2	Kommune II
KAB	Kommunistischer Abeiterbund
KdA	Kampagne »Kampf dem Atomtod«

KgU	Kampfgruppe gegen Unmenschlichkeit	RCDS	Ring Christlich-Demokratischer Studenten
Komintern	Kommunistische Internationale	RH	Rote Hilfe
KPD	Kommunistische Partei Deutschlands	RJ	Revolutionäre Jugend
KPD/AO	Aufbauorganisation für eine Kommunistische Partei Deutschlands	RK	Revolutionärer Kampf
		RTL	Radio Télévision Luxemburg
KPD/ML	Kommunistische Partei Deutschlands / Marxisten-Leninisten	RZ	Revolutionäre Zellen
KPdSU	Kommunistische Partei der Sowjetunion	SA	Schutzabteilung
KPdUSA	Kommunistische Partei der USA	SAVAK	Iranischer Geheimdienst
KPF	Kommunistische Partei Frankreichs	SB	Sozialistisches Büro
KPI	Kommunistische Partei Italiens	SDAJ	Sozialistische Deutsche Arbeiterjugend
KPÖ	Kommunistische Partei Österreichs	SDE	Sindicato Democratico de Estudiantes
KSV	Kommunistischer Studentenverband	SDS	Sozialistischer Deutscher Studentenbund
KU	Kritische Universität	SDS	Students for a Democratic Society (USA)
		SED	Sozialistische Einheitspartei Deutschlands
LDPD	Liberaldemokratische Partei Deutschlands	SFB	Sender Freies Berlin
LEA	Liaison des étudiants anarchistes	SHB	Sozialdemokratischer Hochschulbund
LSD	Liberaler Studentenbund Deutschlands	SHI	Sozialistische Hochschulinitiative
		SI	Sozialistische Internationale
MEK	Mobiles Einsatzkommando	SLB	Sozialistischer Lehrerbund
ML	Marxisten-Leninisten	SPD	Sozialdemokratische Partei Deutschlands
MPLA	Movimento Popular de Libertacão de Angola	SPK	Sozialistisches Patientenkollektiv
MSB	Marxistischer Studentenbund Spartakus	SRP	Sozialistische Reichspartei
		SS	Schutzstaffel
NATO	North Atlantic Treaty Organisation		
NDR	Norddeutscher Rundfunk	UdSSR	Union der Sozialistischen Sowjetrepubliken
NHB	Nationaldemokratischer Hochschulbund	UNEF	Union nationale des étudiantes de France
NÖP	Neue Ökonomische Politik	UNESCO	United Nations Educational, Scientific and Cultural Organization
NPD	Nationaldemokratische Partei Deutschlands	UNO	United Nations Organization
NSDAP	Nationalsozialistische Deutsche Arbeiterpartei	USA	United Staates of America
		USPD	Unabhängige Sozialdemokratische Partei Deutschlands
OAS	Organisation de l'Armée Secrète	USSG	Unabhängige Sozialistische Schülergemeinschaft
OPEC	Organisation of the Petroleum Exporting Countries		
ÖRF	Österreichischer Rundfunk	VdK	Verband der Kriegsdienstverweigerer
ÖTV	Öffentliche Dienste, Transport und Verkehr	VDS	Verband Deutscher Studentenschaften
		VK	Verband der Kriegsdienstverweigerer
PAIGC	Befreiungsbewegung Guinea-Bissao	VLB	Verband des linken Buchhandels
PdA	Partei der Arbeit	VVN	Vereinigung der Verfolgten des Naziregimes
PFLP	Volksfront für die Befreiung Palästinas		
PLO	Palästinensische Befreiungsorganisation	WDR	Westdeutscher Rundfunk
POUM	Partido Obrero de Unificación Marxista	WRK	Westdeutsche Rektorenkonferenz
PSU	Parti Socialiste Unifié		
		ZDF	Zweites Deutsches Fernsehen
RA	Rote Armee	ZMS	Sozialistischer Jugendverband Polens
RAF	Rote Armee Fraktion	ZSP	Nationalverband Polnischer Studenten
RC	Republikanischer Club West-Berlin